复杂地质条件下大断面隧道安全开挖与支护关键技术

苗胜军　等◎著

中国建材工业出版社

北　京

图书在版编目（CIP）数据

复杂地质条件下大断面隧道安全开挖与支护关键技术／苗胜军等著．--北京：中国建材工业出版社，2024.6．-- ISBN 978-7-5160-4196-3

Ⅰ．U455

中国国家版本馆 CIP 数据核字第 20247G4H16 号

复杂地质条件下大断面隧道安全开挖与支护关键技术
FUZA DIZHI TIAOJIANXIA DADUANMIAN SUIDAO ANQUAN KAIWA YU ZHIHU GUANJIAN JISHU
苗胜军　等◎著

出版发行：中国建材工业出版社
地　　址：北京市西城区白纸坊东街 2 号院 6 号楼
邮　　编：100054
经　　销：全国各地新华书店
印　　刷：北京印刷集团有限责任公司
开　　本：787mm×1092mm　1/16
印　　张：23.75
字　　数：590 千字
版　　次：2024 年 6 月第 1 版
印　　次：2024 年 6 月第 1 次
定　　价：78.00 元

本社网址：www.jccbs.com，微信公众号：zgjcgycbs
请选用正版图书，采购、销售盗版图书属违法行为
版权专有，盗版必究。本社法律顾问：北京天驰君泰律师事务所，张杰律师
举报信箱：zhangjie@tiantailaw.com　举报电话：(010) 63567684
本书如有印装质量问题，由我社事业发展中心负责调换，联系电话：(010) 63567692

前　言

随着经济的快速发展，我国在隧道建设领域蓬勃发展。随着科技的进步和工程实践的累积，我们已经掌握了许多隧道开挖与支护的关键技术。但是，随着工程数量的增加和开挖支护难度不断升级，塌方、陷落、突涌水等地质灾害在隧道施工中屡见不鲜。在复杂地质条件下如何确保大断面隧道的施工安全，仍是一个需要深入研究和解决的重要问题。因此，研究和开发针对复杂地质条件下大断面隧道的开挖与支护关键技术，对于提高隧道施工的安全性和效率，降低工程风险，具有重大的现实意义和理论价值。

本书以中国东北某城市地铁隧道工程建设为典型应用背景，系统性研究了复杂地质条件下的大断面隧道安全开挖与支护关键技术。全书分为若干章节，首先介绍了工程概况及土体物探试验，为后续研究提供了基础数据；接着详细探讨了大型变截面隧道开挖及破除马头门的动态力学行为，为隧道施工提供了重要的理论支持；最后分别对大型变截面隧道下穿综合管廊的风险、变形、变形控制标准、围岩稳定性控制关键技术、联络通道冻结法施工中的土体冻胀融沉降影响、基于流固耦合的富水地层盾构施工地表沉降、盾构接收端土体温度场演化规律及影响以及隧道土体异常区探测-稳定性监测-风险性预测技术体系进行了深入研究。这些章节的内容为隧道工程建设提供了有益的参考和指导。

本书主要编写人员为苗胜军、刘泽京、杨鹏锦、赵子岐、吴庚辰，苗胜军负责全书的统稿。具体分工如下：第 1~3 章，苗胜军、刘泽京；第 4~6 章，刘泽京、杨鹏锦、赵子岐；第 7~9 章，苗胜军、刘泽京、杨鹏锦、赵子岐；第 10 章，苗胜军、吴庚辰。其中苗胜军负责 18 万字，刘泽京负责 15 万字，杨鹏锦负责 15 万字，赵子岐负责 10 万字，吴庚辰负责 1 万字。

本书的出版得到了国家自然科学基金联合资助基金项目重点项目"高铁隧道岩石微观指征地应力测试方法与应力释放时间效应研究"（U2034206）、国家重点研发计划重点专项"覆岩结构与应力场演化理论及全尺度连续监测技术"（2022YFC3004601）、国家自然科学基金"深部开采复杂应力环境岩体时效损伤理论与灾变临界判识"（52374077）的资助。本书在撰写过程中参阅和借鉴了诸多专家的文献和研究成果，在此对这些文献的作者致以崇高的敬意。同时，感谢北京科技大学博士研究生梁明纯、王辉、夏道洪、尚向凡、常宁东、马毓廷，硕士研究生尹紫微、吴忠鑫、王亚欣、孙佳琪、余文轩、李从豪、王正、马渊凯，他们参与了本书的文献调研、数据分析与文字编校等工作，为本书的出版付出了辛勤劳动。

我们衷心希望本书能够为隧道工程领域的研究者、学者以及从业人员提供有价值的参考和帮助。尽管我们在编写过程中尽力追求准确性和完整性，但由于隧道工程的复杂性和多样性，以及我们自身知识和经验的局限性，书中难免存在不足之处，敬请读者谅解。我们真诚地欢迎各位读者提出宝贵的意见和建议，以便我们在未来的研究和实践中不断完善和改进。

作者
2024 年 2 月

目录

CONTENTS

1 绪论 ·· 1
  1.1 研究背景和意义 ·· 1
  1.2 国内外研究现状 ·· 4
  1.3 主要研究内容与技术路线 ·· 21
  1.4 参考文献 ·· 23

2 工程概况及土体物探试验 ·· 25
  2.1 工程概况 ·· 25
  2.2 土体原位试验及物探测试 ·· 34
  2.3 土体物理力学性能土工试验 ··· 55
  2.4 本章小结 ·· 67

3 大型变截面隧道开挖及破除马头门动态力学行为 ··· 68
  3.1 大断面隧道与标准断面隧道开挖力学行为对比 ·································· 69
  3.2 横通道开挖及支护分析 ··· 84
  3.3 大断面隧道破马头门动态力学行为分析 ··· 85
  3.4 本章小结 ·· 102

4 大型变截面隧道下穿综合管廊风险分析及变形预测 ······································ 103
  4.1 大断面隧道下穿综合管廊三维数值模型建立 ····································· 103
  4.2 大断面隧道开挖支护及风险点位分析 ·· 105
  4.3 大断面隧道开挖支护位移及应力分析 ·· 107
  4.4 管廊基坑施工对下方既有变截面隧道影响分析 ·································· 117
  4.5 基于随机介质理论的变截面隧道变形预测模型 ·································· 127
  4.6 本章小结 ·· 136

5 大型变截面隧道下穿既有管廊变形控制标准 ·· 138
  5.1 大断面隧道下穿对既有综合管廊影响因素分析 ·································· 138

  5.2 既有管廊结构变形控制标准确定方法 ················· 145
  5.3 地铁隧道下穿施工时既有管廊变形控制标准 ··············· 149
  5.4 本章小结 ··· 160

6 大型变截面隧道围岩稳定性控制关键技术 ·················· 162
  6.1 大型变截面隧道开挖支护方案及施工工艺 ················· 163
  6.2 超前支护效果影响因素及其优化 ······················· 170
  6.3 大断面隧道开挖、支护设计方案优化比选 ················· 193
  6.4 本章小结 ··· 209

7 联络通道冻结法施工中土体冻胀融沉降影响研究 ············· 211
  7.1 联络通道开挖施工及冻结方案设计 ····················· 211
  7.2 人工冻结土体温度场演化规律研究 ····················· 220
  7.3 积极冻结期土体冻胀应力及位移分析 ··················· 242
  7.4 维护冻结期联络通道开挖力学行为 ····················· 251
  7.5 本章小结 ··· 256

8 基于流固耦合的富水地层盾构施工地表沉降研究 ············· 258
  8.1 基于流固耦合的隧道开挖模拟研究 ····················· 258
  8.2 现场监测与流固耦合效应研究 ························· 280
  8.3 基于正交试验的土压平衡盾构施工掘进参数试验数值模拟 ···· 295
  8.4 本章小结 ··· 316

9 盾构接收端土体温度场演化规律及影响 ···················· 318
  9.1 盾构接收端冻结方案及土层冻融试验 ··················· 318
  9.2 水平杯型冻结壁温度场演化规律 ······················· 333
  9.3 不同敏感性因素对冻结壁温度场的影响 ················· 337
  9.4 本章小结 ··· 351

10 隧道土体异常区探测-稳定性监测-风险性预测技术体系 ········ 352
  10.1 隧道土体异常区探测-稳定性监测-风险性预测体系概述 ····· 352
  10.2 隧道施工风险区域土体异常普查 ······················ 353
  10.3 隧道施工风险区域稳定性全周期协同量测 ··············· 358
  10.4 基于支持向量机的隧道地表沉降预测 ·················· 366
  10.5 本章小结 ·· 371

结束语 ··· 372

1 绪 论

1.1 研究背景和意义

交通是兴国之要、强国之基。21 世纪以来，随着我国城镇化进程的加快，城市规模迅猛扩展，城市人口密度快速增加，随之而来的土地资源紧张、交通堵塞及潮汐交通等"大城市病"日益显现。截至 2021 年年底，我国已有 21 座城市的人口密度超过 1000 人/km^2。2022 年 9 月发布的《2022 年第 2 季度中国城市交通报告》显示，我国 GDP 百强城市均存在严重的交通拥堵问题（图 1.1）。城市地铁具有运量大、速度快、节省土地等的优势，是我国未来城市建设的重要战略方向。至 2021 年年底，全国地铁运营线路里程已达 7253.73km（图 1.2），国务院印发的《"十四五"现代综合交通运输体系发展规划》中明确指出：至 2025 年我国地铁运营里程将超过 10000km。此外，随着中美贸易摩擦、俄乌冲突等不确定因素的出现，人防工程与城市地下空间的结合利用引起各级政府高度重视。城市地铁隧道作为典型的平战结合人防工程，是有效保障居民战时安全的重要基础设施。城市地铁交通建设对于提升城市地下空间利用率、加强现代化人防工程体系具有重要战略意义。

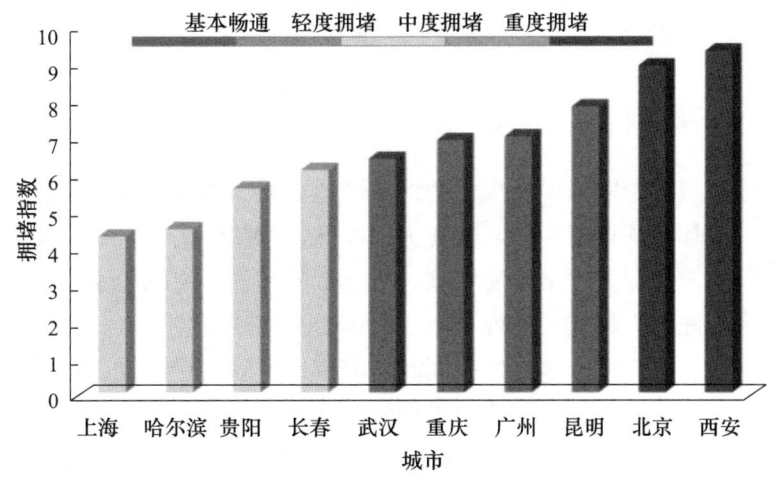

图 1.1 2022 年部分城市高峰拥堵指数峰值

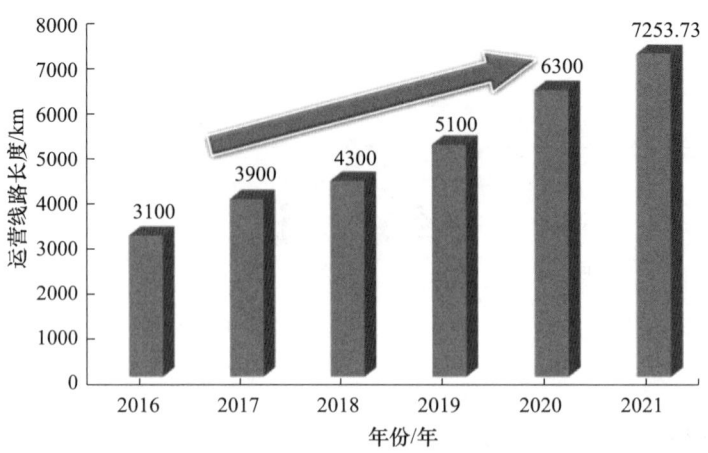

图 1.2 2016—2021 年我国地铁运营里程

2020年，习近平总书记在第 75 届联合国大会发表重要讲话，提出我国"二氧化碳排放力争于 2030 年前达到峰值，努力争取 2060 年前实现碳中和"。国家统计局 2022 年统计显示，2021 年我国的二氧化碳排放量达到 105.23 亿 t，高居世界第一位，占全球二氧化碳排放总量的 31%（图 1.3）。解决碳排放超标问题已迫在眉睫。在此背景下，城市地铁以其节能减排的优势成为我国"双碳"目标下轨道交通列车绿色发展的首要选择。

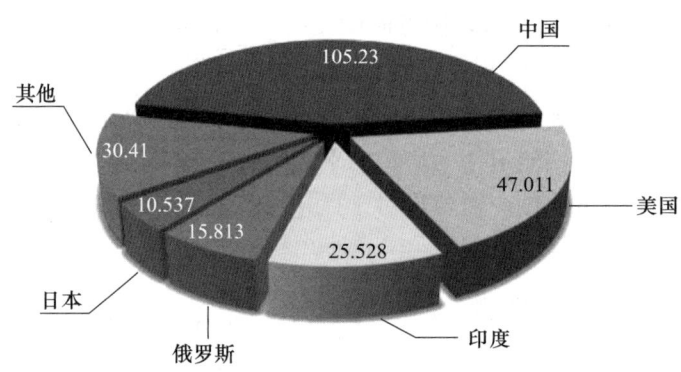

图 1.3 2022 年全球各国二氧化碳排放量（亿 t）

在地铁建设过程中，需开挖大规模的地下隧道。城市地铁隧道工程所在区域的工程特性普遍较差，土体条件相对复杂，表现为强度低、可塑性高、自稳性能弱等特点，施工过程中极易发生土体塌方、掌子面塌陷、拱顶沉降和涌水突泥等重大安全事故。尤其在地铁联络通道等隧道大型变截面处，由于土体受力模式发生转变，且存在显著的空间效应和应力集中效应，安全问题频发。同时，城市地下管线错综复杂，地铁上方既有构筑物繁多，上方道路、构筑物、管线等受地铁隧道开挖扰动影响，极易发生结构变形甚至破坏（图 1.4）。例如：上海地铁 4 号线浦东南路至南浦大桥区间隧道在施工时突发流砂导致隧道结构损坏，引起地表房屋大面积倒塌、地面发生明显沉降，直接经济损失

1.5 亿元，原地修复资金高达 10 亿元；杭州地铁 1 号线湘湖站在隧道开挖时上部路面大面积塌陷，造成 21 人死亡，24 人重伤；佛山地铁 2 号线一期工程湖涌站至绿岛湖站施工过程中突发隧道及路面坍塌，造成 20 余人伤亡，直接经济损失超过 5000 万元。由此可见，在地铁隧道施工中，隧道自身的施工安全以及既有邻近道路、构筑物等的稳定性均是城市地下空间建设安全性的重要组成部分。

图 1.4　地铁隧道施工事故

城市地下综合管廊是集电力、通信、燃气、供热、给排水等各种工程管线于一体的重要城市生命线工程。《中华人民共和国国民经济和社会发展第十四个五年规划》（简称"十四五"规划）中，多达 25 个城市明确提出了要积极扩大综合管廊投资和建设。时任总理李克强也明确指出要"发展地下管廊，避免城市动辄'开膛破肚'"。随着我国地铁运营线路长度逐年增长，庞大的地下交通运输网和复杂的市政管线交互共存是城市地下空间开发与综合利用的发展必然趋势。然而，有限的城市地下空间与大规模的地下综合管廊在地下工程规划时出现了时空交错、节点冲突，由此衍生出新的地铁隧道施工安全问题——新旧地下工程近邻施工安全问题。据统计，近年来全国仅媒体报道的地下管廊施工安全问题平均每天就多达 5.6 起，每年由路面开挖造成的直接经济损失高达 2000 亿元。其中，以大型变截面隧道施工和下穿既有综合管廊为典型代表的城市地下空间建设工程的安全问题尤为突出。完善城市地铁隧道与综合管廊交互共存协同建设技术已然迫在眉睫。

基于此，以中国东北某城市地铁隧道为研究背景，选取某浅埋暗挖施工区间、某冻结施工区间、某盾构施工区间三个典型区间为主要的研究对象，系统研究复杂环境工况下大断面隧道暗挖法、冻结法和盾构法施工过程中安全开挖与支护关键技术，研究大型变截面隧道下穿既有管廊过程中的时空效应及动态力学行为，分析大型变截面隧道开挖对上部既有管廊的影响，形成大型变截面隧道下穿既有管廊变形控制标准，确立隧道围岩稳定性控制关键技术；分析联络通道冻结法施工土体冻胀融沉降控制措施，研究盾构施工地表沉降和端部温度场演化规律及影响，研发大型变截面隧道施工全周期协同安全监测体系，最终形成一套完整的大断面隧道城市安全开挖及支护关键技术。研究成果可以为提高城市地铁隧道施工及城市地下空间设施的安全性提供理论借鉴与工程指导。

1.2 国内外研究现状

1.2.1 地下隧道开挖及支护方法研究

地下空间建设造价高，使用周期长，一旦发生破坏，修复困难，直接和间接损失巨大。所以合理的施工作业方法是决定地下空间安全性最重要的因素，目前相对成熟的施工方法主要有明挖法、盾构法、浅埋暗挖法和新奥法等（图1.5）[1]。

(a) 明挖法

(b) 盾构法

(c) 浅埋暗挖法

(d) 新奥法

图1.5 隧道开挖方法示意

浅埋暗挖法类属暗挖法，是指在不挖开地面的情况下，采用在地下洞挖的施工方式，在地下空间中进行多次开挖—衬砌交替作业，最后完成工程建设。浅埋暗挖法在复杂施工环境下具有良好的适用性，在城市地铁隧道修建中被广泛采用。然而，随着城市基础建设交通道路网的不断完善，地下交通线路与大规模综合管廊时空交叉，导致浅埋暗挖法进行穿越施工的危险系数极高、支护难度较大、安全问题凸显。因此诸多学者针对此方法存在的安全问题展开了研究，张钦喜等[2]采用平顶直墙法下穿北京地铁19号线一期工程积水潭站—北太平庄站既有2号线，降低了施工的难度和施工的风险。盛应平等[3]通过技术、经济、环境等方面的比选研究，以浅埋暗挖法为最优方案解决了上海轨道交通18号线江浦路站的施工问题。该段是典型的软土地层，存在车站周边环境复杂、地层条件差、施工难度大、风险高的工程难题。该难题的解决为类似工程起到先导作用。姜浩等[4]在暗挖施工作业中采用小导管超前支护的作业方法有效地控制了地表沉降和结构变形。

由于大断面隧道具有跨度大、形状扁平等特殊性，在开挖过程中应力集中程度大，为普通隧道的1.5～2倍，围岩在浅埋条件下无法形成承载拱，从而导致压力支护结构提供的承载力相对较小[5]。因此，施工过程中大断面隧道产生的环境效应远大于普通隧道，施工过程中的安全问题显著。所以大断面隧道施工方法只能采取分部开挖，必要时还需在隧道断面中部设置永久支护梁柱。

1.2.1.1 大断面隧道开挖方法研究

地铁隧道的施工会破坏周围地质体原有的平衡，引发应力重新分布，而大断面地铁隧道的施工易引起地层位移，引发地表不均匀沉降，对地下及地表的建（构）筑物造成极大的危害，地铁工程位于城市道路下方，地下管线较密集，道路沿线交通量大，两侧建筑物较多，所以需要确定合理的开挖方法与支护手段，以保证施工的安全与工程按期完工。以往多采用明挖法施工，自英国工程师格雷脱海特采用了P. W. Barlow式盾构机修建伦敦泰晤士河Tower水底隧道后，盾构法得到了普遍的认可和推广。王梦恕院士在新奥法的理论基础上提出了适用于城市软土地层的浅埋暗挖法[6]，自1987年北京地铁复兴门折返线工程成功应用后，浅埋暗挖法成为全国地铁建设主要采用的方法。采用该方法在城市施工时，对密集的地面建筑物影响较小，不用中断繁忙的交通运输，可严格控制地表沉降，最大限度保证上部结构的安全，非常适合中国国情，经济性强，所以近年来被广泛采用。下面分别介绍浅埋暗挖法、盾构法和冻结法三种隧道施工方法。

（1）浅埋暗挖法

1981年，德国在慕尼黑地铁隧道建设中首次提出了大断面隧道暗挖施工工法，修建了跨度为13.4m、断面面积为178m²的地铁过渡段[7]。目前针对浅埋大断面隧道施工，国内外主要采用CRD法、CD法、台阶法和双侧壁导坑法等分步施工方法，浅埋暗挖隧道主要开挖方法及指标比较见表1.1。浅埋暗挖法通过化大断面为小断面，减小隧道单次开挖跨度，达到提升隧道施工的稳定性和安全性的目的。同时有诸多工程问题涌现，比如施工工序复杂，多次围岩扰动和各种工法间转换困难、工期长、造价高、施工质量差等。为了解决上述问题，学者开展了大量的研究。

表1.1 浅埋暗挖隧道主要开挖方法及指标比较

施工方法	示意	重要指标比较				
		适用条件	沉降	工期	防水	初期支护拆除量	造价
全断面法	1	地层好，跨度≤8m	一般	最短	好	无	低

续表

施工方法	示意	重要指标比较					
		适用条件	沉降	工期	防水	初期支护拆除量	造价
正台阶法		地层较差，跨度≤12m	一般	短	好	无	低
上台阶临时仰拱封闭法		地层差，跨度≤12m	一般	短	好	小	低
正台阶环形开挖法		地层差，跨度≤12m	一般	短	好	无	低
中隔墙法（CD法）		地层差，跨度≤18m	较大	较短	好	小	偏高
交叉中隔墙法（CRD法）		地层差，跨度≤20m	较小	长	好	大	高
双侧壁导坑正台阶法（眼镜法）		小跨度，连续使用可扩大跨度	较大	长	差	大	高

段慧玲等[8]利用有限元软件 ADINA 模拟研究得出不同开挖方案下隧道围岩应力集中点分布和隧道围岩总位移。江贝[9]通过大断面隧道 CRD 开挖方法下施工过程地质力学模型对比试验，发现龙鼎地铁隧道内部测点位移呈现类似阶梯状变化。张建斌[10]以厦门翔安隧道为依托所进行的研究表明，CRD 法施工中最为薄弱的是中隔墙上部与初期支护拱顶交接的部位，并提出了初期的安全施工建议。刘泉声等[11]通过数值模拟揭示了不同的施工方法下大断面隧道开挖引起地表变形的特性和机理，并提出了相应的施工技术建议。Xin 等[12]通过开展弧形导洞法、CRD 法、CD 法及双侧壁导坑法下大断面隧道施工动态模拟，发现双侧壁导坑法整体上优于其他施工方法并提出了改善结构受力体系进而确保施工安全的方法。赵勇等[13]发现在大断面隧道开挖过程中，同一个断面不同位置的围岩荷载释放过程存在较大差异，拱顶及边墙会发生明显的荷载聚集，即径向围岩压力增大现象，同时，由于开挖造成的临空效应，拱顶及底板的围岩荷载释放进度较边墙更为缓慢。Song[14]通过模拟地下洞室的虚拟力法和求解不连续面位移提出了三维混合边界元法混合模型。刘春等[15]通过围岩应力场演化及锚喷时喷层、锚杆的力学性能模拟研究，指出锚喷支护能否达到预期效果不仅取决于支护参数及形式是否合

理，还与施工方法直接相关。郭建等[16]采用有限元数值分析方法对隧道浅埋段施工过程进行模拟，得到开挖过程中每一步围岩的位移场、应力场、塑性区的变化以及支护结构的内力，并根据计算结果对隧道施工过程中围岩的状态进行预测，进而指导施工方案、支护方法、开挖顺序的确定。

(2) 盾构法

盾构法是在地面下暗挖隧道的一种施工方法。当代城市建筑、公用设施和各种交通日益繁杂，市区明挖隧道施工，对城市生活的干扰问题日趋严重，特别在市区中心遇到隧道埋深较大，地质复杂的情况，若用明挖法建造隧道则很难实现。在这种条件下采用盾构法对城市地下铁道、上下水道、电力通信、市政公用设施等各种隧道建设影响较小，具有明显优点。但是，盾构法施工存在着不适应地层变化、不容许断面改变、制造盾构机的成本较高、造价高等缺点。

盾构法的主要施工步骤为，在隧道某段的一端建造竖井或基坑，以供盾构安装就位。盾构从竖井或基坑的墙壁开孔处出发，在地层中沿着设计轴线，向另一竖井或基坑的设计孔洞推进。盾构推进中所受到的地层阻力，通过盾构千斤顶传至盾构尾部已拼装的预制隧道衬砌结构，再传到竖井或基坑的后靠壁上。盾构是这种施工方法中最主要的独特的施工机具。它是一个能支承地层压力而又能在地层中推进的圆形、矩形或马蹄形等特殊形状的钢筒结构，在钢筒的前面设置各种类型的支撑和开挖土体的装置，在钢筒中段内侧安装顶进所需的千斤顶，钢筒尾部是具有一定空间的壳体，在盾尾内可以拼装1~2环预制的隧道衬砌环。目前常用的盾构形式为土压平衡盾构和泥水加压盾构。

(3) 冻结法

人工冻结法的实质是利用人工制冷技术，在冻结孔中循环低温媒介，使地层中的自由水冻结成固体冰，形成止水性好、强度高的封闭冻结壁，从而达到加固地层的效果。

冻结法最初起源于天然冻结。19世纪初，俄国人在西伯利亚在冬期寻找和开挖金矿，这标志着人类首次利用冻土的力学特性。1862年，英国South Wales在建筑基坑工程施工中，首次成功采用低温盐水制冷技术加固基坑护坡的土壤，揭开了人工冻结法在工程领域的应用。1880年，德国工程师F. H. Poetsch应用冻结凿井技术加固矿井不稳定地层，首次提出人工冻结法原理，并于1883年和1884年获得德国和美国专利。1883年，德国首次在阿尔巴里德煤矿应用冻结凿井技术开凿井筒，冻结效果显著，填补了人工冻结法在工程领域应用的空白。

随着人工冻结法的发展和完善，国外许多国家多次在地下岩土工程中采用该工法施工，总结了大量的成功经验。据不完全统计，20世纪60—80年代，苏联在煤矿井筒建设、地铁隧道开挖等地下工程中运用人工冻结法技术次数达200多次。1886年，瑞典首次将冻结法应用于土木工程领域，在斯德哥尔摩成功建设了一条距离为24m长的人行通道。在此之后，在苏联、英国、波兰等多个国家的矿山和其他工程领域应用人工冻结法加固地层，使人工冻结技术得到大力发展，并取得了较好的成效。1991年，西班牙巴伦西亚市在开挖地铁隧道过程中，由于水文地质情况复杂，掌子面位于地下水位以下，现场同时采用多种传统支护方法进行地层加固，均无法达到令人满意的效果，最终采用冻结法成功避免了涌水风险。1991年，德国的三条平行隧道均在Eisbach河底发生坍塌事故，现场采用液氮人工冻结法对坍塌区土层进行加固，取得了良好的效果。1994年，德国杜塞尔多夫市在地铁扩建过程中，通过采用人工冻结法对隧道土体进行加固，保证了项目建设进度，并验证了该加固工法的合理性。1997年，在日本名古屋市建设地下输电隧道中，需要和不同直径的既有隧道进行垂直连接。由于两条隧道高差较大，为了确保地下工程的安全，将人工冻结法应用于隧道的相互连接处，项目取得了圆满的成功。1997年，挪威在修建海底深埋公路隧道时，开挖面前方遇到15m宽的松散沉积带，为了能够顺利完成隧道的开挖，现场采用人工冻结法加固周围地层，保证了盾构机安全穿越特殊地层。

我国人工冻结法的研究相比其他国家晚，为了解决地下工程难题以及保证工程质量和安全性，1955年我国从波兰引进该技术，首次在开滦林西煤矿风井开拓建设中试点应用，取得了良好效果，开创了我国矿山冻结法凿井的先河[17]，随后在我国多个区域推广应用。

随着不断研究和完善人工冻结法体系，20世纪80年代，该方法逐渐由矿井凿井工程向地铁隧道、建筑基坑、水利工程等领域推广应用，并发挥了极大的作用。1975年，沈阳地铁2号线采用液氮垂直冻结工法加固工作井土层，加固深度达51m。80年代，东海海拉尔水泥厂应用人工冻结法对基坑护坡土体加固进行上料仓基坑的开挖；南通市将人工冻结法应用于沉淀池的施工建设。90年代，上海地铁1号线盾构始发与接收工作井、联络通道及泵站的施工均使用了人工冻结法加固地层。1997年，北京地铁"大—热"区间在施工推进过程中，隧道拱顶穿越含有饱和水的粉细砂层，且地段存在多条地下管线，为了保证地下管线以及地面的正常服务，采用水平冻结法加固土层，水平冻结长度45m，成功避免了涌砂坍塌风险。同年，在国贸桥下暗挖区间隧道运用水平冻结法，成功解决了冒顶的工程难题，这是我国首次在隧道内采用"工作井内钻孔＋水平冻结"的水平冻结法加固工程，并取得了圆满成功，填补了我国水平冻结技术应用于隧道的空白。

随着我国经济的发展，城市规模和环境复杂程度逐步扩大，维持地下工程周围土体的稳定性成为施工过程中的关键技术问题，特别在富水性好的砂性地层等复杂环境下施工，常规加固方式难以维持地层的稳定性，人工冻结法将在诸多复杂工程中得以应用。因此，对人工冻结技术的研究要与时俱进，为类似工程建设提供借鉴。

1.2.1.2　大断面隧道支护方法研究

自20世纪50年代开始，国外学者已经对大断面隧道的快速支护方法开展了探索。Yue等同时采用模型试验和数值模拟对锚杆的加固效果进行研究，优化了锚杆的加固参数。Bagde等采用不同刚度的锚杆对开挖面进行加固，并提出了加固优化刚度计算方法和适用条件。Karmen采用非线性有限元法研究了隧道衬砌与软弱地层的相互作用，从数值分析和现场实测的角度讨论了荷载释放系数。Maricio认为初期支护时机应以控制围岩变形为核心，并对日本山区大断面地铁隧道的支护设计和初期支护时机的选择给出了合理建议。Broch等对挪威某地下隧道内衬砌施工采用了防水、防雾及防冻技术，使隧道质量远超同年施工隧道整体水平。

目前国内大断面隧道施工主要采取超前小导管法、管棚法、冻结帷幕法等辅助工法。这些方法可以有效保护开挖面前方土体，也能间接地提高开挖面的稳定性。

超前小导管是稳定开挖工作面的一种非常有效的辅助施工方法，超前小导管对松散岩土起到加固作用，注浆后增强了松散、软弱围岩的稳定性，有利于完成开挖后与完成初期支护时间内围岩的稳定，不会因围岩失稳破坏导致坍塌，超前小导管注浆适用于隧道拱部软弱围岩，松散、无黏结土层、自稳能力差的砂层及砂砾（卵）石层级破碎岩层。通过超前小导管注浆能改变围岩状况及稳定性，浆液注入软弱、松散地层或含水破碎围岩裂隙后，能与之紧密接触并凝固。浆液以充填、劈裂等方式，置换土颗粒间和岩石裂隙中的水分及空气后占据其位置，经过一段时间凝结，将原有的松散土颗粒或裂隙胶结成一个整体，形成一个新结构——强度大、防水性能良好的固结体，使围岩松散破碎状况得到大幅度改善。

管棚法是指为防止隧道开挖引起地表下沉或围岩松动，在开挖掘进前沿开挖工作面的上半断面周边按设计打入厚壁钢管。在地层中构筑的临时承载棚防护下，为安全开挖预先提供增强地层承载力的临时支护方法，适用于软弱地层和特殊困难地段。

冻结法是利用人工制冷技术，使地层中的水结冰，把天然岩土变成冻土，增加其强度和稳定性，隔绝地下水与地下工程的联系，以便在冻结壁的保护下进行井筒或地下工程掘砌施工的特殊施工技术。最早用于俄罗斯金矿开采，后由德国工程师用于煤矿矿井建设并获得专利，技术趋于成熟，已广泛应用于地铁、深基坑、矿井建设等工程中。具有效隔绝地下水、适应性强、几乎不受地层条件的限制、施工灵活、绿色施工、复杂地层施工经济合理等优势，但施工造价成本相对较高，不适宜长线路大范围使用。

在案例应用方面，童建军等基于大量的深埋隧道形变压力现场实测数据，通过多元非线性回归分析方法建立了对应的洞身支护结构设计模型，提出了一种考虑超前管棚、掌子面锚杆、掌子面预注浆等三种加固措施的隧道超前支护设计方法。刘洪洲等通过模型试验验证了大跨度扁担隧道施工二次衬砌设计方案。仇文革等采用现场实测、数值计算、理论分析等手段对隧道稳定性和初期支护效能进行研究，发现施作衬砌后的隧道稳定性提升幅度与隧道埋深具有正相关关系。田伟、王文星在Burgers流变模型基础上引入损伤变量，研究了围岩的流变破坏机理并提出了合理支护时间的方法。王祥秋等基于软弱围岩的损伤机理，提出了围岩蠕变损伤具有变形损伤与时间损伤耦合效应的观点，并通过位移反分析对圆形巷道的黏弹性变形规律及合理支护时间进行了研究。

综上所述，前人通过理论和工程应用在地铁隧道开挖和支护方法的优化研究中取得了大量成果，但大断面隧道施工中仍存在很多难点，对大断面隧道开挖过程中的施工力学特性进行深入研究显得尤为重要。因此，优化工程施工工艺方法提高地下空间建设工程的支护强度，以科学研究和实际工程相结合的理念提升地下隧道开挖和支护的技术水平，对城市地铁大断面隧道安全施工具有重要的科学意义。

1.2.2 地下隧道施工对地层的影响规律

1.2.2.1 地表沉降的规律

隧道施工引起地层变化的一般空间特征如图 1.6 所示。地层的变化主要有横向沉降和纵向变形，隧道在不同的工程地质条件下结构构造、施工工艺及支护方法等方面略有不同，但地表沉降变形为隧道开挖引起的地表变形的主要共性问题。

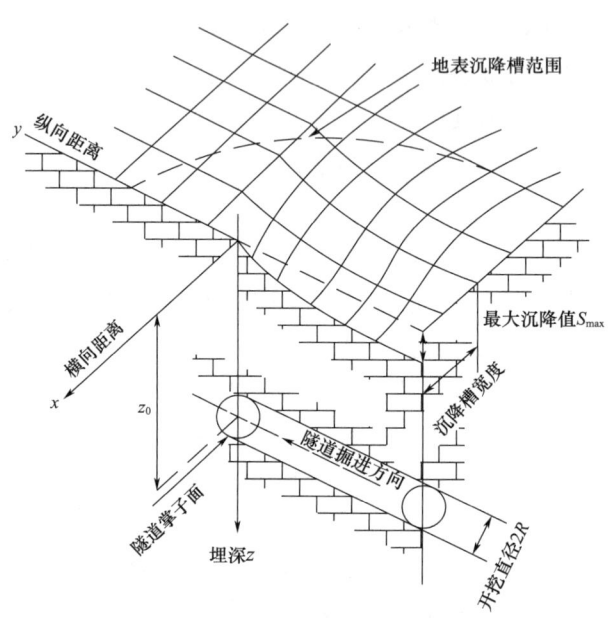

图 1.6 隧道施工引起地层变化的一般空间特征

(1) 横向地表沉降规律

地下隧道开挖所引起的地表沉降曲线一般称为"沉降槽"（Settlement Trough）。在目前众多隧道开挖引起的地表位移经验曲线中，Peck 于 1969 年提出的沉降槽计算方法最简便，也是目前应用最为广泛的方法。Attewell 等基于地表横向沉降槽高斯分布拟合（图 1.7 中 x 方向），总结并提出著名的 Peck 公式，计算方法如下：

$$S = S_{max} \exp\left(\frac{-x^2}{2i^2}\right) \tag{1.1}$$

式中，S 为距离隧道轴线 x 处的地表沉降值；S_{max} 为地面沉降的最大值，位于沉降曲线的对称中心上，即隧道轴线位置；x 为从沉降曲线中心到所计算点的距离；i 为从沉降曲线对称中心到曲线拐点的距离，称为"沉降槽宽度"。

O'Reilly 和 New 总结出沉降槽宽度 i 与隧道深度 z_0 之间存在以下线性关系：

$$i = K z_0 \tag{1.2}$$

式中，K 为沉降槽宽度参数，主要取决于土体性质；z_0 为隧道埋深（地表到隧道轴线距离）。

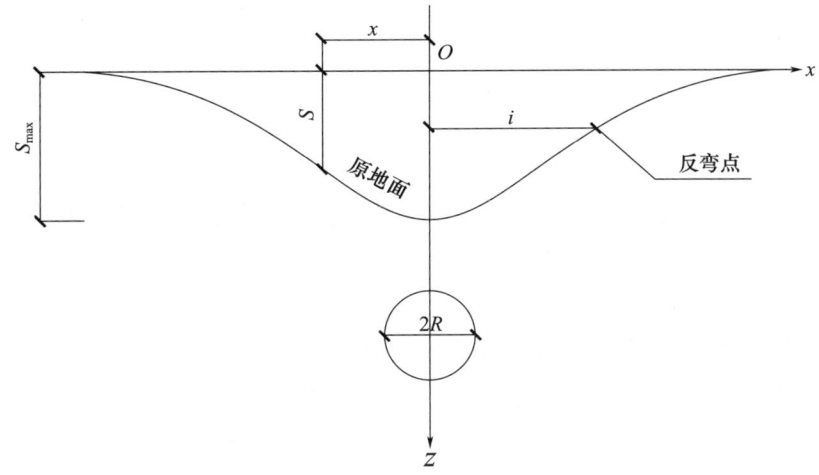

图 1.7 横向沉降槽曲线

地层损失率 V_l 为单位长度的地表沉降槽的体积占隧道开挖的名义面积的百分比。对于不排水条件，地层损失率 V_l 与最大位移之间的关系可以通过对式（1.1）积分得出：

$$S_{\max}=\frac{AV_l}{\sqrt{2\pi}i} \quad （一般公式） \tag{1.3}$$

$$S_{\max}=\frac{0.313V_l D^2}{i} \quad （圆形断面隧道） \tag{1.4}$$

式中，D 为隧道直径；V_l 为地层损失率。

地层损失率 V_l 主要与工程地质情况、水文地质情况、隧道施工方法、施工技术水平以及工程管理经验有关，参数取值依赖地区经验。

将式（1.2）和式（1.3）代入式（1.4），可以得到预估隧道开挖引起地表沉降公式：

$$S=\frac{AV_l}{\sqrt{2\pi}}\exp\left(\frac{-x^2}{2i^2}\right) \quad （一般公式） \tag{1.5}$$

$$S=\left(\frac{0.313V_l D^2}{i}\right)\exp\left(\frac{-x^2}{2i^2}\right) \quad （圆形断面隧道） \tag{1.6}$$

对于确定的工程，隧道埋深 z_0 和直径 D 为固定值，因此地表位移取决于地层损失率 V_l 和沉降槽宽度系数 K。

Mair 等认为地表以下的沉降槽曲线也可采用高斯分布表示，即用 Peck 公式来拟合，但需重新考虑其中的沉降槽宽度 i。通过 (z_0-z) 代替式（1.2）中的 z_0，用地表下深度 z 的函数 $K(z)$ 代替沉降槽宽度参数 K，即

$$i=K(z)(z_0-z) \tag{1.7}$$

进而提出了计算 K 值的经验公式：

$$K(z)=\frac{0.5-0.325(z/z_0)}{1-(z/z_0)} \tag{1.8}$$

我国学者韩煊对 Mair 提出的公式中沉降槽宽度系数修正，提出当其地层损失分布

变化较小时，沉降槽宽度 i 和相对埋深（z/z_0）的关系基本符合以下规律：

$$i = K(z)(z_0 - az) \tag{1.9}$$

$$K(z) = \eta^d K \tag{1.10}$$

$$\eta^d = \frac{1 - a(z/z_0)}{1 - z/z_0} \tag{1.11}$$

式中，η^d 为归一化的沉降槽宽度系数；a 为考虑地层土质情况的参数，取值范围为 0～1（对于黏性土，当没有地区经验时，取 0.65；对于砂类土，取 0.50）。

（2）纵向地表沉降规律

纵向（图 1.8 中 y 方向）沉降变化过程可分为四个阶段，规律曲线如图 1.8 所示。

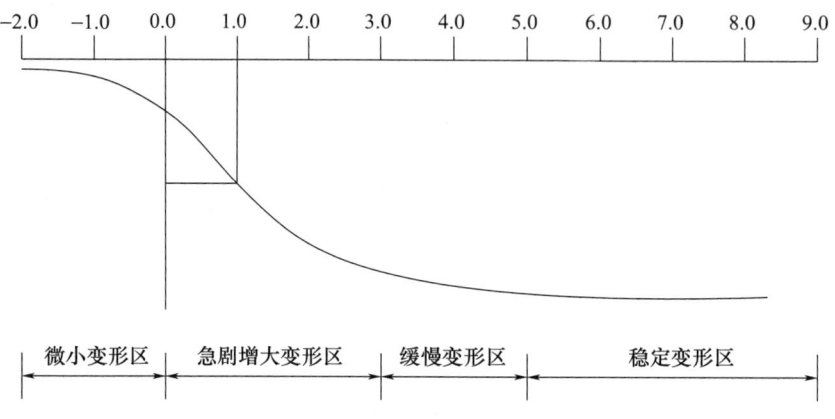

图 1.8　地表沉降纵向变化规律

New 和 O'Reilly 在常体积假定下，认为纵向沉降槽深度符合概率积分曲线。Woodman 通过黏土隧道的观测数提出了地层半空间内任意一点的竖向与水平位移理论公式。

目前许多国内学者在地层变形及地表沉降的预测方法方面做了很多研究工作。刘建航等通过对上海延安东路隧道实测施工资料进行研究，提出了"负地层损失"概念，同时还得出应用于预测纵向沉降槽曲线的公式。

1.2.2.2　地表沉降机理

地表的沉降是地铁隧道施工所引发地层变形的主要表现，地层变形随隧道的施工进度动态变化是导致地表建（构）筑物倾斜及开裂的重要原因，国内外大量学者对隧道施工引发的地层变化规律展开了研究，目前已形成了较为成熟的理论体系，主要包括地层损失理论、孔隙水压力及固结压密理论等。

（1）地层损失理论

地层损失理论是指在隧道施工时，实际隧道开挖的土体体积与竣工时的隧道体积（包括隧道周边包裹的压入浆体体积）之差。隧道开挖引起的地层损失不仅仅是单一因素作用的结果。Sagaseta 等基于均质性、各向同性和弹性体假设，提出了虚像法来考虑地表自由面的存在，推导出了地层损失引起的三维地层变形的解析解，如图 1.9 所示。

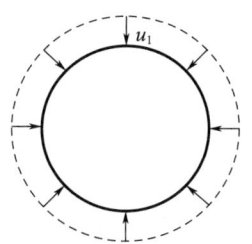

图 1.9　均匀收敛变形模式

Verruijt 和 Booke 考虑了均匀收敛和椭圆化两种基本变形模式对 Sagaseta 公式进行推广,提出了平面应变条件下地层沉降和地层横向位移的解析解,如图 1.10 所示。

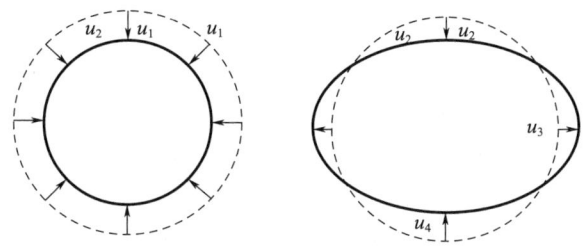

图 1.10　均匀变形与椭圆化模式

Gonzale 将隧道的总变形分解为均匀收敛、椭圆化和竖向平移三种基本变形模式（图 1.11）之和,提出了均匀收敛参数、椭圆化参数和竖向平移参数。

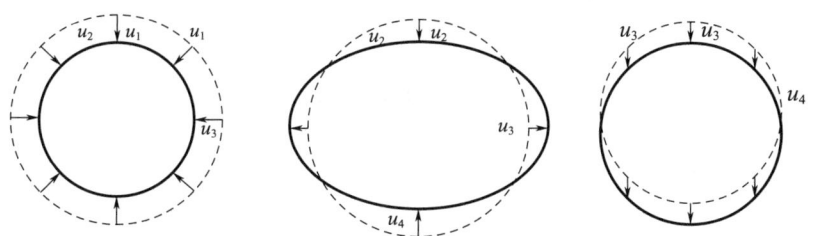

图 1.11　均匀收敛、椭圆化和竖向平移模式

（2）孔隙水压力及固结压密理论

土体是由土颗粒（固相）、气体（气相）和水（液相）所组成的三相体系,土体介质的力学行为受土体颗粒间压力、孔隙水压力及气压的控制。在含水地层中进行隧道施工时,地层中的地下水位会产生变化,引起土体内部孔隙水压力的降低,导致土体颗粒间的有效应力增加。

假定地表下某深度处地层的总应力为 σ,有效应力为 σ',孔隙水压力为 p,根据太沙基有效应力原理,地下水位下降前应满足

$$\sigma = \sigma' + p \tag{1.12}$$

随着地下水位的下降,孔隙水压力减小,在降水后地层中的总应力应保持不变,孔隙水压力的减少量 Δp 相应转化为粒间有效应力的增加量,因此有

$$\sigma = (\sigma' + \Delta p) + (p - \Delta p) \qquad (1.13)$$

近年来,环境岩土工程学已经成为岩土工程领域内一门独立学科,张建华等以北京地铁复兴门折返线工程为背景建立了模拟台阶法施工的二维有限元解析模式,并提出了地表下沉的预测及控制方法。段光杰对地铁隧道施工中环境土层基本工程性质进行研究,建立了基于非饱和土强度理论的土强度受基质吸力影响下的数学模型。高波等提出了一套可用于隧道纵横剖面上地表沉陷曲线拟合的计算方法,可以解决近似对称、非对称等问题。前人的研究工作和成果,对认识地下施工导致的地层、地表变形所引发的危害起到了重要作用,对地层变形的机理及规律,在定性的角度上有了比较清晰概念。

在地层影响控制方面,刘维宁等运用系统论和控制论的方法,建立了一套实施城市地下工程地质目标控制的理论体系。Kirzhner对紧密砂层中的隧道开挖形成的沉降槽形式进行了研究,认为横向沉降槽体积等于地层损失。Rielly根据现场实测数据进行多元线性回归分析获得了沉降槽宽度系数与隧道半径的关系。周文波根据120余座已经竣工隧道的实测数据,用统计方法整理出横向最大沉降量的估算公式。

尽管近年来关于城市地铁隧道施工对地表沉降影响的研究已经引起了工程界的高度重视,但针对大断面、变截面隧道的施工仍然缺乏系统研究。由于大断面隧道结构复杂、断面较大、自稳能力差,在开挖的过程中不可避免对周围地层产生扰动,容易造成开挖面的失稳及过量地表沉降,超过既有线路对开挖引起的变形控制标准以及周围环境对地表沉降控制的要求等。目前的成果对揭示复杂情况下地铁隧道施工对地层以及地表构筑物造成的影响机理还不够清晰,难以科学指导大断面隧道安全施工。

1.2.3 地铁隧道穿越工程对既有工程的影响

对于我国隧道地下工程来说,"十四五"是一个黄金发展期,相比"十三五"期间将增长166%。通过总结"十三五"期间地铁隧道建设及运营数据,发现地铁隧道在近年来的建设相对密度急剧升高。随着我国隧道建设规模的迅速扩大,隧道建设过程中地形、地质条件复杂多变的问题日益突出,隧道塌方以及对既有工程的破坏事故时有发生,给工程安全建设和正常运营带来极大威胁,也造成巨大的经济损失和不良的社会影响。

1.2.3.1 隧道穿越对既有建筑物的影响

地下隧道的开挖不可避免地会对地层造成扰动,进而引发地表沉降。地层变化通过地基基础将扰动传给上层建筑物,因此,基础是联系两者的桥梁,其本质是研究地层变形与地基基础的相互作用。地铁施工安全事故具有突发性和高危性,如图1.12所示。地铁隧道施工对地表已有建筑物具有较强的破坏作用,在城市高可靠性运行要求与极度脆弱的环境条件下进行地铁施工时,为了避免工程事故和人员伤亡、减少经济损伤、保障城市正常运行,越来越多的学者在隧道穿越对既有建筑物的影响方面展开了研究。

(a) 2004新加坡地铁Nicholl Highway站

(b) 2013广州市地铁8号线康王公交站

(c) 2003上海4号线浦东南路

(d) 2006北京地铁10号线京广桥附近

图1.12 地铁隧道施工灾害现场图

例如，刘海燕以隧道上部已有建筑物作为研究对象，将地基-基础-上部结构的共同作用理论运用到隧道开挖对建筑结构影响的分析中，提出隧道-地基-上部结构的共同作用概念，建立了共同作用方程。郭文兵等分析了地下开采对建筑物损坏程度的影响因素，采用自适应BP神经网络技术建立了建筑物采动损坏程度的预测模型。

当地下隧道为大断面或大型变截面时，上述变形情况都越加显著，因此，减少大断面隧道工程施工对既有建筑物的影响已成为现阶段的研究热点。例如，郭军等分析了地铁大断面隧道开挖施工对邻近地表建筑物的影响，并考虑到地基隧道基础建筑物的共同作用，结合二维与三维计算对隧道施工过程中引起的建筑物变形进行了动态跟踪，得到了隧道与地表结构的变形规律。张顶立等以厦门机场路隧道下穿建筑群为工程背景，结合现场实测数据分析、数值模拟计算和理论模型分析，研究了地下大型变截面隧道施工过程中建筑群的变形规律以及变形破坏模式，提出了建筑物的变形控制标准和"预警、报警及极限"的三级管理办法。丁祖德等根据隧道土体结构共同作用建立了三维非线性有限元模型，研究了大断面隧道轴线与建筑物夹角对地表建筑物基础沉降和结构受力变形的影响，发现隧道以不同角度穿越地表建筑物时，地表建筑基础的沉降量和分布形态差异明显，而隧道穿越角度对建筑物内力的影响较小。

1.2.3.2 隧道穿越对地下既有管线的影响

许多学者研究了隧道穿越对既有地下管线造成影响，王绍君应用控制地表沉降的方法，分析了隧道施工过程中与地下隧道平行的地下管线的应力变化，同时考虑施工步序与衬砌、锚杆、注浆等参数变化的影响，研究了地铁暗挖过程中由于土体应力损失造成的对既有管线结构性状影响，通过建立理想暗挖隧道模型，分析地表差异沉降，不仅有利于控制浅埋地下管道的安全性，而且有利于确定暗挖断面前后沉降曲线的拐点，还可以有效控制暗挖掌子面的推进速度。赵智涛基于实际工程建立结构-地层-管线三维弹塑性模型，并且对实测数据进行统计分析，得到管土相对刚度小于 0.18 时，管线与土体沉降差小于 5%，通过经验公式计算出的管线轴线处地层沉降可以代替管线沉降。并且随管线刚度的增大，管线对土体变形的抑制作用逐渐增强，沿深度方向地层沉降量增大速率减小，并会出现负增长，甚至出现地层沉降小于地表沉降的情况。

在模拟研究方面，高丙丽采用 FLAC 数值模拟，得出了地铁隧道暗挖施工对邻近平行及垂直于隧道轴线的地下管线变形影响的规律，预测了地铁穿越地裂缝施工后管线的变形趋势，并提出了地铁隧道下穿地裂缝的技术措施，以及地铁暗挖施工对邻近管线的保护措施。史超凡使用 ANSYS 分析软件进行分析，得出管线的最大沉降与管线直径大致成正比关系；埋深对管线变形的影响较大，距地面较近处随埋深的加大管线沉降加大，靠近管线处随埋深的加大沉降减小，不同材质管线的沉降从大到小依次是 PVC 管、混凝土管、铸铁管、钢管。柯庆辉采用 ANSYS 有限元软件模拟得到城市浅埋暗挖法隧道施工对既有地下管线的影响规律：软土中，隧道使用浅埋暗挖法进行开挖，土体的容重越大，对地下管线变形的影响越大。施工隧道与地下管线垂直距离越远，管线受到的影响越小，但当管隧垂直距离增大到某一程度（20～30m）时，管线变形受到的影响反而会增大。管线的直径越大，隧道开挖时其变形量越大，越容易被破坏。随着管线材料刚度的增加，隧道施工对地下管线的影响逐渐减小。隧道施工对地下管线的影响随管线距离地表埋深增大而增大，但当地下管线埋深增大到一定程度（4～6m）时，管线受到的影响便会减小。王雨通过模拟分析得出管线本身参数（除管材、直径外）对其沉降的影响相对较小，而土质及盾构施工参数对管线沉降的影响较为显著。吴波结合深圳地铁大剧院—科学馆区间利用土工离心模型试验，模拟了隧道开挖对管线的影响，然后采用三维弹塑性有限元法模拟了隧道施工过程中管线的动态响应。对离心模型试验、数值模拟分析、现场量测的地表沉降值的对比分析，发现三者的数据基本一致，论证了分析结果的合理性和可靠性。

1.2.3.3　既有工程交互穿越行为影响研究

随着地铁新线工程的大力建设，新线施工难免要与既有运营地铁发生交叉穿越。保证新线自身施工安全和降低新线施工对既有结构的影响，是当前地铁既有线工程交互穿越研究的重点和难点。

Attewell 基于 Winkler 弹性地基梁理论提出了隧道施工对已有管线影响的计算模型，计算了管线分别垂直地层与平行地层运动时的弯曲应力与接头转角。Klar 等针对新建隧道正交下穿既有管线施工的情况，给出了既有管线变形的弹性连续解和 Winkler 闭合解。Vorster 等在 Klar 的研究基础之上，考虑了管线周围土体的非线性特征，进一步推导了弹性连续解，通过考虑管线的几何尺寸、管线和地基的刚度、隧道开挖造成的地层变形等参数，计算得出管线中的最大弯矩。Klar 和 Marshall 进一步对比分析了将既有管线作为梁模型和三维结构模型的计算结果，发现在土体相对刚度较小的情况下，管线的力学特性不适合采用梁模型进行模拟；在管土相对刚度比较大的情况下，梁模型和三维结构模型的计算结果趋于一致。张坤勇等给出了适用于任意荷载条件下既有管线变形的解析解，该解析解可以计算隧道开挖、基坑开挖等引起的既有管线的变形值。胡愈等基于 Winkler 弹性地基梁理论，对地铁开挖过程中地下管线的受力和变形特征进行分析，并在考虑地基扩散作用影响下构建地下管线挠度位移、转角、弯矩和剪力的表达式，定量分析地基扩散角与埋深对地下管线变形的影响。张治国等给出了既有隧道沿纵向受力变形的简化计算方法。Junica 等研究了新建隧道施工对既有隧道及地层的影响，得到了两个隧道周围塑性区范围，且隧道各个施工阶段的安全可以通过各个阶段塑性区范围的发展趋势来判定。杉本光隆等利用能量理论对平行隧道进行了研究，提出用形状弹性应变能理论进行双洞隧道的稳定性分析，确定了新建隧道的施工方法、支护系统和施工中的管理系统都可以通过考虑已有隧道塑性区的影响来设计，并将各类型的支护应力折算成隧道的内压，由此减小了塑性区的大小（图 1.13）。张路青等用 Schwars 交替法研究了任意位置、任意形状两个洞室在无穷远荷载作用下的变形（图 1.14），将边界形状复杂的区域映射到单位圆内用柯西积分进行求解，并得到了模型的解析解。

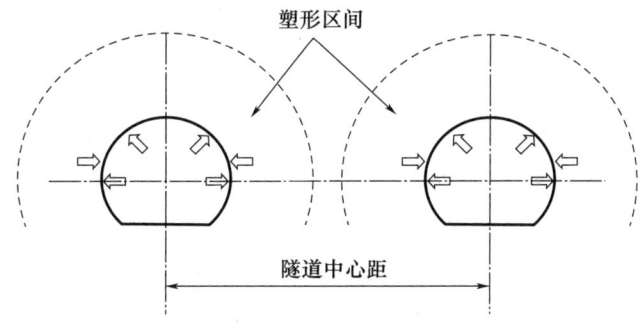

图 1.13　隧道周围塑性发展图

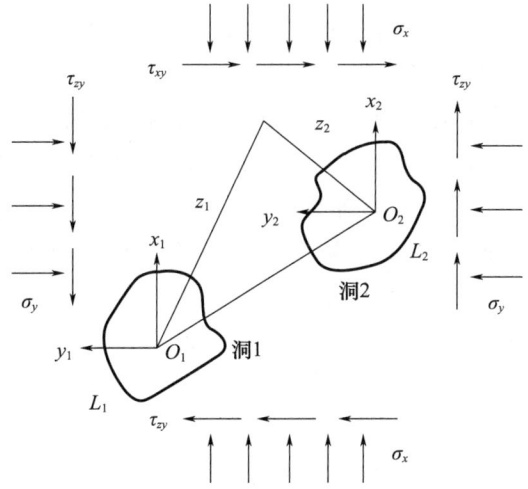

图 1.14　Schwars 交替法求解两任意形状空洞问题示意

目前，针对地下隧道开挖对既有结构的影响研究多集中在地下管线和隧道方面，但管廊与地下管线和隧道有所不同，不能以隧道开挖对既有地下管线和隧道的作用理论来评价隧道开挖对管廊的影响，且针对地下综合管廊的研究大多集中在管廊廊道抗震，但隧道开挖引起的管廊结构变形同地震作用具有明显差异，不能以地震作用下管廊的力学响应来研究隧道开挖对管廊的影响。如何减少地铁隧道施工对周围土层的扰动，最大限度地降低施工开挖对邻近建构筑物及地下管廊的影响，对邻近建构筑物及地下管廊如何采取保护措施是亟待解决的问题。

1.2.3.4 既有工程结构控制指标研究

近接穿越既有运营地铁隧道，其首要管理目标是保证既有地铁隧道的运营安全，为了保证既有地铁结构和运营的安全，新建隧道施工过程中，必须保证一些指标不超过标准。这些指标不仅能够表明结构的安全与否，在施工过程中还要容易监测，而且它的变化与施工阶段关系紧密。这些指标被称为控制指标，控制指标的极限允许值为控制标准。

关于既有地铁线路隧道结构的变形控制的指标体系，关注的核心问题有两个：一是既有地铁线路隧道结构允许的最大变形值（包括沉降、不均匀沉降、扭转、倾斜等），集中体现了既有地铁线路隧道结构的安全状况；二是既有地铁线路隧道结构允许的最大变形速率，因为变形速率的突然增大通常是某些异常变化的体现，若处理措施不当则可能发生灾难性事故。既有线结构变形控制指标主要有沉降控制值（最大允许沉降量）、沉降速率控制值（最大允许沉降速率）、不均匀沉降控制值（允许的最大差异沉降值）、结构倾斜控制值、结构扭转控制值等。

例如，刘蕾针对北京地铁4号线新建地铁车站下穿既有运营车站的工程特点，以控制沉降为核心，分别从管棚超前支护、开挖与初期支护、结构二次衬砌三个环节阐述宣武门车站下穿运营车站的沉降控制综合施工技术。王子甲针对南水北调北京西四环暗涵穿越五棵松车站工程的特点，提出了限速运营沉降控制标准，制定了穿越施工方法及预加固方法，通过数值模拟分析了穿越段双线隧道工作面错距、注浆横通道与车站结构间距以及长管注浆加固效果对沉降的影响。陈孟乔以机场线东直门站上跨下穿既有地铁13号线东直门站站后折返线工程为背景，研究新建地铁车站近距离穿越既有地铁隧道时既有地铁结构变形控制的标准及技术。李永宽以青岛地铁3号线错埠岭站—清江路站区间下穿建筑物群工程为背景，以控制地层变形为核心，提出超前小导管和超前预注浆加固地层、隧道初支背后回填注浆、建筑物变形补偿注浆、隧道堵水注浆等控制地层变形和建筑物沉降的控制措施。张旭采用FLAC3D模拟分析了密贴下穿施工引起既有地铁车站结构沉降规律，据此提出了下穿施工期间既有地铁车站结构沉降控制方案，并基于现场监测数据对既有地铁车站结构沉降进行了分析与安全性评价。杨广武结合北京市机场线东直门站区上下穿越既有城铁13号线东直门站站后折返线工程，通过数值模拟计算分析确定了既有城铁13号线站后折返线隧道结构的变形控制标准。以"利于养护维护、维修可用"为原则，确定了轨道变形及静态几何行为控制标准。廖少明结合上海地铁某区间隧道上下夹穿运营地铁的工程实例,采用数值模拟的方法,对先上后下和先下后上两种不同穿越次序引起的地铁隧道变形及地层扰动影响进行了比较分析,得出先下后上的穿越次序对隧道的变形及周边环境的控制更为有利的结论,并制定了针对性的变形控制措施。

1.2.4　地铁隧道施工风险防治研究

断层、破裂带、岩溶是隧道施工期间经常遇到的不良地质情况,由于这些软弱区域岩体具有强度低、易失稳坍塌、容易形成涌水通道等特点,当地下隧道施工区域穿过上述区域时,容易造成围岩失稳、现场涌突水等灾害,引起设计变更,甚至在隧道施工及运营期间造成人员伤亡和经济损失。因此,为了保证施工安全、高效进行,对预施工区域的探测是必不可少的环节。

目前,国内外隧道勘察中的物探手段主要是采用地球物理探测技术圈定疑似异常范围、规模大小以及空间展布状态,然后采用钻探的技术开孔验证,依据钻孔资料或者结合孔中三维激光扫描数据实现探测目的。地球物理探测技术依据异常区域与围岩的密度、电性、磁性以及放射性等物性差异发现地下的异常,从而实现定"疑"的目的。王家映等使用大地电磁法对土体空区物探进行了更深的研究试验,发现该方法的应用效果与信号的噪声干扰紧密相关,其中时间序列数据长度对探测效果影响显著。朴化荣等通过对 TEM 法的持续研究,创新性地利用 Hankel 变换对层状大地频率域瞬变响应进行求解,得到了频域方程的解析解。薛国强等研究了新的计算方法用于瞬变电磁成像,提高了对地下介质的识别能力。席振株等提出等值反磁通(OCTEM)理论,研发了新型仪器,从理论上解决了电磁互感的问题,将国内瞬变电磁技术推向了世界先进水平。谭捍东等使用静态效应更正了大地电磁法在具体工程中的参数,并使用小波分析法降低了电流引起的电场畸变。

当前物探法在地铁隧道勘察应用中还有很多缺陷,如信息反演获得的电阻率受影响因素较多,较难准确提供探测深度;由于电磁互感问题,在 0~50m 范围内存在不同程度的勘探盲区等,为了保障隧道施工的安全稳定,对隧道围岩的状态及时检测十分重要。

准确获得病害信息是风险成因分析、安全性能评估以及病害健康诊断的可靠保证,隧道病害研究需要借助不同检查测量仪器与方法,检测不同类型病害表观形态、出现位置、发展趋势等基本信息。隧道病害检查与量测的研究主要包括两个方面,一方面是总体隧道病害综合检测的项目、程序与制度的研究,另一方面是具体病害检测方法与检测技术的研究,譬如利用地质雷达、声波、CT 等技术对具体某一种或某几种病害的检测研究与应用,如图 1.15~图 1.17 所示。

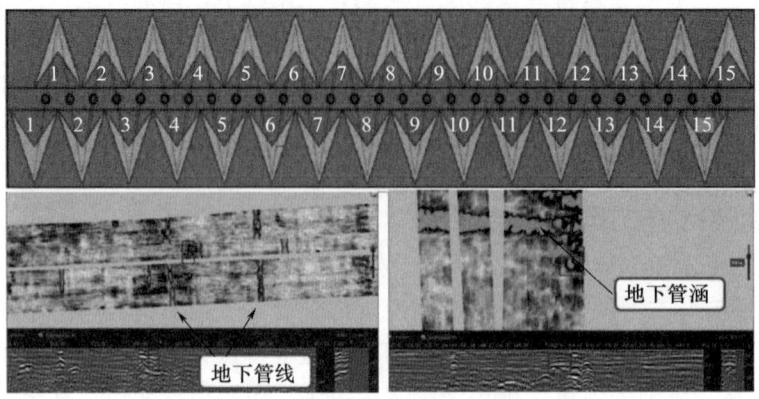

图1.15 探地雷达法示意

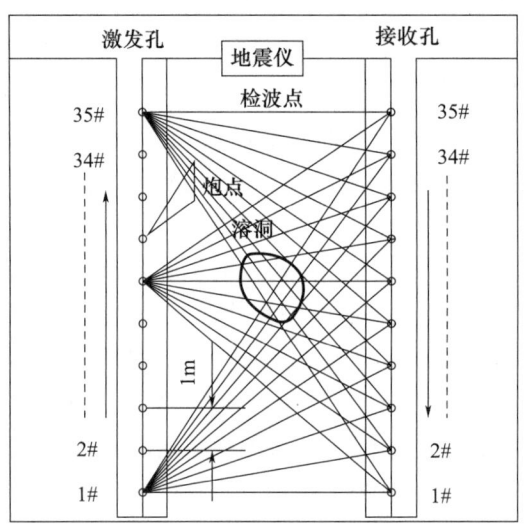

图1.16 跨孔CT法示意

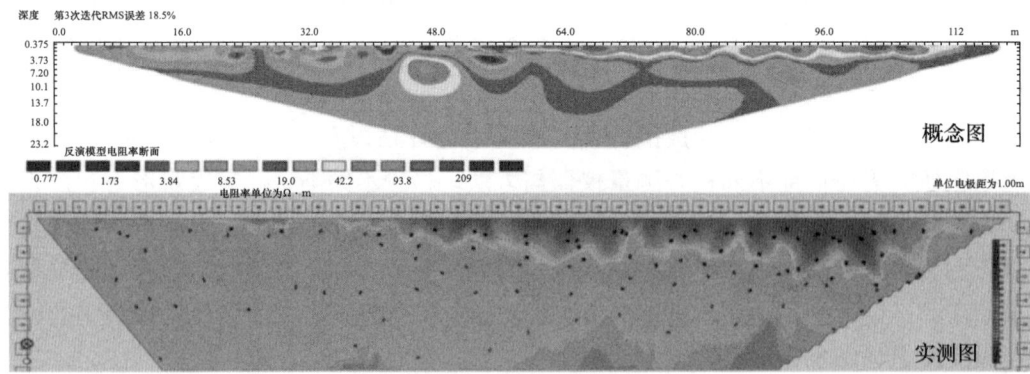

图1.17 高密度电法示意

定期的风险检测并不能保证工程的绝对安全，当施工扰动过大或遇到自然灾害时，隧道围岩极有可能在短时间快速劣化，导致工程灾害的发生，所以工程现场实时监测是对施工人员安全的又一保障。现场风险监测工作应与工程施工同步进行，可以及时得到施工过程的隧道变化监测数据，为其他类似施工项目提供真实可靠的监测经验。国内学者在地铁隧道建设中积累了丰富经验，例如，宋战平等总结以往隧道施工经验，首次提出"先期位移""开挖瞬时释放位移""前期位移"和"后期位移"的病害发展新概念。刘冠兰对地铁隧道全线变形监测方案和隧道断面变形特征的提取、变形分析、预报方法进行了研究，建立了基于无线传感器网络的地铁隧道施工期实时监测方案，并与局部区域重点监测的自动变形监测和周期性的地铁隧道基准网监测、轨道监测相结合，降低了监测系统总成本，提高了地铁隧道监测效率。邱冬炜对地铁监测基准点随城市地面整体沉降问题展开了研究，提出了应用 GPS（全球定位系统）动态监测改正地铁基准点沉降的方法，并利用高频坐标时间序列中噪声的自相关性构建了噪声自相关函数，建立了分形算法的滤波消噪模型，实现了沉降变形的提取与基准点坐标的沉降改正。王胜涛等对现场监测的数据进行回归分析，预测隧道内围岩变形的最终变化，正确指导隧道的设计和施工，保证施工安全。

直至今日，隧道围岩的稳定性一直是岩土工程界研究的一个重要课题，其严重影响地下隧道施工的效率和人员的生命安全。从国内外学者的研究可以看出，学者对隧道施工稳定性的研究中使用的方法众多，但都较为单一，方法缺陷显著，对全周期多方法联合应用的方法还少有研究，需要研究人员进一步探索。

1.3 主要研究内容与技术路线

本研究以中国东北某城市地铁隧道为典型工程应用背景，系统研究了复杂地质条件下的大断面隧道安全开挖与支护关键技术，研究技术路线如图 1.18 所示。主要研究内容如下。

（1）对哈尔滨地铁研究区间的地质工况条件进行细致调研整理，并对现场土体进行原位测试与物探测试，获取各区间主要土层的波速、地温、电阻率等基础物理特性；同时结合工程初步设计方案，对工程土体开展土粒相对密度、密度含水率、界限含水率、固结等系列室内土力学试验，获取主要土层参数，为后续理论数学模型和数值模拟研究提供重要的物理力学参数。

（2）针对大型变截面地铁隧道施工风险点进行针对性研究，详细分析大型变截面隧道横通道破除马头门、大断面隧道开挖、标准断面开挖、隧道下穿综合管廊等施工风险环节中的隧道应力、塑性区、地表沉降等力学响应；在随机介质理论的基础上，考虑了大型变截面隧道断面面积变化、上部综合管廊结构、隧道五心圆断面形式及近距离双线隧道结构，建立了综合多因素的大型变截面隧道开挖引起土层变形的随机介质预测模型。

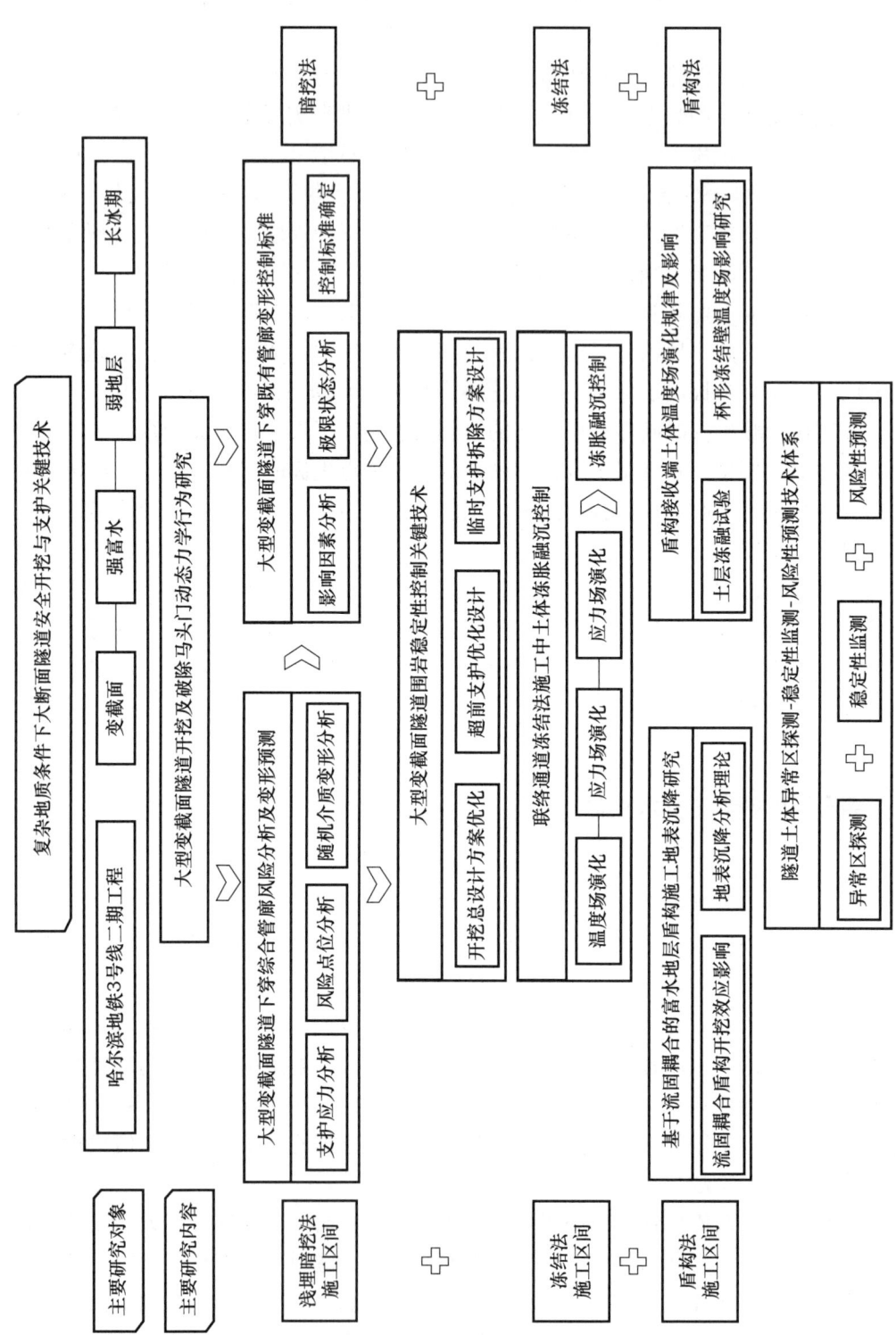

图1.18 技术路线图

（3）考虑大型变截面隧道极近距离下穿既有综合管廊的特殊工况，定量分析了隧道开挖顺序间距、隧道与综合管廊间夹土层注浆参数（弹性模量、内摩擦角、黏聚力）、支护刚度和开挖面封闭时间等参数对综合管廊沉降变形的影响，建立管廊结构变形控制标准确定方法，研究了综合管廊变形模式和极限状态下的力学响应，确定既有综合管廊的变形控制标准。

（4）基于大型变截面隧道动态力学行为，优化原有隧道整体开挖支护方案，研究大断面隧道在设计开挖方式下的施工力学行为及其围岩变形规律，比选获得最优开挖支护方案，确立合理超前小导管注浆参数、施工方法与顺序、衬砌结构形式，针对关键支护技术，比选获得合理的支护参数、临时支护拆除的方向和顺序，明确最优横通道临时支护拆除方案，获得一套完备的大型变截面隧道下穿既有管廊安全开挖和支护关键技术。

（5）建立有限元模型模拟联络通道冻结法施工的动态全过程，研究积极冻结期、维护冻结期、自然解冻期的土体冻结温度场分布，对联络通道人工冻结过程进行热力耦合分析，探究积极冻结期土体冻胀应力和位移动态演化规律，分析联络通道开挖动态力学行为和开挖影响。

（6）推导渗流场的控制方程及定解方程，分析渗流场与应力场相互影响机制，推导应力场-渗流场耦合方程，建立盾构隧道开挖的数值模型，分析富水地区盾构隧道在流固耦合作用下的开挖力学行为，基于随机介质理论建立地表沉降理论模型。

（7）开展盾构接收端土体起始冻结温度试验和热物理参数试验，在此基础上采用Abaqus建立三维数值模型，研究了杯形冻结壁有效厚度、平均温度及温度场分布与发展规律，并结合现场监测验证了接收端冻结工程方案的可靠性。基于单因素控制变量法和设置对照组法，研究热物理参数和初始地层温度对冻结壁温度场的影响，对盾构接收端冻结工程施工全过程进行监测，分析测温点温度变化及冻结壁与地下连续墙冻结状况。

（8）为保证大型变截面隧道施工的安全，遵循"施工前""施工中""施工后"三个维度的安全生产监督管理原则，提出大断面隧道施工协同监测方法，建立一套隧道土体异常区-稳定性监测-风险性预测系统。在隧道施工前，采用三维地质雷达进行全域土体异常区普查，确定土体异常情况，并采取相应措施对土体异常区进行治理；施工过程中进行风险区域的变形监测，发现土体异常风险，进行相应处置措施；采取相应处置措施和工程施工完成后，持续对该区域进行监测，结合支持向量机风险预测，实时掌握风险变化趋势，确保施工安全。建立的大型变截面隧道施工全周期协同监测体系在哈尔滨地铁得到成功应用。

1.4 参考文献

[1] 高永涛，于咏妍，吴顺川．通车荷载下不同覆土厚度的地铁隧道开挖对管线安全性的影响[J]．岩石力学与工程学报，2013，32（S2）：3557-3564．
[2] 张钦喜，陈鹏，尹文彪．国贸中心三期基坑支护工程监测研究[J]．岩石力学与工

程学报，2012，31（11）：2319-2326.

[3] 盛应平. 软土地层地铁车站浅埋冻结暗挖法施工方案分析［J］. 城市轨道交通研究，2019，22（6）：138-142.

[4] 姜浩，姜亮亮. 小导管超前支护技术在隧道浅埋暗挖法施工中的应用［J］. 低温建筑技术，2019，41（3）：86-88.

[5] 雷金山，苏锋，阳军生，等. 土洞对地铁隧道开挖的影响性状研究［J］. 铁道科学与工程学报，2008（2）：57-63.

[6] 王梦恕. 我国隧道技术现状和未来发展趋势［J］. 安徽建筑，2015，22（4）：9-13.

[7] 胡斌，刘永林，唐辉明，等. 武汉地铁虎泉—名都区间隧道开挖引起的地表沉降研究［J］. 岩石力学与工程学报，2012，31（5）：908-913.

[8] 段慧玲，张林. 大跨度公路隧道合理开挖方法对比研究［J］. 土木工程学报，2009，42（9）：114-119.

[9] 江贝. 超大断面隧道软弱围岩约束混凝土控制机理及应用研究［D］. 山东大学，2016.

[10] 张建斌. 大断面浅埋暗挖隧道CRD法施工安全性分析［J］. 铁道建筑，2008（8）：67-70.

[11] 刘泉声，刘建平，潘玉丛，等. 硬岩隧道掘进机性能预测模型研究进展［J］. 岩石力学与工程学报，2016，35（S1）：2766-2786.

[12] XIN Z, LI JC, LIU X. Calculation Method of Ground Settlement along the Tunnel Transversal Section Caused by Shield Construction in Soft Ground［J］. Journal of Nanjing University of Technology（Natural Science Edition），2008，30（2）：64-68.

[13] 赵勇，张晓磊，冯世进. 下穿填埋场隧道综合超前预报与防控措施研究［J］. 工程地质学报，2022，30（2）：432-441.

[14] SONG S, FAN YY, HUO YP. Ground Surface Settlement Law of a Shallow-Depth Subway Station under Complex Conditions［J］. Modern Tunnelling Technology，2012，49（6）：88-92.

[15] 刘春，刘恒，郑洪勋，等. 隧道浅埋偏压段不同开挖工法数值模拟分析［J］. 施工技术（中英文），2022，51（6）：101-105.

[16] 郭建，李兵，刘桂勇，等. 钻爆法施工隧道超欠挖控制研究［J］. 工程爆破，2021，27（1）：79-84.

[17] 陈瑞杰，程国栋，李述训，等. 人工地层冻结应用研究进展和展望［J］. 岩土工程学报，2000，22（1）：43-47.

2

工程概况及土体物探试验

由于研究对象中国东北某城市地铁工程的复杂工况及特殊地质条件，项目分别采取暗挖施工、局部冻结法施工和盾构法施工三种施工工艺进行开挖，分别主要对应研究的某浅埋暗挖施工区间、某冻结施工区间和某盾构施工区间。本章主要介绍中国东北某城市地铁隧道三个区间的工程概况和土体原位试验、物探和物理力学性能土工试验。

2.1 工程概况

2.1.1 浅埋暗挖施工区间工程概况

研究的中国东北某城市地铁隧道浅埋暗挖施工区间自南向北沿红敷设。沿主街规划红线80m，现状道路宽度40~43m。区间右线长度723.529m，断面形式为设计开挖宽6.2m、高6.6m的标准马蹄形隧道（后文简称标准断面隧道）；区间左线长度721.663m，断面形式为变截面马蹄形隧道，其中设置区间联络通道与规划6号线连接，联络线最大设计断面开挖尺寸为宽14.15m、高10.62m，最大断面面积为120.6m²，纵向长80m（后文简称大断面隧道），与右线隧道净距6.2m（图2.1）。

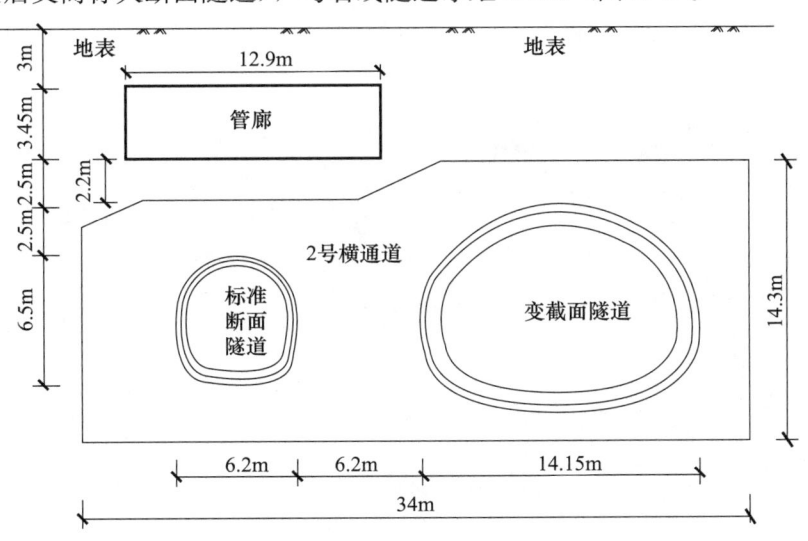

图2.1 部分隧道平面位置关系图

大断面区间段位于现状道路下方，管线较密集。道路两侧为企事业单位、商铺和住宅用地。大断面隧道顶板埋深约 10.9m，底板埋深约 21.5m；标准断面隧道顶板埋深约 12.5m，底板埋深约 19.1m（图 2.2）。穿越地层主要为 5-1 粉质黏土、5-2 粉质黏土、6-2 细中砂、6-3 中砂含水层，砂层土含水层透水性强，无稳定隔水层。

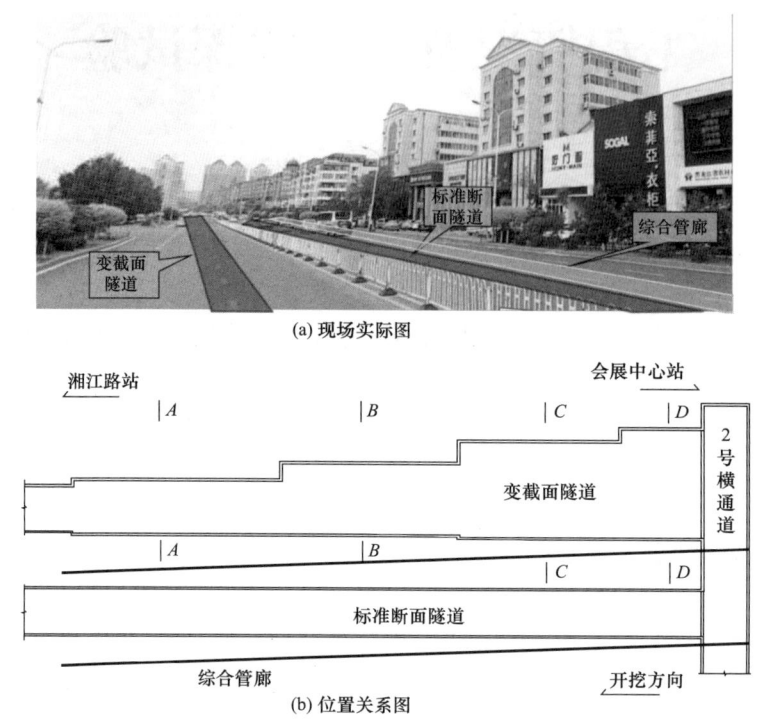

图 2.2 隧道横断面位置关系图

区间位于现状道路下方，道路两侧为企事业单位、商铺和住宅用地。沿线建筑物主要有市人民检察院、军友假日酒店、黑龙江省国土资源厅、大地财产保险有限公司、黑龙江省公安消防总队医院、龙运大厦、CBD 金融大厦（原松雷中学）、龙坤花园小区和拉林小区等（图 2.3）。

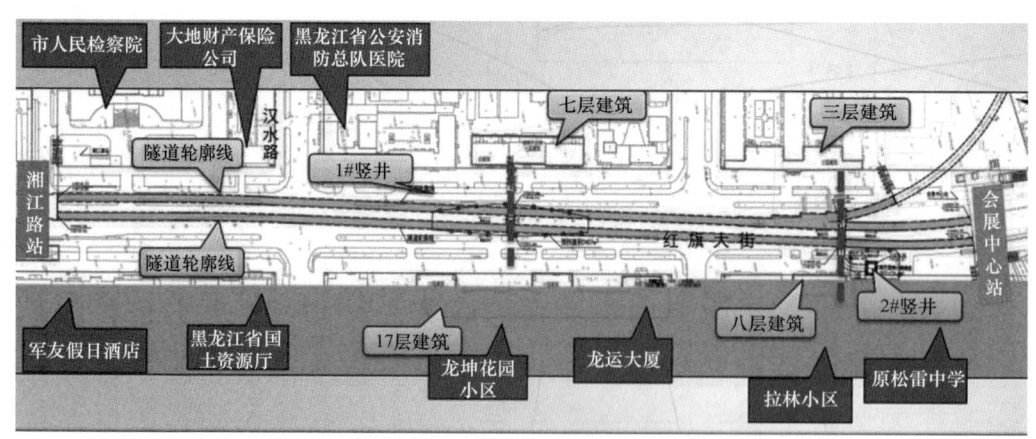

图 2.3 浅埋暗挖施工区间建筑位置关系图

2.1.1.1 工程地质条件

(1) 根据原有资料及钻探揭露，浅埋暗挖施工区间分布地层主要为全新统人工堆积层、中更新统上荒山组湖积层、中更新统下荒山组冲积层、下更新统东深井组冰水堆积层。地层基本稳定连续，变化不大，水文地质条件简单，区间可划为同一工程地质分区。对大断面隧道段影响较大的地层（图 2.4）分述如下。

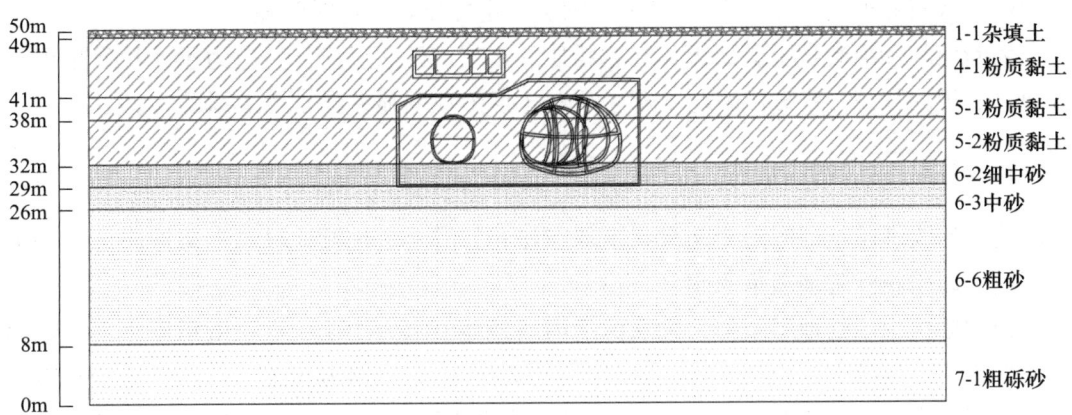

图 2.4 土层分布示意

第 1-1 层杂填土：杂色，稍湿，结构较密实，主要成分由黏性土、碎石组成，局部由砖块、炉渣、建筑垃圾组成，表层 0.5m 多为柏油路面或人行道路面。该层场区均有分布，层底高程 127.96～146.45m，层底深度 1.0～3.4m，层厚 1.0～3.4m，平均层厚 1.36m。

第 4-1 层粉质黏土：黄色，可塑状态，稍有光泽，无摇震反应，韧性中等，干强度中等，富含钙质及铁质氧化物，中等压缩性。该层分布较连续，局部缺失，层底高程 122.66～142.85m，层底深度 3.0～9.7m，层厚 1.3～8.0m，平均层厚 4.35m。

第 5-1 层粉质黏土：褐黄色，可塑状态，稍有光泽，无摇震反应，韧性中等，干强度中等，含铁质氧化物，局部含少量砂砾，中等压缩性。该层分布连续，层底高程 122.73～136.85m，层底深度 8.1～16.5m，层厚 0.5～7.9m，平均层厚 3.88m。

第 5-2 层粉质黏土：褐黄色，可塑状态，稍有光泽，无摇震反应，韧性中等，干强度中等，含铁质氧化物，中等压缩性。该层分布稳定、连续，层底高程 119.06～132.65m，层底深度 7.8～20.8m，层厚 0.8～7.6m，平均层厚 3.83m。

第 6-2 层细中砂：灰色，湿—饱和，中密状态，分选较好，颗粒均匀，砂质纯，颗粒成分以石英、长石为主。该层分布连续，层底高程 114.96～121.80m，层底深度 12.5～28.8m，层厚 0.6～5.4m，平均层厚 2.18m。

第 6-3 层中砂：黄色，饱和，密实状态，分选较好，颗粒均匀，砂质纯，颗粒成分以石英、长石为主，夹黏性土薄层。该层分布稳定、连续，层底高程 110.26～118.29m，层底深度 18.4～33.5m，层厚 1.0～6.9m，平均层厚 4.44m。

第6-6层粗砂：黄色，饱和，密实状态，分选中等，磨圆一般，砂质纯，颗粒成分以石英、长石为主，夹黏性土薄层。本层分布较为连续，层底高程92.56～107.41m，层底深度26.5～48.0m，层厚1.0～17.8m，平均层厚10.88m。

第7-1层粗砾砂：灰色，饱和，密实状态，分选中等，磨圆一般，颗粒成分以石英、长石为主，夹黏性土薄层。该层分布较为广泛，层底高程83.72～95.4m，层底深度40.7～58.0m，层厚0.3～10.7m，平均层厚3.46m。

（2）区间隧道围岩分级为Ⅴ-Ⅵ级，围岩稳定性差，自稳时间短。

大断面与标准断面隧道顶板均穿越粉质黏土层，无法形成自然应力拱，易发生坍落现象；底板均穿越含水砂层，与上部粉质黏土层形成明显差异，施工风险大。

2.1.1.2 水文地质条件

研究的浅埋暗挖区间处于岗阜状平原与松花江漫滩区过渡地段，水文地质位于一个分区内，即松花江阶地微承压水区。

根据勘探揭示的地层结构，勘探深度内场地地下水为微承压水。微承压水主要赋存于第四系中更新统下荒山组6-2层细中砂、6-3层中砂、6-4层粗砂、6-6层粗砂及第四系下更新统东深井组7-1层粗砾砂中，该含水层厚度约30m。该场地地层富水性好，水平方向透水性强，补给方式主要有河流侧向径流补给、大气降水入渗等。水位和水量随季节性变化，地下水位的年变化幅度为2.0～3.0m。

大断面区间段地下水以砂层内的微承压水为主，勘察期间初见水位埋深17.50～18.70m，年水位变幅2～3m。区间段内含水层的渗透性强，径流条件好，相互间水力联系密切；依据水样的水质分析结果，判定地下水对混凝土结构具微腐蚀性，对混凝土结构中的钢筋具微腐蚀性。

2.1.1.3 区间降水措施

本工程开挖面处于含水层中，因此需要布置降水井，将水位降至隧道开挖面下1m，保证隧道安全，方便洞内开挖作业施工。

该场地历年地下水水位已到达隧道开挖底板附近，地基土已经固结，故水位降低对周边沉降影响较小，可以不考虑因降水引起的水位下降所造成的沉降。但需注意尽量减少抽水中的含沙量，减小其对周边建（构）筑物的影响。

根据降水井布置图（图2.5），结合2号竖井进行联合降水，根据试降水试验建立模型，若井数无法满足降水要求，及时反馈设计单位，适当增加降水井数量。

大断面隧道井深为31～33m，竖井及联络通道井深为33～36m，井口设计标高为139m，地层起伏变化，根据实际施工调整井。井管采用直径325mm、壁厚4mm钢管，滤管采用同规格的桥式滤管，滤管长度12～15m，下设1m沉淀管，含水层以上设置实管（图2.6）。经现场实际测试，现场降水方案施工效果较好，地下水位稳定控制在开挖面1m以下。图2.7为降水井井盖安装，图2.8为降水井水泵、管道安装。

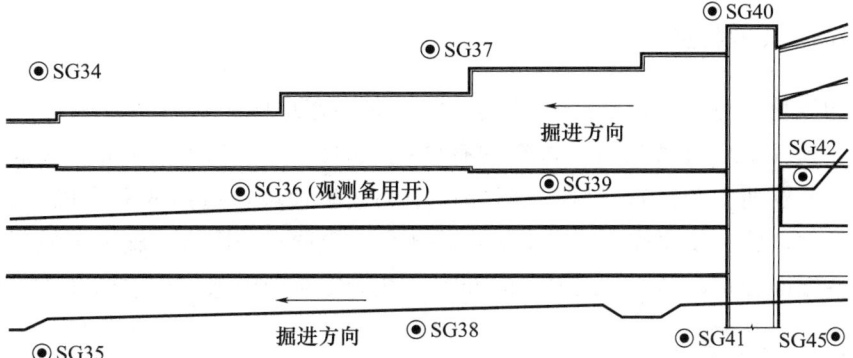

图 2.5 区间大断面隧道降水井布置图

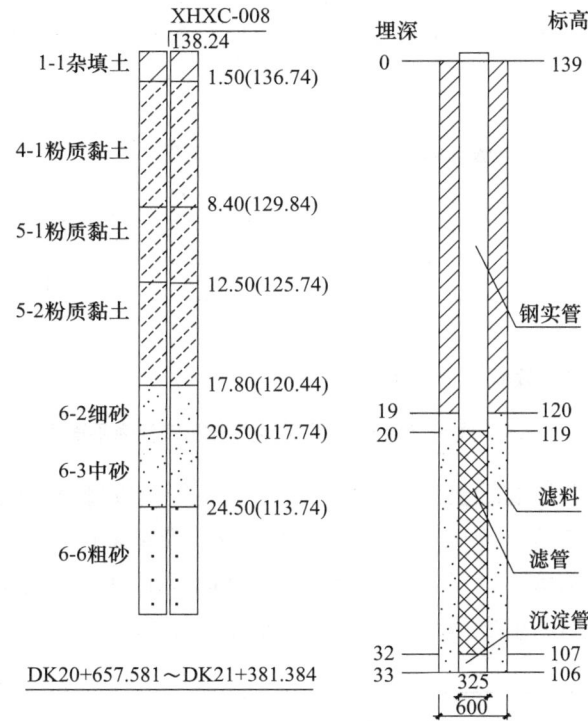

图 2.6 降水井结构示意

图 2.7 降水井井盖安装

图 2.8 降水井水泵、管道安装

2.1.1.4　工程特点

研究的浅埋暗挖区间属于工程关键线路，属高寒地区，冬季寒冷漫长，最低气温−41.4℃，施工无法连续进行，每年的有效施工时间短，冬歇期时间长（全年有效工期7个月，冬歇期5个月）。标段位紧邻市中心繁华地段，道路两旁居民、商铺集中，道路车流量大，施工场地狭小，进出场道路狭窄，交通运输困难，施工工效低。施工管理受以上各方面影响，具有工点多、时间长、社会影响面敏感、要求标准高等特点。

2.1.1.5　工程难点

本文所研究区间部分为大断面变截面隧道，最大跨度14.15m，风险等级为一级。标准断面隧道，结构断面尺寸为6.2m×6.5m，风险等级为二级。区间平面图如图2.9所示。

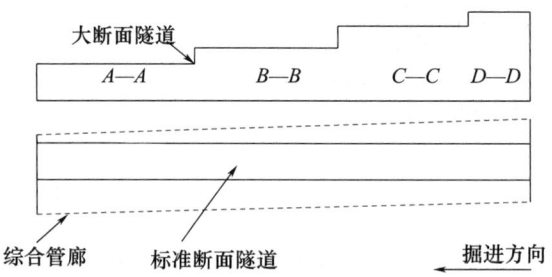

图2.9　浅埋暗挖施工区间隧道与既有管廊平面图

综合管廊为单层现浇混凝土箱形结构。本区间范围内管廊宽12.9m，高3.45m，分燃气、给水、供热、通信电缆四个管仓（图2.10）。管廊采用天然基础，明挖法施工，采用钢板桩作为围护结构，设置一道钢管撑。本区间范围内管廊先期施工，管廊施工完成并拔除围护桩，孔洞回填之后地铁隧道再行施工（图2.11）。

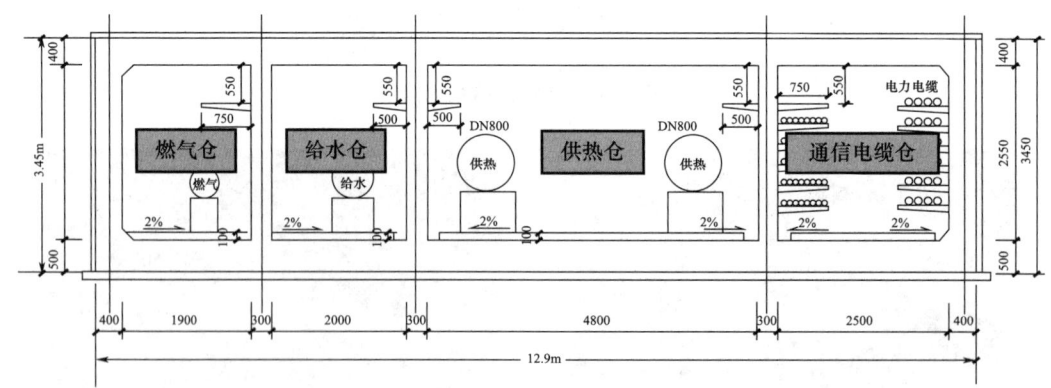

图2.10　综合管廊尺寸图

图 2.11 管廊现场施工

本区间正线隧道平行下穿或侧穿综合管廊,隧道与管廊竖向距离 3.4~6.2m。区间 1 号竖井侧穿管廊,1 号、2 号横通道下穿管廊,横通道与管廊之间覆土厚度约 2.2m(图 2.12)。地铁区间隧道开挖时,可能引起拱顶沉降、土体塌方等现象,进而引起管廊开裂或破坏,影响管廊正常使用。

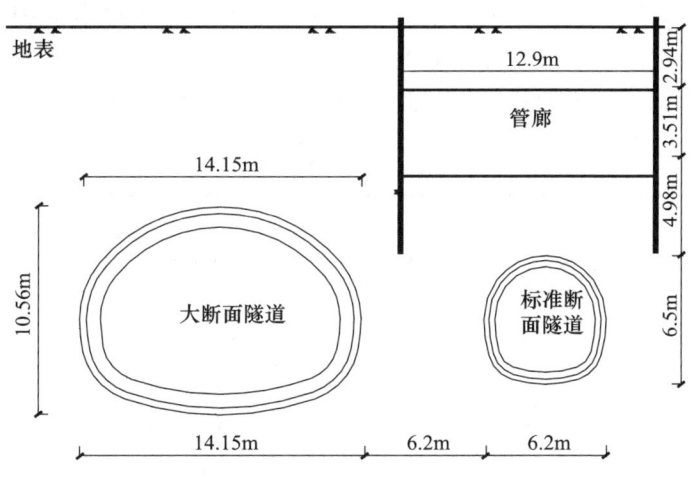

图 2.12 隧道与管廊位置示意

过渡线与正线并线、联络线与主线并线暗挖大型变截面隧道,施工工序较多(CD 法、CRD 法、双侧壁导坑法),结构跨度大(最大 14.15m)。断面上部位于粉质黏土、下部位于细中砂层、中砂等,呈松散结构,围岩等级为Ⅵ级,土体自身稳定性较差,特别是砂土透水性极强。大型变截面隧道施工对周围地层多次扰动,可能引起土体发生较大水平位移或失稳,造成地面沉降过大、局部塌方和涌水涌砂现象。

在横通道破马头门过程中,容易造成拱顶土体较大变形甚至失稳,引起地面较大沉降甚至土体坍塌;对周边环境影响较大。

区间隧道平行下穿或侧穿综合管廊,综合管廊位于隧道顶部上方垂直距离 1.49m 位置,隧道与综合管廊水平距离不超过 3.1m,管廊结构施工完成之后拔除围护钢板桩,中间存在空隙。大断面施工过程中容易引起土体变形,有综合管廊不均匀沉降、开裂与破坏等风险。

2.1.2 冻结施工区间工程概况

研究的中国东北某城市地铁冻结施工区间的长度约为630.8m，双线隧道埋深较浅，平均埋深为14.8m，在里程DK22+990.317处设置联络通道。联络通道处地表距西边建筑群约为37m，东边建筑群约为60m，距离较远，暂不考虑联络通道开挖对地表建筑物产生的影响。联络通道处双线平行隧道中心线距离约为14.0m，联络通道顶覆土厚度约为15.5m，中心埋深为17.5m。

2.1.2.1 工程地质条件

根据冻结施工区间土层勘察报告，区间联络通道主要穿越的地层为全新统人工堆积层、上更新统冲积洪积层、中更新统上荒山组湖积层、中更新统下荒山组冲积层，下更新统东深井组冰水堆积层及白垩系砂岩。地层由上至下：0～1.5m为杂填土；1.5～10.1m为土质较均匀成层分布的粉质黏土；10.1～24.2m为稳定的细中砂、中砂、粗砂。联络通道拱底距地表最大距离为20m，主要穿越土层为6-3层中砂与6-6层粗砂。联络通道处土层稳定，适宜进行联络通道工程施工，各层土体参数见表2.1。

表2.1 土体参数

土类别	埋深/m	土体参数						
		密度/(kg/m³)	弹性模量 E/MPa	泊松比 ν	体积模量 K/MPa	剪切模量 G/MPa	黏聚力 c/kPa	内摩擦角 φ/(°)
1-1 杂填土	0～1.5	1700	12.00	0.30	10.00	4.62	15.0	15.0
4-1 粉质黏土	1.5～4.8	1930	10.71	0.35	11.90	3.97	61.3	10.7
5-1 粉质黏土	4.8～9.3	1940	9.64	0.35	10.71	3.57	51.4	10.5
5-2 粉质黏土	9.3～10.1	1940	9.61	0.35	10.68	3.56	45.5	10.8
6-2-3 细中砂	10.1～13.1	1960	20.12	0.30	16.77	7.74	17.1	31.1
6-3 中砂	13.1～20	2040	23.00	0.30	19.17	8.85	25.4	32.9
6-6 粗砂	20～24.2	2040	25.09	0.30	20.91	9.65	18.2	36.1
7-1 粗砾砂	24.2～27.4	2050	21.89	0.30	18.24	8.42	20.0	34.1

2.1.2.2 水文地质条件

因位于亚洲大陆东部季风区，常年受西伯利亚冷干气团（冬季风）和副热带暖湿气团（夏季风）影响，属中温带大陆性季风型气候，四季分明。大体上4月中旬至6月上旬为春季，6月中旬至8月中旬为夏季，8月下旬至10月上旬为秋季，10月中旬至4月上旬为冬季。春季风大干旱，夏季短暂多雨，秋季冷凉霜早，冬季漫长寒冷，冬季结冰期长。城区多年平均气温3.5℃，全年1月为最冷月，平均气温为−19.7℃，极低值为

−41.4℃；全年 7 月最高气温 39℃。最大冻土深度 2.05m。四季风向多变，以偏南风为主导风向，年平均风速 4.1m/s，历年最大风速为 14.5～26m/s。基本风压 600kPa。平均年总降水量 523mm，日最大降水量 104mm。

场区内地表水主要为大气降水（雨、雪）形成的地表径流，除少部分蒸发外，其余全部由城市排水设施排入河流中；当夏季遇集中大面积降雨时，可能形成城市内涝；冬季降雪多在春季融化，也易形成地表径流，除少部分蒸发外，其余全部由城市排水设施排入河流中。

2.1.3 盾构施工区间工程概况

项目中的中国东北某城市市地铁隧道盾构区间隧道为双线双洞圆形隧道，右线长度为 1149.545m，左线长度为 1133.489m。盾构隧道直径为 6.20m，管片外径为 6.00m，管片内径为 5.40m，洞门直径为 6.70m，地下连续墙和钢筋混凝土侧墙厚度均为 0.80m。盾构进洞口中心标高均为 107.17m，左、右线隧道中心线间距为 13～16.83m，隧道结构上层覆土厚度为 12.1～21.1m。

2.1.3.1 工程地质条件

根据现场钻孔揭露和原有地质资料，盾构施工区间接收端勘察深度内所揭露的地层主要为第四纪地层及白垩纪泥岩。地层结构为典型松花江漫滩相地貌，主要为分布不均匀和性质差异较大的地基土，第四纪地层具有 2～3 个较明显的沉积轮回特征。表土层由杂填土组成，上部地基土主要由粉细砂组成，中间地基土主要由中粗砂夹厚薄不均的黏性土组成，下部基岩为白垩纪泥岩。本文研究的接收端冻结工程涉及的土层参数见表 2.2。

表 2.2 土层参数

地层编号	岩土名称	厚度/m	密度/（g/cm³）	黏聚力/kPa	内摩擦角/（°）
1	杂填土	4.6	1.86	6.0	12.0
2-1	粉质黏土	0.9	1.93	39.9	14.6
2-1-1	粉质黏土	4.3	1.94	33.3	15.7
2-1-3	淤泥质黏土	1.3	1.67	10.3	6.3
2-4-3	细砂	2.2	1.97	17.1	31.1
2-4	中砂	5.5	1.98	25.4	32.9

2.1.3.2 水文地质条件

根据勘探场地地层结果，盾构施工区间地层富水性好，水平方向透水性强。地下水主要集中在 2-4 层中砂、2-4-3 层粉砂层，局部具有承压性，含水层厚度达 18.0m。地下水的补给主要是通过降雨、松花江径流和地表水渗透等途径。地下水位年变化幅度为

2.0～3.0m，盾构隧道接收端洞门埋深14.3m，位于地下水位以下。

2.1.3.3 建筑物及地下管线

盾构接收井周边以居民建筑、商业建筑为主，人流、车流较为密集。建筑物与右线隧道轮廓边缘较远，盾构开挖对其影响较小，所以研究右线隧道施工过程中不考虑盾构接收端冻结对建筑物的影响。根据盾构区间综合设计图可知，本区间存在一条排水管线，线路埋深较深且处于现状道路下。接收端在车站负三层，接收端上方为临时便道，无重要建筑物，区间穿越管线详细情况见表2.3。

表2.3 区间穿越管线表

管线名称	材质	直径/mm	埋深/m
排水管线	混凝土	800	7.9

2.2 土体原位试验及物探测试

本节介绍的原位试验主要包括旁压试验、扁铲侧胀试验，介绍了2.1节中各区间土层类型和场地土类别的确定过程，在此基础上，开展了系列基础物探测试，其中隧道区间物探测试孔在隧道结构体以外3～5m的位置交叉布置，在隧道洞口、联络通道、施工竖井等位置布置勘探点，并布设剖面，获得了区间主要土层的波速、地温、电阻率等基础物理特性。本节测试技术工作主要参考依据包括《城市轨道交通岩土工程勘察规范》（GB 50307—2012）、《岩土工程勘察规范》（GB 50021—2001，2009年版）、《建筑地基基础设计规范》（GB 50007—2011）和《工程地质手册（第四版）》、《城市轨道交通结构抗震设计规范》（GB 50909—2014）、《地基动力特性测试规范》（GB/T 50269—2015）、《铁路工程物理勘探规范》（TB 10013—2010）。

2.2.1 旁压试验

（1）试验目的

开展旁压试验成果分析，试验结果主要用于：①土层划分与定名；②获得土层旁压剪切模量和旁压模量；③估算地基土的变形模量、压缩模量；④估算地基土的承载力；⑤估算地基土的原位水平应力、静止侧压力系数和不排水抗剪强度等参数。

（2）工作原理及仪器设备

试验前要对试验设备进行标定，标定合格后才能进行现场测试试验。试验时保证旁压器的量腔在同一土层内，每层土的测试点不少于一个；厚度大于3m的土层测试点不少于三个。同一试验孔由上至下逐次试验且成孔后立即进行。旁压仪安装及注水必须符合要求，试验中达到规范终止试验的规定时应终止试验。对黏性土、砂土，每级压力保持相对稳定的观测时间为3min，加荷载后15s、30s、60s、120s测读变形量，加荷增级为15～100kPa。

仪器工作时，由加压装置通过增压缸的面积变换，将较低的气压转换为较高压力的水压，并通过高压导管传至旁压器，使旁压器弹性膜膨胀导致地基孔壁受压而产生相应的侧向变形。其变形量可由增压缸的活塞位移值 S 确定，压力 P 由与增压缸相连的力传感器测得。根据所测结果，得到压力 P 和位移值 S（或体积 V）间的关系，即旁压曲线，从而得到地基土层的临塑压力、极限压力、旁压模量等有关土力学指标。

(3) 资料整理与分析

① 压力校正

压力校正公式为

$$P = P_m + P_w - P_i \tag{2.1}$$

式中，P 为校正后的压力，kPa；P_m 为压力表读数，kPa；P_w 为静水压力，kPa；P_i 为弹性膜约束力，可查弹性膜约束力校正曲线。

对式中 P_w 的计算应考虑无地下水和有地下水两种条件：

无地下水时，$P_w = (h_0 + Z_c) \gamma_w$；

有地下水时，$P_w = (h_0 + h_w) \gamma_w$。

式中，h_0 为测管水面离孔口的高度；Z_c 为地面至旁压器中腔中点的距离；h_w 为地下水位离孔口的距离；γ_w 为水的密度，g/cm³。

② 旁压曲线的绘制

绘制修正后的压力 P 和测管水位下降值 S 曲线。本次试验用 P-V 曲线代替 P-S 曲线，V 为测管内水的体积变化量。由 P-S 曲线经换算后绘制 P-V 曲线（图2.13）。

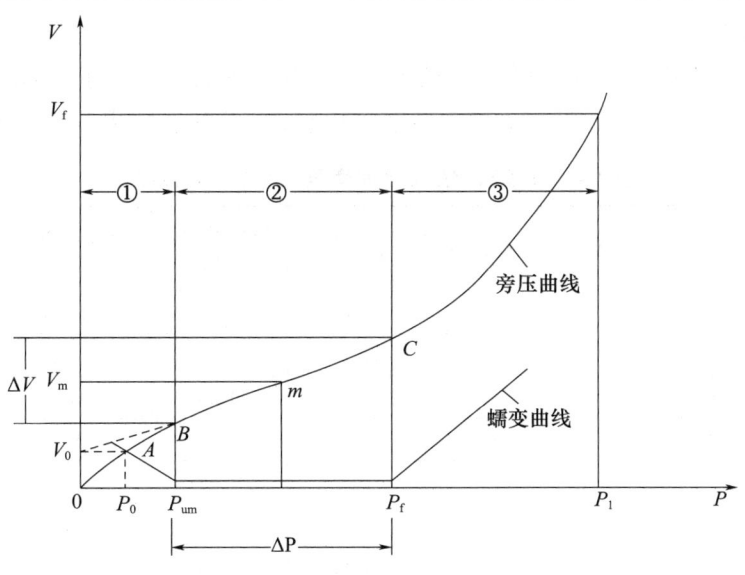

图 2.13　P-V 曲线

换算公式为

$$V=AS \tag{2.2}$$

式中，V 为换算后的体积变形量，cm^3；A 为测管内截面积，cm；S 为测管水位下降值，cm。

③ 特征压力值的确定

原位水平土压力 P_0 值：直线段延长与纵轴相交于 V_0，与 V_0 对应的压力为 P_0。直线段的终点所对应的压力为 P_f、体积为 V_f。

④ 试验成果应用

可按原理式（2.3）、式（2.4）计算旁压模量 E_M 和旁压剪切模量 G_M。

$$E_M = 2(1+\mu)\left(V_C + \frac{V_0+V_f}{2}\right)\frac{\Delta P}{\Delta V} \tag{2.3}$$

$$G_M = \left(V_C + \frac{V_0+V_f}{2}\right)\frac{\Delta P}{\Delta V} \tag{2.4}$$

式中，V_C 为旁压器固有体积；μ 为土体泊松比。

采用式（2.5）估算水平基床系数 K_h。

$$K_h = \Delta P/\Delta R \tag{2.5}$$

式中，$\Delta P = P_f - P_0$，为临塑压力与初始压力之差；$\Delta R = R_f - R_0$，为临塑压力与初始压力对应的旁压器径向位移。

采用临塑压力法确定地基承载力标准值：

$$f_{aK} = P_f - P_0 \tag{2.6}$$

采用式（2.7）确定土的侧压力系数 K_0

$$K_0 = P_0/\gamma_z \tag{2.7}$$

式中，γ_z 为土的重度，kN/m^3。

（4）试验结果

本场地共完成旁压试验孔两个，共计12个测试点。各测试点位于粉质黏土及中（粗）砂层中，土为可塑～硬塑，砂层为中密～密实状态。旁压试验成果分层统计见表2.4。

表2.4 浅埋暗挖施工区间旁压试验成果分层统计

土层编号	岩土名称	统计个数	旁压模量 E_M	水平基床系数 K_h	静止侧压力系数 K_0	地基承载力标准值 f_{ak}/kPa	土层状态
4-1	粉质黏土	2	5.08	37.86	0.44	327.64	可塑状态
4-2	粉质黏土	2	5.31	41.84	0.44	367.02	硬塑状态
5-1	粉质黏土	2	3.84	30.74	0.38	307.15	可塑状态
5-2	粉质黏土	2	3.31	26.60	0.30	290.95	可塑状态
6-2	细中砂	1	3.88	29.31	0.38	319.35	中密状态
6-3	中砂	1	4.10	32.67	0.36	399.35	中密状态
6-6	粗砂	1	4.84	37.82	0.38	431.19	密实状态
7-4	粗砾砂	1	4.79	37.97	0.40	389.83	密实状态

冻结施工区间共完成旁压试验孔3个,共计18个测试点。各测试点位于粉质黏土及中(粗)砂层中,土为可塑～硬塑,砂层为中密～密实状态。旁压试验成果分层统计见表2.5。

表2.5 冻结施工区间旁压试验成果分层统计

土层编号	岩土名称	统计个数	旁压模量 E_M	水平基床系数 K_h	静止侧压力系数 K_0	地基承载力标准值 f_{ak}/kPa	土层状态
4-1	粉质黏土	1	4.33	33.68	0.46	304.00	可塑状态
4-2	粉质黏土	2	5.28	40.70	0.45	368.97	硬塑状态
5-1	粉质黏土	4	4.98	40.04	0.44	332.59	可塑状态
5-2	粉质黏土	4	3.13	25.50	0.44	252.50	可塑状态
6-2	中砂	1	4.93	40.23	0.33	418.33	中密状态
6-3	中砂	3	5.01	39.72	0.34	405.02	密实状态
6-4	粗砂	2	5.00	39.83	0.37	428.40	密实状态
6-5	粉质黏土	1	4.30	34.65	0.45	255.51	可塑状态

盾构施工区间共完成旁压试验孔两个,共计12个测试点。各测试点位于粉质黏土及中(粗)砂层中,土为可塑～硬塑,砂层为中密～密实状态。成果分层统计见表2.6。

表2.6 盾构施工区间旁压试验成果分层统计

土层编号	岩土名称	统计个数	旁压模量 E_M	水平基床系数 K_h	静止侧压力系数 K_0	地基承载力标准值 f_{ak}/kPa	土层状态
2-1	粉质黏土	2	4.23	32.98	0.41	323.00	可塑状态
2-1-1	粉质黏土	2	4.32	39.87	0.44	378.97	硬塑状态
2-1-3	淤泥质黏土	4	4.98	32.89	0.37	332.59	可塑状态
2-4-3	细砂	3	5.50	40.98	0.32	420.50	中密状态
2-4	中砂	1	5.31	40.23	0.34	418.33	中密状态

2.2.2 扁铲侧胀试验

(1)试验目的

开展旁压试验成果分析,试验结果主要用于:①土层划分与定名;②计算不排水剪切强度;③确定应力历史;④计算静止土压力系数和基床系数;⑤确定压缩模量、侧胀模量。

(2)工作技术要点及理论依据

试验竖向间距为0.2～0.5m,试验深度根据地层情况及拟建工程确定,进入结构底板下5m或1倍洞径。每孔试验前后均进行探头率定,取试验前后的平均值为修正值。试验时,以静力匀速将探头贯入土中,贯入速率为2cm/s。探头达到预定深度后,进行匀速加压和减压测定膜片膨胀至0.05mm、1.10mm和回到0.05mm的压力A、B、C值。

扁铲侧胀消散试验在测试深度进行，测读时间间隔取 1min、2min、4min、8min、15min、30min、90min，以后每 90min 测读一次，直至消散结束。

扁铲测胀试验中膜片变形量较小，将其视为弹性变形过程。

膜片向外鼓胀假设为在无限弹性介质内部，在膜片上施加均布荷载 Δp，如果弹性介质的弹性模量为 E，泊松比为 μ，膜片上任一点的位移量为

$$S(r) = \frac{4R\Delta P(1-\mu^2)}{\pi E}\sqrt{1-\left(\frac{r}{R}\right)^2} \tag{2.8}$$

式中，R 为钢膜片的半径；r 为膜片上任一点到膜片中心点的距离。

$$\frac{E}{1-\mu^2} = \frac{4R}{\pi S(0)}\Delta P \tag{2.9}$$

式中，R、$S(0)$ 分别为膜片的半径和膜片中心的位移量；ΔP 为膜片从基座鼓胀到距基座 1.10mm 时的压力增量（$P_1 - P_0$）。

(3) 资料整理与分析

土性指数 I_D 为

$$I_D = \frac{P_1 - P_0}{P_0 - u_0} \tag{2.10}$$

水平应力指数 K_D 为

$$K_D = \frac{P_0 - u_0}{\sigma_{v0}} \tag{2.11}$$

式中，σ_{v0} 为试验点有效上覆土压力。

定义扁胀侧胀模量 E_D，由 $s=1.1$mm，可得

$$E_D = 34.7\Delta P = 34.7(P_1 - P_2) \tag{2.12}$$

侧胀孔压指数 U_D 为

$$U_D = \frac{P_2 - u_0}{P_0 - u_0} \tag{2.13}$$

依据土性指数 I_D 来划分土类，划分标准见表2.7。

表 2.7 用 I_D 划分土类

土性指数 I_D	$I_D<0.1$	$0.1 \leqslant I_D<0.35$	$0.35 \leqslant I_D<0.6$	$0.6 \leqslant I_D \leqslant 1.8$	$I_D>1.8$
土层名称	泥炭或灵敏黏土	黏土	粉质黏土	粉土	砂土

根据试验结果，本场地土层土性指数 I_D 值为 0.36~0.56，为粉质黏土层。

水平应力指数与土的静止侧压力系数 K_0 有很好的相关性，对黏性土，K_0 计算公式为

$$K_0 = (K_D/1.5)^{0.47} - 0.6 \quad (I_D<1.2) \tag{2.14}$$

压缩模量 E_s 的计算公式为

$$E_s = R_m E_D \tag{2.15}$$

式中，R_m 为与水平应力指数 K_D 有关的函数。

$$R_m = R_{mo} + (2.5 - R_{mo})\lg K_D \tag{2.16}$$

其中，$R_{mo}=0.14+0.15(I_D-0.6)$。

一般情况下，$R_m \geqslant 0.85$。若按上述公式计算出的$R_m<0.85$，则取$R_m=0.85$。

水平向基床系数K_h，根据扁铲侧胀试验的结果按下式估算：

$$K_h=\Delta p/\Delta s \tag{2.17}$$

由于扁铲侧胀试验是小应变试验，最大位移量仅为1.10mm，土体的变形处于弹性阶段或塑性阶段的应力状态，估算的基床系数偏大，与实际受力状态不同，使用时需根据不同应力条件、土性、工况及变形量乘以不同的修正系数加以修正。根据室内压缩试验和载荷试验的应力应变形态，采用双曲线拟合扁铲侧胀试验的变形曲线形态，推导出实际工程中大应变条件下的基床系数。

(4) 试验结果

① 浅埋暗挖施工区间试验结果

本场地共完成扁铲侧胀试验孔一个，测试点22个。扁铲侧胀试验成果分层统计见表2.8。

表2.8 浅埋暗挖施工区间扁铲侧胀试验成果分层统计

土层编号	岩土名称	统计个数	材料指数I_D	静止侧压力系数K_0	压缩模量E_s	水平基床系数K_h	土层状态
4-1	粉质黏土	3	0.42	0.45	3.98	44.97	可塑状态
4-2	粉质黏土	8	0.40	0.44	4.27	48.36	硬塑状态
5-1	粉质黏土	6	0.45	0.46	3.54	40.40	可塑状态
5-2	粉质黏土	10	0.46	0.47	3.46	39.85	可塑状态
6-1	粉质黏土	3	0.56	0.55	2.15	27.03	可塑状态

本次数据处理的地层主要为黏性土层，根据试验结果，本场地土层材料指数I_D值为0.37~0.57，为粉质黏土层。实际应用中，包含物会对数据产生影响，因而在使用本次原位测试的成果时，应结合岩性描述、室内土工试验成果及其他原位测试数据。

根据试验测试结果，本场地土层静止侧压力系数K_0值为0.42~0.56，压缩模量E_s值为2.03~4.69，水平基床系数K_h值为25.9~52.5。根据以上测试结果，本场地岩土可塑性分层结果见表2.8。

② 冻结施工区间试验结果

本场地共完成扁铲侧胀试验孔一个，测试点22个。扁铲侧胀试验成果分层统计见表2.9。

表2.9 冻结施工区间扁铲侧胀试验成果分层统计

土层编号	岩土名称	统计个数	材料指数I_D	静止侧压力系数K_0	压缩模量E_s	水平基床系数K_h	土层状态
4-1	粉质黏土	3	0.41	0.44	4.01	44.79	可塑状态
4-2	粉质黏土	6	0.43	0.47	4.32	47.95	硬塑状态

续表

土层编号	岩土名称	统计个数	材料指数 I_D	静止侧压力系数 K_0	压缩模量 E_s	水平基床系数 K_h	土层状态
5-1	粉质黏土	4	0.47	0.45	3.55	41.20	可塑状态
5-2	粉质黏土	6	0.47	0.48	3.61	39.56	可塑状态
6-5	粉质黏土	3	0.50	0.52	2.26	27.48	可塑状态

本次数据处理的地层主要为黏性土层，根据试验结果，本场地土层材料指数 I_D 值为 0.37~0.57，为粉质黏土层。实际应用中，包含物会对数据产生影响，因而在使用本次原位测试的成果时，应结合岩性描述、室内土工试验成果及其他原位测试数据。

根据试验测试结果，本场地土层静止侧压力系数 K_0 值为 0.42~0.56，压缩模量 E_s 值为 2.03~4.69，水平基床系数 K_h 值为 25.9~52.5，根据以上测试结果，本场地岩土可塑性分层结果见表 2.9。

③ 盾构施工区间试验结果

本场地共完成扁铲侧胀试验孔一个，测试点 11 个。扁铲侧胀试验成果分层统计见表 2.10。

表 2.10 盾构施工区间扁铲侧胀试验成果分层统计

土层编号	岩土名称	统计个数	材料指数 I_D	静止侧压力系数 K_0	压缩模量 E_s	水平基床系数 K_h	土层状态
2-1	粉质黏土	4	0.43	0.44	3.99	44.57	可塑状态
2-1-1	粉质黏土	7	0.41	0.45	4.29	47.86	硬塑状态

本次数据处理的地层主要为黏性土层，根据试验结果，本场地土层材料指数 I_D 值为 0.37~0.57，为粉质黏土层。实际应用中，包含物会对数据产生影响，因而在使用本次原位测试的成果时，应结合岩性描述、室内土工试验成果及其他原位测试数据。

根据试验测试结果，本场地土层静止侧压力系数 K_0 值为 0.42~0.56，压缩模量 E_s 值为 2.03~4.69，水平基床系数 K_h 值为 25.9~52.5。根据以上测试结果，本场地岩土可塑性分层结果见表 2.10。

对扁铲侧胀试验的检测结果进行分析，数据具有一定的可靠性，其值基本上反映了被测土体的力学性质，在同相关可靠数据对比确认的情况下，可以为工程设计提供参考。

2.2.3 基础物探测试

（1）试验目的

① 进行孔内波速测试、计算各岩土层动力参数；② 划分场地土类型及场地类别、计算场地地基土卓越周期；③ 测量地下温度，观测地下温度变化；④ 进行孔内电阻率测试；⑤ 进行区间内大地导电率测试。

(2) 物探测试设计

浅埋暗挖施工区间物探详勘外业工作于 2014 年 9 月 24 日至 2014 年 9 月 27 日进行。完成波速测试孔一个，利用初勘测试孔两个，工作量见表 2.11；地温测试利用初勘测试孔两个，工作量见表 2.12；电阻率测试孔一个，利用初勘测试孔一个，工作量见表 2.13；大地导电率采样距离 90m，采样点个数 8 个。

表 2.11　浅埋暗挖施工区间波速测试

钻孔号	钻孔深度/m	测试深度/m	测试点数量/个	累计测试深度/m
XHZC003	55	54	26	142
XHZC004	55	54	26	
XHZX017	35	34	17	

表 2.12　浅埋暗挖施工区间地温测试

钻孔号	钻孔深度/m	测试深度/m	测试点数量/个	观测次数	累计测试深度/m
XHZC002	50	27	12	24	54
XHZC005	55	27	11	24	

表 2.13　浅埋暗挖施工区间电阻率测试

钻孔号	钻孔深度/m	测试深度/m	测试点数量/个	累计测试深度/m
XHZC006	55	52	20	82
XHZX003	35	30	15	

冻结施工区间物探详勘外业工作于 2014 年 9 月 19 日至 2014 年 10 月 11 日进行。完成波速测试孔两个，利用初勘测试孔一个，工作量见表 2.14；地温测试孔一个，利用初勘测试孔一个，工作量见表 2.15；电阻率测试孔一个，利用初勘测试孔一个，工作量见表 2.16；大地导电率采样距离 80m，采样点个数 8 个。

表 2.14　冻结施工区间波速测试

钻孔号	钻孔深度/m	测试深度/m	测试点数量/个	累计测试深度/m
HXZC003	50	50	24	128
HXZX002	35	34	17	
HXZX016	45	44	22	

表 2.15　冻结施工区间地温测试

钻孔号	钻孔深度/m	测试深度/m	测试点数量/个	观测次数	累计测试深度/m
HXZC001	50	27	12	24	50
HXZX017	35	23	10	24	

表 2.16　冻结施工区间电阻率测试

钻孔号	钻孔深度/m	测试深度/m	测试点数量/个	累计测试深度/m
HXZC005	50	48	19	82
HXZX009	35	34	17	

盾构施工区间物探详勘外业工作于2014年9月19日至2014年10月11日进行。完成波速测试孔两个，利用初勘测试孔一个，工作量见表2.17；地温测试孔一个，利用初勘测试孔一个，工作量见表2.18；电阻率测试孔一个，利用初勘测试孔一个，工作量见表2.19；大地导电率采样距离80m，采样点个数8个。

表2.17　盾构施工区间波速测试

钻孔号	钻孔深度/m	测试深度/m	测试点数量/个	累计测试深度/m
DTZC003	50	50	23	116
DTZX001	45	43	15	
DTZX014	35	33	23	

表2.18　盾构施工区间地温测试

钻孔号	钻孔深度/m	测试深度/m	测试点数量/个	观测次数	累计测试深度/m
DTZC002	50	33	12	25	60
DTZX016	35	27	10	25	

表2.19　盾构施工区间电阻率测试

钻孔号	钻孔深度/m	测试深度/m	测试点数量/个	累计测试深度/m
DTZC004	50	47	16	80
DTZX006	35	33	19	

（3）工作原理及仪器设备

① 波速测试

波速测试采用仪器为中国科学院武汉岩土力学研究生产的RSM为24FD工程测试仪，武汉岩土力学研究所对该仪器的各项技术指标进行了测试，各项技术指标均合格。

工作中，采用单孔检层法进行波速测试，即在钻孔某一深度处设置三维拾振器，通过电缆与测试仪器相连；激发板置于孔旁，其上采用工程钻机压重（质量大于400kg）。分别水平敲击激发板两端，获得横波旅行时间；垂直敲击，获得纵波旅行时间。各点测试间距为2m。

② 地温测试

地温测试采用长沙金码高科技实业有限公司生产的JMZX-3001型综合测试仪进行测定，测量温度范围-20～+110℃，精度达0.1℃。

因地温对相应深度上的钻孔泥浆起到一定的烘烤作用，通过较长时间烘烤，钻孔泥浆温度能接近地层温度，故可通过测定钻孔中泥浆水温来代替地层温度。

测量隧道及车站基坑开挖深度范围内岩土层的温度，一个区间、车站岩土层温度测量要求提供两组数值，测试点布设在隧道上下各一倍洞径深度范围。测定时尽量减少探头对泥浆的扰动，并从上到下进行了测量，保证泥浆温度能代表地层温度。工作中，以注满泥浆24h后的泥浆温度近似代替，采用24h每小时观测一次的方式，取得相对稳定数值，保证钻孔内的泥浆水与地层的热传导尽可能交换以达到热平衡。测试点间距为2m。

③ 电阻率测试

电阻率测试采用的仪器为重庆地质仪器厂生产的 DUK-2A 型电法仪，各项技术指标均合格。

测试采用对称四极电测深法，先将测井电缆下到孔中，自下而上逐点测试，测试点距 2.0m，测试深度要求达到 50Hz 和 800Hz 的电磁信号最大影响的范围，为供电等专业提供设计依据。

④ 大地导电率测试

大地导电率采用电剖面法，即测量电极和供电电极的装置不变，而测点沿测线移动，来探测某深度范围内岩层导电率水平变化的方法。本次测试采用固定测量电极 M、N 间距 10m，供电电极 A、B 每隔 10m 移动，共计测量 8 个电剖面，提供大地导电率等专业数据。

(4) 资料整理与分析

① 波速测试

a. 剪切波波速和压缩波波速的确定：

对各测试孔所取得的资料进行分析整理，依据《地基动力特性测试规范》（GB/T 50269—2015）式（7.4.2-1～7.4.5），计算各波速层的剪切波和压缩波的波速。

$$v = \Delta H / \Delta T \tag{2.18}$$

式中，v 为波速层的压缩波波速或剪切波波速，m/s；ΔH 为波速层的厚度，m；ΔT 为压缩波或剪切波传到波速层顶面和底面的时间差，ms。

压缩波或剪切波从振源到达测点的时间按式（2.19）计算。按式（2.20）进行斜距校正。

$$T = K T_L \tag{2.19}$$

$$K = \frac{H + H_0}{\sqrt{L^2 + (H + H_0)^2}} \tag{2.20}$$

式中，T 为压缩波或剪切波从振源到达测点经斜距校正后的时间，s（相应于波从孔口到达测点的时间）；T_L 为压缩波或剪切波从振源到达测点的实测时间，s；K 为斜距校正系数；H 为测点的深度，m；H_0 为振源与孔口的高差，m；L 为从板中心到测试孔的水平距离，m。

b. 波速测试动力参数的确定：

根据工程地质钻探对地层的揭示结果，按层计算了各层土的剪切波速和压缩波速，并按下列各式计算各岩土层的动泊松比、动剪切模量、动弹性模量。

$$\mu_d = (v_p^2 - 2v_s^2) / [2(v_p^2 - v_s^2)] \tag{2.21}$$

$$G_d = \rho v_s^2 \tag{2.22}$$

$$E_d = 2(1 + \mu_d) \rho v_s^2 \tag{2.23}$$

式中，v_p 为压缩波速度，m/s；v_s 为剪切波速度，m/s；ρ 为地基土的质量密度，g/cm³；G_d 为动剪切模量，MPa；E_d 为动弹性模量，MPa；μ_d 为动泊松比。

浅埋暗挖施工区间各岩土层压缩波、剪切波速度及动力参数计算统计结果见表 2.20。

表 2.20 浅埋暗挖施工区间波速测试动参数

岩土编号	岩土名称	统计项目	横波波速 v_s/(m/s)	动剪切模量 G_d/MPa	动弹性模量 E_d/MPa	动泊松比 μ_d	场地土类型
4-1	粉质黏土	统计个数	4	4	4	4	中软土
		最大值	214.0	80.14	209.81	0.32	
		最小值	148.0	42.05	111.13	0.31	
		平均值	177.8	57.93	152.44	0.32	
4-2	粉质黏土	统计个数	3	3	3	3	中软土
		最大值	163.0	51.56	137.11	0.33	
		最小值	138.0	36.72	96.74	0.32	
		平均值	152.0	44.97	119.29	0.33	
5-1	粉质黏土	统计个数	5	5	5	5	中软土
		最大值	200.0	79.20	209.14	0.35	
		最小值	164.0	48.95	132.12	0.31	
		平均值	181.2	63.89	169.24	0.33	
5-2	粉质黏土	统计个数	10	10	10	10	中软土
		最大值	243.0	113.37	295.2	0.37	
		最小值	188.0	69.63	182.6	0.29	
		平均值	216.4	91.05	243.5	0.34	
6-1	粉质黏土	统计个数	2	2	2	2	中软土
		最大值	249.0	120.90	316.3	0.36	
		最小值	244.0	116.00	314.7	0.30	
		平均值	246.5	118.45	315.5	0.33	
6-1-1	粉质黏土	统计个数	1	1	1	1	中软土
		最大值	195.0	76.43	196.27	0.28	
		最小值	195.0	76.43	196.27	0.28	
		平均值	195.0	76.43	196.27	0.28	
6-2	中砂	统计个数	2	2	2	2	中软土
		最大值	248.0	126.08	320.3	0.28	
		最小值	227.0	105.37	268.8	0.27	
		平均值	237.5	115.72	294.6	0.28	
6-2-1	粗砂	统计个数	1	1	1	1	中硬土
		最大值	286.0	165.23	403.55	0.22	
		最小值	286.0	165.23	403.55	0.22	
		平均值	286.0	165.23	403.55	0.22	
6-3	中砂	统计个数	4	4	4	4	中硬土
		最大值	351.0	248.69	631.62	0.29	
		最小值	241.0	120.19	307.29	0.27	
		平均值	294.5	181.30	463.74	0.28	

续表

岩土编号	岩土名称	统计项目	横波波速 v_s/ (m/s)	动剪切模量 G_d/MPa	动弹性模量 E_d/MPa	动泊松比 μ_d	场地土类型
6-4	粗砂	统计个数	9	9	9	9	中硬土
		最大值	385.0	295.86	739.97	0.29	
		最小值	277.0	157.29	392.85	0.24	
		平均值	331.3	224.67	564.04	0.26	
6-6	粗砂	统计个数	10	10	10	10	中硬土
		最大值	476.0	455.78	1084.2	0.29	
		最小值	377.0	286.22	736.3	0.19	
		平均值	414.1	347.27	859.1	0.24	
6-6-1	中砂	统计个数	6	6	6	6	中硬土
		最大值	455.0	404.96	939.28	0.29	
		最小值	328.0	220.37	561.80	0.16	
		平均值	397.7	319.71	786.88	0.24	
7-1	粗砂	统计个数	6	6	6	6	中硬土
		最大值	476.0	480.73	1178.4	0.29	
		最小值	427.0	377.42	965.3	0.21	
		平均值	448.5	423.51	1057.5	0.25	
7-2	粉质黏土	统计个数	2	2	2	2	中软土
		最大值	246.0	129.50	354.8	0.38	
		最小值	241.0	125.45	346.7	0.37	
		平均值	243.5	127.47	350.8	0.38	
8-1	泥岩	统计个数	2	2	2	2	中硬土
		最大值	435.0	413.99	1047.62	0.27	
		最小值	435.0	408.32	1033.27	0.27	
		平均值	435.0	411.15	1040.44	0.27	
8-2	砂岩	统计个数	2	2	2	2	中硬土
		最大值	444.0	438.52	1095.81	0.29	
		最小值	435.0	412.10	1063.55	0.25	
		平均值	439.5	425.31	1079.68	0.27	

冻结施工区间各岩土层压缩波、剪切波速度及动力参数计算统计结果见表2.21。

表 2.21 冻结施工区间波速测试动参数表

岩土编号	岩土名称	统计项目	横波波速 v_s/ (m/s)	动剪切模量 G_d/MPa	动弹性模量 E_d/MPa	动泊松比 μ_d	场地土类型
4-1	粉质黏土	统计个数	3	3	3	3	中软土
		最大值	185.0	58.87	157.67	0.34	

续表

岩土编号	岩土名称	统计项目	横波波速 v_s/(m/s)	动剪切模量 G_d/MPa	动弹性模量 E_d/MPa	动泊松比 μ_d	场地土类型
4-1	粉质黏土	最小值	169.0	49.12	131.87	0.34	中软土
		平均值	175.0	52.76	141.39	0.34	
4-1-1	粉质黏土	统计个数	2	2	2	2	中软土
		最大值	153.0	44.75	122.38	0.37	
		最小值	139.0	37.23	102.35	0.37	
		平均值	146.0	40.99	112.36	0.37	
4-2	粉质黏土	统计个数	1	1	1	1	中软土
		最大值	214.0	78.77	209.72	0.33	
		最小值	214.0	78.77	209.72	0.33	
		平均值	214.0	78.77	209.72	0.33	
5-1	粉质黏土	统计个数	5	5	5	5	中软土
		最大值	192.0	63.41	167.69	0.32	
		最小值	158.0	42.94	113.34	0.31	
		平均值	178.2	56.33	148.17	0.32	
5-2	粉质黏土	统计个数	5	5	5	5	中软土
		最大值	241.0	114.97	312.32	0.36	
		最小值	165.0	46.83	125.72	0.32	
		平均值	207.2	80.16	214.89	0.34	
6-1	粉质黏土	统计个数	1	1	1	1	中软土
		最大值	249.0	119.04	326.99	0.37	
		最小值	249.0	119.04	326.99	0.37	
		平均值	249.0	119.04	326.99	0.37	
6-2	中砂	统计个数	2	2	2	2	中软土
		最大值	294.0	178.20	453.68	0.33	
		最小值	193.0	64.07	170.55	0.27	
		平均值	243.5	121.13	312.12	0.30	
6-2-3	细砂	统计个数	2	2	2	2	中软土
		最大值	246.0	104.09	267.33	0.30	
		最小值	203.0	70.88	183.91	0.28	
		平均值	224.5	87.48	225.62	0.29	
6-3	中砂	统计个数	8	8	8	8	中硬土
		最大值	364.0	269.75	683.66	0.29	
		最小值	189.0	61.44	153.73	0.24	
		平均值	262.9	138.75	352.22	0.27	

续表

岩土编号	岩土名称	统计项目	横波波速 v_s/(m/s)	动剪切模量 G_d/MPa	动弹性模量 E_d/MPa	动泊松比 μ_d	场地土类型
6-4	粗砂	统计个数	3	3	3	3	中硬土
		最大值	334.0	191.88	473.11	0.26	
		最小值	264.0	119.88	302.97	0.23	
		平均值	306.0	162.63	404.10	0.24	
6-4-1	中砂	统计个数	2	2	2	2	中硬土
		最大值	285.0	139.71	353.45	0.26	
		最小值	255.0	111.84	281.93	0.26	
		平均值	270.0	125.78	317.69	0.26	
6-5	粉质黏土	统计个数	2	2	2	2	中硬土
		最大值	351.0	243.77	637.90	0.31	
		最小值	247.0	104.94	262.04	0.25	
		平均值	299.0	174.36	449.97	0.28	
6-6	粗砂	统计个数	12	12	12	12	中硬土
		最大值	465.0	434.83	941.70	0.30	
		最小值	259.0	115.38	284.96	0.08	
		平均值	374.0	277.14	672.15	0.22	
6-6-1	中砂	统计个数	6	6	6	6	中硬土
		最大值	426.0	358.53	829.09	0.25	
		最小值	224.0	86.30	212.20	0.16	
		平均值	306.5	176.84	427.31	0.22	
7-1	粗砂	统计个数	5	5	5	5	中硬土
		最大值	476.0	442.18	1015.08	0.25	
		最小值	243.0	101.56	250.11	0.13	
		平均值	354.6	250.58	587.19	0.20	
7-2	粉质黏土	统计个数	2	2	2	2	中软土
		最大值	245.0	117.05	320.52	0.38	
		最小值	234.0	106.77	294.35	0.37	
		平均值	239.5	111.91	307.44	0.38	
8-1	泥岩	统计个数	2	2	2	2	中硬土
		最大值	465.0	421.85	1022.44	0.22	
		最小值	378.0	245.76	598.35	0.21	
		平均值	421.5	333.81	810.39	0.22	

盾构施工区间各岩土层压缩波、剪切波速度及动力参数计算统计结果见表2.22。

表 2.22 盾构施工区间波速测试动参数

岩土编号	岩土名称	统计项目	横波波速 v_s/(m/s)	动剪切模量 G_d/MPa	动弹性模量 E_d/MPa	动泊松比 μ_d	场地土类型
2-1	粉质黏土	统计个数	4	4	4	4	中软土
		最大值	167.0	57.78	152.65	0.33	
		最小值	158.0	50.12	133.85	0.33	
		平均值	162.5	53.95	143.25	0.33	
2-1-1	粉质黏土	统计个数	3	3	3	3	中软土
		最大值	152.0	44.35	122.38	0.37	
		最小值	130.0	37.25	102.35	0.37	
		平均值	141.0	40.80	112.365	0.37	
2-1-2	粉质黏土	统计个数	2	2	2	2	中软土
		最大值	214.0	78.77	209.72	0.34	
		最小值	213.0	76.77	207.72	0.34	
		平均值	213.5	77.77	208.72	0.34	
2-1-3	淤泥质黏土	统计个数	4	4	4	4	中软土
		最大值	182.0	61.41	163.69	0.33	
		最小值	158.0	42.94	113.34	0.31	
		平均值	170.0	52.175	138.515	0.32	
2-2	粉质黏土	统计个数	5	5	5	5	中软土
		最大值	231.0	104.96	302.34	0.34	
		最小值	165.0	46.83	125.72	0.32	
		平均值	198.0	75.895	214.03	0.33	
2-3	粉质黏土	统计个数	6	6	6	6	中软土
		最大值	247.0	116.03	321.97	0.36	
		最小值	247.0	116.03	321.97	0.37	
		平均值	247.0	116.03	321.97	0.365	
2-4	中砂	统计个数	2	2	2	2	中软土
		最大值	284.0	188.20	353.68	0.31	
		最小值	193.0	64.07	170.55	0.27	
		平均值	238.5	126.135	262.115	0.29	
2-4-1	中砂	统计个数	1	1	1	1	中软土
		最大值	236.0	103.09	247.31	0.32	
		最小值	202.0	70.81	193.93	0.28	
		平均值	219.0	86.95	220.62	0.3	
2-4-2	中砂	统计个数	8	8	8	8	中硬土
		最大值	354.0	258.25	633.16	0.31	

续表

岩土编号	岩土名称	统计项目	横波波速 v_s/(m/s)	动剪切模量 G_d/MPa	动弹性模量 E_d/MPa	动泊松比 μ_d	场地土类型
2-4-2	中砂	最小值	191.0	62.43	155.71	0.25	中硬土
		平均值	272.5	160.34	394.44	0.28	
2-4-3	细砂	统计个数	3	3	3	3	中硬土
		最大值	285.0	139.71	353.45	0.26	
		最小值	255.0	111.84	281.93	0.26	
		平均值	270.0	125.775	317.69	0.26	

c. 场地土类型和场地类别的判定：

依据《城市轨道交通结构抗震设计规范》（GB 50909—2014）之式 4.2.7 及式 4.2.8，各地层等效剪切波速度，按下列公式计算：

$$v_{se} = d_0/t \qquad t = \sum_{i=1}^{n} \frac{d_i}{v_{si}} \tag{2.24}$$

式中，v_{se} 为土层等效剪切波速，m/s；d_0 为计算深度，m，取覆盖层厚度和 20m 中的较小值（本场地取 20m）；t 为剪切波在地面至计算深度之间的传播时间；d_i 为计算深度范围内第 i 层土的厚度，m；v_{si} 为计算深度范围内第 i 层土的剪切波速，m/s；n 为计算深度范围内土层的分层数。

依据《城市轨道交通结构抗震设计规范》（GB 50909—2014）表 4.2.3 及表 4.2.6 规定，暗挖区间各土层的剪切波速、土的类型，场地的等效剪切波速度及场地类别见表 2.23。

表 2.23 浅埋暗挖施工区间场地土类型及建筑场地类别划分

地层编号	地层名称	剪切波速/(m/s)	场地土类型	等效剪切波速 v_{se}/(m/s)	场地类别
4-1	粉质黏土	178	中软土	192	Ⅲ
4-2	粉质黏土	152	中软土		
5-1	粉质黏土	181	中软土		
5-2	粉质黏土	218	中软土		
6-1	粉质黏土	247	中软土		
6-1-1	粉质黏土	195	中软土		
6-2	中砂	238	中软土		
6-2-1	粗砂	286	中硬土		
6-3	中砂	295	中硬土		
6-4	粗砂	331	中硬土		
6-6	粗砂	414	中硬土		
6-6-1	中砂	398	中硬土		
7-1	粗砂	448	中硬土		
7-2	粉质黏土	244	中软土		

续表

地层编号	地层名称	剪切波速/(m/s)	场地土类型	等效剪切波速 v_{se}/(m/s)	场地类别
8-1	泥岩	435	中硬土	192	Ⅲ
8-2	砂岩	440	中硬土		

注：根据本次勘察，场地覆盖层厚度大于50m，等效剪切波速判断深度为20m。

依据《城市轨道交通结构抗震设计规范》（GB 50909—2014）表 4.2.3 及表 4.2.6 规定，冻结区间各土层的剪切波速、土的类型，场地的等效剪切波速度及场地类别见表 2.24。

表 2.24 冻结施工区间场地土类型及建筑场地类别划分

地层编号	地层名称	剪切波速/(m/s)	场地土类型	等效剪切波速 v_{se}/(m/s)	场地类别
4-1	粉质黏土	175	中软土		
4-1-1	粉质黏土	146	中软土		
4-2	粉质黏土	214	中软土		
5-1	粉质黏土	178	中软土		
5-2	粉质黏土	207	中软土		
6-1	粉质黏土	249	中软土		
6-2	中砂	244	中软土		
6-2-3	细砂	224	中软土		
6-3	中砂	263	中硬土	205	Ⅲ
6-4	粗砂	306	中硬土		
6-4-1	中砂	311	中硬土		
6-5	粉质黏土	299	中硬土		
6-6	粗砂	374	中硬土		
6-6-1	中砂	302	中硬土		
7-1	粗砂	355	中硬土		
7-2	粉质黏土	240	中软土		
8-1	泥岩	422	中硬土		

依据《城市轨道交通结构抗震设计规范》（GB 50909—2014）表 4.2.3 及表 4.2.6 规定，盾构区间各土层的剪切波速、土的类型，场地的等效剪切波速度及场地类别见表 2.25。

表 2.25 盾构施工区间场地土类型及建筑场地类别划分

地层编号	地层名称	剪切波速/(m/s)	场地土类型	等效剪切波速 v_{se}/(m/s)	场地类别
2-1	粉质黏土	162	中软土		
2-1-1	粉质黏土	141	中软土	201	Ⅲ
2-1-2	粉质黏土	170	中软土		
2-1-3	淤泥质黏土	189	中软土		

续表

地层编号	地层名称	剪切波速/(m/s)	场地土类型	等效剪切波速 v_{se}/(m/s)	场地类别
2-2	粉质黏土	198	中软土	201	Ⅲ
2-3	粉质黏土	238	中软土		
2-4	中砂	244	中软土		
2-4-1	中砂	281	中硬土		
2-4-2	中砂	262	中硬土		
2-4-3	细砂	224	中硬土		

d. 卓越周期的判定：

根据《工程地质手册（第四版）》，场地地基土卓越周期按下式计算：

$$T = \sum_{i=1}^{n} \frac{4h_i}{v_{si}} \tag{2.25}$$

式中，T 为场地地基土的卓越周期，s；h_i 为第 i 层土层厚度，m，计算至30m左右的完整土层；v_{si} 为第 i 层土的剪切波速，m/s；n 为用于计算的土层层数。

经计算，浅埋暗挖施工区间卓越周期见表2.26。

表2.26 浅埋暗挖施工区间场地地基土的卓越周期

测试孔号	卓越周期/s	平均值/s
XHZC003	0.43	
XHZC004	0.42	0.42
XHZX017	0.40	

经计算，冻结施工区间卓越周期见表2.27。

表2.27 冻结施工区间场地地基土的卓越周期

测试孔号	卓越周期/s	平均值/s
HXZC005	0.39	
HXZX002	0.38	0.38
HXZX016	0.36	

经计算，盾构施工区间卓越周期见表2.28。

表2.28 盾构施工区间场地地基土的卓越周期

测试孔号	卓越周期/s	平均值/s
DTZC002	0.39	
DTZC004	0.42	0.40
DTZX014	0.39	

② 土壤电阻率测试

根据《工程地质手册（第四版）》式（2-5-1），计算各土层的电阻率值。

$$\rho_s = K(\Delta U_{MN}/I) \tag{2.26}$$

式中，ρ_s 为电阻率，$\Omega \cdot m$；K 为装置系数；ΔU_{MN} 为测量电极 M、N 两点间电位差，mV；I 为电流，mA。

根据电阻率测试结果，计算岩土层电阻率的平均值，以此作为岩土层电阻率值。浅埋暗挖施工区间各岩土层电阻率统计结果见表 2.29。

表 2.29 浅埋暗挖施工区间各岩土层电阻率统计

地层编号	岩土名称	统计个数	视电阻率最大值/（Ω·m）	视电阻率最小值/（Ω·m）	视电阻率平均值/（Ω·m）
4-1	粉质黏土	3	27.2	17.9	21.5
4-2	粉质黏土	3	28.3	26.4	27.60
5-1	粉质黏土	6	30.4	23.6	26.70
5-2	粉质黏土	3	29.9	19.9	25.80
6-1-1	粉质黏土	1	28.80	28.80	28.80
6-2	中砂	2	153.5	143.7	148.60
6-3	中砂	3	149.4	145.0	147.90
6-4	粗砂	5	163.9	147.9	154.20
6-6	粗砂	3	155.0	152.0	153.50
6-6-1	中砂	3	159.2	152.6	155.10
7-1	粗砂	1	152.00	152.00	152.00
7-2	粉质黏土	1	28.50	28.50	28.50
8-1	泥岩	1	16.10	16.10	16.10

根据电阻率测试结果，计算岩土层电阻率的平均值，以此作为岩土层电阻率值。冻结施工区间各岩土层电阻率统计结果见表 2.30。

表 2.30 冻结施工区间各岩土层电阻率统计

地层编号	岩土名称	统计个数	视电阻率最大值/（Ω·m）	视电阻率最小值/（Ω·m）	视电阻率平均值/（Ω·m）
4-1	粉质黏土	2	28.3	21.8	25.10
4-1-1	粉质黏土	1	20.1	20.1	20.10
5-1	粉质黏土	4	35.9	18.3	26.90
5-2	粉质黏土	3	38.5	17.1	24.90
6-2	中砂	1	117.5	117.5	117.50
6-3	中砂	5	149.2	119.2	133.90
6-4	粗砂	3	147.5	118.5	129.10
6-4-1	中砂	1	120.6	120.6	120.60
6-5	粉质黏土	1	39.9	39.9	39.90
6-6	粗砂	6	159.9	134.6	149.90
6-6-1	中砂	4	153.6	127.7	135.20
7-1	粗砂	3	157.0	151.9	153.70
8-1	泥岩	2	50.9	44.9	47.90

根据电阻率测试结果，计算岩土层电阻率的平均值，以此作为岩土层电阻率值。盾构施工区间各岩土层电阻率统计结果见表2.31。

表2.31 盾构施工区间各岩土层电阻率统计结果

地层编号	岩土名称	统计个数	视电阻率最大值/(Ω·m)	视电阻率最小值/(Ω·m)	视电阻率平均值/(Ω·m)
2-1	粉质黏土	2	26.2	15.9	21.05
2-1-1	粉质黏土	3	27.1	22.2	24.65
2-1-2	粉质黏土	5	30.4	23.6	27.00
2-1-3	淤泥质黏土	2	29.2	21.5	25.35
2-2	粉质黏土	3	32.80	25.72	29.26
2-3	粉质黏土	3	36.12	33.7	34.91
2-4	中砂	4	129.4	115.0	122.20
2-4-1	中砂	4	123.2	117.1	120.15
2-4-2	中砂	2	135.1	122.0	128.55
2-4-3	细砂	3	119.2	102.1	110.65

③ 大地导电率测试

根据大地导电率测试结果，浅埋暗挖施工区间各深度岩土层大地导电率统计结果见表2.32。

表2.32 浅埋暗挖施工区间大地导电率统计结果

编号	岩土名称	供电电极A、B间距/m	测量电极M、N间距/m	测量深度/m	大地导电率值/(1×10^{-3}m/s)
1	粉质黏土	20	10	10	37.45
2	粉质黏土	30	10	15	38.76
3	中砂	40	10	20	6.76
4	中砂	50	10	25	6.90
5	粗砂	60	10	30	6.54
6	粗砂	70	10	35	6.45
7	粉质黏土	80	10	40	35.07
8	粉质黏土	90	10	45	34.19

根据大地导电率测试结果，冻结施工区间各深度岩土层大地导电率统计结果见表2.33。

表2.33 冻结施工区间大地导电率统计结果

编号	岩土名称	供电电极A、B间距/m	测量电极M、N间距/m	测量深度/m	大地导电率值/(1×10^{-3}m/s)
1	粉质黏土	20	10	10	39.84
2	中砂	30	10	15	7.46
3	粗砂	40	10	20	7.75

续表

编号	岩土名称	供电电极 A、B 间距/m	测量电极 M、N 间距/m	测量深度/m	大地导电率值/(1×10^{-3}m/s)
4	中砂	50	10	25	7.41
5	粗砂	60	10	30	6.67
6	粗砂	70	10	35	7.46
7	粗砂	80	10	40	6.49
8	粗砂	90	10	45	6.37

根据大地导电率测试结果,盾构施工区间各深度岩土层大地导电率统计结果见表2.34。

表2.34 盾构施工区间大地导电率统计结果

编号	岩土名称	供电电极 A、B 间距/m	测量电极 M、N 间距/m	测量深度/m	大地导电率值/(1×10^{-3}m/s)
1	淤泥质黏土	20	10	10	32.47
2	中砂	30	10	15	6.62
3	中砂	40	10	20	6.76
4	中砂	50	10	25	6.90
5	粗砂	60	10	30	6.54
6	中砂	70	10	35	6.85
7	粉质黏土	80	10	40	35.21
8	粉质黏土	90	10	45	33.29

④ 地温测试

24h地下水位稳定后,进行第一次观测,探头一组共分5个传感器,传感器间距4m,每提升2m观测一次,每小时观测一次,记录该深度地温的平均值。根据地温测试结果,计算岩土层地温的平均值,以作为该岩土层的地温值。各岩土层地温统计结果见表2.35。

表2.35 浅埋暗挖施工区间各岩土层地温统计结果

地层编号	岩土名称	统计个数	地下温度最大值/℃	地下温度最小值/℃	地下温度平均值/℃
4-2	粉质黏土	1	12.7	12.7	12.7
5-1	粉质黏土	5	12.8	11.8	12.2
5-2	粉质黏土	6	12.3	11.9	12.1
6-1	粉质黏土	1	12.3	12.3	12.3
6-2	中砂	2	12.5	12.5	12.5
6-3	中砂	4	12.6	12.5	12.6
6-4	粗砂	4	12.7	12.6	12.7

冻结施工区间各岩土层地温统计结果见表2.36。

表 2.36　冻结施工区间各岩土层地温统计结果

地层编号	岩土名称	统计个数	地下温度最大值/℃	地下温度最小值/℃	地下温度平均值/℃
4-2	粉质黏土	1	11.3	11.3	11.3
5-1	粉质黏土	5	11.9	11.3	11.6
5-2	粉质黏土	1	11.6	11.6	11.6
6-2	中砂	3	12.4	11.8	12.0
6-3	中砂	5	13.1	11.9	12.5
6-4	粗砂	6	13.4	12.1	13.0
6-5	粉质黏土	1	12.4	12.4	12.4

盾构施工区间各岩土层地温统计结果见表2.37。

表 2.37　盾构施工区间各岩土层地温统计结果

地层编号	岩土名称	统计个数	地下温度最大值/℃	地下温度最小值/℃	地下温度平均值/℃
2-1	粉质黏土	2	12.9	12.1	12.5
2-1-1	粉质黏土	3	13.2	11.6	12.4
2-1-3	淤泥质黏土	5	13.3	11.5	12.4
2-4-3	细砂	2	13.5	11.9	12.7
2-4	中砂	2	13.2	12.6	12.9

(5) 结论及建议

① 各地层剪切波速度、纵波速度及动参数详见表2.23~表2.25。

② 根据《城市轨道交通结构抗震设计规范》(GB 50909—2014)的规定，场地类别为Ⅲ类，场地土类型详见表2.23~表2.25。

③ 根据实测剪切波速计算的场地地基土的卓越周期平均值为0.42s，计算结果详见表2.26~表2.28。

④ 各岩土层电阻率建议值按表2.29~表2.31采用。

⑤ 区间内大地导电率建议值按表2.32~表2.34采用。

⑥ 各岩土层地温建议值按表2.35~表2.37采用。

2.3　土体物理力学性能土工试验

基于2.2节原位试验及物探测试结果，获得了中国东北某城市地铁的浅埋暗挖施工区间、冻结施工区间和盾构施工区间的主要场地土类型、场地类别和主要土层部分物理力学参数（图2.14）。为了对各区间大型变截面隧道下穿综合管廊特殊工程的安全开挖与支护开展深入分析研究，本节在2.3节和2.4节的基础上，对区间主要土层进行土样采集。本节为了使后续研究分析结果对大型变截面隧道下穿综合管廊工程施工尤其是初步设计中工程潜在危险区域施工的参考价值和指导性更强,开展了土粒相对密度、密度含水率、界限含水率、固结等系列室内土力学试验,对试验结果采用层内平均法进行处理,以全面获取区间各主要土层土粒相对密度、含水率、界限含水率、压缩系数、固结系数等基础物理力学参数,为后续章节中理论数学模型和数值模拟研究提供基础数据。

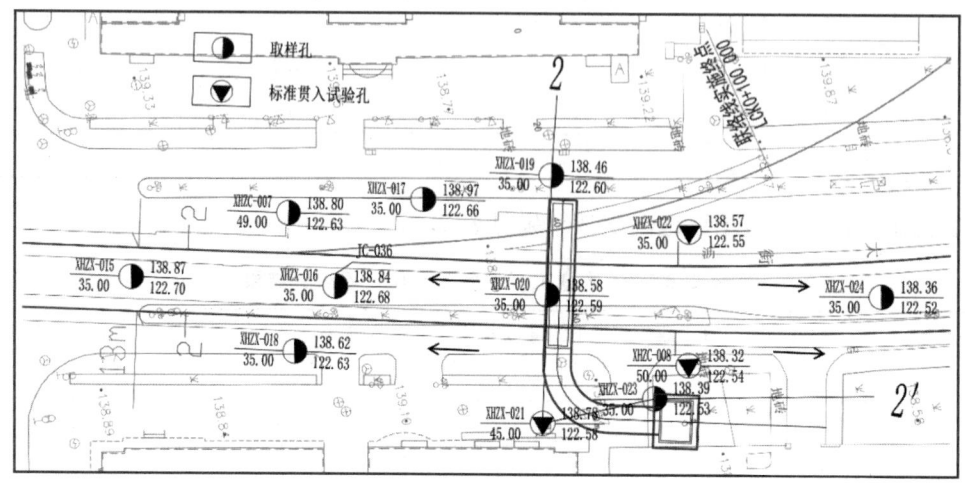

图 2.14　大型变截面区域钻孔平面图

2.3.1　土粒相对密度试验

(1) 试验目的:测定土粒相对密度,为计算土的孔隙比、饱和度以及为土的其他物理力学试验(如颗粒分析的密度计法试验、压缩试验)提供必要数据。

(2) 试验仪器:烘箱、100g 相对密度瓶、LP-500 型电子天平(感量 0.001g)、砂浴、温度计等。

(3) 计算公式:

$$G_s = \frac{m_s}{m_1 + m_s - m_2} \times G_{\omega t} \tag{2.27}$$

式中,G_s 为土的颗粒密度(相对密度),精确到 0.001;$G_{\omega t}$ 为 t℃时纯水的相对密度;m_1 为相对密度瓶、水总质量,g;m_s 为试样烘干质量,g;m_2 为相对密度瓶、水、试样总质量,g。

(4) 试验结果(表 2.38~表 2.40)

表 2.38　浅埋暗挖施工区间相对密度试验结果

土层编号	1-1	4-1	5-1	5-2	6-2	6-3	6-6	7-1
岩土名称	杂填土	粉质黏土	粉质黏土	粉质黏土	细中砂	中砂	粗砂	粗砾砂
相对密度 G_s	2.71	2.69	2.71	2.70	2.71	2.72	2.73	2.73

表 2.39 冻结施工区间相对密度试验结果

土层编号	1-1	4-1	5-1	5-2	6-2-3	6-3	6-6	7-1
岩土名称	杂填土	粉质黏土	粉质黏土	粉质黏土	细中砂	中砂	粗砂	粗砾砂
相对密度 G_s	2.70	2.70	2.69	2.71	2.70	2.71	2.72	2.73

表 2.40 盾构施工区间相对密度试验结果

土层编号	1-1	2-1	2-1-1	2-1-3	2-4-3	2-4
岩土名称	杂填土	粉质黏土	粉质黏土	淤泥质黏土	细砂	中砂
相对密度 G_s	2.71	2.70	2.71	2.70	2.71	2.72

2.3.2 密度、含水率测试

(1) 试验目的:测定土的密度含水率。

(2) 试验仪器:环刀,直径 61.8mm,高度 20mm;制样器,直径 40mm,高度 80mm;JA31002 型电子天平最大称量 3000g,感量 10mg;卡尺;烘箱;饱水器;密封袋等。

(3) 计算

密度用体积密度法,计算公式如下:

$$\rho_0 = \frac{m_0}{V} \tag{2.28}$$

$$\rho_d = \frac{m_d}{V} \tag{2.29}$$

$$\rho_s = \frac{m_s}{V} \tag{2.30}$$

$$w_0 = \frac{m_0 - m_d}{m_d} \times 100 \tag{2.31}$$

$$w_s = \frac{m_s - m_d}{m_d} \times 100 \tag{2.32}$$

式中,ρ_0、ρ_d、ρ_s 为分别为试件的天然密度、烘干密度、饱和密度,g/cm^3;m_0、m_d、m_s 为分别为试件的天然质量、烘干质量、饱和吸水质量,g;w_0、w_s 为分别为试件的天然含水率、饱和吸水率,‰;V 为试件体积,cm^3。

(4) 试验结果(表 2.41~表 2.43)

表 2.41 浅埋暗挖施工区间密度、含水率测试结果

土层编号	土层名称	含水率 w/%	湿密度 ρ/(g/cm³)	干密度 ρ_d/(g/cm³)	饱和度 S_r/%	孔隙比 e
1-1	杂填土	21.5	1.95	1.60	84.6	0.689
4-1	粉质黏土	25.4	1.94	1.55	92.5	0.739
5-1	粉质黏土	28.5	1.92	1.49	94.9	0.814
5-2	粉质黏土	28.9	1.83	1.42	86.5	0.902

续表

土层编号	土层名称	含水率 $w/\%$	湿密度 $\rho/(g/cm^3)$	干密度 $\rho_d/(g/cm^3)$	饱和度 $S_r/\%$	孔隙比 e
6-2	细中砂	25.7	2.00	1.59	99.0	0.703
6-3	中砂	24.6	1.97	1.58	92.9	0.720
6-6	粗砂	33.7	1.90	1.42	99.9	0.921
7-1	粗砾砂	25.4	1.97	1.57	94.0	0.738

表 2.42 冻结施工区间密度、含水率测试结果

土层编号	土层名称	含水率 $w/\%$	湿密度 $\rho/(g/cm^3)$	干密度 $\rho_d/(g/cm^3)$	饱和度 $S_r/\%$	孔隙比 e
1-1	杂填土	22.0	1.92	1.57	82.2	0.728
4-1	粉质黏土	26.2	1.90	1.51	88.3	0.807
5-1	粉质黏土	26.4	1.98	1.53	93.4	0.786
5-2	粉质黏土	26.8	2.01	1.59	92.4	0.749
6-2-3	细中砂	25.3	2.03	1.58	99.0	0.723
6-3	中砂	24.6	1.98	1.58	93.9	0.722
6-6	粗砂	33.9	1.91	1.39	98.8	0.919
7-1	粗砾砂	25.3	1.96	1.51	95.9	0.798

表 2.43 盾构施工区间密度、含水率测试结果

土层编号	土层名称	含水率 $w/\%$	湿密度 $\rho/(g/cm^3)$	干密度 $\rho_d/(g/cm^3)$	饱和度 $S_r/\%$	孔隙比 e
1-1	杂填土	22.1	1.92	1.69	84.8	0.702
2-1	粉质黏土	26.4	1.96	1.55	91.5	0.709
2-1-1	粉质黏土	27.5	1.95	1.42	86.2	0.814
2-1-3	粉质黏土	26.4	2.01	1.43	93.2	0.802
2-4-3	细中砂	25.6	2.03	1.61	89.0	0.723
2-4	中砂	24.2	1.96	1.57	93.9	0.732

2.3.3 界限含水率

（1）试验目的：确定黏性土由流动状态、可塑状态、半固体状态和固体状态相互转化时的分界含水率。

（2）试验仪器：光电式液塑限联合测定仪、试样杯、烘箱、天平、称量盒、调土刀、标准筛等。试样过 0.5mm 标准筛。

（3）计算

将试样的不同圆锥下沉深度 h（mm）与相应的含水率 w（%）绘于双对数坐标纸上，3 点连一直线，如通过高含水率的一点与其余两点连线在圆锥下沉深度为 2mm 处查得含水率差值大于 2%，则应补做试验。在双对数坐标纸上的不同圆锥下沉深度与相应的含水率关系直线上查得圆锥下沉深度为 17mm 处的相应含水率为液限，下沉深度为

2mm 处的相应含水率为塑限。计算公式如下：

$$I_p = w_l - w_p \tag{2.33}$$

$$I_{10} = w_{10} - w_p \tag{2.34}$$

式中，w_l 为液限，对应圆锥下沉深度为 17mm 处的相应含水率；w_p 为塑限，对应圆锥下沉深度为 2mm 处的相应含水率；I_{10} 是以圆锥下沉深度为 10mm 处的相应含水率；I_p 为塑性指数。

（4）试验结果（表 2.44～表 2.46）

表 2.44 浅埋暗挖施工区间界限含水率测试结果

土层编号	土层名称	液限 w_l/%	塑限 w_p/%	塑性指数 I_p	液性指数 I_l
1-1	杂填土	29.6	18.6	11.0	0.264
4-1	粉质黏土	36.3	21.4	14.9	0.267
5-1	粉质黏土	39.5	22.9	16.6	0.335
5-2	粉质黏土	29.8	18.2	11.6	0.923
6-2	细中砂	30.0	18.9	11.3	0.602
6-3	中砂	29.2	17.0	12.2	0.623
6-6	粗砂	40.2	21.9	18.3	0.645
7-1	粗砾砂	45.5	24.2	21.3	0.056

表 2.45 冻结施工区间界限含水率测试结果

土层编号	土层名称	液限 w_l/%	塑限 w_p/%	塑性指数 I_p	液性指数 I_l
1-1	杂填土	31.6	18.1	13.5	0.289
4-1	粉质黏土	29.2	16.0	13.2	0.273
5-1	粉质黏土	33.6	17.7	15.9	0.313
5-2	粉质黏土	29.5	16.2	13.3	0.359
6-2-3	细中砂	29.2	17.2	12.0	0.611
6-3	中砂	30.1	18.7	11.4	0.621
6-6	粗砂	41.3	22.1	19.2	0.618
7-1	粗砾砂	46.7	25.1	21.6	0.051

表 2.46 盾构施工区间界限含水率测试结果

土层编号	土层名称	液限 w/%	塑限 w_p/%	塑性指数 I_p	液性指数 I_l
1-1	杂填土	32.6	19.1	13.5	0.349
2-1	粉质黏土	31.2	16.9	14.3	0.263
2-1-1	粉质黏土	31.1	16.7	14.4	0.313
2-1-3	淤泥质黏土	29.5	13.2	16.3	0.349
2-4-3	细砂	30.2	18.5	11.7	0.612
2-4	中砂	31.1	17.9	13.2	0.631

2.3.4 颗粒分析试验

(1) 试验目的：测定土中各粒组占土粒总质量百分数的试验。

(2) 试验仪器：JA31002型电子天平（称量3000g，感量10mg）；洗筛（0.075mm）；甲种密度计（最小分度值为0.5°）；量筒（容积1000mL，内径60mm）；搅拌器、温度计、秒表、烘箱、研钵、砂浴、瓷盘、毛刷等。

(3) 计算

湿筛法计算公式为

$$X=\frac{m_A}{m} \tag{2.35}$$

或

$$X=\frac{m_A}{m_B}\times d_x \tag{2.36}$$

式中，X 为小于某颗粒直径的土质量百分数，%；m_A 为小于某颗粒直径的土质量，g；m 为总土质量，g；m_B 为试验所取试样质量（30g左右），g；d_x 为粒径小于0.075mm的总土质量百分数。

密度计法计算公式为

$$X=\frac{100}{m_d}C_G(R_m+T) \tag{2.37}$$

式中，X 为小于某颗粒直径的土质量百分数，%；m_d 为试样干土质量；C_G 为相对密度校正系数；R_m 为密度计读数；T 为温度、分散剂、刻度、弯液面校正值。

(4) 试验结果（表2.47、表2.48、图2.15）

表2.47 颗粒分析结果

土体编号	土体名称	颗粒组成/%					
		砾石 20~2	粗砂 2~0.5	中砂 0.5~0.25	细砂 0.25~0.075	粉砂 0.075~0.05	粗粉粒 0.05~0.01
1-1	杂填土	9.2	15.2	42.3	28.1	5.20	—
4-1	粉质黏土	18.6	35.6	34.6	10.2	1.0	—
5-1	粉质黏土	18.4	35.7	35.6	7.8	2.5	—
5-2	粉质黏土	17.1	35.9	34.5	8.8	3.7	—
6-2	细中砂	17.2	36.6	34.7	9.90	1.6	—
6-3	中砂	19.2	43.1	20.3	15.3	2.1	—
6-6	粗砂	18.3	35.6	34.0	8.50	3.6	—
7-1	粗砾砂	16.5	36.8	36.1	7.5	3.1	—

表 2.48 颗粒粒径分析

土体编号	土体名称	颗粒组成/%					
		有效粒径 d_{10} /mm	限制粒径 d_{30} /mm	平均粒径 d_{50} /mm	限制粒径 d_{60} /mm	不均匀系数 C_u	曲率系数 C_c
1-1	杂填土	0.114	0.229	0.326	0.371	3.254	1.240
4-1	粉质黏土	0.241	0.362	0.569	0.788	3.270	0.690
5-1	粉质黏土	0.248	0.364	0.567	0.784	3.161	0.681
5-2	粉质黏土	0.231	0.354	0.548	0.754	3.264	0.719
6-2	细中砂	0.239	0.360	0.560	0.768	3.213	0.706
6-3	中砂	0.179	0.387	0.744	1.020	5.698	0.820
6-6	粗砂	0.234	0.358	0.564	0.782	3.342	0.700
7-1	粗砾砂	0.246	0.361	0.551	0.752	3.057	0.704

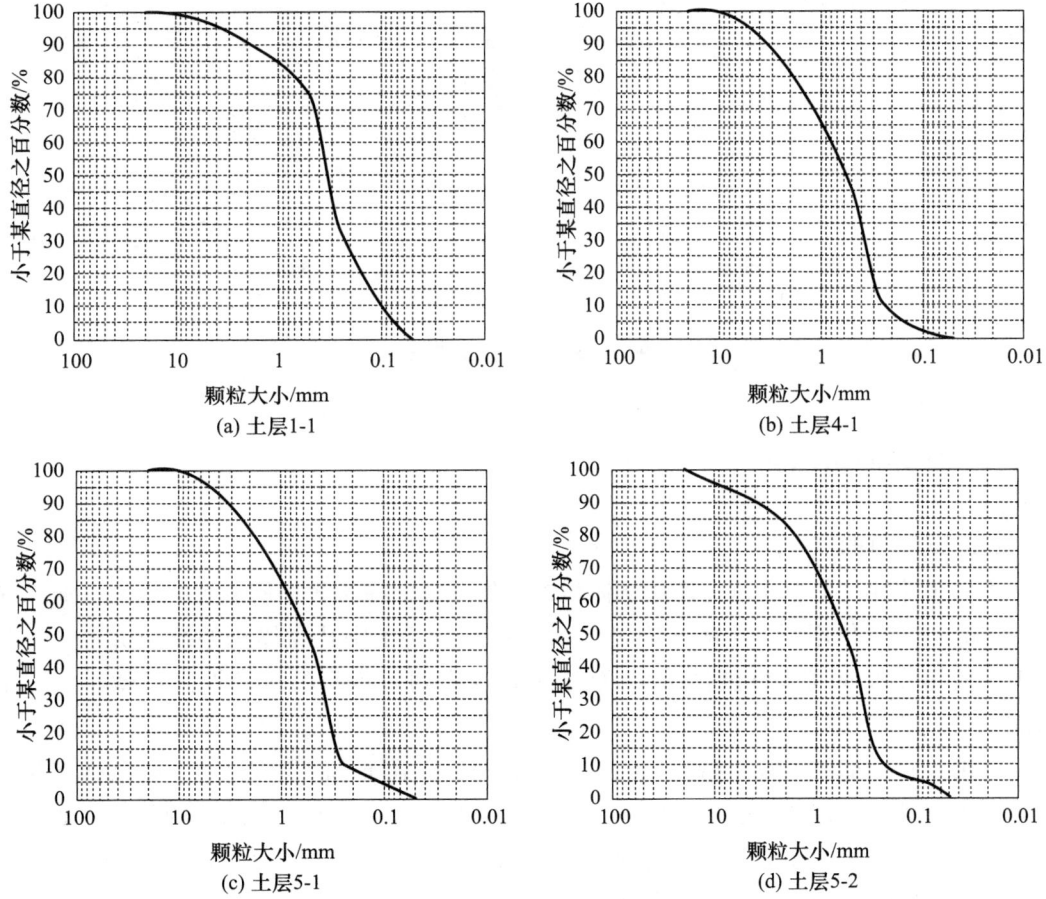

(a) 土层1-1　　(b) 土层4-1　　(c) 土层5-1　　(d) 土层5-2

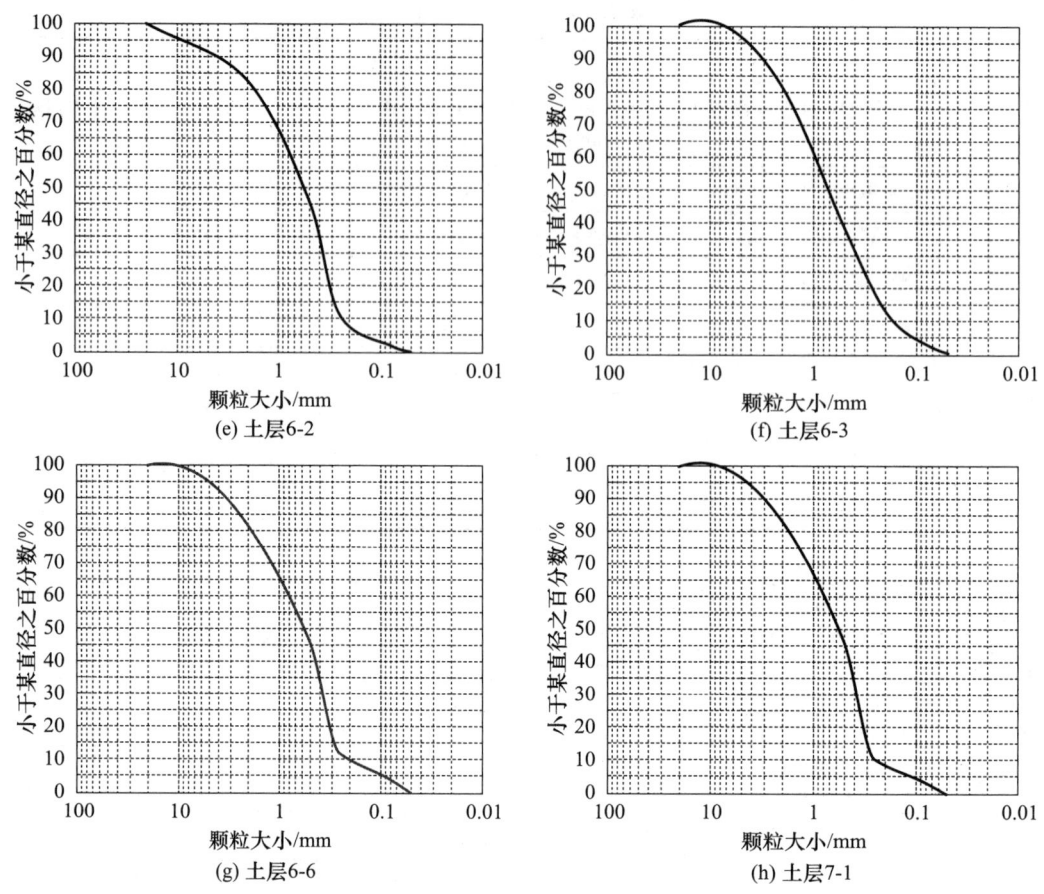

图 2.15 颗粒级配曲线

2.3.5 快速固结试验

(1) 试验目的

土的压缩性是指土在压力作用下体积缩小的性能。在工程中所遇到的压力（通常在 16kg/cm² 以内）作用下，土的压缩可以认为只是由于土中孔隙体积的缩小所致（此时孔隙中的部分水或气体将被排出），至于土粒与水两者本身的压缩性则极微小，可不考虑。

固结试验是指测定饱和黏性土试样在侧限的条件下加压的压缩试验。将试样在侧限和容许轴向排水的容器中逐渐增加压力，测定压力和试样变形或孔隙比的关系，变形和时间的关系，以便计算土的单位沉降量、压缩系数、压缩指数、回弹指数、压缩模量、固结系数及原状土的前期固结压力等。测定项目视工程需要而定。有常规固结试验、快速固结试验、高压固结试验和连续加荷固结试验，包括等应变速率固结试验、等速加荷固结试验、等梯度固结试验等。

《土工试验方法标准》（GB/T 50123—2019）推荐的时间平方根法计算固结系数

时，要求土体固结度达到90%，大量的试验表明高度为2cm的试样在荷载作用下1h的固结度一般可达到90%以上（24h稳定标准）。因此，快速法固结试验把每级荷载的加载时间缩短到1~2h，最后对试验结果进行校正，可得到与常规固结试验近似的结果。此法大大缩短了试验时间，得到了相当广泛的应用。张海霞指出对高度为2cm的试样，在每级压力作用下，常见土体完成主固结（固结度达到99%）需要的时间不超过4h，粉土和粉质黏土则少于1h，并建议对不同的土质应采用不同的加载时间进行试验研究。

（2）试验仪器

试验仪器如下：小型固结仪，包括压缩容器和加压设备两部分；测微表；天平。

（3）计算

① 按式（3.38）计算试样的初始孔隙比 e_0。

$$e_0 = \frac{d_s \cdot \rho_w (1+w_0)}{\rho_0} - 1 \qquad (2.38)$$

式中，d_s 为土粒相对密度；ρ_w 为水的密度，一般可取 $1g/cm^3$；w_0 为试样初始含水率；ρ_0 为试样初始密度，g/cm^3。

② 按式（2.39）计算试样中颗粒净高 h_s。

$$h_s = \frac{h_0}{1+e_0} \qquad (2.39)$$

式中，h_0 为试样的起始高度，即环刀高度，mm。

③ 计算试样在任一级压力 P_i（kPa）作用下变形稳定后的试样总变形量 S_i。

$$S_i = R_0 - R_i - S_{ie} \qquad (2.40)$$

式中，R_0 为试验前测微表初读数，mm；R_i 为试样在任一级荷载 P_i 作用下变形稳定后的测微表读数，mm；S_{ie} 为各级荷载下仪器变形量，mm。

④ 计算各级荷载下的孔隙比 e_i。

$$e_i = e_0 - \frac{S_i}{h_0}(1+e_0) \qquad (2.41)$$

式中，e_0 为试样初始孔隙比；h_0 为试样的起始高度（环刀高度），mm；S_{ie} 为第 i 级荷载作用下变形稳定后的试样总变形量，mm。

⑤ 绘制 e-p 压缩曲线（图2.16）

以孔隙比 e 为纵坐标，压力 p 为横坐标，可以绘出 e-p 关系曲线，此曲线称为压缩曲线。

⑥ 按式（2.42）计算某一压力范围内压缩系数 α。

$$\alpha = \frac{e_1 - e_2}{p_2 - p_1} \qquad (2.42)$$

式中，$p_1 = 100kPa$，$p_2 = 200kPa$。

采用 $p = 100 \sim 200kPa$ 压力区间相对应的压缩系数 α_{1-2} 来评价土的压缩性。α 值是判断土的压缩性高低的一个重要指标。α_{1-2} 的大小将地基土的压缩性分

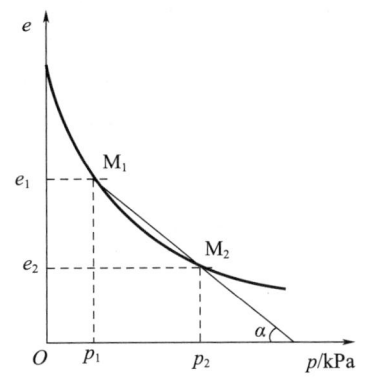

图2.16 压缩曲线

为以下三类：

当 $\alpha_{1-2} \geqslant 0.5 \text{MPa}^{-1}$ 时，为高压缩性土；

当 $0.5\text{MPa}^{-1} > \alpha_{1-2} \geqslant 0.1\text{MPa}^{-1}$ 时，为中压缩性土；

当 $\alpha_{1-2} < 0.1\text{MPa}^{-1}$ 时，为低压缩性土。

⑦ 计算某一荷载范围的压缩模量 E_s：

$$E_s = \frac{1+e_i}{\alpha} \tag{2.43}$$

(4) 试验结果（表 2.49）

表 2.49 快速固结试验结果

土体编号	土体名称	压力 P_i /kPa	稳定变形 /mm	试样高度 H_i /mm	孔隙比 e_i	压缩模量 E_s /MPa	压缩系数 α_v /MPa^{-1}
1-1	杂填土	0	—	20.000	0.689	—	—
		50	0.280	19.720	0.681	3.566	0.504
		100	0.465	19.535	0.672	5.404	0.333
		200	0.787	19.213	0.653	6.221	0.289
		400	1.266	18.734	0.627	8.342	0.215
4-1	粉质黏土	0	—	20.000	0.739	—	—
		50	0.569	19.431	0.665	1.756	0.976
		100	0.810	19.190	0.644	4.153	0.413
		200	1.121	18.879	0.618	6.427	0.267
		400	1.532	18.468	0.582	9.739	0.176
5-1	粉质黏土	0	—	20.000	0.814	—	—
		50	0.385	19.615	0.807	2.599	0.716
		100	0.656	19.344	0.799	3.682	0.505
		200	1.063	18.937	0.761	4.919	0.378
		400	1.595	18.405	0.712	7.516	0.248
5-2	粉质黏土	0	—	20.000	0.902	—	—
		50	0.452	19.548	0.835	2.210	0.850
		100	0.756	19.244	0.807	3.294	0.570
		200	1.245	18.755	0.761	4.092	0.459
		400	1.897	18.103	0.700	6.131	0.306
6-2	细中砂	0	—	20.000	0.703	—	—
		50	0.604	19.396	0.651	1.655	1.029
		100	0.847	19.153	0.630	4.114	0.414
		200	1.196	18.804	0.601	5.736	0.297
		400	1.707	18.299	0.558	7.920	0.215

续表

土体编号	土体名称	压力 P_i /kPa	稳定变形 /mm	试样高度 H_i /mm	孔隙比 e_i	压缩模量 E_s /MPa	压缩系数 a_v /MPa^{-1}
6-3	中砂	0	—	20.000	0.720	—	—
		50	0.376	19.624	0.692	2.661	0.648
		100	0.686	19.314	0.665	3.225	0.535
		200	1.134	18.866	0.626	4.461	0.387
		400	1.724	18.276	0.575	6.780	0.254
6-6	粗砂	0	—	20.000	0.921	—	—
		50	0.493	19.507	0.874	2.028	0.947
		100	0.867	19.133	0.838	2.671	0.719
		200	1.413	18.587	0.785	3.667	0.524
		400	2.091	17.909	0.720	5.896	0.326
7-1	粗砾砂	0	—	20.000	0.738	—	—
		50	0.329	19.671	0.706	3.040	0.570
		100	0.595	19.405	0.683	3.756	0.462
		200	0.961	19.039	0.651	5.461	0.318
		400	1.428	18.572	0.610	8.580	0.202

2.3.6 直接剪切试验

土体的强度指标主要是指其抗剪强度，是土的重要力学性质之一。基坑工程中土体的破坏多涉及其抗剪强度即抵抗剪切破坏的极限能力，土体的抗剪强度在分析土体的稳定性、计算挡土墙土压力、计算地基承载力、基坑支护结构形式的选择过程中的多方面均需要考虑。

进行室内试验测定抗剪强度的方法主要有三大类：直接剪切试验、三轴压缩试验、无侧限抗压试验。直接剪切试验具有试样便于制作、操作过程快捷易控制、试验原理简单等方面的优点。根据剪切时的排水条件，直接剪切试验方法可分为快剪（不排水剪）、慢剪（排水剪）及固结快剪（固结不排水剪）等。以快剪为例进行说明。

（1）试验目的：测定土体的强度指标。

（2）试验仪器。

① 直剪仪：采用应变控制式直接剪切仪，由剪切盒、垂直加压设备、剪切传动装置、测力计以及位移量测系统等组成。加压设备采用杠杆传动。

② 测力计：采用应变圈，量表为百分表。

③ 环刀：内径6.18cm，高2.0cm。

④ 其他：切土刀、钢丝锯、滤纸、毛玻璃板、凡士林等。

(3) 计算公式

接剪切试验的原理主要依据库仑（Coulomb C. A）定律得到根据黏土的摩擦试验的土体抗剪强度表达式：

$$\tau = c + \sigma \tan\varphi \tag{2.44}$$

式中，τ 为土体抗剪强度，kPa；σ 为承受的垂直压力，kPa；φ 为内摩擦角（°）；c 为黏聚力，kPa。

黏聚力 c 和内摩擦角代表了土体颗粒之间的胶结作用、分子力、电荷引力、接触面的粗糙度以及土颗粒间的互相嵌入咬合作用等方面，是非饱和土体三相物质之间结构特征的外在表现。土体经过冻融作用后，土体骨架、水分及孔隙结构特征发生了变化，通过剪切试验研究其抗剪强度特性参数黏聚力 c、内摩擦角 φ 值的变化，找出其抗剪强度的变化规律，进而指导季节性冻土区基坑工程的施工。

(4) 试验结果（表 2.50）

表 2.50　直接剪切试验结果

土层编号	土层名称	垂直压强/kPa	抗剪强度/kPa	凝聚力 c/kPa	内摩擦角 φ/（°）
1-1	杂填土	50	28.40	15.0	15.0
		100	41.79		
		200	68.59		
		300	95.38		
4-1	粉质黏土	50	49.62	36.5	14.7
		100	62.73		
		200	88.97		
		300	115.20		
5-1	粉质黏土	50	59.00	40.8	20.0
		100	77.20		
		200	113.59		
		300	149.99		
5-2	粉质黏土	50	40.77	26.9	15.5
		100	54.63		
		200	82.37		
		300	110.10		
6-2	细中砂	50	47.26	17.1	31.1
		100	77.42		
		200	137.75		
		300	198.07		
6-3	中砂	50	57.75	25.4	32.9
		100	90.09		
		200	154.79		
		300	219.48		

续表

土层编号	土层名称	垂直压强/kPa	抗剪强度/kPa	凝聚力 c/kPa	内摩擦角 φ/(°)
6-6	粗砂	50	72.00	36.2	35.6
		100	107.79		
		200	179.39		
		300	250.98		
7-1	粗砾砂	50	63.72	33.2	31.4
		100	94.24		
		200	155.28		
		300	216.32		

2.4 本章小结

本章主要介绍了中国东北某城市地铁隧道的浅埋暗挖施工区间、冻结施工区间和盾构施工区间的工程概况和地质水文条件，介绍了用于土层类型和场地土类别确定过程的原位测试主要内容，详细描述了主要物理力学室内试验试验过程和结果。

（1）浅埋暗挖施工区间为双线平行隧道，区间正线隧道间距最小为 6.2m。本章所研究区间变截面隧道采用矿山法施工，最大跨度 14.15m，综合管廊位于隧道顶部上方垂直距离 1.49m 位置，隧道与综合管廊水平距离不超过 3.1m。过渡线与正线并线、联络线与主线并线暗挖大型变截面隧道，施工工序较多（CD 法、CRD 法、双侧壁导坑法），结构跨度大（最大 14.15m）。断面上部位于粉质黏土、下部位于细中砂层、中砂等，呈松散结构，围岩等级为Ⅵ级，土体自身稳定性较差，特别是砂土透水性极强。大型变截面隧道施工对周围地层多次扰动，可能引起土体发生较大水平位移或失稳，造成地面沉降过大、局部塌方和涌水涌砂现象。大断面施工过程中容易引起地面较大沉降甚至土体坍塌，综合管廊不均匀沉降、开裂与破坏等风险。

（2）开展了系列原位试验和基础物探测试，获得了区间主要土层的波速、地温、电阻率等基础物理特性。

（3）结合工程初步设计方案，室内试验土样采集过程中对隧道管廊夹土层区域、大型变截面区域和横通道设计所在区域等潜在危险区域取样较多，工况相对简单区域取样较少，开展了土粒相对密度、含水率、界限含水率、固结、直接剪切等系列室内土力学试验，对试验结果采用层内平均法进行处理，全面获取了区间各主要土层土粒相对密度、含水率、界限含水率、压缩系数、固结系数、强度参数等基础物理力学参数，为后续章节中理论数学模型和数值模拟研究提供了重要的基础数据。

3 大型变截面隧道开挖及破除马头门动态力学行为

暗挖法施工不可避免地扰动地下原有岩土体，破坏岩土体原有的应力状态，造成地表沉降等现象，并且随着隧道开挖断面的增大，影响范围将增大，隧道各部分结构受力也相应增大且更为复杂。当变形累积到一定程度时，会对既有综合管廊和建筑物产生不利影响，导致管廊结构产生变形，影响管廊的使用年限，因此需要重点关注并研究其发展变化的规律，以更好地指导施工，降低城市隧道开挖带来的负面影响。

浅埋暗挖施工区间联络通道断面形式为变截面马蹄形隧道，联络线最大设计断面开挖尺寸为宽14.15m、高10.62m，最大断面面积为120.6m²，纵向长80m（后文简称大断面隧道），与右线隧道净距6.2m（图3.1）。

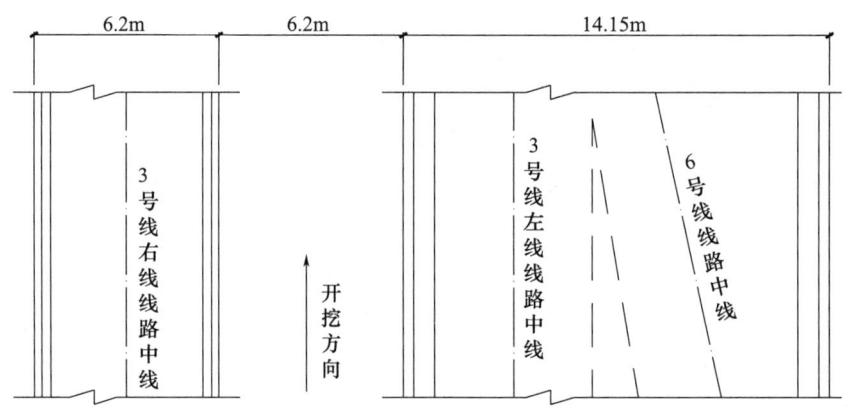

图 3.1 部分隧道平面位置关系图

由 2.1 节工程概况可知，大断面隧道与横通道破马头门施工难度大、风险高，极易发生工程事故，因此本章利用大型有限差分数值计算软件 FLAC 3D 对本区间段标准断面与大断面开挖及支护过程中隧道及周围土体应力和应变状态进行模拟计算，对标准断面与大断面施工力学行为进行比较分析，获得了不同破马头门施工状态下土体及支护结构的应力、位移等演化规律。

3.1 大断面隧道与标准断面隧道开挖力学行为对比

3.1.1 三维数值模型建立

为了进行大型变截面与标准断面力学行为的对比，选取断面尺寸最大 D—D 断面作为典型断面，建立长 10m 的三维数值模型，进行相应应力、塑性区及位移量分析，如图 3.2、图 3.3 所示。

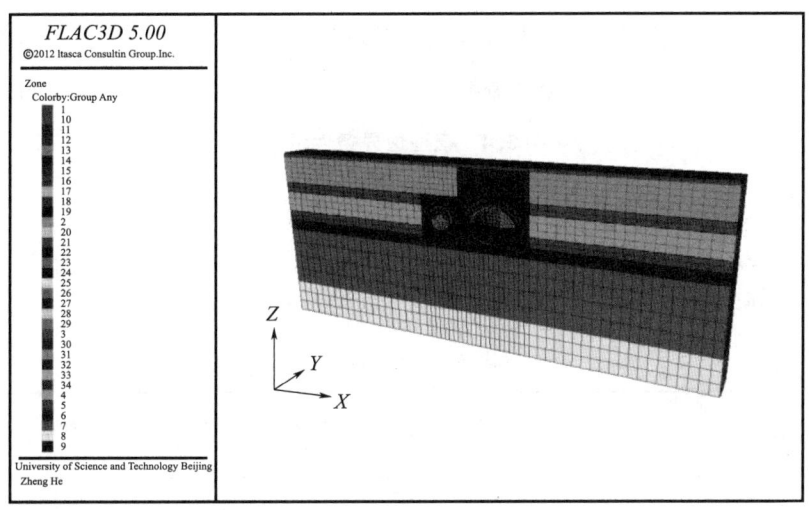

图 3.2 FLAC 3D 网格模型

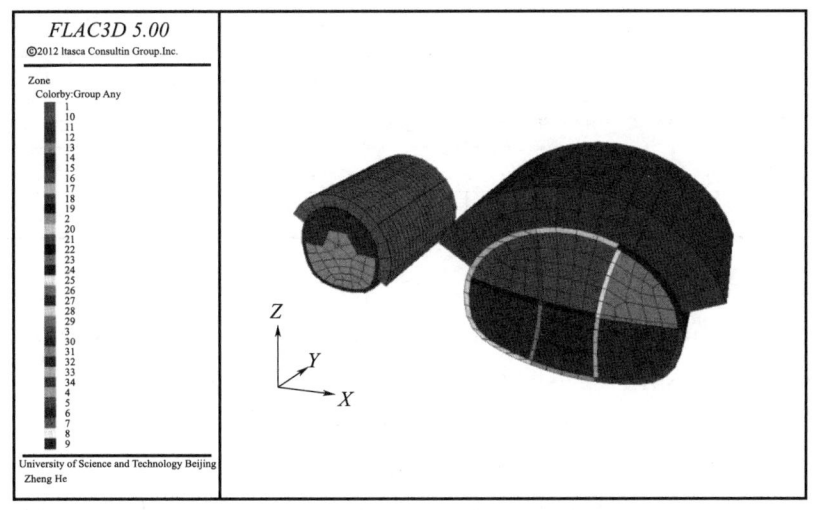

图 3.3 隧道及注浆加固区空间位置关系图

由于地下空间是一个半无限的空间体,因此采用位移边界条件。模型的左边界($X=-72.5$m)、右边界($X=60.5$m)约束土体X向位移;前边界($Y=10$m),后边界($Y=0$m)约束土体Y向位移;下边界($Z=0$m)约束与地表垂直方向(Z向)位移,上边界位移自由。约束情况的正视图与左视图如图3.4所示。

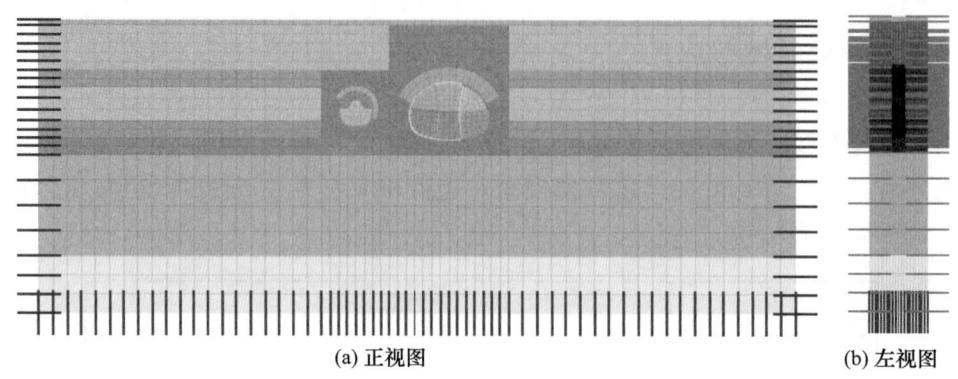

(a) 正视图   (b) 左视图

图3.4 模型边界条件示意

(1) 土体参数

根据工程地质的概化模型,按照各层土所属的类别,结合本工程相关土体的具体特性选定各层土体的相关参数,土体参数见表3.1。

表3.1 土体参数

土体类别	埋深/m	密度/(kg/m³)	弹性模量E/MPa	泊松比ν	体积模量K/MPa	剪切模量G/MPa	黏聚力c/kPa	内摩擦角φ/(°)
1-1 杂填土	0~1	1700	12.00	0.32	11.11	4.55	15.0	15.0
4-1 粉质黏土	1~9	1930	22.96	0.35	25.51	8.50	36.5	14.7
5-1 粉质黏土	9~12	1940	24.51	0.35	27.23	9.08	40.8	20.0
5-2 粉质黏土	12~18	1940	21.78	0.35	24.20	8.07	26.9	15.5
6-2 细中砂	18~21	1960	55.82	0.30	46.52	21.47	17.1	31.1
6-3 中砂	21~24	2040	66.51	0.30	55.42	25.58	25.4	32.9
6-6 粗砂	24~42	2040	58.28	0.25	38.85	23.31	36.2	35.6
7-1 粗砾砂	42~52	2050	61.43	0.25	40.95	24.57	33.2	31.4

(2) 注浆加固体参数

本工程深孔注浆范围为衬砌周边2.5m、拱部120°。设计注浆小导管选用直径42mm、壁厚3.25mm、长3.0m的DN42水煤气管。小导管外插角为15°,沿隧道方向间距两榀格栅,环向间距300mm,且在上部左右导洞之间加设导管。

通过在模拟中增强土体参数实现超前小导管及深孔注浆预加固,类比地铁工程经验参数(密度2200kg/m³、弹性模量50MPa、泊松比0.20、黏聚力80.0kPa、内摩擦角22.0°),考虑隧道拱顶土体既有参数情况,以相关参数提高20%~30%的原则选取注浆加固体参数为密度2200kg/m³、弹性模量50MPa、泊松比0.25、黏聚力70.0kPa、内摩擦角15.0°。如图3.5所示，以双侧壁导坑法注浆加固为例进行说明。

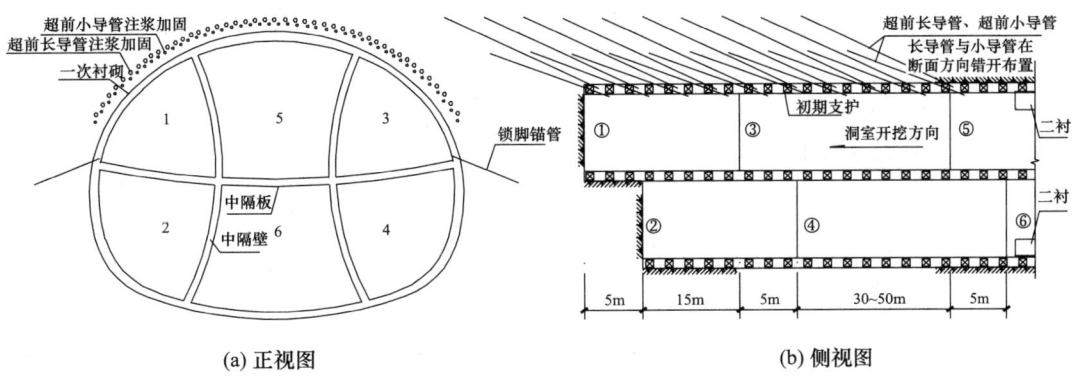

(a) 正视图　　　　　　　　　　　　(b) 侧视图

图 3.5　双侧壁导坑法注浆加固示意

（3）初衬及临时支护

以 $D—D$ 断面为例进行说明。数值模拟时钢拱架采用等效方法计算，即将钢拱架弹性模量折算给混凝土。计算方法为

$$E = E_0 + \frac{S_g E_g}{S_c} \tag{3.1}$$

式中，E 为折算后的混凝土弹性模量；E_0 为原混凝土弹性模量；S_g 为格栅钢架横截面面积；E_g 为钢材弹性模量；S_c 为混凝土横截面面积。

① $D—D$ 断面初衬

$D—D$ 断面初衬钢筋包括格栅钢架、钢筋网与格栅连接筋，这里只考虑格栅钢架中4根直径为25mm的HRB400主筋，其余钢筋作为安全储备。HRB400钢筋弹性模量为 2.0×10^5 MPa，4根直径25mm的钢筋面积为1964mm²。$D—D$ 断面喷射的混凝土为C25混凝土，厚350mm，弹性模量为 2.6×10^4 MPa。由于 $D—D$ 断面每0.5m架设一榀格栅钢架，因此混凝土横截面取350mm×500mm。

则由式（3.1）$D—D$ 断面初衬 $E = 2.6 \times 10^4 + \frac{1964 \times 2.0 \times 10^5}{350 \times 500} = 2.8 \times 10^4$ MPa。

② $D—D$ 断面中隔壁与中隔板

$D—D$ 断面中隔壁与中隔板钢材选用22b工字钢，钢截面面积为4640mm²，弹性模量为 2.06×10^5 MPa。喷射混凝土为C25混凝土，厚300mm，弹性模量为 2.6×10^4 MPa。由于 $D—D$ 断面每0.5m架设一榀临时支护工字钢，所以混凝土横截面取300mm×500mm。

$D—D$ 断面临时支护 $E = 2.6 \times 10^4 + \frac{4640 \times 2.06 \times 10^5}{300 \times 500} = 3.2 \times 10^4$ MPa。

支护结构参数见表3.2

表 3.2 支护结构参数

支护类别		支护参数						
		密度/(kg/m³)	弹性模量/GPa	泊松比	体积模量/GPa	剪切模量/GPa	黏聚力/kPa	内摩擦角/(°)
大断面隧道	注浆层	2200	0.05	0.25	0.03	0.02	70.0	10.0
	一次衬砌	2288	28.20	0.20	15.67	11.75	—	—
	中隔壁与中隔板	2443	32.40	0.20	18.00	13.50	—	—
	二次衬砌	2283	32.90	0.20	17.83	13.38	—	—
标准断面隧道	注浆加固层	2200	0.05	0.25	0.03	0.02	70.0	10.0
	一次衬砌	2264	27.60	0.20	15.33	11.50	—	—
	二次衬砌	2352	33.90	0.20	18.83	14.13	—	—

在定义完这些条件之后，可对模型的初始状态进行求解，然后进行开挖或改变其他模拟条件，进而获得模拟条件改变之后的结果，图 3.6 为 FLAC 的一般求解流程。

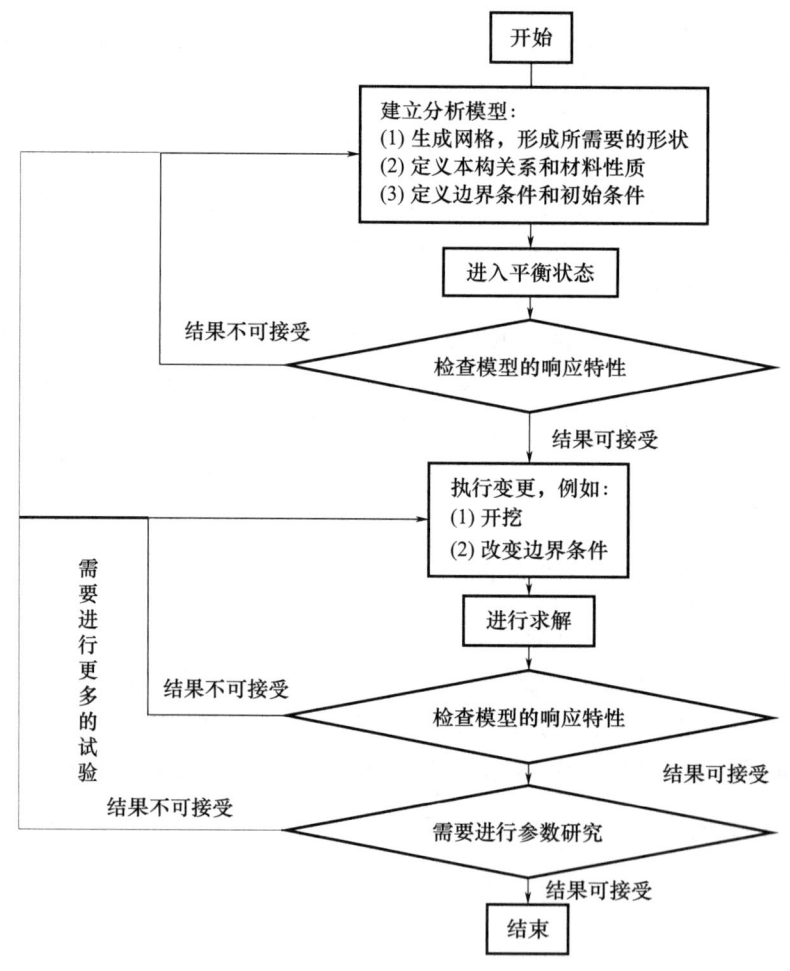

图 3.6 FLAC 的一般求解流程

3.1.2 大断面隧道开挖力学行为研究

（1）大断面隧道开挖支护模拟过程

把大断面隧道开挖支护过程划分为八个状态：

状态1：左上洞10m开挖支护完成。

状态2：右上洞10m开挖支护完成。

状态3：左下洞10m开挖支护完成。

状态4：右下洞10m开挖支护完成。

状态5：中洞上台阶开挖支护5m。

状态6：中洞10m开挖支护完成。

状态7：下方中隔壁拆除并施作下部二次衬砌。

状态8：临时支护拆除完成，二次衬砌闭合成环。

相关状态的开挖支护过程如图3.7所示。

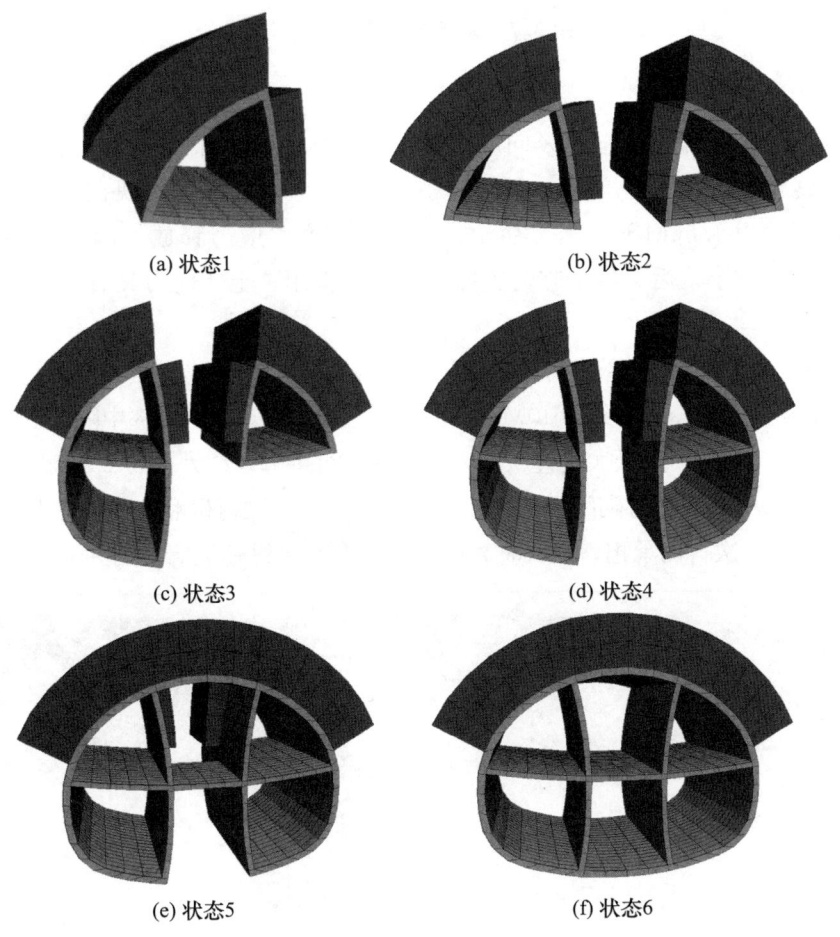

(a) 状态1　　　　　　　　(b) 状态2

(c) 状态3　　　　　　　　(d) 状态4

(e) 状态5　　　　　　　　(f) 状态6

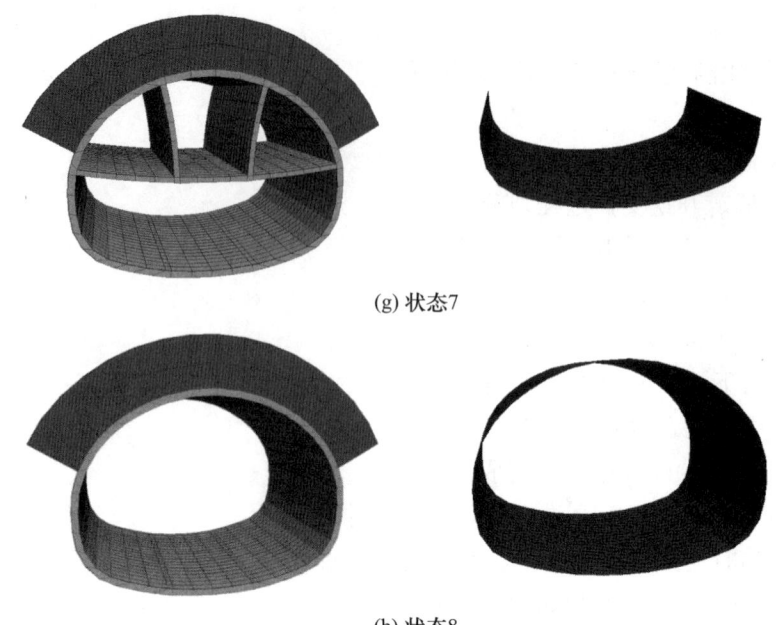

(g) 状态7

(h) 状态8

图 3.7 大断面隧道支护过程

(2) 应力分析

大断面隧道施工部分状态的 Z 向应力如图 3.8 所示。随着隧道开挖与支护的及时施作，初衬边缘土体应力明显增大，垂直应力（Z 向）应力最大值出现在二次衬砌闭合成环后的拱脚，约为 1.56MPa。施工初始，由于开挖产生应力释放，洞室周围大部分土体垂直应力有所减小，后又由于临时支撑与衬砌的作用，土体应力又有增大趋势，但减小和增大的幅度均不是很大。

由图 3.8（e）可知，当隧道开挖完成后，由于临时支护的施作，较大的垂直压力主要由中隔壁承担，最大垂直压应力约为 10MPa。由图 3.8（f）可知，当下部中隔壁拆除后，中隔板由压应力转变为拉应力，最大垂直压应力出现在初衬拱脚，约为 8.8MPa。由图 3.8（g）、图 3.8（h）可知，当二次衬砌闭合成环后，竖直应力由一次衬砌和二次衬砌共同承担，但绝大部分应力由一次衬砌承担，最大垂直应力出现在一次衬砌边墙，约为 7.7MPa。

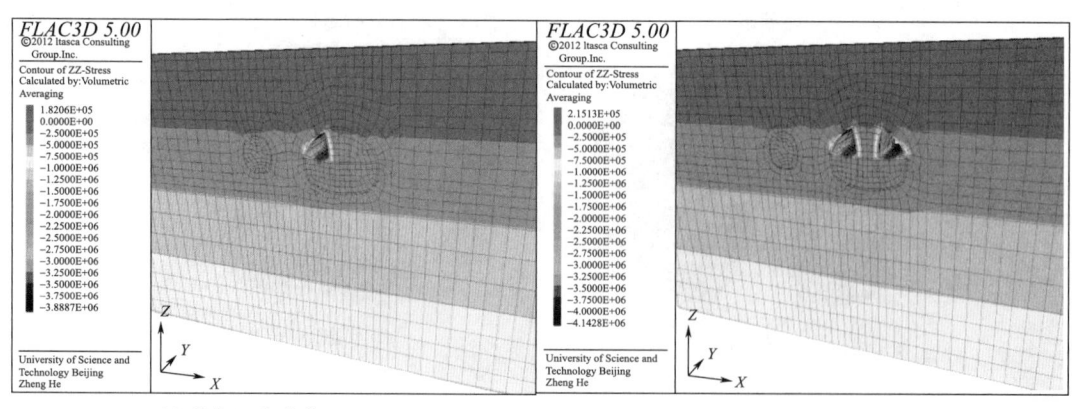

(a) 状态1 Z向应力　　　　　　　　　　(b) 状态2 Z向应力

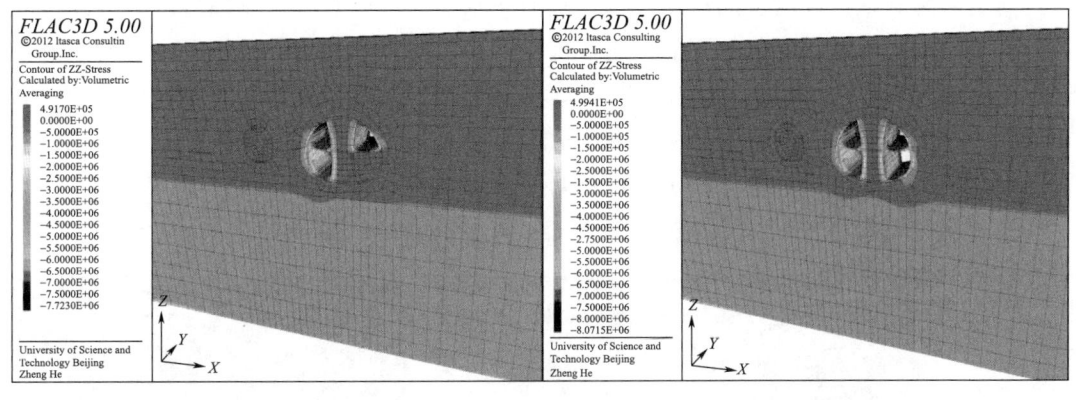

(c) 状态3 Z向应力　　　　　　　　　(d) 状态4 Z向应力

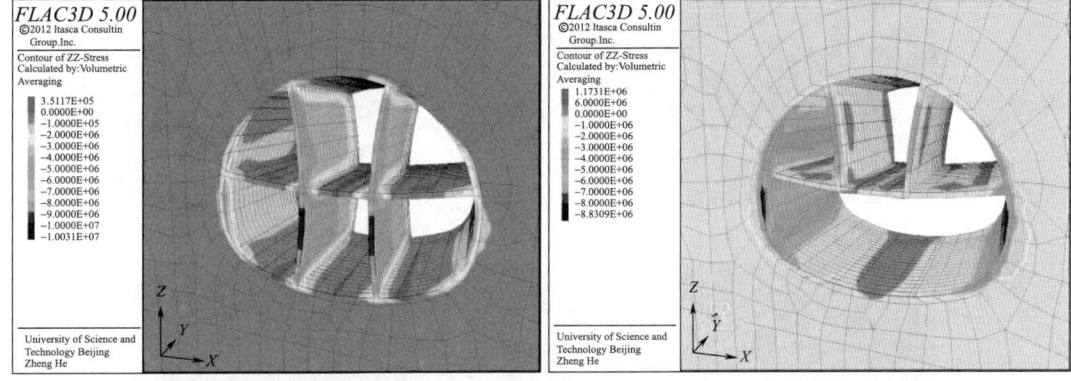

(e) 状态6 Z向局部应力　　　　　　　(f) 状态7 Z向局部应力

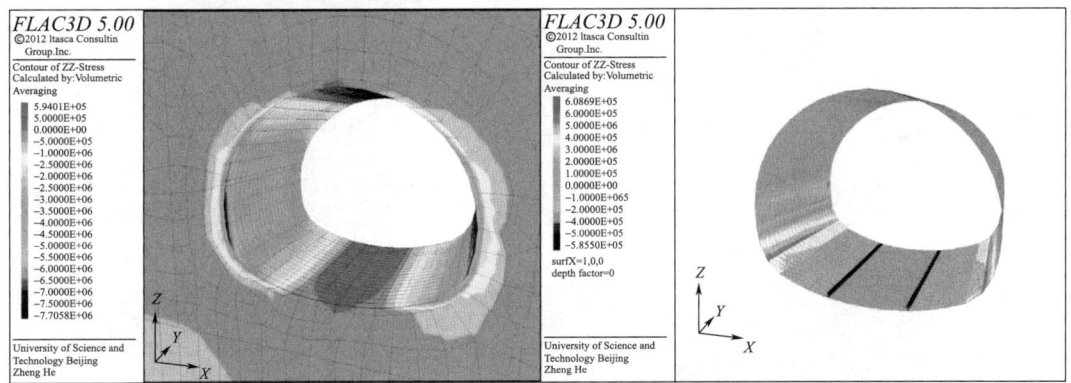

(g) 状态8 Z向局部应力　　　　　　(h) 状态8 二衬Z向局部应力

图 3.8　各状态局部应力

（3）塑性区分析

大断面开挖相关状态塑性区分布如图 3.9 所示。由于拱顶上部超前注浆加固的作用，左上与右上洞室开挖完成后，洞室拱顶上部的土体未出现塑性区。由于两导间土体的加固作用，洞间土体塑性区范围较小且未贯通。塑性区主要出现在底板下部及拱脚范围。

左下与右下洞室开挖完成后，隧道轮廓外的土体扰动比上部开挖时大。塑性区主要出现在两洞室间、底板及拱脚范围，由于两导洞间未进行预注浆加固，破坏区已产生贯通。与上部两洞室塑性区范围对比可知,超前注浆加固可以有效控制破坏区的延伸。

由于拱顶上部超前注浆加固的作用,拱顶上部土体未产生塑性破坏区。当洞室开挖时,掌子面范围土体均产生了剪切或拉伸破坏,由此可知隧道开挖时掌子面范围土体较为薄弱。当围岩条件极差时,为满足掌子面稳定,可采用环形开挖预留核心土或进行喷射混凝土封闭开挖工作面等辅助工法进行开挖。

当二衬封闭成环后,最终塑性区分布主要集中在拱脚,影响范围为1.5~3m。

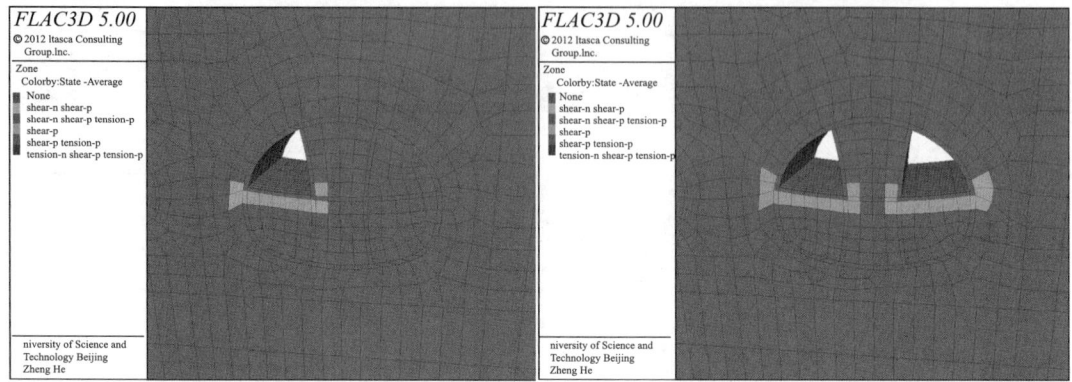

(a) 状态1 塑性区分布　　　　　　　(b) 状态2 塑性区分布

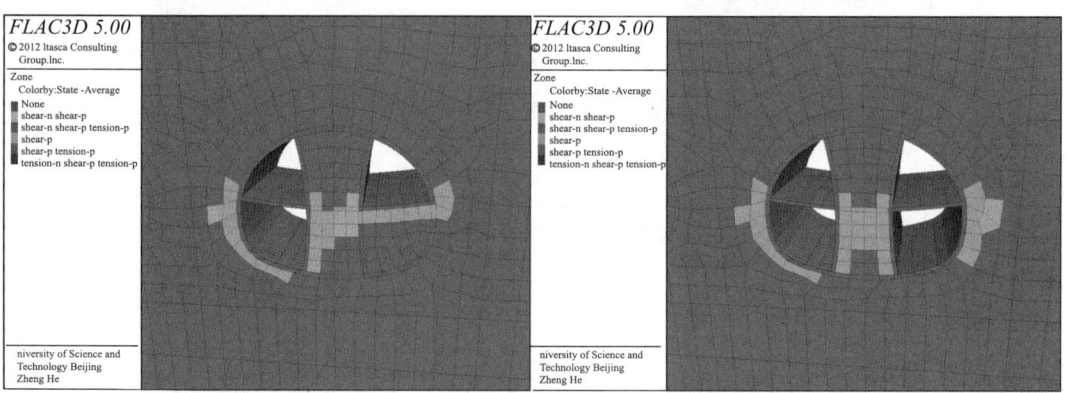

(c) 状态3 塑性区分布　　　　　　　(d) 状态4 塑性区分布

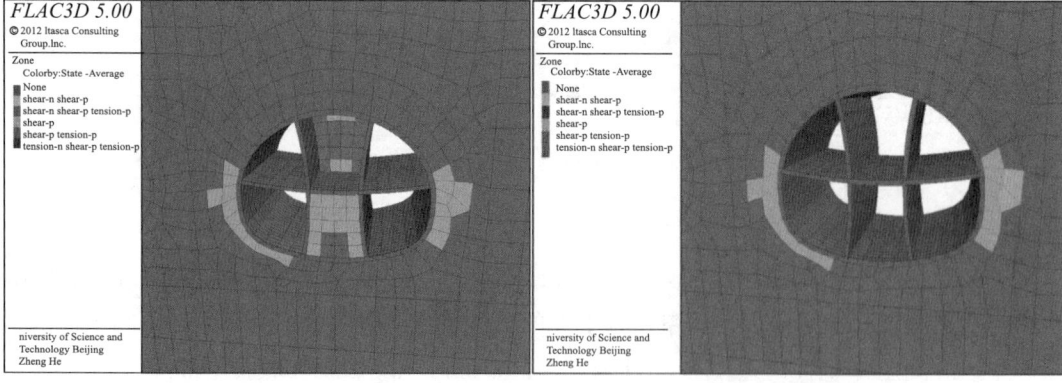

(e) 状态5 塑性区分布　　　　　　　(f) 状态6 塑性区分布

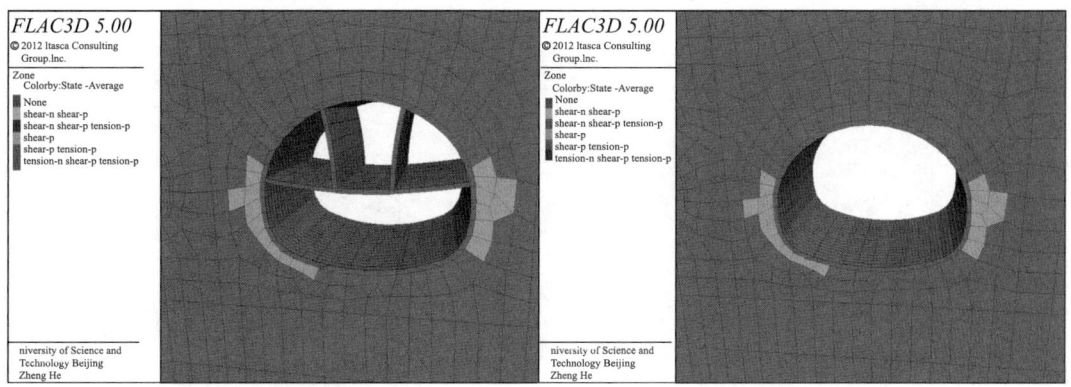

(g) 状态7 塑性区分布　　　　　　　　　(h) 状态8 塑性区分布

图 3.9　各状态塑性区分布

(4) 位移分析

由图 3.10 可知，随着隧道的开挖，洞室上方土体会产生明显的沉降，且越靠近隧道顶部，位移值越大；隧道底板以下土体由于开挖的应力释放，产生隆起现象，并向地表呈 "U" 形扩展，使地表产生微小隆起。

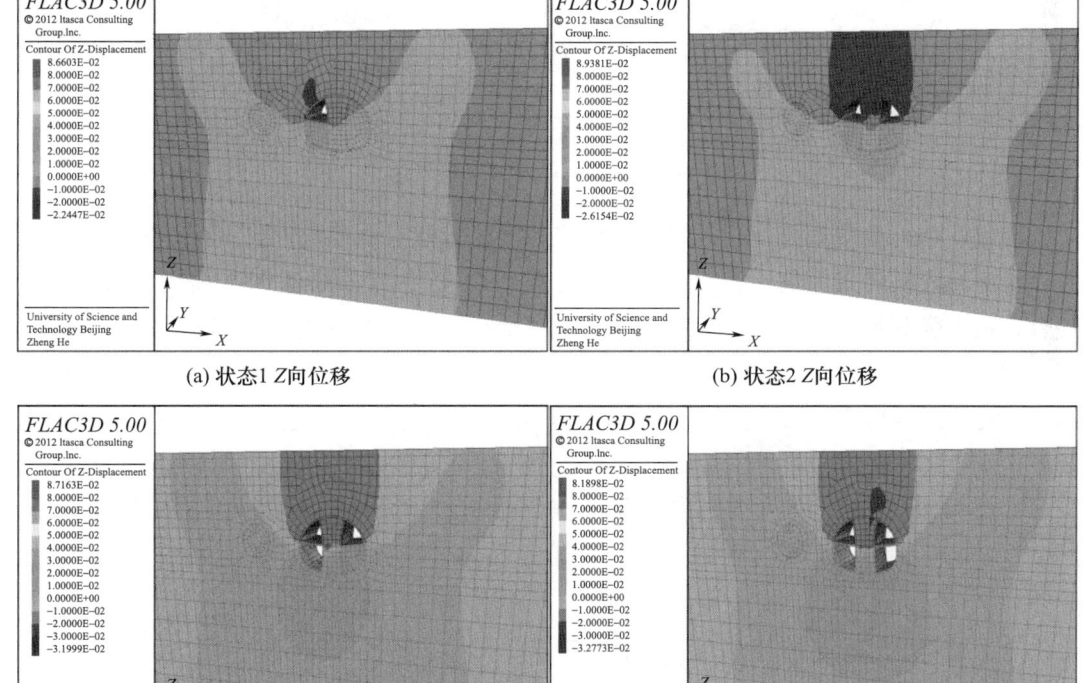

(a) 状态1 Z 向位移　　　　　　　　　(b) 状态2 Z 向位移

(c) 状态3 Z 向位移　　　　　　　　　(d) 状态4 Z 向位移

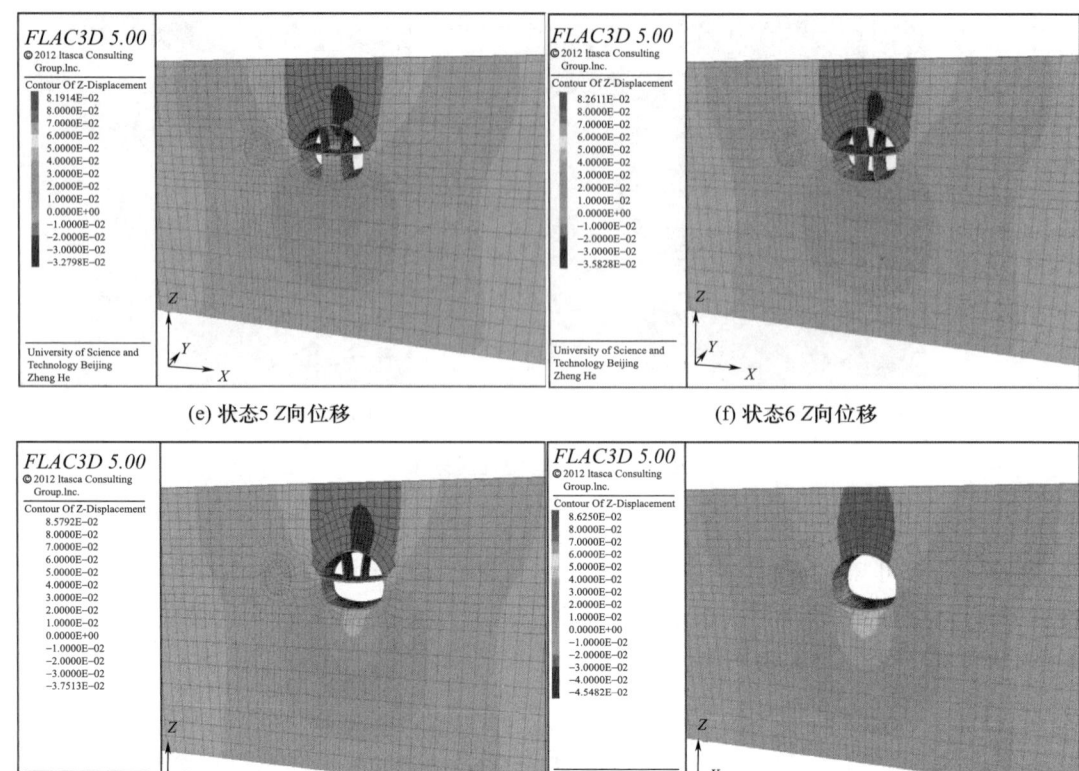

图 3.10 各状态 Z 向位移分布

可以发现，典型断面地表沉降槽为单峰曲线成近似对称形式，且沉降随开挖不断增大，最终地表沉降最大值达到 27.76mm，位于大断面中线。隧道两侧地表有微小隆起现象，最大隆起量在 2mm 左右。另外，上部左右导洞的开挖对地表沉降影响最明显，左导洞开挖完成后（状态1），地表最大沉降位于左导洞中线，最大值为 7.57mm；右导洞开挖完成后（状态2），地表最大沉降位于大断面隧道中线，达到 12.89mm；下部左右导洞开挖完成后（状态3、状态4），地表沉降最大值增加了 4.15mm，达到 17.14mm；中洞的开挖（状态5、状态6）使地表最大沉降值增加 6.25mm，达到 23.29mm。

3.1.3 标准断面隧道开挖力学行为研究

（1）标准断面隧道开挖支护模拟过程

把标准断面隧道开挖支护过程划分为两个状态：

状态 1：上台阶开挖支护 5m。

状态 2：隧道 10m 开挖支护完成。

相关状态的开挖支护过程如图 3.11 所示。

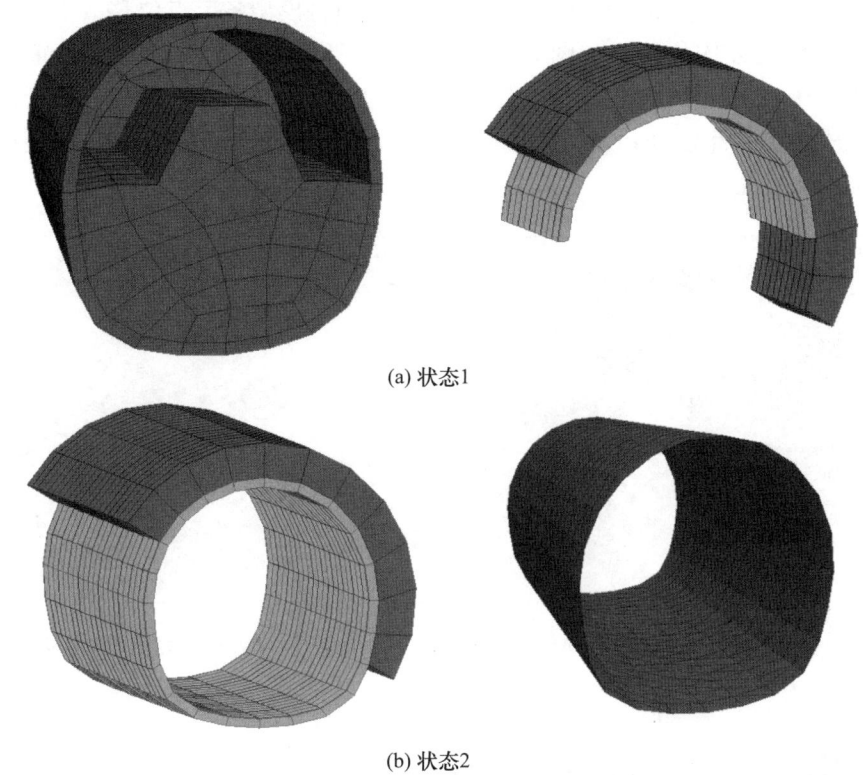

(a) 状态1

(b) 状态2

图 3.11　标准断面隧道支护过程

（2）塑性区分析

标准断面隧道上台阶开挖后的塑性区分布如图 3.12 所示。由于拱顶上部超前注浆加固的作用，上台阶开挖后，洞室拱顶上部的土体未出现塑性区，塑性区主要出现在开挖面、洞室底部及拱脚范围。标准断面隧道开挖完成后的塑性区分布如图 3.13 所示，除拱顶范围的隧道外边缘均产生了破坏区，破坏区由于两隧道间的加固作用未产生贯通。

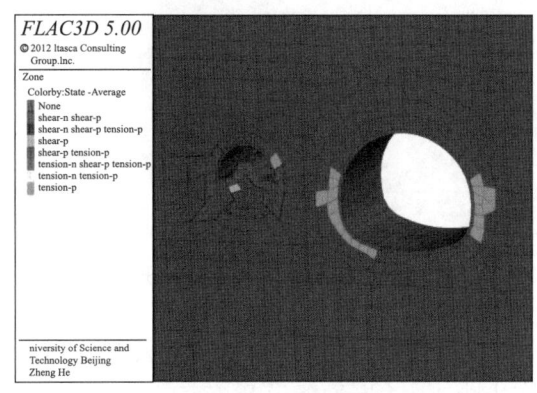

图 3.12　状态 1 塑性区分布

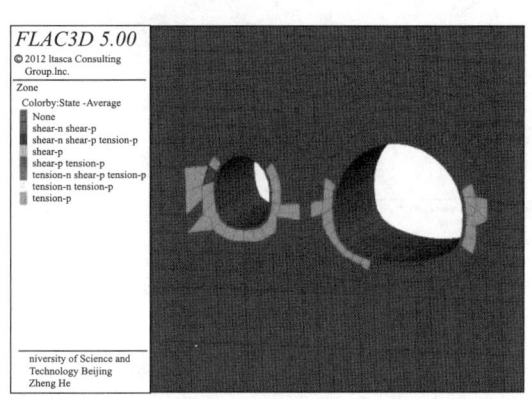

图 3.13　状态 2 塑性区分布

（3）位移分析

为使模拟结果更为直观，在标准断面隧道开挖前将模型各节点位移清零，获得标准断面隧道完成后的 Z 向位移，如图 3.14、图 3.15 所示。标准断面拱顶下沉 8.32mm，底板隆起 1.16mm，水平收敛 2.60mm。由于标准断面隧道开挖的影响，大断面隧道拱顶并未像其开挖时产生沉降，而产生了微小隆起，隆起量约为 0.82mm，底板产生了隆起，隆起量为 0.42mm。

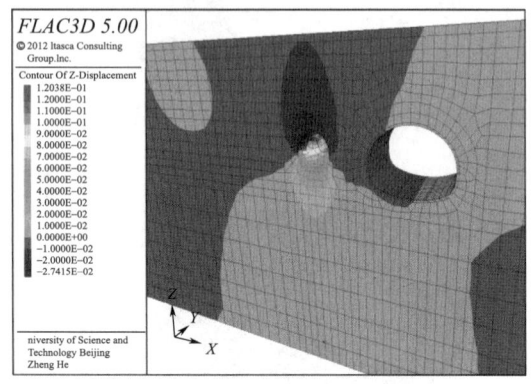

图 3.14　标准断面隧道状态 1 Z 向位移　　　图 3.15　标准断面隧道状态 2 Z 向位移

3.1.4　大断面和标准断面隧道力学行为对比

大断面隧道和标准断面隧道开挖完成后，标准断面隧道初衬及二衬的最小主应力云图分别如图 3.16、图 3.17 所示。可知隧道边墙、拱顶、仰拱受力状态不同，初衬最大压应力出现在边墙，约为 6.15MPa，二衬最大压应力出现在拱脚，约为 0.63MPa。

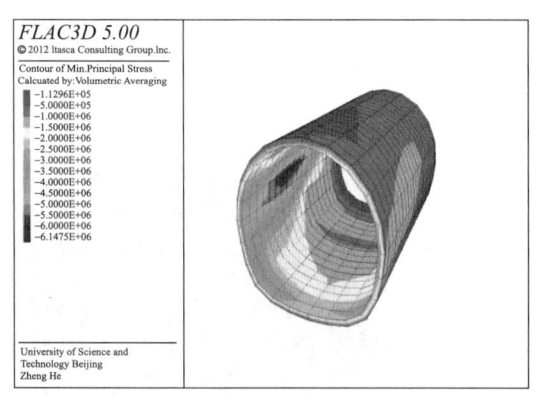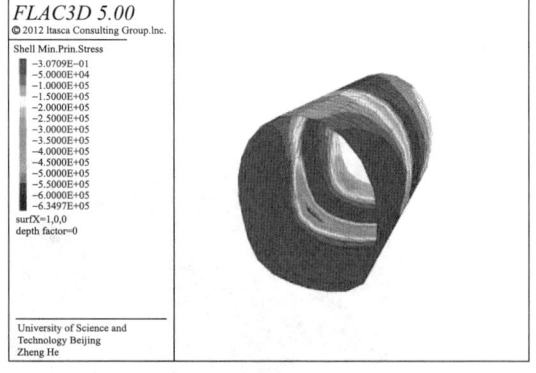

图 3.16　标准断面隧道初衬压应力　　　图 3.17　标准断面隧道二衬压应力

大断面隧道和标准断面隧道开挖完成后，大断面隧道初衬最小主应力云图分别如图 3.18、图 3.19 所示。可知最大压应力出现在边墙处，大断面隧道开挖完成后压应力最大值约为 9.02MPa，标准断面隧道开挖后增大 0.09MPa，达到 9.11MPa，增幅约为 0.9%。

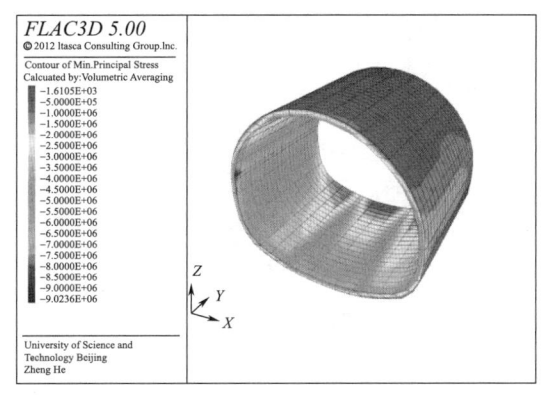
图 3.18　大断面完成后初衬压应力

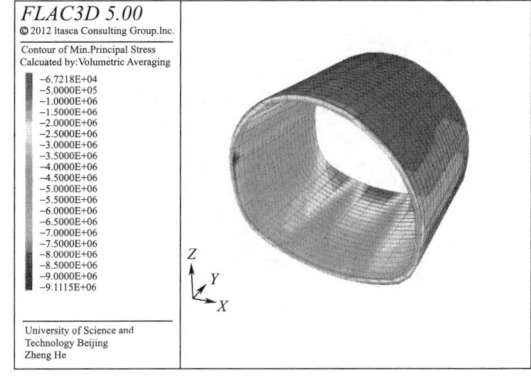
图 3.19　标准断面完成后大断面初衬压应力

大断面隧道和标准断面隧道开挖完成后，大断面隧道二衬最小主应力云图分别如图 3.20、图 3.21 所示。可知最大压应力出现在中隔壁与拱底连接处，大断面隧道开挖完成后二衬压应力最大值约为 0.36MPa，标准断面隧道开挖完成后二衬压应力最大值增大 0.48MPa，达到 0.84MPa，增幅约为 133%，因此后行标准断面隧道的开挖对大断面隧道二衬压应力的影响明显大于临时支撑拆除。

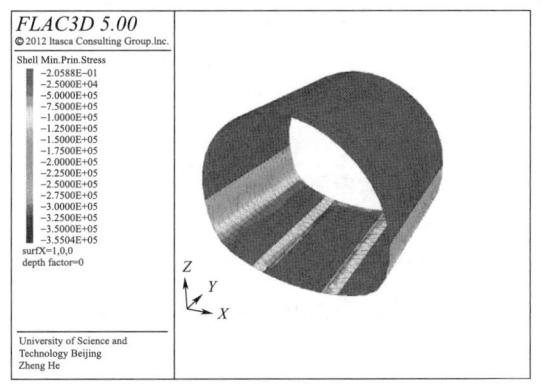
图 3.20　大断面完成后大断面二衬压应力

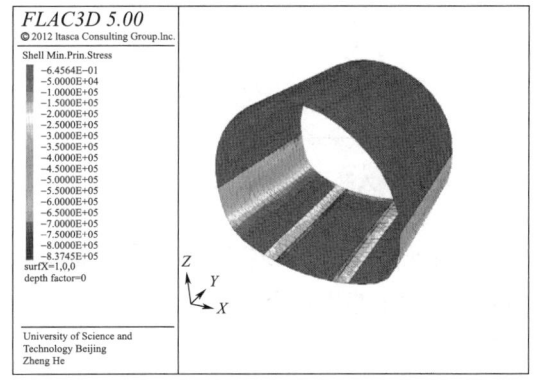
图 3.21　标准断面完成后大断面二衬压应力

FLAC 3D 中 Shell 结构单元有其局部坐标系，壳型构件位于 $X—Y$ 平面内，Z 轴垂直于构件平面且指向朝外。标准断面隧道二衬 X 方向和 Y 方向弯矩图分别如图 3.22、图 3.23 所示。可知衬砌 X 方向最大负弯矩约为 9.83kN·m，最大正弯矩约为 6.88kN·m，Y 方向最大负弯矩约为 9.16kN·m，最大正弯矩约为 3.64kN·m。最大正弯矩出现在边墙处，最大负弯矩出现在拱脚附近。

大断面隧道二衬 X 方向和 Y 方向弯矩图分别如图 3.24、图 3.25 所示，大断面隧道开挖完成后，X 方向最大负弯矩约为 58.55kN·m，最大正弯矩约为 159.85kN·m，Y 方向最大负弯矩约为 19.25kN·m，最大正弯矩约为 36.36kN·m。

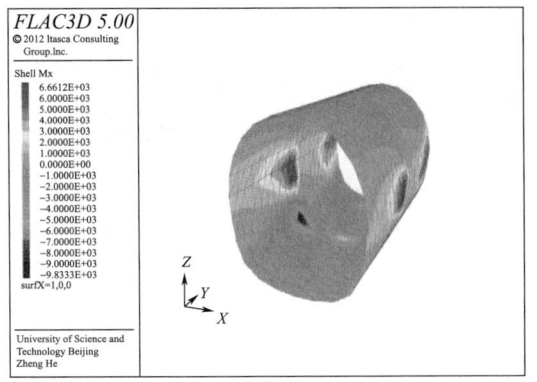
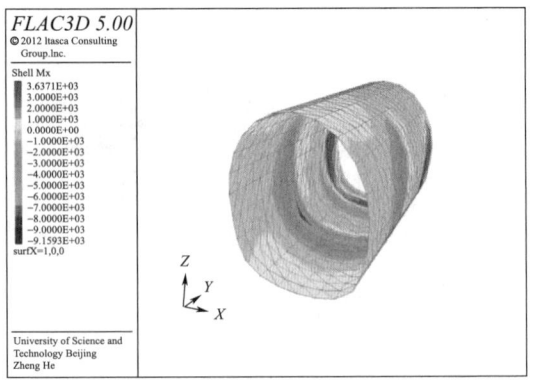

图 3.22　标准断面二衬 X 方向弯矩　　　　图 3.23　标准断面二衬 Y 方向弯矩

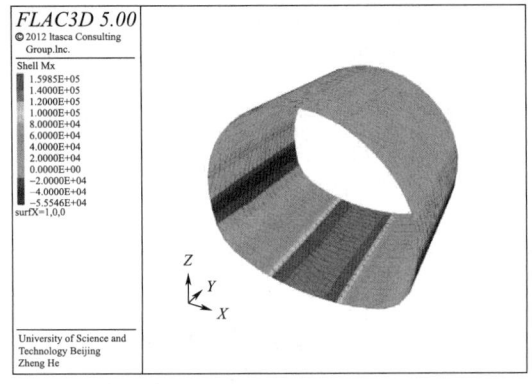
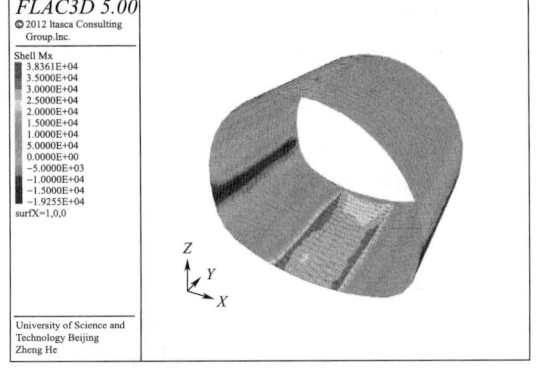

图 3.24　大断面完成后二衬 X 方向弯矩　　图 3.25　大断面完成后二衬 Y 方向弯矩

标准断面隧道开挖完成后，大断面隧道二衬 X 方向和 Y 方向弯矩如图 3.26 和图 3.27 所示。X 方向最大负弯矩减小 1.92kN·m，为 56.63kN·m，最大正弯矩增加 0.05kN·m，达到 159.90kN·m，Y 方向最大负弯矩增加 0.22kN·m，达到 19.47kN·m，最大正弯矩增加 0.16kN·m，达到 36.52kN·m。X 方向和 Y 方向最大正弯矩出现在中隔壁与底板连接处，最大负弯矩出现在拱脚附近。

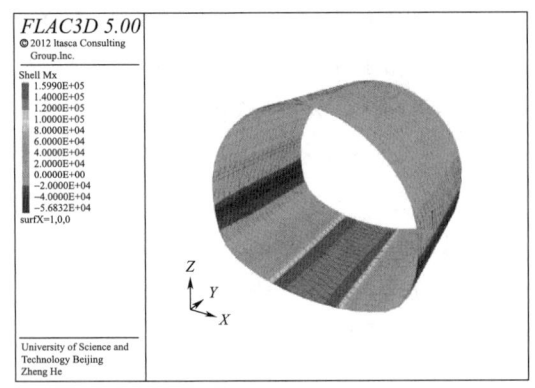
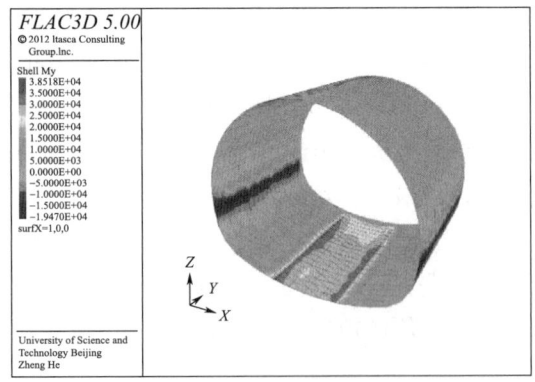

图 3.26　标准断面完成后大断面二衬 X 向弯矩　　图 3.27　标准断面完成后大断面二衬 Y 向弯矩

平行隧道中间的夹土对小净距隧道的稳定性至关重要，保持中间土体的稳定性往往是小净距隧道施工成败的关键。选取 $Y=5m$ 断面进行分析，中间土体位置如图 3.28 所示。设初始应力状态为 0 步，大断面 8 个状态分别为 1～8 步，标准断面两个状态分别为 9～10 步，中间土体最大压应力随开挖步骤变化曲线如图 3.29 所示。中间土体右侧的最大压应力整体大于土体左侧。对于土体右侧，先行大断面隧道临时支护拆除过程中（6～8 步），土体最大压应力由 700kPa 迅速增加到 1335kPa，增幅约为 91%。后行标准断面隧道的开挖过程（9～10 步）中，土体最大压应力由 1335kPa 逐渐增长到 1406kPa，增幅约为 6%。对土体左侧，最大压应力也存在类似变化规律，先行大断面隧道双侧壁导坑法临时支护的拆除使土体最大压应力由 447kPa 逐渐增长到 488kPa，增幅约为 10%；后行标准断面隧道的开挖过程中，土体压应力由 448kPa 迅速增长到 926kPa，增幅约为 90%。因此开挖过程中大断面一侧附近的土体应力整体大于标准断面一侧，先行大断面双侧壁导坑法临时支护的拆除及后行标准断面台阶法的整体施工对中间土体的应力影响均较大。

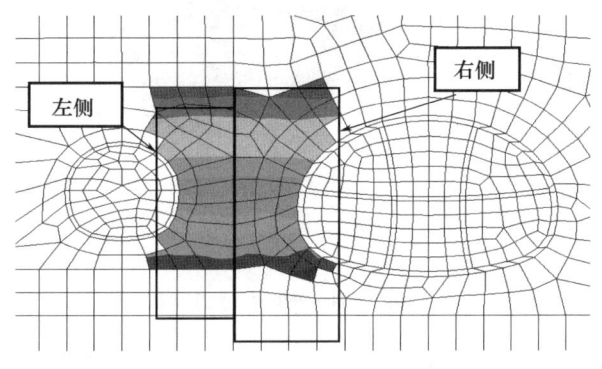

图 3.28 中间土体位置示意

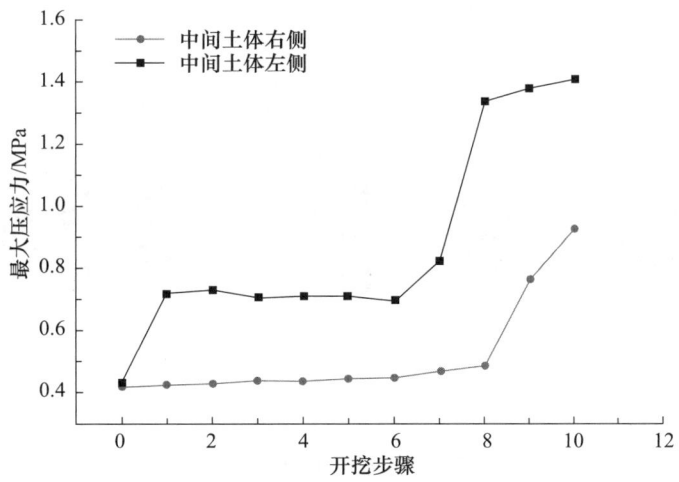

图 3.29 中间土体最大压应力随开挖步骤变化曲线

3.2 横通道开挖及支护分析

2号竖井横通道为拱顶直墙复合式衬砌结构，格栅钢架+超前注浆锚杆+钢筋网+喷射混凝土联合支护。横通道内部设有上下两层中隔板，土方开挖进尺为0.5m，采用超短台阶法开挖，上台阶长度3.0m左右，为了控制格栅钢架变形沉降，在横通道直墙部分的格栅节点处设置锁脚锚杆，至大断面处排距减小，开挖前对横通道拱顶进行超前注浆加固地层，开挖模拟过程如图3.30所示。

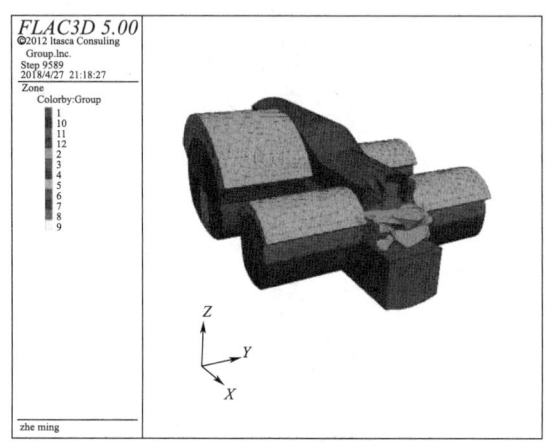

图3.30 横通道开挖模拟过程

按照浅埋暗挖施工区间大断面破除马头门加固措施方案的要求，在2号横通道初支完成后，在左线大断面对应位置施作两道临时中隔墙，如图3.31所示。

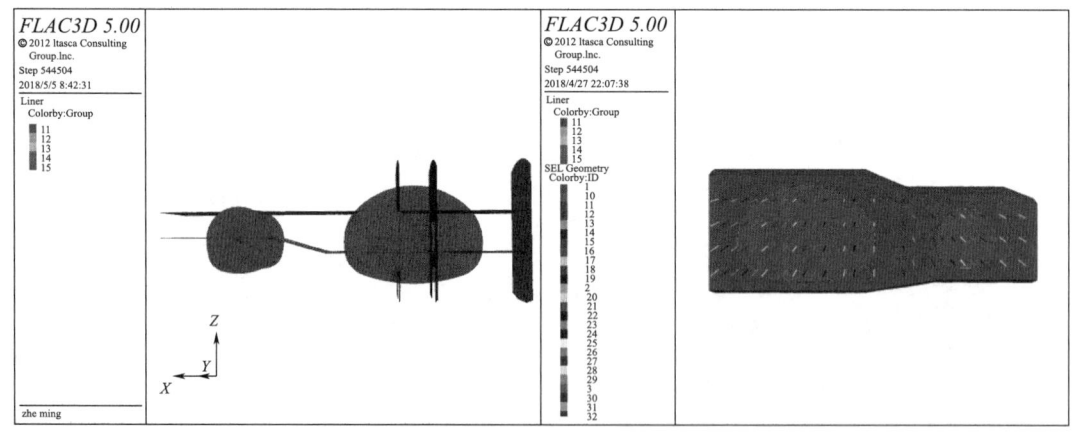

图3.31 横通道支护结构

由图3.32可知，横通道开挖完成后，上方土体会产生明显的沉降，竖向位移最大值约为64mm；横通道底部略微隆起，约为2.3mm。

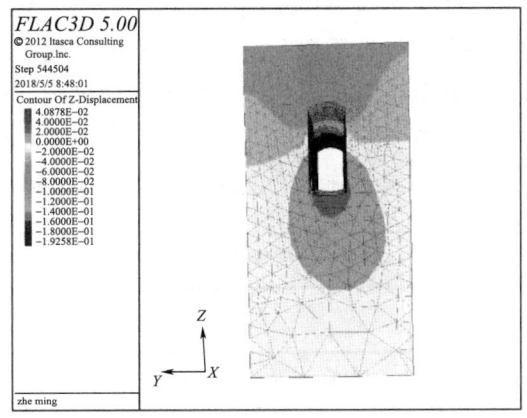

图 3.32　横通道竖向位移

由图 3.33 可知，横通道开挖完成后，土体中的应力在 Y 方向以横通道轴线为对称轴线重新分布，竖直应力基本成层分布，随着深度的增加竖直应力增大，最大竖直应力约为 0.68MPa。

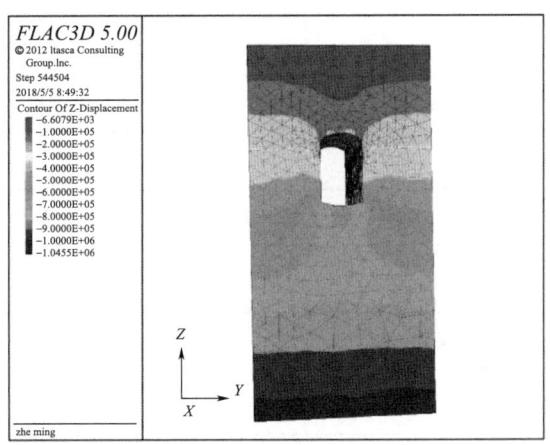

图 3.33　横通道垂直应力

3.3　大断面隧道破马头门动态力学行为分析

3.3.1　马头门开挖支护与破除施工方法

会展中心站至地铁 6 号线设立有联络线隧道，在联络线和正线隧道交叉线的位置断面较大，由横通道作为切入点进洞破除马头门时，面临着开挖断面大、马头门处受力复杂、应力较为集中、作业空间有限、施工难度大、安全风险高等问题。目前广泛应用的施工工法需在横通道内形成完整的二衬结构，并设置复杂的框架连接结构进行受力转换,将导致后续施工缓慢、严重影响整体工期、材料耗费大等问题。

针对以上问题,结合现场工程地质概况以及施工推进情况,参考并改进了传统的马头门支护及破除工法,依据新奥法理论,将围岩作为承载机构,在破除马头门关键工序前后采取必要手段及时做好支护措施,使支护结构和围岩共同形成支撑环,以承受压力,最大限度地保持围岩稳定,具体施工工艺流程如图 3.34 所示。

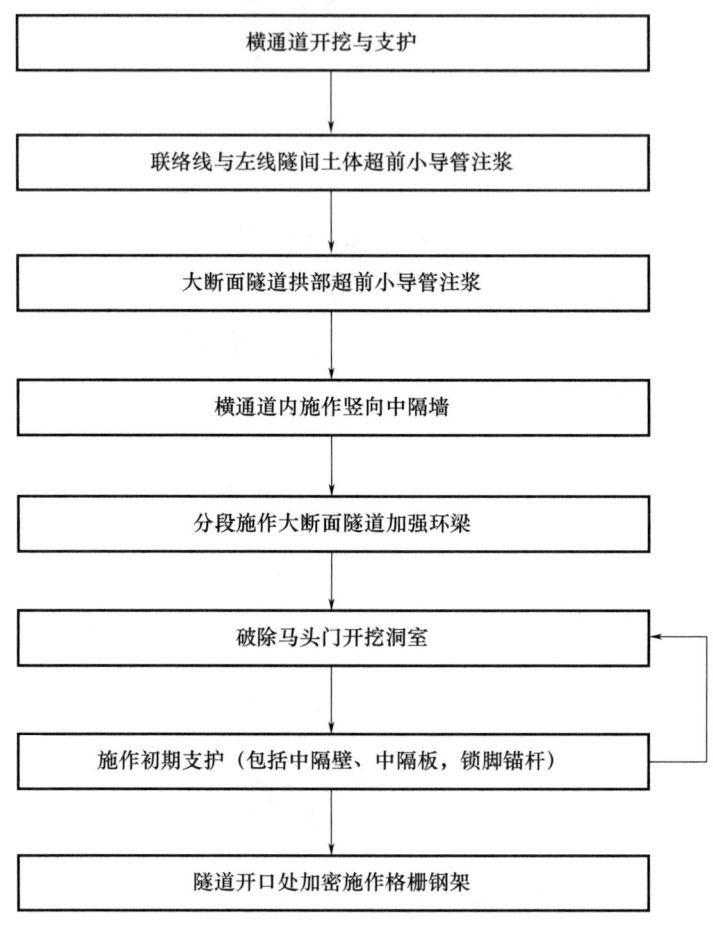

图 3.34　大断面隧道开挖马头门支护及破除工艺流程

(1) 横通道的开挖与支护

横通道采用上下导洞法施工,支护结构为拱顶直墙复合式衬砌结构,采用格栅钢架＋超前注浆锚管＋钢筋网＋喷混凝土联合支护。横通道上下导洞均设有一道临时仰拱,喷设混凝土厚 0.3m,土方开挖采用人工开挖,土方开挖进尺为 0.5m,初期支护时在设计位置设置临时钢支撑。环形核心土预留不小于拱部断面面积的 1/3,长度控制在 3m 左右,核心土两侧与初支之间距离为 1.0m 左右。上台阶长度控制在 5.0m 左右,施工时进行严格的监控量测,并根据量测结果来调整设计参数。

(2) 超前小导管注浆加固

根据大断面隧道各部分空间结构关系,主要针对两部分地层进行超前小导管注浆加固。对联络线隧道与区间左线隧道之间土体，采用 $\phi 42 \times 3.25$ 超前小导管注浆进行加固，导管长度 $L=5m$。水平方向搭设 4 根导管，均匀布置；导管竖向间距 1.0m，竖向加固范围为隧道开挖高度上、下各 1.0m。另外需在横通道内沿大断面隧道拱部 120°范围内打设双排超前注浆小导管，预加固地层。

（3）施作竖向中隔墙

为了平衡大断面破除马头门后由竖向压力形成的水平侧压力，在大断面隧道开挖双侧壁对应位置施作两道临时中隔墙，中隔墙主要材料选用 22b 工字钢，凿除掉横通道侧壁混凝土保护层后，使用 1cm 厚钢板与横通道格栅进行焊接，工字钢上下间距 50cm。工字钢间用 $\phi 22$ 钢筋连接，间距 1m，内外交错布置，中隔墙表面布设 $\phi 6.5$ 双层钢筋网片，喷射 C25 混凝土厚度 30cm（图 3.35）。

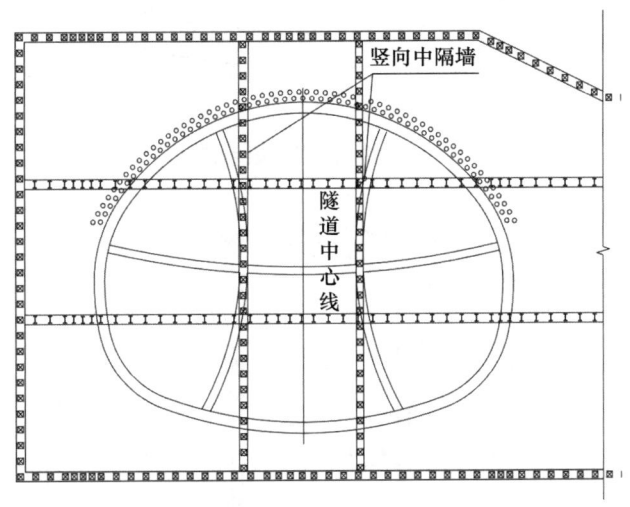

图 3.35 施作竖向中隔墙

（4）施作加强环梁

为了承载马头门开挖后竖向压力，避免横通道在马头门开挖后处于偏压状态，需根据马头门断面施工工艺分段施作加强环梁，保证马头门破除四周土体稳定。加强环梁与横通道中隔墙在马头门受力转换节点的两个方向上起到主要的承载作用，需要按照设计要求进行认真施作（图 3.36）。

（5）破除马头门及洞室开挖与支护

由于隧道跨径较大，采用双侧壁导坑法进行暗挖施工，破除马头门顺序按照后续各个洞室开挖的顺序进行，每个洞室均采用上下台阶法开挖，开挖支护工序示意如图 3.37 所示。

1）通过破除马头门条件验收后，按照顺序采用台阶法分别开挖上部两侧洞室①-1 与①-2，两洞室间保持步距 3～5m，施工下台阶时拆除对应位置横通道上层临时支撑。

2）与上部两侧洞室①保持 1 倍洞径，按照顺序采用台阶法分别开挖下部两侧洞室②-1 与②-2，下部两侧洞室间保持步距 3～5m，施工下台阶时拆除对应位置横通道下层临时支撑。

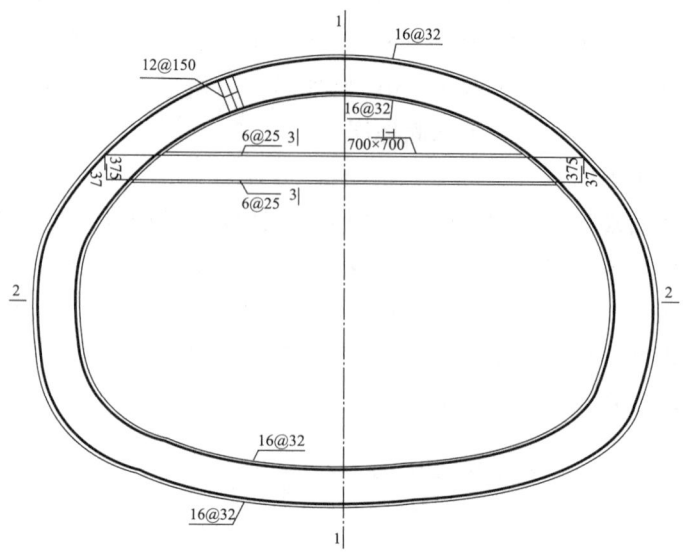

图 3.36　加强环梁示意

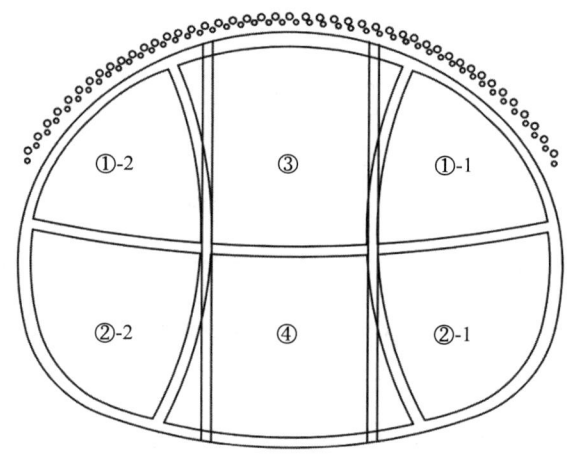

图 3.37　大断面隧道洞室开挖工序示意

3）中上洞室③与下部两侧洞室②保持一倍洞径台阶法开挖，施工下台阶时拆除对应位置横通道上层临时支撑。

4）中下洞室④与中上洞室③保持一倍洞径台阶法开挖，施工时拆除洞室范围内对应的横通道临时支撑。

3.3.2　左线南向大断面隧道破除马头门分析

达到破除马头门条件后，以横通道为起点，首先进行大断面隧道部分马头门破除。选取大断面隧道破马头门的 7 个状态进行分析。

状态1：拆除横通道对应右上导洞上台阶位置边墙衬砌和锚杆，开挖并支护右上导洞上台阶3m。

状态2：拆除横通道对应左上导洞上台阶位置边墙衬砌和锚杆，开挖并支护右上导洞上台阶9m，下台阶6m，开挖并支护左上导洞上台阶3m。

状态3：拆除横通道对应右下导洞上台阶位置边墙衬砌和锚杆，开挖并支护右下导洞上台阶3m。

状态4：拆除横通道对应左下导洞上台阶位置边墙衬砌和锚杆，开挖并支护右下导洞上台阶9m，下台阶6m，开挖并支护左下导洞上台阶3m。

状态5：拆除横通道对应中上洞室上台阶位置边墙衬砌和锚杆，开挖并支护中上洞室上台阶3m。

状态6：拆除横通道对应中下洞室上台阶位置边墙衬砌和锚杆，开挖并支护中上洞室上台阶9m，下台阶6m，中下洞室上台阶3m。

状态7：拆除横通道对应于中下洞室下台阶位置边墙衬砌和锚杆，开挖并支护中上洞室上下台阶10m，中下洞室上下台阶10m。

各个开挖支护模拟状态如图3.38所示。

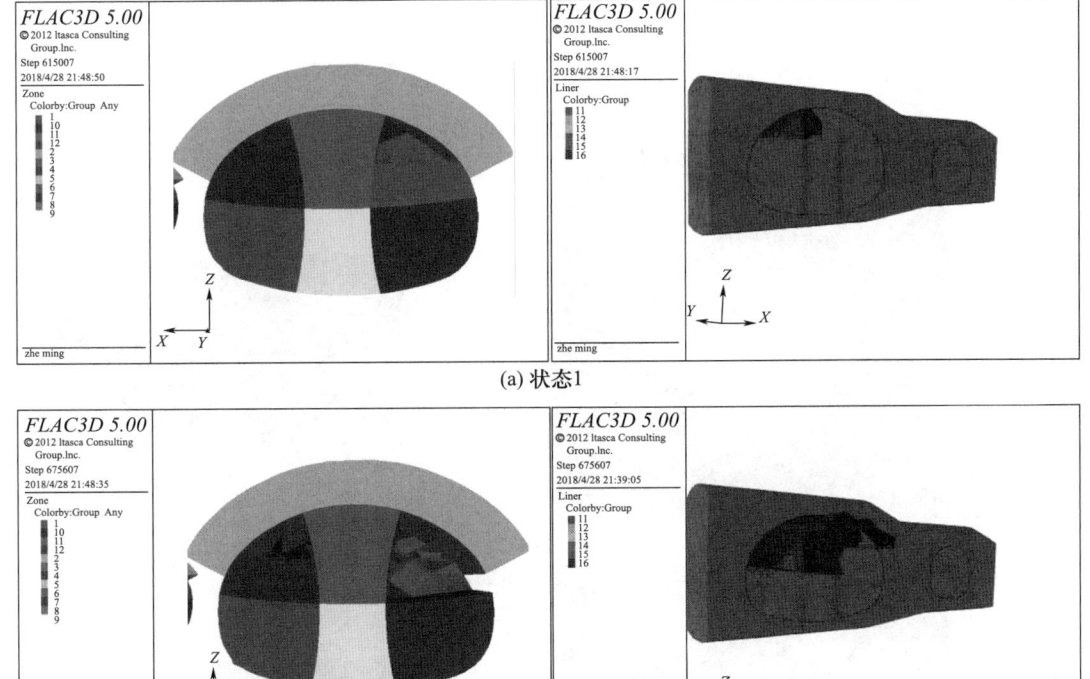

(a) 状态1

(b) 状态2

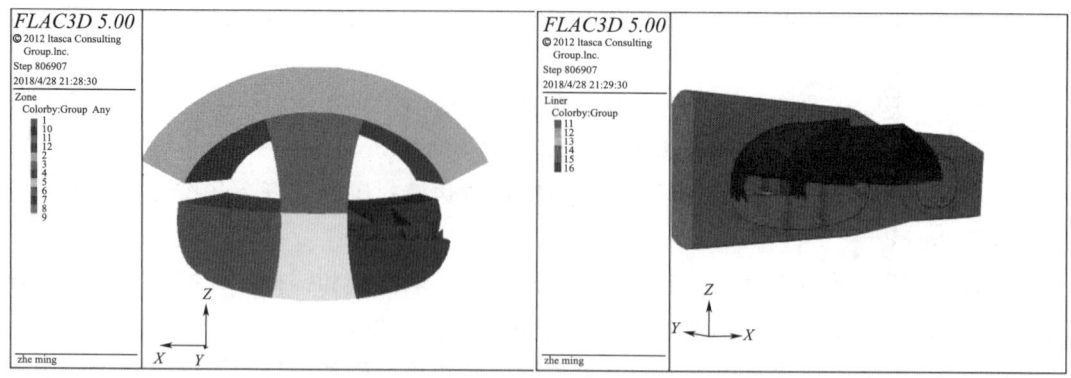

(c) 状态3

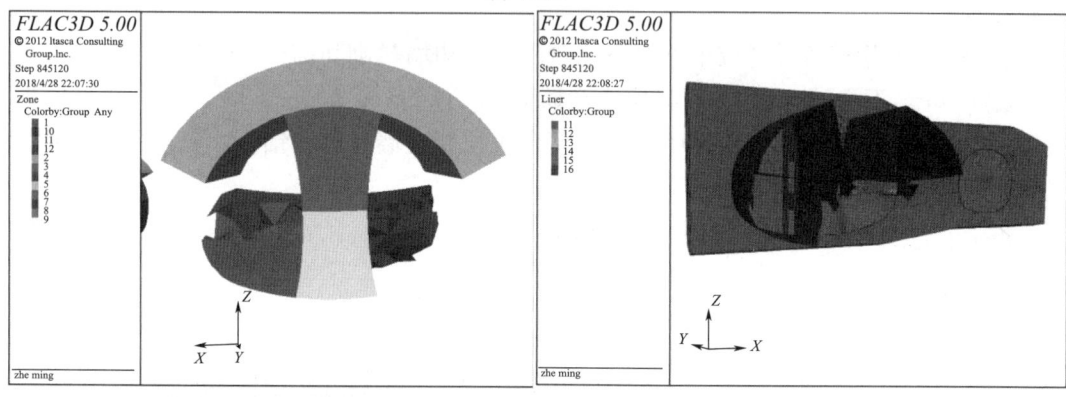

(d) 状态4

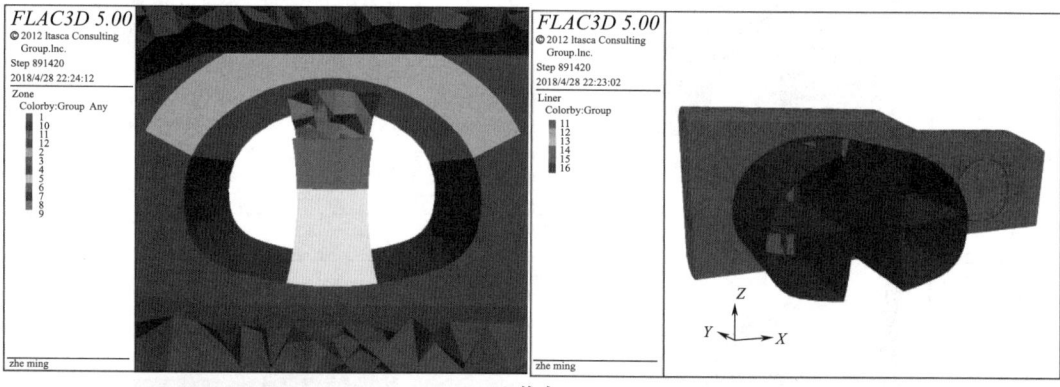

(e) 状态5

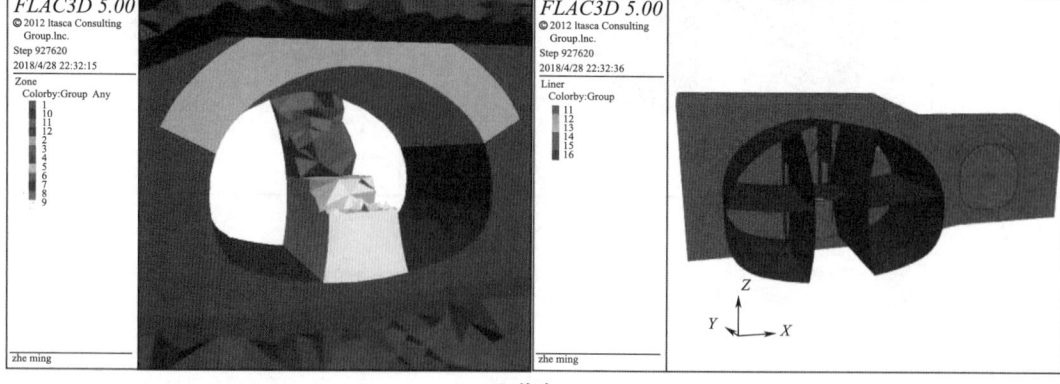

(f) 状态6

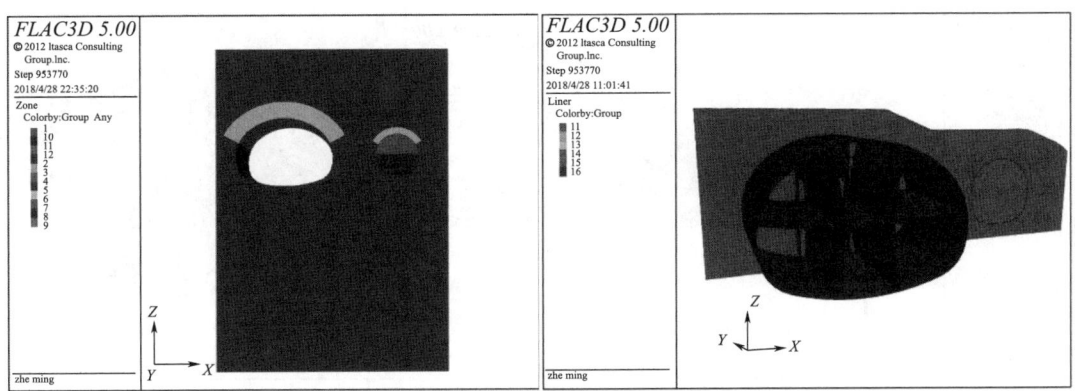

(g) 状态7

图 3.38 大断面隧道破除马头门开挖支护模拟状态

(1) 应力分析

左线大断面隧道以横通道为起点在模型内部进行多状态分步开挖,为了更直观地反映施工过程中各部位应力变化情况,选取破马头门过程中关键工序的衬砌应力状态进行分析,大断面隧道破马头门施工各状态的最小主应力云图如图 3.39 所示。

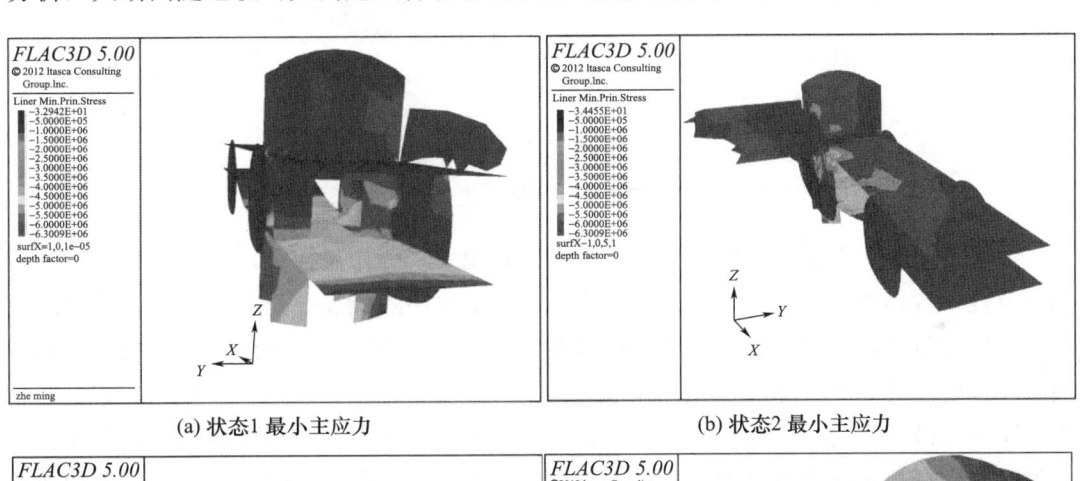

(a) 状态1 最小主应力　　　　　　　(b) 状态2 最小主应力

(c) 状态3 最小主应力　　　　　　　(d) 状态4 最小主应力

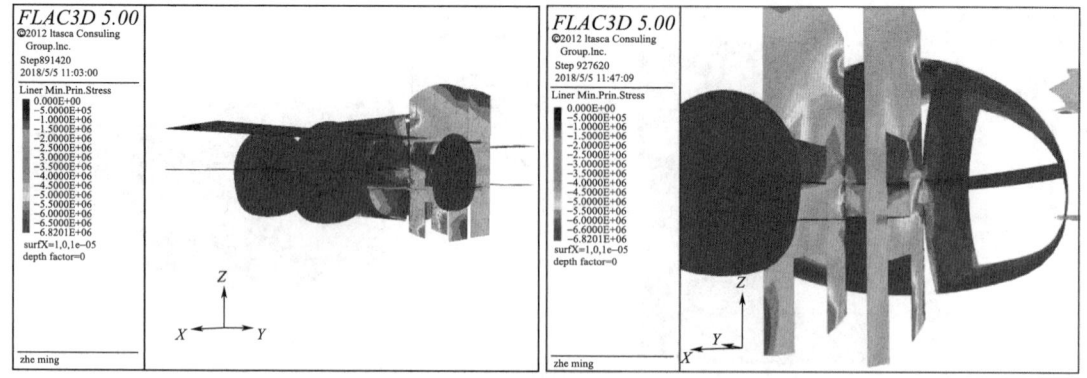

(e) 状态5 最小主应力　　　　　　　(f) 状态6 最小主应力

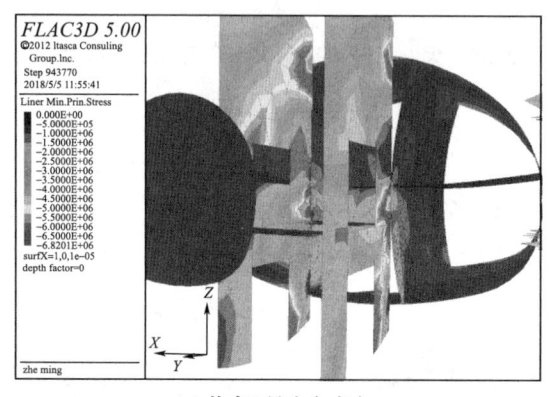

(g) 状态7 最小主应力

图 3.39　大断面隧道与横通道交汇处最小主应力云图

　　为了方便施工人员及机械通行,在中隔墙处设置了两处通行门,因而破坏了中隔墙的完整性,致使其受力更为复杂。靠近通行门的下层中隔板及中隔墙与大断面隧道连接点初始应力较高,在进行右上导洞上台阶破马头门时,应力最大值出现在中隔墙与隧道边墙连接处,约 3.61MPa,下层中隔板的应力约为 1.65MPa［图 3.39（a）］。右上导洞下台阶开挖破马头门时,将对应位置横通道中隔板进行拆除,应力得到释放,大断面隧道衬砌和中隔板连接点应力增大,左上导洞上台阶开挖破马头门时,上层中隔板和隧道衬砌交接点应力最大,约为 2.37MPa［图 3.39（b）］。

　　左上导洞下台阶破马头门时,在上层中隔板与隧道衬砌连接点应力值较大,约为 2.59MPa。隧道开挖完成后,竖向中隔墙与隧道交接点处应力值较大,右下导洞上、下台阶破马头门时,在下部中隔板和衬砌连接点出现应力集中,分别为 2.08MPa、2.70MPa［图 3.39（c）］。左下导洞上、下台阶开挖破马头门时,下部中隔板和隧道衬砌连接处应力较大,分别为 2.52MPa、5.41MPa［图 3.39（d）］。最后按施工步骤进行中间洞室的开挖。中上洞室上台阶开挖破马头门时,中隔墙和隧道的上部连接点处应力较大,约为 3.50MPa［图 3.39（e）］。中上洞室下台阶开挖破马头门时,拆除上部中隔板,中隔墙沿 x 方向失去中隔板的支撑,对应部位应力值变大,中下洞室上台阶开挖破马头门时,在中隔墙、下部中隔板和大断面隧道连接处应力值较大,分别为 11.2MPa、

7.5MPa，中隔墙开洞门处应力值高于其他部位，平均约为 4.28MPa［图 3.39 (f)］。中下洞室下台阶开挖破马头门时，大断面竖向中隔壁和底部衬砌连接处应力值较大，约为 3.12MPa，对中隔墙处应力影响不大［图 3.39 (g)］。

（2）位移分析

为了研究破除马头门过程中引起地表位移的变化，在大断面隧道开挖前将土体位移清零，直接记录监测点的位移，此即为地表沉降量。大断面隧道破马头门开挖相关状态竖向位移云图如图 3.40 所示。

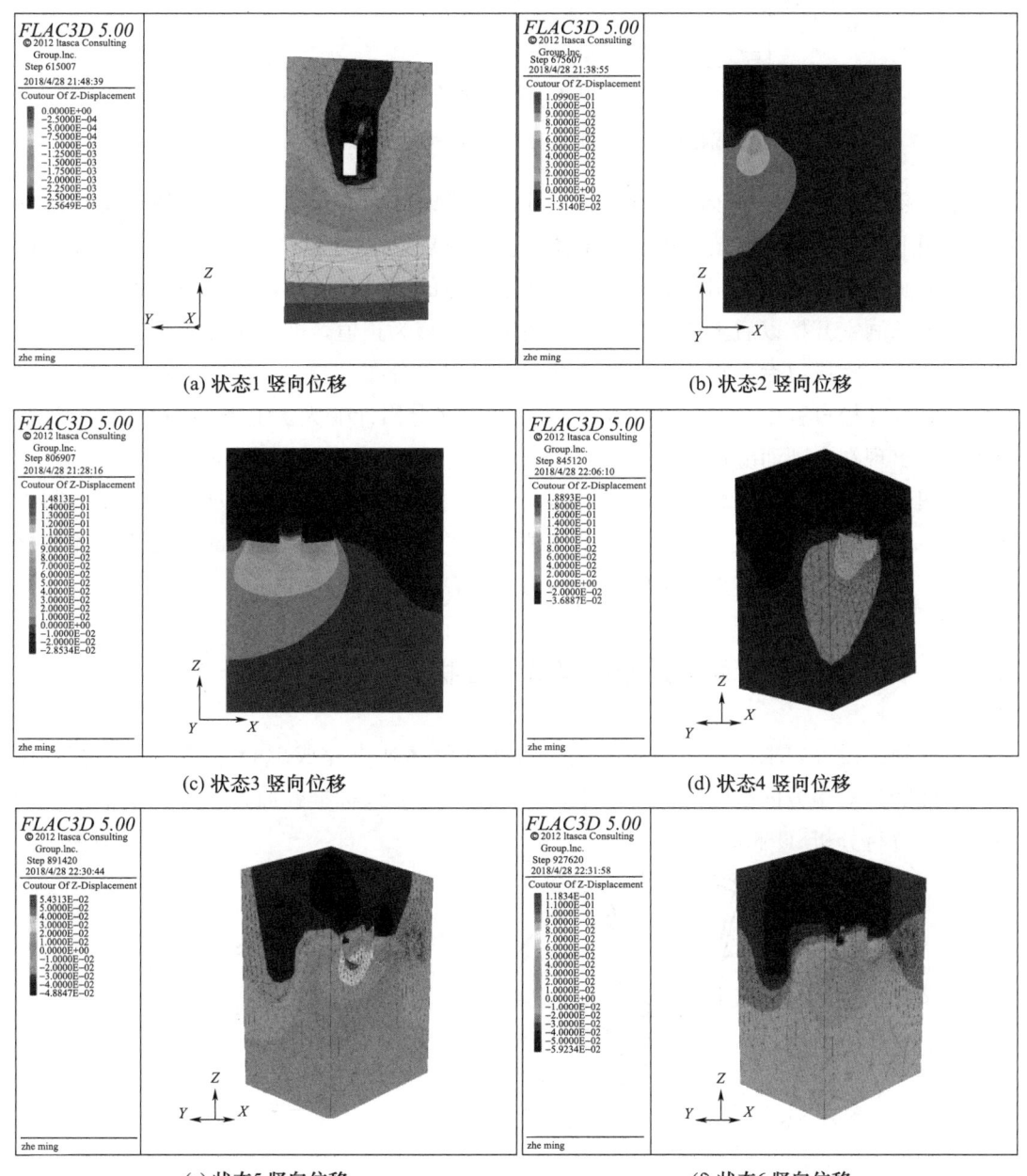

(a) 状态1 竖向位移　　　　　　　　(b) 状态2 竖向位移

(c) 状态3 竖向位移　　　　　　　　(d) 状态4 竖向位移

(e) 状态5 竖向位移　　　　　　　　(f) 状态6 竖向位移

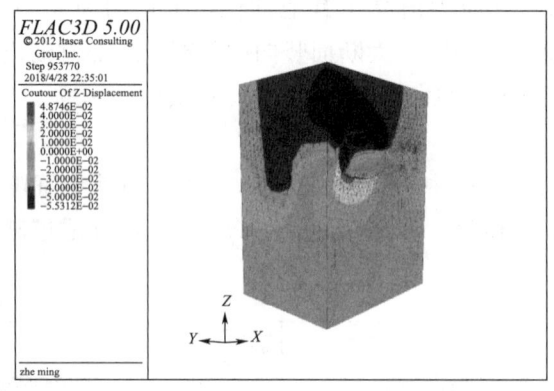

(g) 状态7 竖向位移

图 3.40　大断面隧道破马头门位移云图

采用超短台阶法，小步距进行施工，开挖后及时施作支护结构，在土体与支护结构共同作用下达到平衡，有效地控制了土体位移的发展。由图3.40（a）、图3.40（b）可知，在导洞开挖过程中，洞室上方土体会产生明显的沉降，且越靠近隧道顶部，位移值越大；上部洞室开挖以后土体应力释放，底板处位移为正值，即产生隆起现象。左上与右上洞室开挖完成以后，整体地表沉降基本呈现对称分布。

下导洞开挖过程中，竖向位移在上部开挖基础上累计变大。上下导洞开挖完成后，最大位移出现在大断面隧道拱顶，约为36.2mm[图3.40（c）、图3.40（d）]。

由图3.40（e）～图3.40（g）可知，中洞开挖完成后，沉降偏向横通道和大断面交界处，最大位移出现在大断面隧道拱顶位置，约为43.2mm，在上部及两侧土体的挤压作用下，大断面隧道底部出现隆起，约为4mm。

3.3.3　右线北向大断面隧道破除马头门分析

按照施工设计要求，在区间向南左线大断面整体初支完成10m以后，开始掘进位于大断面隧道对角方向区间北向右线隧道。选取北向右线标准断面开挖支护模拟过程的两个状态进行分析（图3.41、图3.42）

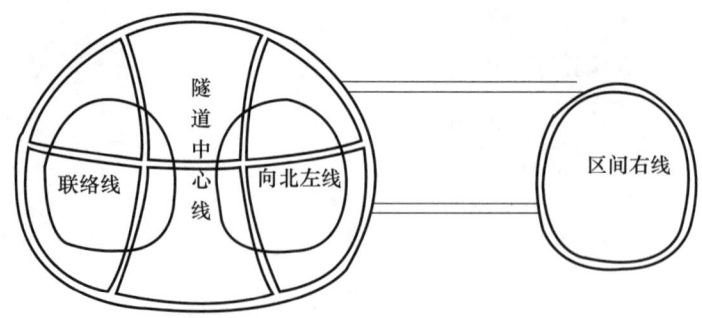

图 3.41　右线北向标准断面开挖示意

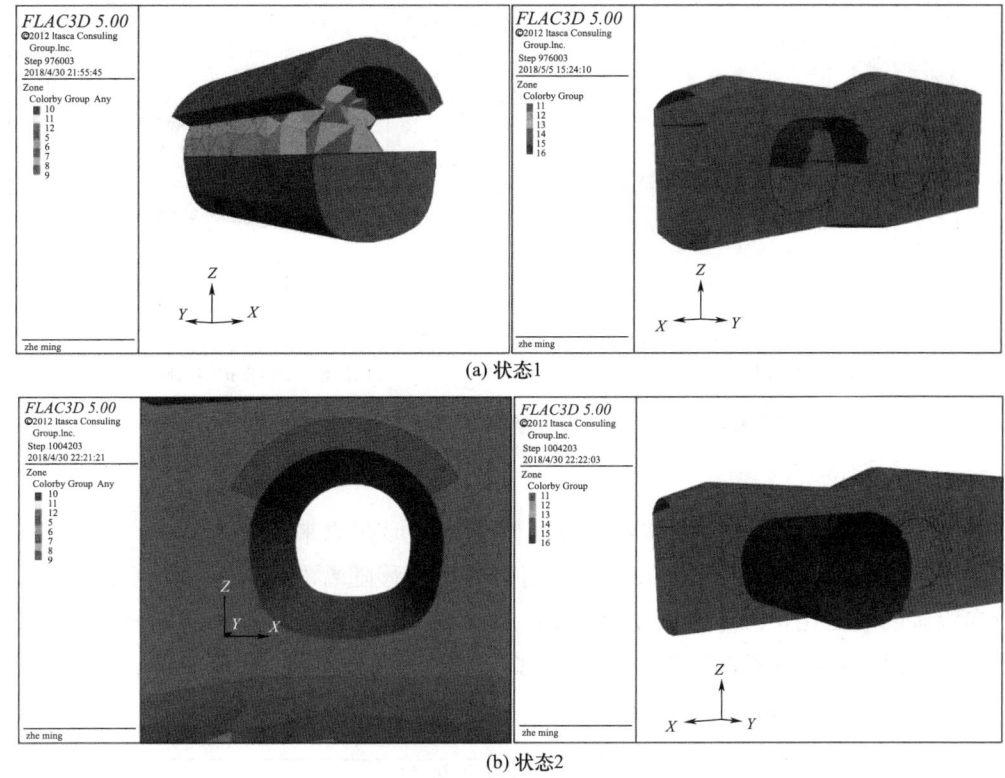

(a) 状态1

(b) 状态2

图 3.42　右线北向标准断面隧道破马头门开挖支护模拟流程

状态 1：拆除横通道对应隧道上台阶位置边墙衬砌和锚杆后开挖并支护上台阶 3m。

状态 2：拆除横通道对应隧道下台阶位置边墙衬砌和锚杆后开挖支护上下台阶 10m。

（1）应力分析

马头门开挖后，横通道拱部会失去边墙的支撑力而处于偏压状态，因此施工前在靠近马头门处加密钢架并架设临时支撑，以平衡朝向横通道方向的侧压力。由图 3.43（a）、图 3.43（b）可知，标准断面上台阶破除马头门时，横通道中隔板与标准断面连接处应力值较大，为 2.43MPa。由图 3.43（c）、图 3.43（d）可知，标准断面开挖完成后，隧道与横通道交接处应力最大，约为 2.52MPa；而中隔墙的整体应力分布受北向标准断面开挖影响不大。

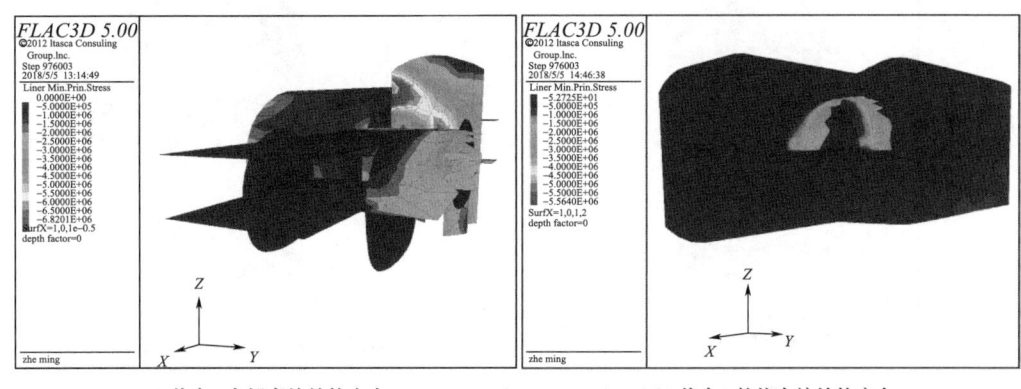

(a) 状态1 内部支护结构应力　　　　　　(b) 状态1 整体支护结构应力

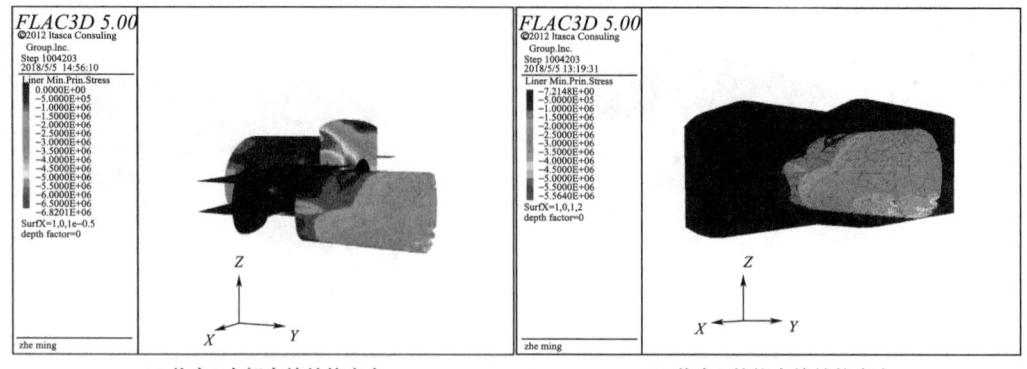

(c) 状态2 内部支护结构应力　　　　　　(d) 状态2 整体支护结构应力

图 3.43　右线北向标准断面与横通道交会应力云图

（2）位移分析

如图 3.44 所示，右线隧道破除马头门使土体变形在原来基础上变大，横通道位移最大值出现在拱顶，约为 46.3mm。模型南侧整体位移随着右线隧道开挖而增大，而位移分布没有明显变化，沉降最大值在拱顶，约为 60.01mm，底部隆起量相应减小。随着开挖的推进，右线标准断面隧道竖向位移逐渐增大，最大值为 42.3mm；底部出现隆起，约为 2mm；标准断面侧沉降曲线对称轴与隧道轴线基本一致。

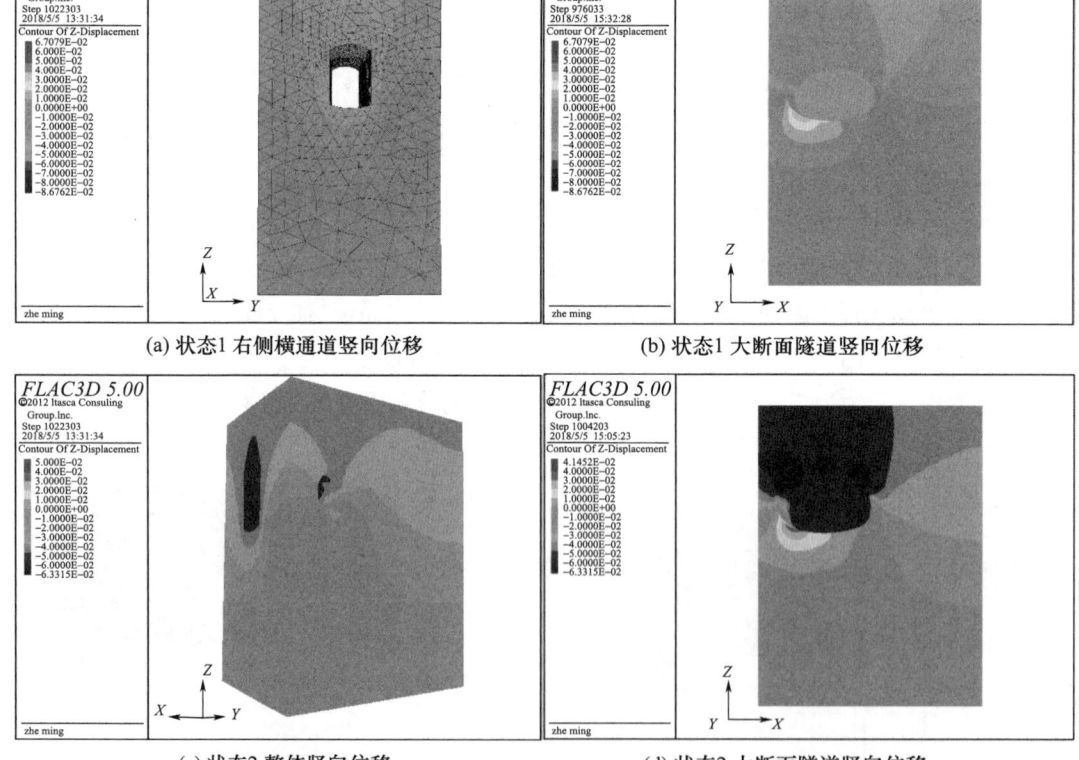

(a) 状态1 右侧横通道竖向位移　　　　　　(b) 状态1 大断面隧道竖向位移

(c) 状态2 整体竖向位移　　　　　　(d) 状态2 大断面隧道竖向位移

图 3.44　右线北向标准断面破马头门开挖位移云图

3.3.4 左线北向大断面隧道破除马头门分析

区间向北右线整体初支完成 10m 后，分步掘进区间向北左线。截取左线北向标准断面开挖支护模拟过程的两个状态进行分析（图 3.45）。

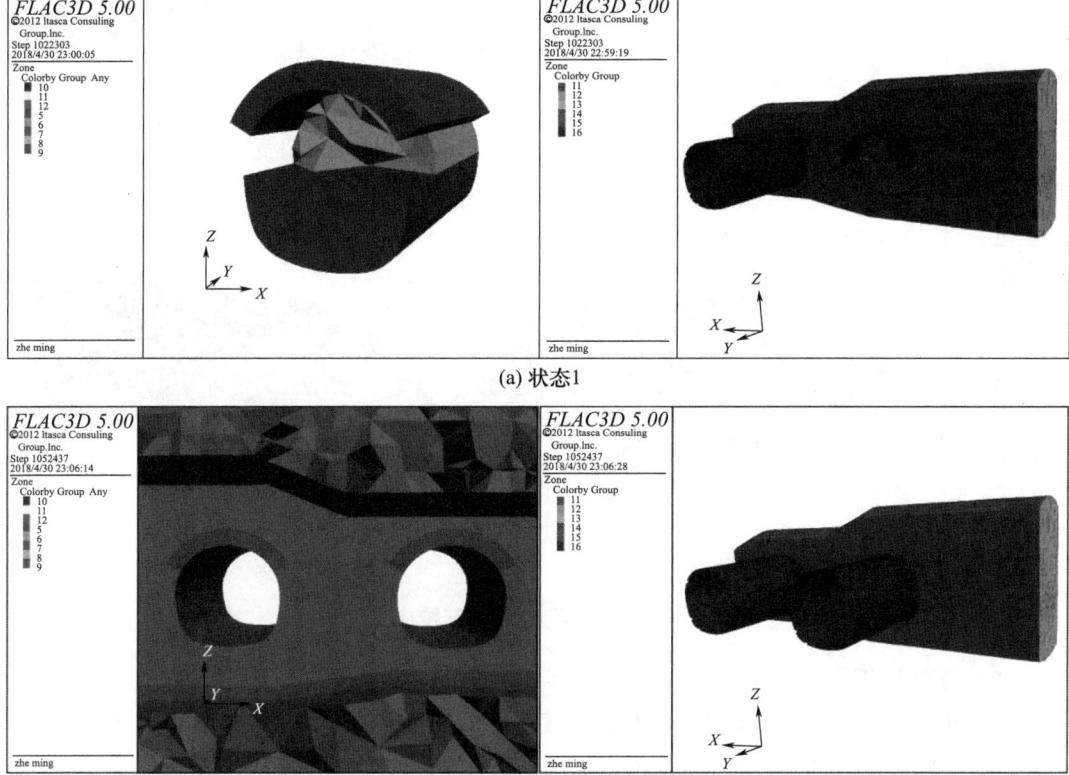

图 3.45 左线北向标准断面开挖支护模拟过程

状态 1：拆除横通道对应隧道上台阶位置边墙衬砌和锚杆，开挖并支护上台阶 3m。

状态 2：拆除横通道对应隧道下台阶位置边墙衬砌和锚杆，开挖并支护上下台阶 10m。

（1）应力分析

左线北向标准断面破马头门的应力如图 3.46 所示。上台阶破马头门过程中，竖向中隔墙和隧道上部衬砌连接处应力值较大，约为 5.62MPa［图 3.46（a）］。下台阶破马头门时，横通道下部中隔板和隧道连接处以及中隔墙和隧道连接处出现应力集中，分别为 5.50MPa、5.26MPa［图 3.46（c）］。由图 3.46（b）、图 3.46（d）可知，开挖完成后隧道衬砌最小主应力最大值出现在隧道底部，约为 4.26MPa。

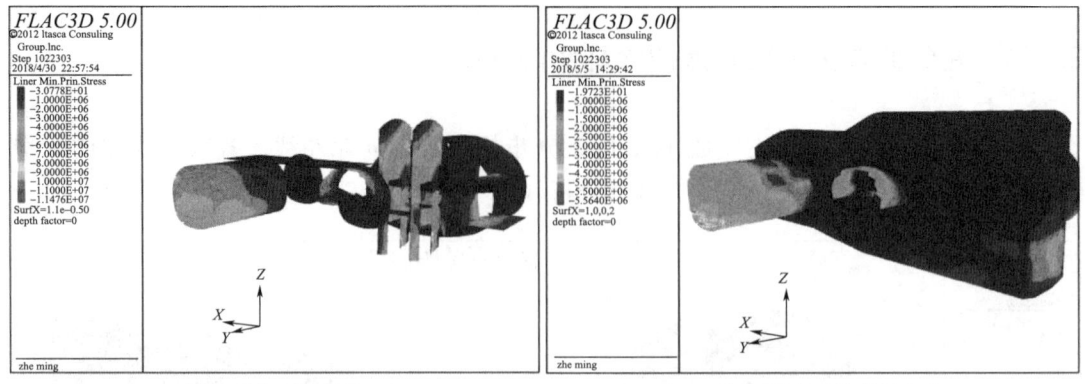

(a) 状态1内部支护结构应力　　　　　　(b) 状态1整体支护结构应力

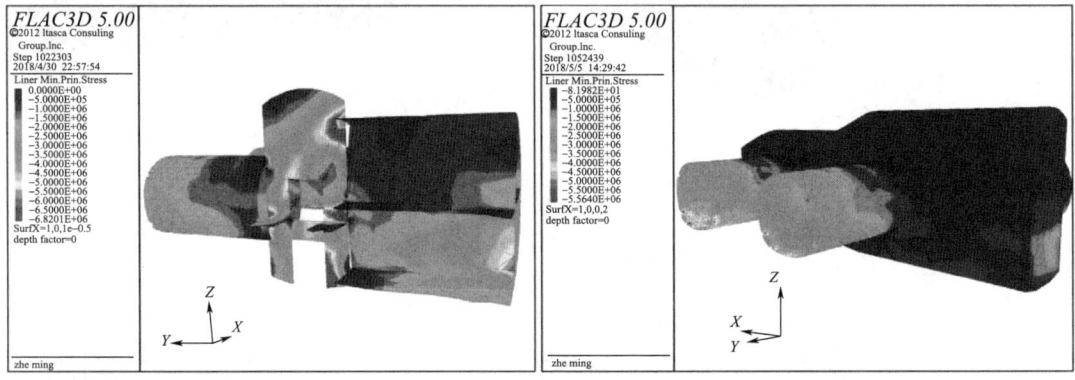

(c) 状态2 内部支护结构应力　　　　　　(d) 状态2 整体支护结构应力

图 3.46　左线北向标准断面开挖应力云图

（2）位移分析

左线北向标准断面隧道破马头门位移云图如图 3.47 所示。由图 3.47（a）、图 3.47（e）可知，开挖过程中沿 Y 方向沉降曲线偏向大断面，位移最大值出现在左侧横通道拱顶，约为 59.1mm；标准断面隧道沿 X 方向最大位移出现在拱顶，约为 51.2mm；底部出现隆起，约为 2.6mm。模型南侧沿 X 方向位移分布规律基本不变，沉降曲线略微向大断面隧道偏移，最大值约为 60.3mm［图 3.47（b）、图 3.47（d）］。开挖完成后，模型北侧标准断面隧道竖向位移分布对称轴基本与隧道轴线一致［图 3.47（c）］。

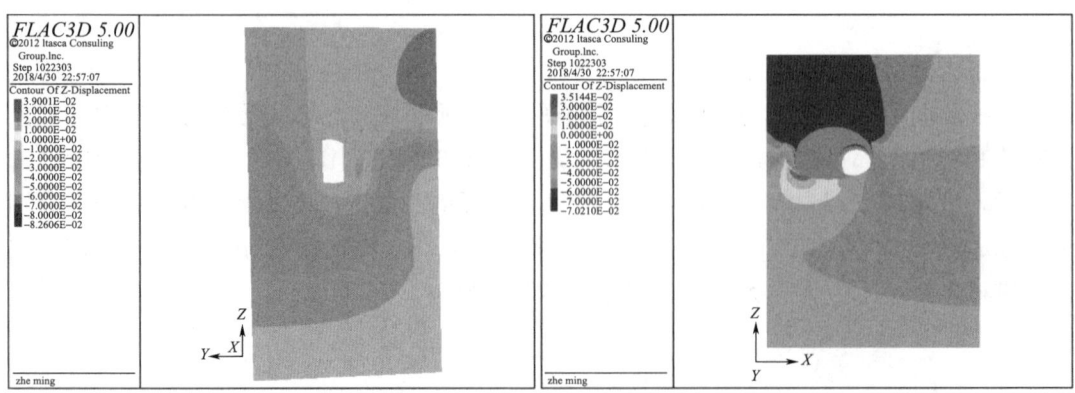

(a) 状态1 左侧横通道竖向位移　　　　　　(b) 状态1 大断面隧道竖向位移

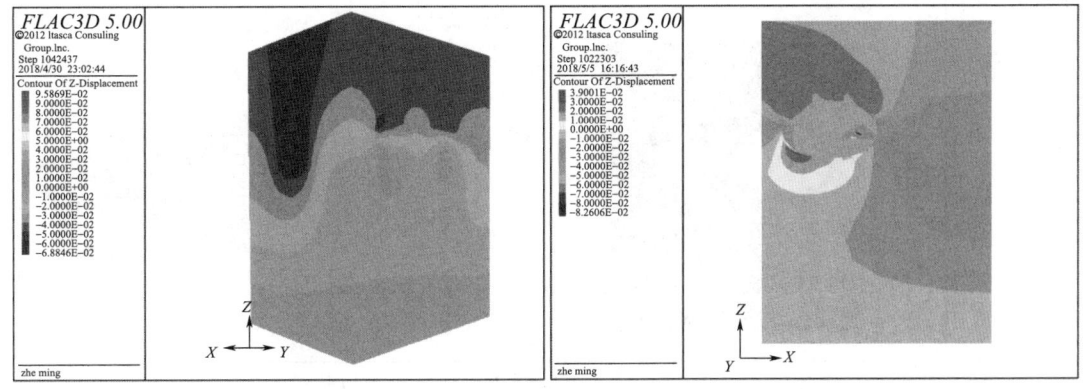

(c) 状态2 整体位移　　　　　　　　(d) 状态2 大断面隧道位移

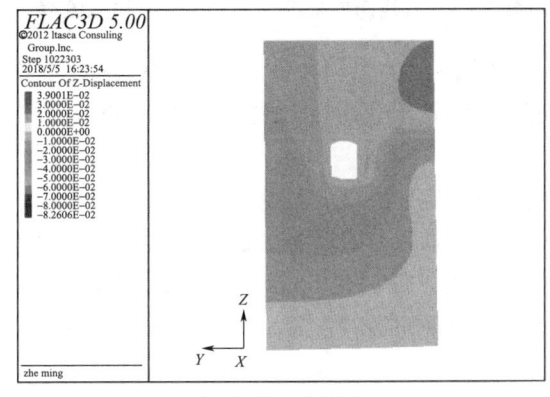

(e) 状态2 横通道左侧位移

图 3.47　左线北向标准断面开挖位移云图

3.3.5　右线南向大断面隧道破除马头门分析

区间向北左线隧道整体初支完成 10m 后，分步掘进区间向南右线隧道。截取向南右线标准断面隧道开挖支护模拟过程的两个状态进行分析（图 3.48）。

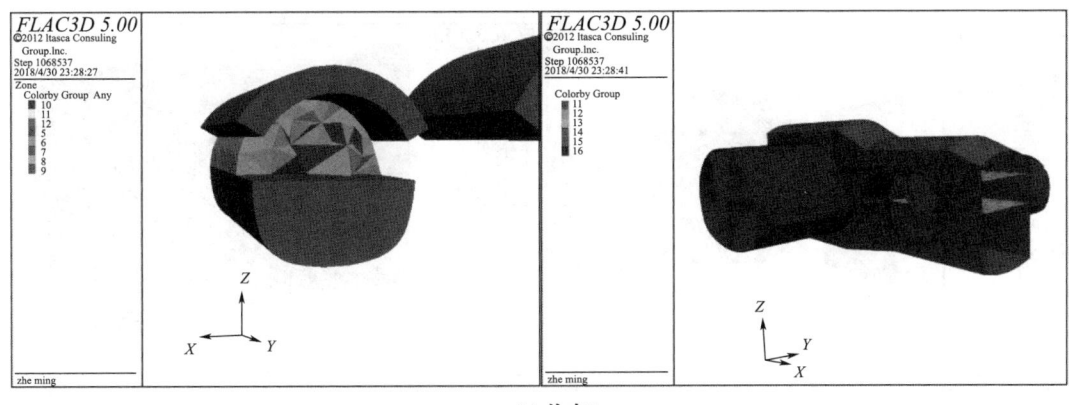

(a) 状态1

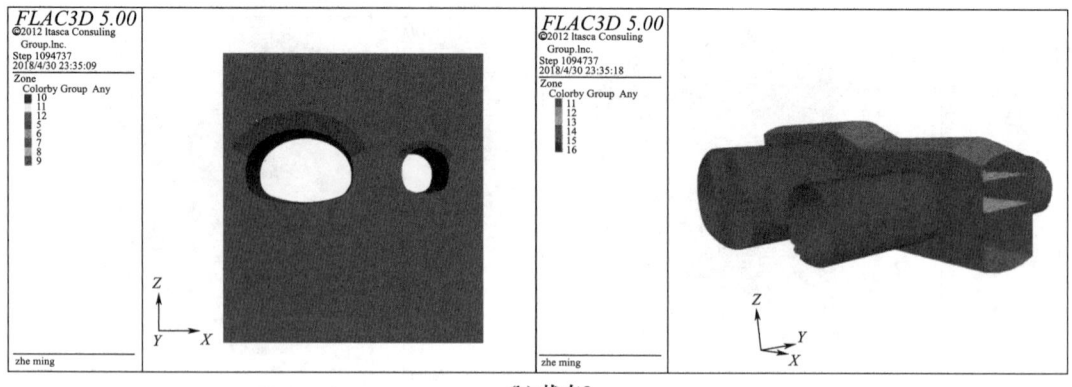

(b) 状态2

图3.48 右线南向标准断面开挖支护模拟流程

状态1：拆除横通道对应隧道上台阶位置边墙衬砌和锚杆，开挖并支护上台阶3m。

状态2：拆除横通道对应隧道下台阶位置边墙衬砌和锚杆，开挖并支护上下台阶10m。

（1）应力分析

在其他断面支护结构充分稳定后，最后开挖右线南向标准断面。由于开挖断面较小，支护及时，破马头门过程中隧道衬砌应力值较前述断面小。上、下台阶破马头门时，横通道下部中隔板和隧道连接处应力较大，分别为1.63MPa、2.27MPa［图3.49（a）、图3.49（c）］；开挖完成后标准断面应力峰值出现在隧道底部，约为4.64MPa［图3.49（b）、图3.49（d）］。

（2）位移分析

右线南向标准断面隧道上台阶破马头门时位移最大值偏向大断面［图3.50（a）、图3.50（c）］，横通道右侧沉降曲线以横通道中线为对称轴，最大值位于横通道拱顶，约为60.2mm［图3.50（b）］。下台阶破马头门时，标准断面隧道竖向位移沿x方向最大值出现在隧道拱顶，约为52.8mm；底部出现隆起，约为1.27mm［图3.50（g）］。沿Y方向沉降曲线轴线偏向大断面隧道，距离大断面隧道越近偏移量越大［图3.50（e）、图3.50（f）］，模型南侧在X方向沉降曲线偏向大断面，北侧沉降曲线同样略微向大断面处偏移［图3.50（d）、图3.50（h）］，总体沉降曲线在大断面隧道附近值最大。因此，在施工过程中，对大断面隧道要及时做好监控测量，确保施工安全。

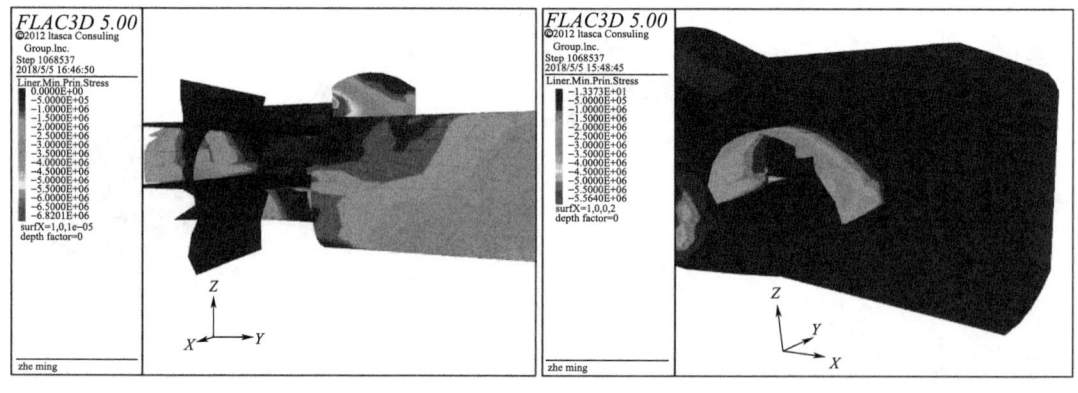

(a) 状态1 内部支护结构应力　　　　(b) 状态1 破马头门处横通道衬砌应力

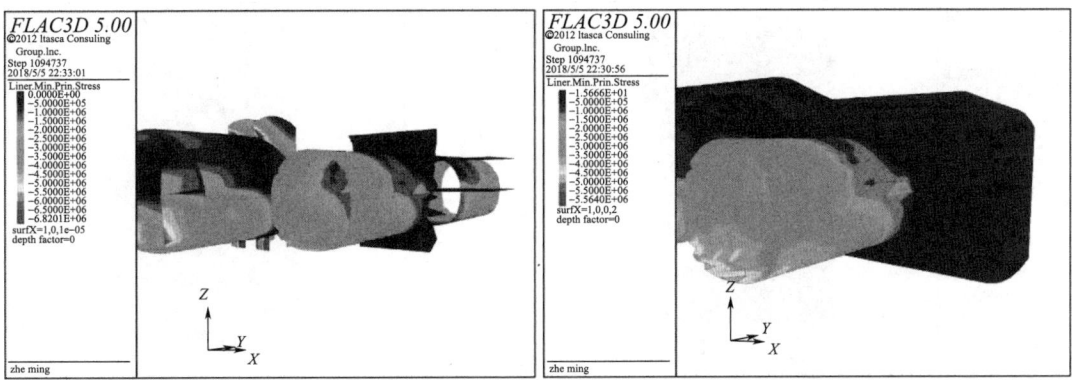

(c) 状态2 内部支护结构应力　　　　　　　(d) 状态2 破马头门处横通道衬砌应力

图 3.49　右线南向标准断面开挖应力云图

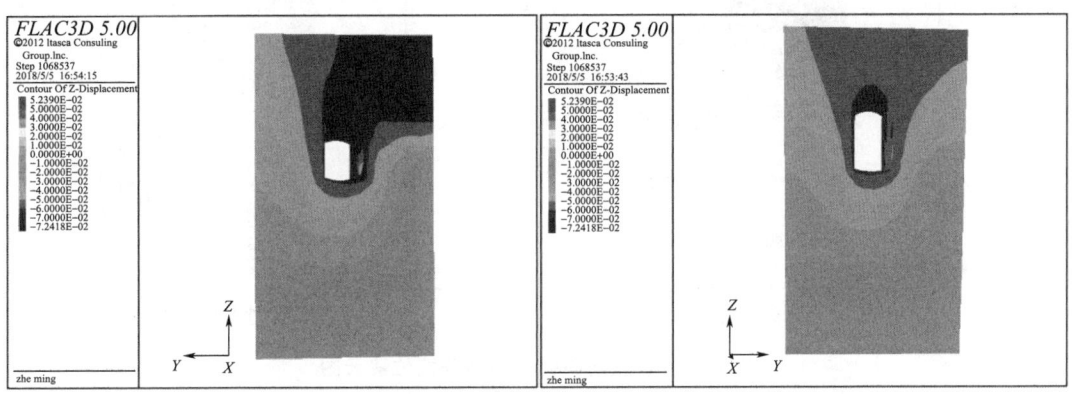

(a) 状态1 横通道左侧位移　　　　　　　　(b) 状态1 横通道右侧位移

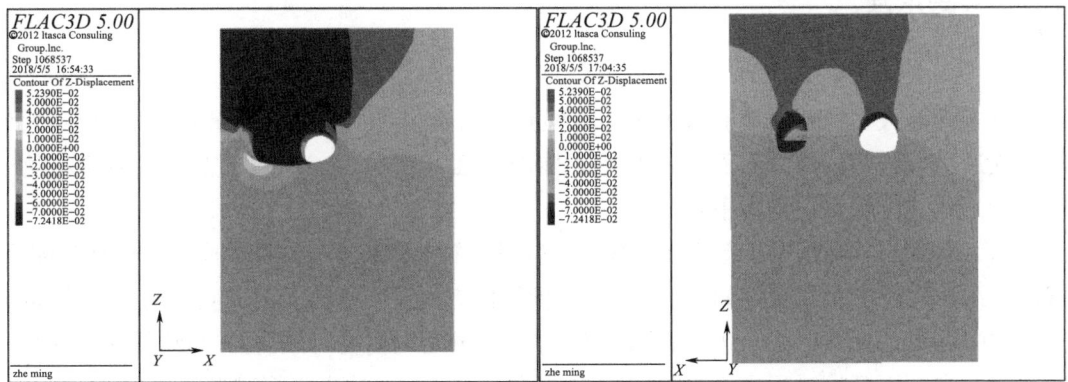

(c) 状态1 大断面隧道侧位移　　　　　　　(d) 状态1 模型北侧位移

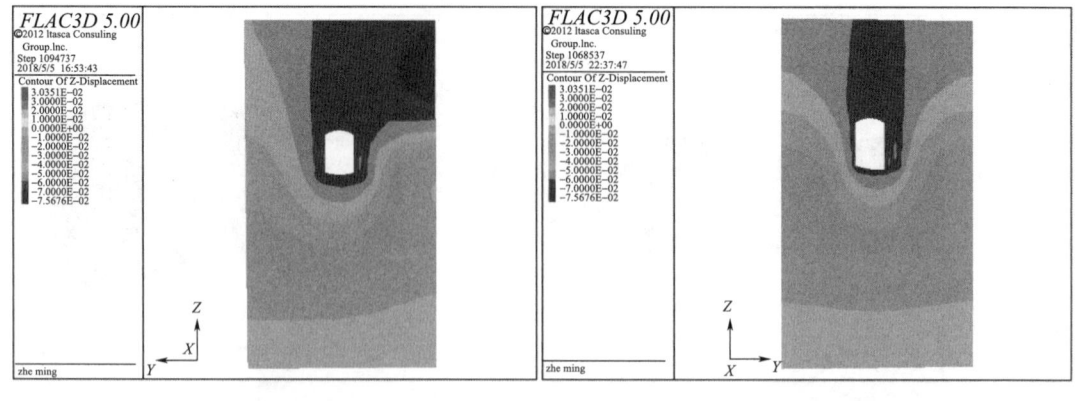

(e) 状态2 横通道左侧位移　　　　　　(f) 状态2 横通道右侧位移

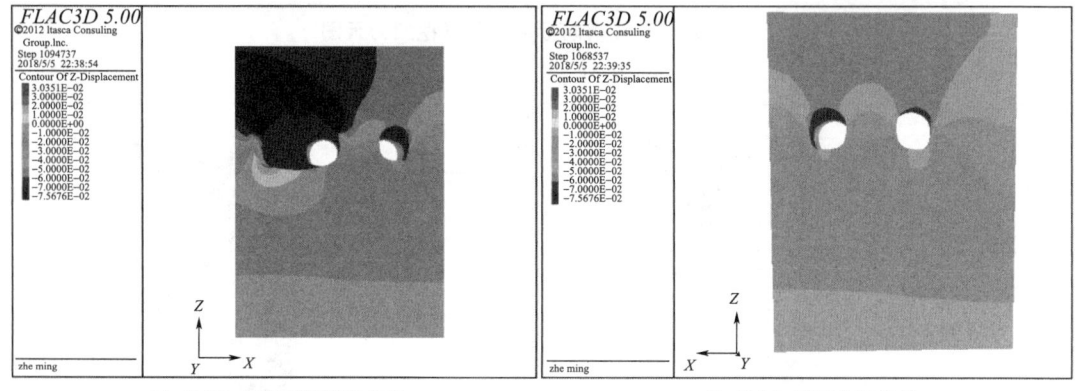

(g) 状态2 大断面隧道侧位移　　　　　　(h) 状态2 模型北侧位移

图 3.50　右线南向标准断面开挖位移云图

3.4　本章小结

本章针对大型变截面地铁隧道施工风险点进行针对性研究，详细分析了大型变截面隧道横通道破马头门、大断面隧道开挖、标准断面开挖等施工风险环节中的隧道应力、塑性区、地表沉降，结论如下：

（1）研究了不同施工状态下破除马头门所引起的土体及支护结构的应力、位移等演化规律。在开挖正线隧道破马头门过程中，支护结构应力较大值出现在不同方向的结构连接点，在中隔墙上的两处通行门位置出现应力集中，施工时需要对破马头门及时做好防护。

（2）大断面开挖过程中大断面一侧附近的土体应力整体大于标准断面一侧，先行大断面双侧壁导坑法开挖临时支护的拆除及后行标准断面台阶法施工对中间土体的应力影响均较大；二次衬砌闭合成环后，竖直应力及水平应力由一次衬砌和二次衬砌共同承担，但绝大部分应力由一次衬砌承担，最大水平应力出现在一次衬砌拱底，最大垂直应力出现在一次衬砌边墙。

4

大型变截面隧道下穿综合管廊风险分析及变形预测

第 3 章主要对浅埋暗挖施工区间段开挖及支护过程中隧道及周围土体应力和应变状态进行分析研究,获得了不同破马头门施工状态下土体及支护结构的应力、位移等演化规律。在此基础上,本章对横通道与突变大断面隧道下穿综合管廊开挖支护过程进行模拟计算,分析隧道周边土体与综合管廊位移、结构应力的变化情况,总结相应规律。

4.1 大断面隧道下穿综合管廊三维数值模型建立

在对比分析标准断面与大断面施工力学行为、获得破马头门施工时支护结构应力与位移演化规律的基础上,建立大型变截面隧道下穿综合管廊施工的数值模型,如图 4.1 所示。本模型由土体、既有综合管廊、新建横通道与新建双线隧道组成,横通道、双线隧道与综合管廊的相对位置如图 4.2 所示。根据工程经验与圣维南原理,目前普遍认为地下洞室开挖时,围岩应力发生变化的区域大致在 2D 左右(D 为隧道开挖宽度),为此在构筑模型范围时,一般在水平方向取 (3~5)D,垂直方向取 (2~3)D,在浅埋隧道中,向上应取到地表范围。因此模型构建尺寸为 120m(X 向)×103m(Y 向)×50m(Z 向),共划分为 178577 个单元、184730 个节点、108 个分组。对受横通道与隧道开挖影响较大区域,网格单元边长设置为 1~2m,影响较小区域单元边长设置为 3~5m。

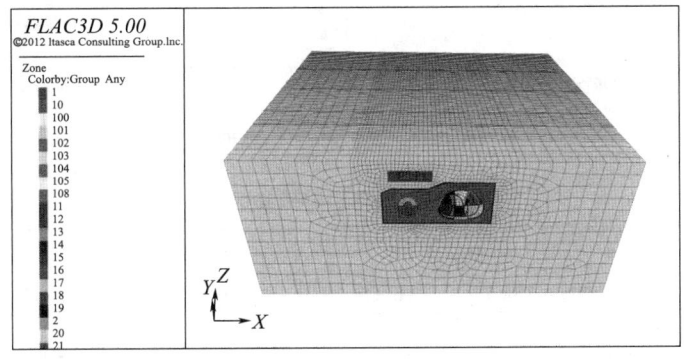

图 4.1 整体模型

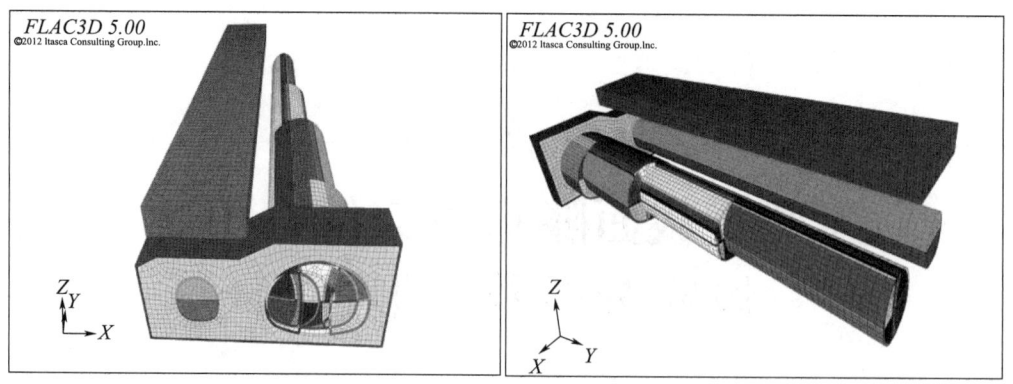

图 4.2　横通道、隧道与综合管廊相对位置

变截面隧道各工法在模型中的实现如图 4.3 所示，支护结构参数见表 4.1。

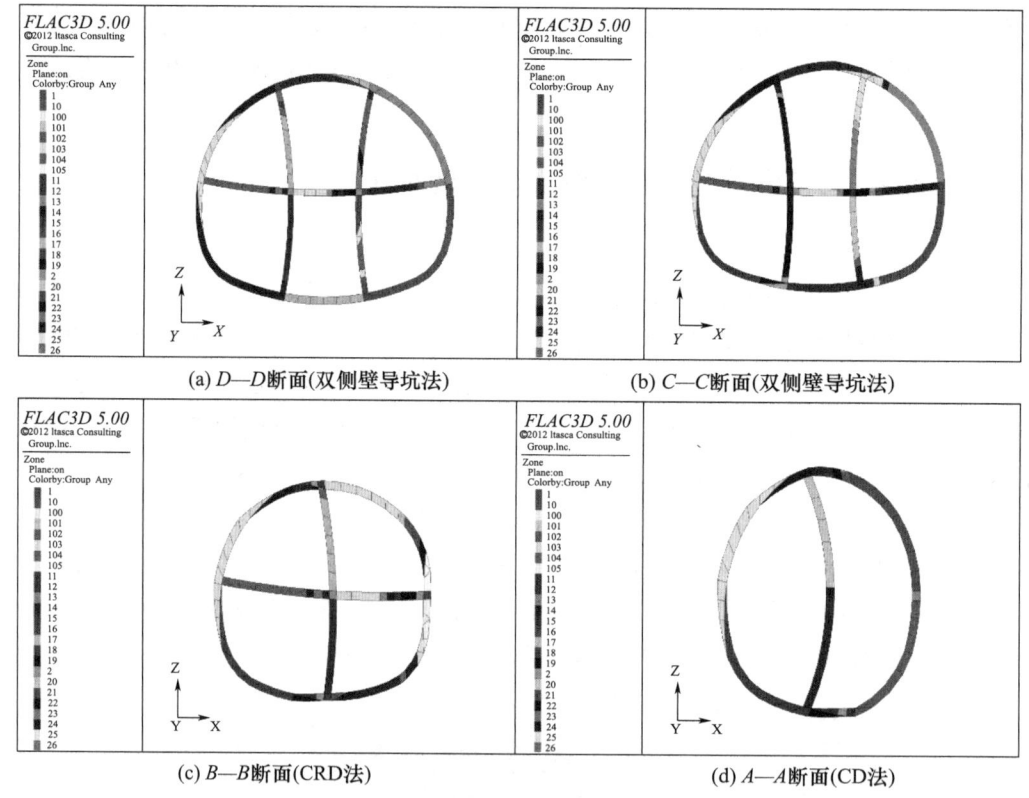

图 4.3　各断面工法模型

表 4.1　支护结构参数

支护类别		支护参数				
		密度/(kg/m³)	弹性模量 E/GPa	泊松比 ν	黏聚力 c/kPa	内摩擦角 φ/(°)
A—A 断面	一次衬砌	2300	28	0.2	—	—
	临时支护	2400	32	0.2	—	—

续表

支护类别		支护参数				
		密度/（kg/m³）	弹性模量 E/GPa	泊松比 ν	黏聚力 c/kPa	内摩擦角 φ/（°）
B—B 断面	一次衬砌	2300	28	0.2	—	—
	临时支护	2400	32	0.2	—	—
C—C 断面	一次衬砌	2300	28	0.2	—	—
	临时支护	2400	32	0.2	—	—
D—D 断面	一次衬砌	2300	28	0.2	—	—
	临时支护	2400	32	0.2	—	—
标准断面	一次衬砌	2300	26	0.2	—	—
注浆加固层		2200	0.05	0.25	70	15

4.2 大断面隧道开挖支护及风险点位分析

4.2.1 大断面隧道开挖支护步骤

开挖步骤可大致分为 10 个不同状态（图 4.4）。

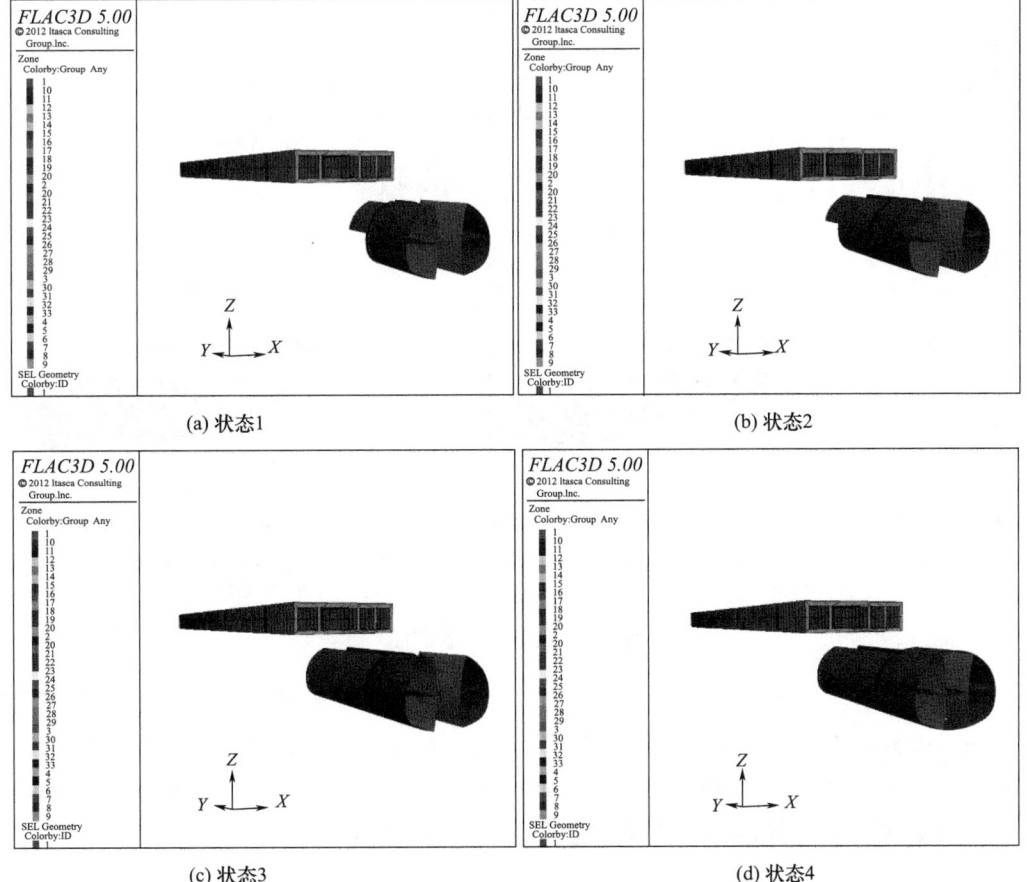

(a) 状态1　　(b) 状态2

(c) 状态3　　(d) 状态4

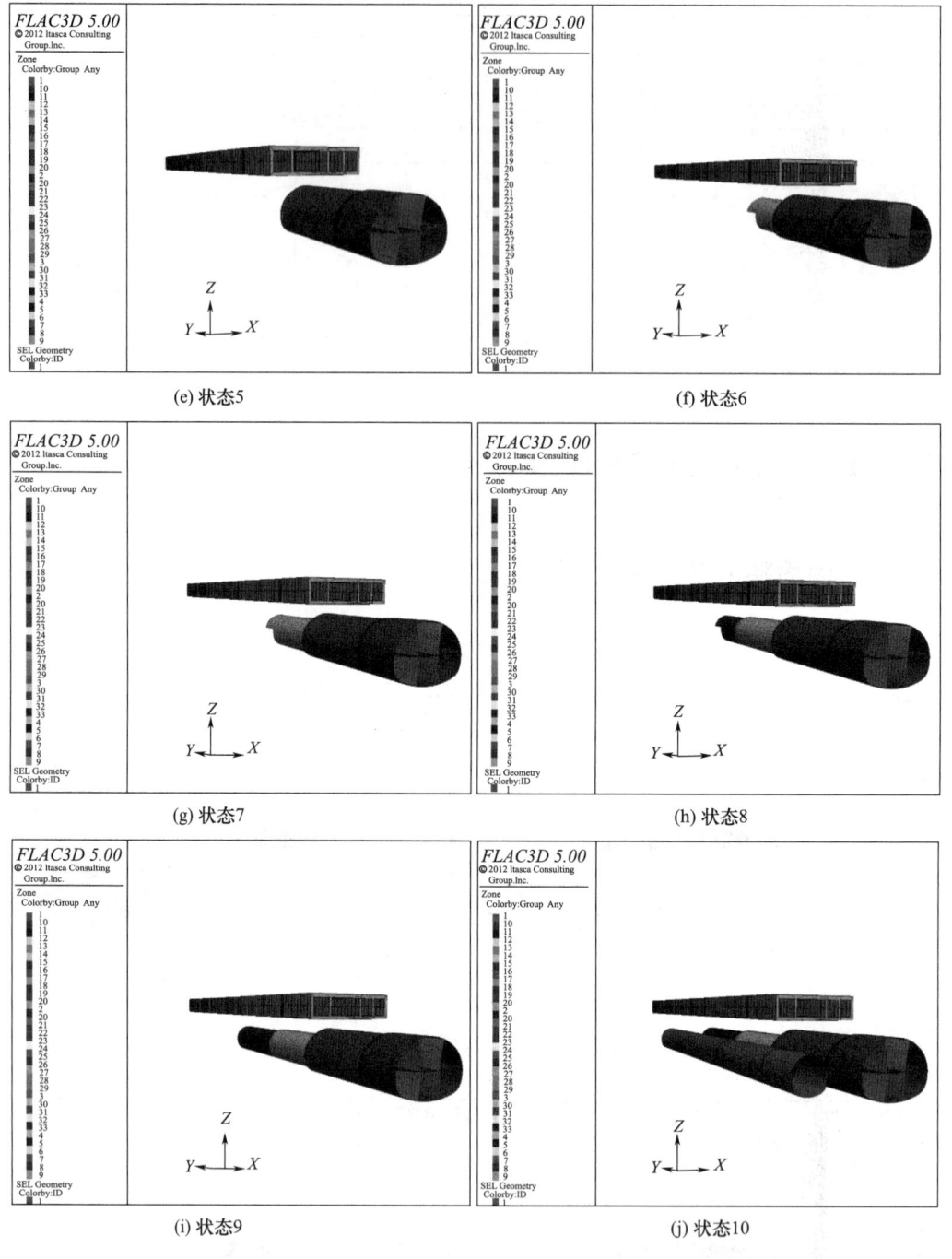

图 4.4 设计施工状态图

状态 1：双侧壁导坑法左右上导洞进尺 10m。状态 2：双侧壁导坑法左右上导洞进尺 20m。状态 3：双侧壁导坑法侧洞开挖完成。状态 4：双侧壁导坑法中上导洞进尺 10m。状态 5：双侧壁导坑法中洞开挖完成。状态 6：$B—B$ 断面左上导洞进尺 15m。状态 7：$B—B$ 断面左上导洞开挖完成。状态 8：$A—A$ 断面左上导洞进尺 15m。状态 9：

A—A 断面开挖完成。状态 10：标准断面隧道开挖完成。

4.2.2 大断面隧道风险点位分析

大断面隧道与横通道破马头门施工难度大、风险高，极易发生工程事故。其中，横通道破马头门过程中马头门处受力复杂，应力较为集中，作业空间有限，施工难度大，安全风险高等问题。大断面破马头门过程中，横通道上下层中隔板与大断面隧道衬砌连接处、横通道中隔壁开门处和中隔壁与大断面隧道连接处产生应力集中，为破马头门过程中临时支撑的主要风险点。尤其是中隔壁开门处靠近大断面隧道一侧在破马头门完成后产生应力集中，需要重点保护。中大断面隧道破马头门过程拱顶土体沉降最大，是发生围岩垮塌的主要风险点。标准断面破马头门过程中，横通道中隔板与标准断面连接处应力值较大，是临时支撑的主要风险点。

隧道开挖过程中大断面最大压应力出现在中隔板与衬砌结构连接处，标准断面最大应力出现在洞口位置，最大压应力分别为 9.54MPa 和 12.24MPa，可见大断面隧道中隔板是大断面隧道施工过程中的主要风险源，标准断面靠近大断面一侧是标准断面开挖初期的主要风险点。大断面隧道上方的地表沉降较大，从 D—D 断面到 B—B 断面范围内的地表沉降均超过 40m，均属于高风险区域。隧道上方综合管廊的最大沉降位于大断面隧道 C—C 断面范围，此范围内地表沉降变化剧烈，管廊底部和管廊内管线易发生破坏。此外，C—C 断面与 B—B 断面交界处以及横通道远离大断面一侧的地表沉降变化速率较大，同样存在风险。

4.3 大断面隧道开挖支护位移及应力分析

4.3.1 大断面隧道开挖支护位移分析

（1）横通道开挖完成

图 4.5 为横通道开挖完成后横通道、模型整体与综合管廊沉降云图。由于变截面隧道位置即横通道右半部分与标准断面隧道位置（横通道左半部分）相比开挖范围大，开挖顶面距离地表近，加之标准断面上方综合管廊刚度较大，对地层位移的传递会起到一定程度的阻碍，因此横通道最大沉降出现在变截面隧道处横通道顶板处，地表最大沉降出现在变截面隧道处横通道上方。受横通道开挖影响，综合管廊产生沉降，且由于右半部分横通道开挖带来的扰动更大，综合管廊右侧沉降总体大于左侧。

为准确地描述横通道开挖完成后地表的沉降规律，分别提取图 4.6 中标准断面隧道上方、大断面隧道上方与横通道中部地表的沉降数据，作沉降曲线，如图 4.7 所示。

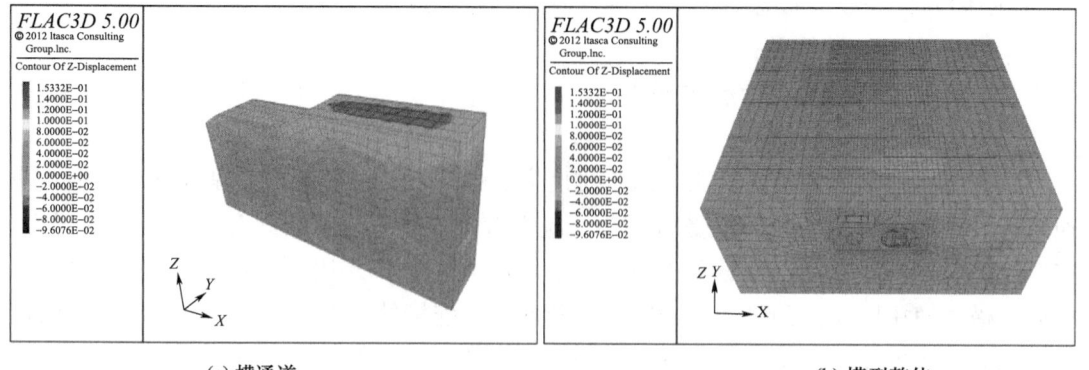

图 4.5 横通道开挖完成后横通道、模型与综合管廊沉降云图

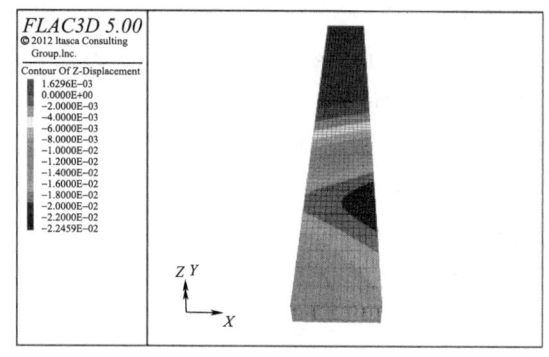

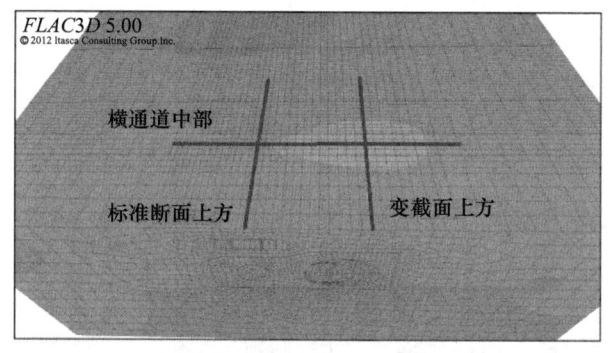

图 4.6 地表数据点位置示意

由图 4.7（a）、图 4.7（b）可知，横通道开挖完成后，标准断面隧道上方与变截面隧道上方的地表沉降曲线都符合 Peck 沉降槽。由于横通道开挖范围的不同与综合管廊的影响，无论是最大沉降数值还是沉降量的变化速率，变截面隧道上方地表均大于标准断面隧道上方地表，最大沉降值分别为 27.30mm 与 19.16mm。图 4.7（c）验证了上述沉降规律，可以看出数据点位置由标准断面隧道上方过渡到变截面隧道上方时，沉降变化速率会有一个突然的增大。

4 ▶ 大型变截面隧道下穿综合管廊风险分析及变形预测

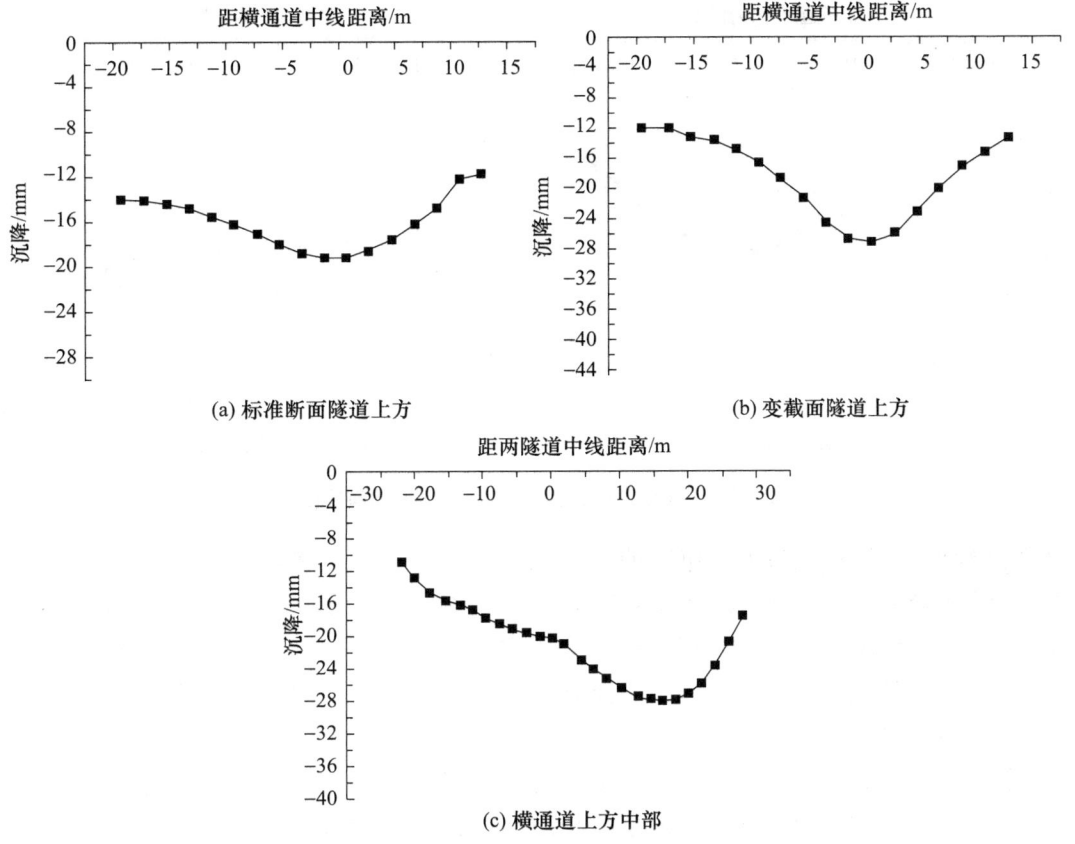

图 4.7 横通道开挖完成地表沉降曲线

综合管廊数据点位置如图 4.8 所示，图中展示的为综合管廊底面，具体方向可参考图中坐标系。由于综合管廊底面沉降大于其顶面沉降，为分析最不利情况，提取综合管廊底板中部与横通道中部位置处的沉降数据作曲线，如图 4.9 所示。由图 4.9（a）可知，

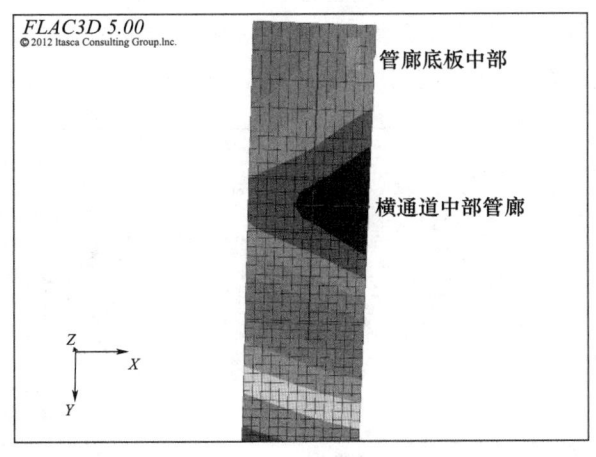

图 4.8 综合管廊数据点位置示意

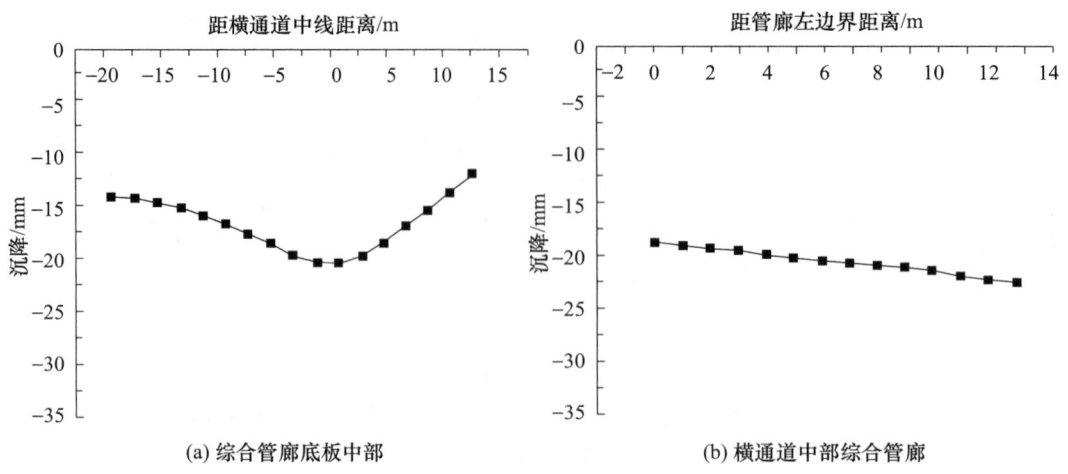

(a) 综合管廊底板中部　　　　　　　(b) 横通道中部综合管廊

图 4.9　横通道开挖完成后综合管廊沉降曲线

综合管廊纵向沉降曲线与地表沉降曲线类似，符合 Peck 沉降槽，在横通道上方沉降最大，最大沉降值为 20.35mm。由图 4.9（b）可知，由于综合管廊刚度大，其横向沉降曲线近似为一条直线，综合管廊位置处于横通道左上方，因此同一水平上综合管廊左边界沉降最小，右边界沉降最大，左右最大差异沉降为 3.99mm，平均每米差异沉降为 0.31mm。

（2）隧道开挖完成

图 4.10 为双线隧道开挖完成后隧道、模型与综合管廊沉降云图。由图 4.10（a）可知，由于开挖造成的卸荷作用，隧道周边土体均会向隧道移动，隧道上方土体表现为沉降，隧道下方土体表现为隆起，最大沉降与隆起值分别出现在隧道的拱顶与拱底处。

由图 4.10（b）可知，由于变截面隧道各断面大小不尽相同，对应其上方地表沉降也不同。在 4.1.2 节中提到，超前小导管注浆加固体参数及范围未达到设计要求，而 D—D 断面还采用了地表深孔注浆，土体加固效果相对较好，所以虽然 D—D 断面面积最大，但是地表最大沉降出现在 C—C 断面上方。与标准断面隧道相比，变截面隧道开挖面积较大，开挖对土体扰动较大，加之综合管廊的影响，沉降较大区域整体偏向变截面隧道，地表最大沉降出现在 C—C 断面上方偏向变截面隧道处，最大沉降值为 79.0mm。

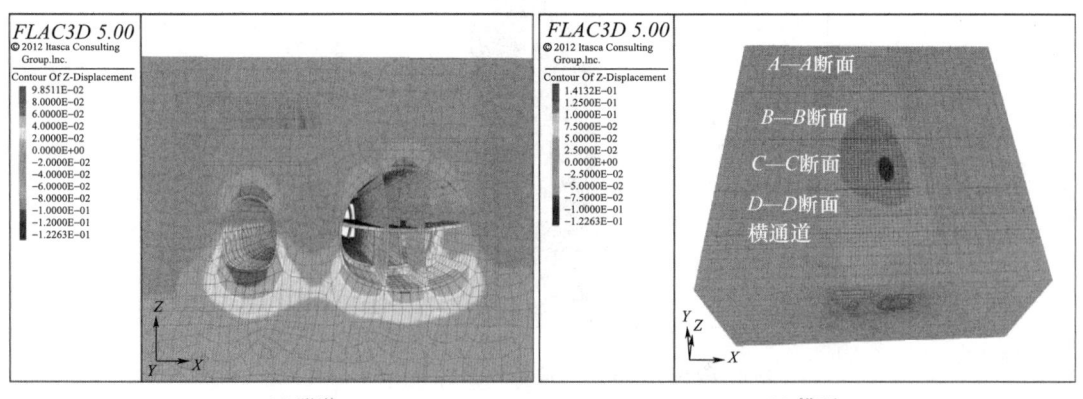

(a) 隧道　　　　　　　　　　　　　(b) 模型

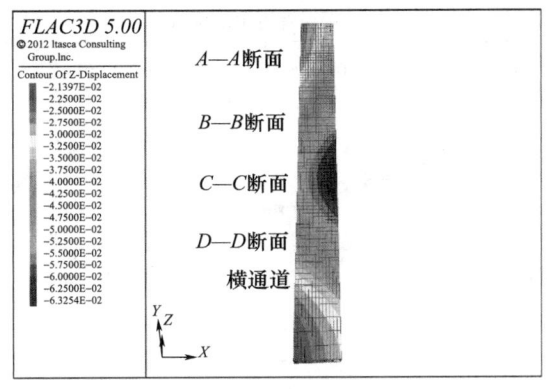

(c) 综合管廊

图 4.10　隧道开挖完成后隧道、模型与综合管廊沉降云图

综合管廊沉降如图 4.10（c）所示，因为综合管廊的沉降是地层变形传递引起的，所以管廊结构的变形规律与地表变形规律基本相同。综合管廊最大变形位置出现在 C—C 断面上方，靠近变截面隧道一侧沉降整体大于远离变截面隧道一侧，最大沉降值为 63.3mm。

曲线数据点位置示意如图 4.11 所示。为详细分析双线隧道开挖完成后的地表沉降规律，分别提取横通道中部上方地表、C—C 断面中部上方地表、两隧道中线上方地表和地表最大沉降处纵向沉降数据作曲线，如图 4.12～图 4.14 所示。

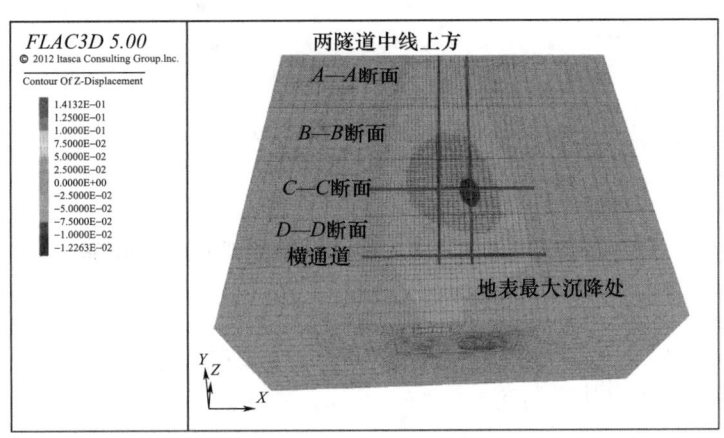

图 4.11　曲线数据点位置示意

图 4.12 为横通道上方地表沉降曲线，由于横通道马头门破除与双线隧道的开挖，横通道受到二次扰动，与只开挖横通道相比，隧道开挖完成后横通道上方土体沉降明显增大。以地表最大沉降值的位置为界，将隧道开挖完成后横通道上方地表的沉降曲线分为左右两部分进行分析，左半部分曲线，随着数据点逐渐靠近两隧道中线，其沉降急剧增大，并在两隧道中心处达到最大；右半部分曲线，随着数据点逐渐远离两隧道中心，其沉降先减小后增大，而后迅速减小，形成了另一个沉降槽，这是因为在横通道开挖完成后，该处沉降较大，虽然二次扰动对该处影响较小，但两者叠加之后总的沉降大于其两侧叠加后的沉降，形成了一个沉降槽。

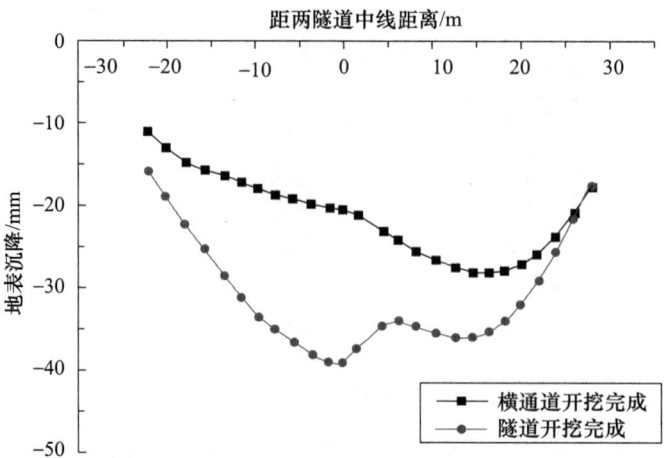

图 4.12 横通道上方地表沉降曲线

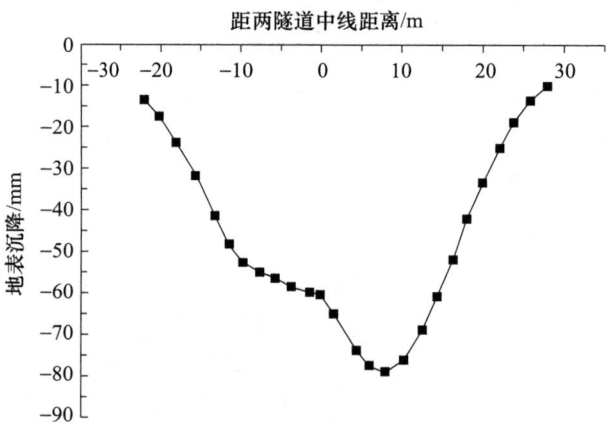

图 4.13 隧道开挖完成后 C—C 断面中部地表沉降曲线

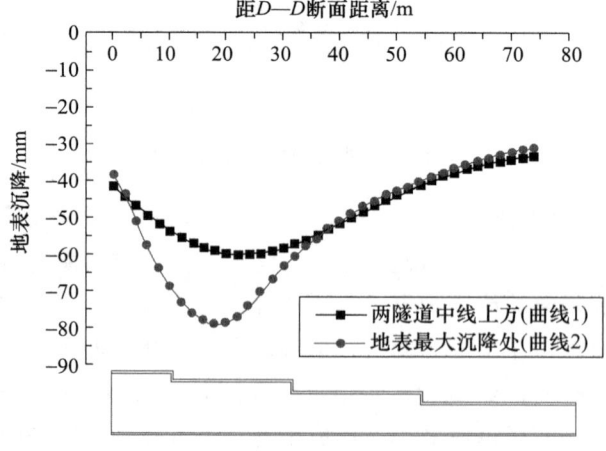

图 4.14 隧道开挖完成后纵向地表沉降曲线

隧道开挖完成后，横通道上方地表最大沉降值从 27.30mm 增为 39.98mm，且其位置从变截面处横通道上方地表过渡到两隧道中线上方地表，沉降分布规律也有所变化，因此在破马头门及隧道开挖时要提前注浆，及时支护，尽量减小二次扰动对横通道的影响。

图 4.13 为隧道开挖完成后 C—C 断面中部地表沉降曲线（数据点位置见图 4.11），由于综合管廊的存在以及左右线两隧道开挖断面面积不同，地表最大沉降值的位置向大断面隧道偏移了 8m，施工时应灵活调整监控测量范围。曲线整体符合 Peck 沉降槽，但是由于受综合管廊的影响，X 为 $-10\sim 1$m（综合管廊上方），沉降变化速率较为缓慢。

图 4.14 为两隧道中线上方地表（曲线 1）与地表最大沉降处纵向（曲线 2）沉降曲线图。由于横通道的影响，在 D—D 断面左边界处曲线 1 的值大于曲线 2，而后受隧道断面面积的影响，曲线 2 的沉降值迅速超过曲线 1，两曲线沉降数值差在 C—C 断面处达到最大，最大差值为 19.73mm。由 C—C 断面过渡到 B—B 断面，截面面积减小，且随着与 C—C 断面距离的增大，受 C—C 断面的影响逐渐减小，地表最大沉降点的位置逐渐向两隧道中心偏移，曲线 1 的数值大于曲线 2 的数值，该差值在 A—A 断面末端达到最大。

需要注意的是，B—B 断面与 A—A 断面的地表最大沉降点并不在两隧道中线上方地表，而是在两隧道中线上方地表与地表最大沉降处纵向曲线之间，偏向两隧道中线上方地表。

虽然双线隧道是平行下穿或侧穿综合管廊，横通道是垂直下穿综合管廊，但是由于横通道与变截面隧道本身的形状都不规则，两者开挖对上部综合管廊的影响均不可视作常规的垂直与平行下穿。为研究隧道施工完成后综合管廊的沉降分布规律，取综合管廊底板上 C—C 断面中部与中部纵向（图 4.15）的沉降数据作曲线，如图 4.16 所示。

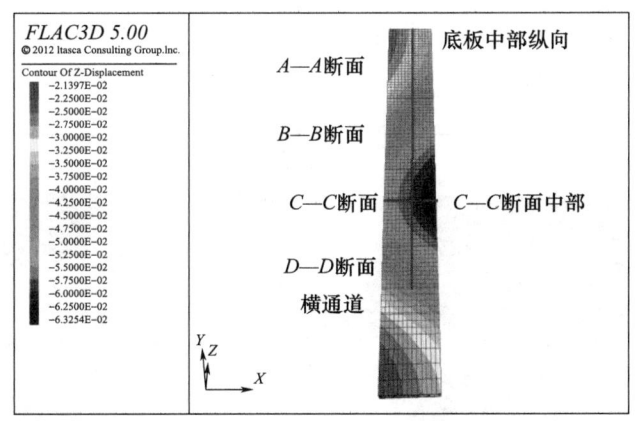

图 4.15　综合管廊曲线位置示意

由图 4.16（a）可知隧道开挖完成后综合管廊的横向沉降与横通道开挖完成后综合管廊的横向沉降［图 4.9（b）］分布规律相同，均表现为右侧沉降大，左侧沉降小。但是前者是因为标准断面隧道在综合管廊下方，变截面隧道在综合管廊右下方，双线隧道开挖影响叠加使综合管廊右侧沉降大于左侧沉降；后者是因为横通道垂直下穿管廊，且横通道右侧开挖面积更大，致使综合管廊右侧沉降大于左侧沉降。

由图 4.16（b）可知综合管廊纵向沉降与地表纵向沉降规律相似，曲线符合 Peck 沉降槽，最大沉降出现在 C—C 断面上方，最小沉降出现在 A—A 断面上方。数据点从 D—D 断面过渡到 C—C 断面，沉降逐渐增大；数据点从 C—C 断面过渡到 A—A 断面，沉降逐渐减小。

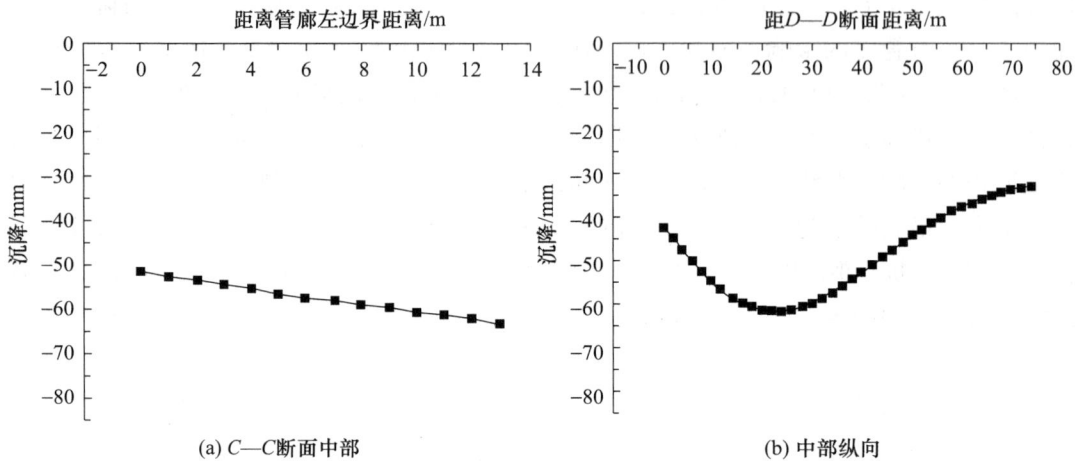

图 4.16 综合管廊沉降曲线

4.3.2 大型变截面开挖支护应力分析

如图 4.17 所示为土体初始最大、最小主应力云图，受重力影响，土体原岩应力主要表现为压应力，成层状分布，且随着土体埋深的增加而增加，最大压应力为 0.96MPa，出现在模型底部。

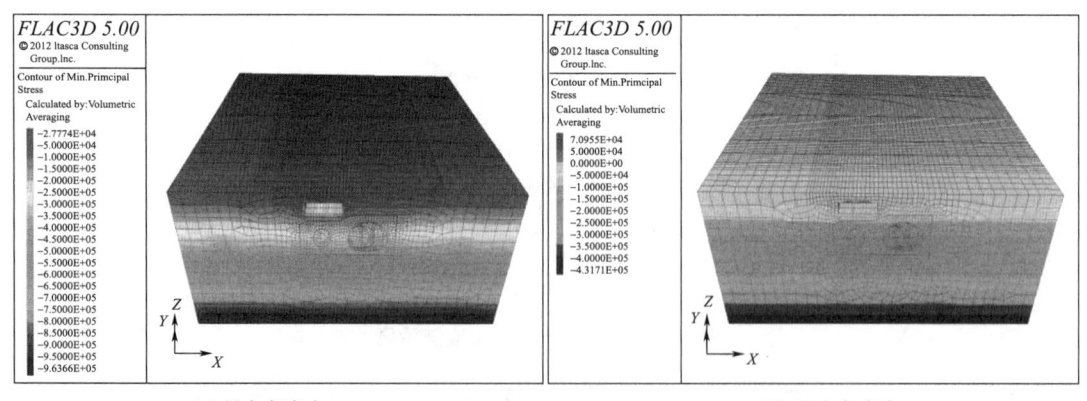

图 4.17 土体初始主应力云图

如图 4.18 所示为横通道开挖完成后土体的最大、最小主应力云图，由于开挖扰动了初始地应力场，应力变化主要集中在横通道附近（图 4.18 方框内），其他区域应力变化较小。相较于初始应力，土体最大拉应力由 0.07MPa 增长为 3.46MPa，最大压应力由 0.96MPa 增加到 6.16MPa。

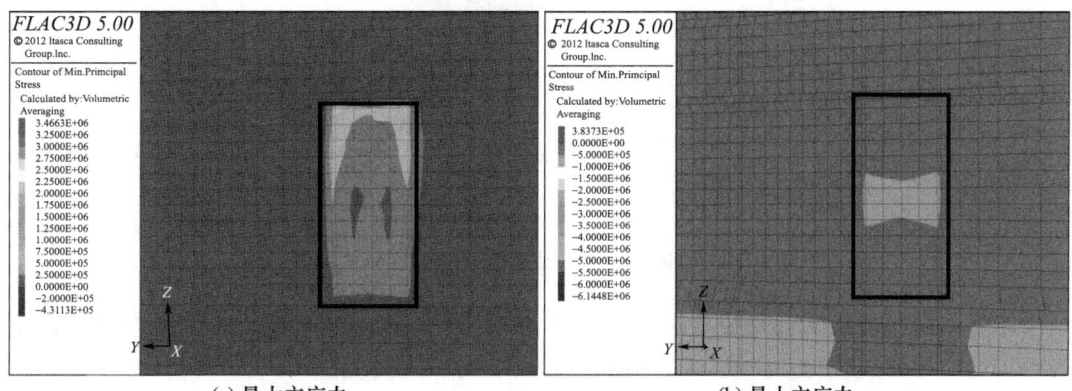

(a) 最大主应力　　　　　　　　　　(b) 最小主应力

图 4.18　横通道开挖后土体主应力云图

如图 4.19 所示为隧道开挖完成后土体最大、最小主应力云图，与横通道开挖完成后相比，土体的最大拉应力与最大压应力变化不大，应力变化区域同样集中在开挖区域周边，最大拉、压应力出现在隧道一次衬砌与临时支护处，土体拉、压应力相对较小。

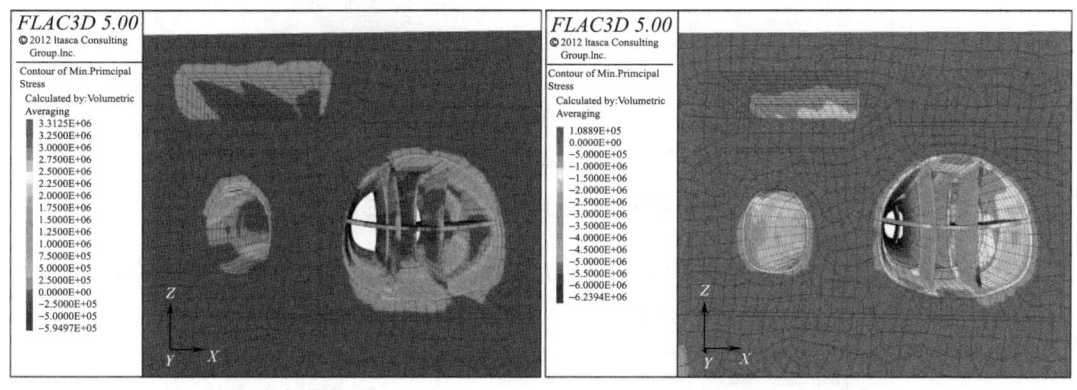

(a) 最大主应力　　　　　　　　　　(b) 最小主应力

图 4.19　隧道开挖后土体主应力云图

4.3.3　隧道截面转换应力分析

大断面隧道开挖完成后的衬砌压应力如图 4.20 所示。大断面开挖完成后最大压应力出现在 $D—D$ 断面到 $C—C$ 断面截面转换处，这是由于截面转换角点处网格的应力集中所导致的。

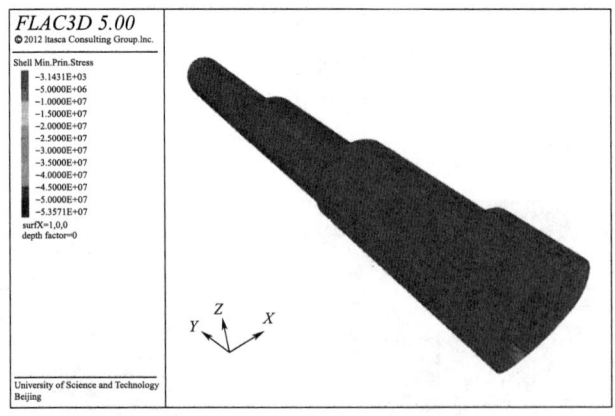

图 4.20　大断面开挖完成后支护结构压应力云图

忽略截面转换位置的衬砌单元，压应力云图如图 4.21 所示，最大压应力出现在中隔板与衬砌结构连接处，约为 9.90MPa，衬砌结构压应力范围为 3～6MPa。

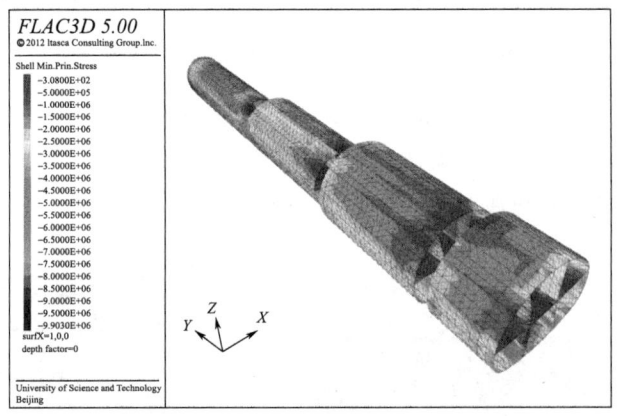

图 4.21　大断面开挖完成后部分支护结构压应力云图

当标准断面开挖完成后，大断面压应力云图如图 4.22 所示，相较于大断面隧道开挖完成，支护结构应力集中程度增加。

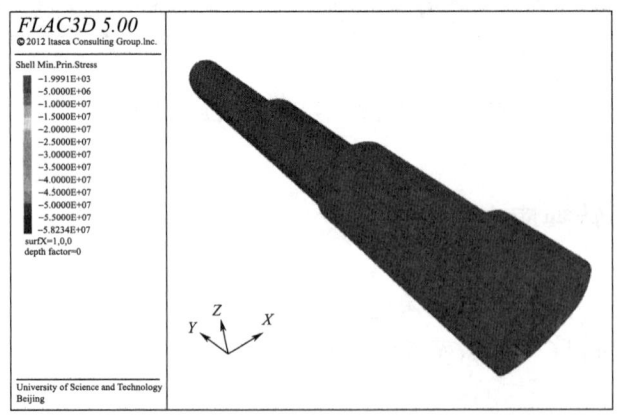

图 4.22　标准断面开挖完成后大断面支护结构压应力云图

忽略截面转换处单元，衬砌应力云图如图 4.23 所示，支护结构整体压应力相对变化不大，最大压应力仍在中隔板与衬砌连接处，约为 9.54MPa。

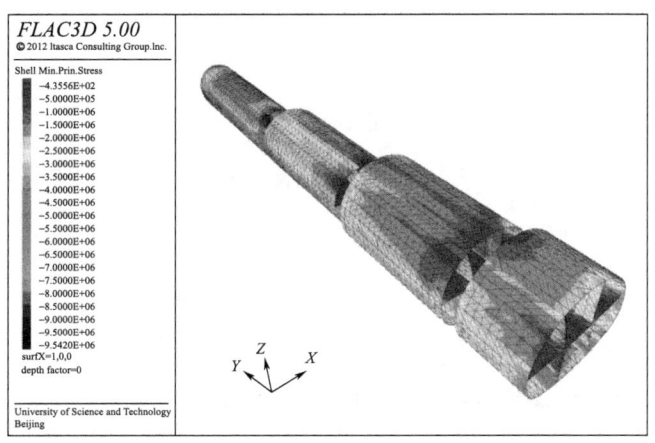

图 4.23　标准断面开挖完成后大断面部分支护结构压应力云图

标准断面压应力云图如图 4.24 所示，标准断面衬砌结构拱脚处压应力较大，最大压应力出现在洞口，约为 12.24MPa。

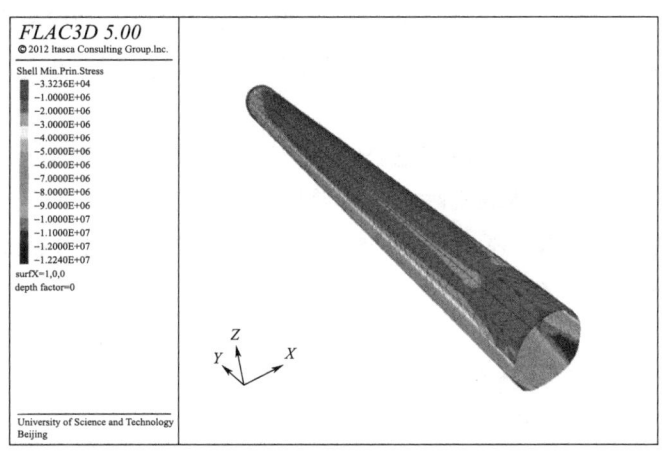

图 4.24　开挖完成后标准断面结构压应力云图

4.4　管廊基坑施工对下方既有变截面隧道影响分析

4.4.1　管廊基坑开挖引起的附加应力

城市暗挖隧道修建完成后，隧道结构与周围土体之间的相互作用逐渐趋于稳定，隧道处于受力平衡状态。若此时在隧道上方开挖一个基坑，基坑的开挖卸荷会导致坑底土体发生应力释放，产生隆起变形，隧道上部受力减小，隧道受到向上的附加应力，产生向上的隆起变形（图 4.25）。

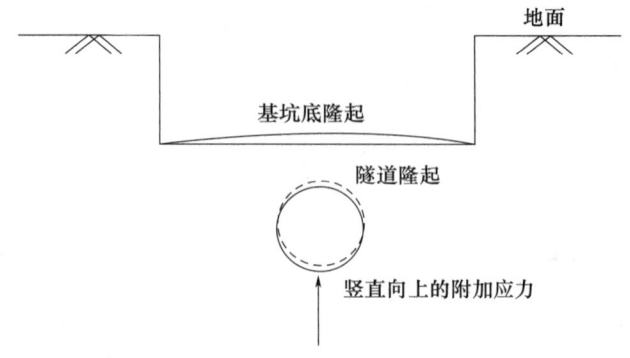

图 4.25　基坑开挖对下方隧道的影响

为保障地铁运营安全，有必要对基坑开挖卸荷引发的隧道变形进行分析计算，确定影响隧道纵向变形的因素，优化工程设计。目前，针对基坑开挖卸荷对下方隧道的影响，通常采用两阶段分析方法进行解析研究。该方法能够考虑基坑开挖时坑底和四周坑壁的卸荷效应，比较符合工程实际。第一阶段根据 Mindlin 理论解，计算出基坑开挖引起的作用在隧道上的附加应力；第二阶段基于 Winkler 地基模型将隧道视为弹性地基上的无限长梁，建立附加应力作用下隧道变形的平衡微分方程，求解得到隧道变形和内力。

土中应力的计算通常采用弹性理论公式，把地基土视为连续的、均匀的、各向同性的半无限体，这种假定与土体的实际情况有差别，但是其计算结果能满足工程实际的要求。弹性半无限体的 Mindlin 基本解是弹性理论中的经典解，适用于分析岩土工程中涉及的附加应力问题（图 4.26）。

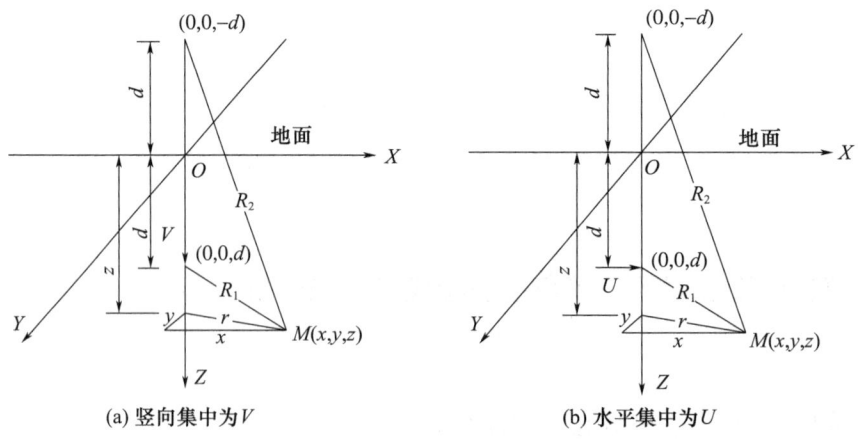

(a) 竖向集中为 V　　(b) 水平集中为 U

图 4.26　集中力作用在弹性半无限体内的 Mindlin 解

如图 4.26 所示，作用在土体内深度 d 处的竖向集中力 V，在土体内任意一点 M（x，y，z）处的竖向附加应力 σ_{z1} 为

$$\sigma_{z1} = \frac{V}{8\pi(1-\nu)} \left[-\frac{(1-2\nu)(z-d)}{R_1^3} + \frac{(1-2\nu)(z-d)}{R_2^3} - \frac{3(2-d)^3}{R_1^5} - \right. \tag{4.1}$$
$$\left. \frac{3(3-4\nu)z(z+d)^2 - 3d(z+d)(5z-d)}{R_2^5} - \frac{30dz(z+d)^3}{R_2^7} \right]$$

式中，$R_1 = \sqrt{x^2+y^2+(z-d)^2}$；$R_2 = \sqrt{x^2+y^2+(z+d)^2}$；$\nu$ 为土体泊松比。

作用在土体内深度 d 处的水平集中力 U，在土体内任意一点 $M(x, y, z)$ 处的竖向附加应力 σ_{z2} 为

$$\sigma_{z2} = \frac{Ux}{8\pi(1-\nu)} \left[\frac{(1-2\nu)}{R_1^3} - \frac{(1-2\nu)}{R_2^3} - \frac{3(2-d)^2}{R_1^5} - \frac{3(3-4\nu)(z+d)^2}{R_2^5} + \right. \tag{4.2}$$
$$\left. \frac{6d^2+6d(1-2\nu)(z+d)}{R_2^5} + \frac{30dz(z+d)^2}{R_2^7} \right]$$

如图 4.27 所示，基坑长度为 L、宽度为 B、深度为 d，隧道埋深为 z_0、外径为 D。基坑开挖后形成 5 个卸荷面（基坑底面与 4 个坑壁面），基坑底面的土体产生竖向卸荷，呈矩形分布，其卸荷量 P_0 可按式（4.3）计算求得；四周坑壁的土体产生水平卸荷，呈三角形分布，其卸荷量 O_0 可按式（4.4）计算求得。

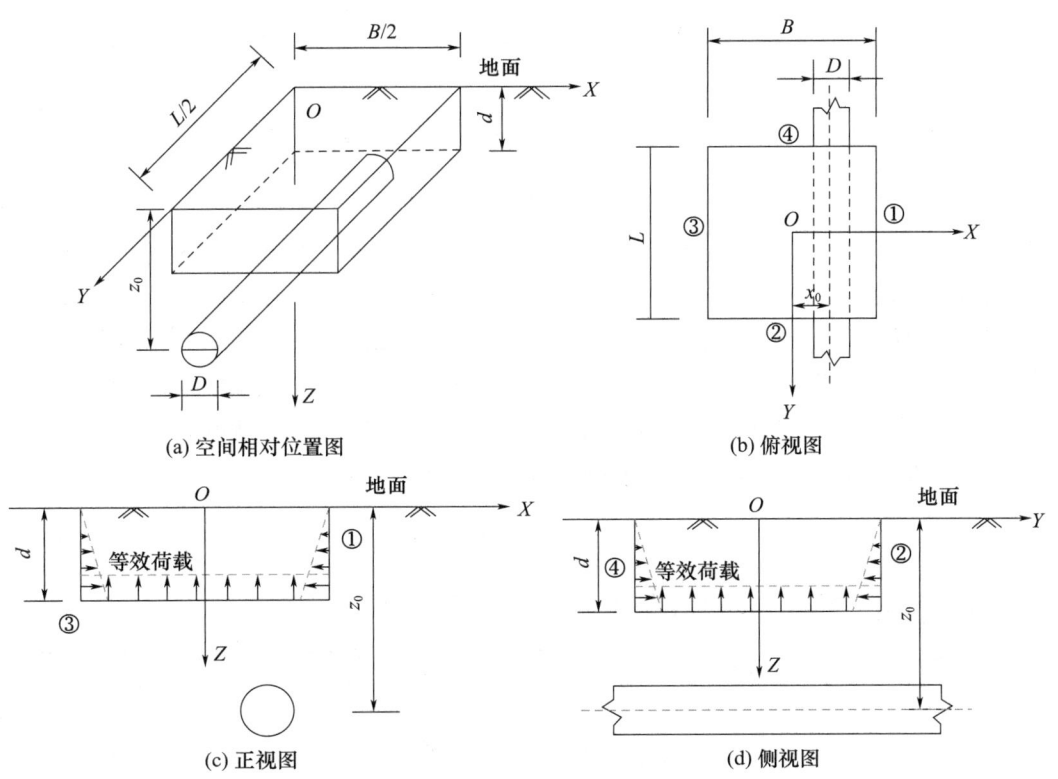

图 4.27 基坑开挖对下方隧道影响的计算模型

$$P_0 = \sum_{i=1}^{n} r_i \cdot h_i \tag{4.3}$$

$$O_0 = K_0 \sum_{i=1}^{n} r_i \cdot h_i \tag{4.4}$$

式中，r_i 为 i 层土的重度，kN/m^3；h_i 为 i 层土的厚度，m；n 为基坑开挖的土层数；K_0 为静止土压力系数，由室内试验获得。

取地表处（$z=0$）的矩形卸荷区域中心为原点建立三维坐标系，既有隧道轴线坐标为（x_0，y，z_0），由 Mindlin 基本解，可以求出基坑开挖卸荷引起的隧道轴线上任意一点的竖向附加应力 $\sigma_z(y)$，$\sigma_z(y)$ 可以分解为基坑底面卸荷引起的竖向附加应力 $\sigma_z^d(y)$ 和基坑四周坑壁卸荷引起的竖向附加应力 $\sigma_z^c(y)$。即有

$$\sigma_z(y) = \sigma_z^d(y) + \sigma_z^c(y) \tag{4.5}$$

在基坑底面矩形均布荷载中某点（ξ，η，d）处的单位力 $P_0 d\xi d\eta$ 的作用下，隧道轴线上某一点（x_0，y_0，z_0）处产生的竖向附加应力为 $d\sigma_z^d$。计算时，对 $d\sigma_z^d$ 在基坑底面矩形范围内进行积分，即可求解得到基坑底面的竖向卸荷引起的隧道轴线上某一点（x_0，y_0，z_0）处的竖向附加应力 $\sigma_z^d(y)$。

$$\sigma_z^d(y) = \iint_{\Gamma_d} \sigma_{z1}(x_0, y_0, z_0) d\xi d\eta \tag{4.6}$$

将式（4.1）、式（4.3）的结果代入式（4.6）中得

$$\sigma_z^d(y) = \frac{P_0}{8\pi(1-\nu)}\left[(1-2\nu)(z_0-d)\iint_{\Gamma_d}\frac{d\xi d\eta}{R_1^3} - (1-2\nu)(z_0-d)\iint_{\Gamma_d}\frac{d\xi d\eta}{R_2^3} + 3(z_0-d)3\iint_{\Gamma_d}\frac{d\xi d\eta}{R_1^5} + \right.$$
$$\left. [3(3-4\nu)z_0(z_0+d)2 - 3d(z_0+d)(5z_0-d)]\iint_{\Gamma_d}\frac{d\xi d\eta}{R_2^5} + 30dz_0(z_0+d)^3\iint_{\Gamma_d}\frac{d\xi d\eta}{R_2^7}\right] \tag{4.7}$$

式中，$R_1 = \sqrt{(x_0-\xi)^2 + (y_0-\eta)^2 + (z_0-d)^2}$；$R_2 = \sqrt{(x_0-\xi)^2 + (y_0-\eta)^2 + (z_0+d)^2}$；$\Gamma_d$ 为基坑底面的积分区域，$-B/2 \leqslant \xi \leqslant B/2$，$-L/2 \leqslant \eta \leqslant L/2$，$\tau = d$。

对图 4.27 中①号侧壁，在侧壁三角形分布荷载中某点（$B/2$，η，τ）处的单位力 $O_0 d\tau d\eta$ 的作用下，隧道轴线上某一点（x_0，y_0，z_0）处产生的竖向附加应力为 $d\sigma_z^c$。计算时，对 $d\sigma_z^c$ 在①号侧壁矩形范围内进行积分，即可求解得到①号侧壁水平卸荷引起的隧道轴线上某一点（x_0，y_0，z_0）处的竖向附加应力 $\sigma_z^{c1}(y)$。

$$\sigma_z^{c1}(y) = \iint_{\Gamma_{c1}} \sigma_{z2}(x_0, y_0, z_0) d\eta d\tau \tag{4.8}$$

将式（4.2）、式（4.4）的结果代入到式（4.8）中得

$$\sigma_z^{c1}(y) = \frac{K_0 r \cdot B/2}{8\pi(1-\nu)}\left[(2\nu-1)\iint_{\Gamma_{c1}}\frac{\tau d\eta d\tau}{R_1^3} + (1-2\nu)\iint_{\Gamma_{c1}}\frac{\tau d\eta d\tau}{R_2^3} + 3\iint_{\Gamma_{c1}}\frac{\tau(z_0-\tau)^2 d\eta d\tau}{R_1^5} + \right.$$
$$\left. 3(3-4\nu)\iint_{\Gamma_{c1}}\frac{\tau(z_0+\tau)^2 d\eta d\tau}{R_2^5} - \iint_{\Gamma_{c1}}\frac{6\tau^3 d\eta d\tau}{R_2^5} - \iint_{\Gamma_{c1}}\frac{6(1-2\nu)\tau^2(z_0+\tau)d\eta d\tau}{R_2^5} - \right.$$
$$\left. 30z_0\iint_{\Gamma_{c1}}\frac{\tau^2(z_0+\tau)^2 d\eta d\tau}{R_2^7}\right] \tag{4.9}$$

式中，$R_1 = \sqrt{(x_0-B/2)^2 + (y_0-\eta)^2 + (z_0-\tau)^2}$；$R_2 = \sqrt{(x_0-B/2)^2 + (y_0-\eta)^2 + (z_0+\tau)^2}$；

Γ_{c1} 为①号侧壁的积分区域，$-L/2 \leqslant \eta \leqslant L/2$，$0 \leqslant \tau \leqslant d$，$\xi = B/2$。

对于图 4.27 中②号侧壁，在侧壁三角形分布荷载中某点 $(\xi, L/2, \tau)$ 处的单位力 $O_0 d\xi d\tau$ 的作用下，隧道轴线上某一点 (x_0, y_0, z_0) 处产生的竖向附加应力为 $d\sigma_z^c$。计算时，对 $d\sigma_z^c$ 在②号侧壁矩形范围内进行积分，即可求解得到②号侧壁水平卸荷引起的隧道轴线上某一点 (x_0, y_0, z_0) 处的竖向附加应力 $\sigma_z^{c2}(y)$。

$$\sigma_z^{c2}(y) = \iint\limits_{\Gamma_{c2}} \sigma_z^2(x_0, y, z_0) d\xi d\tau$$

将式（4.2）、式（4.4）的结果代入到上式中得

$$\sigma_z^{c2}(y) = \frac{K_0 \gamma \cdot L/2}{8\pi(1-\nu)} \Bigg[(2\nu-1) \iint\limits_{\Gamma_{c2}} \frac{\tau d\xi d\tau}{R_1^3} + (1-2\nu) \iint\limits_{\Gamma_{c2}} \frac{\tau d\xi d\tau}{R_2^3} + 3 \iint\limits_{\Gamma_{c2}} \frac{\tau(z_0-\tau)^2 d\xi d\tau}{R_1^5} +$$

$$3(3-4\nu) \iint\limits_{\Gamma_{c2}} \frac{\tau(z_0+\tau)^2 d\xi d\tau}{R_2^5} - \iint\limits_{\Gamma_{c2}} \frac{[6\tau^3 + 6(1-2\nu)\tau^2(z_0+\tau)] d\xi d\tau}{R_2^5} -$$

$$30 z_0 \iint\limits_{\Gamma_{c2}} \frac{\tau^2 (z_0+\tau)^2 d\xi d\tau}{R_2^7} \Bigg]$$

(4.10)

式中，$R_1 = \sqrt{(x_0-\xi)^2 + (y-L/2)^2 + (z_0-\tau)^2}$；$R_2 = \sqrt{(x_0-\xi)^2 + (y-L/2)^2 + (z_0+\tau)^2}$；$\Gamma_{c2}$ 为②号侧壁的积分区域，$-B/2 \leqslant \xi \leqslant B/2$，$0 \leqslant \tau \leqslant d$，$\eta = L/2$。

同理可得③、④号侧壁水平卸荷引起的隧道轴线上某一点 (x_0, y_0, z_0) 处的竖向附加应力 $\sigma_z^{c3}(y)$、$\sigma_z^{c4}(y)$。

通过叠加原理，得到基坑四周侧壁水平卸荷引起的隧道轴线上某一点 (x_0, y_0, z_0) 处的竖向附加应力 $\sigma_z^c(y)$

$$\sigma_z^c(y) = \sigma_z^{c1}(y) + \sigma_z^{c2}(y) + \sigma_z^{c3}(y) + \sigma_z^{c4}(y) \tag{4.11}$$

将式（4.7）、式（4.11）的结果代入到式（4.5）中，即可求解得到基坑开挖卸荷引起的隧道轴线上任意一点处的竖向附加应力 $\sigma_z(y)$，进而可以求得隧道轴线上任意一点处的竖向附加荷载 $p(y)$

$$p(y) = \sigma_z(y) \cdot D \tag{4.12}$$

4.4.2 Winkle 弹性地基梁的反力计算

(1) 均匀等截面梁弹性地基梁的初参数解

在分析地铁隧道的变形时，通常假定地铁隧道为连续的地基梁模型，假定隧道结构处于土质均匀的地基之上，采用弹性地基梁模型对隧道-土体之间的相互作用进行理论分析。目前最常用的模型是 Winkle 地基梁模型，建立计算模型如图 4.28 所示，隧道所受的竖向外力荷载由基坑开挖卸荷引起的竖向附加荷载 $p(y)$ 和地基反力 $q(y)$ 两部分组成。$p(y)$、$q(y)$ 可分别由式（4.12）、式（4.13）求得。

$$q(y) = K \cdot s(y) \tag{4.13}$$

式中，$s(y)$ 为弹簧地基的竖向位移；$K=kD$，k 为基床系数，kN/m^3。

$$k=\frac{0.65E_s^{12}}{1-\nu^2}\sqrt[12]{E_sD^4/EI}$$

式中，E_s 为土体弹性模量；ν 为土体泊松比；D 为隧道外径；EI 为隧道等效抗弯刚度。

引入协调变形条件 $s(y)=w(y)$，则有

$$q(y)=K\cdot w(y) \tag{4.14}$$

式中，w 为隧道竖向位移，m。

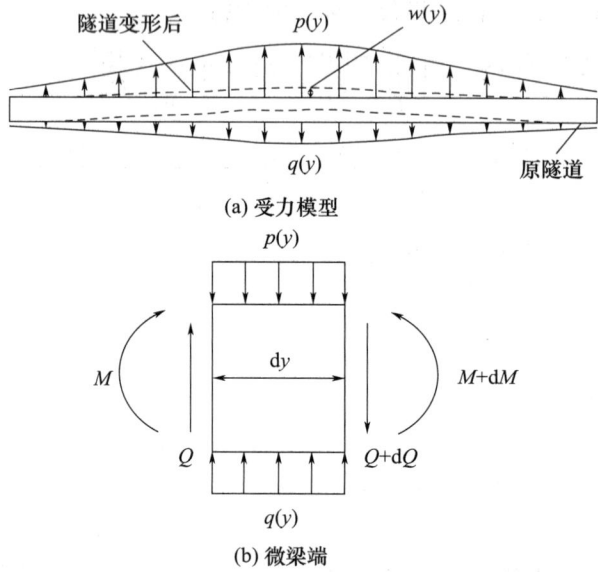

图 4.28　Winkle 地基梁模型的计算模型

梁任一截面的转角 θ、弯矩 M 及剪应力 Q 与梁挠度 w 的关系为

$$\begin{cases}\theta=\dfrac{dw}{dy}\\ M=-EI\dfrac{d^2w}{dy^2}\\ Q=-EI\dfrac{d^3w}{dy^3}\end{cases} \tag{4.15}$$

可求得梁的挠曲微分方程为

$$EI\frac{d^4w}{dy^4}+K\cdot w(y)=p(y) \tag{4.16}$$

式（4.15）的齐次解为

$$w(y)=e^{\lambda y}(c_1\cos\lambda y+c_2\sin\lambda y)+e^{-\lambda y}(c_3\cos\lambda y+c_4\sin\lambda y) \tag{4.17}$$

式中，c_1、c_2、c_3、c_4 为常数；$\lambda=\sqrt[4]{\dfrac{kD}{4EI}}$。

由初参数解法，假设已知梁左端 w_0、θ_0、M_0、Q_0，带入式（4.15）可得

$$\begin{cases} w\big|_{y=0} = w_0 = c_1 + c_3 \\ \dfrac{\mathrm{d}w}{\mathrm{d}y}\bigg|_{y=0} = \theta_0 = \lambda(c_1 + c_2 - c_3 + c_4) \\ -EI\dfrac{\mathrm{d}^2 w}{\mathrm{d}y^2}\bigg|_{y=0} = M_0 = 2\lambda^2 EI(c_4 - c_2) \\ -EI\dfrac{\mathrm{d}^3 w}{\mathrm{d}y^3}\bigg|_{y=0} = Q_0 = 2\lambda^3 EI(c_1 - c_2 - c_3 - c_4) \end{cases} \Rightarrow \begin{cases} c_1 = \dfrac{w_0}{2} + \dfrac{\theta_0}{4\lambda} + \dfrac{Q_0}{8\lambda^3 EI} \\ c_2 = \dfrac{\theta_0}{4\lambda} - \dfrac{M_0}{4\lambda^2 EI} - \dfrac{Q_0}{8\lambda^3 EI} \\ c_3 = \dfrac{w_0}{2} - \dfrac{\theta_0}{4\lambda} - \dfrac{Q_0}{8\lambda^3 EI} \\ c_4 = \dfrac{\theta_0}{4\lambda} + \dfrac{M_0}{4\lambda^2 EI} - \dfrac{Q_0}{8\lambda^3 EI} \end{cases}$$

$p(y)$ 是由基坑开挖卸荷引起的竖向附加荷载,具体数值已知,所以非齐次方程式 (4.16) 的一个特解为 $p(y)/K$,式 (4.16) 的通解为

$$w(y) = w_0 F_1(y) + \frac{1}{2\lambda}\theta_0 F_2(y) - \frac{M_0}{2\lambda^2 EI}F_3(y) - \frac{Q_0}{4\lambda^3 EI}F_4(y) + \frac{p(y)}{K}$$

式中,$F_1(y) = \cos(\lambda y)\cosh(\lambda y)$;$F_2(y) = \cos(\lambda y)\sinh(\lambda y) + \sin(\lambda y)\cosh(\lambda y)$;$F_3(y) = \sin(\lambda y)\sinh(\lambda y)$;$F_4(y) = \sin(\lambda y)\cosh(\lambda y) - \cos(\lambda y)\sinh(\lambda y)$。

可求得

$$\theta(y) = -w_0 \lambda F_4(y) + \theta_0 F_1(y) - \frac{M_0}{2\lambda EI}F_2(y) - \frac{Q_0}{2\lambda^2 EI}F_3(y)$$

$$M(y) = 2EIw_0 \lambda^2 F_3(y) + EI\theta_0 \lambda F_4(y) + M_0 F_1(y) + \frac{Q_0}{2\lambda}F_2(y)$$

$$Q(y) = 2EIw_0 \lambda^3 F_2(y) + 2EI\theta_0 \lambda^2 F_3(y) - M_0 \lambda F_4(y) + Q_0 F_1(y)$$

写成矩阵形式为

$$G(y) = A(\lambda, y) G(0) \tag{4.18}$$

式中,$G(y) = [w(y), \theta(y), M(y), Q(y), 1]^\mathrm{T}$;$G(0) = [w(0), \theta(0), M(0), Q(0), 1]^\mathrm{T}$。

$$A(\lambda, y) = \begin{bmatrix} F_1(y) & \dfrac{F_2(y)}{2\lambda} & -\dfrac{F_3(y)}{2\lambda^2 EI} & -\dfrac{F_4(y)}{4\lambda^3 EI} & \dfrac{p(y)}{K} \\ -\lambda F_4(y) & F_1(y) & -\dfrac{F_2(y)}{2\lambda EI} & -\dfrac{F_3(y)}{2\lambda^2 EI} & 0 \\ 2EI\lambda^2 F_3(y) & EI\lambda F_4(y) & F_1(y) & \dfrac{F_2(y)}{2\lambda} & 0 \\ 2EI\lambda^3 F_2(y) & 2EI\lambda^2 F_3(y) & -\lambda F_4(y) & F_1(y) & 0 \\ 0 & 0 & 0 & 0 & 1 \end{bmatrix}$$

(2) 梯形变截面梁弹性地基梁的初参数解

在式 (4.18) 的基础上考虑梯形变截面梁的初参数解,把梁分为 n 份,它的抗弯刚度 $S(i) = E(y)I(y)$ 是一条随着截面面积变化的阶梯形曲线,变截面梁的模型,各区间的抗弯刚度、λ 值、尺寸、附加荷载均如图 4.29 所示。

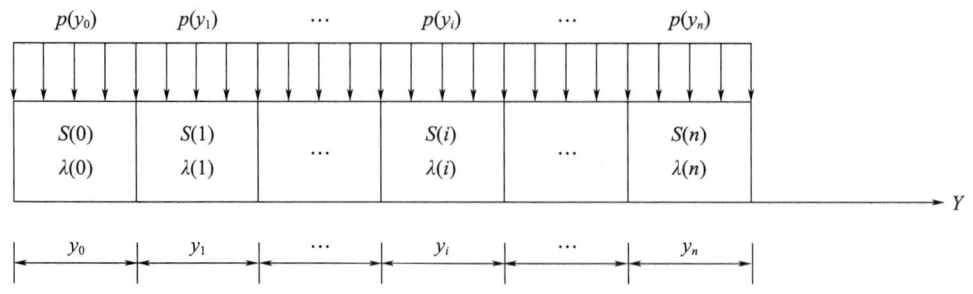

图 4.29 变截面梁示意

可得

$$A(\lambda_i, y_i) = \begin{bmatrix} F_1(y_i) & \dfrac{F_2(y_i)}{2\lambda_i} & -\dfrac{F_3(y_i)}{2\lambda_i^2 S_i} & -\dfrac{F_4(y_i)}{4\lambda_i^3 S_i} & \dfrac{p(y_i)}{K} \\ -\lambda_i F_4(y_i) & F_1(y_i) & -\dfrac{F_2(y_i)}{2\lambda_i S_i} & -\dfrac{F_3(y_i)}{2\lambda_i^2 S_i} & 0 \\ 2S_i\lambda_i^2 F_3(y_i) & S\lambda_i F_1(y_i) & F_1(y_i) & \dfrac{F_2(y_i)}{2\lambda_i} & 0 \\ 2S_i\lambda_i^3 F_2(y_i) & 2S_i\lambda^2 F_3(y_i) & -\lambda_i F_4(y_i) & F_1(y_i) & 0 \\ 0 & 0 & 0 & 0 & 1 \end{bmatrix}$$

$G(y_i) = A(\lambda_i, y_i) G(y_{i-1})$（$i=1, 2, \cdots, n$），以此类推可得 $G(y_n) = A(\lambda_n, y_n) A(\lambda_{n-1}, y_{n-1}) \cdots A(\lambda_1, y_1) G(y_0)$（$n=1, 2, \cdots$）。

令 $A = A(\lambda_n, y_n) A(\lambda_{n-1}, y_{n-1}) \cdots A(\lambda_1, y_1) = \begin{bmatrix} a_{11} & a_{12} & a_{13} & a_{14} & a_{15} \\ a_{21} & a_{22} & a_{23} & a_{24} & a_{25} \\ a_{31} & a_{32} & a_{33} & a_{34} & a_{35} \\ a_{41} & a_{42} & a_{43} & a_{44} & a_{45} \\ a_{51} & a_{52} & a_{53} & a_{54} & a_{55} \end{bmatrix}$ 为

整体传递矩阵，又因为在梁两端边界处有 $M=0$、$Q=0$，可得

$$\begin{cases} a_{31}w_0 + a_{32}\theta_0 + a_{35} = 0 \\ a_{41}w_0 + a_{42}\theta_0 + a_{45} = 0 \end{cases} \tag{4.19}$$

解方程组（4.19）可得初参数 w_0、θ_0，进而可以求出梁任一截面的挠度与弯矩。

4.4.3 工程算例验证分析

为研究上部基坑开挖对下部变截面隧道的影响，假设浅埋暗挖施工区间变截面隧道为先期建成的既有结构，隧道建成后采用明挖法开挖管廊基坑，修建上部管廊。为简化计算，不考虑左侧标准断面隧道，只考虑变截面隧道，如图 4.30 所示。各截面拱顶在同一高度，如图 4.31 所示。取管廊基坑宽 12.9m、长 80.5m、深 7m，D—D 断面、C—C 断面、B—B 断面、A—A 断面等效抗弯刚度分别为 9.7×10^8 kN·m²、6.8×10^8 kN·m²、4.3×10^8 kN·m²、2.0×10^8 kN·m²。

4 ▶ 大型变截面隧道下穿综合管廊风险分析及变形预测

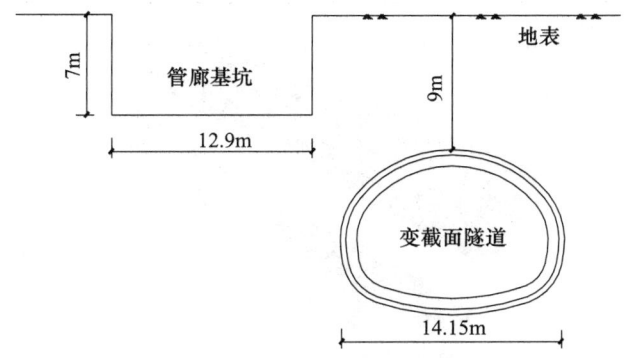

图 4.30 相对位置示意

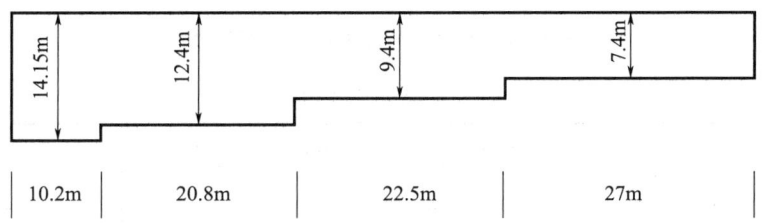

图 4.31 变截面隧道简化图

运用有限元计算软件 FLAC 3D 对该工程算例进行数值模拟分析,建模所用网格划分原则、边界条件、土体及隧道支护结构参数同第 3 章,模型整体如图 4.32 所示,基坑与变截面隧道相对位置如图 4.33 所示。

为使有限元数值模拟方法与本文所述方法的计算结论具有可比性,使用梁单元模拟钢支撑,衬砌单元模拟基坑支护,并假定隧道与土体不发生分离。模拟时先对隧道进行开挖支护,而后清空位移场、保留应力场,再进行基坑开挖,以得到基坑开挖后隧道位移的相对值。支护结构参数见表 4.2。

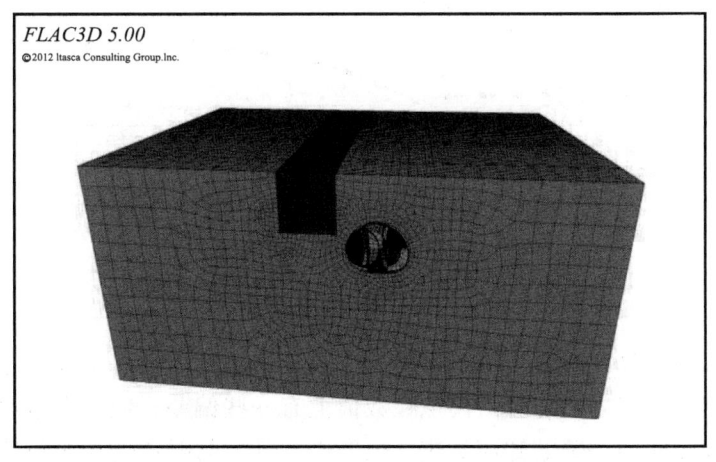

图 4.32 整体模型

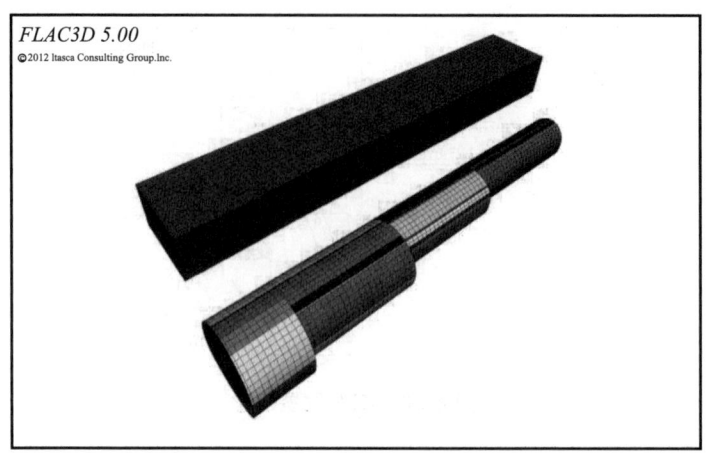

图 4.33　基坑与变截面隧道相对位置

表 4.2　支护结构参数

支护类别	密度/（kg/m³）	弹性模量 E/GPa	泊松比 ν
基坑钢支撑	2500	200	0.3
基坑钢板桩	2300	30	0.16

图 4.34 为由本节所述解析方法及 FLAC 3D 数值模拟计算得到的变截面隧道纵向位移分布。从图中可知，两条位移曲线变化规律基本一致。从数值上看，数值模拟方法得到最大位移为 6.27mm，本节所述解析方法得到的最大位移为 3.17mm，最大值位置均在 A—A 断面上面。

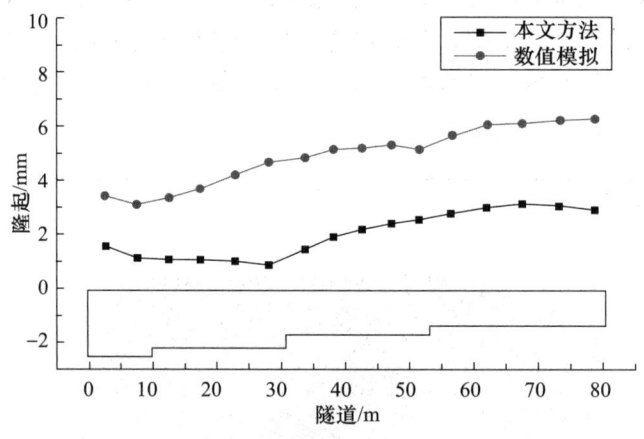

图 4.34　隧道变形对比图

由于解析解的计算没有考虑基坑实际施工情况，且弹性地基梁理论建立在理想假设情况下，因此本节所述方法与数值模拟在数值上有一些偏差。但是本章解析方法考虑了基坑开挖时坑底和四周坑壁的卸荷效应，也考虑了基坑与隧道的相对位置，力学概念清晰。本文方法计算简易度与速度远胜于三维数值模拟软件，可以使工程人员迅速判断出临近基坑开挖时下卧变截面隧道的变形情况，调整设计方案。

本节通过两阶段方法，将由 Mindlin 弹性解计算得到的附加荷载施加在既有隧道上，然后基于 Winkle 地基梁模型，采用初参数解法求解出等截面隧道的平衡微分方程，推导等截面隧道的传递矩阵，并将其推广得到变截面隧道的传递矩阵，利用梁两端的边界条件求解出梁端初参数，进而得到弹性地基上任意变截面隧道的纵向变形解析解。数值模拟所得结果与本章方法所得结果分布规律一致，数值相差不大，验证了该方法的可行性与适用性。本节所述方法计算简易度与速度远胜于三维数值模拟软件，能显著提高相关人员的工作效率。

4.5 基于随机介质理论的变截面隧道变形预测模型

4.5.1 随机介质理论在隧道施工中的应用

由 4.1 至 4.3 节可知，综合管廊与隧道的位置关系、大型变截面隧道、左右双线隧道这些因素更为复杂，施工时的地表沉降规律与常规暗挖隧道有很大的区别。目前的关于地表沉降预测研究主要是针对等截面隧道的单一预测，不能满足当前地下空间构筑物越来越密集、结构越来越复杂的布局，建立一个综合考虑隧道各种因素的地表沉降预测模型已经是迫切的现实需求，因此本节考虑大型变截面隧道断面面积突变、上部综合管廊结构、隧道五心圆断面形式及近距离双线隧道结构的影响，建立综合多因素的大型变截面隧道开挖引起时空变形的随机介质预测模型。

随机介质理论把岩土体视为随机介质，将整个隧道分解为无限多个开挖微元，隧道开挖等价于无限多个开挖微元开挖，隧道开挖对周边环境的影响等效于无限多个开挖微元开挖对周边环境的影响。如图 4.35 所示，假定单元体 $d\xi d\zeta d\eta$ 距地表距离为 H，考虑在不排水固结的情况下，最终沉降的体积应等于土体削弱的总体积，即认为 $d\xi d\zeta d\eta$ 开挖时完全塌落，造成的土体损失可以全部反映到沉降槽。

如图 4.35 所示，取坐标原点为单元 $d\xi d\zeta d\eta$ 形心对应的地表位置，由随机介质计算公式得到 $d\xi d\zeta d\eta$ 开挖引起任意一点 (X, Y, Z) $(Z<H)$ 的沉降量 W_e 为

$$W_e(X, Y, Z) = \frac{1}{r^2(Z)} \exp\left[-\frac{\pi}{r^2(Z)}(X^2+Y^2)\right] d\xi d\zeta d\eta \quad (4.20)$$

式中，$r(Z)$ 为开挖 $d\xi d\zeta d\eta$ 在高度为 Z 的平面上的影响范围；X 为地表测点横坐标；Y 为地表测点纵坐标。

$$r(Z) = \frac{Z}{\tan\beta}$$

式中，β 为隧道上部地层主要影响角，根据地质勘察资料选取。

如图 4.36 所示，当 $d\xi d\zeta d\eta$ 开挖沿 Y 向（隧道方向）为无限长时，为简化计算，一般将其视为平面应变问题，进而可将式（4.20）简化为如下形式：

$$W_e(X, Z) = \frac{1}{r(Z)} \exp\left[-\frac{\pi}{r^2(Z)} X^2\right] d\xi d\eta \quad (4.21)$$

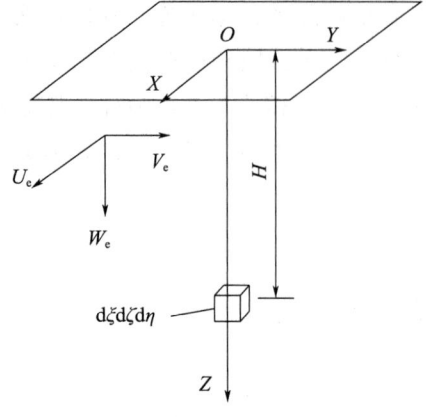

图 4.35 单元开挖示意

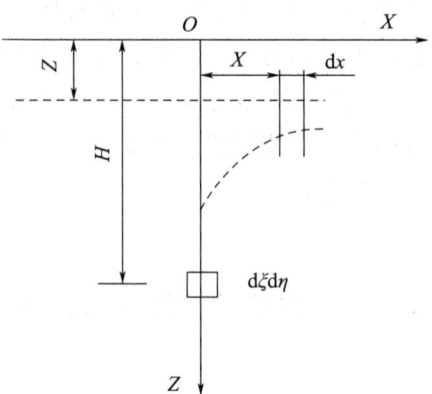

图 4.36 岩土体剖面示意

假设隧道建成后，开挖断面由 Ω 收敛为 ω，则地层沉降可看成隧道开挖范围 Ω 与收敛后隧道范围 ω 引起的下沉的差值（图 4.37），此时的地层沉降可用式（4.22）表示。

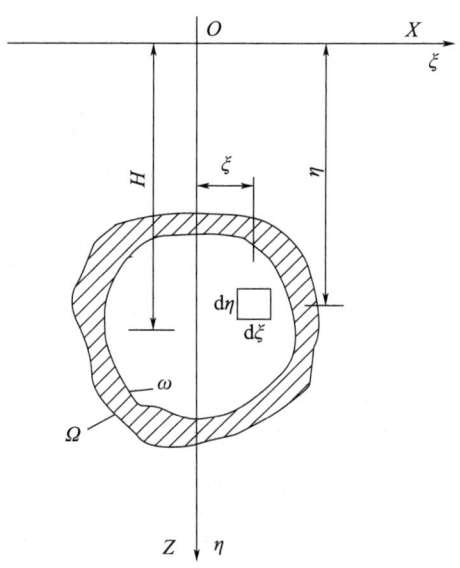

图 4.37 隧道开挖断面变形收敛图

$$W(X) = W_\Omega(X) - W_\omega(X) = \iint_{\Omega-\omega} \frac{\tan\beta}{\eta} \exp\left[-\frac{\pi\tan^2\beta}{\eta^2}(X-\xi)^2\right] d\xi d\eta \quad (4.22)$$

式中，Ω 为隧道未收敛时的几何边界；ω 为隧道收敛后的几何边界；$\Omega-\omega$ 为土体损失；$W_\Omega(X)$ 为用 Ω 做积分边界求得的沉降量；$W_\omega(X)$ 为用 ω 做积分边界求得的沉降量；η 为单元的纵向坐标。

4.5.2 考虑大型变截面隧道与综合管廊的随机截止预测模型

（1）考虑大型变截面隧道

对大型变截面隧道，各个断面的开挖面积 Ω 与收敛后的 ω 不相等，不能将其视为平面应变问题，而是要将其拓展到三维空间。为在三维空间中使用随机介质理论，假定隧道为均匀收敛且开挖后立即支护，忽略每个横截面因开挖时间不同而产生的沉降差。

首先计算等截面隧道开挖引起的地表三维变形，先按照式（4.20）计算开挖单元体 $\mathrm{d}\xi\mathrm{d}\zeta\mathrm{d}\eta$ 造成的地表沉降，然后按照式（4.22）在土体损失区域上进行二重积分，再沿隧道延伸方向（Y 向）进行积分，即

$$W(X,Y) = W_\Omega(X,Y) - W_\omega(X,Y)$$
$$= \int_{-\infty}^{+\infty} \mathrm{d}\zeta \iint_{\Omega-\omega} \frac{\tan^2\beta}{\eta^2} \exp\left\{-\frac{\pi\tan^2\beta}{\eta^2}[(X-\xi)^2+(Y-\zeta)^2]\right\} \mathrm{d}\xi\mathrm{d}\eta$$
(4.23)

对大型变截面隧道来说，需要在等截面隧道的基础上按截面面积分段进行计算。但是在考虑断面突变位置的土体损失时，不可认为土体损失随着截面面积发生突变，而应是连续且相对缓和的，因此在计算时不能直接叠加断面突变位置两侧的土体损失作为突变位置的土体损失。

如图 4.38 所示，为准确描述断面突变位置的土体损失，将大型变截面等效转换为一个梯形线性渐变段，取其影响范围为 $(-a,a)$，a 取为 $0.2H$（H 为隧道埋深），基于此，可以将 $(-a,a)$ 范围内的隧道土体损失视作一个线性渐变过程。

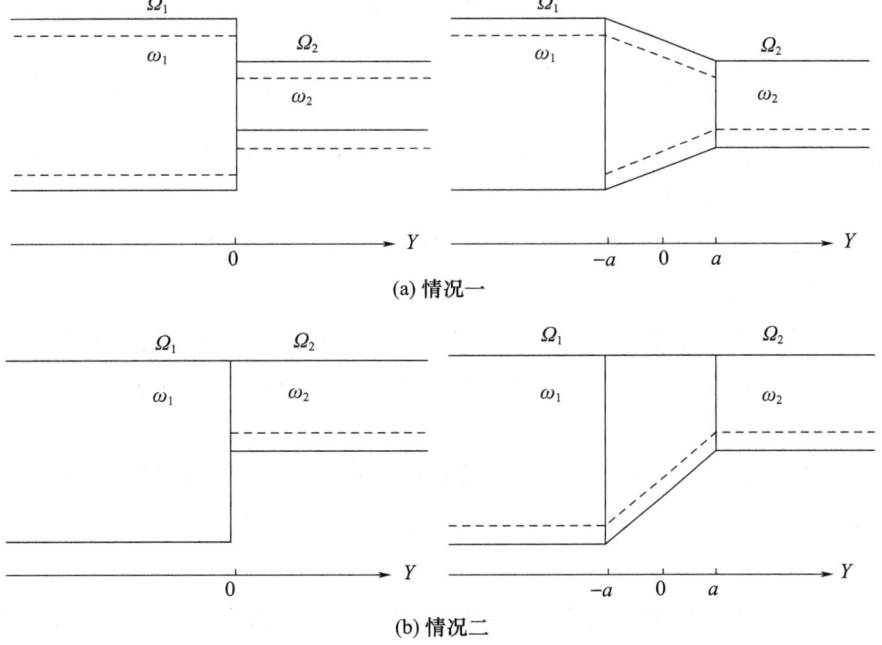

(a) 情况一

(b) 情况二

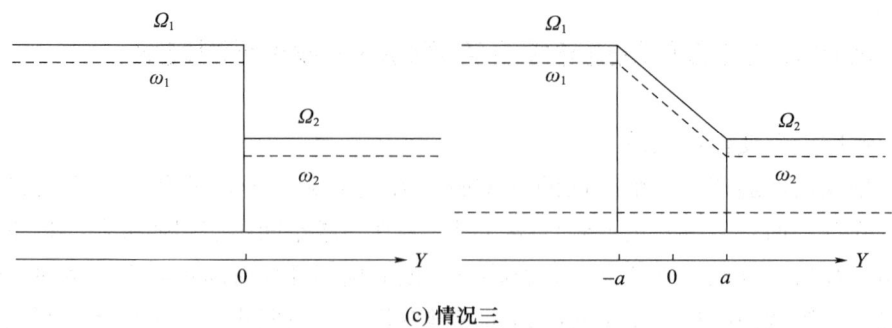

(c) 情况三

图 4.38 变截面线性变换示意

以图 4.38 中的情况一为例进行公式推导,根据截面面积将大型变截面隧道沿 Y 轴分为 $Y<-a$、$-a<Y<a$ 与 $Y>a$ 这三段进行积分。其中 $Y<-a$ 与 $Y>a$ 段积分边界为 Ω_1、ω_1 和 Ω_2、ω_2;$-a<Y<a$ 段,积分边界 Ω_{1-2} 和 ω_{1-2} 随着 Y 的位置变化而变化。

$$\Omega_{1-2}=\Omega_1-\frac{Y+a}{2a}(\Omega_1-\Omega_2)$$
$$\omega_{1-2}=\omega_1-\frac{Y+a}{2a}(\omega_1-\omega_2) \quad (4.24)$$

由式(4.23)可分别求出这三个积分段隧道土体开挖引起的沉降 $W_1(X,Y)$、$W_{1-2}(X,Y)$ 和 $W_2(X,Y)$。

$$W_1(X,Y)=\int_{-\infty}^{-a}d\zeta\iint_{\Omega_1-\omega_1}\frac{\tan^2\beta}{\eta^2}\exp\left\{-\frac{\pi\tan^2\beta}{\eta^2}[(X-\xi)^2+(Y-\zeta)^2]\right\}d\xi d\eta$$

$$W_{1-2}(X,Y)=\int_{-a}^{a}d\zeta\iint_{\Omega_{1-2}-\omega_{1-2}}\frac{\tan^2\beta}{\eta^2}\exp\left\{-\frac{\pi\tan^2\beta}{\eta^2}[(X-\xi)^2+(Y-\zeta)^2]\right\}d\xi d\eta$$

$$W_2(X,Y)=\int_{a}^{+\infty}d\zeta\iint_{\Omega_2-\omega_2}\frac{\tan^2\beta}{\eta^2}\exp\left\{-\frac{\pi\tan^2\beta}{\eta^2}[(X-\xi)^2+(Y-\zeta)^2]\right\}d\xi d\eta \quad (4.25)$$

由叠加原理,将 $Y<-a$、$-a<Y<a$ 与 $Y>a$ 这三段的沉降相加,可得整个隧道开挖引起的沉降量 $W(X,Y)$:

$$W(X,Y)=W_1(X,Y)+W_{1-2}(X,Y)+W_2(X,Y) \quad (4.26)$$

(2)考虑综合管廊

当隧道下穿综合管廊施工时,由于综合管廊刚度较大,会阻碍隧道开挖引起的位移在地层中传递,致使综合管廊上方土体沉降减小,且减小量受地层条件、综合管廊刚度等因素影响,很难定量分析。

如图 4.39 所示,新建隧道平行下穿既有综合管廊,在计算新建隧道开挖引起的地表变形时,认为当 $0 \leqslant Z \leqslant Z_0$,综合管廊上方土体受隧道开挖影响产生的沉降约等于综合管廊底板(埋深 Z_0)处的地层沉降值。

因此,新建隧道开挖引起综合管廊投影区域土层的沉降 $W(X,Z)$ 为(对其他区域无影响)

$$W(X) = \iint_{\Omega-\omega} \frac{\tan\beta}{\eta-Z} \exp\left[-\frac{\pi\tan^2\beta}{(\eta-Z)^2}(X-\xi)^2\right] \mathrm{d}\xi\mathrm{d}\eta \quad H_0 < Z < Z_0$$

$$W(X) = \iint_{\Omega-\omega} \frac{\tan\beta}{\eta-Z_0} \exp\left[-\frac{\pi\tan^2\beta}{(\eta-Z_0)^2}(X-\xi)^2\right] \mathrm{d}\xi\mathrm{d}\eta \quad Z_0 < Z < 0$$

(4.27)

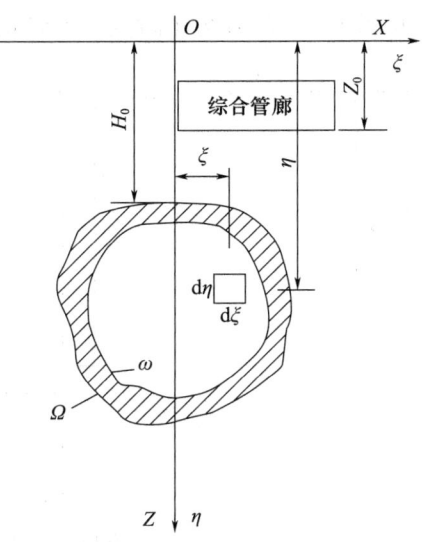

图 4.39　隧道平行下穿管廊示意

4.5.3　考虑五心圆断面与双线隧道的随机介质预测模型

（1）考虑五心圆断面

如图 4.40 所示，对采用浅埋暗挖法施工的城市地铁隧道，其断面形式多为马蹄形。马蹄形断面隧道外轮廓线左右对称，由 5 个圆心 $O_1 \sim O_5$ 将断面划分为 8 段圆弧线，因此也称其为五心圆断面隧道。

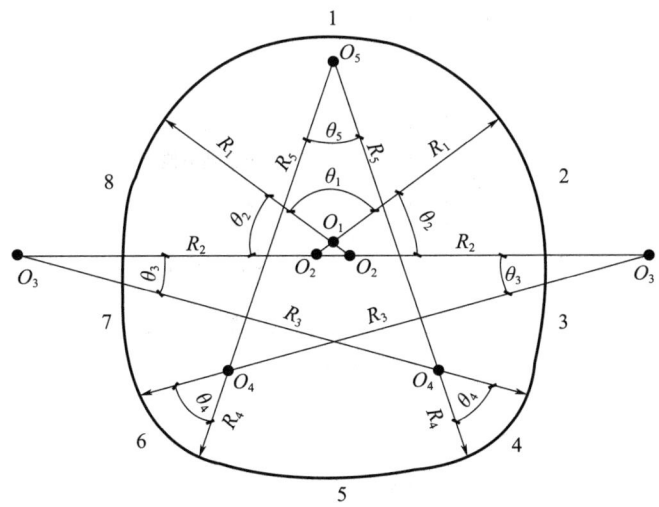

图 4.40　马蹄形断面隧道示意

如图 4.40 所示，为更方便地描述这 8 段圆弧的积分区间，将直角坐标系转换为极坐标系进行计算（图 4.41），则

$$\xi = X_1 + r\cos\theta$$
$$\eta = Z_1 - r\sin\theta \tag{4.28}$$

式中，X_1 为直角坐标系下圆心的横坐标；Z_1 为直角坐标系下圆心的纵坐标；r 为该圆弧段半径。

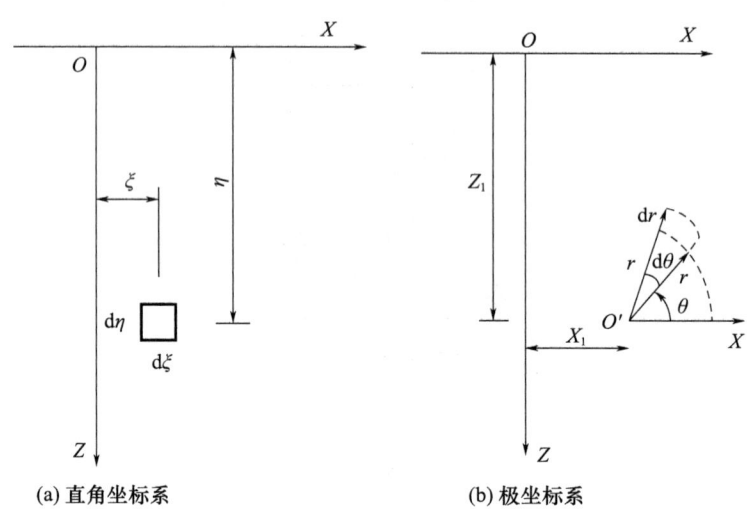

(a) 直角坐标系　　　　(b) 极坐标系

图 4.41　坐标系转换

由二重积分换元公式可得，极坐标系下的随机介质公式为

$$\iint_D f(\xi,\eta)\mathrm{d}\xi\mathrm{d}\eta = \iint_{D'} f[X_1 + r\cos\theta, Z_1 - r\sin\theta]r\mathrm{d}r\mathrm{d}\theta \tag{4.29}$$

如图 4.42 所示，设某圆弧段土体直角坐标系下圆心为 (X_1,Z_1)，极坐标系下圆弧半径为 r_2、起始角为 θ_1、终止角为 θ_2。假设该圆弧段土体开挖后半径由 r_2 均匀收敛为 r_1，则由式（4.29）可得该段圆弧土体损失造成的地表沉降 $W(X)$ 为

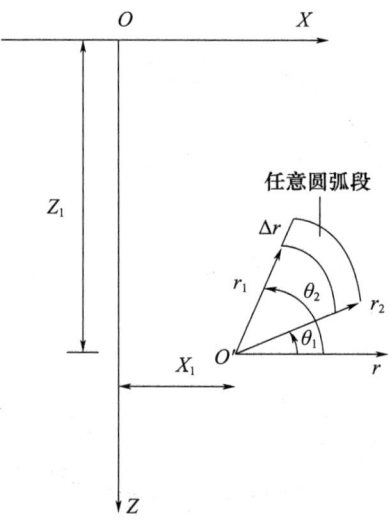

图 4.42　极坐标系下任意圆弧段开挖示意

$$W(X) = \int_{r_1}^{r_2} \int_{Q_1}^{\theta_2} \frac{\tan\beta}{Z_1 - r\sin\theta} \cdot \exp\left\{-\frac{\pi\tan^2\beta}{(Z_1 - r\sin\theta)^2}[X - (X_1 + r\cos\theta)]^2\right\} r \mathrm{d}r \mathrm{d}\theta$$

(4.30)

设圆弧段 1～8 开挖后发生均匀收敛，半径收敛值为 ΔR，将图 4.42 中各圆弧段半径、起始角和终止角代入式（4.30）可得圆弧段 1～8 土体损失引起的地表沉降 $W_1(X,Z) \sim W_8(X,Z)$ 为

$$\begin{cases}
W_1(X,Y) = \int_{R_1-\Delta R}^{R_1} \int_{\theta_2}^{\theta_1+\theta_2} \frac{\tan\beta}{Z_1 - r\sin\theta} \cdot \exp\left\{-\frac{\pi\tan^2\beta}{(Z_1 - r\sin\theta)^2}[X - X_1 - r\cos\theta]^2\right\} r \mathrm{d}r \mathrm{d}\theta \\
W_2(X,Y) = \int_{R_2-\Delta R}^{R_2} \int_{0}^{\theta_2} \frac{\tan\beta}{Z_2 - r\sin\theta} \cdot \exp\left\{-\frac{\pi\tan^2\beta}{(Z_2 - r\sin\theta)^2}[X + X_2 - r\cos\theta]^2\right\} r \mathrm{d}r \mathrm{d}\theta \\
W_3(X,Y) = \int_{R_3-\Delta R}^{R_3} \int_{2\pi-\theta_3}^{2\pi} \frac{\tan\beta}{Z_3 - r\sin\theta} \cdot \exp\left\{-\frac{\pi\tan^2\beta}{(Z_3 - r\sin\theta)^2}[X + X_3 - r\cos\theta]^2\right\} r \mathrm{d}r \mathrm{d}\theta \\
W_4(X,Y) = \int_{R_4-\Delta R}^{R_4} \int_{2\pi-\theta_3-\theta_4}^{2\pi-\theta_3} \frac{\tan\beta}{Z_4 - r\sin\theta} \cdot \exp\left\{-\frac{\pi\tan^2\beta}{(Z_4 - r\sin\theta)^2}[X - X_4 - r\cos\theta]^2\right\} r \mathrm{d}r \mathrm{d}\theta \\
W_5(X,Y) = \int_{R_5-\Delta R}^{R_5} \int_{\pi+\theta_3+\theta_4}^{\pi+\theta_3+\theta_4+\theta_5} \frac{\tan\beta}{Z_5 - r\sin\theta} \cdot \exp\left\{-\frac{\pi\tan^2\beta}{(Z_5 - r\sin\theta)^2}[X - X_5 - r\cos\theta]^2\right\} r \mathrm{d}r \mathrm{d}\theta \\
W_6(X,Y) = \int_{R_4-\Delta R}^{R_4} \int_{\pi+\theta_3}^{\pi+\theta_3+\theta_4} \frac{\tan\beta}{Z_4 - r\sin\theta} \cdot \exp\left\{-\frac{\pi\tan^2\beta}{(Z_4 - r\sin\theta)^2}[X + X_4 - r\cos\theta]^2\right\} r \mathrm{d}r \mathrm{d}\theta \\
W_7(X,Y) = \int_{R_3-\Delta R}^{R_3} \int_{\pi}^{\pi+\theta_3} \frac{\tan\beta}{Z_3 - r\sin\theta} \cdot \exp\left\{-\frac{\pi\tan^2\beta}{(Z_3 - r\sin\theta)^2}[X - X_3 - r\cos\theta]^2\right\} r \mathrm{d}r \mathrm{d}\theta \\
W_8(X,Y) = \int_{R_2-\Delta R}^{R_2} \int_{\pi-\theta_2}^{\pi} \frac{\tan\beta}{Z_2 - r\sin\theta} \cdot \exp\left\{-\frac{\pi\tan^2\beta}{(Z_2 - r\sin\theta)^2}[X - X_2 - r\cos\theta]^2\right\} r \mathrm{d}r \mathrm{d}\theta
\end{cases}$$

(4.31)

由叠加原理，将 8 段圆弧开挖引起的地表沉降相加即为五心圆断面隧道土体损失引起的地表沉降。

$$W_{\text{总}}(X) = \sum_{i=1}^{8} W_i(X) = W_1(X) + W_2(X) + \cdots + W_8(X) \tag{4.32}$$

（2）考虑双线隧道

大量工程实践证明，隧道开挖的影响范围为 $2D$（D 为隧道直径），若双线平行隧道的间距小于 $2D$，则需要考虑它们开挖的相互影响。现有两条五心圆断面隧道如图 4.43 所示，分别将两隧道圆弧段 1～8 的圆心、半径、半径收敛值、弧段起始角和终止角代入式（4.31）进行计算。设左侧隧道土体损失引起的地表沉降为 $W_1(X)$，右侧隧道土体损失的地表沉降为 $W_2(X)$，则由式（4.32）可得

$$\begin{aligned}
W_1(X) &= \sum_{i=1}^{8} W_{1i}(X) = W_{11}(X) + W_{12}(X) + \cdots + W_{18}(X) \\
W_2(X) &= \sum_{j=1}^{8} W_{2j}(X) = W_{21}(X) + W_{22}(X) + \cdots + W_{28}(X)
\end{aligned}$$

(4.33)

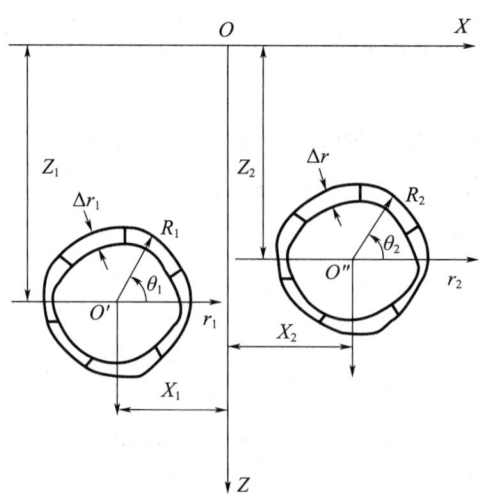

图 4.43　双线平行隧道开挖示意

由叠加原理，双线五心圆断面隧道土体损失引起的地表沉降 $W(X)$ 为

$$W(X) = W_1(X) + W_2(X) \tag{4.34}$$

综合考虑式（4.26）、式（4.27）、式（4.31）和式（4.34），即可建立综合多因素的大型变截面隧道开挖引起时空变形的随机介质预测模型。

4.5.4　时空变形预测模型的应用

4.5.2 节与 4.5.3 节中，在随机介质理论的基础上考虑了大型变截面隧道、综合管廊、五心圆断面与双线隧道，为在浅埋暗挖施工区间运用推导得到的计算模型，统计了计算中所需参量，见表 4.3。

表 4.3　计算模型所需参量

参量符号	参量释义	确定方法
$\tan\beta$	地层主要影响角	经验公式
ΔR	隧道收缩半径	经验公式
$X_1 - X_8$	五心圆断面各圆弧段圆心横坐标	隧道设计图纸
$Z_1 - Z_8$	五心圆断面各圆弧段圆心纵坐标	隧道设计图纸
$R_1 - R_5$	五心圆断面各圆弧段半径	隧道设计图纸
$\theta_1 - \theta_5$	五心圆断面各圆弧段圆心角	隧道设计图纸
H_0	新建隧道埋深	现场工况
Z_0	既有综合管廊底板埋深	现场工况
$Y_1 - Y_4$	变截面隧道各段长度	现场工况

地层影响角 β 根据隧道施工穿越的地层情况确定，计算公式为

$$\tan\beta = \frac{20}{50-\theta} \tag{4.35}$$

式中，θ 为土体的内摩擦角，浅埋暗挖施工区间为成层土，采用加权平均计算。

根据表 4.3，可得变截面隧道 D—D 断面穿越土层的内摩擦角 φ 取加权平均为 13.94°，进而可得 $\tan\beta=0.55$。同理可得 C—C 断面、B—B 断面、A—A 断面与标准断面的 $\tan\beta$ 分别为 0.53、0.52、0.52 和 0.51。

收缩半径 ΔR 是施工隧道条件的综合反映，一般使用地层损失率 V_1 来求解，对椭圆形断面，计算公式为

$$\Delta R = \frac{FCV_1}{F+C} \tag{4.36}$$

式中，F 为椭圆形隧道的长半轴；C 为椭圆形隧道的短半轴；V_1 为地层损失率，根据工程经验，取值为 1%。

将变截面隧道与标准断面隧道数据代入式（4.36）计算，可得 D—D 断面、C—C 断面、B—B 断面、A—A 断面与标准断面的收敛半径 ΔR 分别为 30.3mm、27.2mm、21.6mm、18.8mm 和 15.9mm。

如图 4.44、图 4.45 所示，五心圆断面各圆弧段圆心横坐标、纵坐标，圆弧段半径与圆心角的获取以标准断面与 D—D 断面为例进行说明，图中左半部分为各段圆弧的弧度，右半部分为圆弧的半径与圆心。剩余参数 H_0、Z_0、Y_1—Y_4 可从 3.1 节工程概况中获取。

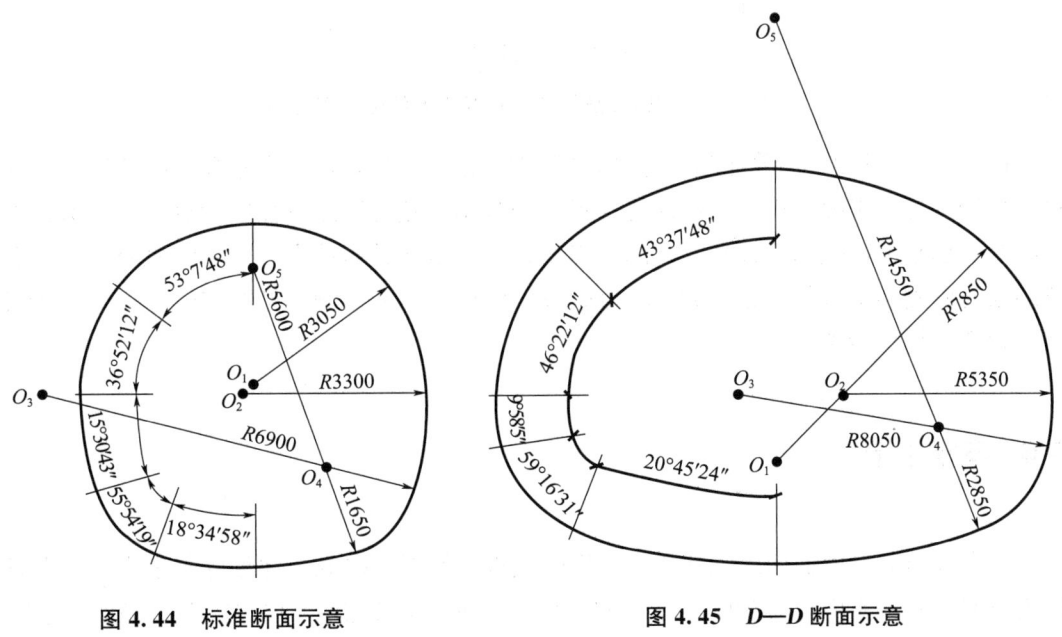

图 4.44　标准断面示意　　　　图 4.45　D—D 断面示意

在上述讨论中，已经给出求解地表沉降的计算方法与所需的计算参数，通过 Mathematica 进行编程计算，得出 B—B 断面中部地表沉降曲线，如图 4.46 所示。

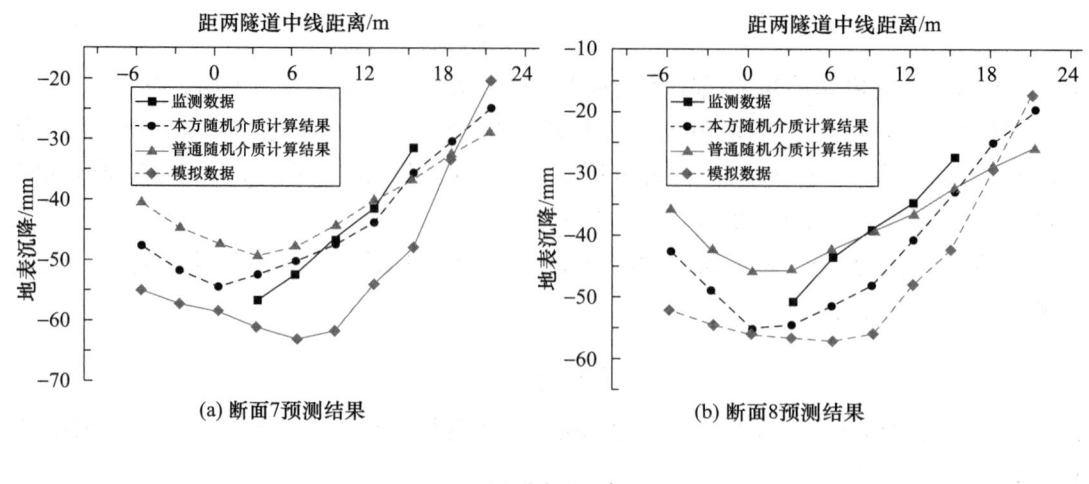

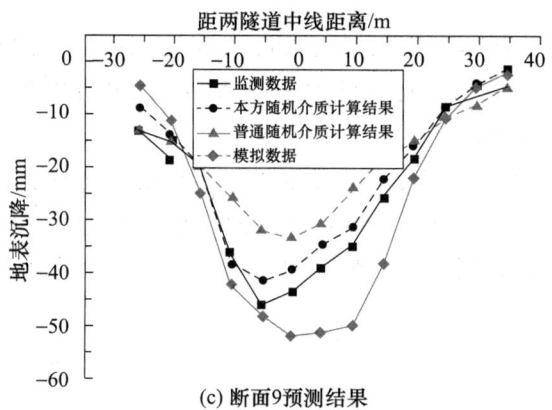

图 4.46 不同断面随机介质计算与监测数据对比图

由图 4.46 可知，与普通随机介质计算结果相比，本文提出的随机介质预测模型更贴合现场的复杂工况，得到的结果更接近监测数据；相对于随机介质计算结果，数值模拟结果更加平滑，是基于理想状态的沉降结果，但整体数值偏大。本文随机介质模型预测结果与监测结果规律一致，数值吻合较好，验证了本文预测模型的有效性，可以为类似工程实践提供参考。

4.6 本章小结

本章针对大型变截面地铁隧道施工风险点进行针对性研究，详细分析了大型变截面隧道横通道破马头门、大断面隧道开挖、标准断面开挖等施工风险环节中的隧道应力、塑性区、地表沉降，结论如下。

（1）隧道开挖完成后综合管廊的横向沉降与横通道开挖完成后综合管廊的横向沉降右侧较大，左侧较小。综合管廊纵向沉降与地表纵向沉降规律相似，曲线符合 Peck 沉降槽，最大沉降出现在 $C—C$ 断面上方，最小沉降出现在 $A—A$ 断面上方。数据点从

D—D 断面过渡到 C—C 断面，沉降逐渐增大；数据点从 C—C 断面过渡到 A—A 断面，沉降逐渐减小。

（2）建立了考虑变截面隧道断面面积突变、上部综合管廊结构、隧道五心圆断面形式及近距离双线隧道结构的暗挖隧道开挖引起地层沉降的随机介质沉降计算模型，浅埋暗挖施工区间的随机介质计算结果与其监测结果规律一致，数值吻合较好，验证了计算模型的有效性，可以为类似工程实践提供参考。

5

大型变截面隧道下穿既有管廊变形控制标准

在下穿施工时，保证既有结构的正常工作是工程施工的出发点和基本目标，既有结构的变形是评判施工扰动大小与结构是否安全的一个重要标准，对既有结构的影响达到最小是工程施工的最优目标。要实现这一目标，关键在于制定合理的既有综合管廊变形控制标准。合理的标准不仅可以保证综合管廊的结构安全性，而且可以保证新建隧道施工能够正常进行。

为建立突变大断面隧道下穿施工下综合管廊的变形控制标准，需要了解隧道施工时的各项因素对综合管廊的影响，建立管廊结构变形控制标准确定方法，并对综合管廊变形模式和极限状态进行分析，最终确定综合管廊变形控制标准。

5.1 大断面隧道下穿对既有综合管廊影响因素分析

4.3 节给出了原设计方案下大型变截面下穿综合管廊的模拟结果，隧道开挖完成后综合管廊最大变形 63.2mm，结构变形大，影响综合管廊结构安全，所以本章沿用 4.3 节所用模型与计算参数，在横通道开挖支护完成的基础上，对下穿施工中双线隧道开挖顺序与间隔、隧道与综合管廊之间夹土层的注浆参数、隧道支护刚度和开挖面封闭时间进行研究，探究施工时各因素对综合管廊的影响，并优化得到对综合管廊影响较小的施工参数与方案。

5.1.1 双线隧道开挖顺序与间距

对于正常双线隧道而言，当两隧道断面面积为一大一小时，一般先行开挖断面面积较小的隧道，再开挖断面面积大的隧道，这样对周边环境的影响较小。但是浅埋暗挖施工区间综合管廊存在于标准断面隧道正上方，且大型变截面隧道力学结构比较复杂，不能直接参考等截面隧道的施工经验，因此需要对区间隧道的左右线开挖顺序及开挖间距进行研究，以期得到对上部综合管廊影响最小的施工方案。为使不同施工方案的结果具有可比性，本章统一使用综合管廊的沉降作为度量尺度和评判标准。

5.1.1.1 双线隧道开挖顺序

为研究隧道左右线开挖顺序，本节设置了大型变截面隧道全部开挖后开挖标准断面隧道（工况一）和标准断面隧道全部开挖后开挖大型变截面（工况二）两种施工方案。两种工况下各阶段综合管廊沉降如图 5.1 和图 5.2 所示。

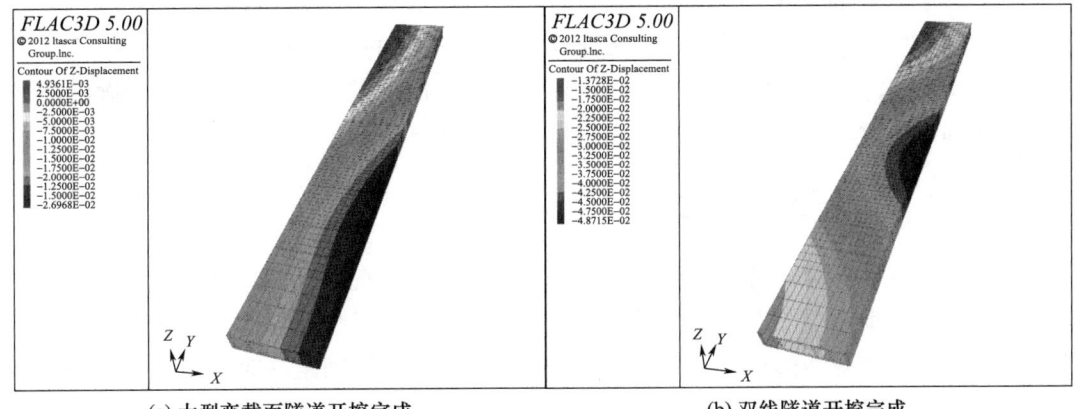

(a) 大型变截面隧道开挖完成　　　　　　　　(b) 双线隧道开挖完成

图 5.1　工况一综合管廊沉降云图

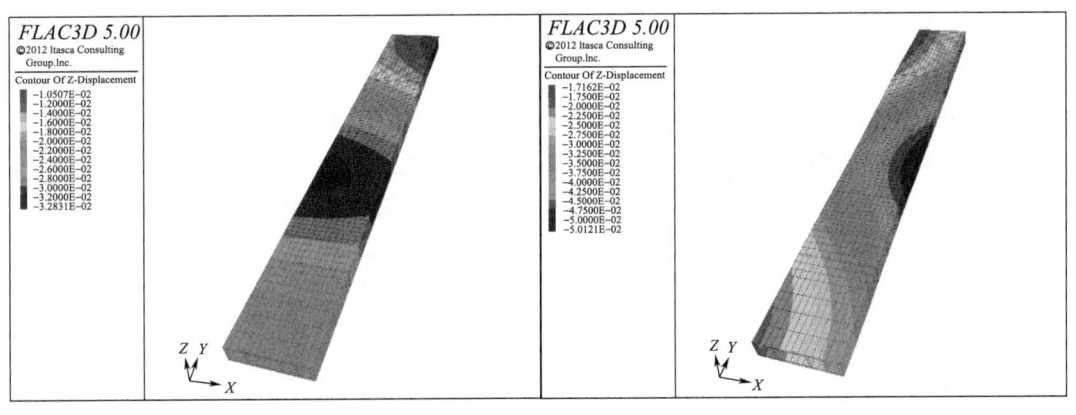

(a) 标准断面隧道开挖完成　　　　　　　　(b) 双线隧道开挖完成

图 5.2　工况二综合管廊沉降云图

由图 5.1（a）和图 5.2（a）可知，大型变截面隧道开挖完成后综合管廊最大沉降出现在靠近大型变截面隧道一侧，最大沉降为 27.0mm；标准断面隧道开挖完成后综合管廊最大沉降出现在远离大型变截面隧道一侧，最大沉降值为 32.8mm。可见虽然大型变截面隧道断面面积更大，施工扰动更复杂，但是由于其侧穿综合管廊，所以开挖大型变截面隧道对综合管廊的影响要小于开挖在综合管廊下方的标准断面隧道。

由图 5.1（b）和图 5.2（b）可知，工况一开挖完成后，综合管廊最大沉降为 48.7mm；工况二开挖完成后，综合管廊最大沉降为 50.1mm，两种工况下综合管廊最大沉降均出现在靠近大型变截面隧道一侧。大型变截面隧道全部开挖后开挖标准断面隧道的综合管廊沉降小于标准断面隧道全部开挖后开挖大型变截面隧道的综合管廊沉降，因此在施工时，应先开挖大型变截面隧道，再开挖标准断面隧道。同时我们已知开挖大型变截面隧道对综合管廊的影响要小于开挖标准断面隧道，这与通常情况下双线隧道中先开挖断面较小的隧道同理，抛开断面面积判断开挖顺序，应在施工中先开挖对既有结构影响较小的那条隧道。

工况一中变截面隧道与标准断面隧道开挖造成的综合管廊沉降分别占 55.4% 和 44.6%，工况二中变截面隧道与标准断面隧道开挖造成的综合管廊沉降分别占 34.5% 和 65.5%，可以看出两种工况中变截面隧道与标准断面隧道开挖引起综合管廊沉降的占比是不同的，这与先行隧道开挖对后行隧道的扰动有关。

5.1.1.2 双线隧道开挖间距

无论是工况一的综合管廊最终沉降 48.7mm，还是工况二的 50.1mm，均小于双线隧道同时开挖，但是受工期与施工成本限制，现场施工时很少先开挖完一条隧道再开挖另一条隧道，多为双线隧道间隔一定距离同时开挖，而开挖间距一般依照工程经验定为隧道的宽度 D，如浅埋暗挖施工区间变截面隧道 $D—D$ 断面宽 14.15m，所以双线隧道开挖间距定为 15m。但是这种工程经验类比法多适用于等截面隧道的工况，对变截面隧道的适用性犹未可知。

为研究双线隧道开挖间距对综合管廊沉降的影响，在变截面隧道先行开挖的情况下，分别取开挖间距为 10m、15m、20m、25m 和 30m 进行模拟，以期得到适用于变截面隧道的开挖间距。如图 5.3 所示，为了更加准确地对比各间距下的综合管廊沉降，取综合管廊底板 $C—C$ 断面中部和中部纵向的数据点作沉降曲线，如图 5.4（a）和图 5.4（b）所示。为统一分析，后续因素分析皆如此提取综合管廊沉降数据，不再另做说明。

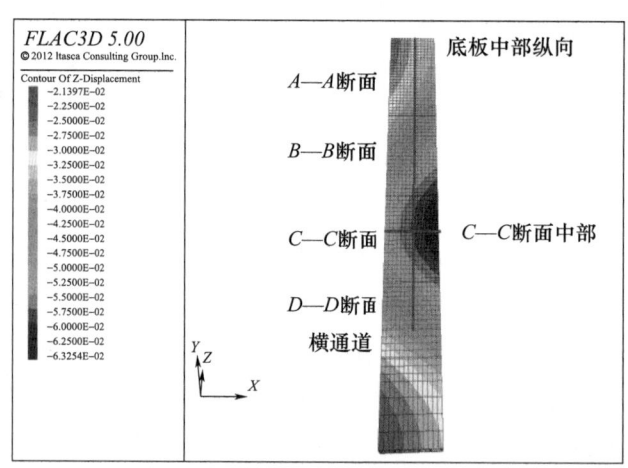

图 5.3　曲线位置示意

左右线开挖间距对 $D—D$ 断面处的综合管廊沉降影响不大，随着数据点位置向综合管廊末端靠近，不同开挖间距下的综合管廊沉降数值差逐渐变大。这是由于 $D—D$ 断面处受横通道开挖影响，土体已经被扰动过，左右线的开挖扰动顺序对其影响较小。

结合图 5.3 和图 5.4 可知，开挖间距为 10m、15m 和 20m 时的综合管廊最大沉降分别为 65.4mm、63.2mm 和 60.9mm，差值较大；开挖间距为 20m、25m 和 30m 时的综合管廊最大沉降分别为 60.9mm、59.9mm 和 59.0mm，差值较小。双线隧道开挖间距越大，综合管廊沉降越小，但是对应的施工工期就越长，因此综合考虑综合管廊沉降与现场施工工期，最终施工时左右线开挖间距选为 20m，而不是依据工程经验选为隧道宽度（15m）。

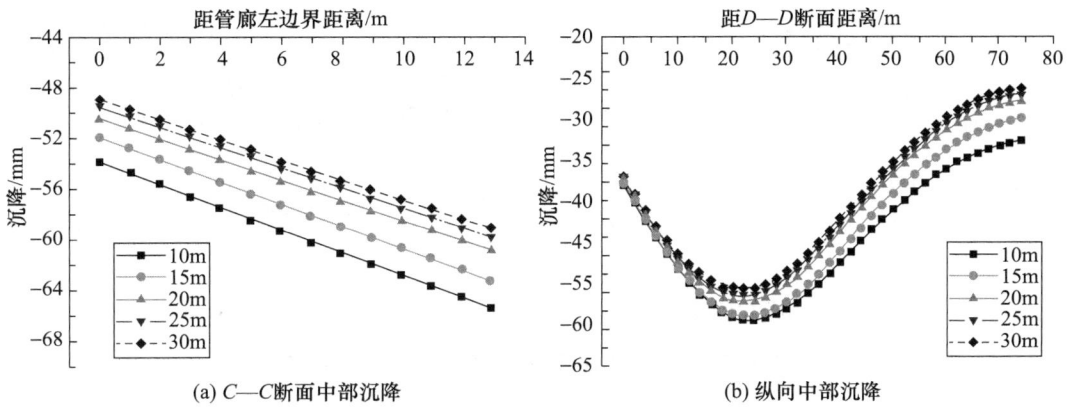

图 5.4 不同开挖间距下综合管廊沉降曲线

5.1.2 隧道与综合管廊间夹土层注浆参数

下穿施工中新建隧道与既有结构之间的土体称为夹土层，新建隧道开挖会扰动周围土体，改变周围土体的应力状态，导致隧道上方夹土层发生变形。夹土层自身又可以作为传播介质，将变形传至上方既有综合管廊，因此不同夹土层注浆参数下隧道施工对既有综合管廊的影响程度也不同。

由 4.3 节模拟结果可知，由于超前小导管注浆加固体参数及范围未达到设计要求，而 D—D 断面还采用了地表深孔注浆，土体加固效果相对较好，所以虽然 D—D 断面面积最大，但是地表最大沉降出现在 C—C 断面上方。可知新建隧道施工过程中，通过注浆增大夹土层的参数能有效阻止地层位移的传播，进而减小既有综合管廊的沉降。

由工程类比法中国东北某城市地铁加固区参数可知，注浆加固可以改变土体的弹性模量 E、黏聚力 c 与内摩擦角 φ，因此本节在上述三个参数取不同值的情况下，对新建隧道下穿既有综合管廊进行数值模拟，定量分析各参数对综合管廊沉降的影响。

5.1.2.1 弹性模量

在 FLAC 3D 中进行模拟计算时，土体参数不直接通过弹性模量 E 和泊松比 ν 表示，而是将它们转换为体积模量 K 和剪切模量 G，转换公式如下：

$$K = \frac{E}{3-(1-2\nu)} \tag{5.1}$$

$$G = \frac{E}{2(1+\nu)} \tag{5.2}$$

按比例改变夹土层中各土层的弹性模量为0.8E、E、1.2E、1.4E和1.6E，得到不同夹土层弹性模量下综合管廊C—C断面中部和纵向中部沉降曲线，如图5.5所示。

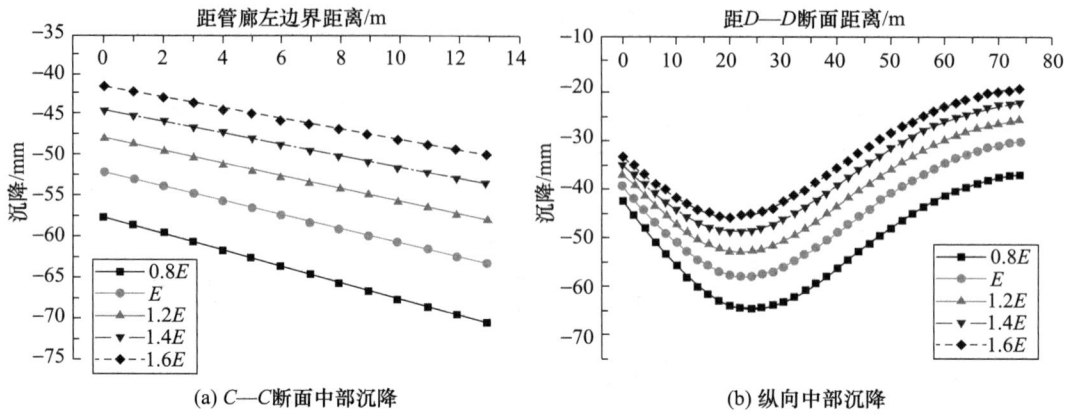

(a) C—C断面中部沉降　　(b) 纵向中部沉降

图5.5　不同夹土层注浆弹性模量综合管廊沉降

由图5.5可知，弹性模量越大，既有综合管廊沉降越小。当弹性模量为0.8E时，综合管廊最大沉降为70.5mm，当弹性模量为1.6E时，综合管廊最大沉降为49.8mm，可见夹土层的弹性模量对既有综合管廊沉降的影响十分明显，增大夹土层弹性模量可以有效控制综合管廊沉降。这是因为在相同的应力作用下，土层的弹性模量越大，其变形越小，能够传递到综合管廊的变形也随之减小，所以弹性模量越大上方综合管廊沉降越小。

从0.8E起，夹土层弹性模量每增大0.2E，综合管廊最大沉降分别减小7.27mm、5.40mm、4.44mm和3.55mm，可见管廊沉降随着弹性模量的增大而减小是非线性的。

5.1.2.2　黏聚力

根据摩尔-库仑公式，破坏面在没有任何正应力作用时，土体的黏聚力在数值上等于其抗剪强度。由土力学知识可知，土体的黏聚力由土颗粒之间的各种物理化学作用力（微粒间静电力、胶结力和范德华力等）所决定，不同土质间黏聚力的区别很大。浅埋暗挖施工区间地层沙土与粉质黏土交杂，需要对黏聚力进行研究。

在其他条件不变的情况下，分别按比例设置夹土层中各土层的黏聚力为$0.8c$、c、$1.2c$、$1.4c$和$1.6c$，研究下穿施工中夹土层黏聚力对既有综合管廊沉降的影响。

不同夹土层黏聚力下既有综合管廊底板C—C断面中部、纵向中部沉降如图5.6所示。可知随着夹土层黏聚力的增大，既有综合管廊沉降不断减小，且综合管廊沉降与夹土层黏聚力同样呈现非线性变化关系。

夹土层黏聚力由$0.8c$增大为$1.6c$，综合管廊最大沉降减小了17.4mm，而地层中粉质黏土的黏聚力为砂土层黏聚力的两倍之多，力学性质差异很大，因此在穿越沙土地层时，一定要做好防护工作，确保施工安全。

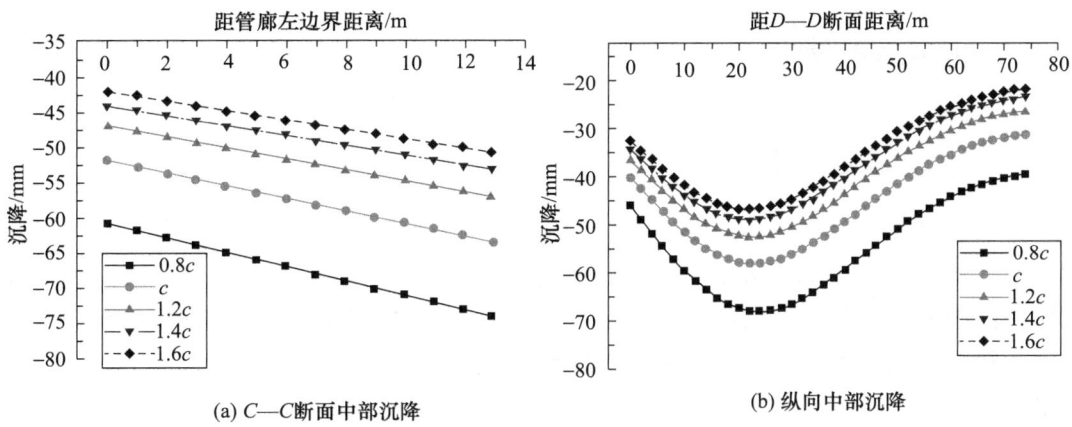

图 5.6 不同夹土层注浆黏聚力下综合管廊沉降

5.1.2.3 内摩擦角

在其他条件保持不变的情况下,按比例改变夹土层中各土层的内摩擦角,分别取为 0.8φ、φ、1.2φ、1.4φ 和 1.6φ,以研究下穿施工中夹土层内摩擦角对既有综合管廊沉降的影响。

不同夹土层内摩擦角下既有综合管廊底板 $C—C$ 断面中部、纵向中部沉降如图 5.7 所示。随着夹土层内摩擦角的增大,综合管廊沉降逐渐减小。但是和夹土层弹性模量、黏聚力相似,综合管廊沉降与内摩擦角并不是呈现线性变化关系,从 0.8φ 起,夹土层内摩擦角每增大 0.2φ,综合管廊沉降分别减小 6.08mm、4.00mm、2.62mm 和 1.74mm。

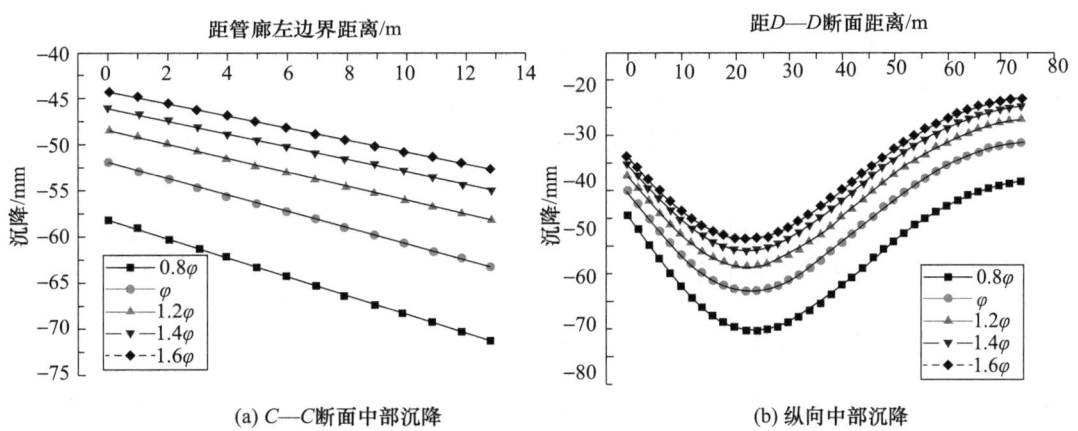

图 5.7 不同夹土层注浆内摩擦角下综合管廊沉降

由不同夹土层弹性模量、黏聚力和内摩擦角的模拟结果可知,在施工时可以采用注浆的方式提高夹土层参数,控制既有综合管廊的沉降,但是综合管廊沉降随着夹土层参数的增大而减小是非线性的,施工时应注意保持注浆成本与注浆量的均衡,提高注浆加固的性价比。

5.1.3 隧道支护结构

5.1.3.1 隧道支护刚度

暗挖隧道开挖后，土体损失带来的后续应力与变形全部由初期支护承担，因此有必要对隧道初期支护的刚度进行研究。由 4.1.2 节可知，混凝土的强度、钢筋直径与数量、钢格栅密度在模拟中均折算到弹性模量 E，因此在数值模拟中支护刚度表现为支护结构的弹性模量。按比例改变支护结构弹性模量 E 的数值（$0.6E$、$0.8E$、E、$1.2E$、$1.4E$、$1.6E$、$2E$、$5E$）进行数值模拟，得到综合管廊的沉降曲线，如图 5.8 所示。

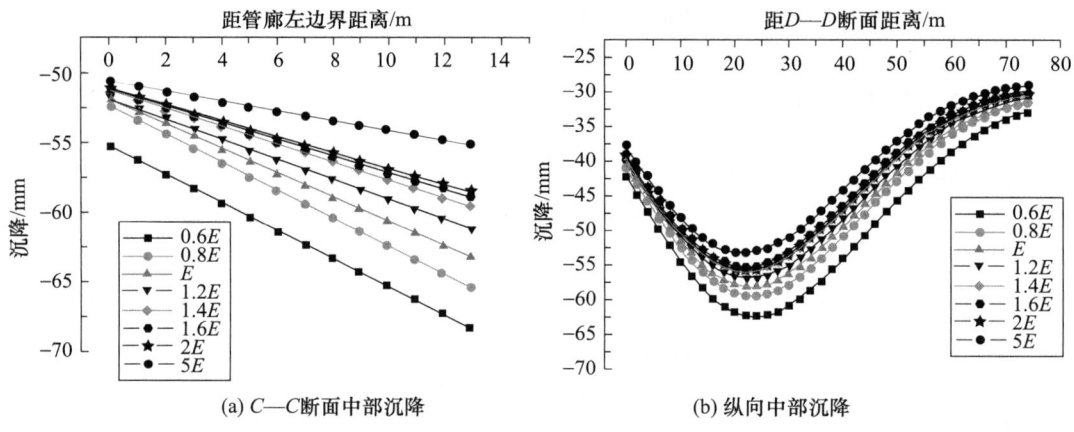

(a) C—C断面中部沉降　　(b) 纵向中部沉降

图 5.8　不同支护刚度下综合管廊沉降曲线

由图 5.8 可知，综合管廊沉降随着支护刚度的增加而减小。从 $0.6E$ 起至 $1.6E$，支护结构弹性模量每增加 $0.2E$，综合管廊沉降分别减小 2.81mm、2.2mm、2.04mm、1.66mm 和 0.72mm，说明在一定范围内增大弹性模量可以较好地控制综合管廊沉降，但当增大到一定值时，弹性模量的改变对综合管廊的影响较小。但是弹性模量从 $2E$ 变为 $5E$ 时，综合管廊最大沉降减小 3.27mm，说明虽然弹性模量增大到一定值时，弹性模量的改变对综合管廊的影响较小。

5.1.3.2 开挖面封闭时间

在支护结构施作时，另一个至关重要的因素就是开挖面封闭时间 t，隧道开挖完成后需立即喷射混凝土，覆盖开挖面，以减少围岩在暴露状态下进行应力释放的时间，防止掌子面变形过大，进而提高掌子面的稳定性。

为研究不同开挖面封闭时间 t 对综合管廊沉降的影响，保持其他参数不变，分别取 $0.5t$、t、$2t$、$3t$、$4t$ 和 $5t$ 进行模拟，得不同开挖面封闭时间下既有综合管廊底板 C—C 断面中部、纵向中部沉降曲线，如图 5.9 所示。

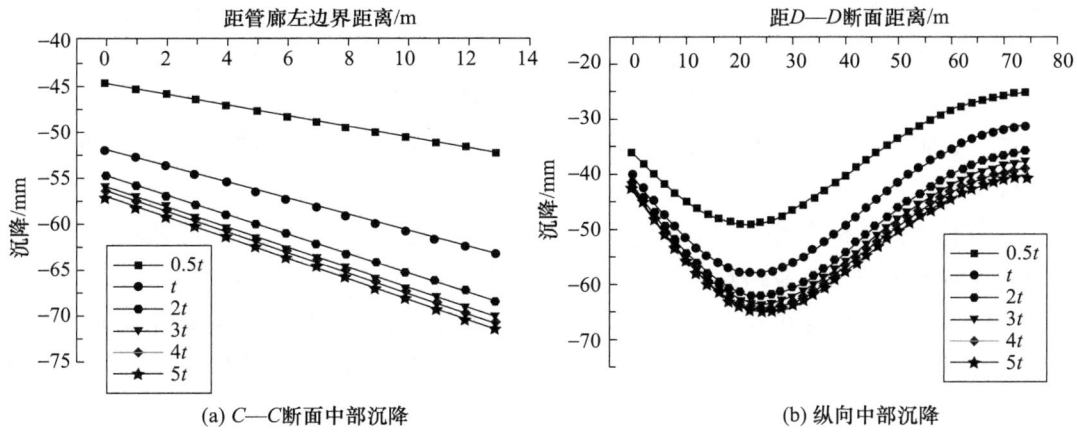

(a) C—C断面中部沉降　　　　　(b) 纵向中部沉降

图 5.9　不同开挖面封闭时间下综合管廊沉降

由图 5.9 可知，开挖面封闭时间由 t 变为 $0.5t$ 后，综合管廊最大沉降由 63.23mm 变为 52.31mm，减小了 10.92mm，远大于支护刚度增大两倍时综合管廊沉降的减小量 4.79mm。由此可见相对于支护刚度，开挖面封闭时间对综合管廊沉降的影响更大，在施工时更应该注意缩短开挖面封闭时间。

封闭时间自 t 起每增加 t，综合管廊最大沉降变化量分别为 5.11mm、1.64mm、0.87mm 和 0.70mm，变化量逐渐减小，说明隧道开挖后的应力释放是一个非线性的过程，不与时间成正比。当封闭时间达到 $3t$ 后，再增加封闭时间综合管廊沉降变化不大，说明在 $3t$ 时开挖面应力释放基本已完成，周边土体变形速率减小且沉降值逐渐趋于稳定，再增大开挖面暴露时间对综合管廊沉降变化影响不大。

从现场施工情况看，隧道开挖后一到两个小时应力释放量占比较大，掌子面变形速度快。因此，建议在隧道开挖后立即进行混凝土初喷，然后进行架设钢架、出渣土等工序，以尽量减少开挖面暴露时间，尽早封闭。

5.2　既有管廊结构变形控制标准确定方法

5.2.1　控制标准制定的原则

既有管廊控制标准在制定过程中要满足以下原则。

（1）科学合理原则

在制定控制标准的过程中要满足科学性和合理性，所谓的科学性即既有管廊结构的控制标准要满足管廊的承载力要求，要有相应的计算结果作为依据。合理性即既有管廊控制标准的制定，要符合当下的施工技术水平。

（2）分类分级原则

地下工程复杂多变，暗挖隧道穿越既有管廊、管线、建筑物、桩基础的影响都不尽相同，因此首先要对穿越的既有建（构）筑物进行分类。其次，既有结构的安全性要求也不同，在制定既有结构控制标准过程中，要对穿越的既有结构进行风险等级评价，确定既有结构的风险等级，以此为基础，制定新建隧道穿越过程中的技术保护措施。对高风险的穿越施工，控制标准不仅要明确极限控制值，而且要明确关键节点的控制值。

（3）兼顾性原则

既有管廊控制标准的制定，要统筹全局，兼顾其他。由于穿越施工的风险性大，暗挖隧道穿越施工方案要兼顾安全与进度。一方面，为保证穿越工程的安全进行，要制定合理的施工方案，使穿越施工有条不紊地进行；另一方面，为尽快穿越既有管廊，减少穿越施工风险时间，要加快工程进度，最大限度减小暗挖隧道施工对既有综合管廊的影响。

（4）易于监测原则

在既有管廊控制标准制定的过程中，制定的控制指标一方面要满足管廊安全的要求，另一方面要易于现场监控测量。这样，在穿越过程中，可以及时反馈监测结果，分析既有管廊的状态，随时调整新建隧道施工进度。

（5）方便维修原则

暗挖隧道穿越施工难免对既有管廊产生影响，为保证既有管廊的安全性，应采取方便快捷的方法，对既有管廊进行结构修复，保证既有管廊的安全性。

5.2.2 既有管廊的变形破坏模式与原因

暗挖隧道施工下穿既有综合管廊，在新建隧道施工过程中，难免使上部综合管廊产生不均匀沉降并发生整体弯曲。明确既有管廊的变形破坏模式，才能更好地预测不均匀沉降和附加内力对既有管廊的影响，也才能更有针对性地提出变形控制措施，保证穿越施工顺利进行。

通过阅读大量的穿越施工案例，新建隧道下穿既有综合管廊施工时的变形破坏模式可归结为以下几种：

（1）既有综合管廊变形破坏

对暗挖隧道下穿既有综合管廊产生的变形，可分为两大类：一类是管廊均匀变形，此时管廊随夹土层一起下沉，不会使管廊内部产生纵向的挠曲，因此也不会使管廊产生附加内力；另一类是管廊不均匀变形，暗挖隧道在施工过程中，由于夹土层与管廊刚度的不一致，会使上部既有管廊产生不均匀变形，使管廊纵向产生较大的挠曲变形，横向也发生变形，不均匀变形的产生，会对管廊产生附加应力，对管廊的安全性造成影响。因此，对管廊纵向变形的研究具有重要的意义。通过归纳总结，将管廊在纵向不均匀变形作用下的反应模式归纳为以下两种：

① 管廊纵向挠曲。管廊内部产生弯曲内力，通常表现为管廊横截面上部与下部的拉伸与压缩。由于管廊为钢筋混凝土结构，钢筋抗拉强度大，混凝土抗压强度大，因此管廊纵向产生的不均匀变形会使上下部的伸缩呈现差异性。

② 管廊纵向剪切。管廊受到纵向剪切力，主要对管廊结构变形缝处的差异沉降产生影响，可能会使管廊变形缝处差异沉降过大，导致管廊变形缝处防水带毁坏，对管廊的防水能力产生不利影响。

（2）既有管廊结构横向变形

① 横向截面翘曲。刚度较大的综合管廊，管廊沿四周纵向拉伸、压缩与横截面转角成非线性关系，这样管廊产生非线性纵向位移后横截面各点并不在同一平面上，导致管廊横断面发生翘曲变形，但通常这种翘曲变形很小，可以忽略不计。

② 横截面压弯。综合管廊在纵向产生不均匀变形情况下，由于既有管廊处于三维应力状态，其横截面内力并不完全取决于上部荷载的大小和所处土层的性质，即管廊纵向不均匀变形也会使其横向产生内力与变形。研究这种变形是联系纵横内力的关键，对准确探究新建隧道施工对既有管廊的影响具有重要意义。

③ 结构横截面扭剪。由于是双向平行隧道的开挖，既有管廊处于标准断面隧道上部，侧部大断面隧道的施工，难免使管廊结构不同部位产生不均匀沉降，使既有管廊受到扭剪作用。

已有研究表明，在隧道埋深确定的情况下，管廊埋深越大，隧道开挖对管廊的影响越大，管廊埋深是一个不可忽略的因素；隧道开挖半径是一个更加敏感的影响因素，随着隧道开挖半径的增大，隧道开挖对管廊的影响急剧增大。对隧道平行下穿管廊开挖的工况，在隧道开挖的过程中，在沿着管廊的纵向形成一个反弯点，在反弯点沿着隧道开挖方向向前，管廊主要受负曲率变形，使管廊底板主要受压应力作用，管廊顶板主要受拉应力作用。在此范围内，管廊顶板容易受拉应力而产生裂缝，从而导致内部钢筋被腐蚀，造成进一步的破坏；在反弯点沿着隧道开挖方向向后，管廊主要受正曲率变形，使管廊底板主要受拉应力作用，管廊顶板主要受压应力作用。在此范围内，管廊底板容易受拉应力而产生裂缝，进而造成钢筋受腐蚀破坏（图 5.10）。因此，在隧道施工的过程中，严格控制管廊的变形显得非常重要。

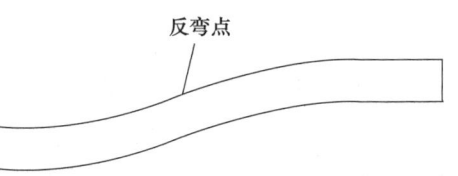

图 5.10 综合管廊变形图

5.2.3 变形控制标准的确定方法

关于既有综合管廊的变形控制指标体系的建立，核心问题有两个：一是既有综合管廊结构允许的最大变形值；二是既有综合管廊结构允许的最大变形速率，如果隧道开挖过程中管廊变形速率过大，可能造成工程事故。既有综合管廊结构变形控制指标主要包含沉降控制值、沉降速率控制值、不均匀沉降控制值、结构倾斜控制值、结构扭转控制值等。其控制指标体系见表 5.1。对具体的控制指标的确定，需要结合现场实际情况，使控制指标既满足管廊的安全性要求，又便于现场监测。

表 5.1 既有综合管廊结构变形控制指标体系

序号	指标
1	沉降控制值
2	沉降速率控制值
3	不均匀沉降控制值
4	结构倾斜控制值
5	结构扭转控制值

既有综合管廊结构控制体系确定后，要界定管廊控制指标极限值，保证综合管廊安全性和暗挖隧道的正常施工。

要确定管廊控制指标极限值，首先要得到暗挖隧道对上部综合管廊纵横向变形的影响规律，以此为基础，根据变形大小和分布形式计算管廊可能产生的结构内力，并与管廊结构承载能力进行比较、分析，反复验算得到管廊的极限控制值。

将既有综合管廊所承受实际内力与管廊的承载能力进行比较，如果管廊的实际内力小于管廊承载力，则隧道开挖过程中能够保证管廊的安全，进而可以总结归纳隧道开挖完成后管廊变形规律。根据管廊变形规律按比例扩大进一步施加于综合管廊，反复验算，得到综合管廊的极限控制值。如果管廊实际内力大于管廊承载力，说明隧道施工方案偏于危险，需要重新对施工方案进行论证。

对上述既有管廊结构允许变形极限值确定步骤做总结如下：

第一步：对隧道开挖影响范围内的既有综合管廊结构进行检测评价，根据管廊检测结果确定结构承载力，作为管廊的极限状态值。

第二步：根据选定的施工方案，对暗挖隧道施工下穿综合管廊的变形和内力影响进行预测分析，确定综合管廊结构的变形模式和变形值。

第三步：根据不同的变形量及其分布形式，施加到相应的管廊结构模型上，对管廊结构的响应状态进行评价，将变形量按一定规则进行递增找到破坏的临界值，找到既有管廊响应模式下的广义变形极限值。

第四步：采用小值优先原则确定不同的指标极限值，得到破坏极限值，并结合经验及规范，赋予一定的安全储备系数，给出管廊最终控制值。

第五步：结合已有类似的工程总结，进一步修正前面得到的既有综合管廊变形控制指标限值。

5.2.4 既有管廊极限状态分析

综合管廊为钢筋混凝土构件，其受弯破坏特征主要有两个方面：第一方面是受拉区钢筋达到抗拉极限而发生屈服，第二方面是受压区边缘混凝土达到抗压极限使受压区混凝土被压碎。根据既有综合管廊发生破坏的特征，同时考虑到管廊正常使用对裂缝等方面的要求，以浅埋暗挖施工区间上部综合管廊为背景，对综合管廊变形提以下要求：

(1) 混凝土抗压强度要求

综合管廊所用混凝土型号为C40，轴心抗压强度标准值为26.8N/mm²（《混凝土结构设计规范》（GB 50010—2010，2015年版），受压区压应力应小于此值。

(2) 混凝土抗拉强度要求

综合管廊所用混凝土材料为C40，根据《混凝土结构设计规范》（GB 50010—2010，2015年版），其轴心抗拉强度标准值为2.39N/mm²，若综合管廊所受拉应力超过此值时，应对综合管廊做裂缝宽度验算。

(3) 钢筋抗拉强度要求

综合管廊所用钢筋材料等效为Φ25 Ⅱ级筋，根据《混凝土结构设计规范》（GB 50010—2010，2015年版），其抗拉强度设计值为400N/mm²，对综合管廊而言，其所受拉应力应该小于此值。

(4) 裂缝宽度要求

根据混凝土综合管廊技术导则，所修建的综合管廊结构构件的裂缝控制等级确定为三级，要求修建的管廊结构构件的最大裂缝宽度限值不大于0.2mm，且裂缝不得贯通。

(5) 挠度要求

根据《混凝土结构设计规范》（GB 50010—2010，2015年版），当钢筋混凝土受弯构件的长度l_0＜7m时，挠度极限值为$l_0/200$，当钢筋混凝土受弯构件的长度7m≤l_0＜9m时，挠度极限值为$l_0/250$，钢筋混凝土受弯构件的长度l_0＞9m时，挠度极限为$l_0/300$，要求较高时取$l_0/400$。该区间综合管廊受变形影响范围为81m，其对应挠度极限值为202mm。

(6) 倾斜控制要求

根据相关规范，结合施工现场工况，确定综合管廊整体倾斜不大于0.002（倾斜指基础倾斜方向两端点的差与其距离的比值）。

5.3 地铁隧道下穿施工时既有管廊变形控制标准

暗挖隧道穿越施工对既有综合管廊的影响是一个十分复杂的问题，先前既有结构控制标准大多是在经验和统计的基础上制定的，计算机的飞速发展为应用软件模拟隧道开挖过程、研究隧道开挖对上部综合管廊的影响提供了基础。为使制定的综合管廊控制标准更加科学合理，要明确暗挖隧道施工的方法，收集现场的施工参数，对隧道开挖的过程进行计算，分析隧道开挖过程对上部综合管廊的影响，探究综合管廊可能的破坏情况，总结上部综合管廊的变形规律，基于管廊的结构强度分析确定综合管廊的变形控制标准。

为确定地铁隧道下穿施工时既有综合管廊的控制标准，依据综合管廊变形控制标准的确定方法，首先需要根据4.3节大型变截面下穿综合管廊模拟结果，分析暗挖隧道施工对上部综合管廊的横向与纵向影响，验证是否对管廊产生实质性的破坏影响，并分析综合管廊的变形破坏模式和极限承载状态,研究分析暗挖隧道施工对上部综合管廊纵向沉降影响规律,进而对管廊结构变形标准进行研究。

5.3.1 既有综合管廊结构变形附加内力预测分析

(1) 综合管廊横向变形分析

取 4.3 节中开挖完成后综合管廊管廊 $Y=0$m、$Y=40$m、$Y=80$m 三个典型截面的竖向位移图,如图 5.11 所示。

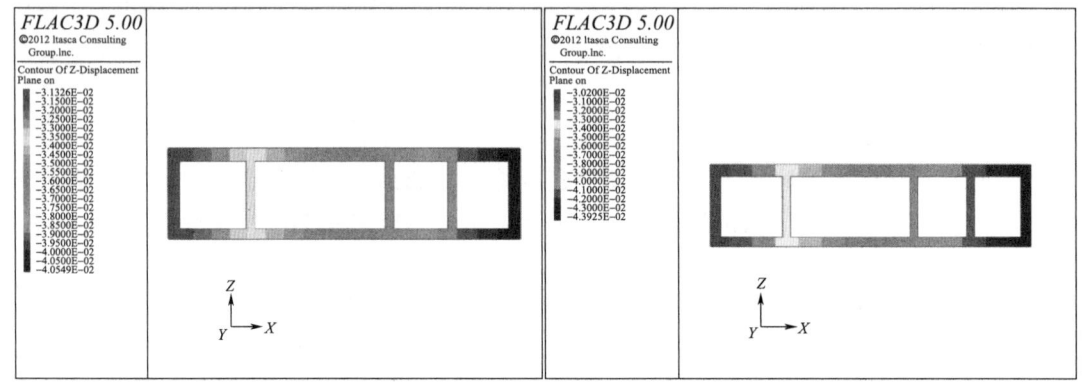

(a) $Y=0$m管廊竖向变形云图　　　　(b) $Y=40$m管廊竖向变形云图

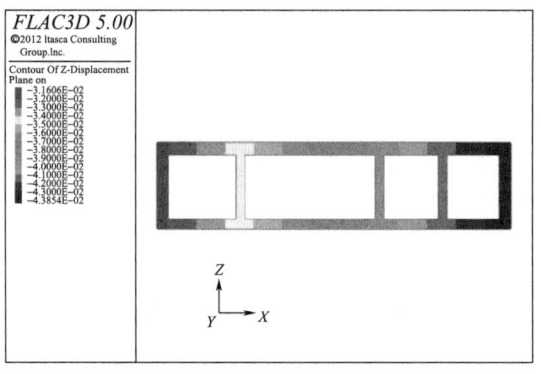

(c) $Y=80$m管廊竖向变形云图

图 5.11　管廊不同截面竖向变形云图

由图 5.11 可以得到,隧道开挖完成后,既有综合管廊向大断面隧道倾斜,综合管廊宽 12.9m,$Y=0$m 截面的最大差异沉降 9.2mm,整体倾斜比值为 0.0007;$Y=40$m 截面的最大差异沉降为 13.7mm,整体倾斜比值为 0.0011;$Y=80$m 截面的最大差异沉降为 12.3mm,整体倾斜比值为 0.001,均小于 0.002,符合既有管廊整体倾斜的控制标准。

(2) 综合管廊纵向变形分析

选取管廊结构顶底板中心所在纵断面、管廊两侧壁,研究其纵向挠曲变形,各个施工工序完成后的纵向沉降如图 5.12 所示。

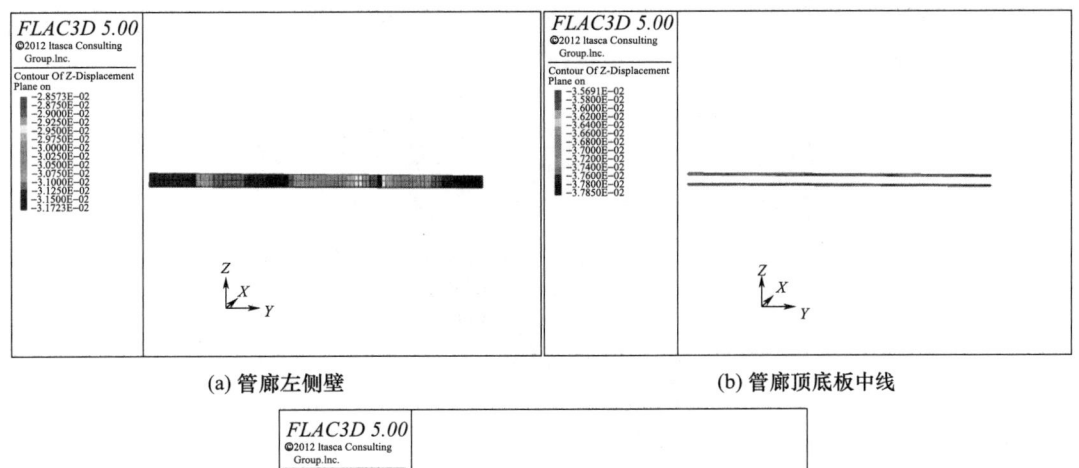

(a) 管廊左侧壁　　　　　　　　　　(b) 管廊顶底板中线

(c) 管廊右侧壁

图 5.12　管廊不同位置纵向沉降图

由图 5.13 隧道开挖完成后管廊沉降曲线可以看出，管廊左右侧壁、管廊底板中心线纵向沉降趋势是一致的，管廊沉降转折点都出现在管廊变形缝处。靠近大断面一侧的管廊右侧壁沉降最大，因此采用最不利情况进行验算。

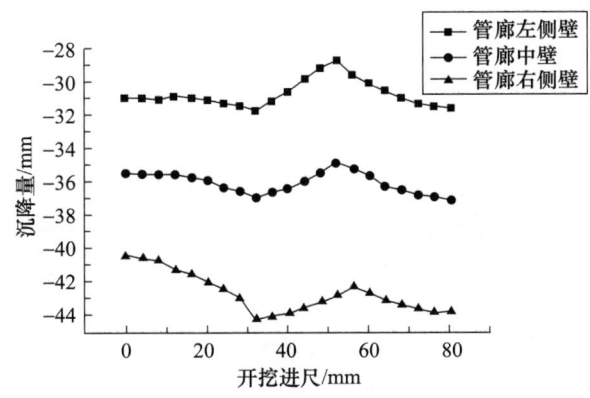

图 5.13　开挖完成后管廊沉降曲线

5.3.2　计算模型

模型计算采用 ANSYS 软件进行，模型纵向取 81m，共 3241 单元，4324 个节点

(图 5.14)。对既有综合管廊，考虑结构墙体构件直接承受土压力。采用板壳单元模拟结构组成，顶板及侧壁承受周边土压力和地面超载，底板则由弹簧提供约束。

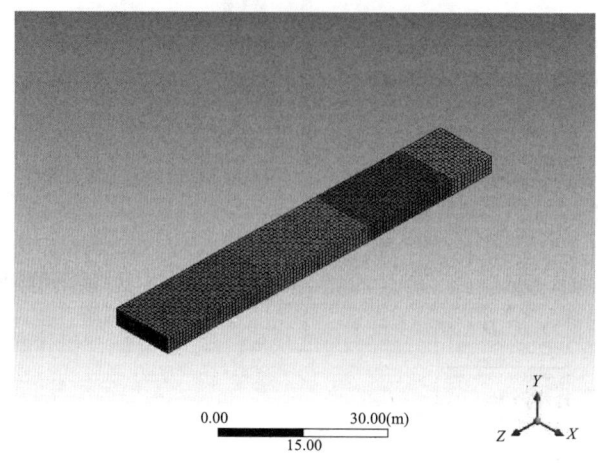

图 5.14　既有综合管廊结构力学模型

模型假设如下：

（1）暗挖隧道在施工前，上部综合管廊结构处于稳定状态，其纵向内力可近似为零；

（2）综合管廊在同一断面上的各点沉降值相等；

（3）变形前为平面的横断面，变形后仍为平面；

（4）在地层与综合管廊的接触范围内，地基基床系数为恒定值。

结构所受荷载：

（1）恒荷载：结构自重＋土压力。

（2）活荷载：地面超载，取 10kPa。

（3）结构下沉引起的位移（取工况二管廊右侧壁位移）。

如图 5.15 所示为管廊结构约束荷载图。

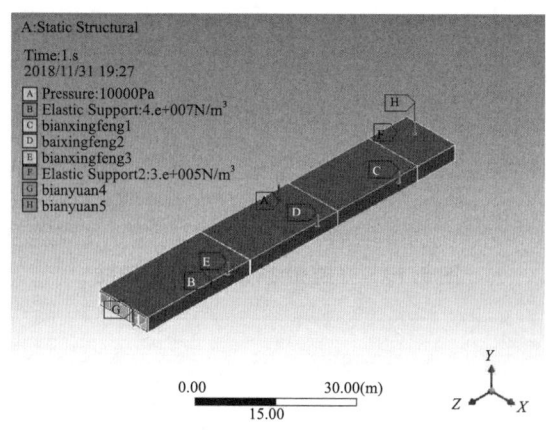

图 5.15　管廊结构约束荷载图

5.3.3 附加应力分析

从综合管廊内力模拟计算结果（图5.16）可以看出，管廊的纵向最大拉应力值1.46N/mm²，最大压应力1.09N/mm²，分别小于管廊所用的C40混凝土轴心抗拉强度标准值（2.39N/mm²）和抗压强度设计值。

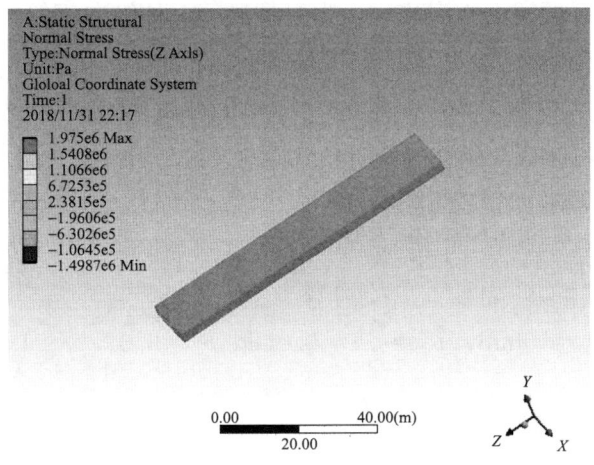

图 5.16　管廊结构内力图

5.3.4 既有管廊结构纵向裂缝控制验算

本工程的裂缝控制等级为三级，最大裂缝宽度按照《混凝土结构设计规范》(GB 50010—2010，2015年版) 的要求，按荷载准永久组合并考虑长期作用影响的效应计算。最大裂缝宽度应符合下列规定：

$$\omega_{max} \leqslant \omega_{min} \tag{5.3}$$

其中，最大裂缝宽度的计算方法为

$$\omega_{max} = \alpha_{cr}\psi\frac{\sigma_{sk}}{E_s}\left(1.9c_s + 0.08\frac{d_{eq}}{\rho_{te}}\right) \tag{5.4}$$

$$\psi = 1.1 - 0.65\frac{f_{tk}}{\rho_{te}\sigma_s} \tag{5.5}$$

$$d_{eq} = \frac{\sum n_i d_i^2}{\sum n_i v_i d_i} \tag{5.6}$$

$$p_{te} = \frac{A_S + A_P}{A_{te}} \tag{5.7}$$

式中，α_{cr} 为构件受力特征系数，对于钢筋混凝土受弯构件取2.1；ψ 为直接承受重复荷载的构件取为1.0；σ_{sk} 为钢筋混凝土构件纵向受拉钢筋的应力或预应力混凝土构件纵向受拉钢筋的等效应力（荷载效应取标准组合）；E_s 为钢筋弹性模量，综合管廊的情况取

$E_s = 2.0 \times 10^5 \mathrm{MPa}$；$c_s$ 为最外层纵向受拉钢筋外边缘至受拉区底边的距离（mm），根据综合管廊结果取 $c_s = 60$；ρ_{te} 为按有效受拉混凝土截面面积计算的纵向受拉钢筋配筋率；在最大裂缝宽度计算中，$\rho_{te} = 0.01$，d_{eq} 为综合管廊受拉钢筋的等效直径，$d_{eq} = 22\mathrm{mm}$；A_s 为受拉区纵向钢筋截面面积；综合管廊情况按构造配筋计算的 $A_s = 0.01324\mathrm{m}^2$；$A_P$ 为受拉区纵向预应力筋截面面积；A_{te} 为有效受拉混凝土截面面积；对轴心受拉构件，取构件截面面积；对受弯、偏心受压和偏心受拉构件，取 $A_{te} = 0.5bh + (b_f - b)h_f$，此外，$b_f$、$h_f$ 为受拉翼缘的宽度、高度；d_i 为受拉区第 i 种纵向钢筋的公称直径；对于有黏结预应力钢绞线束的直径取为 $\sqrt{n_1} d_{p1}$，其中 d 为单根钢绞线的公称直径；n_1 为单线数钢绞线根数；n_i 为受拉区第 i 种纵向钢筋的根数；对于有黏结预应力钢绞线，取为钢绞线束数；v_i 为受拉区第 i 种纵向钢筋的相对黏结特性系数。当拉应力 $\sigma_{sk} = 1.12\mathrm{N/mm}^2$，对裂缝的宽度进行验算，检验是否超过控制标准。

根据 $\omega_{max} = \alpha_{cr} \psi \dfrac{\sigma_s}{E_s} \left(1.9 c_s + 0.08 \dfrac{d_{eq}}{\rho_{te}}\right)$，取 $\alpha_{cr} = 2.1$，$E_s = 2.0 \times 10^5 \mathrm{N/mm}^2$，$c_s = 60$；$d_{ep} = \sum n_i d_i^2 / \sum n_i d_i v_i = 10\mathrm{mm}$，$p_{te} = \dfrac{A_{sx}}{A_{te}} < 0.01$ 取 $p_{te} = 0.01$，$\varphi = 1.1 - 0.65 \dfrac{f_{tk}}{\rho_{te} \sigma_{sk}} < 0.2$，取 $\varphi = 0.2$，$\omega_{max} = \alpha_{cr} \psi \dfrac{\sigma_s}{E_s} \left(1.9 c_s + 0.08 \dfrac{d_{eq}}{\rho_{te}}\right) = 2.1 \times 0.2 \times \dfrac{1.12}{2.0 \times 10^5} \left(1.9 \times 60 + 0.08 \dfrac{25}{0.01}\right) = = 0.0007\mathrm{mm}$。

由以上计算得，暗挖隧道开挖完成后，上部既有管廊产生的最大裂缝为 0.0007mm，远小于该城市规范规定的裂缝宽度不大于 0.2mm，因此对暗挖隧道开挖上部综合管廊基本没有影响。

由以上分析可见，由于地铁暗挖隧道的穿越施工引起上部综合管廊的影响很小，穿越工程完成后，综合管廊结构性能没有受到影响。

5.3.5 既有管廊变形控制标准

借助控制既有地下结构的最大沉降值 S_{max} 来模拟穿越工程对既有地下结构的影响，分别选取既有综合管廊最大沉降值 S_{max} 为 20mm、40mm、60mm、80mm 进行计算，计算结果如图 5.17 所示。

由图 5.18 可知，通过上述计算，拉应力达到 C40 混凝土抗拉强度标准值（2.39N/mm²）时的地表沉降为 56.6mm。类比隧道所受拉应力达到 2.39N/mm² 时，验算裂缝为 0.016mm，远远小于 0.1mm，裂缝对隧道结构基本无影响。然后参考《铁路隧道设计规范》（TB 10003—2016）的规定，安全系数取 2.0，得到既有管廊结构变形控制标准为 28.3mm。

综合考虑隧道开挖对既有管廊的影响以及参考相关的规范，最终确定既有综合管廊的控制标准：

（1）既有综合管廊的结构沉降控制值为 28.3mm；
（2）既有综合管廊的差异沉降控制为 5mm；

(3) 变形速率最大控制值为 2mm/d。

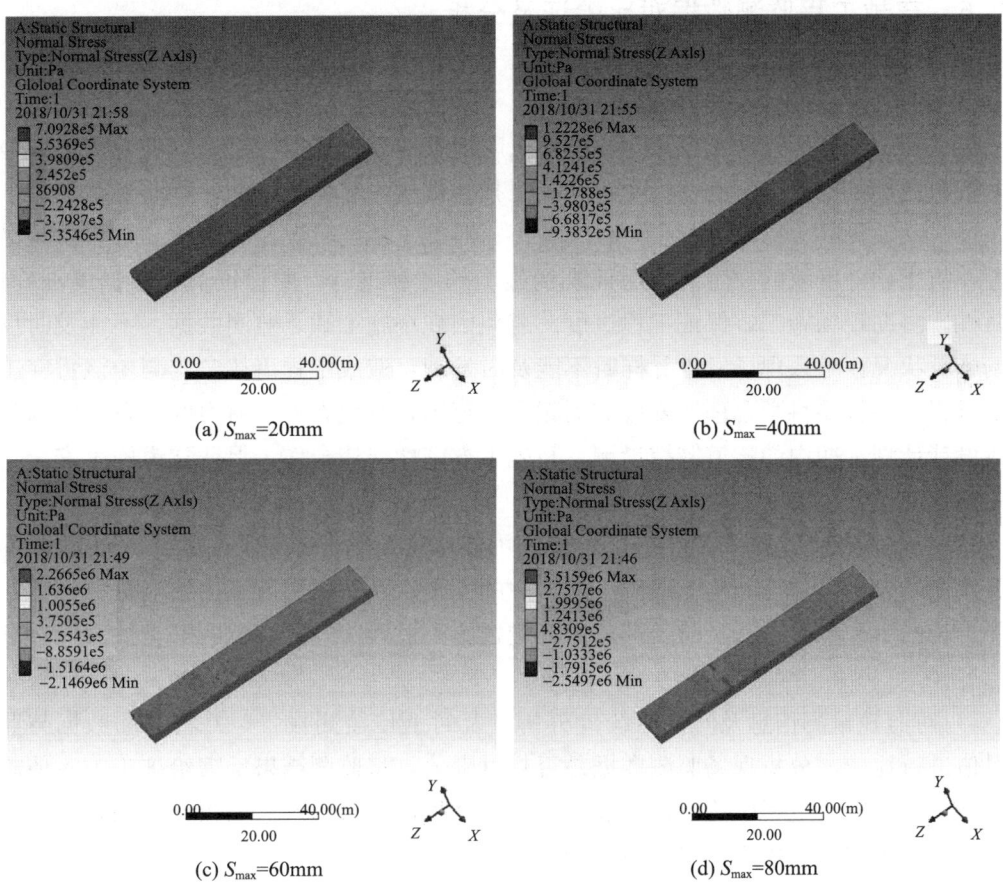

图 5.17　不同位移时既有地下管廊应力云图

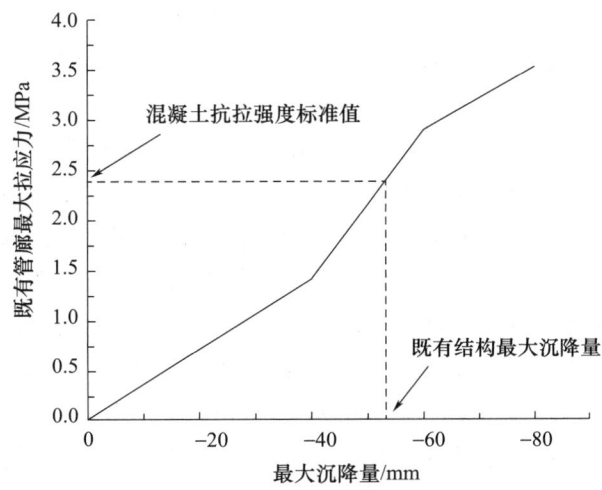

图 5.18　既有管廊纵向最大拉应力图

5.3.6 穿越工程监测数据对比验证及分析

（1）穿越工程监测原则概述

通过施工现场巡查和监控量测，能够及时地获取现场的监控量测资料，对这些监控量测资料进行处理评价，能够为隧道和施工技术提供可靠、准确的现场监控量测服务数据。及时反馈资料分析结果，指导现场施工；对施工现场状况及时掌控，善于发现潜在危害，防止意外事故的发生。为保证现场施工的顺利进行，要保证监测数据的准确性、及时性。协助现场施工，保证工程进度。避免因现场施工缺乏监测数据，不能及时反馈现场施工状况，导致现场发生异样时不能及时发现，造成工程事故。监测应该贯穿工程的全过程，并且要科学合理地安排监测频率与范围，避免人力、财力的浪费，要高效地完成设计计划工期内的隧道监控量测，与施工方密切交流合作，保证隧道施工安全。具体的要求如下：

1）利用现代信息技术指导施工，提供可靠、连续的监控量测数据，运用科学的数据、严谨的分析对隧道结构工程施工过程中的安全性及对周边环境的影响进行评价，对可能出现的工程事故进行及时反馈，保证隧道施工过程中隧道开挖的安全性及周边环境的稳定性。

2）对监控量测信息及时进行统计分析，及时上传监测报告，并将监测数据与监控测量值进行比较，分析现场监测数据是否超过限值，将监测结果反馈给施工方，使施工方在下一步的施工过程中能够进一步优化施工过程，如果出现监测数据超限，应该指导施工方及时采取有效措施，保证施工的安全。

3）通过日常监测与现场巡查，对现场工程状态有所掌握，对工程异常，能够及时发现并上报，避免发生工程事故，使工程安全、有效地进行。

4）对施工周边的环境进行调研，统计施工周边的风险源，并对风险源进行等级划分，监控量测周边建筑物等风险源，避免施工对导致周边既有建（构）筑物的破坏，使工程建设能够顺利进行。

本监控量测方案以安全施工为目的，根据施工工艺、工序和施工地段等，确定监控量测项目、监控量测仪器及精度、监控量测方法等；监控量测点的布置应能够全面地反映监控量测对象的安全状态；采用先进的仪器、设备和监控量测技术；各监控量测项目能够相互校验，应用办公软件进行数据处理，进行数据评价与反馈；方案在满足监控量测性能和精度的前提下，可适当降低监控量测频率，减少监测元件，以节约监控量测费用；需要设专人负责监控量测工作，并按照相关规范技术要求，有计划地进行监控量测。对数据及时进行处理和反馈，并以此为根据进行施工指导，从而提高监控量测工作质量；应采用先进的探测仪器进行监控量测，并且对仪器进行定期的检定，编制合理的监测方案，减小对施工的影响，提高监测质量。

（2）穿越工程区间地表监测工作

施工监测贯穿整个隧道工程施工的全过程，根据相关规范及地铁相关文件要求，在隧道开挖前一周就要对隧道开挖影响范围内的监测点进行监测，保证监控量测的准确性。施工监测主要分为以下内容：

1) 基准点埋设

对基准点的埋设，首先要保证其不在隧道开挖影响范围内，其次基准点的选择要方便日常监控量测。基准点作为监控量测的基础，要保证其稳定性，不受施工等外界环境影响。

2) 监测点布设

监测点的布设要遵照现场施工监测图，各监测点位置要与监测图位置相对应，对现场有布设困难的点位，要采取合理的措施进行补救，保证监测的规范性与科学性。

3) 采集初值

在隧道施工之前，要进行监测点初始值的采集，为保证初始值采集的准确性，要求进行三遍初始值的采集工作。

4) 日常监测

根据相关规范及地铁的要求，施工监测频率要求见表 5.2。

表 5.2 施工监测频率要求

监测部位	监测对象	开挖面至监测点或监测断面的距离	监测频率
开挖面前方	周围岩土体和周边环境	$L \geqslant 5D$	1 次/7d
		$2D \leqslant L < 5D$	1 次/2d
		$L < 2D$	1 次/1d
开挖面后方	周围岩土体和周边环境	$L < 2D$	1 次/1d
		$2D \leqslant L < 5D$	1 次/2d
		$L \geqslant 5D$	1 次/7d

(3) 地表监测点数据分析

现场施工监测是依据隧道的开挖进度同步进行的，其监测频率也是依据现场的情况，适度增加或减少。对每日的监测数据，要进行汇总处理，编写每日的监测日报，上报相关单位。本文为验证模拟计算结果的准确性，取管廊上部地表监测点 DDC1-1～DDC1-12、DDC9-1～DDC9-14 两个大断面进行分析。

相关监测断面随开挖监测时间的变化如图 5.19、图 5.20 所示。

由上面监测数据曲线图可以看出，随着暗挖隧道的开挖，地表监测点随着隧道开挖时间增加，除个别点的波动，地表监测点总体是下沉的，远离隧道开挖面的监测点沉降量较小，如监测点 DDC-1-1，沉降量几乎为 0，监测点最大沉降量为 44.87mm。

图 5.19、图 5.20 中给出了监测断面地表沉降量随开挖进度的变化图，为了方便分析，这里规定：当未开挖到监测点时，距离为负值；当开挖到监测点时，距离为 0；当挖过该监测点时，距离为正。

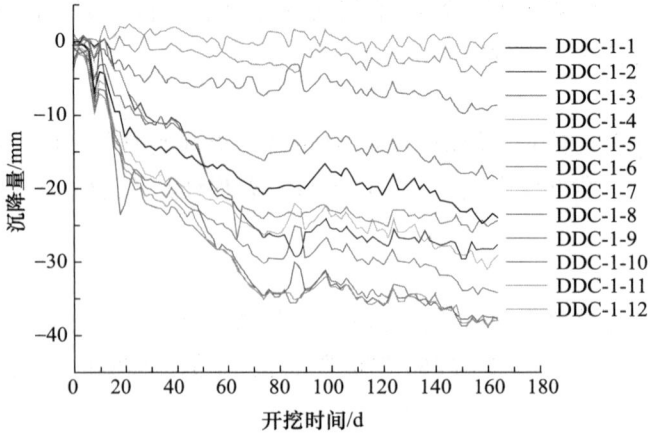

图 5.19　地表监测断面 1 地表沉降量随时间开挖变化

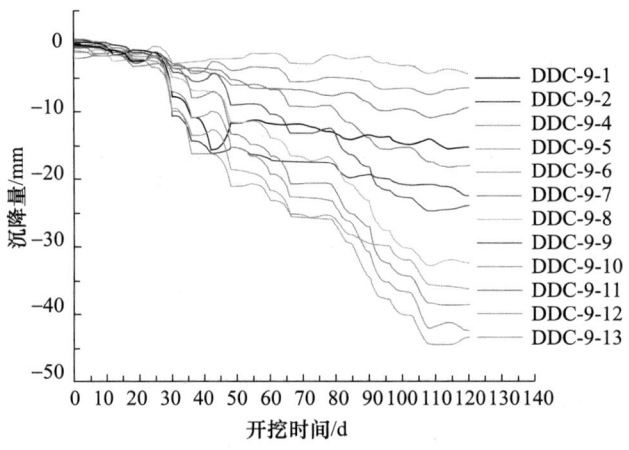

图 5.20　地表监测断面 9 地表沉降量随时间开挖变化

由图 5.21、图 5.22 可以得知，沉降量随开挖进度的变化关系与地表沉降量随开挖

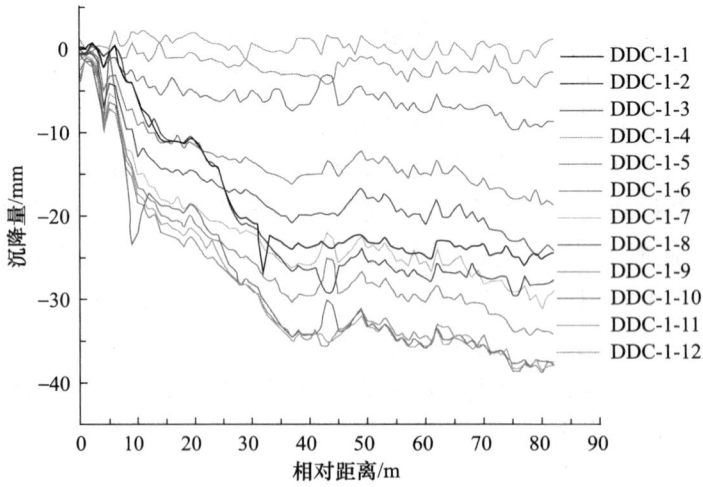

图 5.21　地表监测断面 1 随开挖进度地表沉降量

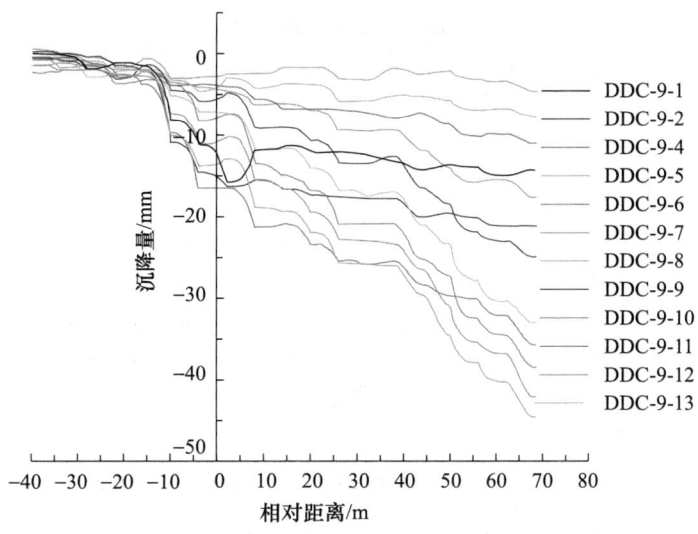

图 5.22 地表监测断面 9 随开挖进度地表沉降量

时间的变化关系整体上相同,但由于施工工期内存在停工或赶工现象,开挖速度并不是恒定的,所以两者之间仍有一定的区别。从图中可以看出,一般情况下,当开挖面距离监测点 15～20m 时开始监测该监测点,此时监测点的沉降量很小,当开挖面距离监测点 10m 左右时,监测点开始沉降,且沉降速度越来越大。开挖到该监测点时,沉降速度最大,之后速度逐渐减小,但沉降速度仍很快,最后逐渐趋于稳定。

(4) 数值模拟结果与实测数据对比分析

为验证数值模拟结果的准确性,将现场监测数据与现场的实际施工工况即工况二的数值模拟结果进行比较分析,选取现场监测断面 1 与 $y=0$ 进行比较分析,选取现场监测断面 9 与 $y=40$ 进行对比分析,绘制的曲线如图 5.23、图 5.24 所示。

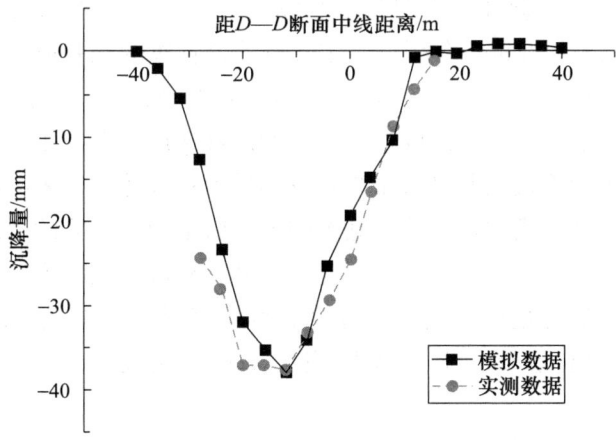

图 5.23 $y=0$ 断面与监测断面 1 沉降量对比分析

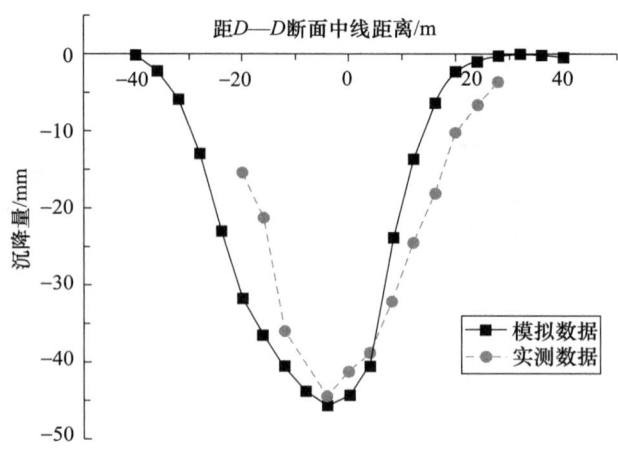

图 5.24　$y=40$ 断面与监测断面 9 沉降量对比分析

通过绘制两个典型截面的现场监测断面与数值模拟断面曲线图，对比分析发现现场监测数据与模拟计算所得数据基本吻合，因此本节数值模拟研究内容是基本符合现场实际工况的。

5.4　本章小结

本章在第 4 章大型变截面隧道下穿施工对既有综合管廊影响分析基础上，考虑大型变截面隧道极近距离下穿既有综合管廊的特殊工况，以现场施工工况为依托，分析暗挖隧道施工过程中，对既有综合管廊产生的影响，是否会威胁既有综合管廊的使用安全，明确了隧道开挖顺序间距、夹土层参数、支护刚度等工况因素对管廊沉降变形的影响。分析隧道开挖完成后既有管廊的横向变形与纵向变形，得到管廊的变形符合标准。然后，运用 ANSYS 模拟软件进行分析，确定既有综合管廊的控制值。将现场监测数据进行整理分析，发现开挖面距离监测点 10m 左右时，监测点开始沉降，且沉降速度越来越大，开挖到该监测点时，沉降速度最大，之后沉降速度逐渐减小，但沉降仍很快，最后逐渐趋于稳定。最后将现场监测数据与暗挖隧道模拟开挖的地表沉降结果进行对比分析，发现现场监测数据与模拟计算结果基本吻合，验证模拟计算的合理性。

（1）在施工时，应先开挖大型变截面隧道再开挖标准断面隧道，以减小开挖对综合管廊的影响；双线隧道开挖间距越大，综合管廊沉降越小，但是对应的施工工期就越长，因此综合考虑综合管廊沉降与现场施工工期，建议施工时左右线开挖间距选为 20m。

（2）在施工时可以采用注浆的方式提高夹土层参数，控制既有综合管廊的沉降，但是综合管廊沉降随着夹土层参数的增大呈非线性减小；相对于支护刚度，开挖面封闭时间对综合管廊沉降的影响更大，在施工时更应该注意缩短开挖面封闭时间。

（3）建立了管廊结构变形控制标准的确定方法，在开展的综合管廊变形模式和极限状态分析的基础上，综合考虑隧道开挖对既有管廊的影响以及参考《铁路隧道设计规范》（TB 10003—2016）的规定，最终确定既有综合管廊的控制标准：①既有综合管廊的结构沉降控制值为 28.3mm；②既有综合管廊的差异沉降控制为 5mm；③变形速率最大控制值为 2mm/d。

（4）依据本章研究内容，给出如下穿越工程变形控制措施：

① 对新建隧道本身而言，为减小新建隧道对既有地下结构的影响，在采用浅埋暗挖隧道施工时，要牢记"管超前、严注浆、短开挖、强支护、早封闭、勤量测"十八字方针。

② 夹土层的预加固。新建隧道对既有地下结构的影响，是通过中间的土层进行传递的，夹土层变形是导致既有地下结构变形的直接原因。

③ 对既有管廊本身进行加固，可以通过加筋、加固墙、设置支撑的方式加强既有管廊本身的刚度，以适应隧道开挖引起的地层变形。

④ 要加强对既有结构的监测，在新建隧道下穿过程中，加大监测频率和监测范围，将监测信息及时处理反馈，保证新建地铁穿越既有地下结构的过程中，既有管廊本身的安全。

6 大型变截面隧道围岩稳定性控制关键技术

在使用浅埋暗挖法进行隧道施工时，隧道开挖不可避免地会引起地层位移，且施工部位所处的埋深较浅，地层位移传导至地表会导致严重的地表沉降，严重影响城市建设与人民的日常生活，甚至威胁人民的生命财产安全。同时随着隧道开挖断面的增大，隧道各部分结构受力也相应增大且更为复杂，隧道稳定性控制和支护难度随之上升。浅埋暗挖施工区间正线采用浅埋暗挖法施工，突变大断面隧道 $D—D$ 断面跨径 14.15m，长 10m，采用双侧壁导坑法施工；$C—C$ 断面跨径 12.4m，长 21m，采用双侧壁导坑法施工；$B—B$ 断面跨径 9.4m，长 23m，采用 CRD 法施工；$A—A$ 断面跨径 7.4m，长 27m，采用 CD 法施工（图 6.1）。

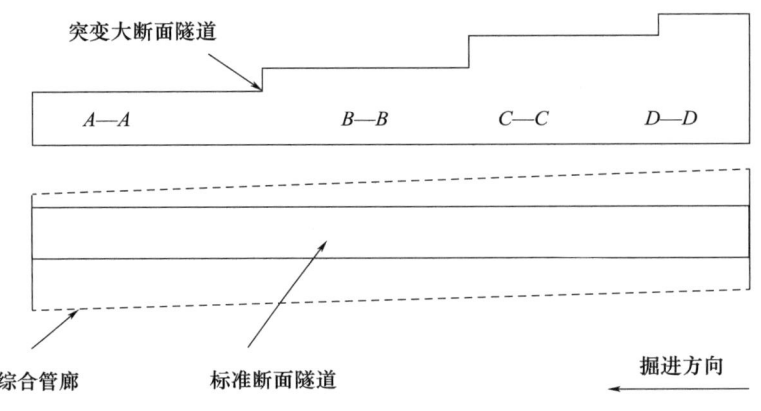

图 6.1 大断面隧道结构简图

双侧壁导坑法与 CRD 法施工段开挖面积较大，施工工序复杂，开挖对周边环境影响大，因此需要对施工过程产生的地层位移进行控制，尽可能减小地表沉降。目前施工中控制地表沉降的方法有两种：一是减小隧道开挖造成的土体变形，从根源上减小地层位移，为此需要对其开挖支护方案进行优化，选择合理的施工方法、施工顺序，确立合理的支护拆除顺序；二是注浆加固隧道周边土体，在传播介质中减小隧道开挖造成的变形，为此需要对其超前支护小导管长度、注浆半径等注浆加固参数进行优化。针对上述两个方面，本章对超前小导管支护方案、大型变截面不同开挖、临时支护拆除和横通道临时支护拆除进行比选，优选出最佳的施工方案，以期为区间大型变截面地铁隧道开挖支护设计和施工控制提供理论和技术指导。

典型施工工法如图 6.2 所示。

(a) 双侧壁导坑法施工

(b) 双侧壁导坑法转CRD法施工

(c) CRD法右上导洞开挖

(d) CD法施工

图 6.2 典型施工工法

6.1 大型变截面隧道开挖支护方案及施工工艺

6.1.1 双侧壁导坑法施工方案

双侧壁导坑法施工方案（图6.3）如下：

（1）地面降水至开挖面以下0.5m，施作拱部长导管和超前小导管，注浆加固地层。前后错开一倍洞径间距台阶法开挖洞室①，施作初期支护及中隔壁、中隔板。洞身提前用 $\phi 42$ 超前注浆小导管及 $\phi 42$ 长导管的超前支护，注浆孔直径6～8mm，浆液配合比经现场试验确定，注浆压力0.4～0.6MPa，加固体直径不小于0.5m。

（2）前后错开一倍洞径间距台阶法开挖洞室②，施作初期支护及中隔壁。

（3）施作拱部超前小导管，台阶法开挖洞室③，施作初期支护及中隔板。

（4）台阶法开挖洞室④，施作初期支护。

（5）根据施工监测情况，沿隧道纵向分段（5m）拆除部分中隔壁，敷设仰拱防水层，浇筑仰拱二衬。仰拱二衬达到设计强度后，应保证中隔壁与仰拱二衬顶紧，必要时可加临时倒撑。

（6）分段（5m）拆除剩余中隔板、中隔壁，敷设侧墙及顶拱部防水层，浇筑二衬，完成隧道结构。

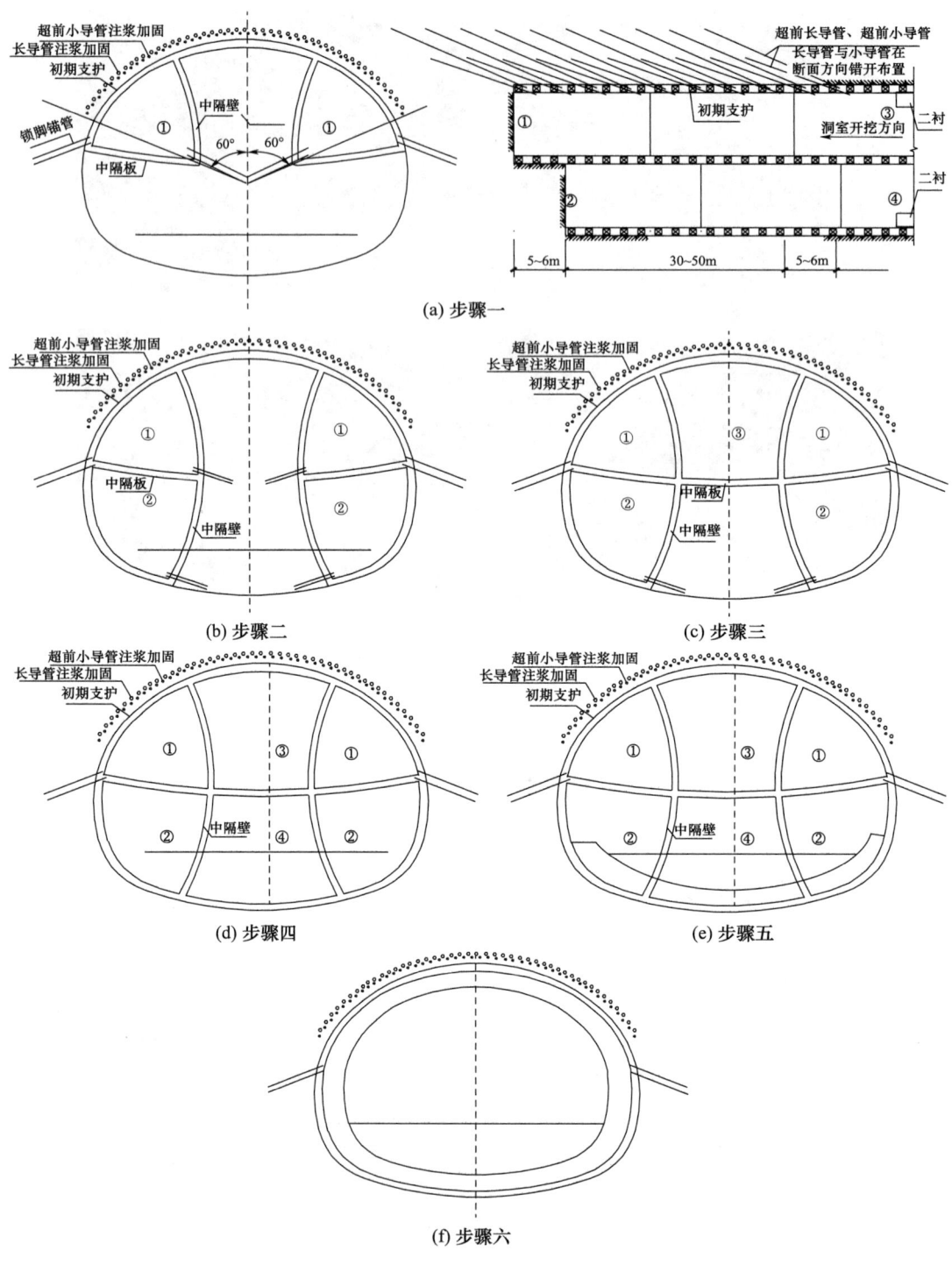

图 6.3 双侧壁导坑法施工方案

本段洞身围岩为呈松散结构的粉质黏土,围岩等级为Ⅵ级,易坍塌。按照新奥法十八字原则施工,以人工风镐为主,挖机为辅进行洞室开挖。通过人工搭建施工平台进行两侧壁导洞开挖,使用自制开挖台车开挖正洞。

(1) 大断面隧道全段侧壁墙采用 $\phi 42$ 锚杆进行超前预支护。注浆孔直径为 6~8mm，注浆压力为 0.4~0.6MPa，加固体直径不小于 0.5m，浆液配合比经现场试验确定。

(2) 主洞洞身及侧壁墙初喷后，主洞洞身支护由组合式锚杆、钢筋网片、间距 50cm 一榀的 I22b 型工字钢支撑纵向组成，复喷湿喷混凝土至 30cm 厚支护。侧壁墙采用 I18 临时工字钢，间距同主洞洞身工字钢，并在拱部及底部相互焊接牢固。侧壁墙采用湿喷混凝土 18cm 厚加强支护，使形成闭合圈。

双侧壁导坑法开挖完成后，需要搭设脚手架拆除中隔板、中隔壁（图 6.4），进行侧墙及顶拱部防水层敷设，施作二衬、完成隧道结构。施工完成后的隧道结构如图 6.5 所示。

图 6.4 拆除中隔壁　　　　　　　　图 6.5 施工完成后的隧道结构

6.1.2 变截面施工转换技术

隧道开挖方向从大到小具有以下优点：开挖工序简单，小断面开挖前周围做了加固，无须拆除临时支护结构，支护体系转换受力合理，对地面沉降影响较小，断面转换过程安全风险小；转换施工时间较短，对工期有利。其缺点为超前加固工作量较大。若采取从小到大开挖，则小断面转大断面施工通常采用逐渐扩大断面的"喇叭"外扩法施工，外扩过程中的支护均为临时支护，在扩大至设计大断面后需拆除，支护体系转换受力不均匀，对地面沉降影响较大，施工安全风险较大；反扩工作量大，造成材料的浪费；转换施工时间较长，对工期不利。

以 $D—D$ 断面进 $C—C$ 断面为例进行说明，具体施工步骤如下：

①按正常步序施作 $D—D$ 断面（大断面）初衬，开洞处密排三榀钢格栅，间距 500mm。②沿 $C—C$ 断面开洞范围架设一榀格栅，与堵头墙初支钢筋、$D—D$ 初支格栅钢筋焊接牢靠。③沿 $C—C$ 断面（小断面）开洞拱部边缘 120°范围内水平打设双排 $\phi 42 \times 3.25$ 超前小导管，外侧一排长度 $L=6$m，内侧一排长度 $L=3$m，环向间距均为 0.3m，并注浆。同时于堵头墙全周打设加固地层用 $\phi 42 \times 3.25$ 小导管，长度 $L=3$m，间距为 1m 并注浆。④喷射 C25 早强混凝土，封闭堵头墙初期支护。⑤按正常施工步序开挖 $C—C$ 导洞土方、施工初衬，架设临时支撑加固。

断面转换洞身加固图如图 6.6 所示。

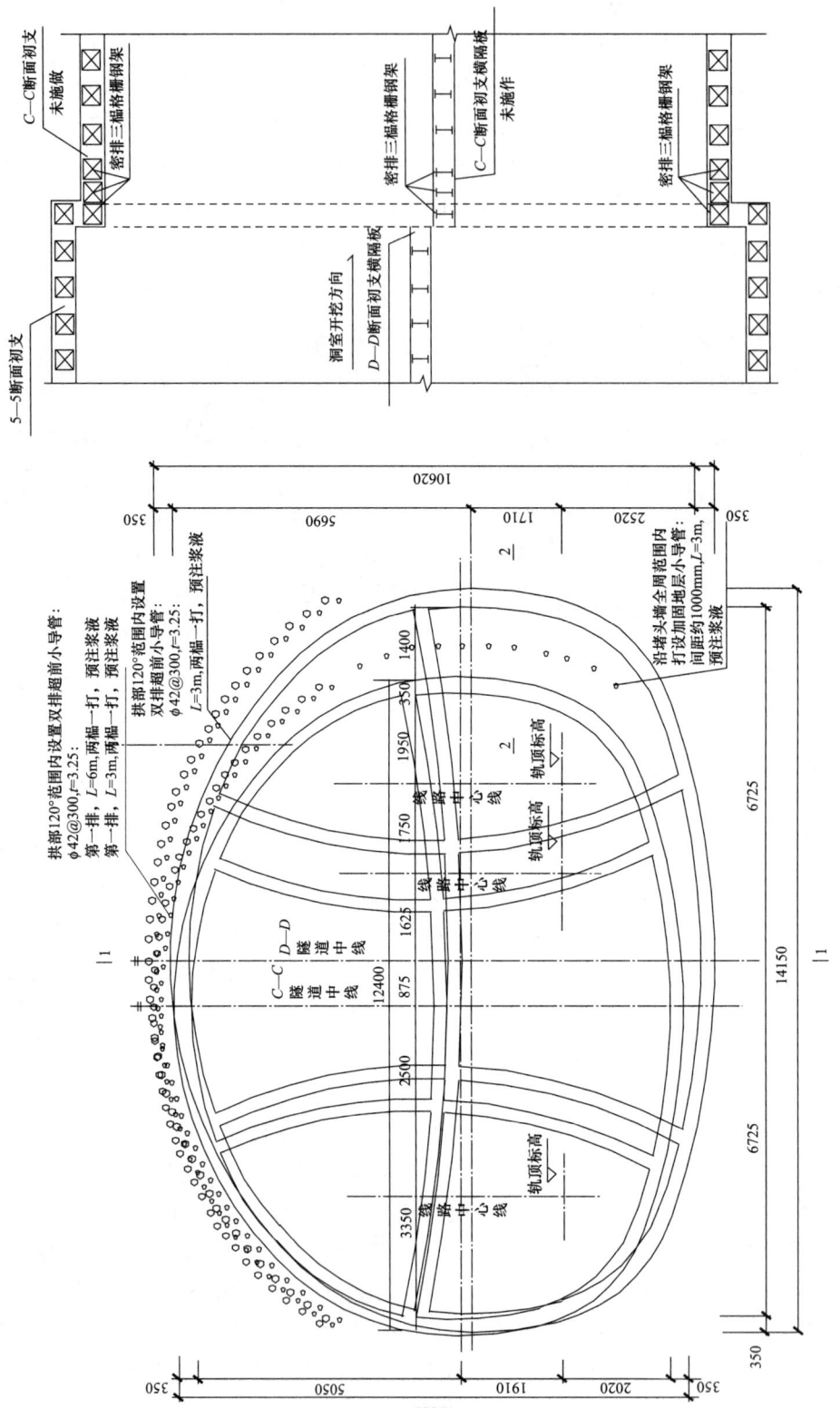

图6.6 断面转换洞身加固图

6 大型变截面隧道围岩稳定性控制关键技术

断面交接处堵头墙配筋图如图6.7所示。断面转接处密排三榀钢架格栅，堵头墙处主筋采用C25，间距为150mm；箍筋采用ϕ10，间距为300mm，梅花形布置，堵头墙处钢筋与相邻大断面处格栅钢筋焊接牢靠（采用双面焊接为5d，单面焊接为10d）（图6.8）。堵头墙处初支厚度与相邻较大断面初支厚度相同。图6.9和图6.10分别为左洞开挖过程中B—B断面进A—A断面和工法转换联络格栅。

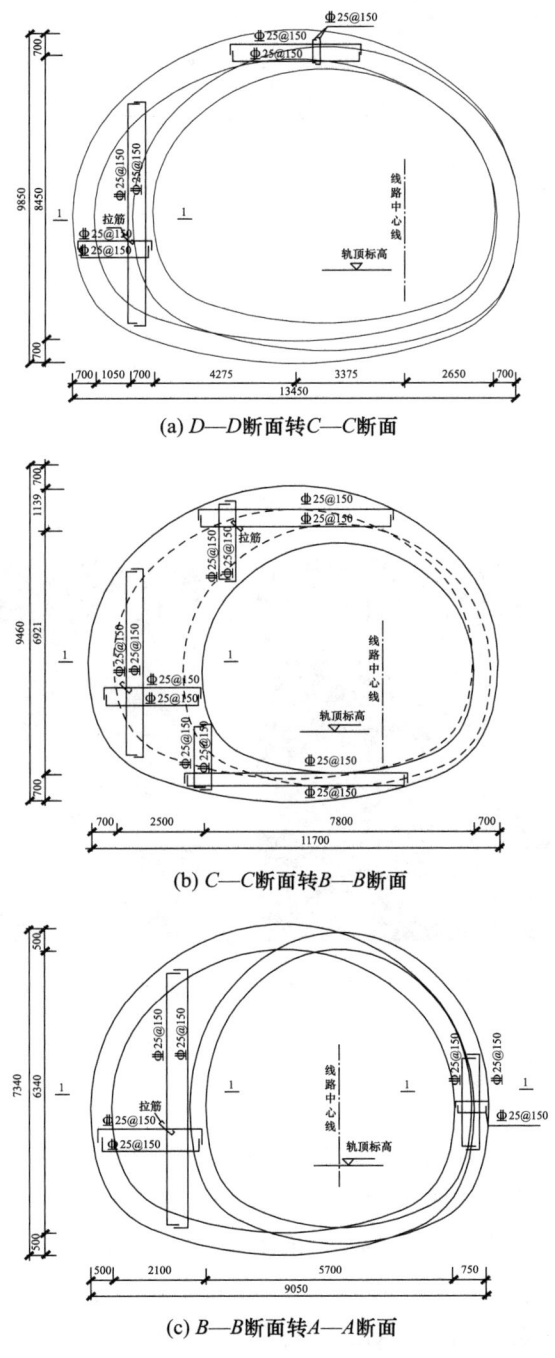

(a) D—D断面转C—C断面

(b) C—C断面转B—B断面

(c) B—B断面转A—A断面

图6.7 断面交接处堵头墙配筋图

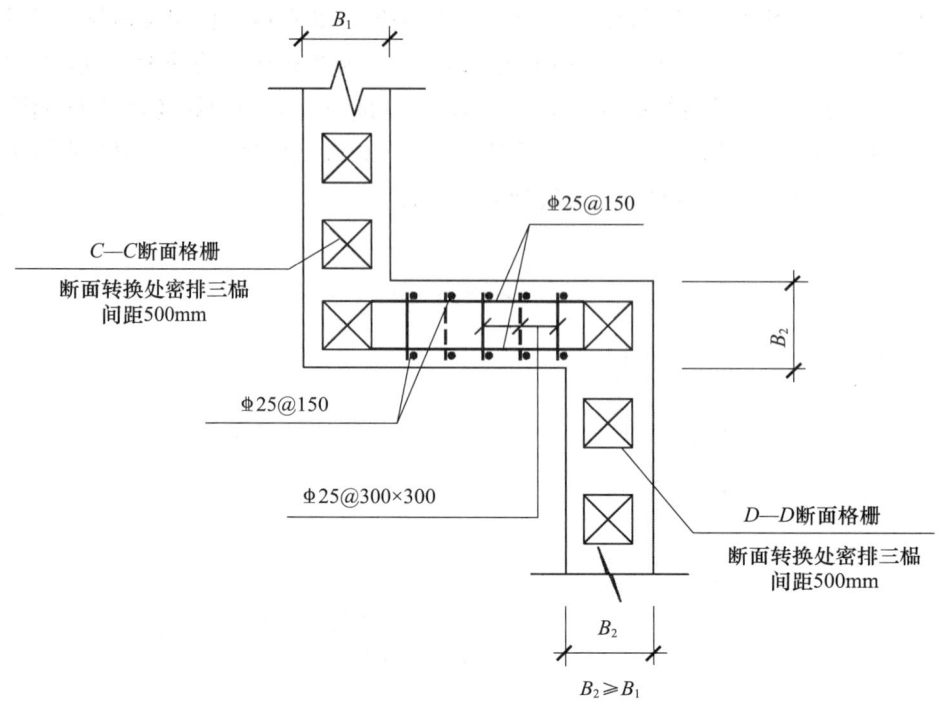

图 6.8 断面转换钢筋详图

图 6.9 B—B 断面进 A—A 断面（左洞开挖）

图 6.10 工法转换联络格栅

6.1.3 超前支护

超前小导管注浆施工内容主要包括封闭工作面、钻孔、安设小导管、注浆、效果检验等工序。其施工工艺流程如图 6.11 所示。

在拱部 120°范围设置小导管，小导管采用 $\phi 42$、$t=3.25$ 的花钢管。将小导管的前端加工改装成锥形，以便后续工序的进行，并防止浆液前冲。在小导管中间处钻 $\phi 10$ 泥浆溢流孔，成梅花形布置，间距 15cm，尾部 50cm 内不钻孔，防止泥浆外漏。末端焊 $\phi 6$ 环形箍筋，防止在打设过程中发生端部开裂现象，影响到注浆管的连接。小导管如

图 6.12 所示。施工时先用煤电钻钻孔，插入小导管，用风镐振入。环向间距 300mm，外倾角 15°～20°。小导管纵向水平搭接长度不小于 1m。

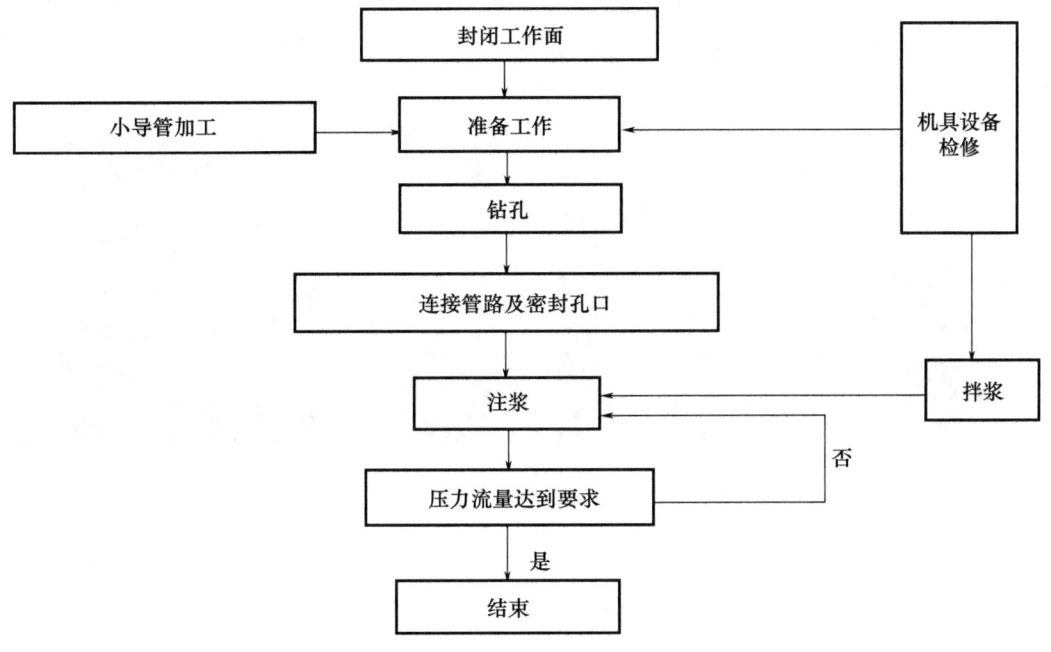

图 6.11 超前小导管施工工艺流程

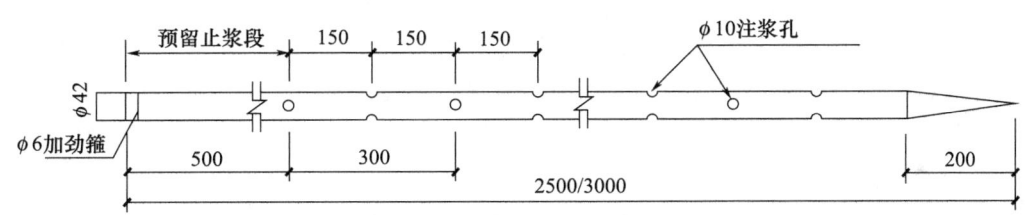

图 6.12 小导管

小导管施工其他关键参数见表 6.1。

表 6.1 小导管施工其他关键参数

规格	$\phi 42\times 3.25$，$l=3.0$m
打设角度	10°～15°
角度允许偏差	≤2°
孔距	300mm
孔距允许偏差	±50mm
打设深度	4.65m
深度允许偏差	±50mm
注浆压力	0.5～1.0MPa

现场施工过程中,每完成一次施工步骤都要进行详细的安全验收与检验工作,特别是原材料在进行加工之前,更要进行质量检验工作,超前小导管进入施工现场的验收如图 6.13 所示。施工过程中,大断面隧道向前开挖时需打设超前小导管,如图 6.14 所示。从图 6.14 中可以看出现场超前小导管在掌子面拱顶 120°范围内安装,符合设计及规范要求。

图 6.13　小导管进场　　　　　　　　图 6.14　超前小导管打设

6.2　超前支护效果影响因素及其优化

超前支护是保证隧道工程开挖工作面稳定的重要辅助措施,方式主要有管棚、小导管、水平旋喷桩等。其中小导管因成本较低、应用灵活,可以增强松散、软弱围岩自承能力等优点,成为地铁修建过程中的常用超前支护方法。

超前小导管的支护参数是影响其支护效果的最为重要的因素,在设计时往往会通过对小导管参数的调整来达到最佳的支护效果。本节主要对超前小导管的不同设计参数进行数值模拟,分析研究超前小导管的各个参数对隧道稳定性及力学行为的影响,得出超前小导管的最优化设计参数。

6.2.1　超前小导管加固机理分析

(1) 锚杆作用

小导管注浆可以将因开挖引起的松散围岩连接成一个整体,并且锚固于更深层的稳定围岩中,提高了围岩的整体性,可以明显降低隧道变形。同时,各个地层在变形时上缘受压,下缘受拉,相互错动,而打入地层的小导管提供了额外的抗剪能力,可以有效阻止地层间的错动,将上部围岩组合成一个整体,刚度增加,从而抑制变形。

(2) 梁、拱作用

小导管的前端插入前方较为稳定的土体,尾部则焊接在钢拱架上,形成了梁结构,将开挖面的上部荷载向两侧分散,减小了掌子面的围岩压力,其作用类似管棚。同时,小导管注浆后刚度较原有土体增加,且小导管的刚度明显高于周边土体,因此在各个小导管之间同样会产生承载拱。这些小拱跨度为小导管间距，作用范围小，因此可以在掌子面向前开挖后迅速达到平衡，为上部土体提供承载能力，并且随后可以与开挖产生的大拱共同承载上部荷载。但是导管间的小拱对小导管间距有一定要求，过大的间距无法形成小的承载拱。

（3）注浆小导管布置

小导管的布置形式应根据隧道现场条件选取，较多采用拱顶120°布置形式。小导管布置范围越大则对隧道地表沉降的抑制效果越为明显，但是对隧道沉降槽的宽度并无明显影响。

小导管直径一般为32~60mm，具体根据隧道现场条件选取。过小的直径刚度过低，无法起到梁作用，且影响注浆；而过大的直径将使小导管失去布置灵活的优势，布设难度和成本大大提高，在需要大直径导管时应改为管棚支护。

小导管的长度根据围岩性质选取，围岩越差则长度应设置越长，尽量穿过掌子面前方的坍落区域。坍落区域的长度可由围岩坍落高度和围岩坍落角度确定，考虑到开挖施工时的未支护长度以及插入前方稳定土体的长度，小导管长度可以按式（6.1）初步选取。然而小导管刚度有限，过长的长度无法对围岩稳定性有显著改善，且导管过长不便于施工，通常选取3~6m。在处理塌方时，应尽量使小导管穿过掌子面前方的塌方区域，插入前方稳定土体中。值得注意的是，围岩坍落高度对所需的掌子面前方的坍落长度有重要影响，因此开挖过程多采用台阶法或核心土减小坍落高度，以改善掌子面稳定性。

$$L = l + H\cot\varphi + 0.5 \tag{6.1}$$

式中，L 为小导管长度；l 为开挖步长；H 为围岩坍落高度；φ 为围岩坍落角度。

小导管的环向间距一般为20~50cm，过大的间距使加固区域横向刚度过低，难以在导管之间形成小拱，多数情况30cm即可满足要求。而当围岩破碎时则应采取密布原则，小导管管间距离按两倍导管直接选取。纵向方向上，相邻的两榀小导管需保证1m的搭接长度。

目前，小导管超前加固多采用单层和双层布置，根据围岩和工程情况选取。单层小导管适用于跨度较小、围岩破碎程度适中的情况。当围岩稳定性极差、破碎程度大时，单层小导管由于小导管长度的限制，无法插入掌子面前方较为稳定的围岩中，无法起到超前加固作用，极易造成掌子面失稳，因此需要采用双层小导管增大注浆范围。同时，超前小导管注浆加固与大管棚相比，施工较为快捷简便且能起到与大管棚相似的效果，在隧道进洞施工时可考虑双层超前小导管注浆加固代替大管棚超前支护。

（4）小导管受力模型

目前，超前小导管的理论模型主要有壳理论、梁理论和弹性地基梁理论等方法，采用较多的是弹性地基梁理论。

在施工过程中，按工作状态可将超前小导管分为三部分，即未开挖段、开挖未支护段和支护段。对插入掌子面前端土体中的小导管前端采用弹性地基梁模型，掌子面与钢拱架之间的未支护段采用梁模拟，而支护完成段小导管不予考虑。

为了简化模型可进行以下假定：①围岩为各向同性材料；②小导管所处围岩符合 Winkler 弹性地基梁模型；③不考虑小导管的外插角，计算时只考虑其水平投影长度；④小导管和围岩间刚性接触；⑤小导管与岩体间无相对滑移；⑥不考虑小导管的轴向应力。小导管受力模型如图 6.15 所示。

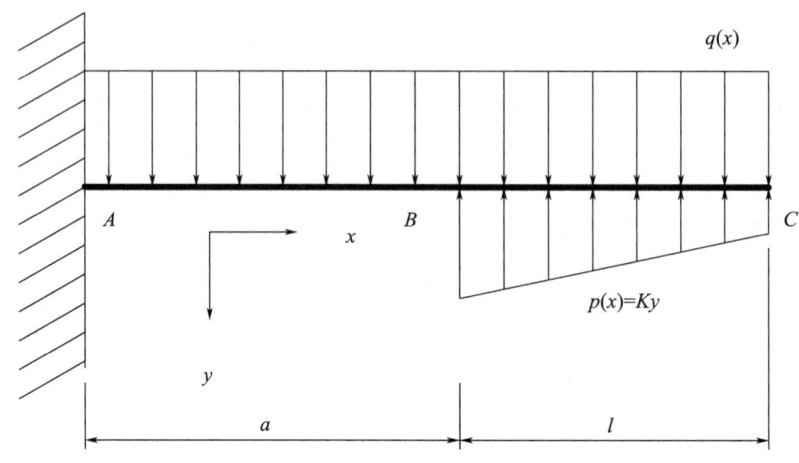

图 6.15　小导管受力模型

由 Winkler 模型，地基表面任意一点的沉降量与单位面积上的压力成正比，如式（6.2）所示。

$$p(x) = Ky \tag{6.2}$$

可得宽度为 b 的矩形弹性地基梁的微分方程

$$EI\frac{d^4 y}{dx^4} + Kby = bq(x) \tag{6.3}$$

式中，E 为地基梁弹性模量；I 为地基梁惯性矩；b 为地基梁宽度；K 为地基基床系数；y 为小导管在垂直应力下的挠度；$p(x)$ 为下部土体反力；$q(x)$ 为上部土压力。

令 $\lambda^4 = Kb/4EI$，可得

$$EI\frac{d^4 y}{dx^4} + 4\lambda^4 y = \frac{bq(x)}{EI} \tag{6.4}$$

式中，λ 为导管的特征系数。

式（6.4）对应的齐次方程的通解为式（6.5），对应的非齐次方程的一个特解为式（6.6）。

$$y = e^{\lambda x}(C_1 \cos\lambda x + C_2 \sin\lambda x) + e^{-\lambda x}(C_3 \cos\lambda x + C_4 \sin\lambda x) \tag{6.5}$$

$$y = \frac{q(x)}{K} \tag{6.6}$$

则获得式（6.4）的通解

$$\begin{aligned} y = &e^{\lambda x}(C_1 \cos\lambda x + C_2 \sin\lambda x) + \\ &e^{-\lambda x}(C_3 \cos\lambda x + C_4 \sin\lambda x) + \frac{q(x)}{K} \end{aligned} \tag{6.7}$$

由受力模型可知，小导管插入前方土体中的 BC 段和不在围岩中的 AB 段受力状

态不同，需要分别求解，则小导管挠度微分方程在 AB 段如式（6.8）所示，在 BC 段如式（6.9）所示。

$$y_1 = \frac{bqx^4}{24EI} + C_1 x^3 + C_2 x^3 + C_3 x + C_4 \tag{6.8}$$

$$y_2 = e^{\lambda x}(C_5 \cos\lambda x + C_6 \sin\lambda x) + e^{-\lambda x}(C_7 \cos\lambda x + C_8 \sin\lambda x) + \frac{q}{K} \tag{6.9}$$

由式（6.8）可求得 AB 段小导管的挠度、转角和弯矩为

$$\theta_1 = \frac{bq^3(x)}{6EI} + 3C_1 x^2 + 2C_2 x + C_3 \tag{6.10}$$

$$M_1 = -\frac{bq^2(x)}{2} - (6C_5 + C_2)EI \tag{6.11}$$

$$Q_1 = -bq(x) - 6C_1 EI \tag{6.12}$$

同时由式（6.9）可得 BC 段小导管的转角、弯矩和剪力为

$$\theta_2 = \lambda e^{\lambda x}[(C_5 + C_6)\cos\lambda x + (C_6 - C_5)\sin\lambda x] + \lambda e^{\lambda x}[(C_8 - C_7)\cos\lambda x - (C_7 + C_8)\sin\lambda x] \tag{6.13}$$

$$M_2 = EI[2\lambda^2 e^{\lambda x}(C_5 \sin\lambda x - C_6 \cos\lambda x) + 2\lambda^2 e^{-\lambda x}(C_8 \cos\lambda x - C_7 \sin\lambda x)] \tag{6.14}$$

$$Q_2 = 2EI\lambda^3 e^{\lambda x}[(C_6 + C_5)\sin\lambda x - (C_6 - C_5)\cos\lambda x] + 2EI\lambda^3 e^{-\lambda x}[(C_7 - C_8)\sin\lambda x \cos\lambda x - (C_7 + C_8)\cos\lambda x] \tag{6.15}$$

将边界条件代入方程，小导管尾端焊接于刚拱架上，视为固接；导管端头插入前方土体中，视为自由端；小导管在前后两段衔接处 B 点固接且连续，则

$$\left.\begin{aligned}
&y_0 = \frac{bqx^4}{24EI} - C_1 a^3 + C_2 a^2 - C_3 a + C_4 \\
&\frac{bqx^4}{6EI} = 3C_1 a^2 - 2C_2 a + C_3 \\
&C_4 - C_5 - C_7 = \frac{q}{K} \\
&\frac{C_3}{\lambda} - C_5 - C_6 + C_7 - C_8 = 0 \\
&\frac{C_2}{\lambda} - C_6 + C_8 \\
&\frac{3C_1}{\lambda^3} + C_5 - C_6 - C_7 - C_8 = 0 \\
&e^{\lambda l}(C_5 \sin\lambda l - C_6 \cos\lambda l) + e^{-\lambda l}(C_8 \cos\lambda l - C_7 \sin\lambda l) = 0 \\
&e^{\lambda l}[-C_5(\sin\lambda l + \cos\lambda l) + C_6(\cos\lambda l - \sin\lambda l)] + e^{-\lambda l}[-C_8(\cos\lambda l + \sin\lambda l) - C_7(\sin\lambda l - \cos\lambda l)] = 0
\end{aligned}\right\} \tag{6.16}$$

由此可以求出所有积分常数。分别将常数带入式（6.8）、式（6.9），可求得小导管上任意一点的挠度，带入式（6.10）、式（6.13）可求得转角，带入式（6.11）、式（6.14）可求得弯矩，带入式（6.12）、式（6.15）可求得剪力。

6.2.2 超前小导管模型和边界条件

模拟超前加固通常采用提高加固范围内的围岩黏聚力和变形模量等方法，对整个加固圈进行整体模拟，其材料模型参数往往由经验确定。也有些学者采用梁单元、锚索单元等结构单元对小导管进行模拟，研究小导管发挥梁作用和锚杆作用的条件，此法在理论上较科学，但小导管和注浆加固是密不可分的，注浆部分仍然需要通过提高围岩参数予以考虑。本节采用 FLAC 3D 内置 Fish 语言分别建立小导管的 pile 结构单元，以研究超前注浆小导管群各参数在地铁隧道开挖过程中对沉降的分析。

为便于分析不同因素对隧道稳定性的影响，取隧道断面尺寸设为本区间最大断面（D—D）尺寸，不考虑变截面的影响。本模型沿隧道开挖方向取 84m；水平方向取 40m，左右边缘距离大断面隧道开挖边界约为 4D（D 为隧道直径）；竖直方向取 51m，上边缘取至地表。衬砌采用 shell 结构单元进行模拟，小导管采用 pile 单元模拟。采用 link 单元刚性连接同坐标下的 shell 单元节点和 pile 单元节点，容差 1mm。

在模型的左右边界、前后边界以及底面施加法向位移约束，上边界自由，不施加约束。隧道模型如图 6.16 所示。

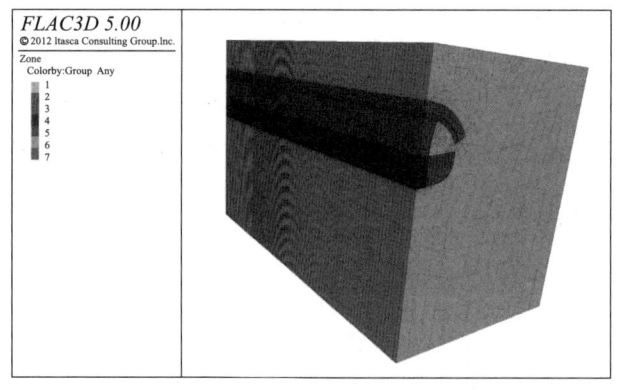

图 6.16　隧道模型

根据工程的实际情况，隧道开挖环境为粉质黏土与砂土，本构模型选取莫尔-库仑弹塑性模型进行数值分析。该模型同时采用最大拉应力准则以及摩尔库仑准则作为破坏的判别标准。莫尔-库仑模型按照式（6.17）、式（6.18）判断岩体屈服。

$$\left. \begin{array}{l} f^s = \sigma_1 - \sigma_3 N_\varphi - 2c\sqrt{N_\varphi} \\ N_\varphi = \dfrac{1+\sin\varphi}{1-\sin\varphi} \end{array} \right\} \quad (6.17)$$

$$f_t = \sigma_3 - \sigma_t \quad (6.18)$$

式中，σ_3 为最小主应力；σ_1 为最大主应力；σ_t 为岩土体抗拉强度；φ 为内摩擦角；c 为黏聚力。

若 $f^s > 0$ 则表示岩体发生屈服，若 $f^s \leqslant 0$ 则表示岩体未发生屈服；若 $f_t > 0$ 则表示岩体发生张性屈服，若 $f_t \leqslant 0$ 则表示岩体未发生张性屈服。

为了简化计算模型，本节根据对称条件只建立了单侧模型，因此开挖顺序按照左右导洞对称开挖考虑，完整的开挖顺序如下：

(1) 侧面上导洞开挖；

(2) 侧面上导洞开挖至 7m 后，侧面下导洞开挖；

(3) 侧导洞完成开挖后，中上洞开挖；

(4) 中上洞开挖至 7m 后，中下洞开挖。

6.2.3 小导管长度对隧道稳定性的影响分析

为了研究超前小导管长度对隧道稳定性的影响，本节模拟中将注浆半径和小导管加固半径固定为 0.8m，对小导管在开挖方向投影长度为 3m、4m、5m、6m 的情况进行了模拟（图 6.17）。因模拟过程中开挖步长为 1m，且小导管连接于拱架后端，相当于小导管打入掌子面前方 1m、2m、3m、4m。

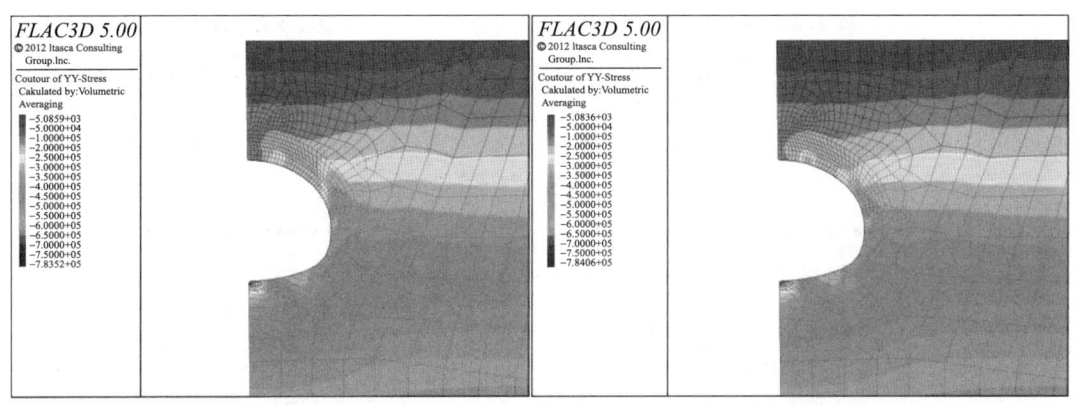

(a) 投影长度3m垂直应力　　　　　　(b) 投影长度4m垂直应力

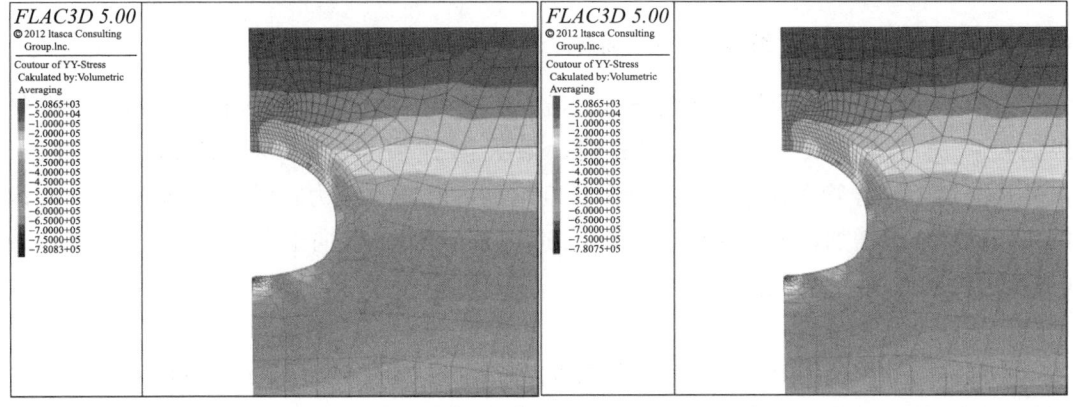

(c) 投影长度5m垂直应力　　　　　　(d) 投影长度6m垂直应力

图 6.17　完成中洞时最终应力云图

(1) 应力分析

为研究掌子面土体开挖卸荷规律，分别在中上洞、上导洞开挖土体及拱顶、拱肩位置添加监测点,获取完成开挖时监测位置处竖向土压力沿掌子面前方的分布曲线,如图6.18所示。四个监测位置的竖向土压力变化规律相似,在掌子面前方约15m处开始缓慢增加,至掌子面前方6m处达到最大值后开始缓慢降低,在掌子面前方0~2m范围竖向土压力迅速降低。

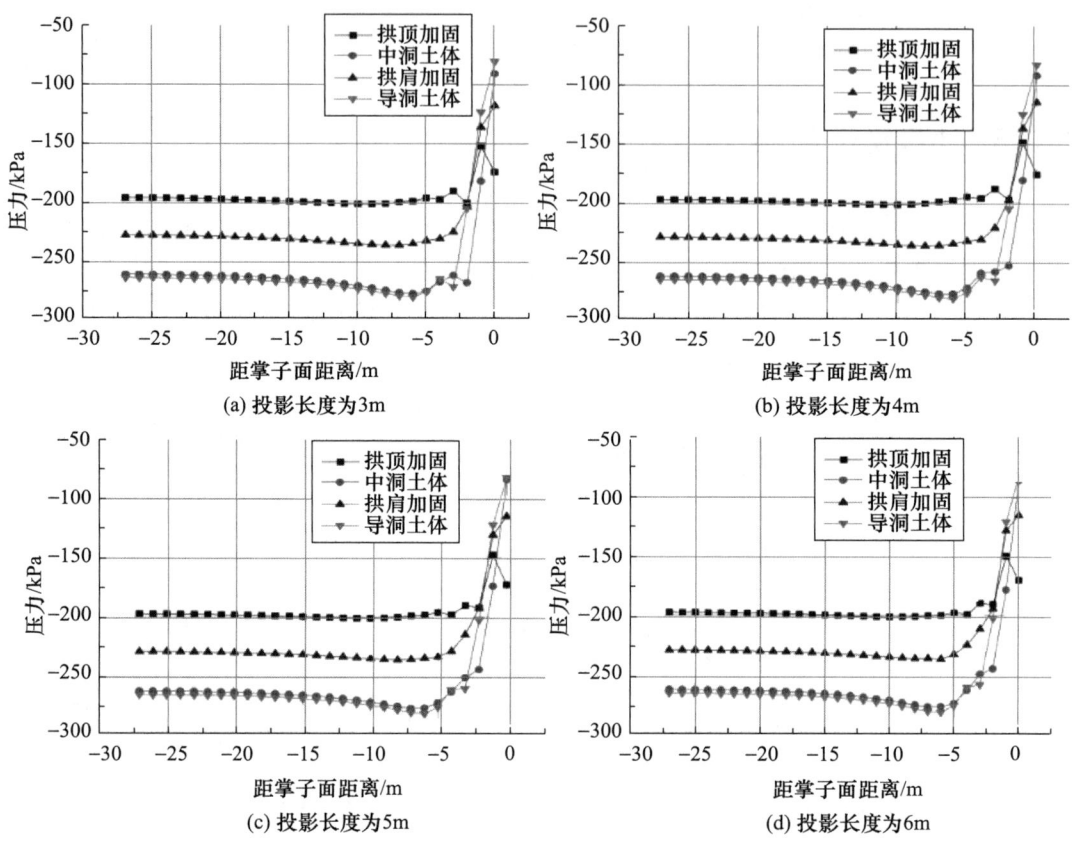

图6.18 掌子面前方土体竖向压力分布曲线

以中洞土体土压力为例,竖向土压力最大值随纵向加固长度增加而轻微降低,导管纵向投影长度为3m、4m、5m、6m时,最大值分别为279kPa、277kPa、276kPa、276kPa。随着小导管在开挖方向的投影长度增加,竖向土压力在掌子面前方2~6m内的变化速度逐渐增加,由于其在0~2m范围内陡然降低,竖向土压力在掌子面前方0~6m范围内的曲线趋于光滑。

(2) 沉降规律分析

不同纵向加固范围对应的地表沉降纵向分布曲线如图6.19所示。可以看出,纵向沉降呈倒S形,掌子面的先期沉降集中发生于掌子面向前20m以内,特别是在掌子面前0~10m内增长迅速。沉降在掌子面后15m开始放缓增长,而到了30m后呈现缓慢变化。掌子面上方沉降量约占总沉降量的一半。完成侧导洞时,地表最大沉降值位于掌子面后35m;完成中洞时的地表最大沉降位于掌子面后方8~10m,而之后则表现出回弹趋势,与现场监测规律相差较大。这一现象与采用的莫尔-库仑模型中弹性模量为定值有关，在中洞开挖后下部土体重力荷载降低，随后初支闭合成环，土体回弹带动整个隧道上浮。超前加固条件越好，则回弹表现得越明显。随着纵向加固范围的增大，掌子面前方的土体沉降变化速率明显逐渐变缓，在长度为6m的情况出现一段较为明显的平滑阶段，掌子面处地表沉降逐渐减小，占总沉降比例也逐渐减小。

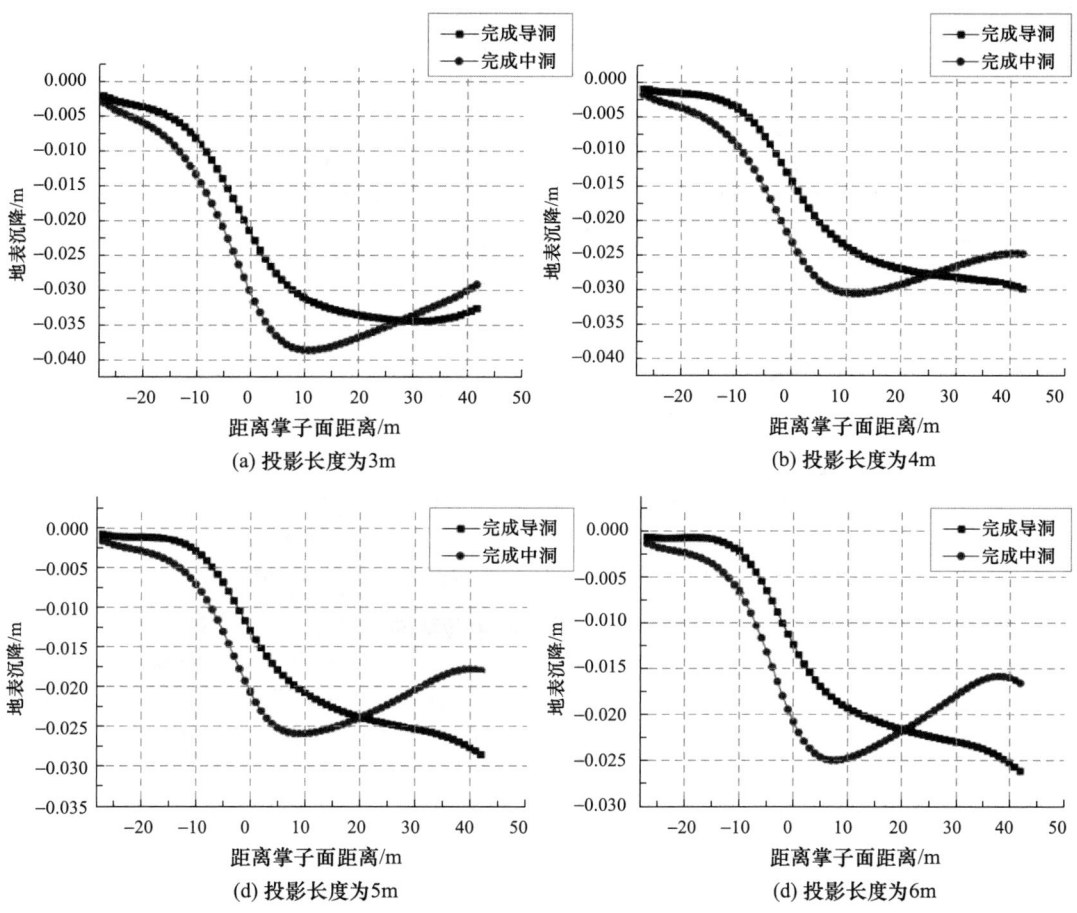

图6.19　地表沉降纵向分布规律

开挖过程中拱顶沉降如图6.20所示。拱顶位置的土体在掌子面前约15m处开始产生沉降，在超越掌子面后，拱顶沉降的变化速率迅速放缓，并在40m后达到稳定。而相对来说，完成中洞时的拱顶沉降，在掌子面后迅速振荡式回弹，振荡较为明显，最后同样趋于稳定。

小导管在开挖方向不同投影长度时地表沉降释放率如图6.21所示。在完成导洞时，小导管在开挖方向投影长度分别为3m、4m、5m、6m时，对应的地表沉降释放率分别为68.8%、40.2%、36.6%、35.7%。可以看出，随着小导管长度的增加，完成导洞时的掌子面地表沉降释放率明显减小，在长度超过5m后，地表沉降释放率不再有明显变化。完成中洞时，小导管在开挖方向投影长度分别为3m、4m、5m、6m，对应的地表沉降释放率分别为85.8%、80.1%、78.7%、76.8%，表现为平缓降低。

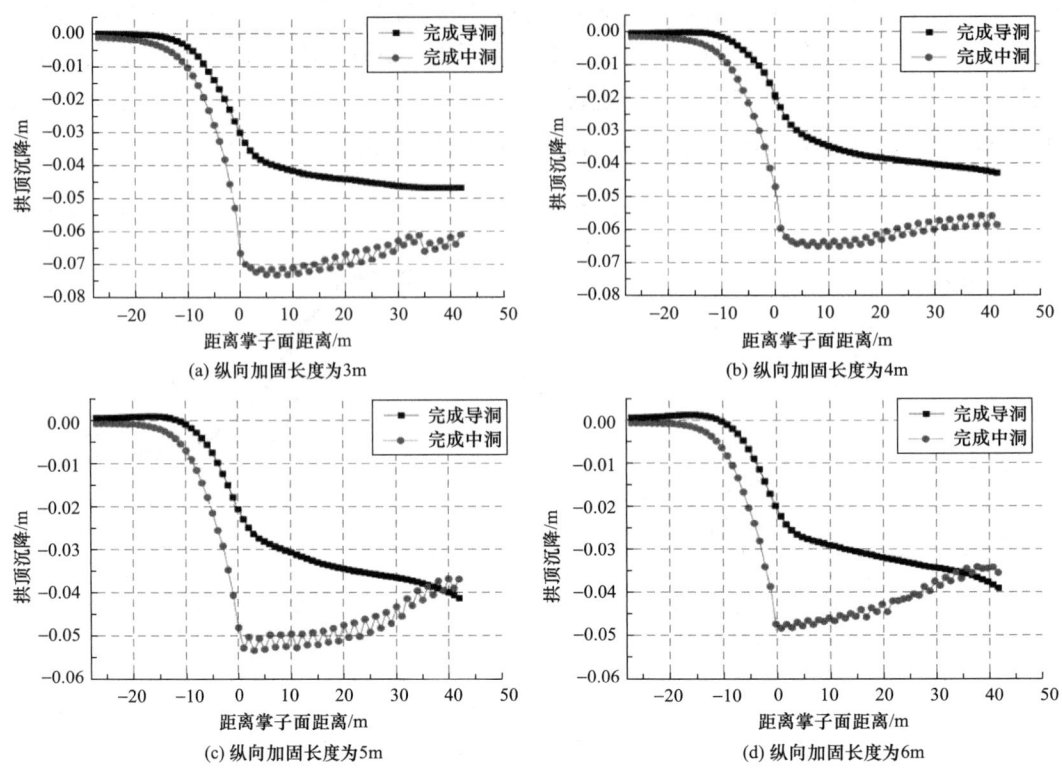

图 6.20 拱顶沉降分布规律

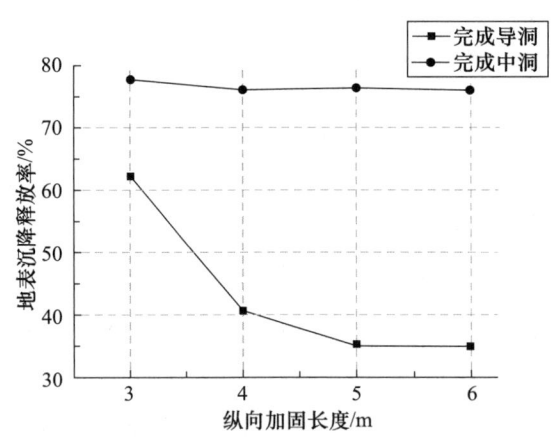

图 6.21 掌子面地表沉降规律

在支护施作之前存在 1m 裸露的土体，小导管每 1m 施做一榀，并且掌子面前存在 2m 长度的塑性区，这使当纵向加固长度为 3m 时小导管前端仍然处于不稳定土体中，因而加固效果较差；当纵向加固长度为 4m 时地表沉降释放率明显降低，前端土体稳定性明显改善；当 5m 时前端已经插入稳定土体中，因此继续增加纵向加固范围对掌子面稳定性的改善作用有限。

综上所述，在隧道开挖过程中，增加小导管在开挖方向的投影长度，对地表沉降、拱顶沉降、拱肩沉降和地表沉降释放率都有明显的改善作用。开挖过程中，塑性区主要发生在掌子面前方3m内，因此，当小导管插入掌子面前方1m（开挖方向投影长度3m）时小导管前端仍然处于塑性土体中，因而加固效果较差；插入掌子面前方2m（开挖方向投影长度4m）时，前端已插入较好土体中，因此与1m时相比有明显改善；插入掌子面前方3m（开挖方向投影长度5m）时，前端已经插入良好土体中，相比1m、2m时地表沉降释放率明显降低，但随着插入掌子面前长度的继续增加，地表沉降释放率变化不明显。

6.2.4 注浆半径对隧道力学行为的影响

为了研究超前小导管不同注浆半径对大断面隧道施工力学行为的影响，本节模拟中将小导管在开挖方向的投影长度固定为4m，对注浆半径分别为0.8m、1.2m、1.5m、1.8m的情况进行了研究，分析了其应力、塑性区和沉降特征。

（1）应力分析

取注浆小导管不同径向加固范围时，掌子面后方42m处的应力云图，如图6.22所示。隧道开挖后，水平应力在拱顶、拱肩处明显升高，在边墙处明显降低；垂直应力在拱顶、拱肩处明显降低，在边墙处明显升高。为了便于分析，绘制该截面拱顶、拱肩、

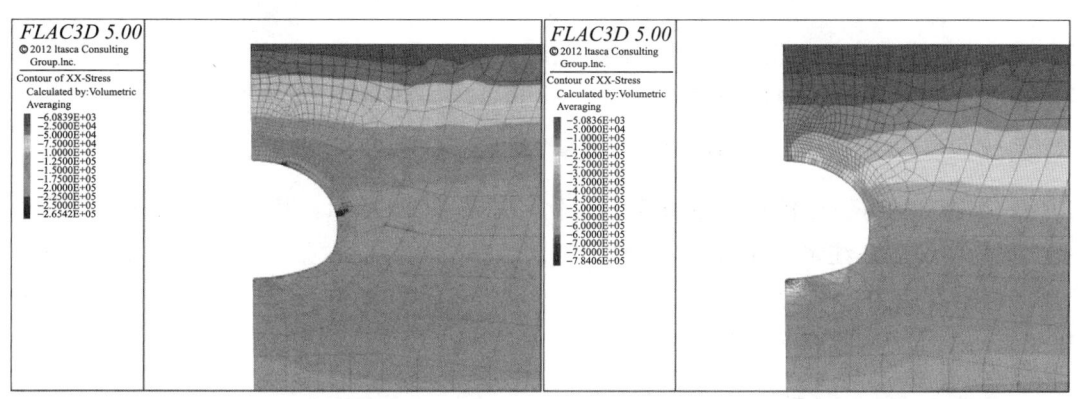

(a) 注浆半径0.8m水平应力　　　　　　(b) 注浆半径0.8m垂直应力

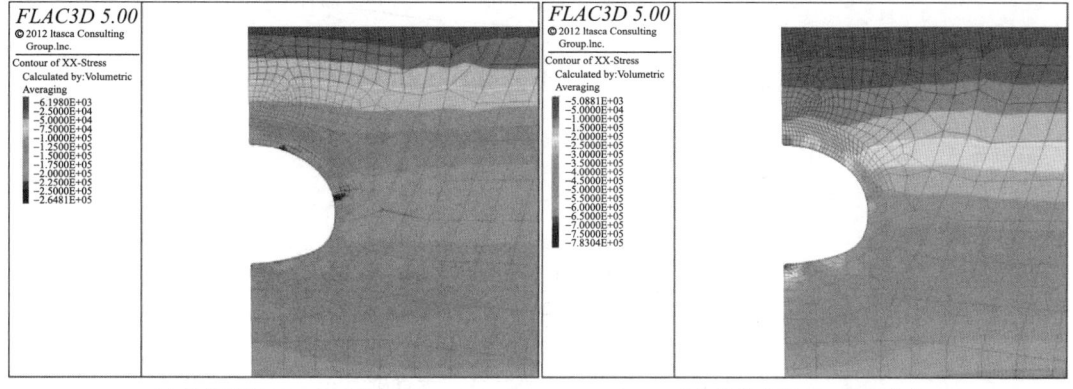

(c) 注浆半径1.2m水平应力　　　　　　(d) 注浆半径1.2m垂直应力

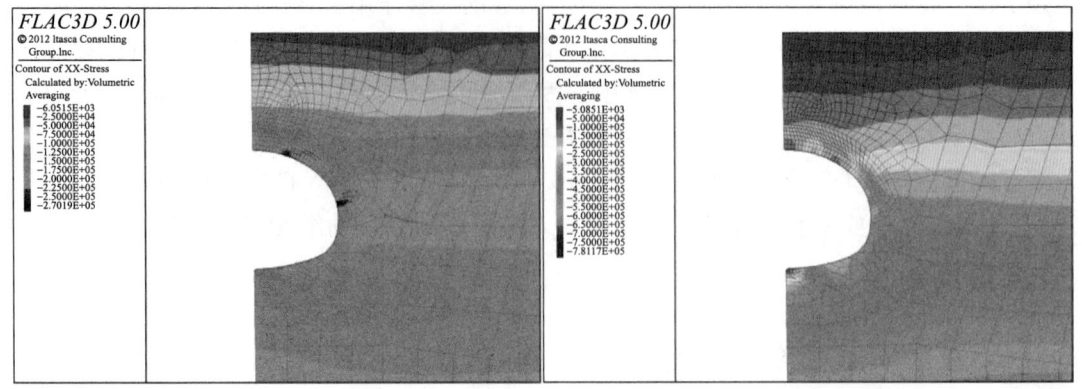

(e) 注浆半径1.5m水平应力　　　　　　(f) 注浆半径1.5m垂直应力

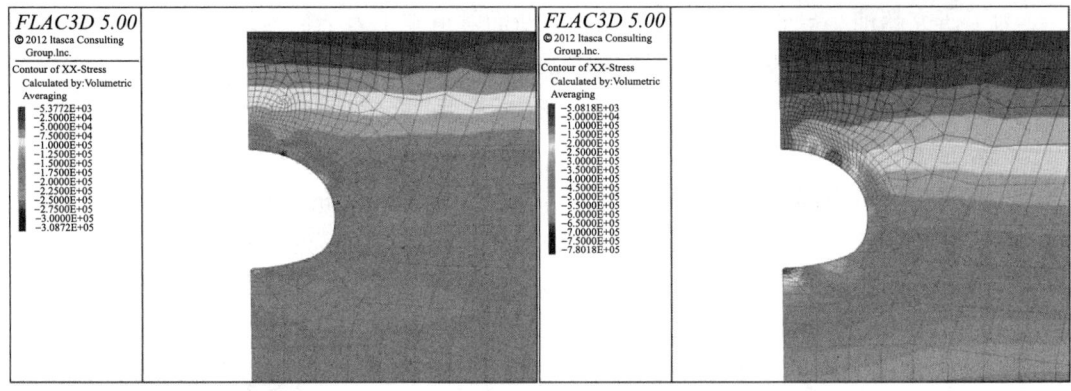

(g) 注浆半径1.8m水平应力　　　　　　(h) 注浆半径1.8m垂直应力

图 6.22　完成整个断面时应力云图

边墙、拱脚和拱底五个测点的垂直应力变化，如图 6.23 所示。其中以拱顶和拱肩应力变化最为明显。在注浆半径为 0.8m 时，拱顶和拱肩垂直应力分别为 160kPa、178kPa，1.8m 时垂直应力分别为 117kPa、138kPa，分别降低 26.9%、22.5%。边墙、拱脚和拱底竖向土压力则没有明显变化。

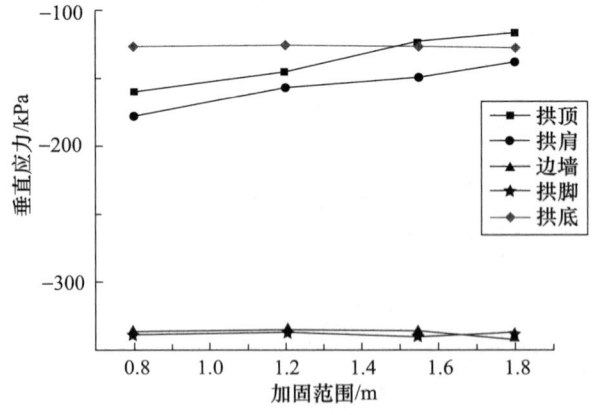

图 6.23　不同注浆半径各点垂直应力

（2）沉降分析

不同加固范围竖向位移云图如图 6.24 所示，隧道中线处地表沉降纵向分布规律如图 6.25 所示。与前一节模拟相同，完成中洞时的地表沉降产生于掌子面后方约 10m，而之后则表现出回弹趋势。超前加固条件越好，则回弹表现越明显。

(a) 注浆半径0.8m

(b) 注浆半径1.2m

(c) 注浆半径1.5m

(d) 注浆半径1.8m

图 6.24　不同加固范围竖向位移云图

(a) 注浆半径0.8m

(b) 注浆半径1.2m

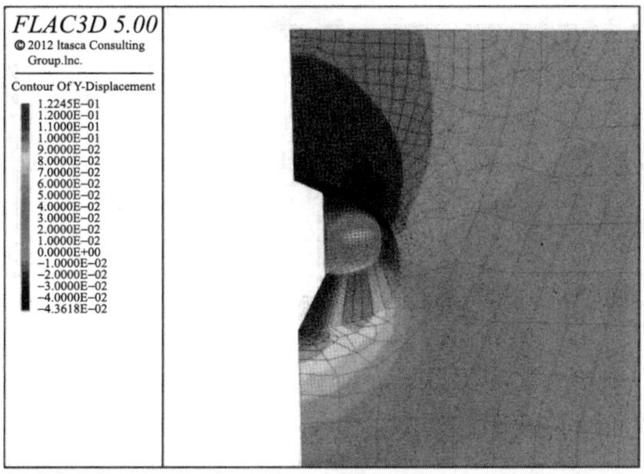

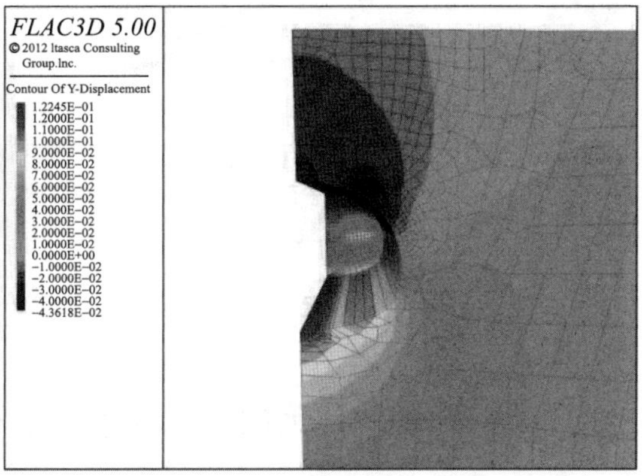

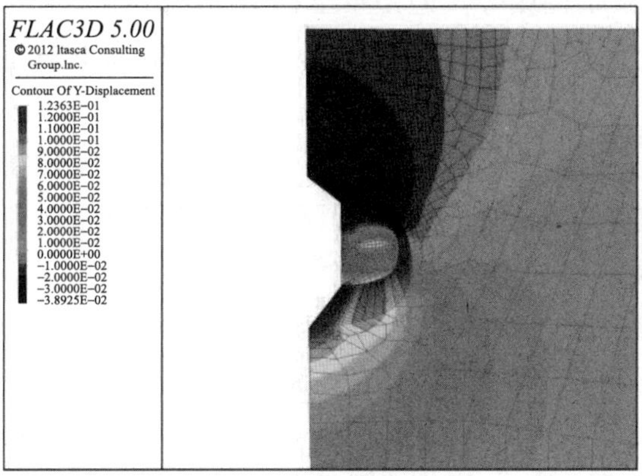

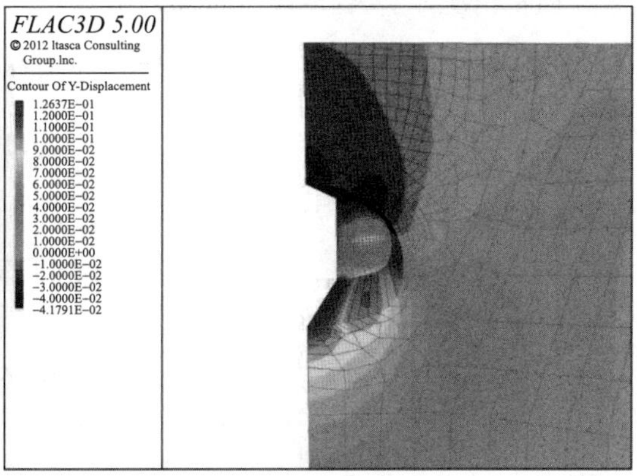

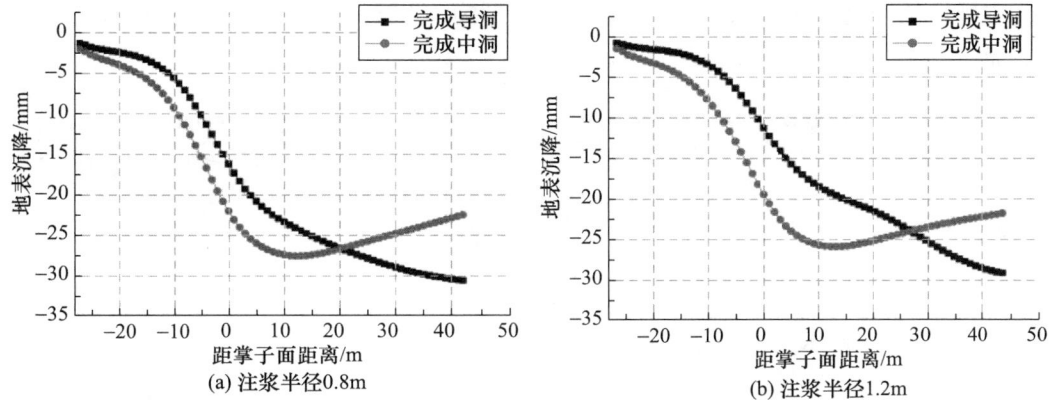

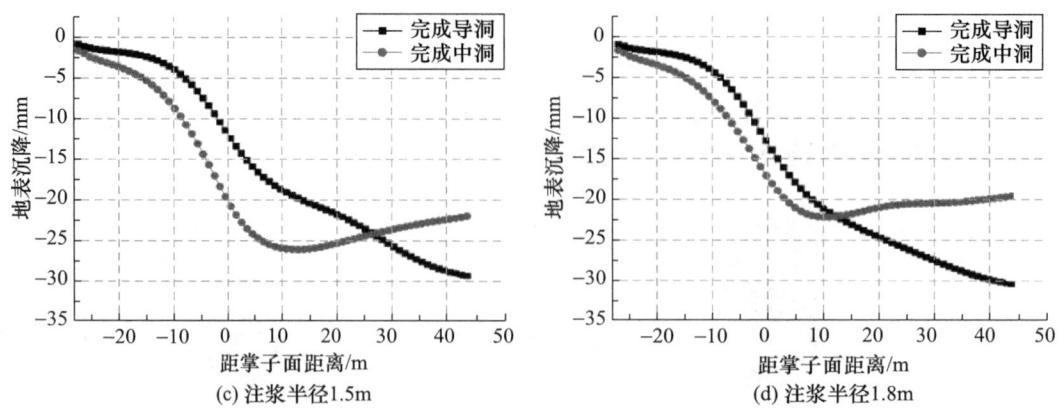

图 6.25 地表沉降纵向分布规律

6.2.5 小导管径向加固范围对隧道力学行为的影响

通常情况下，小导管径向加固范围和注浆半径相等，但是本工程中同时采用了超前小导管注浆加固和深孔注浆加固两种加固方法。此时小导管在径向的投影长度远小于注浆半径。

为了研究超前小导管径向加固范围对隧道力学行为的影响，本节模拟中将小导管在开挖方向的投影长度固定为4m，注浆半径为1.8m，导管在隧道径向加固范围分别为0.8m、1.2m、1.5m、1.8m 的情况进行了模拟。

(1) 应力分析

当注浆小导管在隧道径向的加固范围不同时，隧道开挖完成后应力云图如图6.26所示。为了便于分析，截取应力稳定后距掌子面42m处截面上，拱顶、拱肩、边墙、拱脚和拱底5个测点的垂直应力。由图6.27可知，大部分情况下各点垂直应力大小关系为拱脚<边墙<拱肩<拱底<拱顶。随着小导管在径向投影长度增大，各个测点的垂直压应力总体表现为减小趋势，其中以拱顶和拱肩应力变化最为明显。拱顶和拱肩垂直应力在径向加固范围为0.8m时，垂直应力分别为132kPa、146kPa；加固范围为1.8m时，垂直分别为117kPa、138kPa，分别降低11.4%、5.5%。

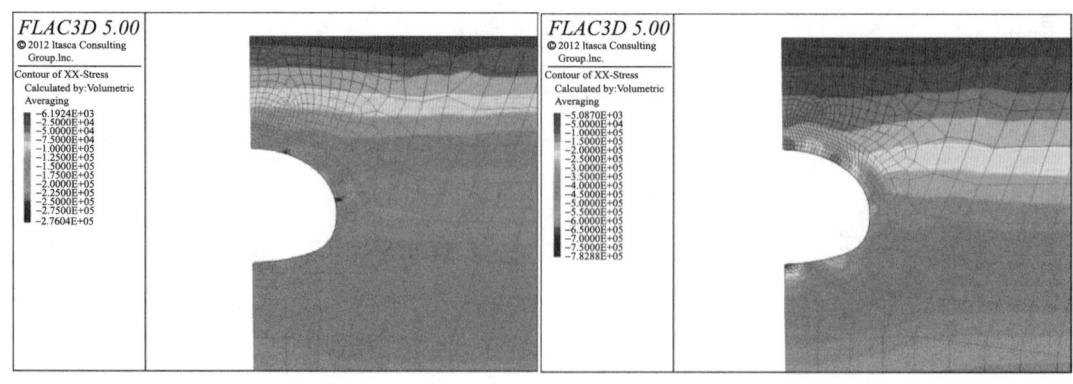

(a) 水平应力(范围0.8m)　　　(b) 垂直应力(范围0.8m)

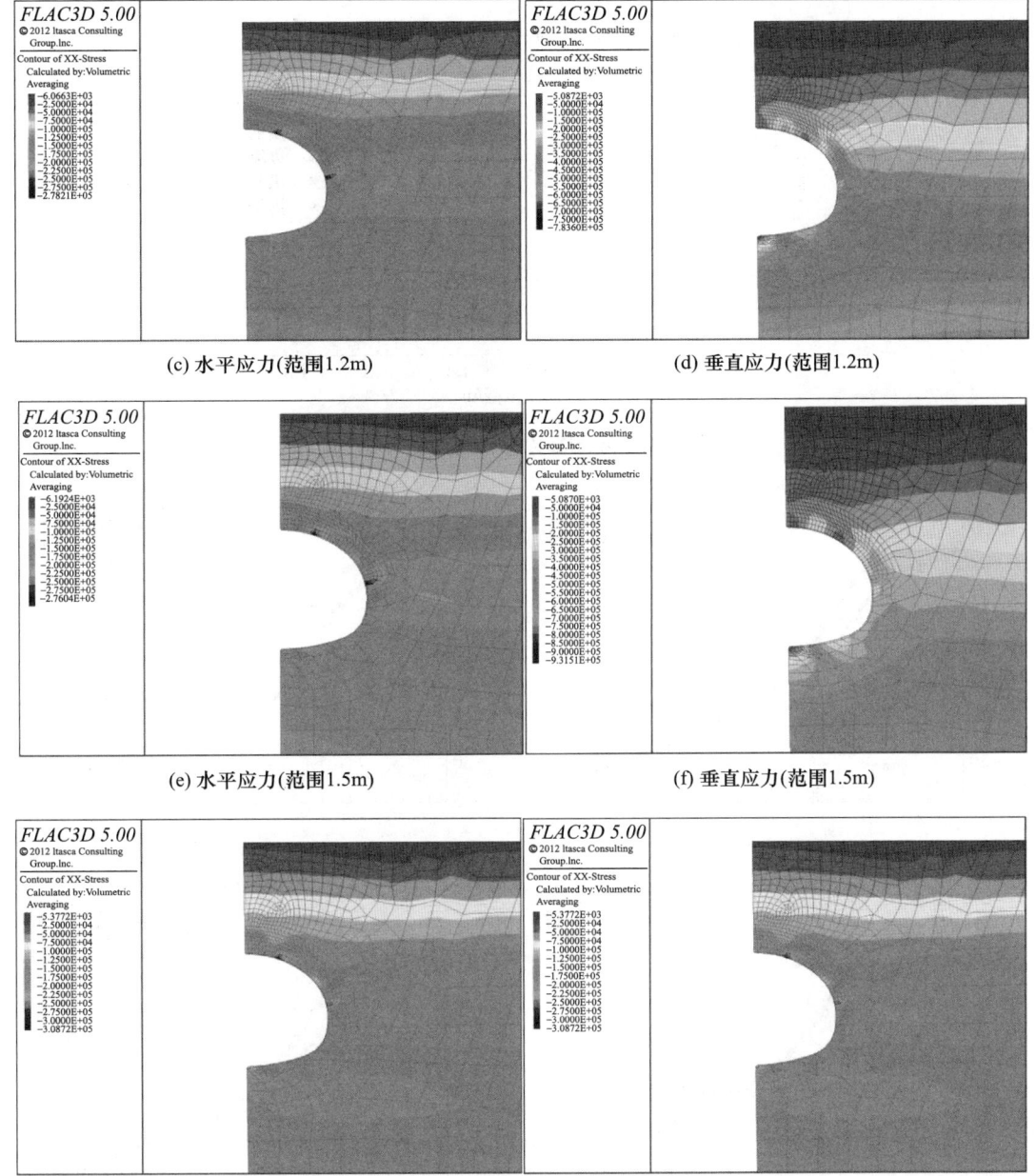

图 6.26 不同导管加固范围的应力云图

（2）沉降分析

完成中洞时，注浆小导管不同加固范围下的地表沉降纵向分布曲线如图 6.28 所示。可知，不同导管加固范围下的地表沉降纵向分布规律高度一致，其变化对地表沉降并无显著影响。

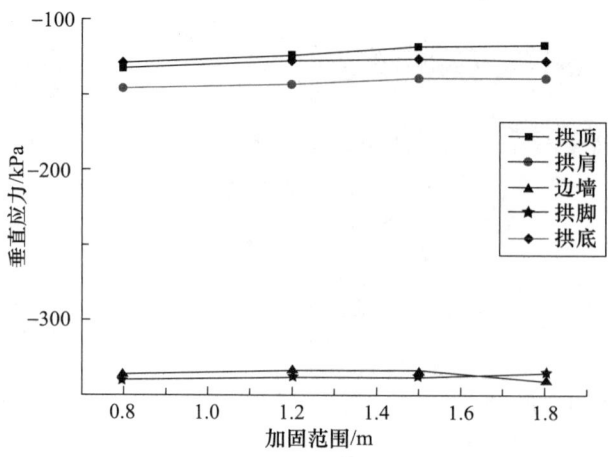

图 6.27 不同加固范围各点垂直应力

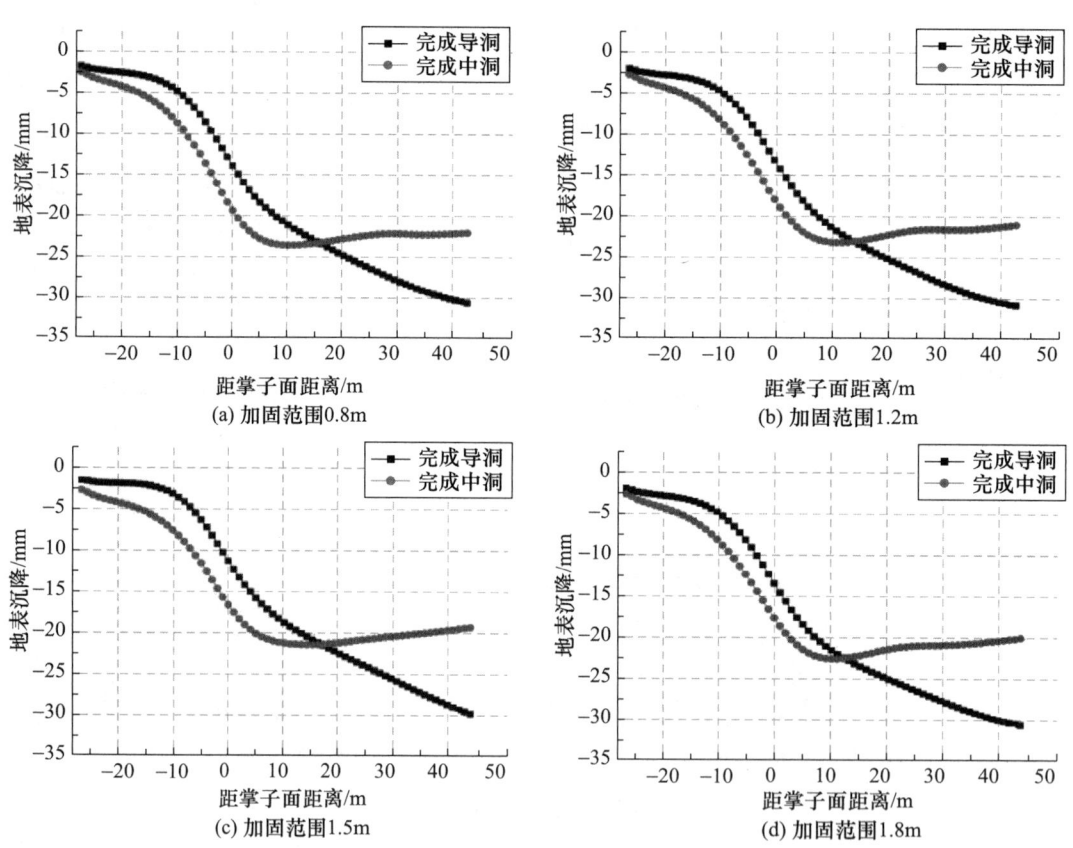

图 6.28 不同导管加固范围地表沉降纵向分布规律

不同导管加固范围时，拱顶沉降纵向分布规律如图 6.29 所示。由图可知，导管加固范围越大则拱顶沉降越小，掌子面处不同加固范围 0.8～1.8m 的拱顶土体沉降量分别为 39.2mm、36.3mm、30.5mm、35.9mm，最大拱顶沉降分别为 43.9mm、41.5mm、38.4mm、40.7mm。沉降开始迅速增大的位置是从掌子面前方 15m 处，而开始趋于稳定是在掌子面后方约4m处。加固范围从0.8m增加到1.2m时，拱顶沉降在掌子面前方没有明显区别，在掌子面前方约3m处开始出现差异；小导管加固范围从1.2m增加到1.5m时，从掌子面前方8m开始，拱顶沉降明显减小；小导管加固范围从1.5m增加到1.8m时，拱顶沉降略微增加，与之前规律不符，但拱顶沉降仍比加固范围为1.2m时小。掌子面后方较远的土体，拱顶沉降表现略微回弹。

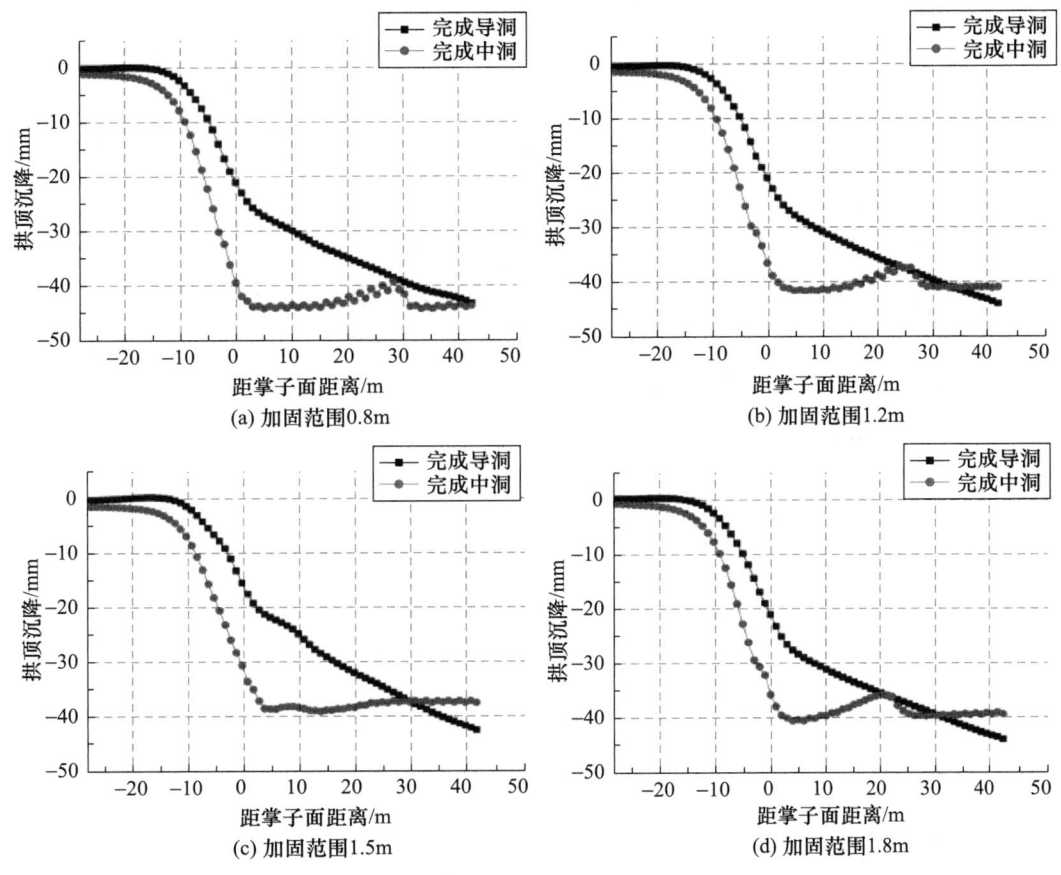

图6.29 不同导管加固范围拱顶沉降纵向分布规律

6.2.6 基于正交试验的超前支护参数优化研究

在试验考虑因素较少时，试验的设计、实施与分析都相对简单。但在实际工作中，常常需要同时考察三个或三个以上的试验因素，此时若采用考虑所有组合情况的全面试验，则需进行大量试验，往往因试验条件的限制而难以实施。

本章已分别对超前加固长度、注浆半径和小导管径向加固范围对隧道力学行为的影响进行了分析，本节中综合考虑这三种因素，不考虑交互作用，进行了三因素三水平试验，各因素取值利用正交表L9（3^4）安排试验组合，试验方案包含9个水平组合，见表6.2。

表 6.2 正交表 L9（3⁴）

工况	试验因素			
	A	B	C	D
1	1	1	1	1
2	1	2	2	2
3	1	3	3	3
4	2	1	2	3
5	2	2	3	1
6	2	3	1	2
7	3	1	3	2
8	3	2	1	3
9	3	3	2	1

将各因素分别带入表6.2中A、B、C列中，D列空缺，共需做9组试验，具体水平组合见表6.3。其中方案6、8、9中，小导管径向加固范围小于注浆半径，对应小导管与其他注浆方法结合的超前加固方法。方案4、5、7中，导管径向加固范围小于注浆半径，对应注浆效果较差的情况。

表 6.3 各因素取值表

水平	导管长度/m	注浆半径/m	导管加固范围/m
1	3	0.8	0.8
2	4	1.5	1.5
3	5	1.8	1.8

完成中洞时，试验方案1~9下，掌子面后方14m截面的横向地表沉降槽如图6.30所示。

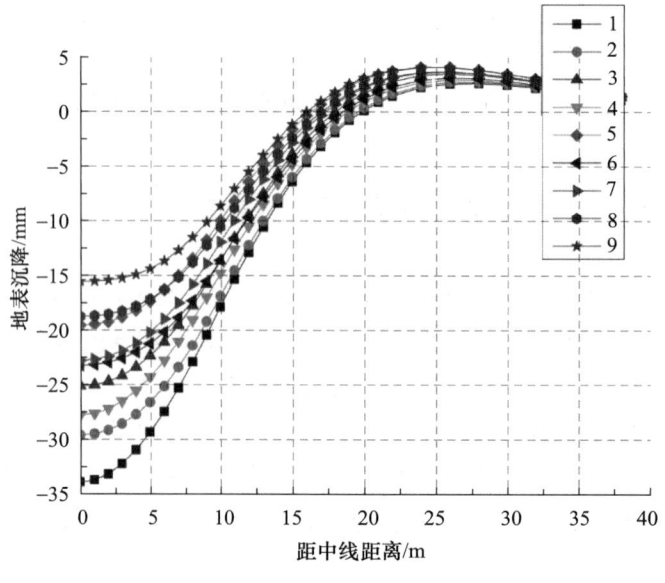

图 6.30 不同方案的地表沉降槽

根据图 6.35 中的最大地表沉降量和计算掌子面处地表沉降释放率,并分别对最大地表沉降和掌子面地表沉降率结果进行极差分析,结果见表 6.4。可以看出,地表沉降和沉降释放率对各个参数的敏感性依次为导管长度、注浆半径、导管加固范围。

表 6.4 试验结果

方案	导管长度/m	注浆半径/m	导管范围/m	地表沉降/mm	地表沉降释放率
1	3	0.8	0.8	3.39	0.69
2	3	1.5	1.5	2.96	0.63
3	3	1.8	1.8	2.51	0.61
4	4	0.8	1.5	2.78	0.53
5	4	1.5	1.8	1.96	0.39
6	4	1.8	0.8	2.32	0.43
7	5	0.8	1.8	2.28	0.38
8	5	1.5	0.8	1.88	0.35
9	5	1.8	1.5	1.56	0.29

表 6.5 分别对最大地表沉降和掌子面地表沉降率结果进行极差分析。地表沉降和沉降释放率对各个参数的敏感性依次为导管长度、注浆半径、导管加固范围。

表 6.5 极差分析

水平	最大地表沉降/mm			地表沉降释放率		
	A	B	C	A	B	C
Ⅰ	2.95	2.82	2.53	0.64	0.53	0.49
Ⅱ	2.35	2.27	2.43	0.45	0.46	0.48
Ⅲ	1.91	2.13	2.25	0.34	0.44	0.46
R	0.35	0.23	0.09	0.30	0.09	0.03

方差分析也被称为"变异数分析",用于对两个相同样本和多个样本之间的差异进行重要的分析。根据统计分析,它是基于离差平方分析,通常被称为方差分析。方差分析方法如表 6.6 所示,若一因子影响显著,则其 F 值大于临界值。

表 6.6 方差分析表

来源	离差平方和	自由度	方差	F 值	临界值
A	SS_A	$f_A = r-1$	$MS_A = SS_A/f_A$	$F = SS_A/MS_e$	$F_{1-\alpha}(f_A, f_e)$
B	SS_B	$f_B = r-1$	$MS_B = SS_B/f_B$	$F = SS_B/MS_e$	$F_{1-\alpha}(f_B, f_e)$
C	SS_C	$f_C = r-1$	$MS_C = SS_C/f_C$	$F = SS_C/MS_e$	$F_{1-\alpha}(f_C, f_e)$
误差	SS_e	$f_e = f_e - f_A - f_B - f_C$	$MS_e = SS_e/f_e$		
总和	SS_T	$f_e = n-1$			

地表沉降的方差分析见表 6.7，显著性水平选取 $\alpha=0.1$。可知，导管长度对地表沉降的影响非常显著；注浆半径对地表沉降的影响较为显著；虽然导管加固范围方差大于误差方差，但 F 值小于临界值，其对地表沉降有影响但不显著。

表 6.7　最大地表沉降方差分析表

来源	离差平方和	自由度	方差	F 值	临界值	显著性
A	1.655	2	0.828	23.194	9.000	显著
B	0.793	2	0.396	11.109	9.000	显著
C	0.121	2	0.061	1.701	9.000	不显著
误差	0.071	2	0.036			
总和	2.640	8				

掌子面地表沉降释放率的方差分析见表 6.8。可知，导管长度对地表沉降的影响非常显著；注浆半径方差大于误差方差，但 F 值小于临界值，其对地表沉降有影响，但不显著；而导管加固范围因其方差与误差相等，可视为误差。

表 6.8　地表沉降释放率方差分析表

来源	离差平方和	自由度	方差	F 值	临界值	显著性
A	0.141	2	0.070	64.873	9.000	显著
B	0.015	2	0.007	6.690	9.000	不显著
C	0.001	2	0.001	0.614	9.000	不显著
误差	0.002	2	0.001			
总和	0.159	8				

在选取支护参数时采取合理、有效的参数组合最为经济、有效，这是大型洞室群施工力学的基本思想。根据正交试验分析，可知小导管参数对地表沉降影响能力依次为超前加固长度、注浆半径和小导管径向加固范围，因此综合考虑物料和人工成本，超前加固长度的选取应首先考虑支护效果，注浆半径需综合考虑支护效果和成本，而小导管径向加固范围仅需为支持最低水平。

6.2.7　修正剑桥模型与莫尔-库仑模型对比分析

在采用莫尔-库仑模型时存在两个问题：一是地表沉降在沉降槽外存在隆起的现象，二是在中洞的开挖过程中，掌子面后方的地表沉降明显回弹。这两个问题产生的原因相同，都是因为隧道土体的开挖降低了下部土体的荷载，使下部土体回弹。而莫尔-库仑模型中压缩模量与回弹模量相等，因而回弹十分剧烈。为了解决这一问题，本节选用带有硬化的修正剑桥模型，希望获得更加合理的沉降曲线。

（1）本构模型

剑桥模型最初是由英国剑桥大学 Roscoe 等建立的土的弹塑性模型，它是在大量的试验基础上建立起来的,适用于正常固结和轻超固结土。然而,剑桥模型的屈服轨迹在 $p—q$ 平面上存在屈服尖端,且无弹性偏应变,这使剑桥模型所产生的位移与实际不符。Burland 为了解决这一问题,建立了一种新的能量方程,得到了修正剑桥模型。修正剑桥模型的完整物态边界面包含 Roscoe 面、Hvorsles 面和零拉应力界面。其中 Roscoe 面临界状态线(CSL)和正常固结线(NCL)为边界的曲面,Hvorsles 面为超重固结土的破坏面。

(2)参数选择

修正剑桥模型的参数主要由摩擦常数 M、表征压缩和回弹变形特征的 λ 和 κ,以及用以确定固结线的线上一点 (P_1,ν_λ) 组成。摩擦常数 M 是临界状态下 q/p_{cr} 的比值,可以通过三轴压缩或拉伸试验获得。不同于莫尔-库仑模型,剑桥模型中临界状态线与中间主应力有关,因此。由三轴压缩测试

$$M=\frac{6\sin\varphi'}{3-\sin\varphi'} \tag{6.19}$$

可以看出,修正剑桥模型在应用时是以莫尔-库仑强度准则为破坏条件的。

正常固结线和卸载线的斜率,理想情况下,λ 和 κ 应当根据各项等压三轴试验获得。其中 λ 为正常固结线在 $\nu\text{-}\ln p'$ 平面中的斜率,而 κ 为卸载线在 $\nu\text{-}\ln p'$ 平面中的斜率,如图 6.31 所示。

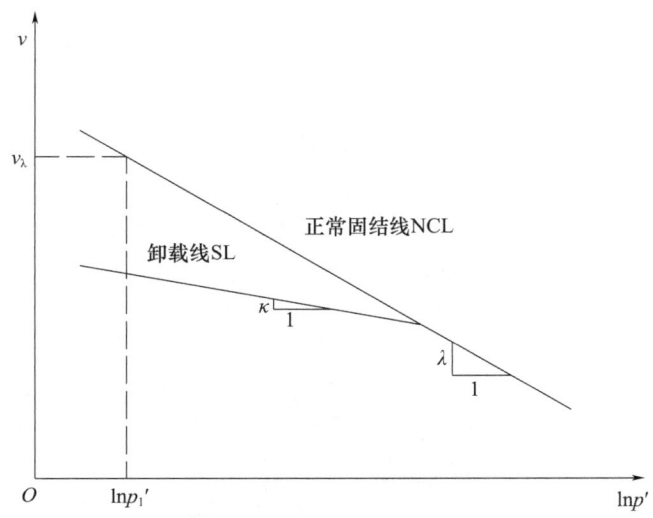

图 6.31 等压压缩试验中正常固结线和卸载-再加载线

这两个参数同样可以通过固结试验获取。由于固结试验中侧向压力与竖向压力的比值为静止土压力系数 (K_0),因此两种试验中的 $\nu\text{-}\ln p'$ 线斜率是相同的。这样,λ 和 κ 可以通过压缩指数 C_c 和膨胀指数 C_s 换算。

$$\lambda=C_c/\ln(10) \tag{6.20}$$

$$\kappa\approx C_c/\ln(10) \tag{6.21}$$

$FLAC\ 3D$ 用户手册中推荐 κ 取值为 $(1/5\sim1/3)\lambda$,而赵锡宏等对浅层软土的研究

表明 λ/κ 的范围为 $8\sim18$，通常可按经验公式 $\lambda/\kappa=12$ 选取。P_1 和 ν_λ 则为正常固结线上一点，用来确定正常固结线。本模型中土体全部按正常固结土考虑，为了便于确定注浆加固区的土体参数，加固区仍采用莫尔-库仑模型且参数不变。由于地质资料中，三轴试验时没有记录孔隙水压力，无法获得 φ'，因此通过提供的静止土压力系数进行估算，黏土采用式（6.22），砂土采用式（6.23）。按表 6.9 选取剑桥模型参数。

$$K_0=1-\sin\varphi' \tag{6.22}$$

$$K_0=0.95-\sin\varphi' \tag{6.23}$$

表 6.9　剑桥模型参数

土类别	有效内摩擦角 $\varphi'/(°)$	静止土压力系数 K_0	摩擦常数 M	泊松比 μ	λ	κ	p_1/kPa	比体积 ν_λ
4-1 粉质黏土	34.06	0.44	1.377	0.35	0.0656	0.0082	1	1.99
5-1 粉质黏土	32.68	0.46	1.317	0.35	0.0716	0.0090	1	2.02
5-2 粉质黏土	31.33	0.48	1.258	0.35	0.0662	0.0083	1	2.04
6-2 细中砂	36.87	0.35	1.500	0.30	0.0617	0.0077	1	1.98
6-3 中砂	36.87	0.35	1.500	0.30	0.0674	0.0084	1	1.99
6-6 粗砂	40.54	0.30	1.660	0.30	0.0530	0.0066	1	1.97

（3）位移分析对比

以小导管在开挖方向投影长度为 4m、注浆半径 0.8m 时为例，对比分析莫尔-库仑模型和修正剑桥模型。采用修正剑桥模型时的竖向位移云图如图 6.32 所示。

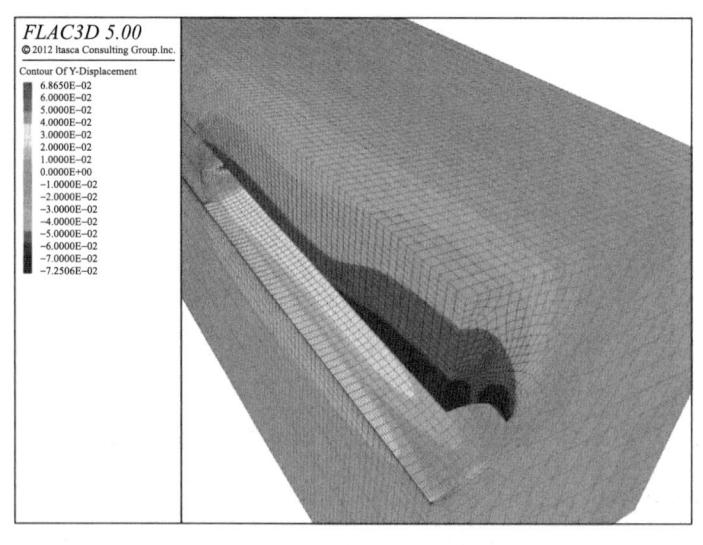

图 6.32　修正剑桥模型竖向位移云图

隧道中线处地表沉降，如图 6.33 所示。为了去除进洞的干扰，忽略刚进洞 14m 范围内的数据。可知采用剑桥模型时地表沉降整体成倒 S 形，完成导洞和完成中洞时的地表沉降相差较小。沉降在掌子面前 15m 外十分平缓，在掌子面前后 15m 内变换最为剧烈，而掌子面后 15m 外变化较为平缓，沉降在掌子面处约为 25m，最大沉降约 40mm，掌子面地表沉降释放率为 62.5%。与此相对，莫尔-库仑模型在完成导洞和完成中洞时的地表沉降相差较大，完成中洞时的地表沉降在掌子面后方 10m 处达到最大，并从这之后开始表现出回弹，甚至在距离掌子面 25m 后明显小于导洞完成时的沉降。

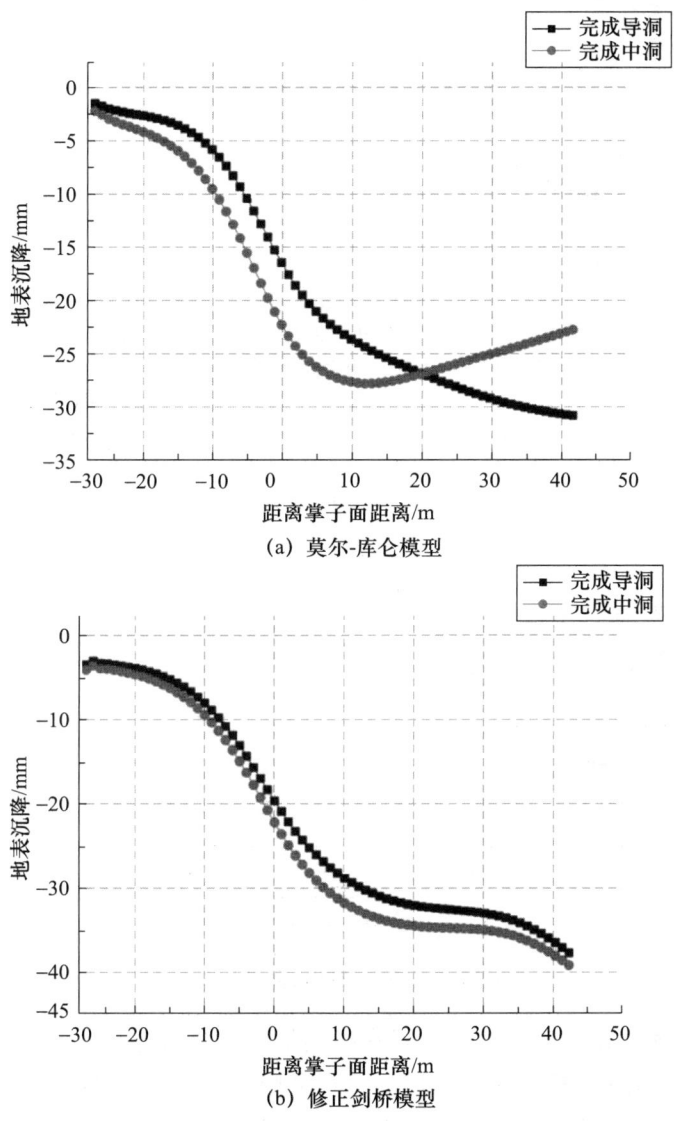

图 6.33 不同模型地表纵向沉降分布

抓取掌子面后 14m 处的地表沉降，如图 6.34 所示。可知采用莫尔-库仑模型时，在距离中线 20m 外时地表沉降表现为微弱上升，随着远离隧道才逐渐回落；而采用修正剑桥模型时，地表沉降全部表现为下沉，在距离中线 20～40m 范围沉降表现为平缓且较小的沉降。

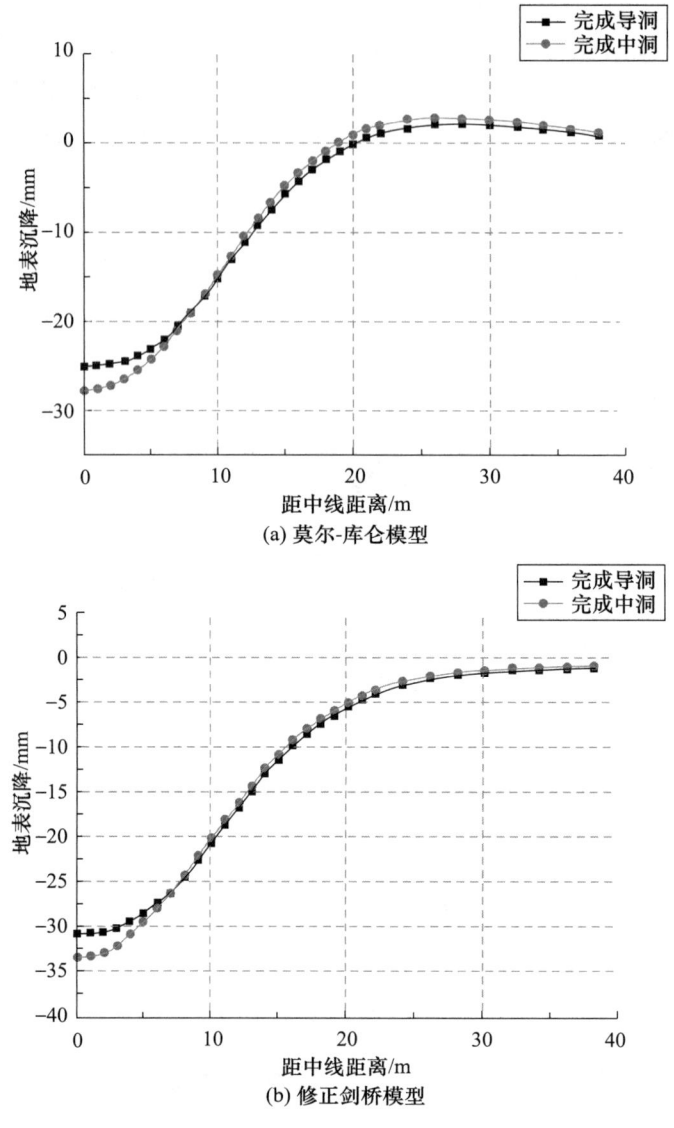

图 6.34 不同模型地表横向沉降分布

在采用莫尔-库仑模型时，地表沉降在横向沉降槽外和掌子面后方都表现为明显的回弹。这一现象在基坑的模拟中更为明显，在采用莫尔-库仑模型和 DP 模型时，由于围护结构的侧向限制，坑土体表现为竖向上升，且越靠近基坑边缘上升越明显。这是由于莫尔-库仑模型没有硬化，其加载和卸载模量相同，而实际上卸载模量远小于加载模量。

从本章对数值模拟的结果进行的分析可知，在研究范围内超前加固长度与地表沉降和拱顶沉降成负相关，但加固长度由 5m 增长至 6m 后地表沉降基本不变；随注浆半径与地表沉降成弱负相关；而径向加固范围对地表沉降影响较小。因此施工中采用的参数组合为超前加固长度 5m、注浆半径 1.2m 和小导管径向加固范围 0.8m。

6.3 大断面隧道开挖、支护设计方案优化比选

6.3.1 大断面双侧壁导坑法开挖方案优化

大断面隧道结构跨度大，施工工艺多，开挖过程中对周围地层多次扰动，可能引起土体发生较大水平位移或失稳，造成地面沉降过大、局部塌方和涌水涌砂现象。在大断面隧道开挖过程中，不可能全断面一次成洞，而需要根据出碴运输方式、施工机械的类型和围岩特性等条件，选择施工方案，因而就确定了大型洞室是分层分块开挖、逐步形成洞室设计体型的特点，在开挖时间上就有分期开挖过程，在分期开挖过程中，不同的开挖顺序就意味着对围岩的一种不同的暂时加载方式。在施工期间不断变化着的洞形和加载方式，不仅影响施工期内地表的沉降、围岩的应力、破损区和洞周位移，而且影响洞体成型后的应力分布、破损区大小以及洞周位移、地表位移状况，因此需要对大断面隧道的不同开挖方式进行比较分析，综合考虑多种因素以得到最优的开挖方案。

根据现场施工经验以及设计方给出的建议，大断面隧道双侧壁导坑法考虑两种开挖方案：方案一为左右导洞同时开挖；方案二为左右导洞先后开挖。

6.3.1.1 方案一：左右导洞同时开挖

(1) 状态划分

截取大断面隧道开挖支护过程的以下4个状态进行分析。

状态1：左右上洞开挖支护5m。
状态2：左右下洞10m开挖支护完成。
状态3：中洞上台阶10m开挖支护完成，中洞下台阶开挖支护5m。
状态4：临时支护拆除完成，二次衬砌闭合成环。
方案一大断面隧道开挖流程图如图6.35所示。

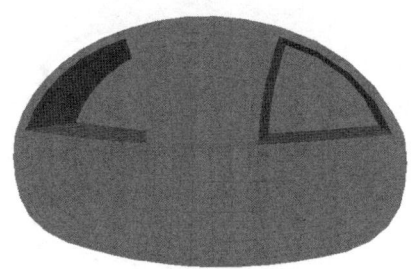

(a) 状态1

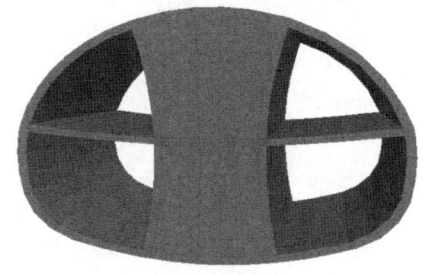

(b) 状态2

(c) 状态3

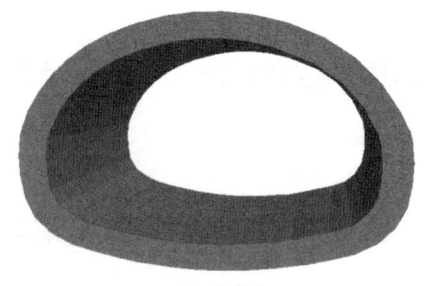
(d) 状态4

图 6.35　方案一大断面隧道开挖流程图

(2) 应力分析

大断面开挖过程中各个状态的应力如图 6.36 所示。随着隧道开挖与支护的施作，在施工初始时，由于开挖产生应力释放，洞室周围大部分土体水平与垂直应力有所减小，后又由于临时支撑与衬砌的作用，开挖区域周边土体应力又有增大趋势，但减小和增大的幅度均不是很大。当隧道开挖完成后，由于临时支护的施作，水平应力主要由中隔板承担，而垂直压力则主要由中隔壁承担，二次衬砌闭合成环后垂直应力（Z 向）应力最大值出现在拱脚，约为 6.9MPa。

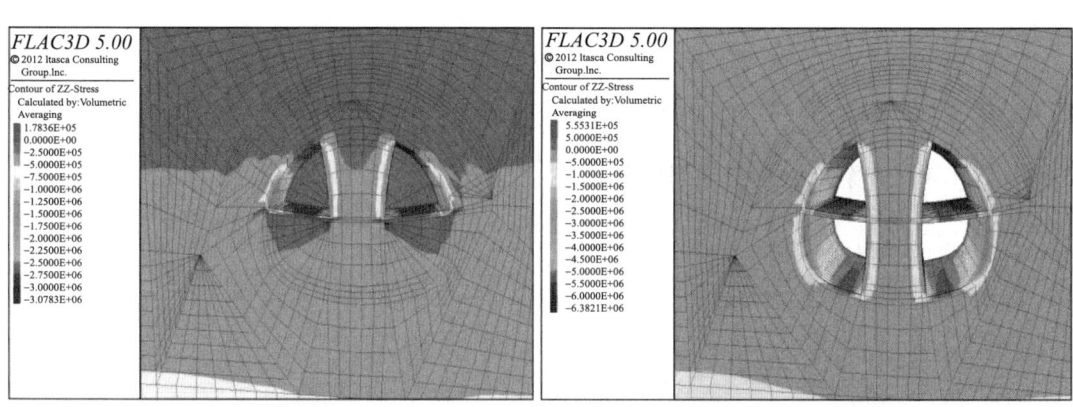

图 6.36　大断面隧道应力云图

(3) 位移分析

如图 6.37 所示，在左右导洞开挖过程中，随着隧道的开挖，洞室上方土体会产生明显的沉降，且距离隧道顶部越近，位移值越大；隧道底板以下土体由于开挖的应力释放，产生隆起现象，并向地表成 U 形扩展。随着中导洞的开挖，作用在中心线附近的上部土体重力减小，引起下部土体隆起，使上部刚度较大的隧道初衬及地表土体的整体沉降减小，支护结束后地表隆起量最大的位置发生在距隧道中心线 15～20m 处，隆起量为 9mm 左右；地表最大沉降量为 26.9mm，位于隧道中心线附近。

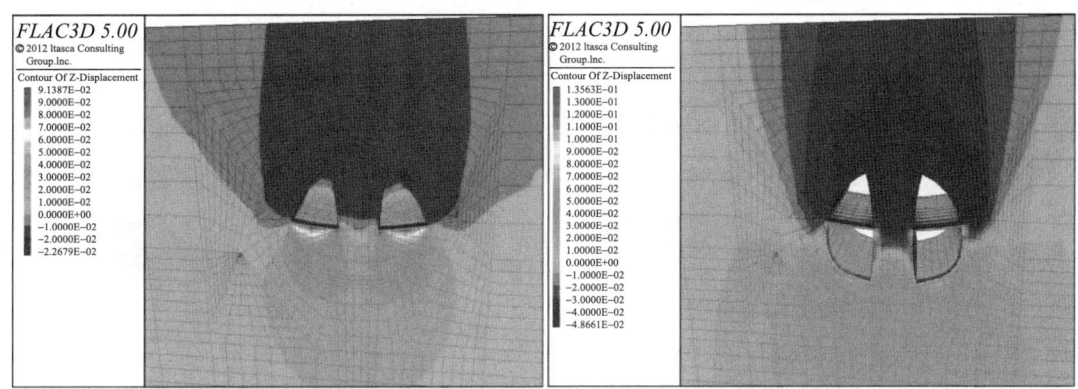

(a) 状态1 Z向位移　　　　　　(b) 状态2 Z向位移

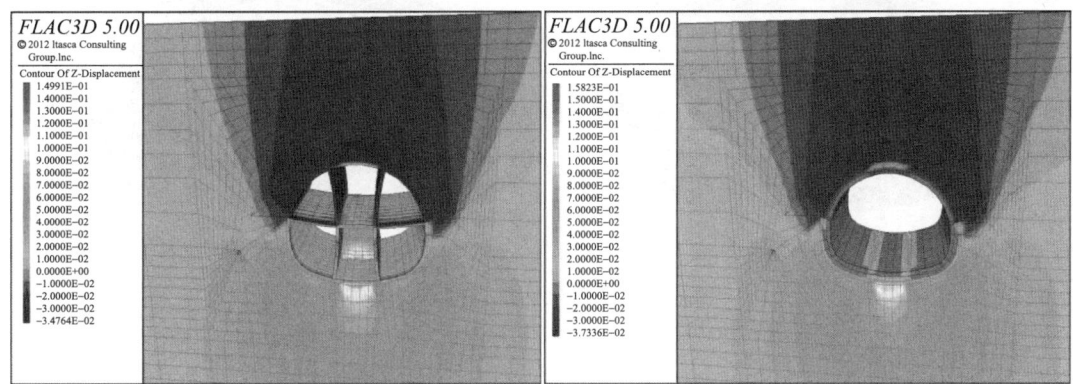

(c) 状态3 Z向位移　　　　　　(d) 状态4 Z向位移

图 6.37　大断面隧道位移区云图

6.3.1.2　方案二：左右导洞先后开挖

(1) 状态划分

截取大断面隧道开挖支护过程的 6 个状态（图 6.38）进行分析。

状态 1：左上洞开挖支护 5m。

状态 2：左下洞 10m 开挖支护完成。

状态 3：右上洞 10m 开挖支护完成，右下洞开挖支护 5m。

状态 4：中洞上台阶开挖支护 5m。

状态 5：中洞下台阶 10m 开挖支护完成。

状态6：临时支护拆除完成，二次衬砌闭合成环。

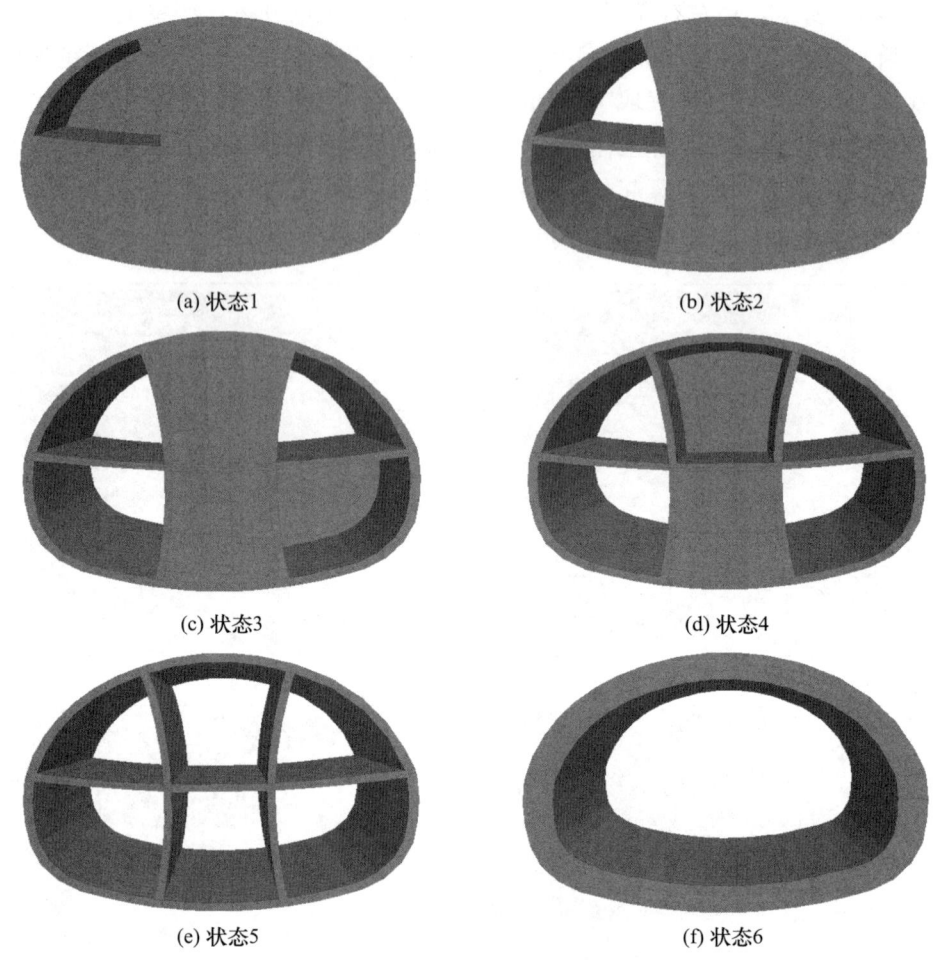

图 6.38 大断面隧道开挖流程图

（2）应力分析

由 Z 向应力云图（图 6.39）可知，随着隧道开挖与支护的及时施作，初衬边缘土

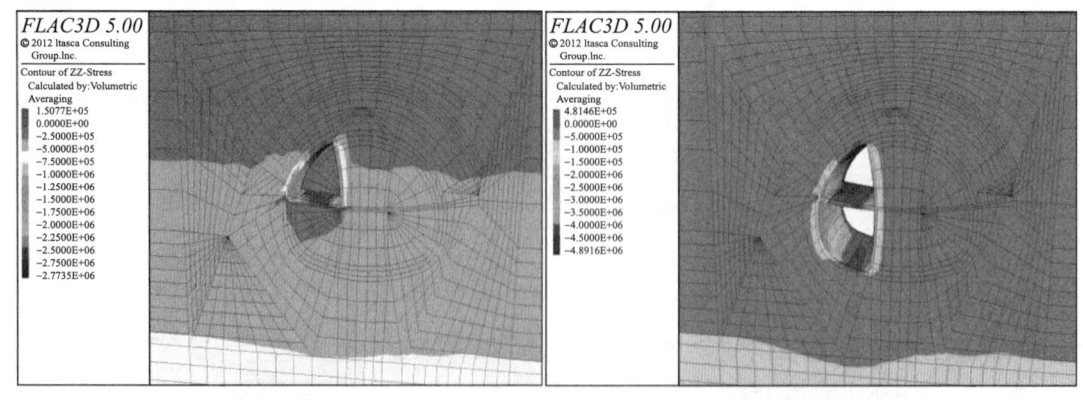

(a) 状态1 Z 向应力　　　　　　　　(b) 状态2 Z 向应力

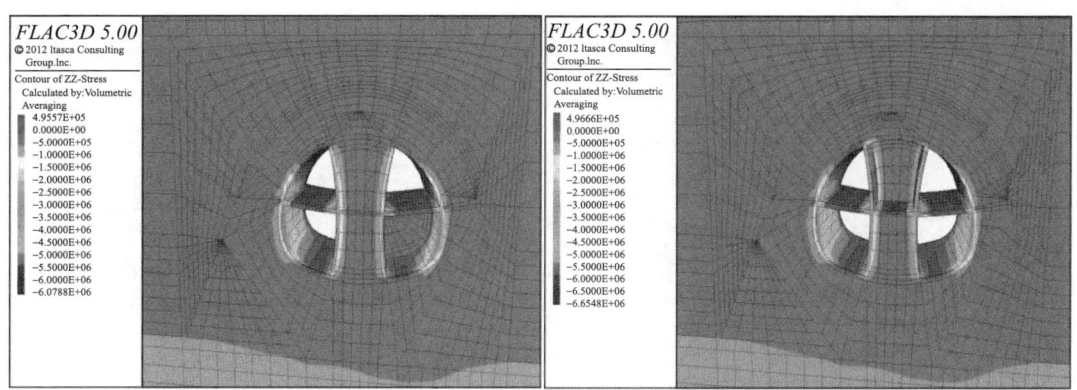

(c) 状态3 Z向应力　　　　　　　　(d) 状态4 Z向应力

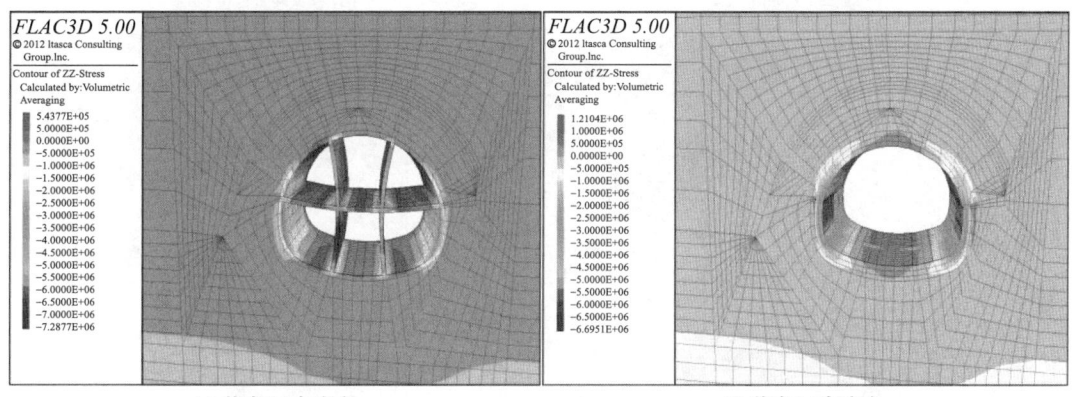

(e) 状态5 Z向应力　　　　　　　　(f) 状态6 Z向应力

图 6.39　大断面隧道开挖应力云图

体应力增大，但由于临时支撑与衬砌的作用，土体应力变动幅度不是很大。当隧道开挖支护完成后，垂直应力（Z 向）最大值出现在二次衬砌闭合成环后拱脚位置，约为 6.7MPa。

（3）位移分析

大断面开挖过程中各个状态的 Z 向位移如图 6.40 所示。由图 6.40（a）、图 6.40（b）可知，随着左侧导洞的开挖，洞室上方土体会产生明显的沉降，且越靠近隧道顶部，位

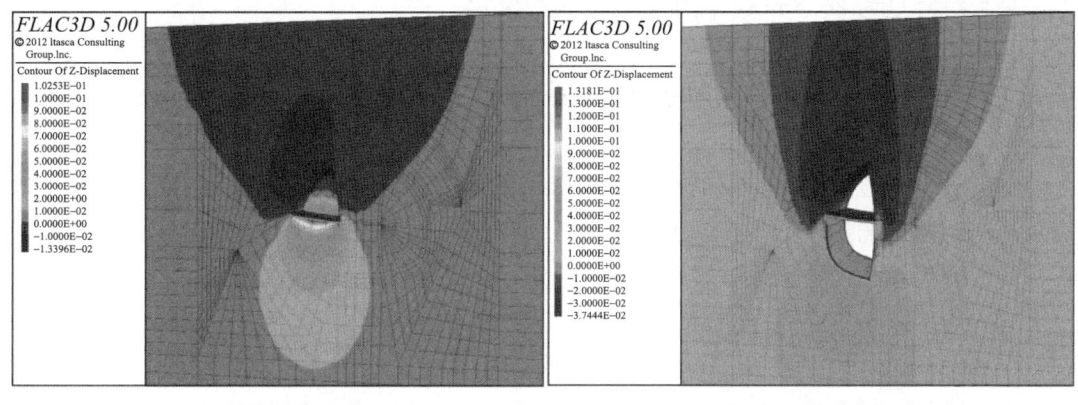

(a) 状态1 Z向位移　　　　　　　　(b) 状态2 Z向位移

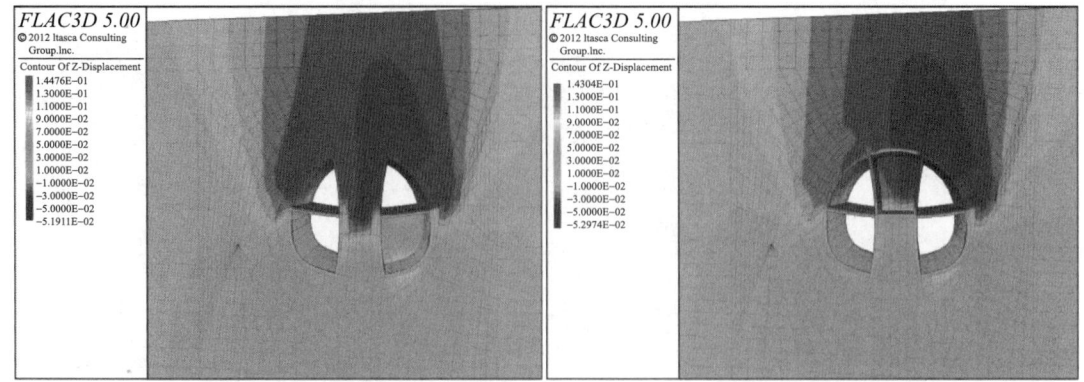

(c) 状态3 Z向位移　　　　　　　　(d) 状态4 Z向位移

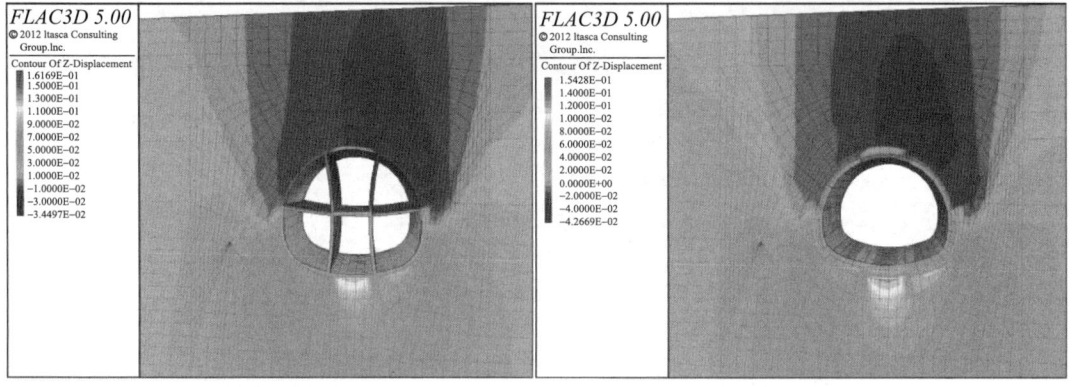

(e) 状态5 Z向位移　　　　　　　　(f) 状态6 Z向位移

图 6.40　大断面隧道开挖位移云图

移值越大；隧道底板以下土体由于开挖的应力释放，产生隆起现象，并向地表成U形扩展，使地表产生微小隆起。由图 6.40（c）至图 6.40（f）可知，随着右侧导洞的开挖，最大沉降量发生的位置由左侧导洞上方转移到右侧导洞上方；随着中洞的开挖，由于下部土体隆起，导致地表最大沉降量逐渐减小；随着临时支护的拆除以及二衬的施作，隆起现象有一定的减弱，支护结束后地表最大隆起出现在距中心线16m处，为10mm；地表最大沉降量为24.8mm，位于隧道中心线偏右。

6.3.2　大断面双侧壁导坑法开挖步长影响

在隧道开挖过程中，不同的开挖步长产生不同的应力路径，对隧道的力学行为和地表沉降产生不同的影响。本节对开挖步长分别为0.5m、1m、2m时的情况进行模拟分析，开挖顺序均按照上节中方案一考虑。

（1）应力分析

完成中洞时隧道中部 $y=5m$ 截面处应力云图如图 6.41 所示。土体竖向应力在拱脚处最大，开挖步长为 0.5m、1m、2m 时拱脚处竖向应力分别为 661.3kPa、642.9kPa、

539.7kPa，水平土压力在拱肩靠近中隔壁处最大，不同开挖步长时分别为 381.6kPa、394.2kPa、409.6kPa。不同开挖步长主应力如图 6.42 所示。不同开挖步长时拱脚处最小主应力分别为 −6.8kPa（受拉）、76.4kPa、83.1kPa，最大主应力分别为 693.2kPa、670.5kPa、606.9kPa。可知，拱脚处应力差随着开挖步长的增加而减小。这是由于表面土体严重破坏，随着开挖步长增加破坏越严重，承载力降低，越早进入塑性状态。

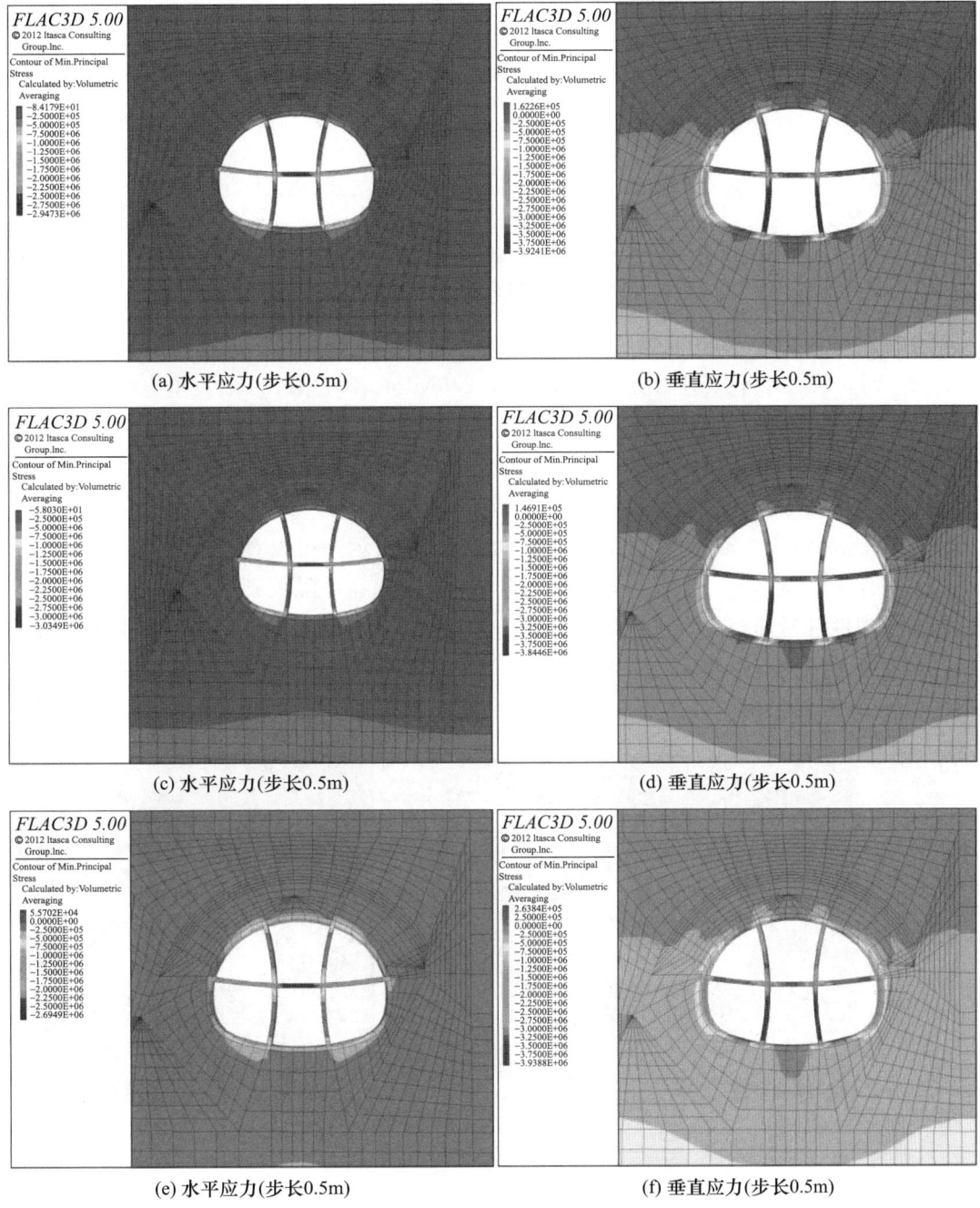

图 6.41　不同开挖进尺应力云图

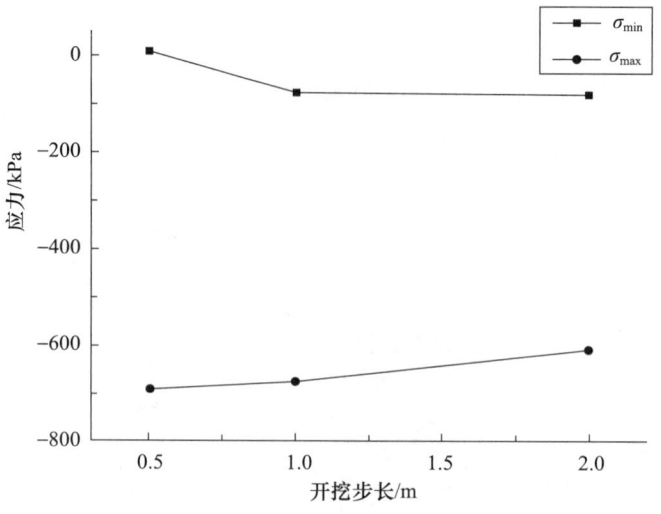

图 6.42 不同开挖步长主应力

支撑水平应力主要由中隔板承担,垂直应力主要由中隔壁承担,步长为 0.5m、1m、2m 时,最大水平压应力分别为 3MPa、2.9MPa、2.7MPa,最大垂直压应力分别为 3.0MPa、3.8MPa、3.9MPa。可知随着开挖步长的增加,支撑所受最大应力明显增加。

(2) 塑性区分析

完成中洞后,$y=5m$ 截面处的塑性区如图 6.43 所示。可以看出,随着开挖步长的增加,塑性区明显增大。步长 0.5m 时塑性区主要出现在中隔板到拱脚之间,拱底有零星分布,塑性区延伸至支撑背后约 2.5m;步长 1m 时塑性区分别向拱顶及拱底略微增加,塑性区延伸至支撑背后约 2.8m;步长 2m 时塑性区急剧增加,塑性区延伸至支撑背后约 4m,同时拱底塑性区连通,土体严重破坏。

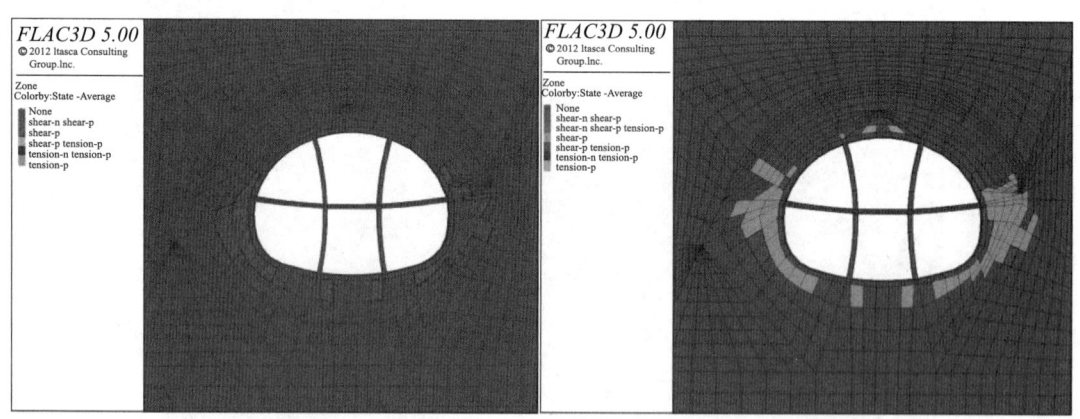

(a) 步长0.5m　　　　　　　　　(b) 步长1.0m

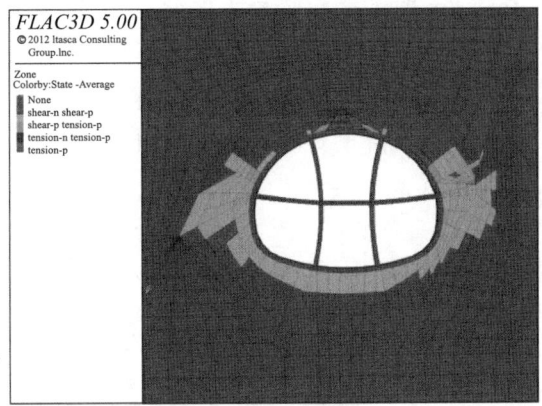

(c) 步长2.0m

图 6.43 不同开挖进尺塑性区

(3) 位移分析

隧道模型中部 $y=5\text{m}$ 处的竖向位移云图如图 6.44 所示,由于完成中洞后地表沉降表现出与实际不符的回弹,因此这里截取完成导洞时的地表沉降。沉降最大值位于中线

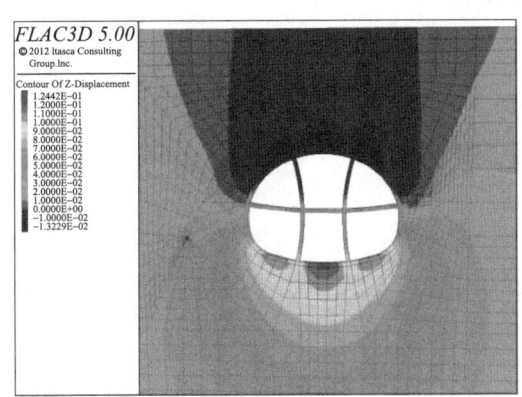

(a) 步长0.5m　　　　　　　　　　　(b) 步长1.0m

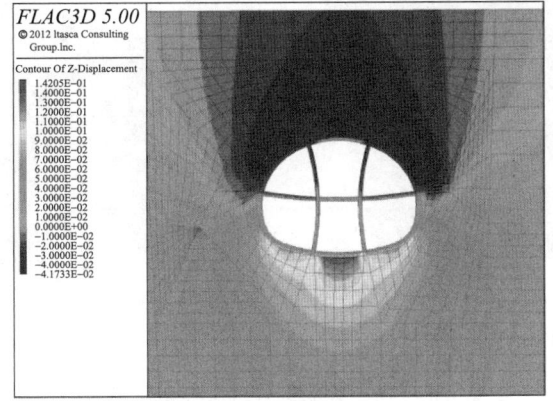

(c) 步长2.0m

图 6.44 不同开挖步长竖向位移云图

处,开挖步长为 0.5m、1m、2m 时地表沉降最大值分别为 31.3mm、36.7mm、43.7mm,沉降槽宽度分别为 19m、20m、21m,如图 6.45 所示。以 1m 步长为基准,步距减小至 0.5m 时地表沉降降低 14.7%,而增加至 2m 时地表沉降增加 19.1%。可知,随着开挖步长的增加,最大地表沉降以及沉降槽宽度均快速增加。

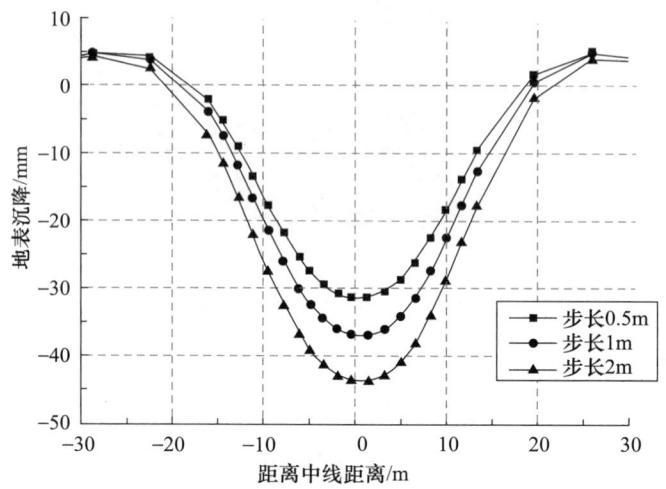

图 6.45 不同开挖步长中间截面地表沉降槽

6.3.3 大断面隧道双侧壁导坑法临时支护拆除顺序优化

双侧壁导坑法施工段总长约 31m,为了方便研究,模型沿隧道开挖方向近似取 30m,采用实体单元构建土体、支护结构,土体与支护结构参数、网格划分方式同 3.1 节模型,模型整体及支护结构示意如图 6.46 所示。

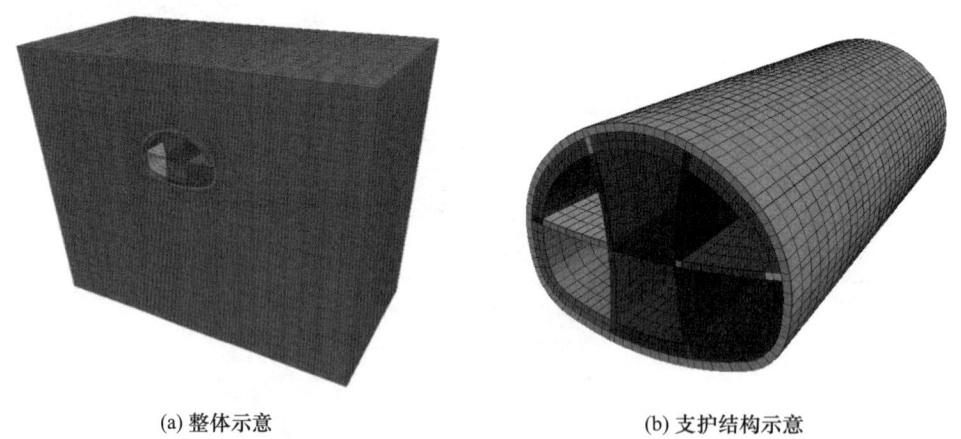

(a) 整体示意　　　　　　　　　　(b) 支护结构示意

图 6.46 双侧壁导坑法模型示意

本工程中采用六步双侧壁导坑法,相较常规双侧壁导坑法,在施作过程中增设中隔板,可有效减小沉降。本节将对四种方案进行模拟分析,探求相对合理的方案。

方案一：原设计方案。
方案二：分区拆除，只还原底部中隔墙。
方案三：分区拆除，每次均还原临时支撑。
方案四：先施作二衬，再拆除临时支护。

6.3.3.1　方案一：原设计方案（分区拆除后施作二衬）

（1）拆除步骤

步骤一：分段 5m 拆除下部中隔壁，施作相应的仰拱二衬。

步骤二：仰拱二衬的结构强度达到要求后，拆除步骤一剩余的中隔板与中隔壁，浇筑完成二次衬砌。

（2）地表沉降分析

按方案一拆除临时支护后，模型竖向位移云图与地表沉降分析曲线如图 6.47 至图 6.50 所示，可知按方案一拆除之后，地表最大沉降在隧道进口的正上方，随着距洞口距离增加沉降逐渐减小，最大沉降值为 9.99mm。

(a) 步骤一　　　　　　　　　(b) 步骤二

图 6.47　方案一拆除顺序示意

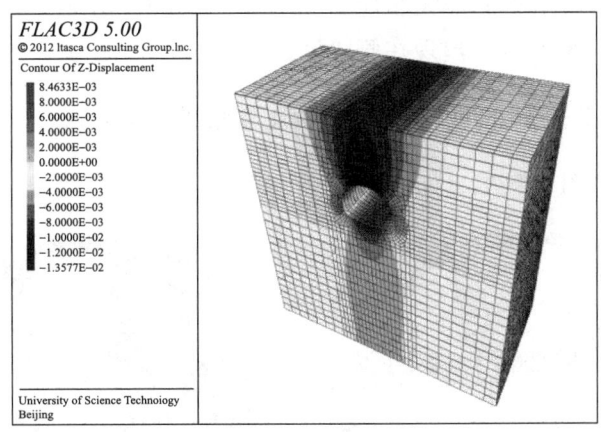

图 6.48　方案一模型竖向位移云图

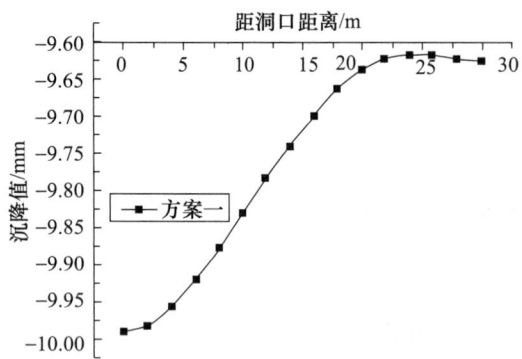

| 图 6.49 方案一隧道上方地表纵向沉降曲线 | 图 6.50 方案一模型中部横向地表沉降曲线 |

(3) 支护结构位移分析

按方案一拆除后，衬砌的压应力云图如图 6.51、图 6.52 所示。

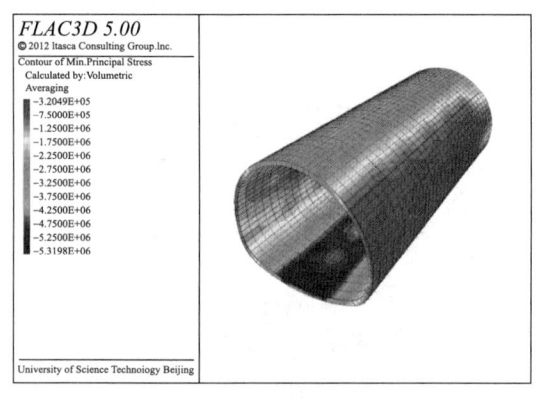 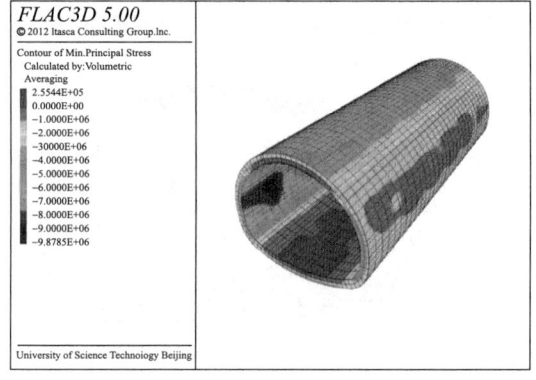

| 图 6.51 方案一初衬压应力云图 | 图 6.52 方案一二衬压应力云图 |

可知拆除后初衬后承受的最大压应力约为 5.32MPa，出现在底板处，二衬完成后压应力最大值约为 9.88MPa，出现在侧壁处。

6.3.3.2 方案二：分区拆除施作二衬后还原底部中隔墙

(1) 拆除步骤（图 6.53）

(a) 步骤一　　　　　　　　　　　(b) 步骤二

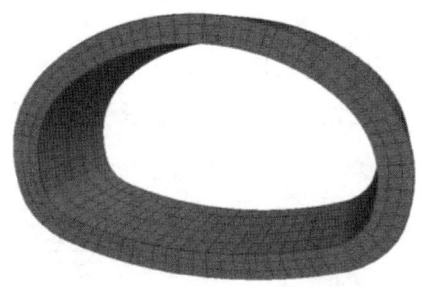

(c) 步骤三

图 6.53　方案二拆除顺序示意

步骤一：分段 5m 拆除下部部分中隔壁，施作仰拱二衬，令下部剩余中隔壁与新施作的仰拱二衬顶紧。

步骤二：待仰拱二衬的结构强度达到要求后，拆除左右两侧部分中隔板，施作左右两侧壁二衬。

步骤三：拆除剩余所有中隔板、中隔壁，浇筑完成二次衬砌。

(2) 地表沉降分析

按方案二拆除临时支护后，模型竖向位移云图与地表沉降分析曲线如图 6.54～图 6.56 所示，可知按方案二拆除之后，地表沉降规律与方案一类似，最大沉降值为 9.13mm。

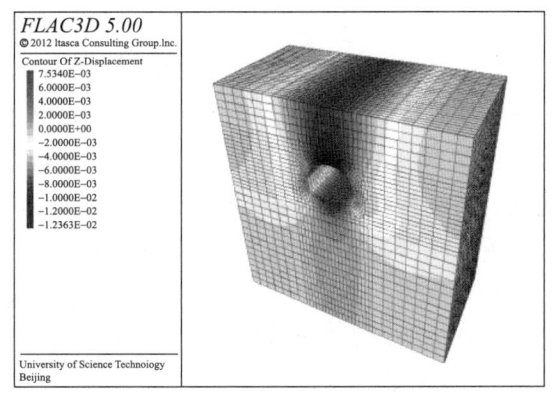

图 6.54　方案二模型竖向位移云图

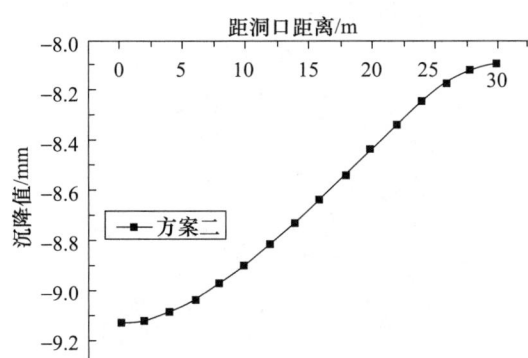

图 6.55　方案二隧道上方地表纵向沉降曲线

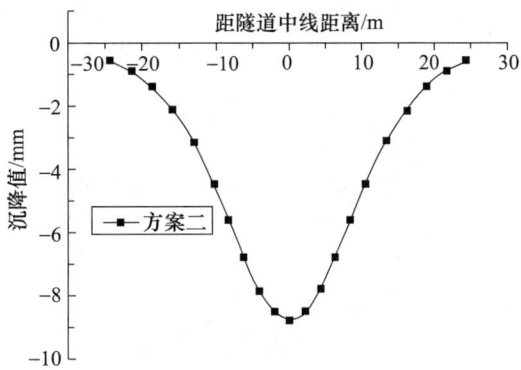

图 6.56　方案二模型中部横向地表沉降曲线

(3) 支护结构应力分析

按方案二拆除后，衬砌的压应力云图如图 6.57、图 6.58 所示，可知初衬承受的最大压应力约为 5.29MPa，在底板处；二衬完成后承受的最大压应力约为 9.64MPa，在侧壁处。

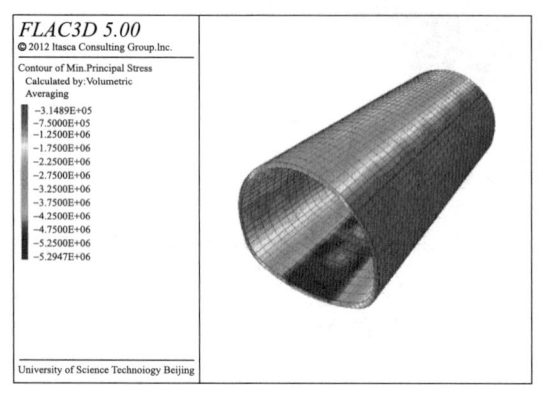

图 6.57 方案二初衬压应力

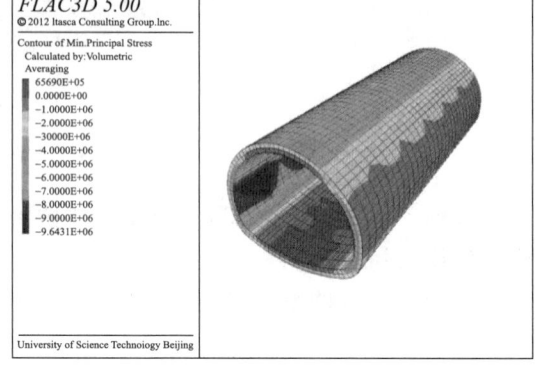

图 6.58 方案二二衬压应力

6.3.3.3 方案三：分区拆除施作二衬后均还原临时支撑

(1) 拆除步骤

步骤一：分段 5m 拆除下部仰拱部分支撑，施作相应防水层、浇筑二衬。

步骤二：待仰拱二衬结构强度达到要求后，仰拱处架设临时中隔壁。

步骤三：搭设脚手架施工平台，拆除左右两侧中隔板，进行左右侧墙二衬施工。

步骤四：待左右侧墙二衬结构强度达到要求后，架设相应临时中隔板。

步骤五：增设脚手架施工平台至拱顶处，拆除拱顶处中隔壁，进行拱顶二衬施工。

步骤六：待拱顶二衬结构强度达到要求后，架设相应临时中隔壁。

步骤七：进一步加频大断面监测，待沉降稳定后再将临时支撑拆除。

方案三拆除顺序如图 6.59 所示。

(2) 地表沉降分析

按方案三拆除临时支护后，模型竖向位移云图与地表沉降分析曲线如图 6.60~图 6.62 所示，可知方案三拆除引起的地表最大沉降量为 9.15mm，出现在进洞口隧道中线处。

(a) 步骤一

(b) 步骤二

(c) 步骤三 　　　　　　　　　　　　　(d) 步骤四

(e) 步骤五 　　　　　　　　　　　　　(f) 步骤六

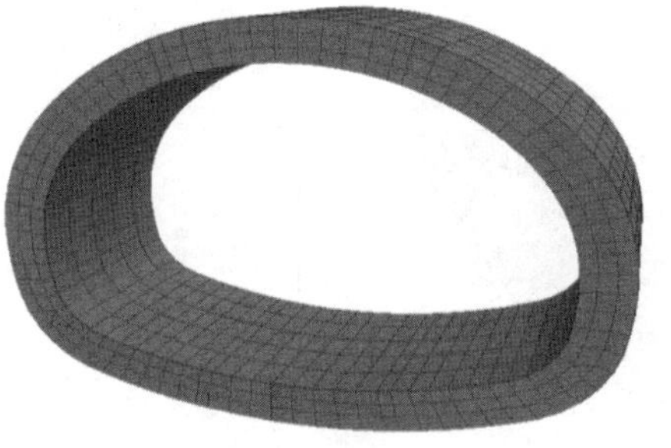

(g) 步骤七

图 6.59　方案三拆除顺序示意

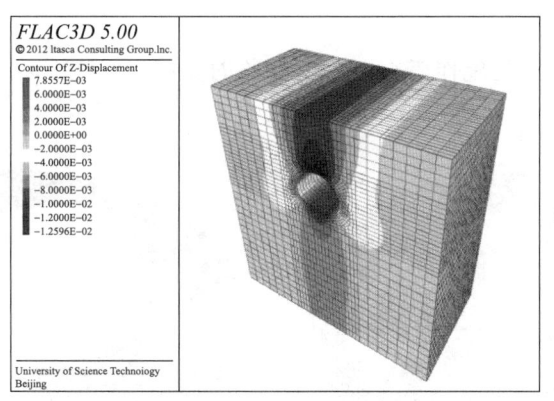

图 6.60　方案三模型竖向位移云图

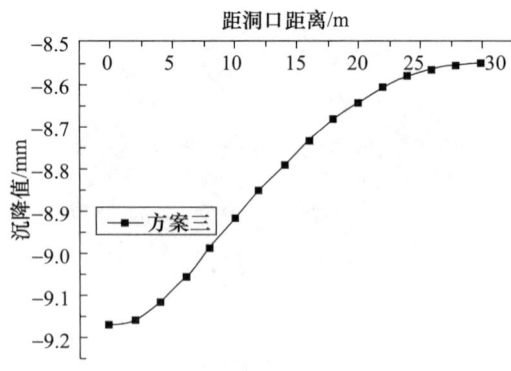

图 6.61　方案三隧道上方地表纵向沉降曲线

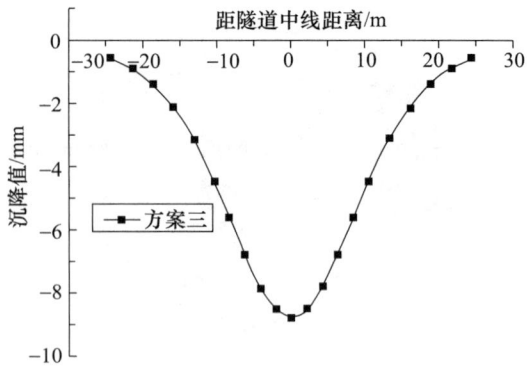

图 6.62　方案三模型中部横向地表沉降曲线

(3) 支护结构应力分析

按方案三拆除后，衬砌的压应力云图如图 6.63、图 6.64 所示，可知方案三拆除后，初衬承受的最大压应力约为 5.22MPa，在底板处；二衬承受的最大压应力约为 8.74MPa，在侧壁处。

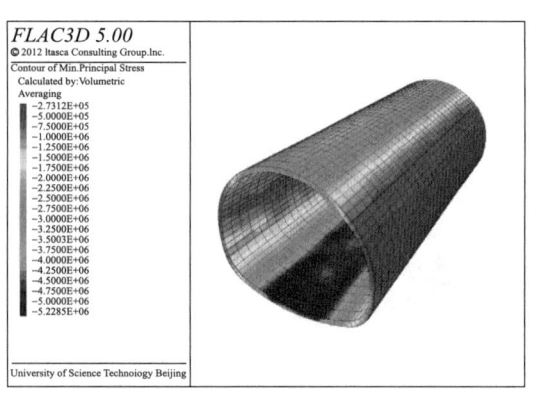

图 6.63　方案三初衬压应力云图

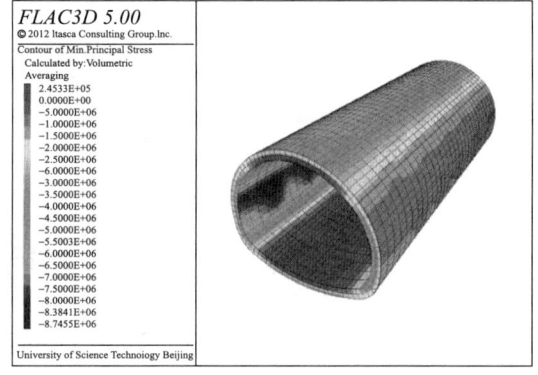

图 6.64　方案三二衬压应力云图

6.3.3.4　方案四：先施作二衬，再拆除临时支护

(1) 拆除步骤（图 6.65）

(a) 步骤一

(b) 步骤二

图 6.65　方案四拆除顺序示意

步骤一：先进行二次衬砌施工。

步骤二：二次衬砌强度达到要求后，拆除所有临时支护。

（2）地表沉降分析

方案四拆除临时支护后，模型竖向位移云图如图6.66所示，可知方案四开挖完成后地表最大沉降值为8.55mm。

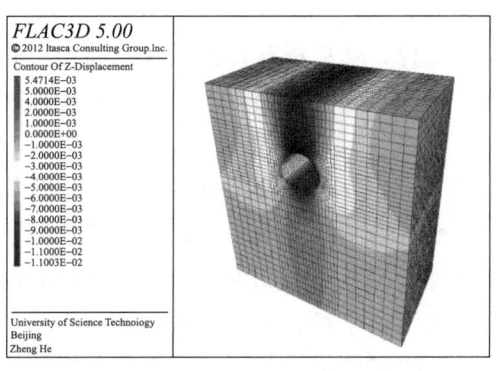

图6.66　方案四模型竖向位移云图

（3）支护结构应力分析

方案四拆除后，衬砌的压应力云图如图6.67、图6.68所示，可知方案四拆除后，初衬最大压应力约为5.33MPa，在底板处；二衬最大压应力约为8.38MPa，在侧壁处。

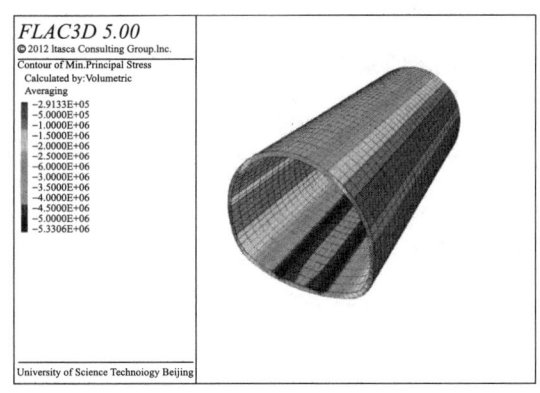

图6.67　方案四初衬压应力

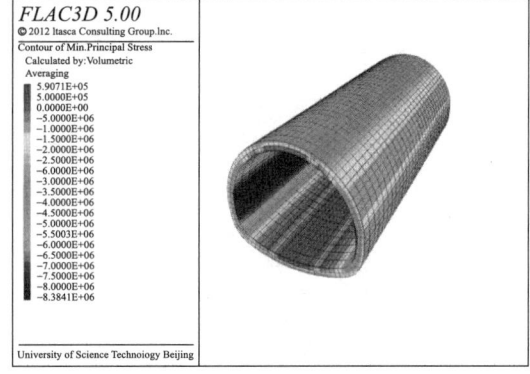

图6.68　方案四二衬压应力

6.4　本章小结

本章根据浅埋暗挖施工区间的工程地质概况，优化了原有大型变截面隧道整体开挖支护方案。

（1）采用大型数值计算软件FLAC 3D对本区间段地质条件下大断面隧道的动态施工过程进行仿真模拟，通过数值计算研究大断面隧道在设计开挖方式下的施工力学行为及其围岩变形规律，比选获得最优开挖支护方案，确立了合理的施工方法、施工顺序，初衬、二衬结构形式。

（2）通过大断面隧道不同断面临时支护拆除顺序研究、临时支护正逆拆除方向研究、横通道拆除方案研究，分析大断面隧道临时支护拆除顺序对地表沉降以及隧道衬砌应力的影响。采用双侧壁导坑法临时支护拆除方法时，按照先施作二衬再进行临时支护拆除的顺序施工，地表沉降量和二衬应力最小。

（3）先拆除马头门竖向支撑，然后拆除横通道临时隔板，同时施加横通道二衬，最后将大断面临时支撑拆除，该方案施工顺序下，拱顶沉降和地表沉降均较小，可优先考虑该方案。

（4）随着超前注浆面积的增大，隧道底部初衬位置、中部地面的最大应力逐渐减小，但变化幅度不大；对塑性区范围的影响较小；随着拱顶注浆深度的增加，拱顶强度提到进一步提高，地表沉降在缓慢减小。超前小导管在开挖方向的投影长度对地表沉降的改善作用最为明显；其次为注浆半径，而小导管加固范围则影响很小。因此，通过扩大小导管加固范围来扩大注浆半径效果较低，在此推荐采用其他注浆手段。

7

联络通道冻结法施工中土体冻胀融沉降影响研究

在联络通道冻结法施工过程中，待开挖范围内水土混合物受到冻结影响变成冻水土混合物的过程即冻胀，会对自然土体及既有结构产生挤压作用。为了解土体冻结过程中对周围环境的影响，必须进行系统研究分析和监控量测。

7.1 联络通道开挖施工及冻结方案设计

7.1.1 联络通道施工

根据冻结施工区间工程地质条件及现场施工条件，本次工程采用在双线隧道内利用斜交冻结管群冻结法施工加固地层，在既有的双线平行隧道内开展联络通道周围的土体冻结和开挖施工，其主要施工顺序如图 7.1 所示。

7.1.2 冻结孔及测温孔布置

冻结施工区间联络通道斜交冻结管群冻结法施工中冻结孔按上仰、近水平、下俯在既有双线隧道中布设 61 个冻结孔，本次施工采取冻结设计参数见表 7.1，冻结管参数见表 7.2。测温孔 C1、C4、C5 距离侧壁冻结管在平行于隧道方向的距离为 2m，作为判断冻结壁是否达到设计厚度的重要手段。冻结施工区间联络通道纵断面地层分布如图 7.2 所示。冻结施工区间联络通道冻结孔在左、右线布设如图 7.3 所示，整体冻结孔布置剖面如图 7.4 所示。

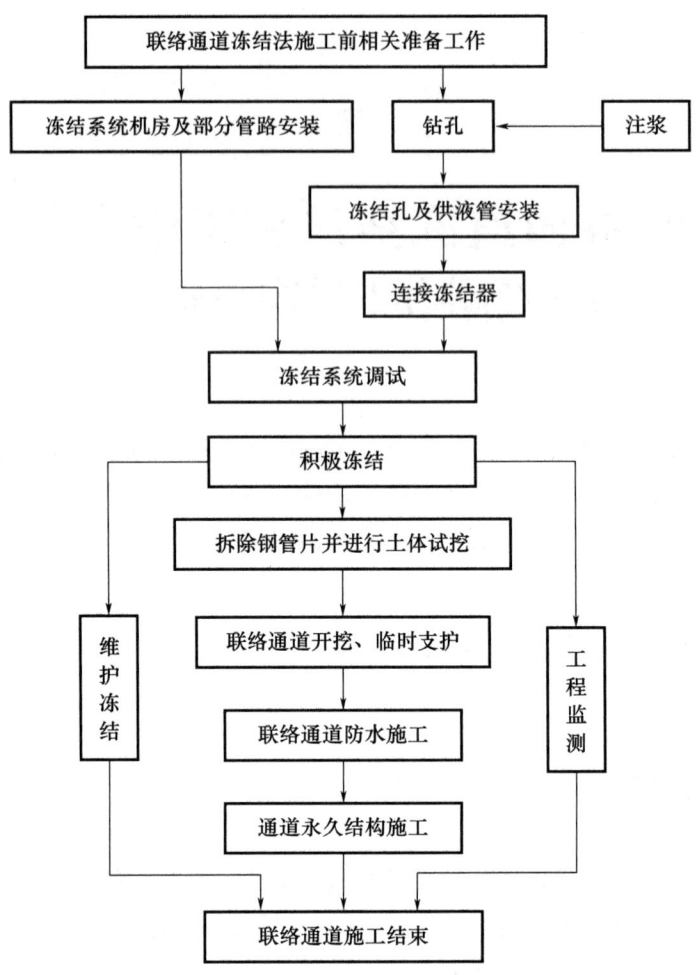

图 7.1 冻结施工区间联络通道冻结法施工流程

表 7.1 联络通道冻结技术参数表

序号	参数名称	单位	联络通道	备注
1	冻结壁设计厚度	m	2.0	根据测温数据判断
2	冻结壁平均温度	℃	≤−10	根据测温数据判断
3	冻结壁交圈时间	d	18～21	通过泄压孔等监测手段进行判断
4	积极冻结时间	d	45	根据测温数据判断是否延长冻结时间
5	维护冻结时间	d	30	根据开挖情况决定是否延长冻结时间
6	左线冻结孔个数	个	42	无
7	右线冻结孔个数	个	19	无
8	喇叭口处冻结壁厚度	m	≥1.8	无
9	盐水最低温度	℃	−28～30	积极冻结 7d 内温度降至 −18℃ 以下
10	冻结管规格	mm	$\phi 89 \times 8$	无
11	测温孔个数	个	8	左线2个、右线6个
12	泄压孔个数	个	4	左线2个，右线2个

表 7.2 冻结施工区间联络通道冻结管相关参数

冻结孔	长度/m	定位角/(°)	打孔仰角/(°)	个数	总孔深/mm
D1~D6	7000	53	13	6	42000
D7~D13	10500	35	7	7	73500
D14~D15	9232	25	4.5	2	18464
D16~D17	8573	13	3	2	17146
D18~D19	8607	3	0	2	17214
D20~D21	8749	−7	−3	2	17498
D22~D23	9018	−17	−6	2	18036
D24~D25	10300	−29	−8	2	20600
D26~D27	9100	−41	−11	2	18200
D28~D29	7950	−53	−16	2	15900
D30~D36	7000	−65	−23	7	49000
D37~D42	4000	−78	−36	6	24000
D43~D48	7000	−65	−23	6	42000
D49~D55	4000	−78	−36	7	28000
D56~D61	3000	43	35	6	18000

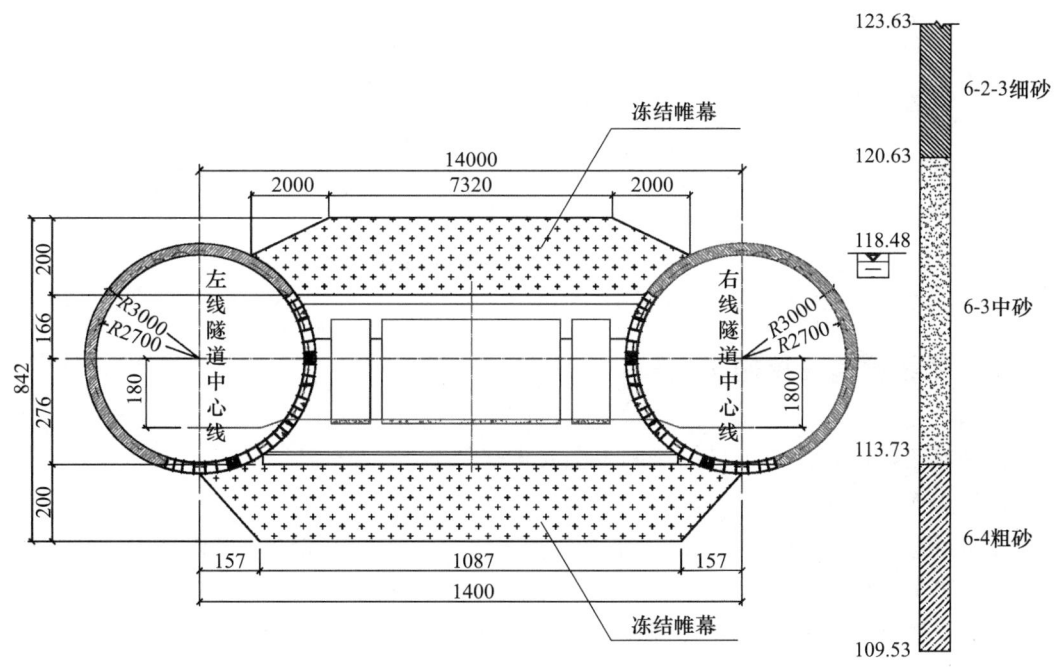

图 7.2 冻结施工区间联络通道纵断面地层分布

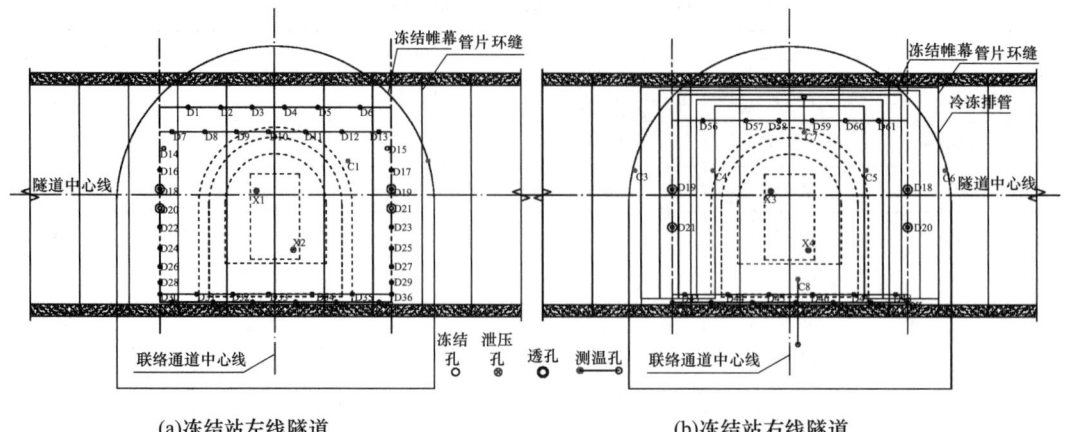

图 7.3 冻结施工区间联络通道冻结孔位布置

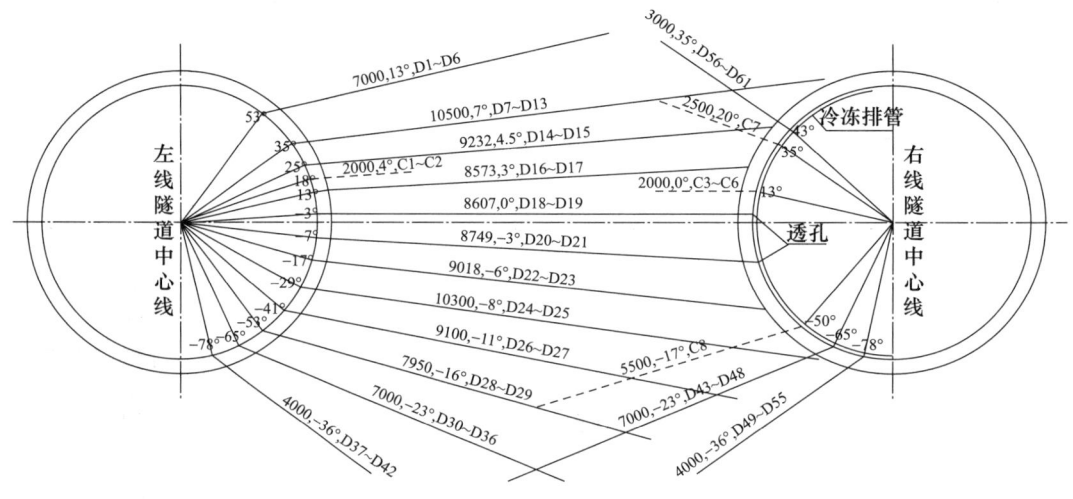

图 7.4 冻结孔位布置剖面图

7.1.3 联络通道开挖施工

冻结施工区间联络通道冻结法施工主要步骤如下。

(1) 人工冻结加固土层

土体冻结加固区的范围为联络通道两侧各 3.0m，即朝冻结管群内冻结 2m 土体，朝冻结管群外冻结 1m 土体，冻结孔开孔位置为待拆钢管片两侧各三环管片，因此在管片加工时，需要预先在钢管片开洞处和左右两侧各三环管片的联络通道侧留置冻结孔，如图 7.5 所示。

(2) 拆除钢管片

拆除钢管片时，分别准备最大起重质量为 5t、10t 和 2t 的手拉葫芦。5t、10t 葫芦被用作主拉拔待拆除钢管片，使用时一端钩住待拆钢管片，另一端与对面盾构管片绑

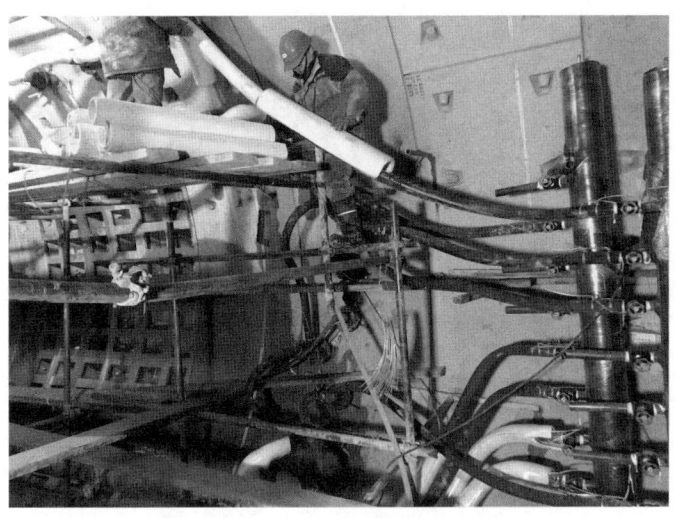

图 7.5 人工冻结现场示意

定。在水平方向上对 5t、10t 葫芦施加力,将待拆除钢管片拔出。2t 葫芦一端钩住待拆除钢管片、另一端暂停在待拆除钢管片上方的盾构管片中,以防止拉动钢管片时突然掉落到工作平台上,如图 7.6 所示。

图 7.6 拆除左线隧道钢管片

(3)冻土试挖

积极冻结 45d 前后,施工人员关注测温孔土体温度及泄压孔压力判断土体是否达到开挖标准,并在开口处取一部分土体进行测试,当冻土强度达到设计要求后要先进行试挖,即在待开挖区土体中部试挖 400mm×400mm 窗口,且试挖窗口面积要逐渐扩大,如图 7.7 所示。

图 7.7 冻土试挖

（4）冻土开挖

拆除钢管片后便进行正式开挖联络通道，通道周围土体采用冻结法加固，冻土强度较高，冻结帷幕承载能力大，开挖时（除喇叭口处侧墙和拱顶外）采用台阶法进行开挖，上台阶高 1.6m，下台阶高 2.2m，开挖步距为 0.5m，如图 7.8 所示。

图 7.8 冻土开挖

（5）联络通道支护

初期支护采用钢筋格栅钢架，钢架内挂 $\phi8@150\times150$ 钢筋网，挂网完毕后喷射混凝土。相邻两排支架间必须用 $\phi22$ 纵向筋相互连接，通道与盾构连接处联立三榀钢架加强支护。

7.1.4 设计参数确定

进行联络通道冻结壁厚度设计的目的不仅在于计算出能保证冻土达到承载要求的最小冻结壁厚度,并且确保既有双线隧道能有效地抵抗由于人工冻结引起周围水土压力变化而产生的变形。

(1) 联络通道几何结构参数

根据《冻结施工区间联络通道专项施工方案》,冻结施工区间联络通道呈拱形,其组成要素包括上拱顶、左右直墙及底板,联络通道几何结构尺寸见表7.3。

表7.3 联络通道几何结构参数

几何参数	直墙高度 h	拱顶跨度 $2L$	拱顶半径 R	拱墙夹角 θ
数值	2.52m	3.80m	1.90m	90°

(2) 人工冻结帷幕受力计算

拱顶在受到上方的水土压力作用下会产生向下的位移,因此拱顶受到的土压力可看作为主动土压力,两侧的直墙壁受到的土压力视为静止土压力,取冻结壁侧壁的静止侧压力系数为0.7,土的平均重度取18.5kN/m³,冻结壁受力如图7.9所示。

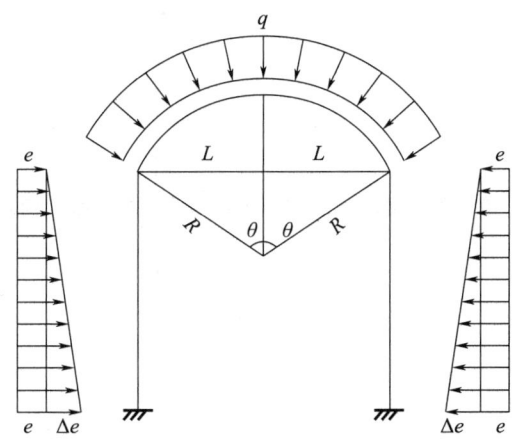

图7.9 联络通道人工冻结帷幕受力几何示意

冻土帷幕顶面土压力:

冻结帷幕上壁受力来源主要包括静水压力和上覆土压力。

$$q = \gamma H + 20 = 18.5 \text{kN/m}^3 \times (17.5 - 1.66) \text{m} + 20 \text{kN/m}^2 = 313.04 \text{kPa} \quad (7.1)$$

冻土帷幕侧面土压力:

$$e = k_0(\gamma H_1 + 20)$$
$$= 0.7 \times [18.5 \times (17.5 + 0.24) + 20] = 243.73 \text{kPa}$$

$$e + \Delta e = k_0(\gamma H_2 + 20) \quad (7.2)$$
$$= 0.7 \times [18.5 \times (17.5 + 0.24 + 2.52) + 20] = 276.37 \text{kPa}$$

式中，$k_0=0.7$；活载荷取 $20kN/m^2$。

（3）其他条件

联络通道处地层的初始温度为 $t_g=13℃$，冻结管内盐水温度为 $t_s=-30℃$，抗压安全系数 $K_1=2$，弯拉安全系数 $K_2=3$、抗剪安全系数 $K_3=2$。

7.1.5 冻结壁厚度计算

将联络通道冻结壁的力学模型简化为一种对称的拱形框架结构对冻结壁厚度求解计算，其相关力学模型的几何示意如图 7.10 所示。

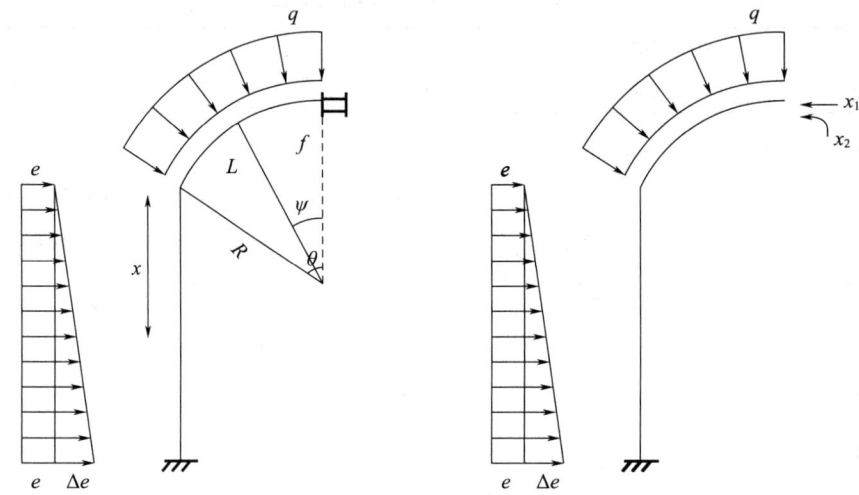

图 7.10 联络通道人工冻结帷幕简化计算模型几何示意

由力法计算公式：

$$\begin{cases} \delta_{11}x_1+\delta_{12}x_2+\Delta_{1p}=0 \\ \delta_{21}x_1+\delta_{22}x_2+\Delta_{2p}=0 \end{cases} \tag{7.3}$$

得：

$$x_1=\frac{\delta_{12}\Delta_{2p}-\delta_{22}\Delta_{1p}}{\delta_{11}\delta_{22}-\delta_{12}^2}, \quad x_2=\frac{\delta_{12}\Delta_{1p}-\delta_{11}\Delta_{2p}}{\delta_{11}\delta_{22}-\delta_{12}^2} \tag{7.4}$$

其中：

$$\begin{cases} \delta_{11}=\frac{1}{EI}\left[\int_0^\theta R^2(1-\cos\psi)^2 R\mathrm{d}\psi+hf^2+h^2f+\frac{1}{3}h^3\right] \\ \delta_{12}=\delta_{21}=\frac{1}{EI}\left[\int_0^\theta R^2(1-\cos\psi)\mathrm{d}\psi+hf+\frac{1}{2}h^2\right] \\ \delta_{22}=\frac{1}{EI}(R\theta+h) \end{cases} \tag{7.5}$$

$$\begin{cases} \Delta_{1p}=-\dfrac{1}{EI}\Big[\int_0^\theta R(1-\cos\psi)qR^2(1-\cos\psi)R\mathrm{d}\psi+qR^2(1-\cos\theta)h(f+0.5h)+\\ \quad\dfrac{1}{3}h\cdot\dfrac{1}{2}eh^2\Big(f+\dfrac{3}{4}h\Big)+\int_0^h(f+x)\cdot\dfrac{1}{2}\cdot\dfrac{\Delta e}{h}\cdot x\cdot x\cdot\dfrac{1}{3}\cdot x\mathrm{d}x\Big]\\ \Delta_{2p}=-\dfrac{1}{EI}\Big[\int_0^\theta qR^2(1-\cos\psi)R\mathrm{d}\psi+qR^2(1-\cos\theta)h+\dfrac{1}{3}h\cdot\dfrac{1}{2}eh^2+\int_0^h\dfrac{\Delta ex^3}{6h}\mathrm{d}x\Big] \end{cases}$$

(7.6)

式中，I 为截面惯性矩；E 为 -10℃ 冻土的弹性模量；h 为单位长度；b 为人工冻结壁的厚度；R、ψ、θ、h 为联络通道的尺寸；q、e、Δe 为人工冻结壁所受到的水土压力。

将 δ_{11}、δ_{12}、δ_{21}、δ_{22}、Δ_{1p}、Δ_{2p} 代入式（7.4）得：

$$x_1=407.98\text{kN},\ x_2=119.12\text{kN}\cdot\text{m}。$$

冻结壁侧壁的轴力、弯矩和剪切力的计算公式分别为：

$$\begin{cases} M=(f+x)\cdot x_1+x_2-qR^2(1-\cos\theta)-\dfrac{1}{2}ex^2-\dfrac{\Delta e}{6h}x^3\\ Q=x_1+qR(1-\cos\theta)-ex-\dfrac{\Delta e}{2h}x^2\\ N=qR\sin\theta \end{cases}$$

(7.7)

计算得出直墙壁的最大剪切力、轴力、弯矩发生在直墙壁的顶部位置，其值分别为：$N_{\max}=594.776\text{kN}$，$Q_{\max}=1002.756\text{kN}$，$M_{\max}=-235.792\text{kN}\cdot\text{m}$。

将计算得出的直墙壁剪切力、轴力、弯矩最大值代入式（7.7），通过计算得出直墙壁的最小厚度限度：

$$\begin{cases} b_1\geqslant\max\left[\dfrac{|N|K_1+\sqrt{K_1^2N^2+24K_1[\sigma_1]\,|M|}}{2[\sigma_1]}\right]\\ b_2\geqslant\max\left[\dfrac{-|N|K_2+\sqrt{K_2^2N^2+24K_2[\sigma_3]\,|M|}}{2[\sigma_3]}\right]\\ b_3\geqslant\max\left[\dfrac{1.5K_3Q}{[\tau]}\right] \end{cases}$$

(7.8)

$$\begin{cases} b_1\geqslant\max\left[\dfrac{594.776\times2+\sqrt{4\times594.776^2+24\times2\times4000\times235.792}}{2\times4000}\right]=1.00\text{m}\\ b_2\geqslant\max\left[\dfrac{-594.776\times3+\sqrt{9\times(-594.776)^2+24\times3\times1800\times235.792}}{2\times1800}\right]=1.12\text{m}\\ b_3\geqslant\max\left[\dfrac{1.5\times2\times1002.756}{1500}\right]=2.01\text{m} \end{cases}$$

式中，b_1、b_2、b_3 为对应为满足要求的弯拉强度、抗压强度、抗剪强度的最小直墙壁厚；τ 为抗剪强度；σ_1 为抗压强度；σ_3 为弯拉强度；K_1、K_2、K_3 为安全系数；M、N、Q 为弯矩、剪切力、轴力。

将 x_1、x_2 代入式（7.8）。

冻结壁顶端的剪切力、弯矩、轴力计算公式分别如式（7.9）：

$$\begin{cases} M'=R(1-\cos\psi) \cdot x_1+x_2-qR(1-\cos\psi) \\ Q'=x_1\sin\psi-qR(1-\cos\psi) \\ N'=x_1\cos\psi-qR(1-\cos\psi) \end{cases} \tag{7.9}$$

计算得出拱墙壁的最大剪切力、轴力、弯矩发生在拱墙壁的底部位置，其值对应分别为：$N'_{max}=437.98\text{kN}$，$Q'_{max}=126.4772\text{kN}$，$M'_{max}=299.506\text{kN}\cdot\text{m}$。

将计算得出的拱墙壁剪切力、轴力、弯矩最大值代入式（7.9），计算出最小拱墙壁厚度如下：

$$\begin{cases} b_4 \geqslant \max\left[\dfrac{|N'|K_1+\sqrt{K_1^2 N'^2+24K_1[\sigma_1]|M'|}}{2[\sigma_1]}\right] \\ b_5 \geqslant \max\left[\dfrac{-|N'|K_2+\sqrt{K_2^2 N'^2+24K_2[\sigma_3]|M'|}}{2[\sigma_3]}\right] \\ b_6 \geqslant \max\left[\dfrac{1.5K_3 Q'}{[\tau]}\right] \end{cases} \tag{7.10}$$

$$\begin{cases} b_4 \geqslant \max\left[\dfrac{437.98\times2+\sqrt{4\times437.98^2+24\times2\times4000\times299.506}}{2\times4000}\right]=1.06\text{m} \\ b_5 \geqslant \max\left[\dfrac{-437.98\times3+\sqrt{9\times437.98^2+24\times3\times1800\times299.506}}{2\times1800}\right]=1.40\text{m} \\ b_6 \geqslant \max\left[\dfrac{1.5\times2\times126.4772}{1500}\right]=0.25\text{m} \end{cases}$$

式中，b_4、b_5、b_6 为对应为符合弯拉强度、抗压强度和抗剪强度的最小拱墙壁厚；τ 为抗剪强度；σ_1 为抗压强度；σ_3 为弯拉强度；K_1、K_2、K_3 为安全系数；M、N、Q 为弯矩、剪切力、轴力。

$$B=\max(b_1,b_2,b_3,b_4,b_5,b_6)$$
$$=\max(1.00,1.12,2.01,1.06,1.40,0.25)=2.0$$

综上，得出冻土温度为 $-10℃$ 时，冻结施工区间联络通道冻结法施工冻结壁平均厚度最小值应为 2.0m。

7.2 人工冻结土体温度场演化规律研究

在人工冻结法施工过程中，首先在需要冻结土体周围合理的布设冻结孔，之后在孔里安装冻结管，将低温盐水、液氮作为冷源，持续冻结待开挖土体，使待开挖土体及土体中的水分变为冻水土混合物。冻水土混合物温度低，强度高，承载力大，适用于富水砂层地区地下构筑物开挖。地铁冻结施工区间联络通道采用低温盐水循环冻结，低温盐水在冻结管内循环流动持续与土体发生冷量交换，地层温度降低，最直观表现为去路低温盐水温度低于回路低温盐水温度。设计冻结时间快要结束时，施工人员会根据现场实测土体温度、泄压孔压力等方式判断冻水土混合强度是否达到设计要求，并延长冻结时间直到冻水土混合物体形成合格的冻结帷幕。本章人工冻结土体温度场有限元模型 1:1 还原冻结施工区间联络通道冻结孔位实际现场布置，模拟积极冻结期、维护冻结期、自然融沉期联络通道周围土体温度场分布，分析总结土体温度动态变化规律，并用现场监测数据验证模型的准确性。

7.2.1 模型建立

7.2.1.1 数值计算模型

考虑冻结施工对周边环境的影响，斜交冻结管群计算模型边界尺寸：长（X轴）、宽（Y轴）、高（Z轴）分别为32m、24m、35m，模型整体按1m进行布种，冻结管区域附近网格按偏心率为6，单元数为25进行布种，冻结孔口按单元数为4进行尺寸控制。土体共划分497445个单元，网格单元采用DC3D10，共计706022个节点，模型网格划分如图7.11所示。冻结管同样采用四面体单元，不考虑冻结管外表面与土体内表面的缝隙，设定冻结管外表面与土体内表面绑定接触。

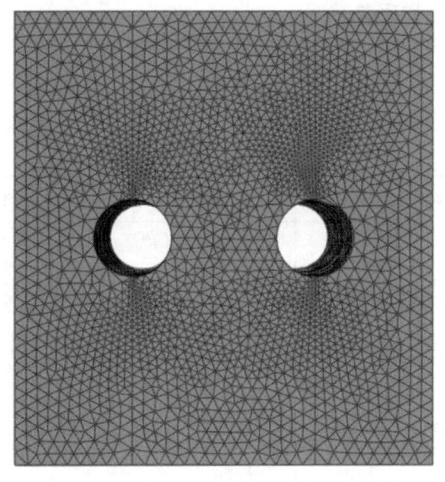
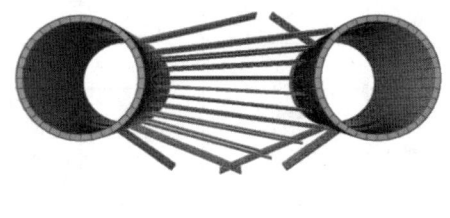

图7.11　积极冻结期有限元计算模型

7.2.1.2 基本假定

冻结施工区间联络通道实际冻结过程中，影响土体冻结温度场分布的因素有很多，如不同位置土体初始温度不同、土体离散性大、地下水、空气水作用等。因此在对冻结施工区间联络通道进行土体冻结有限元模拟前，对实际问题做以下基本假设：

① 视各砂土层为均质、各向同性体，且初始地温相等；
② 盐水冷量仅在垂直于冻结管方向进行热传递；
③ 同一类土体热物理参数只考虑冻土和未冻土两种；
④ 模型网格过于复杂，计算时极容易不收敛，不考虑冰水相变、地下水及影响冷量传递的其他外界因素，忽略热辐射；

⑤ 盐水温度直接作用于冻结管内壁，并由冻结管外壁将冷量传递给土体，忽略实际盐水温度在冻结管及冻结管与土体间隙的损失。

7.2.1.3 参数选取

土体热物理参数对于土体温度传递有极大的影响，且土体的热物理参数随温度变化而变化。冻土与未冻土的热物理性质差异极大，比如未冻土的热膨胀系数为正值，而冻土的热膨胀系数为负值，且−10℃冻土的热膨胀系数为−1℃冻土热膨胀系数的数倍。综上，本文只考虑冻土和未冻土两种状态下的参数变化以0℃为土体温度界线，0℃以上土体为未冻土，0℃以下土体为冻土。冻结施工区间联络通道主要位于（6-3）中砂与（6-4）粗砂层，冻结管参数见表7.4，各地层热物理参数取值见表7.5。

表7.4 冻结管相关参数

名称	密度/（kg/m³）	导热系数/[W/（m·K）]	比热容/[J/（g·℃）]	弹性模量/MPa	泊松比
冻结管	7800	4556	0.42	200000	0.3

表7.5 土层热物理参数

地层编号	密度 ρ/（kg/m³）	比热容 C /[kJ/（kg·℃）] 未冻	比热容 C /[kJ/（kg·℃）] 冻土	导热系数 λ /[kJ/（m·d·℃）] 未冻	导热系数 λ /[kJ/（m·d·℃）] 冻土	热膨胀系数 未冻	热膨胀系数 冻土
(1-1) 杂填土	1700	1.42	1.37	1.57	1.86	0	−9.5E-4
(4-1) 粉质黏土	1930	1.07	1.01	1.14	1.42	0	−2.3E-3
(5-1) 粉质黏土	1940	1.06	1.00	1.15	1.44	0	−2.4E-3
(5-2) 粉质黏土	1940	1.08	1.01	1.24	1.52	0	−2.4E-3
(6-2) 细中砂	1960	1.16	1.06	1.40	1.76	0	−3.4E-3
(6-3) 中砂	2040	1.20	1.12	1.59	1.91	0	−5.5E-3
(6-4) 粗砂	2040	1.55	1.46	1.54	1.93	0	−6.3E-3
(7-1) 粗砂	2050	1.56	1.49	1.52	1.95	0	−6.4E-3

7.2.1.4 初始及边界条件

根据冻结施工区间6月份实测地温数据，设定初始地温为13℃，地温数据见表7.6。盐水温度根据积极冻结45d实测盐水温度，并在Abaqus里分45d采用幅值函数的形式赋予冻结管内表面。实际冻结过程，由于联络通道处距地表平均距离为16.0m，空气温度对联络通道处土体温度影响不大，忽略空气与土体进行的表面热交换。既有双线盾构隧道所在表面与外界空气进行接触，且施工人员经常需要在双线隧道内进行通风，双线隧道内空气对联络通道土体冻结的影响施加在模型既有双线平行隧道表面，双线隧道空气初始温度设置为10℃，与隧道表面的热交换系数为194.9kJ/（m²·d·℃）。

表 7.6　冻结施工区间联络通道各土层地温统计结果表

地层编号	岩土名称	统计个数	地温最大值/℃	地温最小值/℃	地温平均值/℃
4-2	粉质黏土	1	11.3	11.3	11.3
5-1	粉质黏土	5	11.9	11.3	11.6
5-2	粉质黏土	1	11.6	11.6	11.6
6-2	中砂	3	12.4	11.8	12.0
6-3	中砂	5	13.1	11.9	12.5
6-4	粗砂	6	13.4	12.1	13.0
6-5	粉质黏土	1	12.4	12.4	12.4

7.2.2　积极冻结期土体温度场数值模拟结果

冻结施工区间联络通道冻结法施工过程中,积极冻结期为 45d,温度场数值计算时间同样取 45d。为了得到斜交冻结管群作用下土体三维冻结温度场分布,Y 轴方向取两个截面,分别为冻结管布置最密集截面 $Y=9.2m$ 和模型 Y 轴中心截面 12m。X 轴和 Z 轴方向各选取一个典型截面,其中:模型 X 轴中心截面 $X=15m$、模型 Z 轴中心截面 $Z=17.5m$。

由图 7.12 可知:积极冻结 11d,冻结管附近土体温度降至 -25.69℃,在 $Y=9.2m$ 截面可观察到 D42(冻结管编号)、D49 的温度扩散,扩散部分温度为 9.87℃;积极冻结 22d,冻结管附近土体温度降至 -28.37℃,D42、D49 在 $Y=9.2m$ 的扩散部分温度降至 -4.22℃;积极冻结 33d,冻结管群附近土体温度降至 -31.34℃,D6、D43 产生的温度场也逐渐扩散到 $Y=9.2m$ 截面,土体温度为 -5.46℃,由于 D30~D36 与 D43~D48、D37~D42 与 D49~D55 交叉对称布设,$Y=9.2m$ 截面下部土体冻结温度场逐渐以竖向中心线为轴呈左右对称分布;积极冻结 45d,冻结管附近土体温度降至 -31.72℃,下部土体冻结温度场左右呈对称分布。

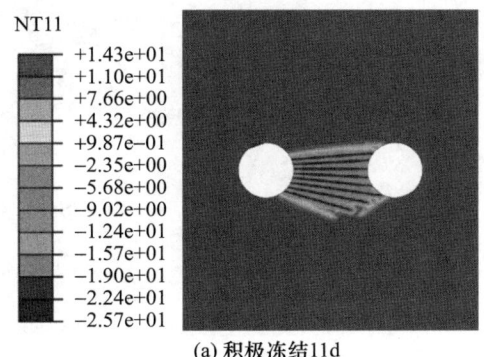
(a) 积极冻结11d

(b) 积极冻结22d

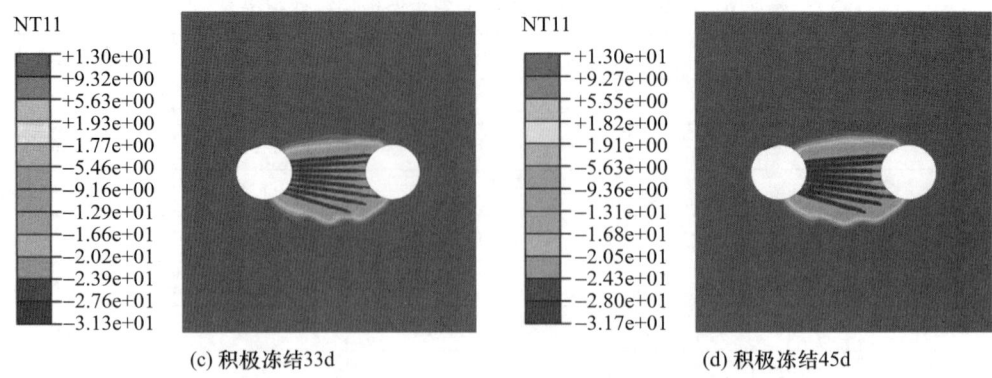

图 7.12 积极冻结 45d $Y=9.2m$ 截面温度场分布

由图 7.13 可知：积极冻结 11d，冻结管 D3、D4、D39、D40、D45、D56、D58、D59 产生的温度场已扩散至 $Y=12m$ 截面，扩散部分温度为 9.87℃；积极冻结 22d，冻结管 D3、D4、D39、D40、D45、D56、D58、D59 扩散至 $Y=12m$ 截面的温度场与 D10、D33、D52 在 $Y=12m$ 截面产生的温度场共同发展，共同发展部分的温度为 -4.22℃；积极冻结 45d，冻结管 D3、D4、D39、D40 在 $Y=12m$ 截面扩散的温度已降至 -24.27℃，下部土体冻结温度场也呈对称分布。

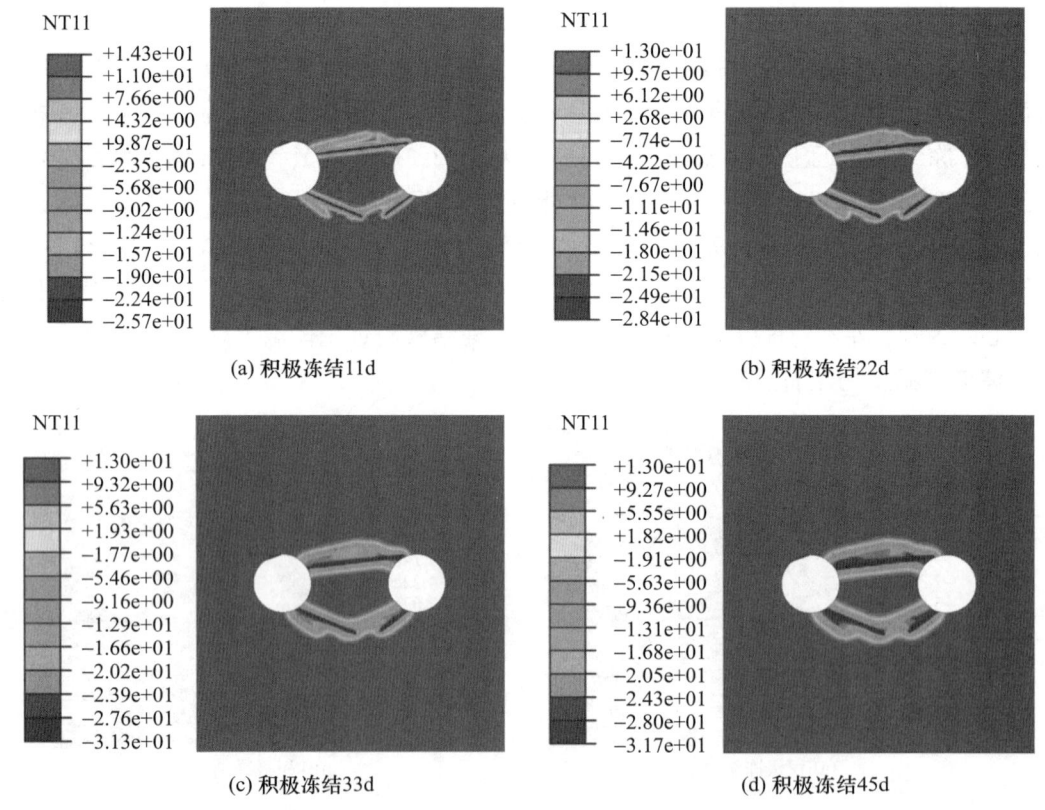

图 7.13 积极冻结 45d $Y=12m$ 截面温度场分布

由图 7.14 可知：积极冻结 11d，冻结管群内部冻结壁呈"回"字形发展，并且由于冻结管 D30～D36 与 D43～D48 交叉布置导致此截面下部冻结孔共 13 个；积极冻结 22d，冻结管群内部"回"字形面积开始减少，冻结管群外冻结壁呈椭圆形向外发展；积极冻结 33d，"回"字形上部相对于下部变窄；积极冻结 45d，冻结壁匀速扩展，冻结温度场发展良好。

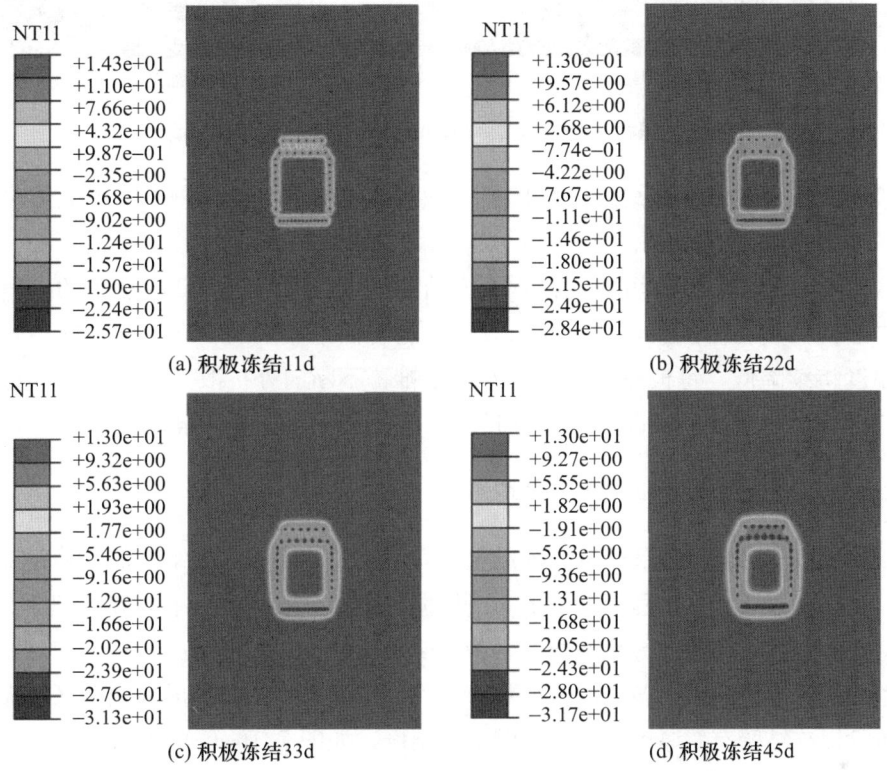

图 7.14　积极冻结 45d $X=16m$ 截面温度场分布

由于 $Z=17.5m$ 位于模型 Y 轴中心的截面，故选择此截面进行相关分析。由图 7.15 模拟结果可知，积极冻结 22d，相邻冻结管低温土体开始呈折线形连接，经冻结形成的冻土柱体开始交圈，说明冻结帷幕开始初步形成。这是由于低温盐水通过冻结管循环将周围土体温度转移，距离越近温度下降越快；积极冻结 33d，冻结管附近低温土体呈折

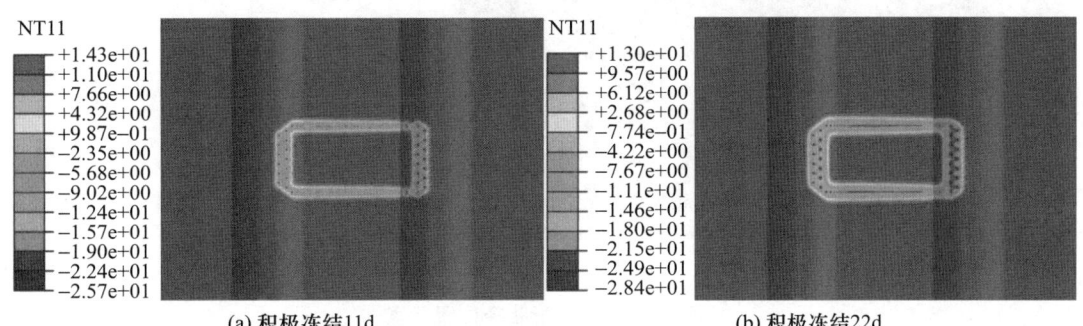

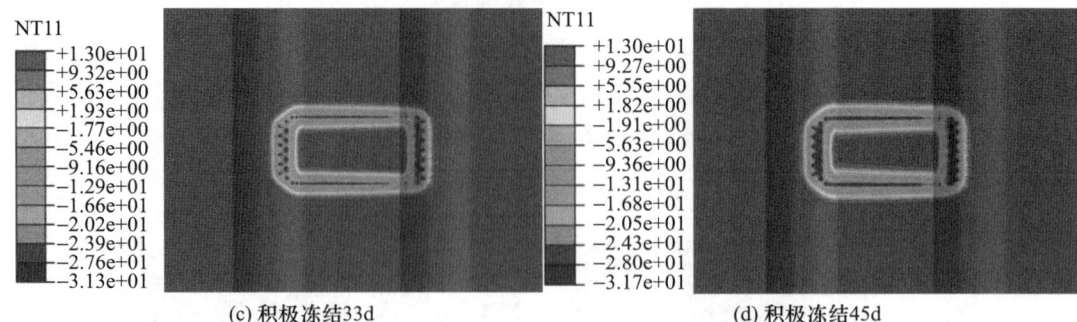

(c) 积极冻结33d　　　　　　　　(d) 积极冻结45d

图 7.15　积极冻结 45d $Z=17.5\text{m}$ 截面积极冻结温度场分布

线形连接逐渐形成整体，冻结壁持续扩展；积极冻结 45d，隧道中心内部土体仍大面积处于 20℃，未受到冻结影响。

综合图 7.12 至图 7.15 可知，在积极冻结期内中，冻结管内低温盐水的冷量以各冻结管为中心向四周土体扩散，产生冻结效果，随着低温盐水的不断作用，冻结管群附近土体的温度持续降低，每根冻结管产生的冻土帷幕不断向外扩散并逐渐交圈。冻土帷幕以斜交冻结管群为中心呈椭圆形向四周扩展，冻结锋面逐渐变为椭圆形。

7.2.2.1　冻结壁厚度和冻结壁平均温度

冻结壁厚度、冻结壁发展速度、冻结壁平均温度是评判人工冻结法加固稳定效果的重要标准。在联络通道施工工程中，施工人员根据冻结壁有效厚度和平均温度判断是否达到拆除钢管片的时机，进而进行联络通道。为了明确冻结壁的发展情况，在斜交冻结管群内设置 6 条路径，通过路径上各点的温度数值得到冻结壁厚度；对形成冻结壁区域温度进行积分，再除以冻结壁有效厚度得到冻结壁平均温度，如图 7.16（c）所示；冻结壁厚度除以积极冻结天数得到冻结壁发展速度。路径 1 设置在左侧壁，路径 2-1 设置在上冻结壁，路径 2-2 设置在下冻结壁，路径 3 设置在左上侧壁，路径 4 设置在右上冻结壁，路径 5 设置在左下冻结壁，路径 6 设置在右下冻结壁，各分析路径位置如图 7.16 所示。

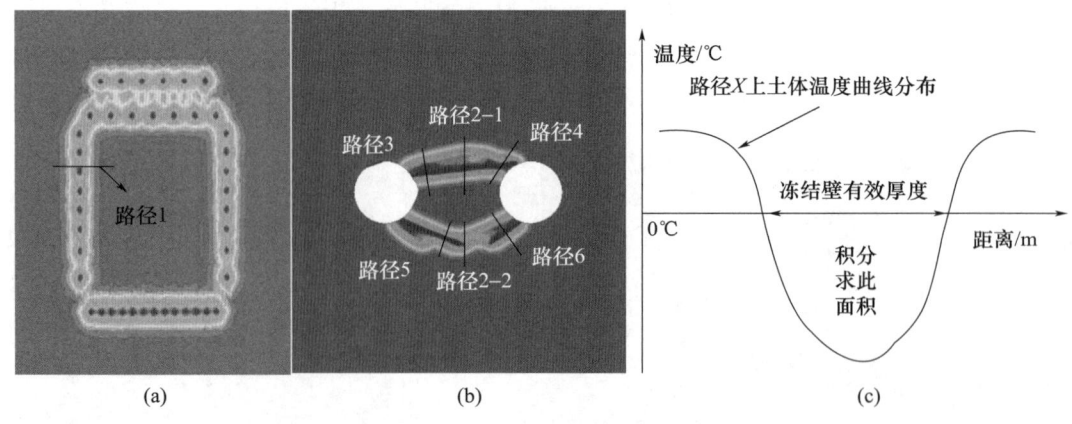

图 7.16　各分析路径位置示意

(1) 路径1

以0.5m为间距沿路径1选取19个监测点，由图7.17可知，随着积极冻结天数的增加，冻结区域土体温度不断降低；积极冻结11d，左冻结壁厚度为0.915m、右冻结壁厚度为0.917m；积极冻结22d，土体温度大部分低于0℃，左冻结壁厚度为1.354m、右冻结壁厚度为1.339m；积极冻结33d，左冻结壁厚度为1.755m、右冻结壁厚度为1.757m；积极冻结45d，左冻结壁厚度为2.234m、右冻结壁厚度达2.193m，皆超过冻结壁设计厚度2.0m。由于左、右冻结壁处冻结管布设一致，所以左、右冻结壁呈对称分布，造成左右冻结壁壁厚数值不相同的原因可能为网格设置为四面体自生长导致，但在允许误差范围内。

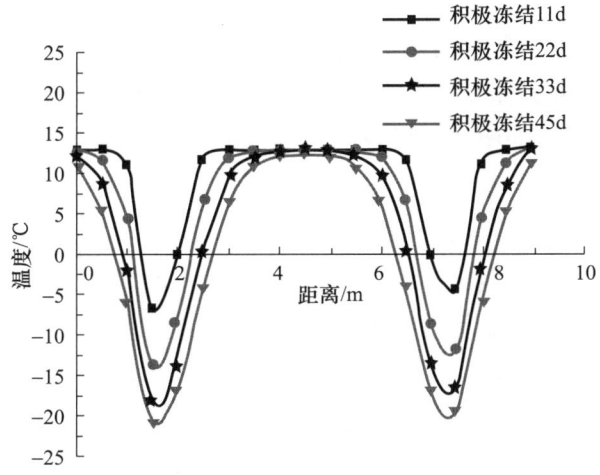

图7.17 路径1土体温度随积极冻结天数增加的时空分布

(2) 路径2

以0.5m为间距沿路径2选取27个监测点，由图7.18可知，积极冻结11d，上冻结壁厚度为1.125m、下冻结壁厚度为0.941m。上冻结壁处有部分土体仍处于正温，这

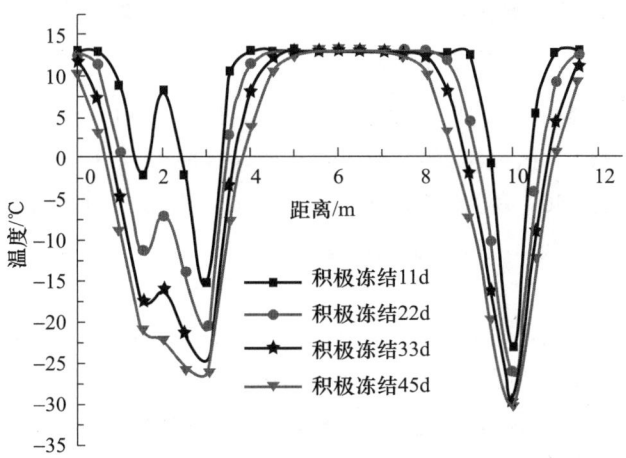

图7.18 路径2土体温度随积极冻结天数增加的时空分布

是因为D1~D6与D7~D13之间的夹角为6°且距离较远，上冻结壁呈W形分布；积极冻结22d，上冻结壁厚度为2.414m、下冻结壁厚度为1.508m，上冻结壁土体温度全部降至0℃以下；积极冻结33d，上冻结壁厚度为2.846m，下冻结壁厚度为1.936m；积极冻结45d，上冻结壁厚度为3.219m、下冻结壁厚度达2.322m，上冻结壁逐渐呈U形分布。上冻结壁处布设双排冻结管（D1~D6及D7~D13），故冻结壁厚度远大于2.0m，下冻结壁D30~D36与D43~D48交叉布设且与路径2有一定夹角，故冻结壁厚度大于2.0m。

（3）路径3

以0.5m为间距，沿路径3选取9个监测点，从图7.19可知，积极冻结11d，路径3上土体温度仍处于正值；积极冻结22d，冻结壁有效厚度为2.383m，大部分土体处于负温；积极冻结33d，土体冻结厚度为2.822m，冻结壁范围持续扩大；积极冻结45d，冻结壁厚度达3.202m。随着冻结时间的增加，路径3上冻结壁逐渐成U形分布。由于左半部分冻结壁位于冻结管D1~D6与D7~D13中间，故左半部分冻结壁温度低于右半部分冻结壁。

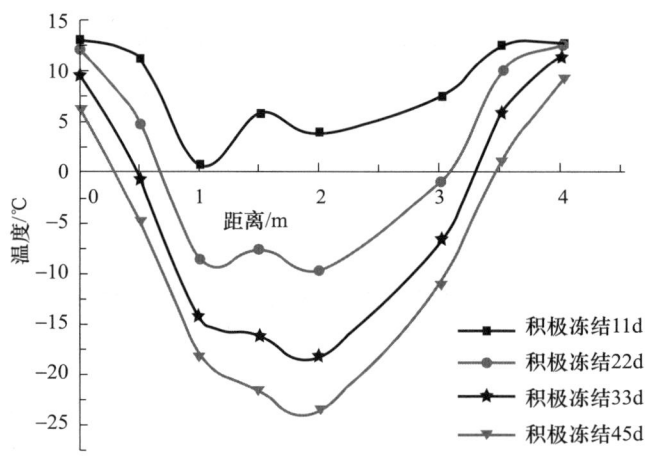

图7.19 路径3土体温度随积极冻结天数增加的时空分布

（4）路径4

以0.5m为间距沿路径4选取7个监测点，从图7.20可知，积极冻结11d，路径4上土体温度仍处于正值；积极冻结22d，冻结壁有效厚度为1.501m，小部分土体温度处于负值；积极冻结33d，冻结壁厚度为2.562m，冻结壁范围持续扩大；积极冻结45d，冻结壁厚度达2.936m，远大于设计值2.0m。

（5）路径5

以0.5m为间距沿路径5选取8个监测点，从图7.21可知，积极冻结11d，冻结壁有效厚度为1.079m；积极冻结22d，冻结壁有效厚度为1.751m；积极冻结33d，冻结壁有效厚度达到2.304m；积极冻结45d，冻结壁有效厚度达2.781m。路径5上冻结壁呈V形分布，由于左半部冻结壁在冻结管群内侧，故左半部冻结壁温度低于右半部冻结壁。

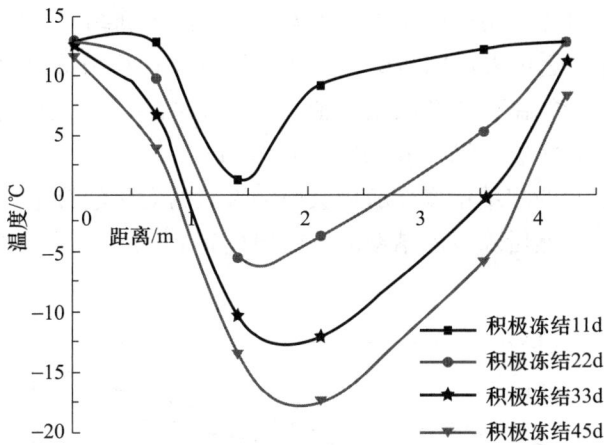

图 7.20 路径 4 土体温度随积极冻结天数增加的时空分布

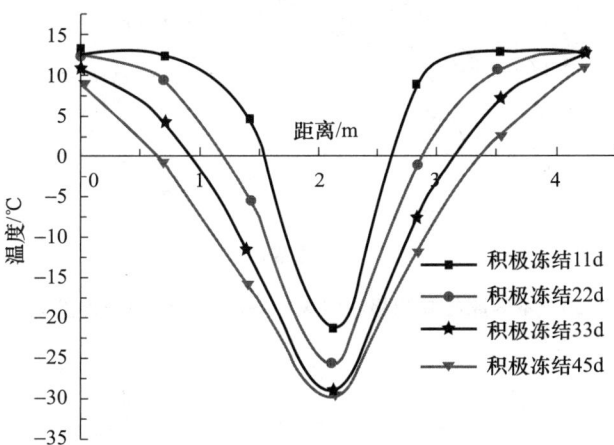

图 7.21 路径 5 土体温度随积极冻结天数增加的时空分布

(6) 路径 6

以 0.5m 为间距沿路径 6 选取 9 个监测点,从图 7.22 可知,积极冻结 11d,冻结壁厚

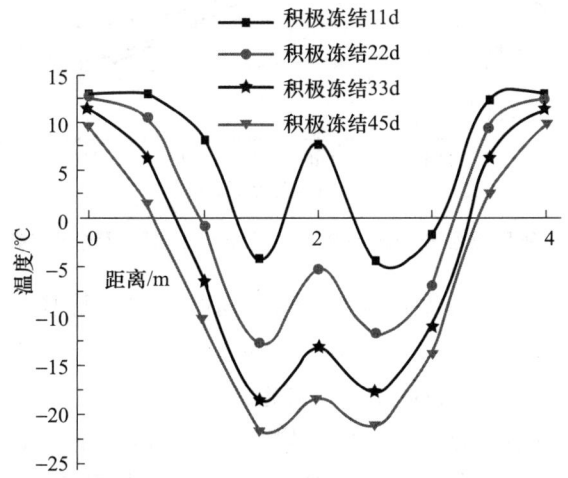

图 7.22 路径 6 土体温度随积极冻结天数增加的时空分布

度为 1.093m，路径 6 中心部分土体仍处于正温，这是因为冻结管 D43～D48 与 D49～D55 距离较远，冷量未能传递过去，冻结壁呈"W"形分布；积极冻结 22d，冻结壁有效厚度为 2.248m，中心土体温度均降低至负值；积极冻结 33d，土体冻结厚度为 2.58m，冻结壁范围持续扩大；积极冻结 45d，冻结壁厚度达 2.857m。

将路径 1 至路径 6 的冻结壁厚度随积极冻结天数的变化趋势进行汇总，并对冻结壁区域的温度进行积分，然后除以冻结壁的有效厚度得到冻结壁的平均温度，如图 7.23、图 7.24 所示。

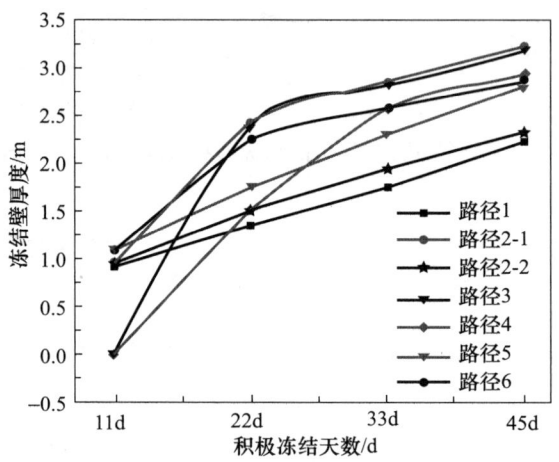

图 7.23 不同路径随积极冻结天数增加的冻结壁厚度变化趋势

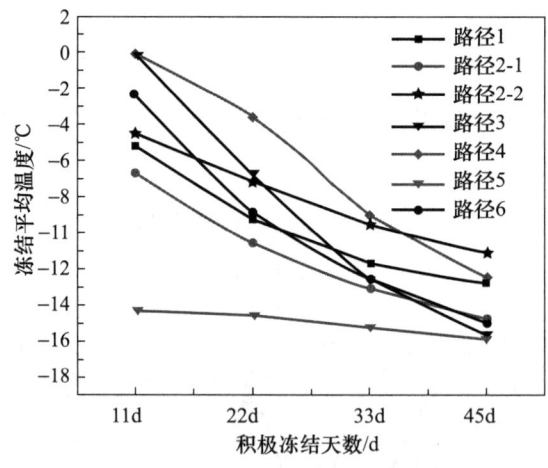

图 7.24 不同路径随积极冻结天数增加的冻结壁平均温度变化趋势

由图 7.23 可知，冻结壁厚度随积极冻结时间的增加不断增大，随着冻结壁有效厚度的增大，平均温度逐渐降低，积极冻结 45d，6 条路径冻结壁的有效厚度均大于 2.0m，达到设计要求，可以进行联络通道开挖。

从图 7.24 可知，随着积极冻结时间的增加，冻结区域土体温度不断降低。积极冻结 11d，路径 3、路径 4 土体仍然处于正温，记为 0℃；积极冻结 22d，6 条路径上的土体基本已全部冻结，但大部分土体温度在-10℃以上；积极冻结45d，土体温度皆低于设计值-10℃，将不同路径下冻结壁厚度、发展速度、平均温度汇总于表7.7。

表7.7 不同路径土体积极冻结45d冻土相关参数

路径	冻结壁厚度/m	冻结壁发展速度/（mm/d）	冻结壁平均温度/℃
路径1	2.223	49.40	-12.8
路径2-1	3.219	71.53	-14.759
路径2-2	2.322	51.60	-11.123
路径3	3.202	71.16	-15.614
路径4	2.936	65.24	-12.443
路径5	2.781	61.80	-15.866
路径6	2.857	63.49	-15.106

由表7.7可知，经过45d的积极冻结，6条典型路径上冻结壁平均温度均低于-10℃，冻结壁厚度均大于2.0m，满足设计要求，可以进行联络通道开挖。

7.2.2.2 数值模拟与监测结果对比

数值模拟结果能从各个方面直观展示冻结过程，而实际测温孔温度受内外界环境影响较大，为了进一步验证冻结设计方案的合理性，从数值模型中提取与现场测温孔C2-1、C2-2对应位置的节点M2-1，M2-2的土体温度进行对比分析，具体结果如图7.25、图7.26所示。通过图7.25、图7.26发现，对应积极冻结天数的M2-1、M2-2模拟温度都低于C2-1、C2-2实际温度，C2-1与M2-1最大温差为2.64℃，平均温差为1.92℃，C2-2与M2-2最大温差为4.12℃，平均温差为2.11℃；C2-1平均降温速度为0.48℃/d，M2-1降温速度为0.53℃/d，比值为1.11:1。C2-2平均降温速度为0.43℃/d，M2-2平均降温速度为0.50℃/d，比值为1.16:1，平均降温比值为1.14:1；随着积极冻结天数的增加，实测值与模拟值温差增大，这是由于设置的对流换热系数并未还原天气情况，越远离隧道管片，土体受到对流换热的影响越小，模拟温度越接近实际温度；由于

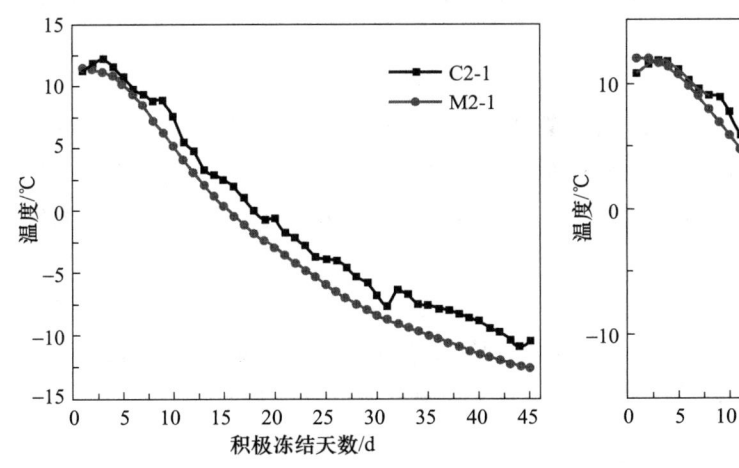

图7.25 C2-1实测温度与M2-1模拟温度对比

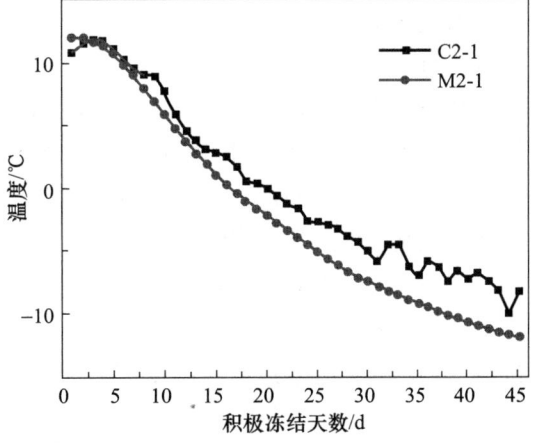

图7.26 C2-2实测温度与M2-2模拟温度对比

模拟并未考虑地下水的冰水相变及施工现场的不可预测因素，实际土体温度与模拟土体温度存在误差，但整体上土体温度实测结果和模拟土体温度的变化趋势基本相同，可认为此数值模型可以较为准确地描述冻结施工区间冻结法施工温度场发展规律。

7.2.3 维护冻结期土体温度场数值模拟结果

在实际施工当中，当冻结期从积极冻结期转入维护冻结期，联络通道进行开挖，为了探求这一部分的温度场分布，在 Abaqus 中建模，需要提前在土体中切分出联络通道的形状，如图 7.27（a）所示。如图 7.27（b）所示为维护冻结期计算土体模型有限元网格，共划分 1398225 个 DC3D10 单元、1916522 个节点，冻结管模型不变。

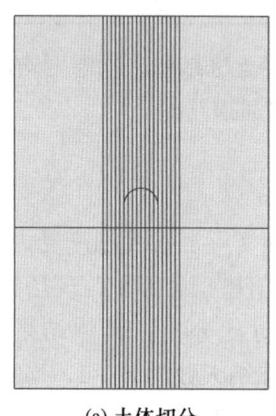
(a) 土体切分

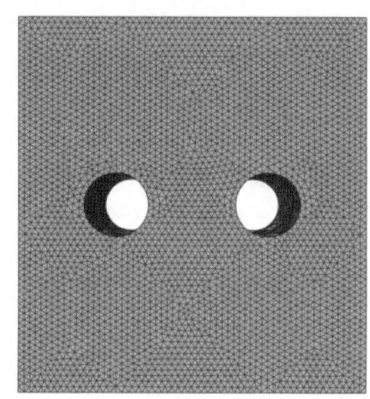
(b) 网格划分

图 7.27 维护冻结期有限元计算模型

当积极冻结期结束，受到冻结影响的土体形成冻结帷幕，若土体强度达到后期联络通道开挖要求，则施工状态进入维护冻结期，此时仍然需要冻结管不断地输入低温盐水，保证开挖周围土体处于低温冻结状态。冻结施工区间实际冻结法施工过程中，维护冻结期为 30d，温度场数值计算时间同样取 30d，选取维护冻结 7d、14d、21d、30d 四个状态作为分析。

同样，分析 $Y=9.2m$、$Y=12m$、$X=16m$ 三个典型土体截面。

由图 7.28 可知，维护冻结 7d，冻结管 D3、D4、D39、D40、D45、D56、D58、D59 产生的温度场继续扩散至 $Y=12m$ 截面，扩散部分温度为 $-23.52℃$；维护冻结 30d，冻结管 D3、D4、D39、D40、D45、D56、D58、D59 扩散至 $Y=12m$ 截面的温度基本未发生变化，温度依旧为 $-23.52℃$。

由图 7.29 可知：维护冻结 7d，冻结管附近土体温度降至 $-27.17℃$，由于联络通道处土体的拆除，在 $Y=9.2m$ 截面已不可观察到冻结管 D42、D49 的温度扩散；维护冻结 30d，冻结管附近土体温度依旧为 $-27.18℃$，冻结壁整体发育良好。

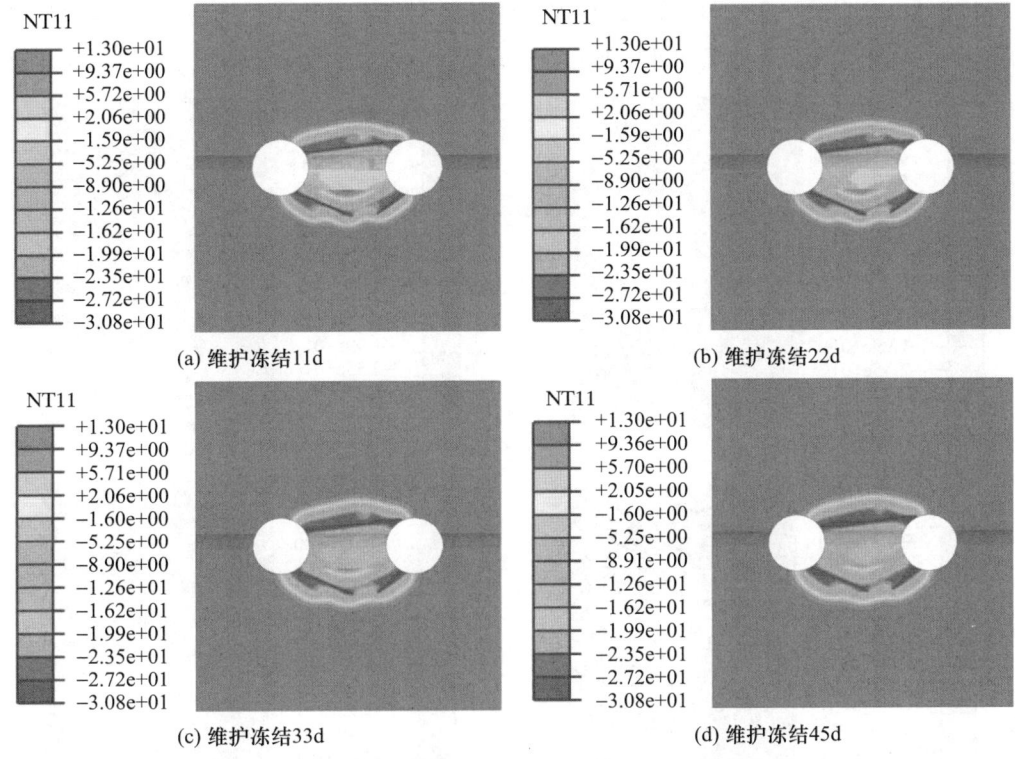

图 7.28　维护冻结 28d $Y=12$m 截面土体冻结温度场分布

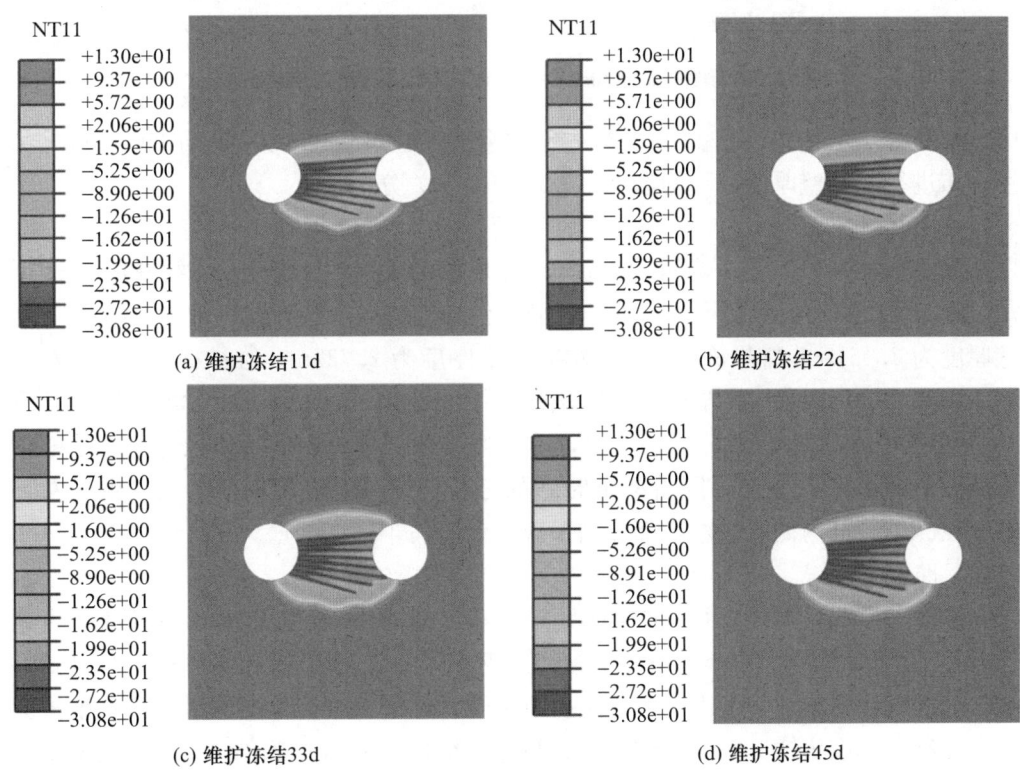

图 7.29　维护冻结 28d $Y=9.2$m 截面土体冻结温度场分布

由图 7.30 可知：维护冻结 30d，在 $X=16m$ 截面，冻结管群内部冻结壁同样呈"回"字形发展，冻土帷幕范围持续向外扩展，斜交冻结管群内温度处于正值的土体全部被开挖。

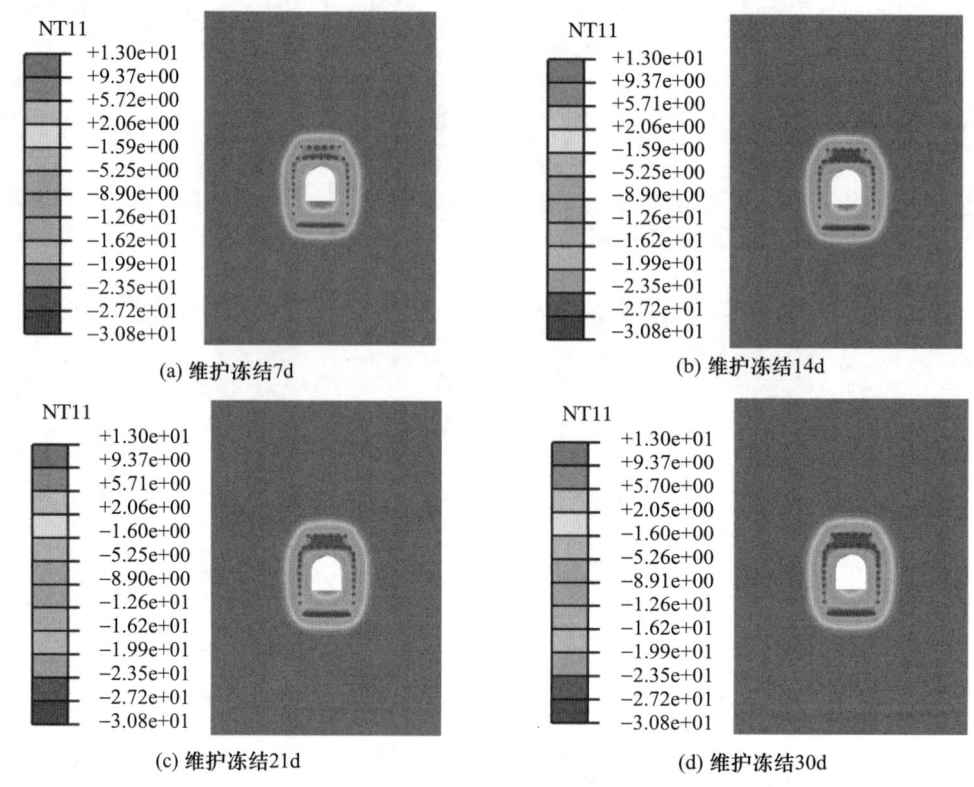

(a) 维护冻结7d　　(b) 维护冻结14d

(c) 维护冻结21d　　(d) 维护冻结30d

图 7.30　维护冻结 30d $X=16m$ 截面土体冻结温度场分布

选取路径 1、路径 2-1、路径 2-2 三条典型路径继续对维护冻结期结束后土体冻结温度场分布进行冻结壁厚度、平均温度、发展速度相关分析。

(1) 路径 1

在维护冻结期，以 0.5m 为间距沿路径 1 选取 9 个监测点（统称左冻结壁），由图 7.31 可知，随着维护冻结天数的增加，冻结区域土体温度继续不断降低；维护冻结 7d，左冻结壁厚度为 2.461m；维护冻结 14d，左冻结壁厚度为 2.732m；维护冻结 21d，左冻结壁厚度为 2.957m；维护冻结 30d，左冻结壁厚度达到 3.274m，远超过冻结壁设计厚度 2.0m，在维护冻结期（联络通道开挖），冻土帷幕依旧向外扩展。路径 1 上冻结壁在维护冻结期依旧呈 V 形分布，随着冻结时间的延长，冻结壁范围不断扩大。由于左半部冻结壁在冻结管群内侧，故左半部冻结壁温度低于右半部冻结壁。

(2) 路径 2

在维护冻结期，同样以 0.5m 为间距沿路径 2 选取 27 个监测点（左半部分为路径 2-1 区域，称上冻结壁、右半部分为路径 2-2 区域，称下冻结壁）。由图 7.32 可知，随着维护冻结天数的增加，上下冻结壁温度持续降低，冻土帷幕范围不断扩大；维护冻结 7d，上冻结壁厚度为 3.531m，下冻结壁厚度为 2.603m；维护冻结 14d，上冻结壁厚度为 3.772m，下冻结壁厚度为 2.814m；维护冻结 21d，上冻结壁厚度为 3.997m，下冻结壁厚度为3.053m；维护冻结30d，上冻结壁厚度达到4.234m，下冻结壁设计厚度达到3.302m。路径2上冻结壁在维护冻结期依旧成W形分布。

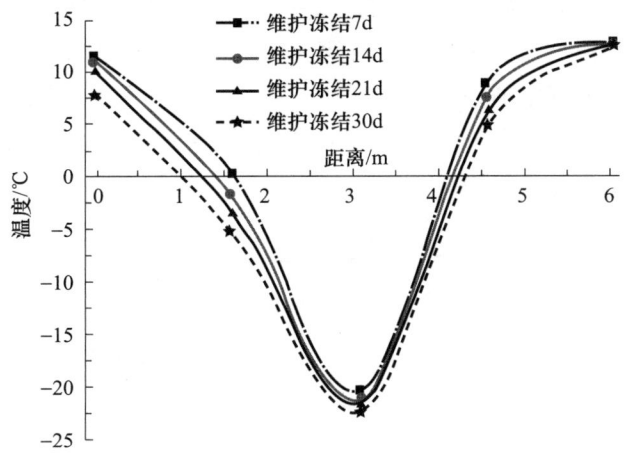

图7.31 路径1土体温度随维护冻结天数增加的时空分布

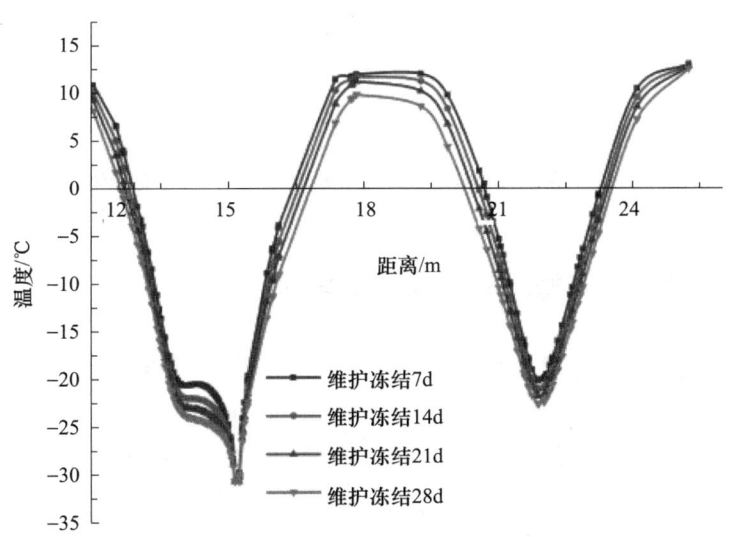

图7.32 路径2土体温度随维护冻结天数增加的时空分布

综合图7.31、图7.32可知，从积极冻结期转到维护冻结28d期间，各个冻结位置土体的温度持续降低，说明在维护冻结期，冻结壁的范围基本继续向外扩展，为后期联络通道的开挖，提供安全可靠的条件。

维护冻结期，在路径1、路径2-1、路径2-2上积分得到在不同路径冻结壁随冻结时间增加的平均温度变化规律，如图7.33所示。维护冻结7d，路径1上冻结壁平均温度为−13.957℃，路径2-1上冻结壁平均温度为−15.761℃，路径2-2上冻结壁平均温度为−11.813℃；维护冻结14d，路径1上冻结壁平均温度为−13.914℃，路径2-1上冻结壁平均温度为−15.977℃，路径2-2上冻结壁平均温度为−11.893℃；维护冻结21d，路径1上冻结壁平均温度为−13.548℃，路径2-1上冻结壁平均温度为−16.014℃，路径 2-2 上冻结壁平均温度为 −11.993℃；维护冻结 30d，路径 1 上冻结壁平均温度为 −13.003℃，路径 2-1 上冻结壁平均温度为 −16.552℃，路径 2-2 上冻结壁平均温度为 −12.541℃。路径 2-1、路径 2-2 上冻结壁平均温度继续随维护冻结时间增加而降低，路径 1 上冻结壁平均温度在随维护冻结时间延长而降低，这是因为在联络通道侧面只布置了一竖排冻结管，而联络通道上、下侧都布置了 4 排冻结管。即使路径 1 上冻结壁平均温度在持续降低，但是路径 1 上冻结壁厚度还在持续增加，说明冻土帷幕一直在扩大，土体还在吸收低温盐水的冷量。

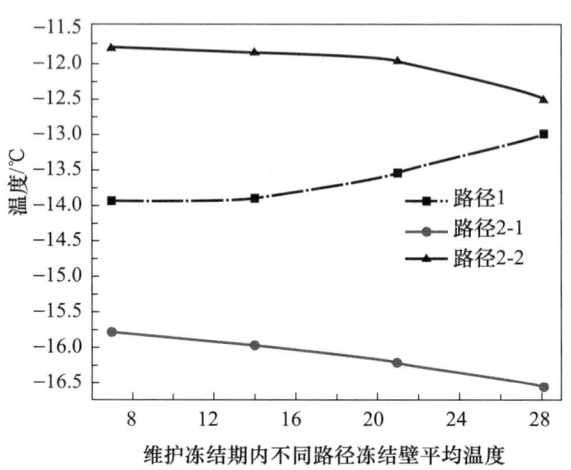

图 7.33 维护冻结期内不同路径土体冻结壁平均温度变化趋势

7.2.4 自然解冻期土体温度场数值模拟结果

联络通道开挖完成后即进入解冻期，设定解冻期持续 28d，每 7d 为观测点进行模拟分析。本次分析选取 $Y=12m$、$X=16m$ 截面。

由图 7.34 可知，土体温度场在 $Y=12m$ 截面：自然解冻 7d，冻结管附近土体温度降至 −26.12℃；自然解冻 14d，斜交冻结管群内部土体温度持续降低，冻结管附近土体温度降至 −24.17℃；自然解冻 21d，冻结管附近土体温度降至 −22.44℃，自然解冻 28d，冻结管附近土体温度降至 −20.78℃，冻结帷幕范围仍在扩大。

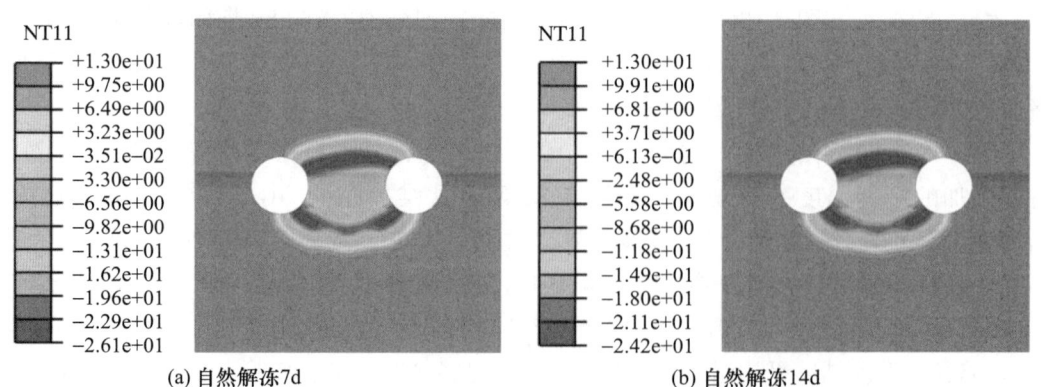

(a) 自然解冻7d　　　　　　　　　　　(b) 自然解冻14d

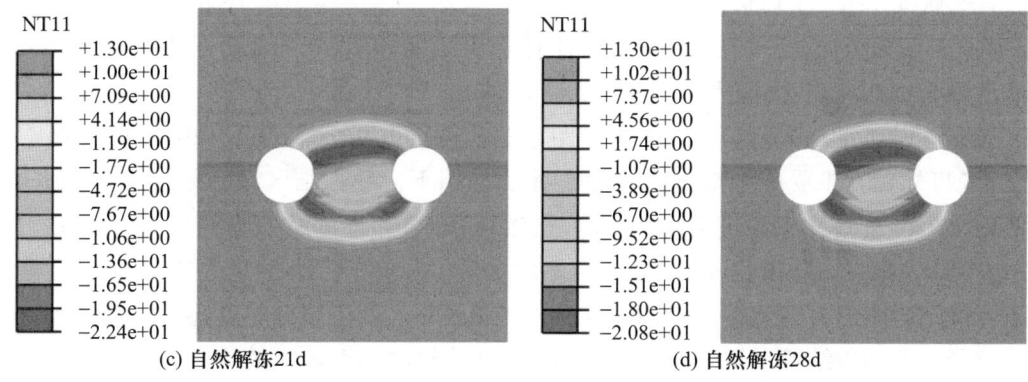

(c) 自然解冻21d   (d) 自然解冻28d

图 7.34　自然解冻 28d $Y=12$m 截面土体冻结温度场分布

由图 7.35 可知，在 $X=16$m 截面的土体温度分布，联络通道处仍然为低温中心。自然解冻 7d，土体最低温为 -25.87℃，相比于维护冻结 30d 土体最低温降低 4.96℃；自然土体边缘温度升至 9.77℃，相比于维护冻结 30d 自然土体边缘温度升高 0.41℃，自然融沉期内越远离自然土体冻土温度变化越快，越接近自然土体，冻土温度变化越慢，即温度梯度越高的地方温度变化越快，越接近自然土体，温度梯度越小，变化越

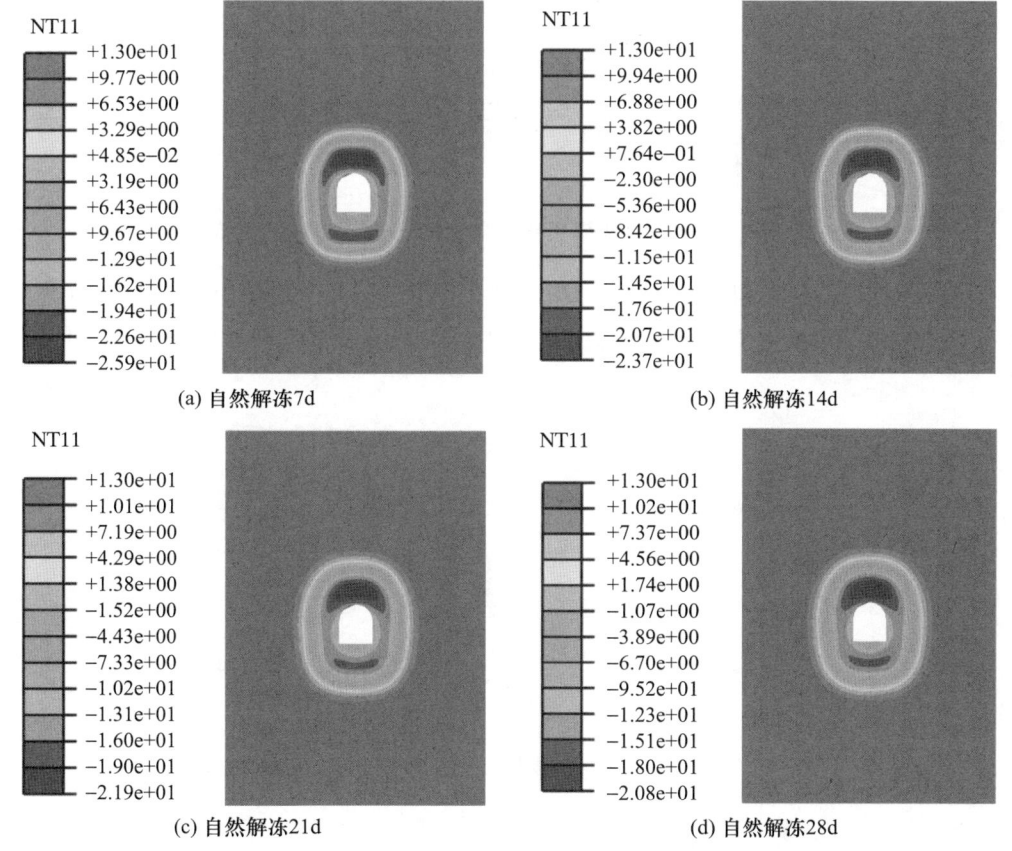

(a) 自然解冻7d   (b) 自然解冻14d

(c) 自然解冻21d   (d) 自然解冻28d

图 7.35　自然解冻期 $X=16$m 截面土体冻结温度场分布

慢。自然解冻 14d，土体最低温为-23.71℃，自然土体边缘温度升至 9.94℃。自然解冻 21d，土体最低温为-21.86℃，自然土体边缘温度升至 10.10℃；自然解冻 28d，土体最低温为-20.78℃，自然土体边缘温度升至 10.19℃。

在自然融沉期，同样以 0.5m 为间距沿路径 1 选取 9 个监测点（称左冻结壁），由图 7.36 可知，在未受冻结影响的自然土体的作用下，受冻结区域土体温度开始升高；自然融沉 7d，左冻结壁厚度为 4.162m；自然融沉 14d，左冻结壁厚度为 4.502m；自然融沉 21d，左冻结壁厚度为 4.817m；自然融沉 28d，左冻结壁厚度达到 5.172m。即使在未受冻结影响的自然土体作用 28d 以后，在路径 1 上的冻结壁厚度还在持续增加，但是在路径 1 上的冻结壁平均温度开始升高，说明冻结帷幕区域内的冷量开始减少。随着自然融沉时间的增加，土体温度最低点逐渐向靠近冻结管群内侧移动。

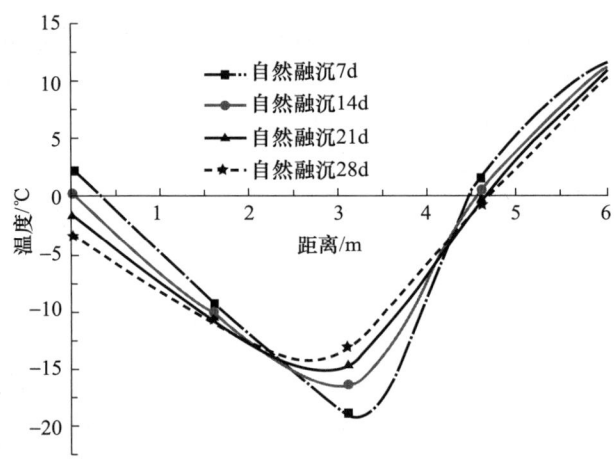

图 7.36　路径 1 土体温度随自然融沉天数增加的时空分布

在自然解冻期，同样以 0.5m 为间距沿路径 2 选取 27 个监测点（左半部分为路径 2-1 区域，称上冻结壁、右半部分为路径 2-2 区域，称下冻结壁）。由图 7.37 可知，在

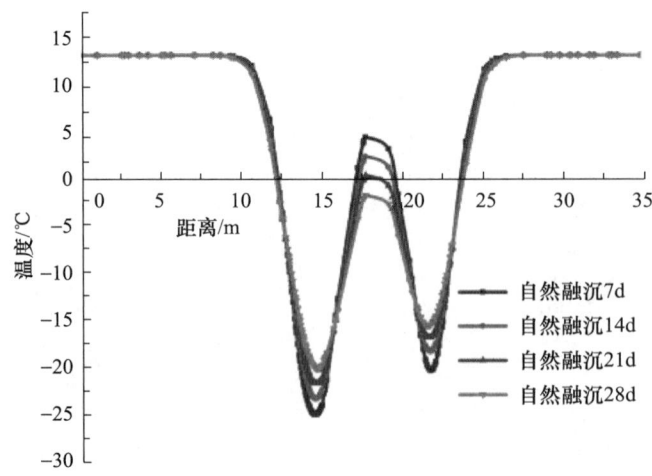

图 7.37　路径 2 土体温度随自然融沉天数增加的时空分布

自然地温的作用下，人工冻结区域冻土温度开始上升；自然融沉 7d，上冻结壁厚度为 4.812m，下冻结壁厚度为 4.012m；自然融沉 14d，上冻结壁厚度为 5.053m，下冻结壁厚度为 4.242m；自然融沉 21d，上冻结壁厚度为 5.447m，下冻结壁厚度为 5.402m；自然融沉 28d，上、下冻结壁已经连成整体，厚度达到 11.632m，整体冷量在与自然土体温度交换的过程中逐渐减少。

自然融沉期，同样选取路径 1、路径 2-1、路径 2-2 进行分析。分析不同路径上冻结壁平均温度随自然融沉天数增长的变化规律。由图 7.38 可知，自然融沉 7 天，路径 1 上冻结壁平均温度为 −10.851℃，路径 2-1 上冻结壁平均温度为 −15.032℃，路径 2-2 上冻结壁平均温度为 −12.183℃；自然融沉 14d，路径 1 上冻结壁平均温度为 −9.853℃，路径 2-1 上冻结壁平均温度为 −14.236℃，路径 2-2 上冻结壁平均温度为 −11.173℃；自然融沉 21d，路径 1 上冻结壁平均温度为 −9.138℃，路径 2-1 上冻结壁平均温度为 −13.574℃，路径 2-2 上冻结壁平均温度为 −9.893℃。不受人工冻结的影响，路径 1、路径 2-1、路径 2-2 上冻结壁三条升温曲线类似，斜率都是随着自然融沉的增加而降低，自然土体对联络通道周围冻土热量传递相差不大。三条路径上冻结壁平均温度随自然融沉时间增加而升高，冻结壁平均厚度随自然融沉时间增加而升高。经过 75d 冻结，联络通道附近土体冷量的积累远大于未受冻结影响的自然岩土，28d 自然融沉不能使联络通道附近土体完全解冻。

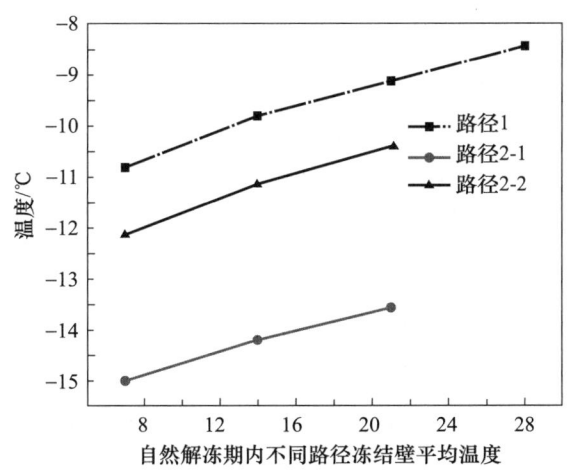

图 7.38　自然解冻期内不同路径土体冻结壁平均温度变化趋势

7.2.5　冻结法施工土体温度场综合分析

将路径 1、路径 2-1、路径 2-2 在积极冻结期、维护冻结期，自然融沉期的冻结壁厚度变化汇总于图 7.39。由图 7.39 可知，人工冻结期间（积极冻结期、维护冻结期），冻结壁厚度与冻结时间呈线性正相关关系。自然融沉 28d，联络通道周围冻土还未完全解冻，路径 1、路径 2-1、路径 2-2 上冻结壁厚度持续增加，这是因为联络通道附近冻土冷量还未被自然土体吸收完全。自然融沉期，各路径冻结壁厚度变化曲线基本一致，路径 2-1 与路径 2-2 的冻结壁在自然融沉 21d 相连，图 7.39 上表现为连接到一点。

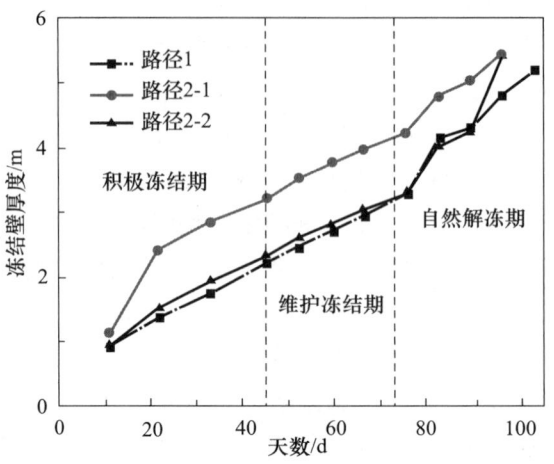

图 7.39　不同路径土体冻结壁平均厚度变化趋势

将积极冻结期、维护冻结期，自然融沉期路径 1、路径 2-1、路径 2-2 的冻结壁平均温度汇总后如图 7.40 所示。由图 7.40 可知，积极冻结期：冻结壁平均温度基本与冻结时间呈对数负相关关系，这是因为土体参数相同且受到等温盐水持续作用，土体温度降低趋势基本一致。维护冻结期：路径 2-1、路径 2-2 上冻结壁平均温度持续降低，而路径 1 上冻结壁平均温度降至最低点后开始升高，这是因为路径 1 上冻结壁温度已达到低温盐水可以冻结的最低温度，同时在自然土体作用下，该路径土体热量达到动态平衡，冻结壁平均温度降低，而冻结壁厚度持续增加。自然融沉期：路径 1、路径 2-1、路径 2-2 上冻结壁平均温度变化趋势基本一致，这是因为土体参数相同且受到等温自然土体持续作用，各路径升温曲线相似。

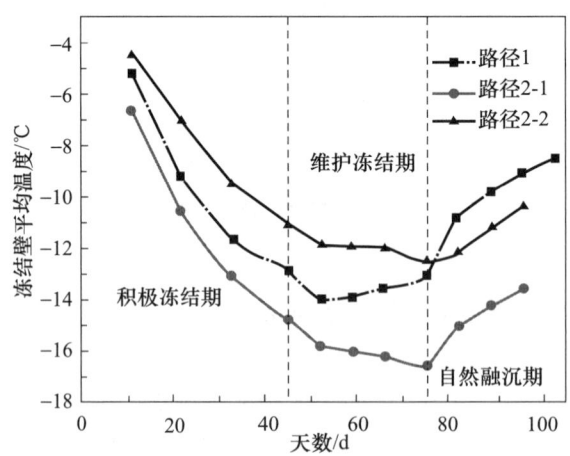

图 7.40　不同路径土体冻结壁平均温度变化趋势

将积极冻结期、维护冻结期，自然融沉期路径1与路径2上冻结壁厚度变化趋势汇总于图7.41、图7.42。由图7.41可知：在路径1上，土体温度变化在积极冻结期间和维护冻结期趋势基本相同，均近似呈抛物线形，且在左冻结壁中心附近产生最低温度，积极冻结45d后土体最低温度达到−19.49℃，维护冻结30d后土体最低温度可达−22.13℃。自然解冻28d，土体最低温度点向左冻结壁内侧偏移大概0.3m，升高至−13.18℃。由于冻结管布设原因，三段时期内，冻结管群内侧土体温度均低于冻结管群外侧土体温度。

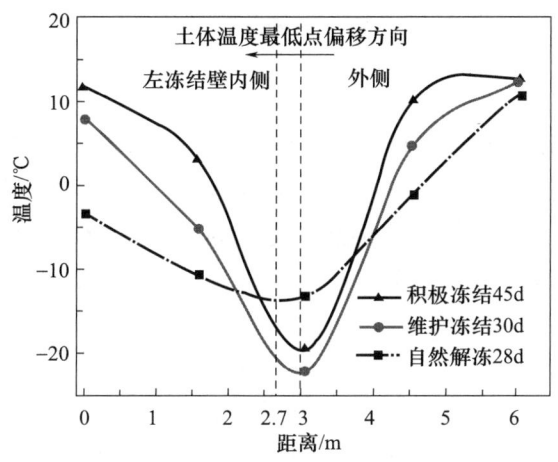

图7.41 路径1土体温度随冻结天数变化的时空分布

由图7.42可知，在路径2上，积极冻结期、维护冻结期，土体温度变化趋势基本相同。由于冻结管布设原因，在积极冻结、维护冻结、上侧壁处土体温度分布曲线出现了一个拐角，而自然融沉期土体温度分布曲线更为光滑，土体降温更为平缓。积极冻结45d，上侧壁土体土体最低温度达到−30.83℃；维护冻结30d，上侧壁土体最低温度降低至−31.71℃；自然融沉28d，上侧壁土体最低温度升高至−22.23℃，土体温度最低点向

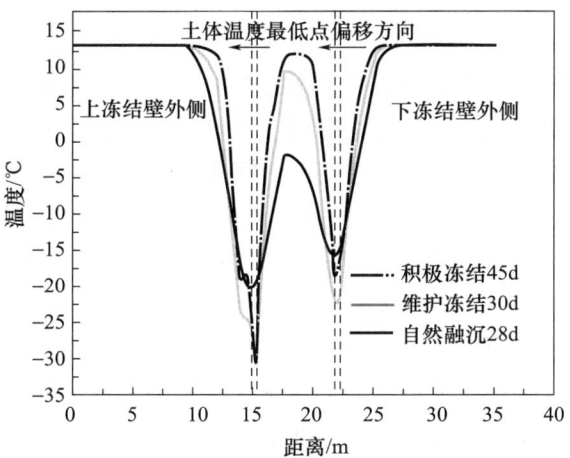

图7.42 路径2土体温度随冻结天数变化的时空分布

上冻结壁外侧偏移0.39m；积极冻结45d，下侧壁土体土体最低温度达到－19.11℃，维护冻结30d，下侧壁土体最低温度降低至－22.69℃，自然融沉28d，下侧壁土体最低温度升高至－15.61℃。土体温度最低点向下冻结壁内侧偏移0.23m。

综合图7.41、图7.42可知，自然融沉期内，冻结帷幕整体能量耗散发生在冻结帷幕边缘处。在自然土体作用下，冻结帷幕内冷量由温度低冻土→温度高冻土只是简单的热传递过程，冷量消散可以忽略不计，冷量消散发生在冻结帷幕边缘处。

7.3 积极冻结期土体冻胀应力及位移分析

人工冻结法在实际应用的时候，并不是冻结土体越久，冻结效果越好，长时间冻结一方面会耽误工期造成经济损失，还会影响更多自然土体，破坏自然土体的应力场、位移场及渗流场，而且水土混合物经过一段时间的冻结，体积变大，产生冻胀位移，不仅会对既有结构产生挤压作用，甚至还会影响到地表建筑，破坏地基温度。所以，对于现场施工来说，必须考虑冻结工期，提前掌握在一定冻结时间内，由人工冻结引起的土体应力、位移变化规律及既有结构、地表沉降的三维时空动态变化规律。本章对冻结施工区间联络通道冻结法施工进行相关研究。由人工冻结引起水土混合物变为冻水土混合物的是不规则的、非线性的动态变化过程。本章利用Abaqus完全热力耦合模块模拟分析土体位移场及应力场，研究积极冻结期土体冻胀对既有结构、地表造成的影响。

7.3.1 模型建立

7.3.1.1 数值计算模型

冻结施工区间联络通道冻结法施工冻结管采用两端向中间以一定斜角打入地层，为斜交冻结管群，各孔位布置复杂，不能简化为平面问题。考虑到如果以斜交冻结管群为模型进行土体冻结热力耦合计算，网格模型、计算压力太大，在Abaqus中计算极难收敛。本节将采用水平冻结管群进行冻结施工区间冻结施工热力耦合的数值模拟，并验证水平冻结管群的可靠性。以图7.43（a）为基础，冻结管模型按图7.43（a）布置方式在土体中水平切出冻结孔，即水平冻结管群，如图7.43（a）。根据水平冻结管群建立土体模型如图7.43（b）所示。

水平冻结管群模型土体共划分184012个网格、199143个节点，为C3D8T单元，其他参数与4.2.1节一致。首先验证水平冻结管群的合理性，同样取积极冻结45d，对比水平冻结管群与斜交冻结管群的土体温度场分布情况，如图7.44所示。

(a) 简化后水平冻结管群

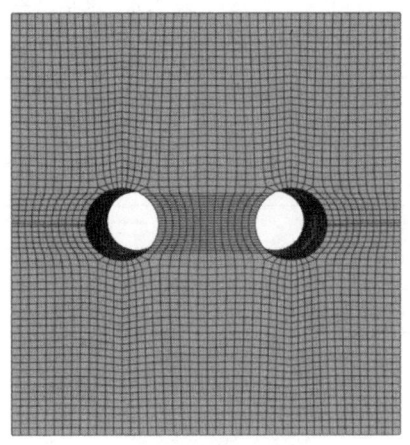
(b) 水平冻结管群土体模型

图 7.43　水平冻结管群有限元计算模型

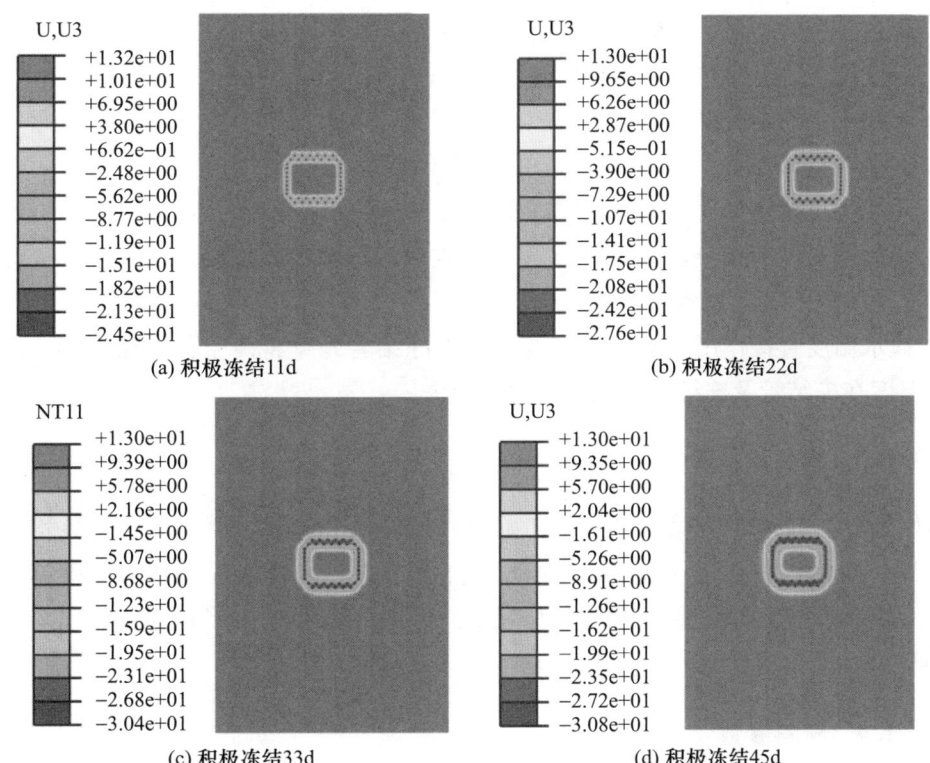

图 7.44　水平冻结管群积极冻结 45d $Y=9.2\mathrm{m}$ 截面温度场分布

同样以冻结壁厚度、冻结壁发展速度、冻结壁平均温度作为验证水平冻结管群数值模型合理性的标准。将积极冻结 45d，水平、斜交冻结管群在路径 1、路径 2-1、路径 2-2 的土体冻结参数汇总至表 7.8，同一部位两种模型平均温度差距较小，可以用水平冻结管群进行下一步分析。

表 7.8 水平、斜交冻结管群差异性对比

模型	部位	冻结壁厚度/m	冻结壁发展速度/(mm/d)	冻结壁平均温度/℃
水平	上壁	2.418	53.73	−16.92
	下壁	2.456	54.58	−16.69
	左侧壁	2.154	47.87	−14.97
斜交	上壁	3.219	71.53	−17.26
	下壁	2.322	51.60	−15.47
	左侧壁	2.223	49.40	−12.61

7.3.1.2 基本假设

土体热力耦合是一个动态非线性过程，土体受到外部冷源作用会产生冻胀。数值模拟难以还原实际冻结过程中的土体应力场、位移场，因此在对冻结施工区间联络通道土体冻结热力耦合有限元模拟前，对实际问题做以下基本假设：

① 视各土层为均质、各向同性体，且初始地温相等；
② 各土层为符合摩尔库仑准则的弹塑性体；
③ 采用水平冻结管群进行数值模拟；
④ 盐水冷量仅在垂直于冻结管方向进行热传递；
⑤ 同一类土体热物理参数只考虑冻土和未冻土两种；
⑥ 模型网格过于复杂，计算时极容易不收敛，不考虑冰水相变、地下水、渗流场及影响冷量传递的其他外界因素；
⑦ 盐水温度直接作用于冻结管内壁，并由冻结管外壁将冷量传递给土体，忽略实际盐水温度在冻结管及冻结管与土体间隙的损失。

7.3.1.3 初始边界条件

初始地温、盐水温度赋值等其他初始边界条件见 7.1 节，模型外侧边界均认为是绝热边界。新添加位移边界条件：顶部为自由边界；底部为固定边界，限制三向位移；模型侧面限制法向位移。新加重力荷载：对全部模型施加 Z 向重力荷载，g 取值 9.8m/s^2。

7.3.1.4 材料参数

冻结管参数见 7.1 节中的表 7.1；各土层热物理参数见表 7.2。

7.3.2 积极冻结期土体冻胀数值模拟结果分析

冻结施工区间联络通道积极冻结热力耦合模型计算过程共设置二个分析步骤。第一步：静力分析步，在静力分析步中计算出只在重力作用下 ODB 文件，如图 7.45（a）所

示。第二步：完全热力耦合分析步中导入静力分析步的应力结果作为初始应力状态，即ODB导入法对土体进行初始地应力平衡，地应力平衡结果如图7.45（b）所示。通过ODB导入法，地应力平衡后，土体最大竖向位移达到了10~11m，位移接近于0，地应力平衡结果合理。

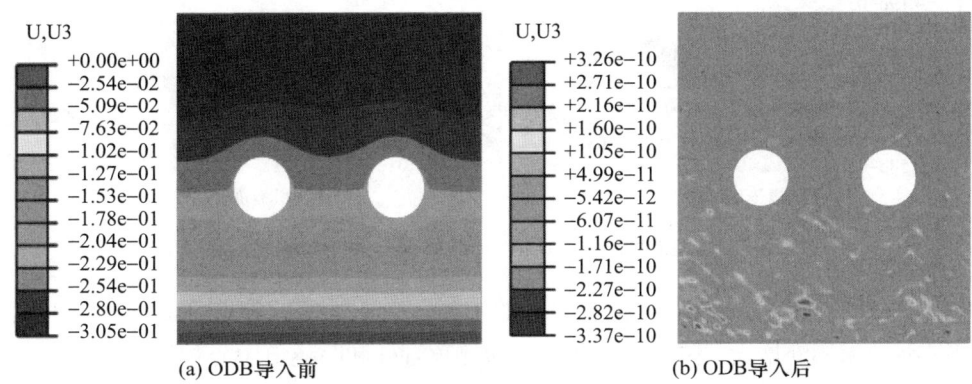

(a) ODB导入前　　　　　　　　　　(b) ODB导入后

图7.45　地应力平衡竖向位移图

由图7.46可得，土体Z向冻胀位移场可以分为两个部分，随着积极冻结天数的增加，土体冻胀位移越来越大，中心线以上的土体产生向上的隆起位移，中心线以下的土体产生向下的沉降位移，两隧道水平连线竖向中心线两侧位移近似对称分布。积极冻结11d，联络通道竖向中心线上的最大隆起量为8.46mm，最大沉降量为6.49mm，地表最大隆起量为2.97mm；积极冻结22d，联络通道竖向中心线上的最大隆起量为11.61mm，最大沉降量为8.36mm，地表最大隆起量为4.64mm；积极冻结33d，联络通道竖向中心线上的最大隆起量为14.03mm，最大沉降量为9.58mm，地表最大隆起量为6.11mm；积极冻结45d，联络通道竖向中心线上的最大隆起量为15.62mm，最大沉降量为10.14mm，地表最大隆起量为7.39mm。冻结管群作用土体冻胀引起的上部土体竖向隆起位移大于沉降位移，这是因为在建模过程中设置模型底面三向位移为0，土体在向底面边界移动时受到边界的反向作用，模型表面设置为自由边界，土体可以自由运动，所以隆起位移大于沉降位移；另外，越靠近地表土体重力越小，向上的冻胀力会大于土体重力，土体表现为向上的隆起位移。

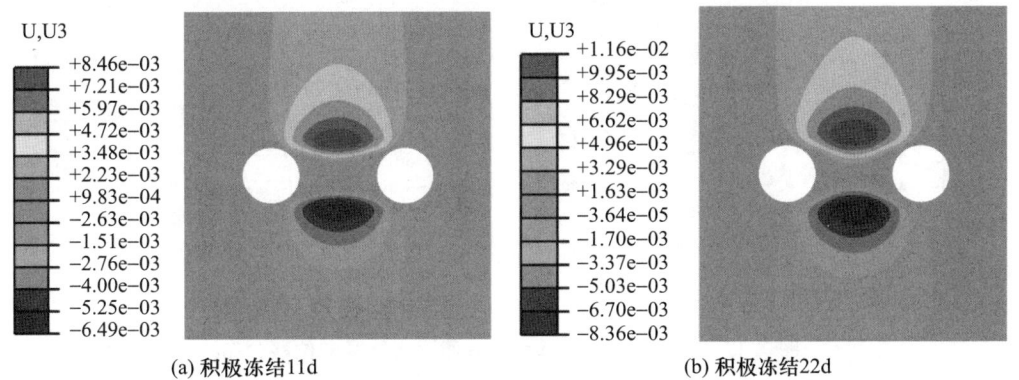

(a) 积极冻结11d　　　　　　　　　　(b) 积极冻结22d

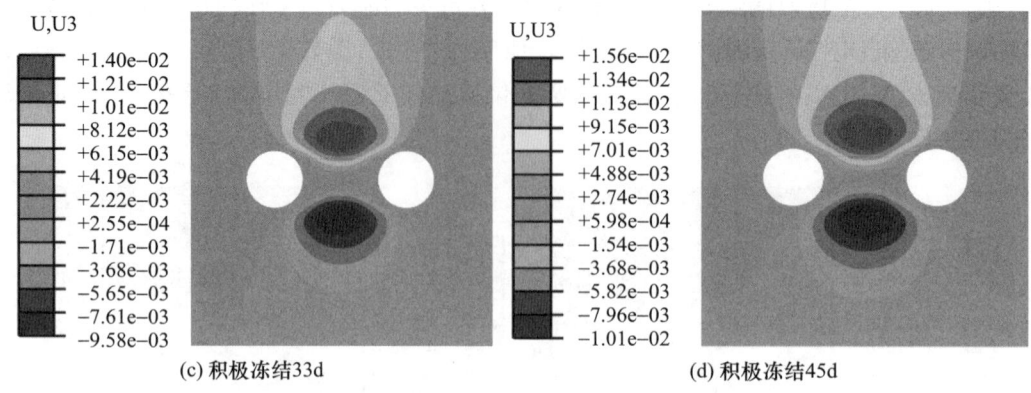

(c) 积极冻结33d　　　　　　　　(d) 积极冻结45d

图 7.46　积极冻结 45d $Y=12m$ 截面土体竖向位移分布

由图 7.47 得可知，随着积极冻结时间的增加，冻土帷幕的厚度不断增大，引起的地层水平冻胀位移不断增大。隧道中下部左右两侧顶管处和距隧道中心位置一定距离的地表在地层冻胀作用下引起的水平位移较大，隧道左右两侧的水平冻胀位移近似对称，这是因为隧道左右两侧土体受到的约束条件相同、受到的荷载相当且冻结管对称布置，所以隧道周围土体水平冻胀位移左右对称。水平冻胀位移小于竖向冻胀位移，因为建模过程中设置模型左右两侧边界法向位移为 0，土体在向左右两侧边界位移时受到边界的挤压作用。

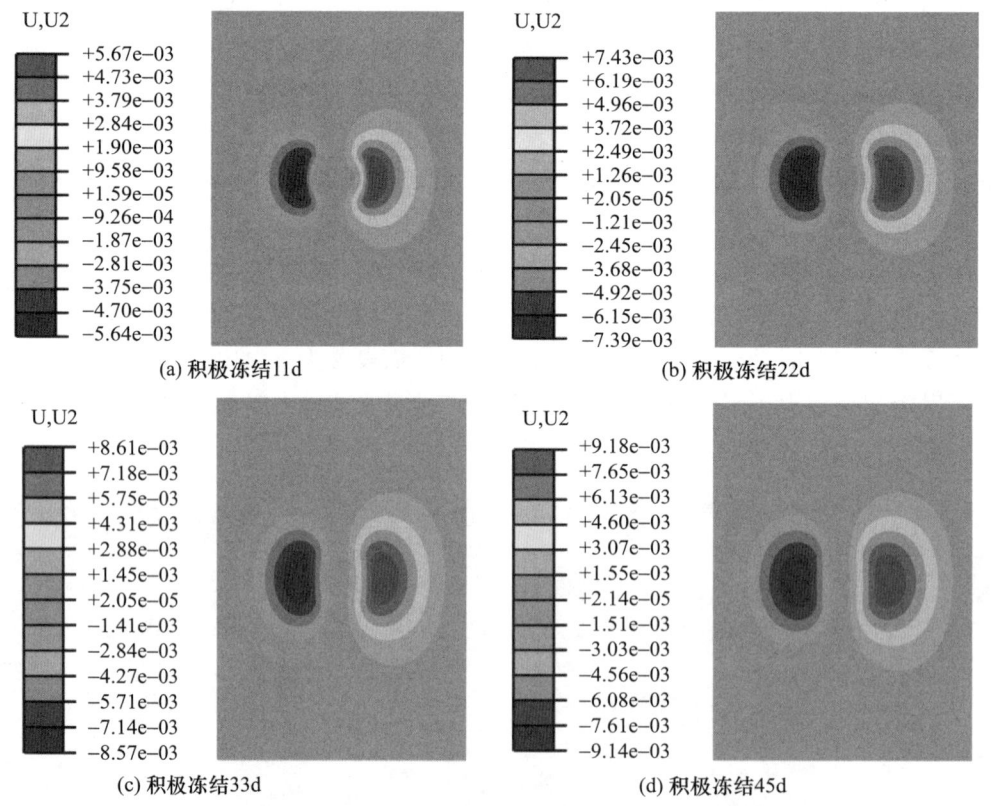

(a) 积极冻结11d　　　　　　　　(b) 积极冻结22d

(c) 积极冻结33d　　　　　　　　(d) 积极冻结45d

图 7.47　积极冻结 45d $X=16m$ 截面土体竖向位移分布

7.3.2.1 土体冻胀位移分析

冻结法施工必须考虑土体冻胀效应，土体冻胀不仅会影响既有双线隧道的变形，还会影响地表及地面建筑变形，对此选取三条典型路径进行有限元分析。

(1) 路径1：双线隧道中心竖向路径

根据图7.48、图7.49可知，在双线隧道中心竖向路径，土体冻胀位移并不是简单沿着隧道中心线（$Z=17.5$m）呈对称分布，土体竖向位移零点在Z轴距离地表18.1m的位置。以$Z=18.1$m为中心线，中心线以上的土体产生向上的隆起位移，中心线以下的土体产生向下的沉降位移。

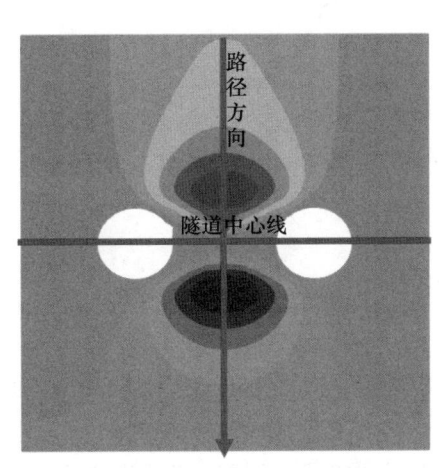

图7.48 隧道中心竖向路径

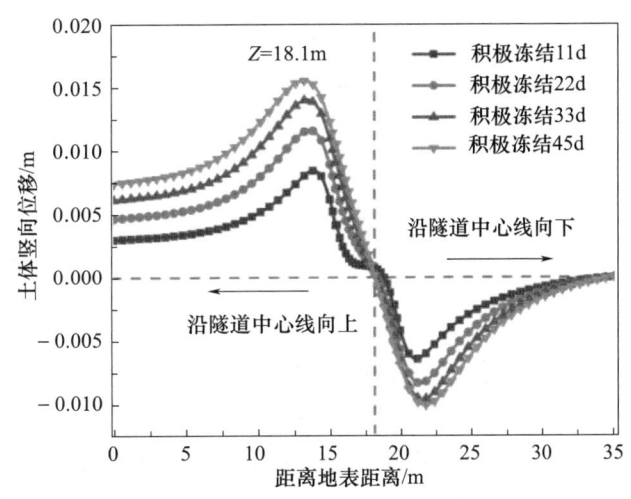

图7.49 隧道中心竖向位移

(2) 路径2：地表沿隧道方向

根据图7.50、图7.51可知，地表沿着隧道方向的竖向隆起位移以地表中点为中心近似呈正态分布。积极冻结45d，地表中心点隆起位移最大，最大值为7.39mm。在隧道方向路径越远离地表中心，地表隆起位移越小，最小值为6.22mm。

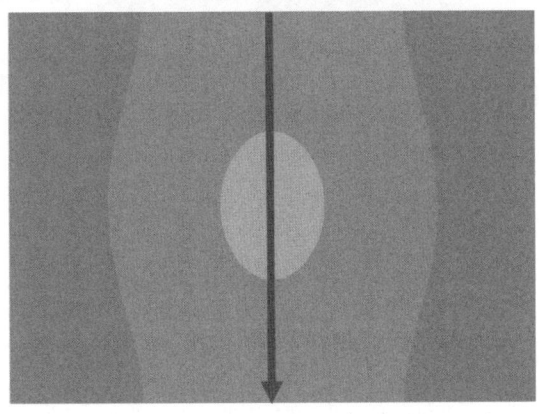

图7.50 地表沿隧道方向路径

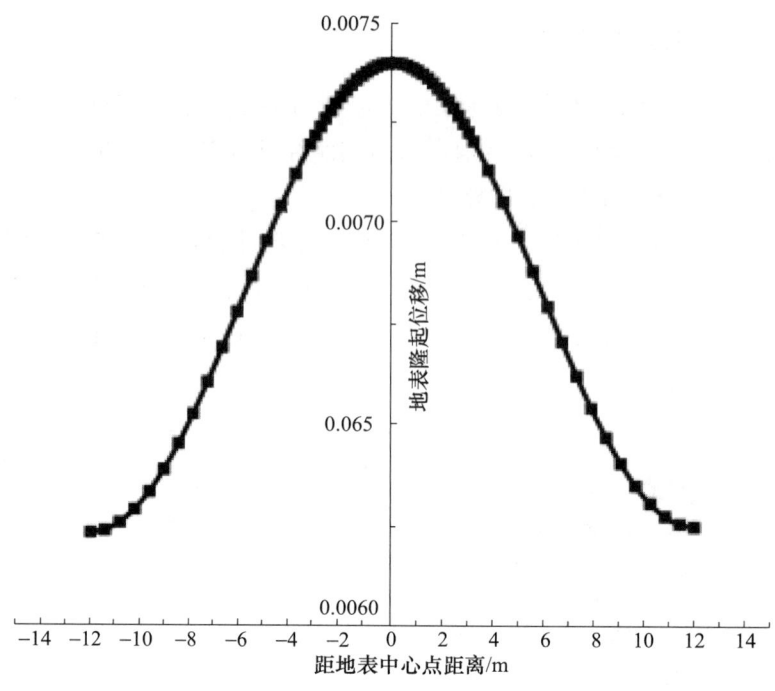

图 7.51 地表沿隧道方向位移

(3) 路径 3：地表沿联络通道方向

根据图 7.52、图 7.53 可知，地表沿着联络通道方向的竖向隆起位移以地表中点为中心沿水平方向呈近似正态分布。积极冻结 45d，地表发生了较大的竖向隆起位移，地表中心点隆起位移最大，最大值为 7.39mm，在联络通道方向路径越远离地表中心点，地表隆起位移越小，最小值为 3.96mm，地表整体向上抬升。

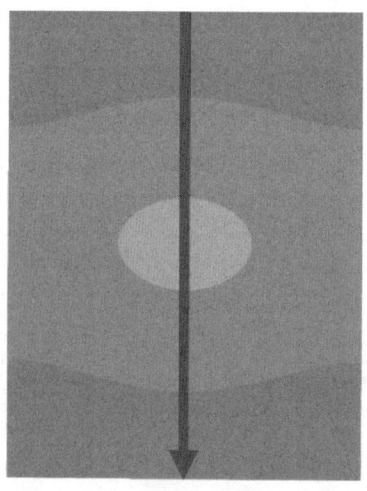

图 7.52 地表沿联络通道方向路径

7 ▶ 联络通道冻结法施工中土体冻胀融沉降影响研究

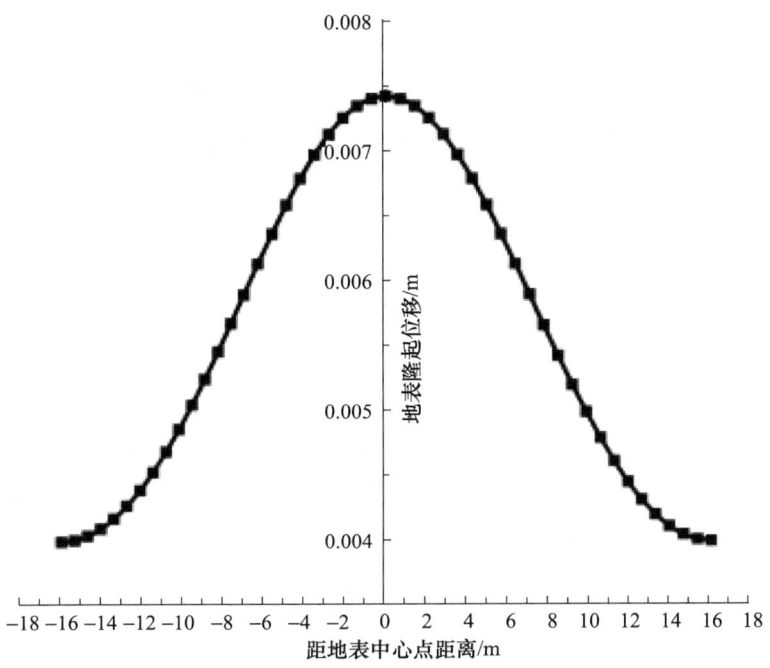

图 7.53 地表沿联络通道方向位移

根据图 7.54、图 7.55 可知，$Z=17.5m$ 土体水平冻胀位移以隧道竖直中心线为轴呈对称分布，积极冻结 45d，土体发生了较大的水平位移，距离隧道竖直中心约 4m 处土体的水平冻胀位移数值最大。积极冻结 11d，水平向左的最大冻胀位移为 5.67mm，水平向右的最大冻胀位移为 5.64mm。积极冻结 22d，水平向左的最大冻胀位移为 7.43mm，水平向右的最大冻胀位移为 7.39mm。积极冻结 33d，水平向左的最大冻胀位移为 8.57mm，水平向右的最大冻胀位移为 8.52mm。积极冻结 45d，水平向左的最大冻胀位移为 9.03mm，水平向右的最大冻胀位移为 8.98mm。

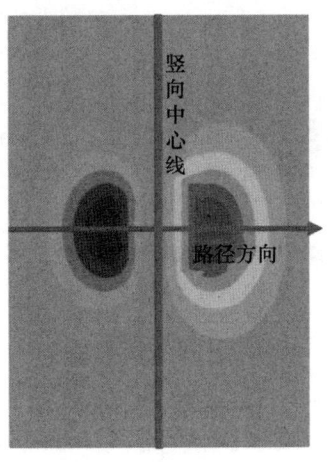

图 7.54 地表沿隧道方向路径

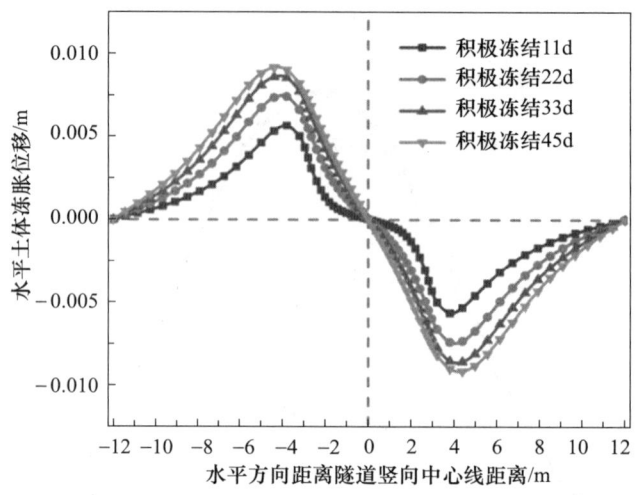

图 7.55 地表沿隧道方向位移

7.3.2.2 土体冻胀应力分析

如图 7.56（a）所示为土体初始最大主应力云图，可以发现最大主应力（拉应力）有一部分为正值，原因是既有双线隧道及冻结孔对土体的影响，最大拉应力为 0.14MPa，出现在冻结孔附近。如图 7.56（b）所示为土体初始最小主应力云图，受重力影响，土体原岩应力主要表现为压应力，成层状分布，且随着土体埋深的增加而增加，最大压应力为 0.59MPa，在土体模型底部。

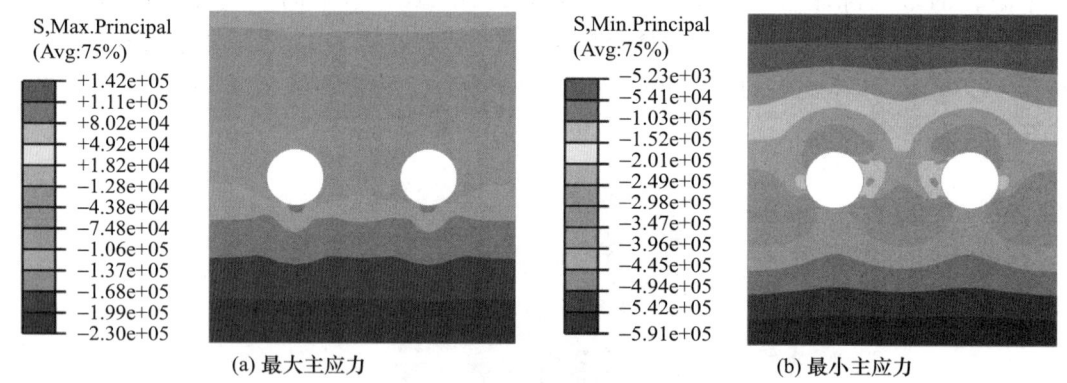

(a) 最大主应力　　　　　　　　　(b) 最小主应力

图 7.56　土体初始主应力云图

注：Avg 即平均，下同。

如图 7.57 所示为积极冻结完成后土体的最大主应力云图，由于土体冻结扰动了初始土体应力场，应力变化主要集中在联络通道附近，其他区域应力变化较小。相较于初始应力，土体最大拉应力由 0.14MPa 降低为 0.04MPa。将土体内拉应力在软件里显示，如图 7.57（b）所示，拉应力主要位于近地表部分，因为初始土体应力场随着埋深均匀分布且增加，越靠近地表土体压应力越小，越往下压应力越大，土体由于冻胀产生向上的隆起，此时冻胀力会大于初始土体应力，所以在近地表处土体应力表现为拉应力。

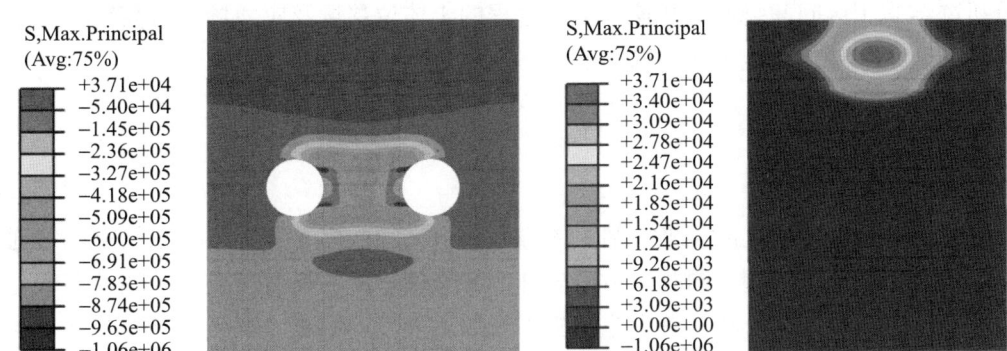

图 7.57　积极冻结 45d 后联络通道土体最大主应力云图

如图 7.58 所示为积极冻结完成后土体最小主应力云图，由于人工冻结扰动了初始土体应力场，应力变化同样主要集中在横通道附近。相较于初始应力，在向下的冻胀力和重力矢量叠加作用下，土体最大压应力由 0.59MPa 增加至 1.32MPa。

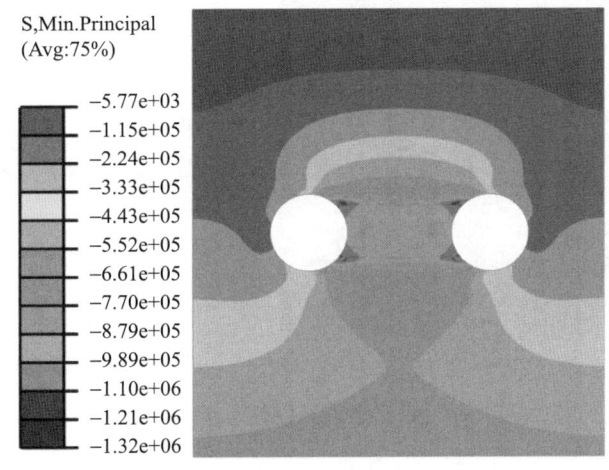

图 7.58　积极冻结后联络通道土体最小主应力云图

7.4　维护冻结期联络通道开挖力学行为

冻结施工区间联络通道垂直于既有双线盾构隧平行方向，联络通道处地质条件为富水砂层，若直接拆除钢管片进行联络通道开挖，施工难度较大，需要采用人工冻结法提前对待开挖土体进行加固处理。在联络通道施工之前，既有双线隧道和周围土体经过长时间影响处于平稳状态，当采用人工冻结法冻结土体，土体产生冻胀不仅会破坏之前的平稳状态，还会对既有隧道、地表造成再次扰动。这会对既有隧道、地表造成不利影响，因此对联络通道开挖进行数值模拟研究具有现实意义。本节在 7.2 节的基础上，对冻结施工区间联络通道开挖施工进行数值模拟研究。本节利用 Abaqus 生死单元模块模拟分析冻结施工区间联络通道开挖施工全过程的土体位移场及应力场，研究维护冻结期内联络通道土体开挖对地表造成的影响。

7.4.1 模型建立

考虑到 7.2 节中所述的积极冻结土体冻胀数值模型较为复杂，维护冻结期联络通道开挖需要另外构建新模型。同时，由于软件的特殊性，需要提前在土体及隧道上管片切分出来联络通道的几何形状。考虑冻结施工对周边环境的影响，联络通道开挖计算模型相关参数与 4.3 节中所述的斜交冻结管群数值模型一致。土体共划分 88992 个单元、96426 个节点；既有双线隧道共划分 6349 个单元、11578 个节点；联络通道共划分 700 个单元、1323 个节点。网格单元皆采用 C3D8R，模型网格划分如图 7.59 所示。在 Abaqus 里设定既有双线隧道、联络通道外表面与土体内表面法向接触。

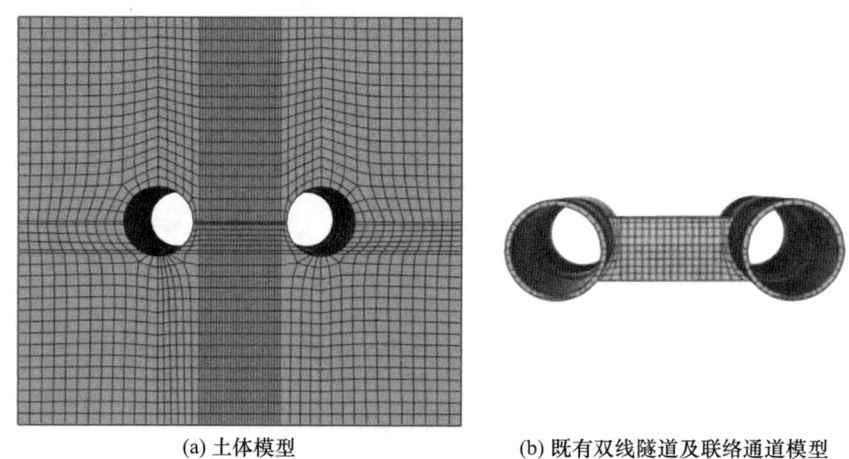

(a) 土体模型　　(b) 既有双线隧道及联络通道模型

图 7.59　联络通道开挖有限元计算模型

7.4.2 模型其他条件

冻结施工区间联络通道开挖模型的基本假设、初始边界条件、材料参数同 5.1 节中所述一致，新增假设如下。

开挖有限元计算中主要对联络通道开挖后的土体变形进行计算，侧重于联络通道土体开挖的数值模拟，土体开挖过程设定如下。

① 分步卸载。Abaqus 中通过软化模量法实现，同一分析步内，联络通道支护前定义为 Field 1，荷载释放 40%，支撑后定义为 Field 2，荷载释放 60%。

② 分步开挖。冻结施工区间联络通道开挖采用上下台阶法，上台阶高度为 1.6m，下台阶高度 2.2m，开挖共计 32 步，如图 7.60 所示。

③ 同时支护。随着开挖面向前推进，在同一分析步内进行初期支护。

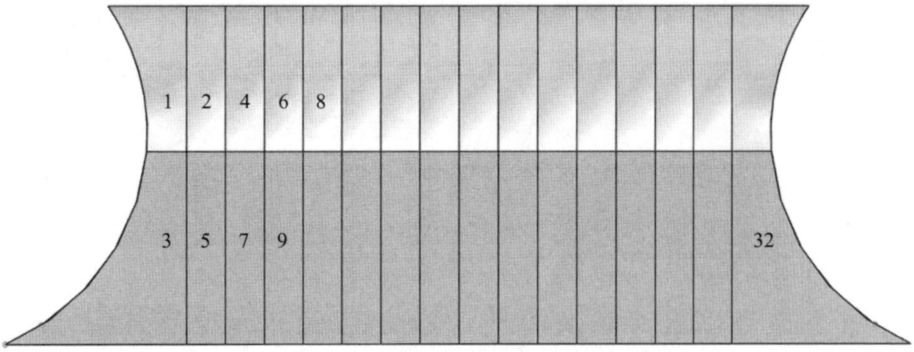

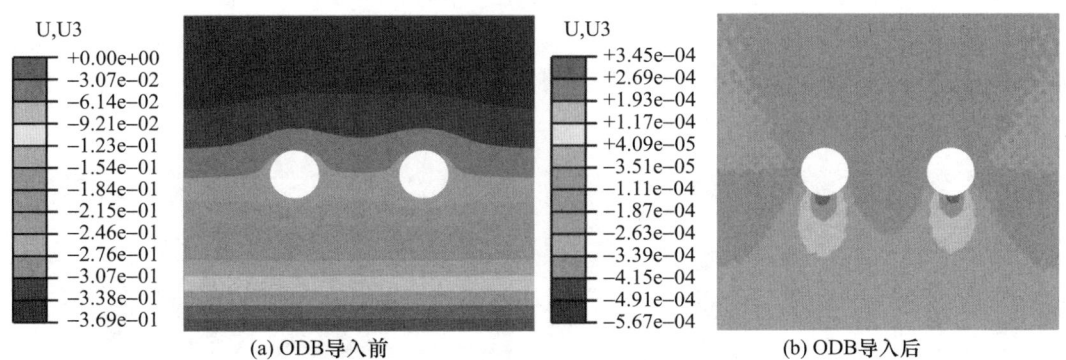

图7.60 冻结施工区间联络通道台阶法施工示意

土体参数见4.2.3节表4.2，本次只划分三个土层，靠近联络通道附近采用冻土参数，其他按正常土体参数进行数值模拟。

7.4.3 联络通道开挖数值模拟结果分析

第一步依旧进行地应力平衡，地应力平衡结果如图7.61所示。

(a) ODB导入前

(b) ODB导入后

图7.61 联络通道开挖地应力平衡结果

本次主要针对三个工况进行详细分析。

(1) 拆除左线隧道钢管片

从图7.62中可以看出，拆除左线钢管片后，土体状态发生了明显改变，联络通道附近土体产生了向外隆起的位移。既有左线隧道开口处右上方沉降了24.44mm，开口处右下方出现最大位移为44.38mm的隆起，产生这种结果的原因有：

① 模拟拆除钢管片未按照现场实际工序操作，在模拟过程中，钢管片一次性拆除，在拆除分析步中，并未对土体进行支护，所以土体发生较大位移；

② 实际施工现场有台车的支撑，模拟中没有，导致开口处土体位移较大。此时地表最大沉降为1.13mm。

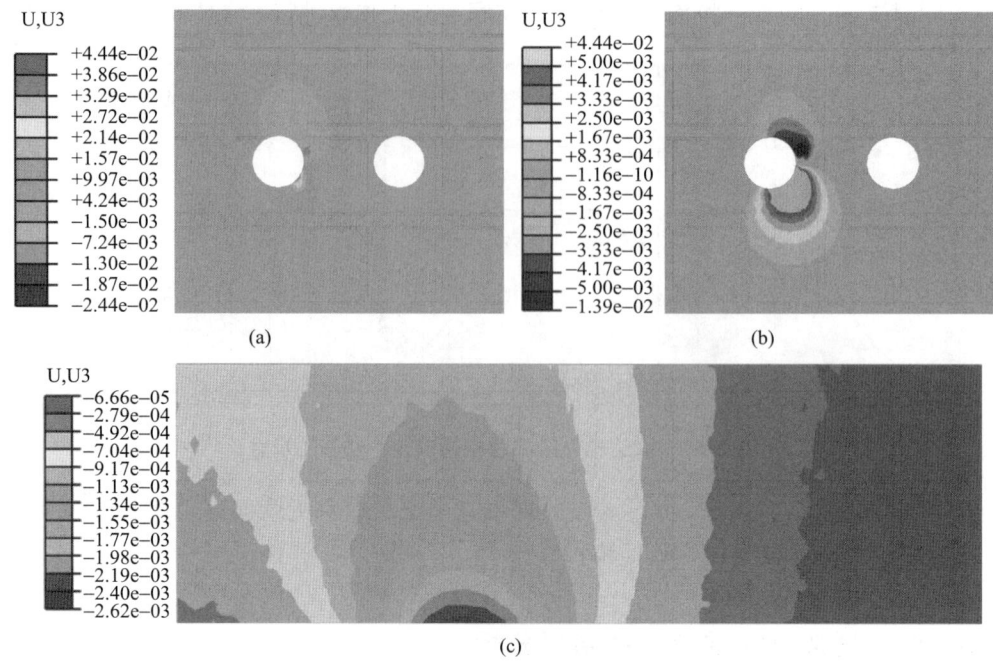

图 7.62 拆除钢管片后土体 Z 向位移

从图 7.63 中可以看出，联络通道土体开挖一半后，原有开口处右下方 44.38mm 的隆起位移降至 39.69mm，开口处右上方 24.44mm 的沉降位移降至 15.79mm，说明联络通道初衬起到了支护效果，改变了拆除钢管片后开口处土体的位移变化。此时地表最大沉降为 1.45mm。

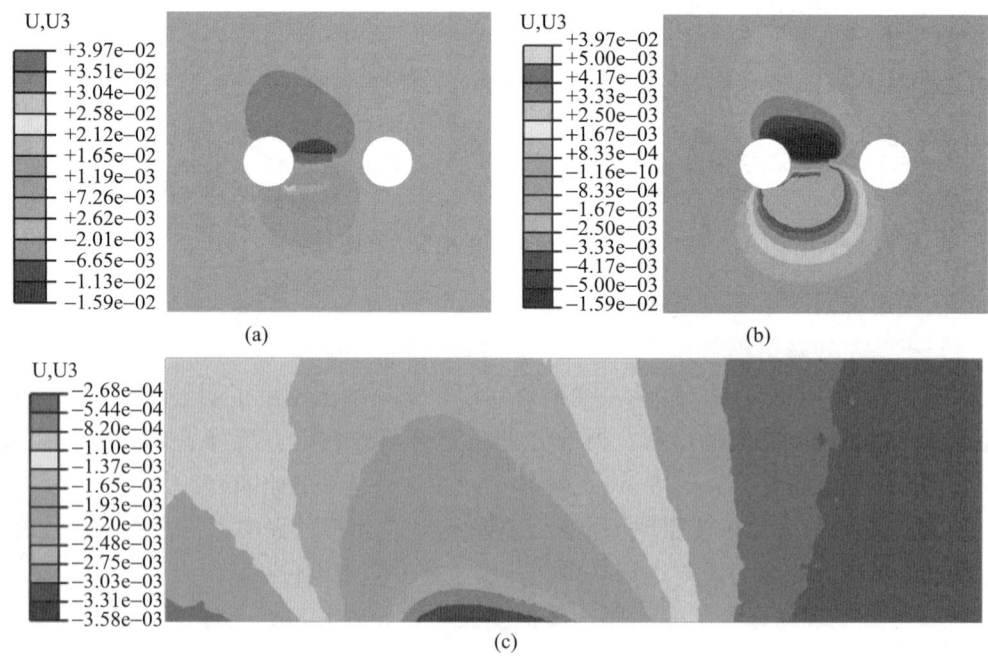

图 7.63 联络通道开挖一半土体 Z 向位移

从图 7.64 中可以看出，联络通道土体开挖完成后，联络通道底板处的土体有很明显的向上隆起的趋势，最大位移达 39.95mm，联络通道顶部处土体有向下移动的趋势，最大位移值为 15.87mm，地表沉降值最大为 1.81mm，符合设计要求。可见土体在人工冻结法加固后起到了应有的效果。

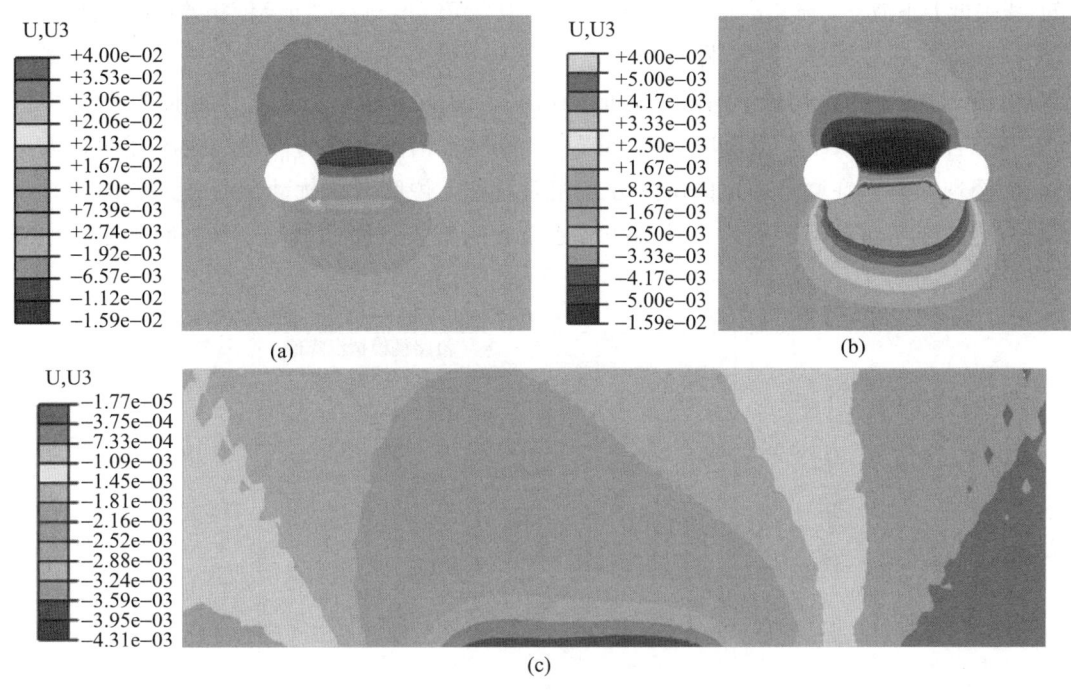

图 7.64 联络通道开挖完成土体 Z 向位移

同样选取两条路径来分析联络通道开挖引起的地表沉降，路径选取见图 5.8、图 5.10。

（2）地表沿隧道方向路径

由图 7.65 可知，沿隧道方向联络通道开挖后两侧土体沉降位移并不对称，离左线隧道近的位置沉降明显大于右线隧道处沉降，最左侧地表沉降量为 1.51mm，最右侧地表沉

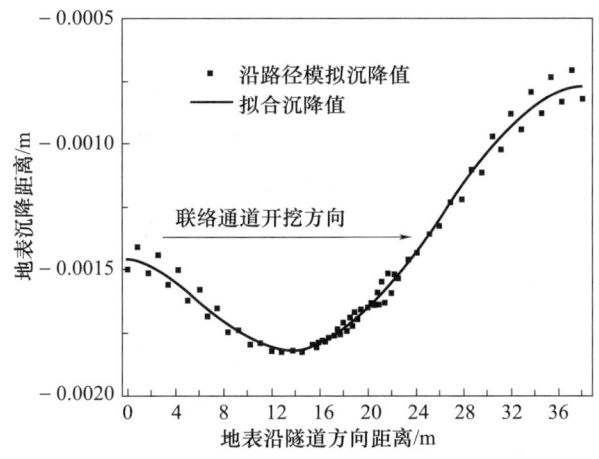

图 7.65 联络通道开挖完成土体 Z 向位移

降量为0.76mm，隧道左侧沉降量变化速率较小，这是由于开挖是从左线隧道向右线隧道进行，优先开挖部位的土体受到扰动先生沉降，进而导致两侧地表沉降出现差异。联络通道开挖完成后，联络通道上方的地表沉降曲线符合Peck沉降"U"形槽，在地表沿隧道方向距离14m的位置，即地表中心，地表沉降达到最大值为1.81mm。图中沉降模拟值在拟合沉降曲线附近上下波动，随着离最大沉降处越近，拟合沉降值与模拟沉降值相差也越来越小。

（3）地表沿联络通道方向路径

由图7.66可知，相较于沿隧道方向的沉降，垂直于联络通道土体截面方向模拟沉降值与拟合值误差较小，其沉降值波动较小，同时在沿隧道方向出现左线沉降明显大于右线沉降现象，而在联络通道的沉降分布相对对称，说明开挖扰动在沿隧道方向比垂直于联络通道方向对沉降影响大，且沿联络通道方向地表沉降曲线呈"V"形分布，地表沉降值最大为1.81mm。

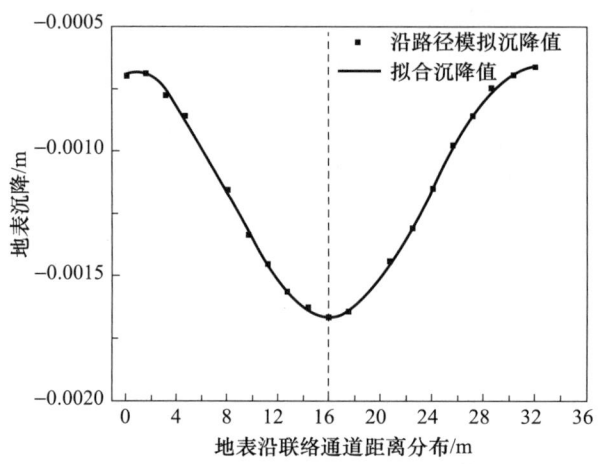

图7.66 联络通道开挖完成土体Z向位移

7.5 本章小结

本章结合现场监测数据，总结积极冻结期内去、回路盐水温度、泄压孔压力、土体温度动态变化规律，以及由联络通道开挖引起的地表沉降变化曲线，结论如下。

（1）去、回路盐水降温曲线可以分为四个阶段：急剧降低、缓慢降低、较快降低、趋于平稳。急剧降低阶段：该阶段土体初始自然温度与冻结盐水温度温差较大，土体吸收大量冷量，去、回路盐水温差较大。缓慢降低阶段：水土混合物与去路盐水温差降低并在低温盐水作用下接近0℃，此时水土混合物开始相变，水土混合物释放潜热增加，需要冷量减少，持续时间增长，去、回路盐水温差开始降低。较快降低阶段：水土混合物完全相变，同去路盐水温差更小，冷量传递没有第一阶段剧烈，去、回路盐水温差更低。趋于平稳阶段：土体温度达到去路盐水可以冻结的最低温度，土体与去路盐水冷量交换已趋于动态平衡，盐水温差亦趋于稳定。

（2）通过计算去、回路盐水温差绝对值也能反映冻土帷幕交圈时间，但有一定误差，交圈时间为积极冻结第22d。积极冻结23d，泄压孔X1～X4各自压力开始增加，说明冻土帷幕开始交圈。泄压孔增压时间为积极冻结24～43d，泄压孔压力近似线性增加，平均泄压孔增压速率近似为0.0105MPa。泄压孔压力保持最大值，说明冻结帷幕达到设计要求，可以进行下一步联络通道开挖。

（3）当在维护冻结期内进行联络通道开挖时，由于土体经过45d的积极冻结，地表沉降值在±3mm内波动，地表最大沉降值为2.87mm。土体经历15d自然融沉后，平均地表沉降为4.01mm，地表最大沉降为4.67mm，说明自然融沉对于地表沉降有很大的影响，在实际施工中，需要针对土体自然融沉制定防控措施。

（4）土体降温曲线可以分为"慢速-快速-慢速"三个阶段逐渐减小。其中，慢速阶段：土体温度在低温盐水作用下接近0℃时，土体中的水分开始相变转化为冰晶，需要大量冷量，曲线表现为一小段平缓；快速阶段：土中水分经历完水冰相变，土体也变为冻土，同盐水温差减小，冷量传递剧烈；慢速阶段：土体温度接近于低温盐水温度，土体温度逐渐下降趋于某一温度值并在小范围内波动。

8

基于流固耦合的富水地层盾构施工地表沉降研究

地铁隧道开挖将产生地层损失，使得地表发生不均匀沉降。而在富水地区的盾构隧道开挖，由于施工扰动会打破土体的应力平衡状态，造成土层应力场重新分布，应力场的变化导致土体压缩或松弛，改变了土层渗透系数、土体孔隙率等物理参数。同时隧道开挖会造成地下水损失，在水头压力作用下产生渗流，进而影响地层渗流场的分布情况。渗流场的变化又会影响应力场，两者相互作用，经过一段时间后，应力场与渗流场再次达到动态平衡。因此，研究盾构开挖过程中孔隙水压力的变化很有必要。本章针对地铁某盾构区间的盾构隧道，研究施工过程中流固耦合作用对地表沉降及隧道结构的影响。

8.1 基于流固耦合的隧道开挖模拟研究

8.1.1 FLAC 3D 流固耦合计算机理

8.1.1.1 渗流场的基本方程

（1）运动方程

渗流的运动方程可根据作用在一个单元上的面力和体积力平衡求得。假定水为不可压缩流体，通过 Navier-Stokes 方程（以下简称"N-S 方程"）来描述黏性流体动量守恒的运动方程：

$$\begin{cases} \dfrac{\mathrm{d}v'_x}{\mathrm{d}t} = f_x - \dfrac{1}{\rho}\dfrac{\partial p}{\partial x} + \mu\nabla^2 v'_x \\ \dfrac{\mathrm{d}v'_y}{\mathrm{d}t} = f_y - \dfrac{1}{\rho}\dfrac{\partial p}{\partial y} + \mu\nabla^2 v'_y \\ \dfrac{\mathrm{d}v'_z}{\mathrm{d}t} = f_z - \dfrac{1}{\rho}\dfrac{\partial p}{\partial z} + \mu\nabla^2 v'_z \end{cases} \quad (8.1)$$

式中，v'_x、v'_y、v'_z 为孔隙水流真实速度；f_x、f_y、f_z 为液体体积力；p 为液体压强；ρ 为流体密度；μ 为液体黏滞度。

孔隙水流的真实速度 v' 和孔隙断面水流平均流速 v 二者之间关系为 $v'=v/n$，代入 N-S 方程可得

$$\frac{1}{n}\frac{\mathrm{d}v}{\mathrm{d}t}=f-\frac{1}{\rho}\mathrm{grad}P+\mu\nabla^2 v \qquad (8.2)$$

其渗流位势 H 的表达式为

$$H=z+\frac{p}{\gamma} \qquad (8.3)$$

式中，z 为某点的位置高程；p 为该点压强；γ 为水的重度。

当单位质量 $\rho=1$ 时，

$$\frac{1}{ng}\frac{\partial v}{\partial t}=-\frac{1}{\rho}\mathrm{grad}H+\frac{\mu}{ng}\nabla^2 v \qquad (8.4)$$

式中，$\frac{\mu}{ng}\nabla^2 v$ 为水对土颗粒表面的摩擦力。

当 $\rho=1$ 时，渗流阻力等于单位长度能量损失，即：

$$\frac{\mu}{ng}\nabla^2 v=-g\frac{v}{k} \qquad (8.5)$$

则水单元体在多孔介质中运动方程：

$$\frac{1}{ng}\frac{\partial v}{\partial t}=-\frac{1}{\rho}\mathrm{grad}H-\frac{v}{k} \qquad (8.6)$$

（2）连续性方程

如图 8.1 所示，在渗流区域内取一微单体，研究该微元体的水流平衡关系，通过 xz、xy、yz 断面流入单元微分体的流量分别为 $\rho v_y \mathrm{d}x\mathrm{d}z$、$\rho v_z \mathrm{d}x\mathrm{d}y$、$\rho v_x \mathrm{d}y\mathrm{d}z$，则可得到该微分单元体的流入量表达式：

$$Q_入=\rho v_y \mathrm{d}x\mathrm{d}z+\rho v_z \mathrm{d}x\mathrm{d}y+\rho v_x \mathrm{d}y\mathrm{d}z \qquad (8.7)$$

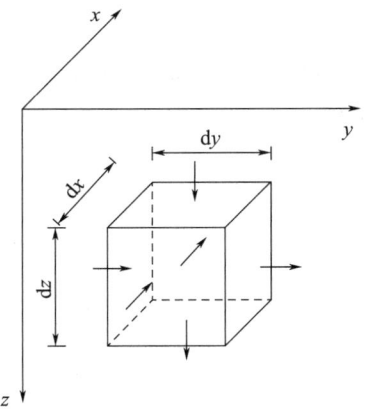

图 8.1 微元体流量示意

从该单元体 XZ 面流出的流量为 $\left(\rho v_y+\frac{\partial}{\partial y}\rho v_y\right)\mathrm{d}x\mathrm{d}z$，整个单元体的流出量表达式为：

$$Q_{出}=\rho v_y \mathrm{d}x\mathrm{d}z+\rho v_z \mathrm{d}x\mathrm{d}y+\rho v_x \mathrm{d}y\mathrm{d}z+\left(\frac{\partial}{\partial x}\rho v_x+\frac{\partial}{\partial y}\rho v_y+\frac{\partial}{\partial z}\rho v_z\right)\mathrm{d}x\mathrm{d}y\mathrm{d}z \tag{8.8}$$

则单元体单位时间内的净流出水量为

$$\Delta Q=\left(\frac{\partial}{\partial x}\rho v_x+\frac{\partial}{\partial y}\rho v_y+\frac{\partial}{\partial z}\rho v_z\right)\mathrm{d}x\mathrm{d}y\mathrm{d}z \tag{8.9}$$

根据质量守恒定律，$\Delta Q=0$，则有渗流的连续性方程：

$$\frac{\partial v_x}{\partial x}+\frac{\partial v_y}{\partial y}+\frac{\partial v_z}{\partial z}=0 \tag{8.10}$$

（3）稳定渗流微分方程

在多孔介质土体和微裂隙岩石中，地下水的运动为不随时间改变的稳定渗流，则 $\frac{1}{ng}\frac{\partial v}{\partial t}=0$，根据达西定律有：

$$v=kj=-k\mathrm{grad}H \tag{8.11}$$

式中，v 为渗流速度；j 为水力坡降，$j=-\mathrm{grad}H$；k 为渗透系数；H 为渗流位势。

用渗透系数张量对不同方向的渗透系数进行表示：

$$K=\begin{bmatrix} K_{xx} & K_{xy} & K_{xz} \\ K_{yy} & K_{yy} & K_{yz} \\ K_{zz} & K_{zy} & K_{zz} \end{bmatrix} \tag{8.12}$$

$K_{ij}=K_{ji}$，则可将达西定律改写成：

$$V=\begin{bmatrix} v_x \\ v_y \\ v_z \end{bmatrix}=-\begin{bmatrix} K_{xx} & K_{xy} & K_{xz} \\ K_{yy} & K_{yy} & K_{yz} \\ K_{zz} & K_{zy} & K_{zz} \end{bmatrix}\begin{bmatrix} \dfrac{\partial H}{\partial x} \\ \dfrac{\partial H}{\partial y} \\ \dfrac{\partial H}{\partial z} \end{bmatrix}=K \cdot J \tag{8.13}$$

对式（8.13）进行张量坐标系变换，将渗透系数 $[K]$ 变为主对角矩阵，当其张量坐标和渗透主方向一致时，则有

$$K=\begin{bmatrix} k_x & 0 & 0 \\ 0 & k_y & 0 \\ 0 & 0 & k_z \end{bmatrix} \tag{8.14}$$

$$V=\begin{bmatrix} v_x \\ v_y \\ v_z \end{bmatrix}=-\begin{bmatrix} k_x \dfrac{\partial H}{\partial x} \\ k_y \dfrac{\partial H}{\partial y} \\ k_z \dfrac{\partial H}{\partial z} \end{bmatrix} \tag{8.15}$$

根据能量守恒定律，将式（8.15）代入式（8.10），可得

$$\frac{\partial}{\partial x}\left(k_x \frac{\partial H}{\partial x}\right)+\frac{\partial}{\partial y}\left(k_y \frac{\partial H}{\partial y}\right)+\frac{\partial}{\partial z}\left(k_z \frac{\partial H}{\partial z}\right)=0 \tag{8.16}$$

当土体为各向同性时，其渗透系数都相同，则式（8.16）为

$$\frac{\partial^2 H}{\partial x^2}+\frac{\partial^2 H}{\partial y^2}+\frac{\partial^2 H}{\partial z^2}=0 \tag{8.17}$$

当渗流位势只受水压作用的影响时，将式（8.3）代入式（8.17）得

$$\frac{\partial^2 p}{\partial x^2}+\frac{\partial^2 p}{\partial y^2}+\frac{\partial^2 p}{\partial z^2}=0 \tag{8.18}$$

8.1.1.2 渗流场的定解方程

把土体内各点在渗流场中的渗流值联系起来，即形成稳定渗流微分方程，总结出土体内的稳定渗流现象，以及稳定渗流所遵循的客观规律。根据边界条件和初始条件可求解出稳定渗流场的微分方程，从而得到渗流场的定解方程。

（1）边界条件

① Dirichlet 边界条件。

在某一部分的边界上，每个点的位势函数或水头分布是已知的，则称为水头边界条件，可写为：

$$\begin{cases} H(x, y, z)|_s = f_1(x, y, z) \\ x, y, z \in S \end{cases} \tag{8.19}$$

② Neumam 条件。

位势函数或水头的法向导数都是已知的，又称第二类边界条件为流量边界条件。对于稳定渗流，边界上的流入和流出为常数，有：

$$\frac{\partial H}{\partial n}=const \tag{8.20}$$

式中，n 为边界面法线方向。

③ 混合边界条件（Robin 边界条件）。

在含水层边界上，内外水头差和流量之间存在一定的线性关系：

$$H+\alpha\frac{\partial H}{\partial n}=\beta \tag{8.21}$$

式中，α、β 为边界上各点的已知函数。

（2）初始条件

在研究开始时，整个液相流动状态或液相所处的环境条件在初始渗流场中的状态即为初始条件。给定限制条件：

$$H(x, y, z, t)=H_0(x, y, z, t_0)|_{t_0} \tag{8.22}$$

式中，$H(x, y, z, t)$ 为 t 时刻的渗流场水头分布函数。

8.1.1.3 渗流场-应力场耦合理论

（1）渗流场对应力场作用

地下水对土体的影响主要是静水压力和渗流水压力。

① 静水压力。

静水压力是时间和空间的标量函数，指地下水作用在裂隙断面上的法向应力。材料力学中指出，作用于土体内某一斜面上的应力分量为：

$$\sigma' = \frac{(\sigma_1-\mu)+(\sigma_3-\mu)+[(\sigma_1-\mu)-(\sigma_3-\mu)]\cos2\theta}{2} \tag{8.23}$$

$$\tau' = \frac{(\sigma_1-\mu)-(\sigma_3-\mu)}{2}\sin2\theta \tag{8.24}$$

进一步简化为：

$$\sigma' = \frac{\sigma_1+\sigma_3}{2}+\frac{\sigma_1-\sigma_3}{2}\cos2\theta-\mu=\sigma-\mu \tag{8.25}$$

$$\tau' = \frac{\sigma_1-\sigma_3}{2}\sin2\theta \tag{8.26}$$

式中，σ_1、σ_3 为单元的第一主应力、第三主应力；σ 为单元体计算截面的总正应力；μ 为静水压力；σ'、τ' 为单元体计算截面的有效正应力、切应力；θ 为计算截面法线与第一主应力的夹角。

② 渗流动水压力。

渗流动水压力是指地下水在渗流时会产生阻力，可通过对结构面和充填物质产生的体积力来平衡，体积力与地下水流动方向相同。微元体在动水压力作用下会形成剪切变形，导致裂隙率、透水性等增大从而加快渗流速度。细小颗粒的临界速度小于渗流速度时，将会被水流冲走。

(2) 应力场对渗流场作用

地下水与土体之间的力学作用，影响到土体的渗透性能以及土体的稳定性。当渗流场达到动态平衡时，渗流方程变化为上述内容中的稳定渗流微分方程：

$$\frac{\partial}{\partial x}\left(k_x\frac{\partial H}{\partial x}\right)+\frac{\partial}{\partial y}\left(k_y\frac{\partial H}{\partial y}\right)+\frac{\partial}{\partial z}\left(k_z\frac{\partial H}{\partial z}\right)=0 \tag{8.27}$$

流固耦合计算中，应力场改变了土层的渗透系数，从而影响渗流场，因此可研究渗透系数与应力变化的关系来研究渗流场的分布情况，土体的初始孔隙率为

$$n_0=1-\frac{V_s}{V_0} \tag{8.28}$$

式中，V_0 为土体的初始总体积；V_s 为土体的变形后总体积。

假定土体颗粒不可压缩，则土体渗流变形后孔隙率为

$$n=1-\frac{V_s}{V} \tag{8.29}$$

式中，V 为土体变形后的总体积。

对于小应变情况，体积应变可表示为：

$$\varepsilon_v=\frac{V-V_0}{V_0} \tag{8.30}$$

则孔隙率 n 可表示为

$$n=\frac{n_0+\varepsilon_v}{1+\varepsilon_v} \tag{8.31}$$

在平面应变问题中，$\varepsilon_z=0$，所以单位体积应变可表示为

$$\varepsilon_v=\varepsilon_r+\varepsilon_\theta \tag{8.32}$$

根据本构方程：

$$\begin{cases} \varepsilon_r=\dfrac{1}{E_c'}(\sigma_r-v_c'\varepsilon_\theta) \\ \varepsilon_\theta=\dfrac{1}{E_c'}(\sigma_\theta-v_c'\varepsilon_r) \end{cases} \tag{8.33}$$

式中，$E_c'=\dfrac{E_c}{1-v_c}$；$v_c'=\dfrac{v_c}{1-v_c}$。

将孔隙率 $n=\dfrac{n_0+\varepsilon_v}{1+\varepsilon_v}$ 代入渗流力学中的 Kozeny-Carman 方程，则渗流后土体渗透系数为：

$$k=\dfrac{k_0}{(1+\varepsilon_v)^3}\left(1+\dfrac{\varepsilon_v}{n_0}\right)^3 \tag{8.34}$$

式中，k_0 为土体初始渗透系数；n_0 为初始孔隙率；ε_v 为体积应变。

8.1.2 模型建立与初始平衡

根据大量的现场实测数据和理论知识可知，土体在隧道开挖直径的 3～5 倍范围内受到的影响较大。采用 FLAC3D 建立有限差分模型，模型 48m（长）（盾构机推进方向）×60m（宽）×38m（高），模型共有 99548 个节点、99160 个单元（图 8.2）。

选取摩尔库仑模型和各向同性渗流模型分别作为力学模型和渗流模型，隧道开挖面视为透水边界，设置临空面孔隙水压力为 0，与周边单元产生孔隙水压力差从而发生渗流。具体土层参数见表 8.1。

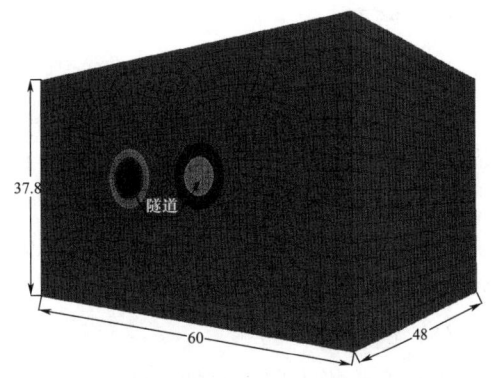

图 8.2 模型示意（单位：m）

表 8.1 土层分层信息表

地层编号	岩土名称	密度/（g/cm³）	弹性模量 E/MPa	泊松比 ν	渗透系数/（10⁻⁶cm/s）	孔隙比	黏聚力 C/kPa	内摩擦角 φ/（°）
4-1	粉质黏土	1.94	15.36	0.31	2.58	0.725	26.6	11.8
4-1-1	粉质黏土	1.9	14.73	0.31	2.77	0.811	37.4	7.7
4-2	粉质黏土	1.94	16.29	0.29	4.19	0.686	30.8	15.9
5-1-2	细砂	1.97	37.05	0.29	5.52×10³	0.882	0	32
5-2	粉质黏土	2.05	15.37	0.3	2.77	0.769	25.6	10.1

续表

地层编号	岩土名称	密度 /(g/cm³)	弹性模量 E/MPa	泊松比 ν	渗透系数 /(10⁻⁶cm/s)	孔隙比	黏聚力 C /kPa	内摩擦角 φ/(°)
6-2	细中砂	2.05	54.28	0.26	1.28×10^4	0.950	0	32
6-2-3	细砂	2	93.64	0.27	1.84×10^4	0.892	0	32
6-3	中砂	2.04	66.99	0.23	2.76×10^4	1.021	0	35

力学参数和渗流参数计算如下：

(1) 剪切模量和体积模量

$$体积模量：K=\frac{E}{3(1-2\nu)} \tag{8.35}$$

$$剪切模量：G=\frac{E}{2(1+\nu)} \tag{8.36}$$

式中，E 为弹性模量；ν 为泊松比。

(2) 渗透系数

渗透系数用来表示土体的渗透能力，本文中选用各向同性渗流模型。FLAC 3D 中的 k 与土力学中渗透系数 K 之间的关系如下：

$$k=K\times1.02\times10^{-6} \tag{8.37}$$

(3) 密度

土体的饱和密度根据式（4.38）中干密度计算得到：

$$P_s=\rho_d+ns\rho_f \tag{8.38}$$

式中，P_s 为土体饱和密度；ρ_d 为土体干密度；n 为孔隙率；s 为饱和度；ρ_f 为流体密度。

(4) 流体模量

土层中由土颗粒、水及空气组成，因此流体的体积模量并未达到纯水的标准，模拟中取流体体积模量为 2×10^8 Pa。

(5) 饱和度

饱和度是指土层中水的体积占土体孔隙体积的比例，模拟中假定地下水位以下土体处于饱和状态。

(6) 孔隙率

孔隙率为土中孔隙占总体积的百分比，根据地质资料可由下式计算土体的孔隙率。

$$n=\frac{e}{1+e} \tag{8.39}$$

式中，n 为孔隙率；e 为孔隙比。

模拟步骤如下。

第1步：通过 ANSYS 建模划分网格并导入 FLAC 3D，设置渗流模式为各向同性渗流，定义摩尔-库仑模型并对土体参数进行流体参数和力学参数赋值。关闭渗流场打开应力场进行初始地应力平衡，同时将流体模量设置为零。将左右边界水平固定，模型底部双向固定。由于盾构扰动瞬间，模型边界不能及时排水，故将模型四周及底部设置为不透水边界条件。

第2步：将初始位移、速度及塑性区清零。采用空模型来模拟隧道开挖的部分，将开挖临空面孔隙水压力清零，对临空面施加梯度变化的土仓压力，将盾构机外壳视为不透水材料，由于工程扰动，开挖面后面6环土体强度降低，将土体弹性模量减半。打开渗流场，定义流体模量的为$2e^8$，进行流固耦合计算。

第3步：按第2步操作流程直至开挖到第6环。

第4步：当盾构开挖至第7环时，按照第2步进行土体的开挖。此时第1环管片脱出盾尾，将第1环赋予管片参数，在盾尾间隙处施加浆液，并设置注浆浆液的初始弹性模量，隧道四周施加环向注浆压力，删除第1环隧道的盾构机外壳。设置管片与浆液的渗透系数，进行流固耦合计算。

第5步：按照第4步循环开挖至第12环。

第6步：按照实际施工条件，在盾构开挖第13环时，第1环浆液已注入4d时间，此时假定同步注浆时的浆液已经硬化，强化注浆层参数。施加注浆压力并对土体进行二次注浆操作，并按工程实际加大注浆加固圈范围，根据工程经验取等倍盾尾间隙0.12m。在该范围内的土体强度扩大至原来的1.5倍来表示注浆对周围土体的强化作用。进行流固耦合计算。按照上述开挖步挖至40环隧道。

第7步：此时左线隧道已贯通，按照上述步骤分环撤去盾构机外壳、安装管片同步注浆及二次注浆并进行流固耦合计算，左线隧道开挖完成。

第8步：按照上述步骤进行盾构隧道右线的开挖。

根据静止土压力计算公式：$P_0 = \sum_{i=1}^{i=n} K_{0i} \gamma_i h_i$ 计算各层土的静止土压力，见表8.2。可得模型底部土压力为508.30kPa。模拟初始平衡计算得到的总竖向应力及有效竖向应力分布如图8.3、图8.4所示。计算结果和模型有效应力大小吻合，证实初始条件参数设置可靠，同时土体的有效应力从地表向下逐渐增大呈层状分布。

表8.2 土层静止土压力计算

土层	层深/m	重度/(kN/m³)	内摩擦角/(°)	静止土压力系数	静止土压力/kPa
粉质黏土	3	19.4	11.8	0.796	46.298
粉质黏土	3.8	19	7.7	0.866	62.525
粉质黏土	6	19.35	15.9	0.726	84.289
细砂	2	19.7	32	0.470	18.522
粉质黏土	11	20.5	16	0.825	185.947
细中砂	3	20.5	32	0.470	28.911
细砂	5	20	32	0.470	47.010
中砂	4	20.4	35	0.426	34.794
总计	—	—	—	—	508.297

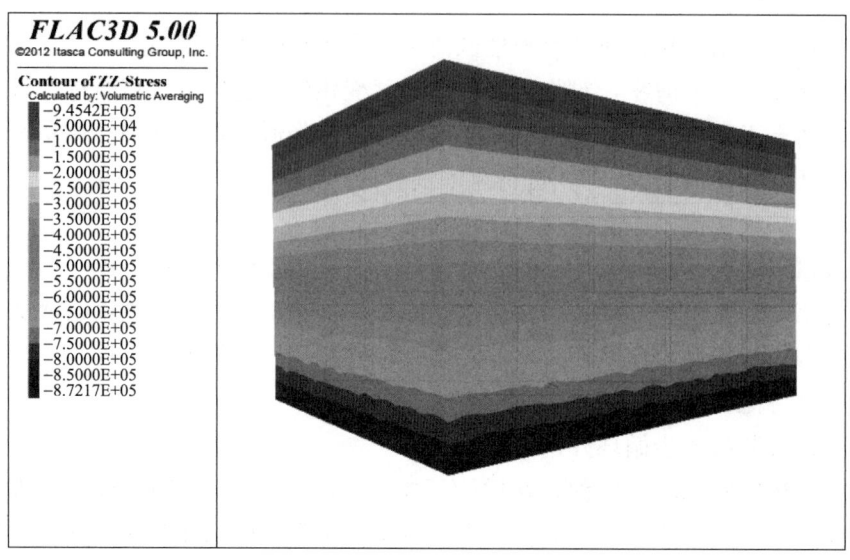

图 8.3 总竖向应力分布云图

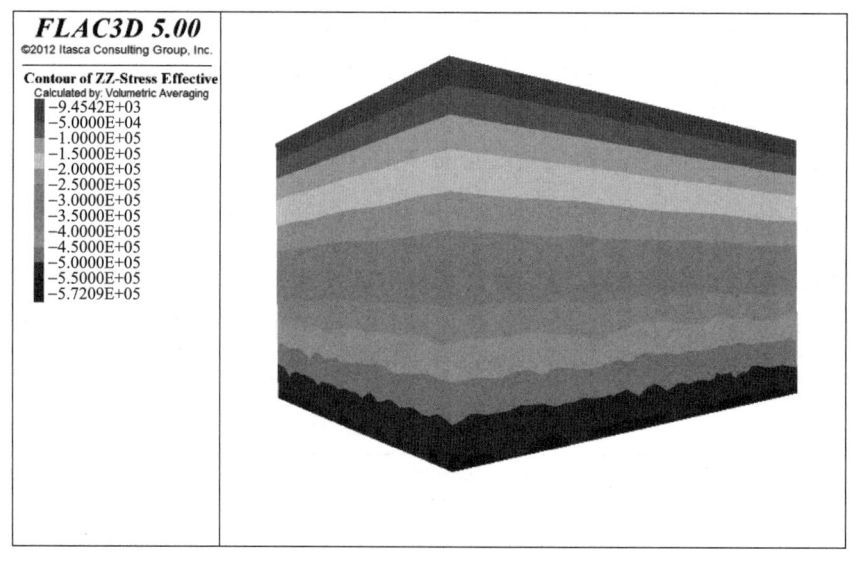

图 8.4 有效竖向应力分布云图

根据式 $P_{孔} = \sum_{i=1}^{i=n} \gamma_i h_i$ 计算得模型最底端孔压为 302.148kPa，根据土体有效应力原理，总竖向应力为有效应力与孔隙水压力之和，计算总应力大小为 810.448kPa，与图 8.3 中总应力云图结果较为一致，说明了初始流固耦合模型的可靠性，如图 8.5 所示为孔隙水压力分布图，模型自地面以下 10.8m 位置开始出现孔隙水压力到模型底部达到最大，且孔压呈层状分布。

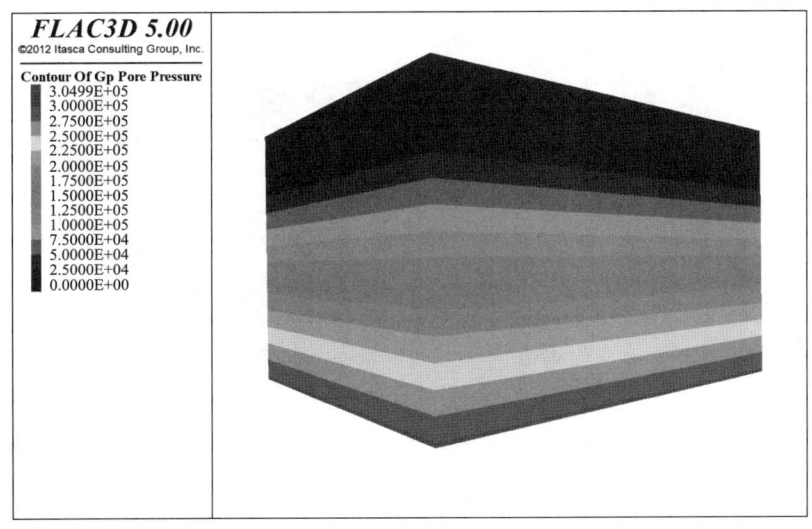

图 8.5 孔隙水压力分布云图

8.1.3 流固耦合模拟分析

8.1.3.1 应力场分析

土体在盾构隧道开挖前处于初始平衡状态，水平应力与竖向应力均沿着地层呈层状分布。土体受到施工扰动后，应力平衡状态被打破，应力场重新分布。应力场的改变进而导致土体压缩或松弛，影响土体渗透系数、孔隙率等土层渗透参数的改变，造成地下水渗流，进而影响地层渗流场的分布情况。渗流场的变化又会影响应力场，两者相互作用，经过一段时间后，应力场与渗流场再次达到动态平衡。分别对开挖过程中土体的竖向应力与水平应力进行研究分析，选取隧道 20 环截面上的应力云图如图 8.6、图 8.7 所示。

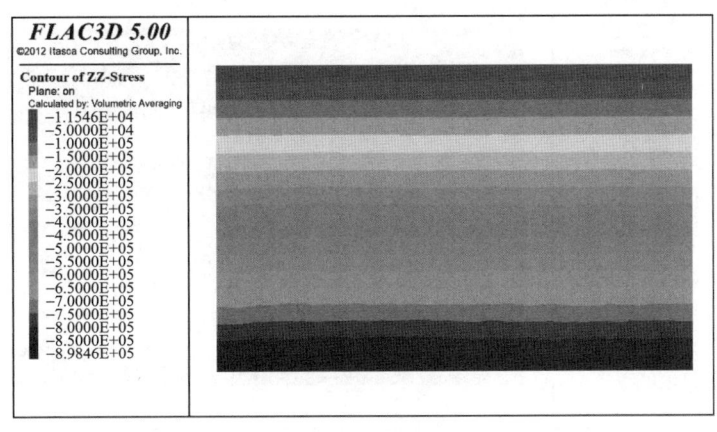

(a)初始竖向应力图

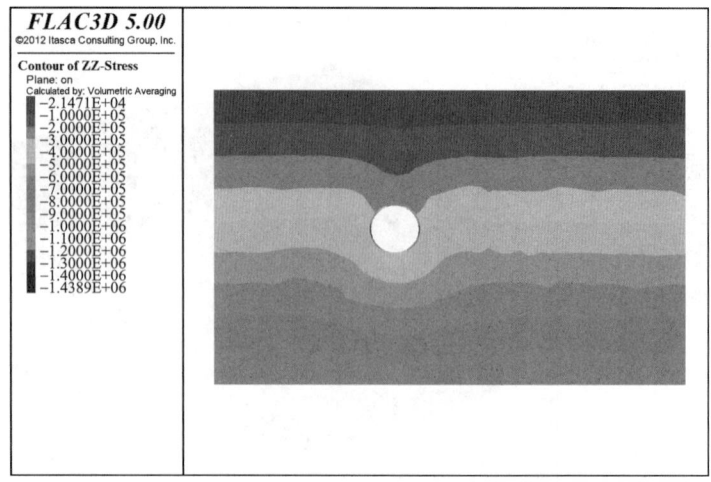

(b)左线隧道开挖完成

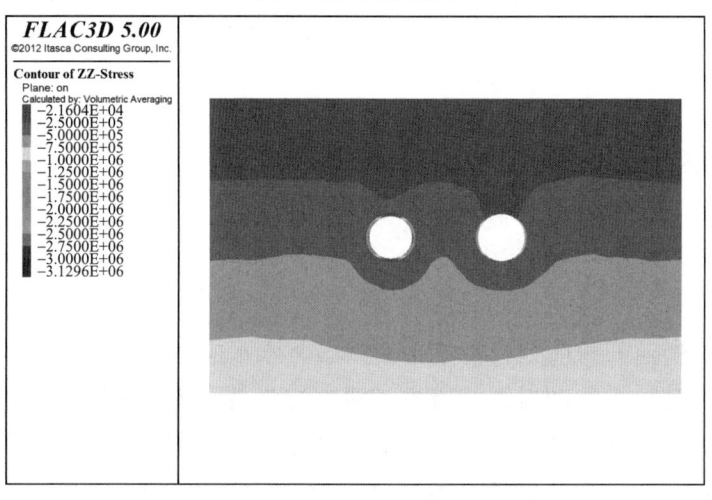

(c)双线隧道开挖完成

图 8.6　土体竖向应力图

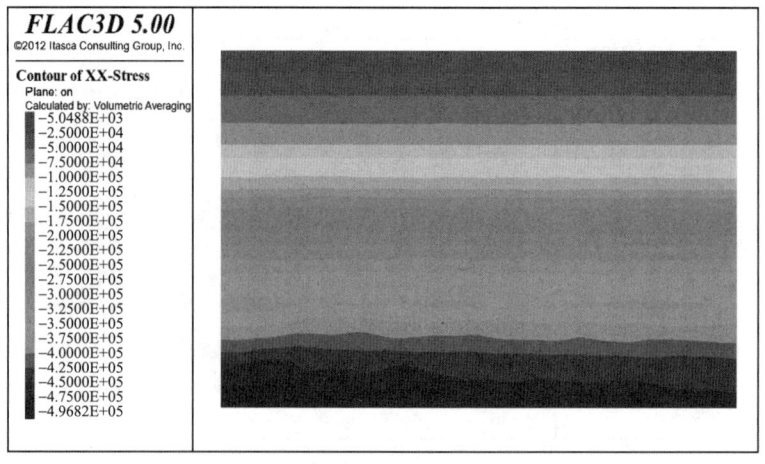

(a)初始水平应力图

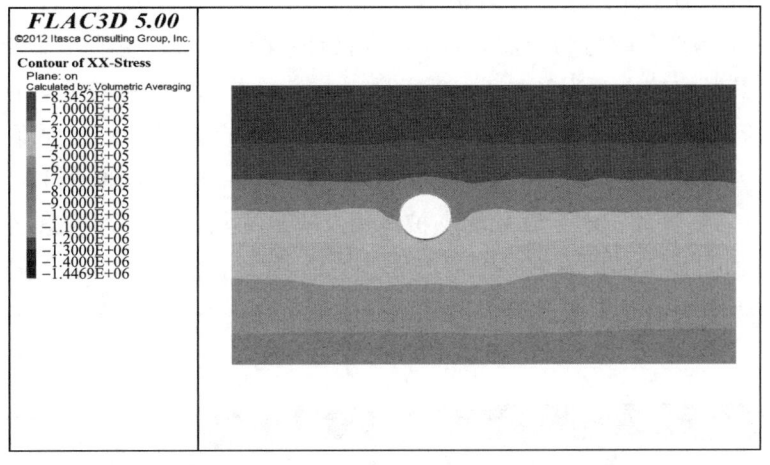

(b)左线隧道开挖完成

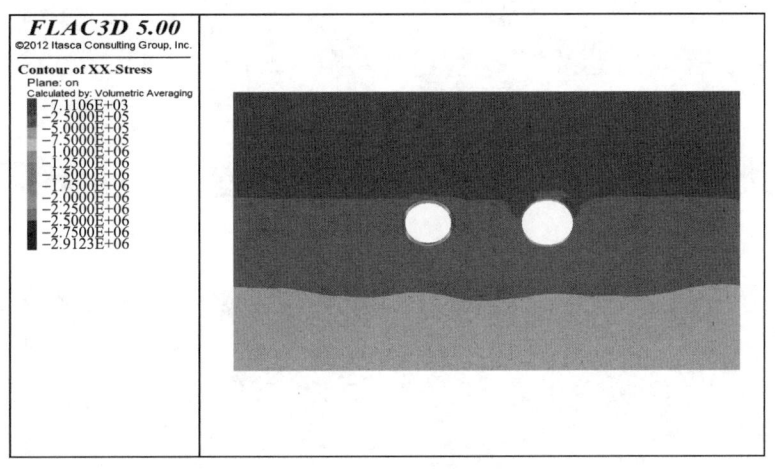

(c)右线隧道开挖完成

图 8.7　土体水平应力图

根据初始状态下的水平及竖向应力图以及不同开挖步数后土体的水平及竖向应力图(图 8.6、图 8.7)可得到以下信息:

(1) 在盾构隧道开挖前,土体竖向应力场处于平衡状态。由于重力的作用,初始应力场中的垂直应力和水平应力随土层不同呈层状分布。

(2) 土体受到隧道开挖的扰动作用和地下水的渗流作用,在隧道周围应力场发生了明显变化。随着盾构机的掘进,隧道拱顶和拱底的有效应力均增大,尤其在右线隧道开挖时,有效应力增长较快。受到孔隙水压力的影响,左线隧道开挖完成后,竖向应力场在左线周围呈漏斗状分布。双线隧道开挖完成后,以两隧道中心为轴线,左线隧道与右线隧道周边应力场呈现对称分布。盾构施工的影响范围随着开挖的进行而不断增大。

(3) 隧道开挖完成后,隧道两侧竖向有效应力较大为 3.29MPa,隧道底部水平有效应力较大,约为 3.02MPa。

如图 8.8 所示为不同开挖阶段盾构 12 环截面上的竖向总应力图。盾构开挖 6 环时，12 环截面上的土体竖向应力为层状，大小与初始值保持一致，说明距离断面 6 环以外的隧道开挖对其影响较小。当开挖至 12 环时，由于隧道临空面的存在，使得该截面周围出现了应力卸荷，应力大小较初始状态有所降低，且隧道底部相较顶部应力释放大，故隧道周边应力以隧道为中轴线呈漏斗状分布。如图 8.8c 所示为隧道开挖至 18 环，此时 12 环隧道已安装管片。由于管片的支护作用，隧道周围土体应力状态逐步趋于稳定，且漏斗形态更加明显。如图 8.8（c）、图 8.8（d）所示，随着盾构机远离 12 环隧道，该截面处的应力集中情况有所改善，土体所受应力呈稳定漏斗状，隧道开挖过后该地层较为安全。

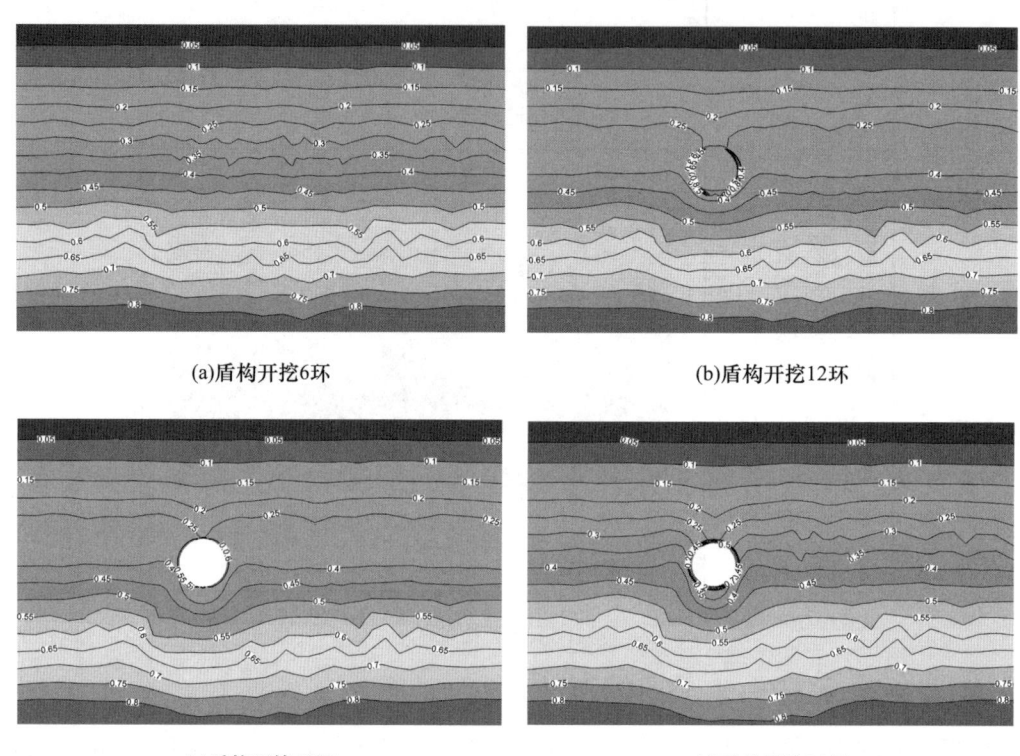

(a)盾构开挖6环　　　　　　　　　　(b)盾构开挖12环

(c)盾构开挖18环　　　　　　　　　　(d)盾构开挖24环

图 8.8　盾构 12 环截面竖向应力等值线图

8.1.3.2　地表及管片位移分析

如图 8.9 所示为随隧道开挖左线隧道中心纵向截面的位移变化图。隧道开挖过程中，隧道下侧土体产生一定的隆起，而上侧土体则产生了较大的沉降。且随着开挖的进行，盾构开挖导致的地层土体竖向位移的影响范围也越来越大。

8 ▶ 基于流固耦合的富水地层盾构施工地表沉降研究

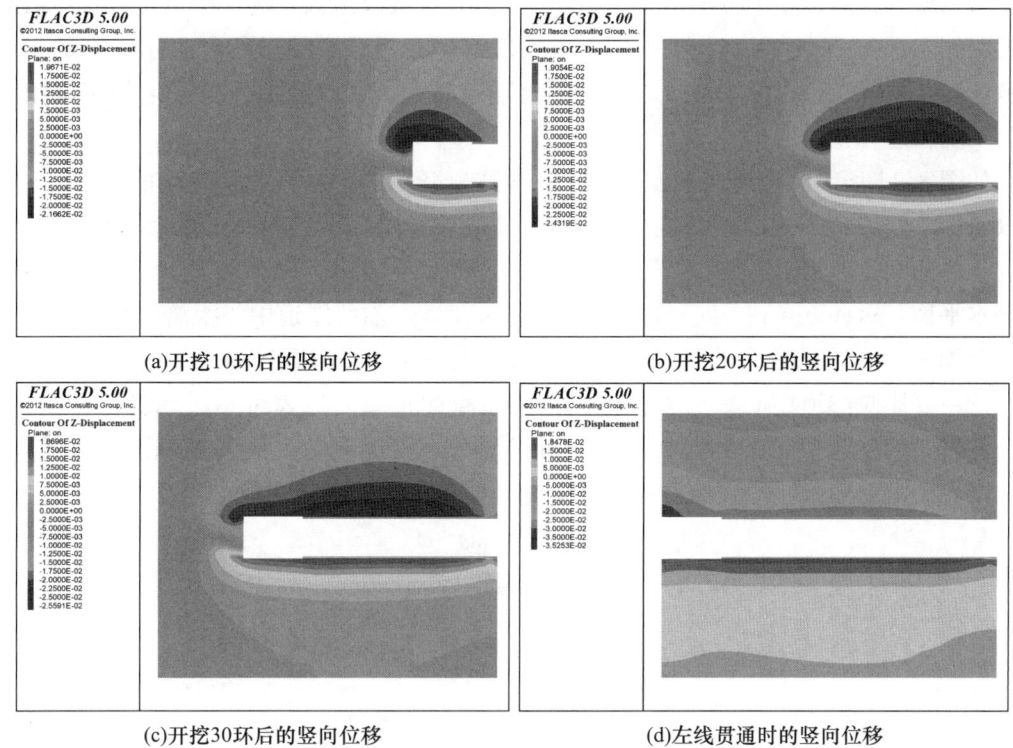

(a)开挖10环后的竖向位移　　　　　　(b)开挖20环后的竖向位移

(c)开挖30环后的竖向位移　　　　　　(d)左线贯通时的竖向位移

图 8.9　不同开挖阶段的竖向位移

如图 8.10 所示，选取隧道 10 环截面上地表点坐标 $x=-14$、$x=-7$、$x=0$、$x=7$、$x=14$、$x=21$、$x=35$ 位置的点，记录随盾构隧道开挖的进行，这些地表点的竖向位移变化情况，如图 8.10 所示，其中隧道中心位于 $x=7m$ 位置。从图 8.10 可以看出，当盾构机距离地表点 8 环（隧道开挖环为 1.2m）左右位置该截面上的地表点开始出现沉降，至盾构机开挖至 30 环左右位置，地表点的沉降占据了沉降曲线中的绝大部分，说明盾构隧道的影响范围主要是监测点前方 8 环左右位置至监测点后方 20 环左右位置，这是由于周围土体受力，挤压孔隙水产生了超静孔隙水压力，盾构通过前后孔隙水渗流，土体固结压密产生沉降。盾构开挖至 30 环后，该截面地表沉降变小，沉降曲线趋于平缓。表明盾构机通过后外力消失，由土体长期蠕变变形产生的沉降较小，该施工阶

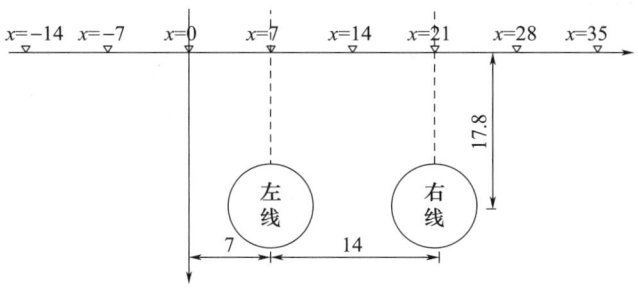

图 8.10　地表点坐标示意

段较为安全。在隧道正上方坐标 $x=7$ 的位置地表点沉降最大，为 14.00mm，在隧道中心线两侧坐标 $x=0$、$x=14$、$x=-7$、$x=21$ 也随着盾构开挖进行产生了一定的沉降。而坐标 $x=-14$、$x=28$、35 的地表点距离隧道较远，其因隧道开挖产生的沉降很小，基本不受隧道开挖的影响。

如图 8.11 所示为上述地表点随着左右线隧道开挖的进行其位移变化曲线，其中 40 环以前为左线隧道开挖，40 环之后为右线隧道开挖，右线隧道中心为图 8.10 中 $x=21$ 位置。由图 8.12 可知，随着右线隧道的开挖，在 $x=0$、-7、-14 的地表点其位移曲线基本平稳，这些点受到右线开挖影响较小。而随着与右线隧道中心距离的减小，$x=7$、14、21 地表点因右线隧道的开挖其地表沉降依次增大。隧道直径为 6.2m，可以看出隧道开挖主要影响隧道中心三倍直径范围内，超越此距离的地表可不考虑隧道开挖的影响。同时，两隧道中间点 $x=7$、14、21m 位置处沉降因同时受到左右线隧道开挖的影响，产生的沉降较大，应提前做好防护措施，避免出现坍塌等事故。

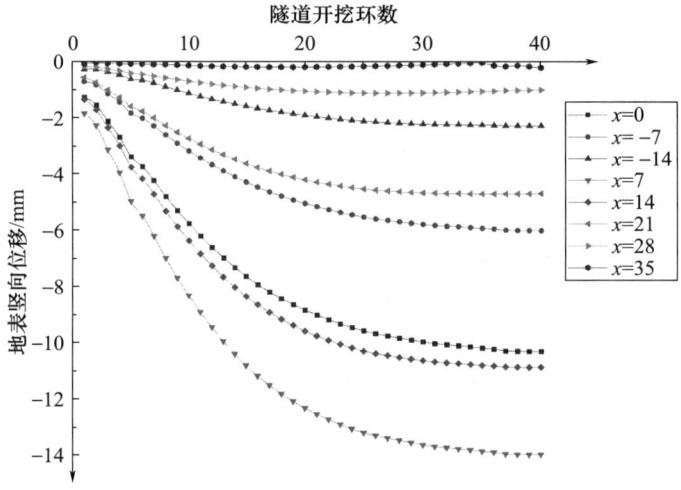

图 8.11 不同地表点随盾构开挖地表沉降变化曲线（左线）

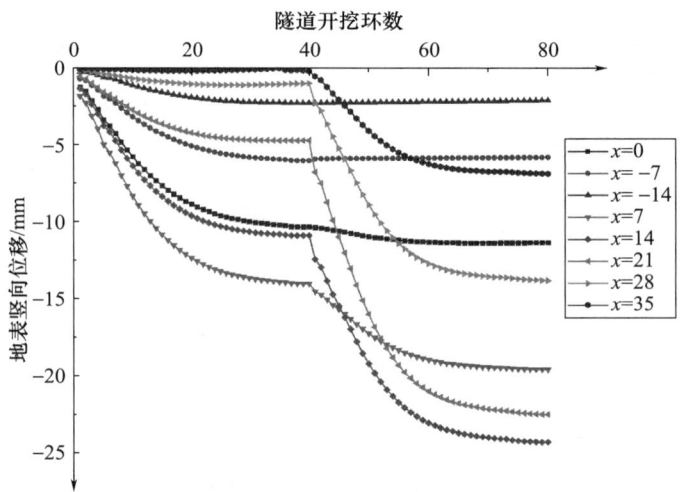

图 8.12 不同地表点随盾构开挖地表沉降变化曲线（双线）

如图 8.13 所示为不同开挖阶段 20 环隧道上方地表横向沉降曲线。当开挖至 26 环时盾构机壳体完全脱出 20 环地层，此时开始进行衬砌。在盾构开挖不同阶段，地表沉降槽曲线形态较为一致。在隧道中心正上方的地表点产生沉降最大。当盾构开挖 10 环、20 环、30 环、40 环时，隧道上方地表沉降值分别为 3.25mm、9.52mm、12.92mm、15.16mm，盾构每 10 环开挖造成的地表沉降差值分别为 6.27mm，3.4mm，2.24mm。当盾构开挖第 10 环时，20 环截面土体受到地层扰动，此时产生较小沉降，为施工扰动前期沉降。当盾构开挖第 20 环时，盾构机刀盘位于监测点正下方，此时在盾构前方开挖面形成了排水临空面，造成地下水向隧道渗流，进而产生地表下沉，当盾构开挖第 30 环时，产生的地表沉降主要因为盾构管片小于盾构开挖直径，在安装完管片后存在一定盾尾间隙，同时填充浆液还未凝固硬化产生了部分地表沉降。同时随着开挖的进行，地表沉降槽曲线的宽度在不断增大，说明盾构对周边土体的影响范围在增加。但监测断面距离开挖面越远，这种范围的提升越不明显。双线盾构开挖完成后，此时地表最大沉降值为 27.9mm，满足城市地铁施工地表沉降标准。

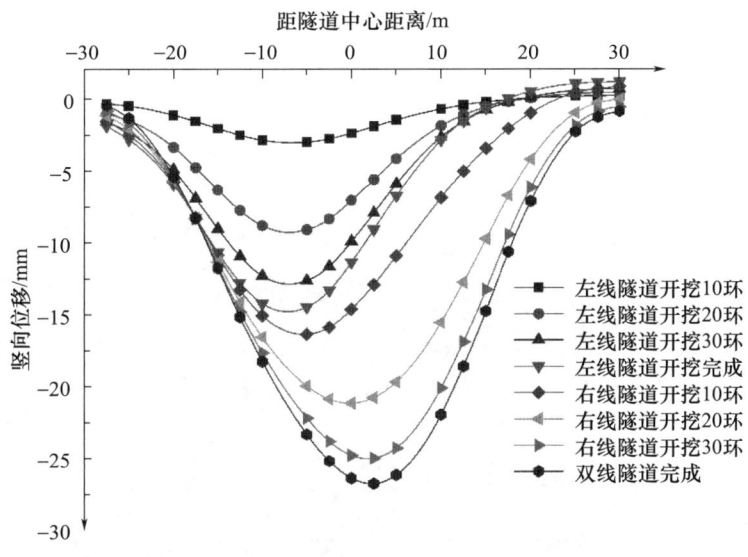

图 8.13 不同开挖阶段的地表横向沉降槽曲线

选取 12 环隧道从隧道顶端到地表不同埋置深度处的点为监测点，得到不同埋深处土体的位移变化情况如图 8.14 所示。监测点越深，该位置沉降量越大。在隧道顶端沉降最大，在地表沉降最小。同时在 12 环隧道前后 6 环隧道开挖时，监测点的沉降量变化较大，而在远离 12 环断面开挖时，产生的沉降较小。这说明随着盾构机距离监测断面较远，土体受到的开挖扰动减小，土体逐渐趋于稳定。同时监测点沉降量一直在增大也说明开挖导致渗流场发生变化，土体在不断压缩固结产生少量沉降。

如图 8.15 所示为右线隧道开挖完成后模型水平位移云图。对于土体开挖卸荷产生的水平位移，以单个隧道而论，隧道左半部分向右移动，右半部分向左移动；以双线隧道而论，左线隧道左侧土体整体向右移动，右线隧道右侧土体整体向左移动。与竖向位移类似，受先行左线隧道的影响，水平位移对称中心线并不是两隧道的中心，而是往右线隧道方向偏了约1m，以$x=1$为原点呈对称分布，在原点处水平位移几乎为0。

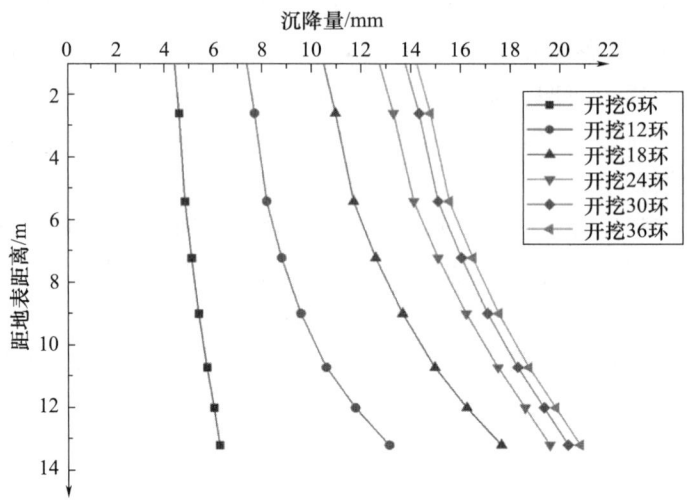

图 8.14 不同深度处的土层沉降

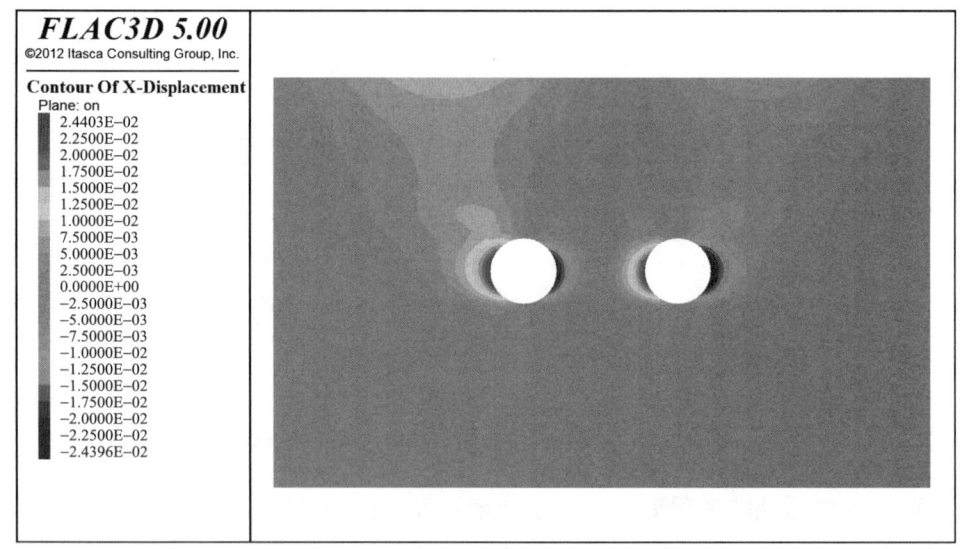

图 8.15 右线隧道开挖完成后模型水平位移云图

为研究双线隧道开挖造成的地表土体水平位移，如图 8.16 所示，提取 $y=40$m 截面的地表水平位移数据作曲线图，可知随着与两隧道中线距离的增加，土体水平位移先增大后减小，最后趋近于零。在 $x=-14$m 处最大正向水平位移为 8.48mm，在 $x=15$m 处最大负向水平位移为 -8.41mm。隧道开挖导致的地表水平位移较小。

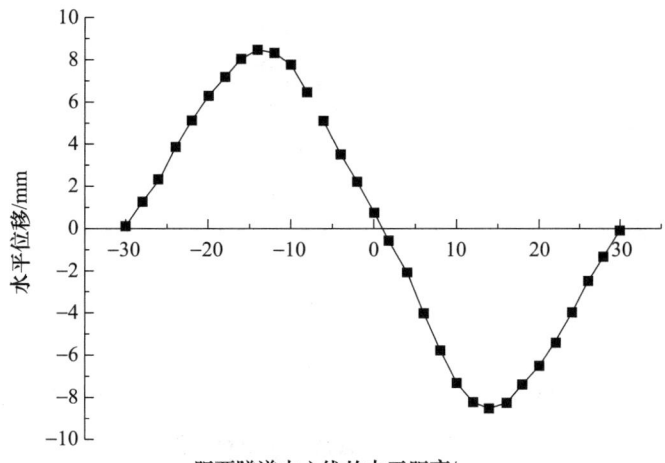

图 8.16 右线隧道开挖完成后模型水平位移曲线图

选取隧道 20 环截面上左线隧道管片,研究随着隧道开挖的进行,其衬砌管片的位移变化情况。衬砌管片拼接完成后,在管片拱顶发生沉降,拱底发生隆起。拱顶沉降随开挖环数的增加而逐渐增大,当开挖完左线后达到最大为 26.8mm,隆起随着开挖环数的增加而逐渐减小,当管片趋于稳定时,管片隆起值为 16.1mm。管片两侧的水平位移随时间增长逐渐增大,这是由于管片的支护作用限制了两侧土体变形,同时随着注浆浆液的硬化也会挤压土体,限制其向隧道中心移动。如图 8.17、图 8.18 所示。

如图 8.19 所示,选取隧道中心线上的土体作为监测点。$z=3.1$、3.3 为隧道中心正上方的点,$z=-3.1$、-3.3 为隧道中心正下方的点。由图 8.19 可知,随着盾构的进行,隧道拱底产生沉降,而隧道拱顶则发生隆起。在盾构机开挖至 10 环以内时,监测点产生较小的沉降。而在盾构机距离监测点不足 10 环位置时,其竖向位移变化速率明显增大,盾构机通过后,监测点的竖向位移变化速率显著减小,当开挖至 26 环位置时,20 环隧道开始施加管片并进行同步注浆,衬砌的施加对于土体有很大的约束作用,导致其位移明显减小。在开挖至 30 环左右位置时,浆体逐渐硬化,强度继续增大,对土体约束增强。监测点竖向位移基本保持不变。

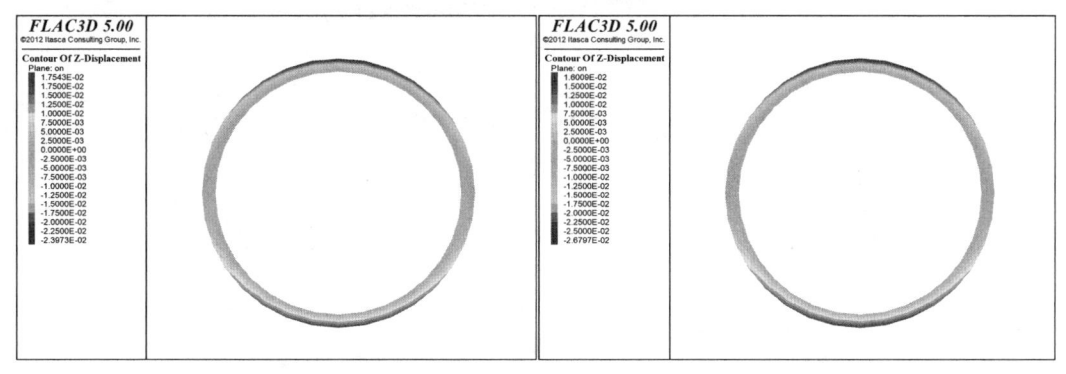

(a)左线隧道安装管片初始　　　　　　　　(b)左线开挖完成

图 8.17 左线管片竖向位移云图

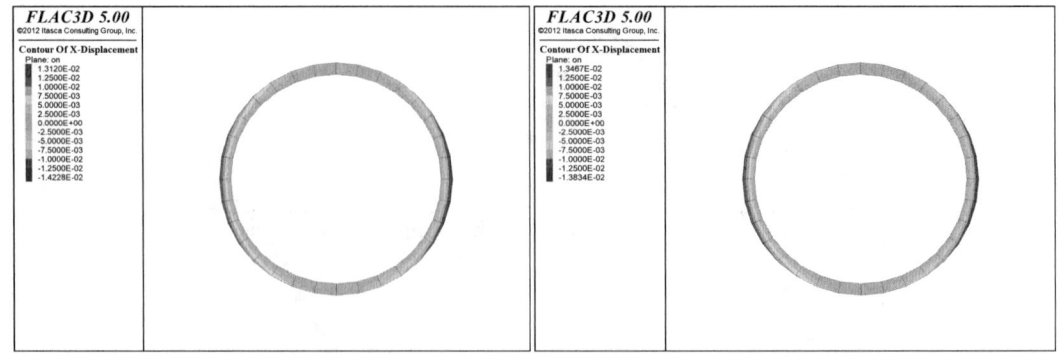

(a) 左线隧道安装管片初始　　　　　　　(b) 左线开挖完成

图 8.18　左线管片水平位移云图

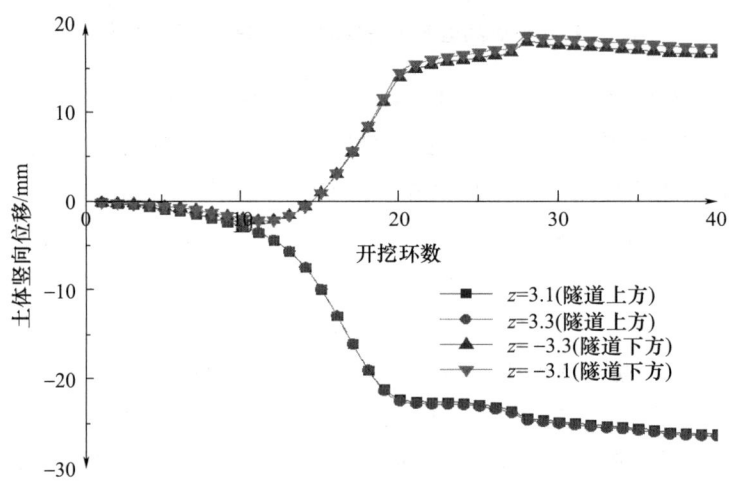

图 8.19　随盾构开挖的管片沉降变化图（左线）

右线隧道的开挖会对左线周围土体产生扰动，从而增大左线隧道地表点沉降，如图 8.20 所示为随着右线隧道的开挖，上述左线隧道周围 4 个点的竖向位移变化情况。

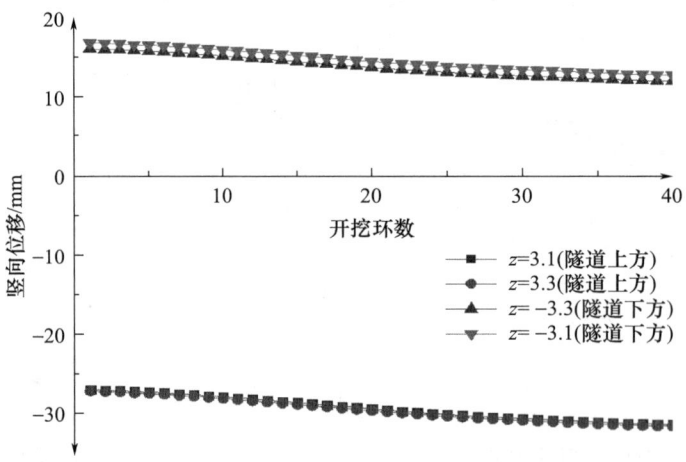

图 8.20　随盾构开挖的管片沉降变化图（双线）

由图 8.20 可知，随着右线隧道的开挖，监测点会出现一定程度的沉降，但其沉降值相对较小。而上文中右线隧道开挖对该位置的地表点均产生了较大的影响，这说明衬砌的施加对于土体的位移具有很好的控制作用，应在隧道开挖后及时进行衬砌支护，减少隧道开挖对地层的影响。

8.1.3.3 渗流场分析

如图 8.21 所示为开挖过程中盾构 10 环隧道截面的渗流场分布图。选取初始状态、左线开挖至 10 环位置、左线开挖完成、右线开挖至 10 环位置、右线开挖完成五个状态的孔隙水压力进行对比分析。如图 8.21（a）所示说明在未受到开挖扰动时，孔隙水压力受重力作用呈现层状分布。当盾构机逐步开挖至该断面时，地下水向开挖面及四周流

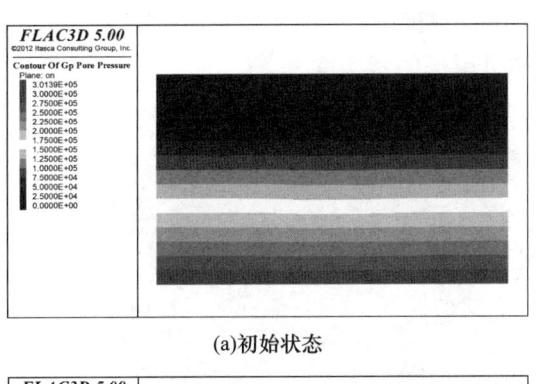

(a)初始状态　　　　　　　　　　　　(b)左线开挖10环

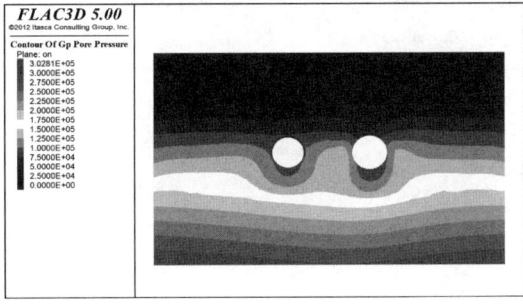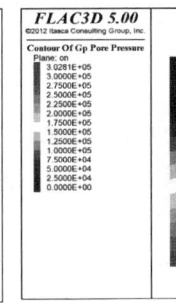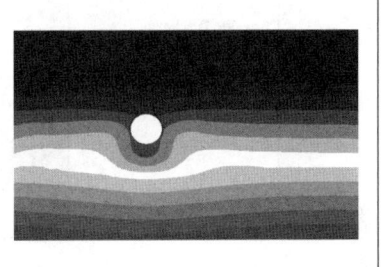

(c)左线开挖完成　　　　　　　　　　(d)右线开挖10环

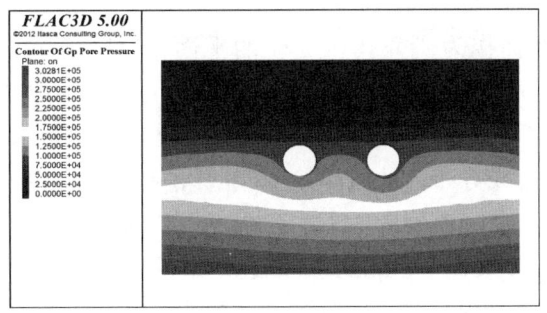

(e)双线隧道开挖完成

图 8.21　隧道孔隙水压力渗流场分布

失，使得隧道周边孔隙水压力降低，与远处地下水压力形成水头差。从而隧道远方土体向隧道中心渗流，孔隙水压力等值线向隧道弯曲，在隧道洞身周围形成漏斗状的孔隙水压力分布，距离隧道开挖面正前方越近，孔隙水压力等值线越密集，隧道开挖面附近的渗透力越大。

当右线隧道开挖时，右线隧道孔隙水压力也如同左线隧道形成以隧道中心为对称轴线的漏斗状分布。此时左线隧道由于长期的渗流及隧道管片和浆液的防水作用，漏斗状分布范围有所减小。当双线隧道开挖完成后，隧道周边的孔隙水压力等值线均趋于平缓，地层渗流场逐步趋于平衡状态。

如图 8.22 所示为隧道开挖面周围渗流场流动矢量图。流动矢量在盾构隧道两腰处较为集中，这说明水平渗透力较大，容易发生渗水。在施工过程中，要重点监测隧道底部和拱腰两侧的水压变化，并及时进行注浆加固，避免隧道周边形成水流通道。同时，应向盾构尾刷处注入足量的油脂，以保证盾构机尾部的密实度。

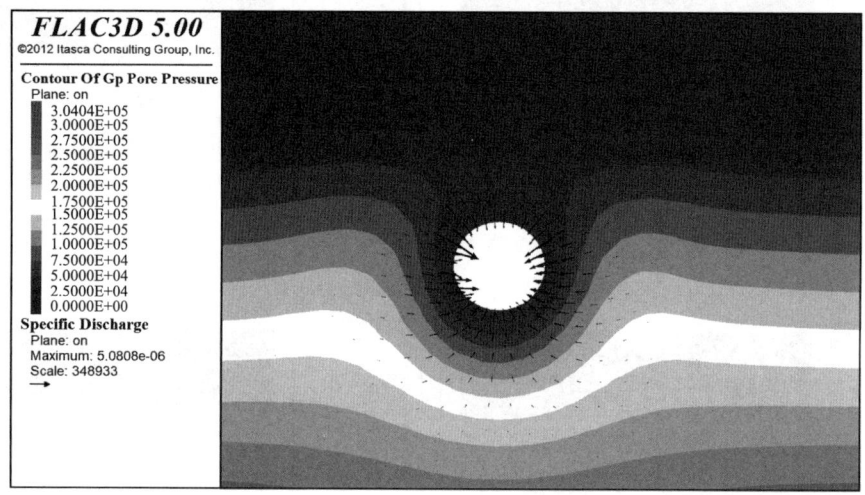

图 8.22　孔隙水压力及流动矢量分布

8.1.3.4　孔隙水压力分析

选取隧道 20 环断面作为研究孔压变化的平面，以隧道上方 4m 高度为研究对象，隧道中心处每间隔 2.5m 布置一个测点，其孔隙水压变化规律如图 8.23 所示。盾构开挖 10 环时，20 环隧道断面上的孔隙水压力没有变化，与初始水压相同，该高度处横截面孔隙水压力呈一条直线分布。从盾构第 10 环开挖到 20 环开挖，由于边界条件的改变及开挖面的卸荷作用，使隧道周围地下水产生了向隧道临空面的渗流，因此孔隙水压力急剧降低，当开挖到 20 环时，孔隙水压力达到最低。而后续开挖至 30 环、40 环位置时，隧道周边孔隙水压力有所增大。右线隧道的开挖，左线隧道附近孔隙水压力逐渐提升，右线隧道附近孔隙水压力则呈现抛物线形状分布。隧道孔隙水压力变化一般发生在监测断面前后 10 环左右的位置，随着开挖工作的进行，监测断面处的孔隙水压力急速降低，当衬砌完成后孔隙水压力升高并逐步趋于稳定。

8 ▶ 基于流固耦合的富水地层盾构施工地表沉降研究

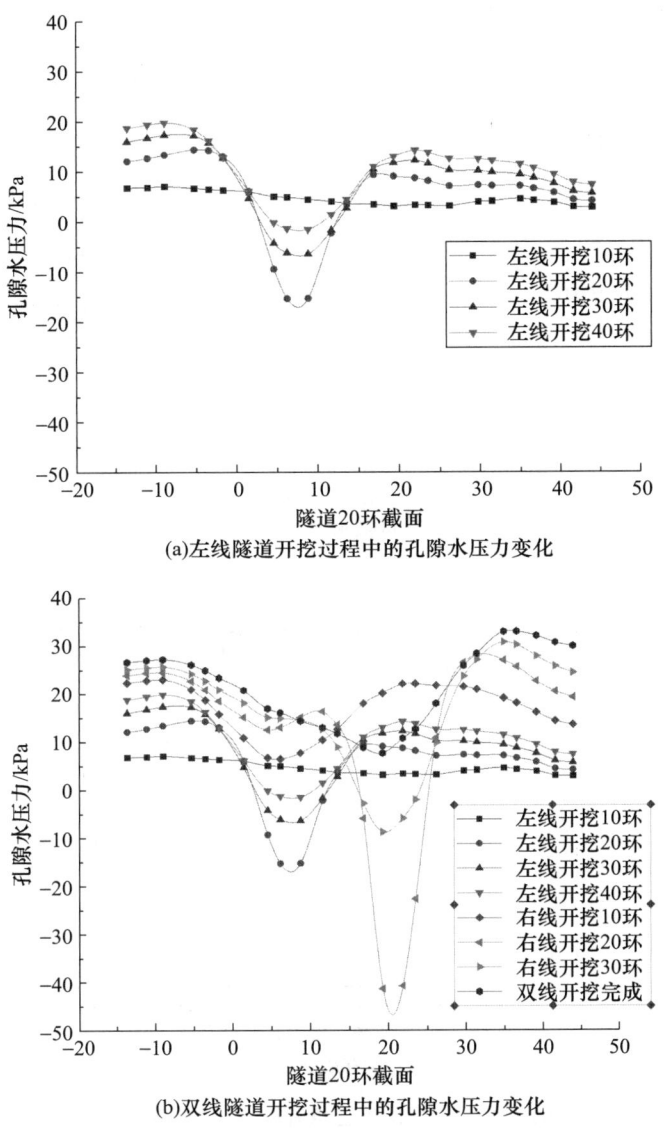

图 8.23 隧道 20 环截面上的孔隙水压力

选取隧道正上方与正下方 3m 位置处的点，分析隧道开挖轴线上各点在不同的开挖阶段的变化情况。开挖导致土体的应力状态改变，渗流边界发生变化，使得地下水发生了向隧道开挖面的渗流。从图 8.24 可知，轴向坐标在 0～9m 处孔隙水压力下降较为迅速，而在轴向坐标 9～13m 范围内，由于前方土体开挖，该区域孔隙水压力较低，在该范围内的水会逐步向开挖掌子面渗流，导致该区域随着与掌子面距离的减小孔隙水压力减小。轴向坐标在 14～24m 范围内孔隙水压力较大，几乎等于初始孔隙水压力，说明此范围内未发生明显渗流。12 环盾构开挖时，孔隙水压力分布也是经历了一个先急速下降再抬升的过程，而轴向坐标在 20～24m 的范围内孔隙压力的大小几乎等于初始孔隙压力。盾构机推进过程中，已开挖区域的孔隙水压力逐渐减小，而伴随着隧道贯通，孔隙水压力值逐步趋于稳定，变化值很小。

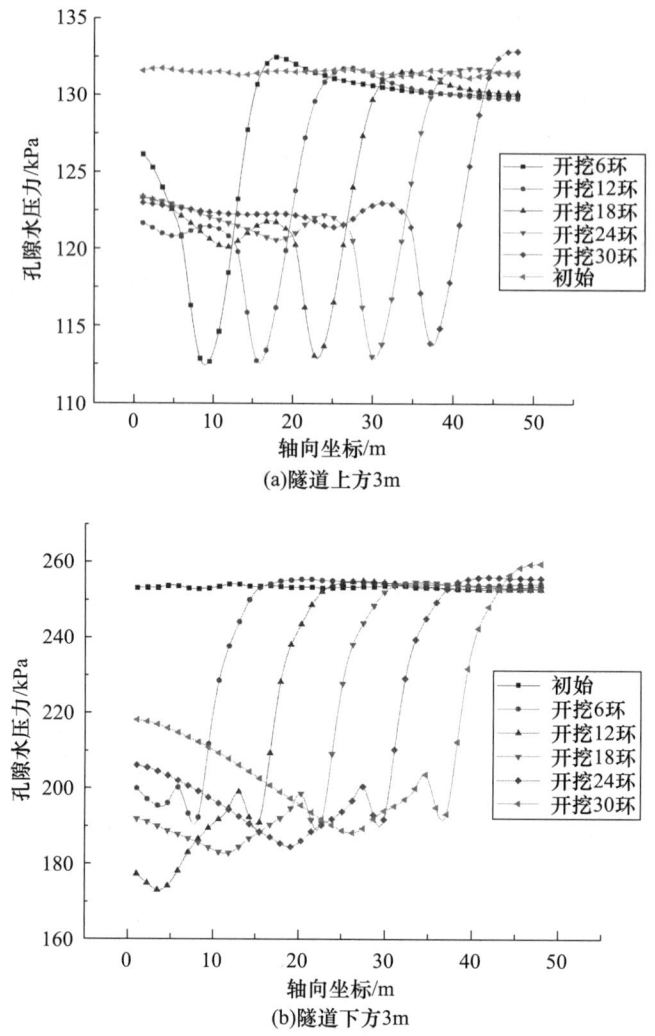

图 8.24 隧道轴线上点孔隙水压力变化图

8.2 现场监测与流固耦合效应研究

8.2.1 盾构开挖现场监测数据分析

在隧道施工方法中，盾构法施工具有施工速度快、洞体质量比较稳定、对周围建筑物影响较小等特点，适合在软土地基段施工。但开挖过程中带来的地表隆起沉降、管片变形等是难以避免的。为了安全地进行盾构施工，监控量测在施工过程中必不可少。根据监测数据，可以有效地评估隧道施工对周围环境的影响，及时准确地预测可能出现的事故和灾害，为更好的施工提供数据指导。本节将对现场地表竖向位移、管片位移数据进行分析，并与上文模拟结果进行对比验证，总结隧道施工过程中的位移变化规律。

城市隧道监测需布置观测点、基准点这两类监测点。通常在变形特征明显或者施工对其有重大影响的地方布设观测点，而在远离隧道施工且基础稳固可靠的位置布设基准点，在布设过程中应尽量选择视野开阔的区域，方便日后的使用和监测。如表 8.3 所示，结合区间的特点，对地表沉降及管片结构位移进行监测。

表 8.3 监测内容及频率表

施工监测	监测方式	监测点布置	监控量测频率
地表隆沉	电子水准仪	盾构始发、接收段：每 10～20m 设一断面；其余地段每 20～30m 设一断面	距离掌子面前后 50m 以内 1 次/d，距离掌子面前后 100m 以内 1 次/3d，距离掌子面 100m 以外 1 次/周
拱顶（底）隆沉	电子水准仪	每 35 环布设一断面	管片安装后 1 次/d，距开挖面 50m 后 1 次/3d，100m 后 1 次/周。
洞内净空收敛	收敛仪	每 35 环布置一断面	

本节主要针对隧道开挖带来的地表沉降、管片竖向隆起沉降及管片横向收敛情况进行分析，由于区间隧道上方为公路，周围较为空旷，建筑物大多分布在 20m 以外的地方，隧道开挖对建筑物影响极小，故并未设置监测点。如图 8.25、图 8.26 所示分别为地表监测点及管片监测点示意。

图 8.25 地表监测点示意

图 8.26 管片沉降监测点示意

8.2.1.1 地表沉降监测

根据现有经验，盾构隧道开挖对周围 3～5 倍隧道直径范围的地层有影响，3～5 倍隧道直径以外为安全区域，如图 8.27 所示，布设横向断面监测点。部分监测点位布置图如图 8.28 所示。

由于监测点分段布置，并非每环隧道上方均有监测点，且隧道始发端、接收端应力条件与正常盾构隧道掘进过程中不同，选取隧道正常段管片上方监测点布置较为齐全的断面，对其监测数据进行整理分析。如图 8.29 所示，其中图 8.29（a）、图 8.29（b）、图 8.29（c）、图 8.29（d）各分图分别为隧道施工左线、双线施工过程中断面 6、20、35、52 的地表点沉降随着隧道开挖时间的变化图；其中 0d 均为各个断面开始监测时间。

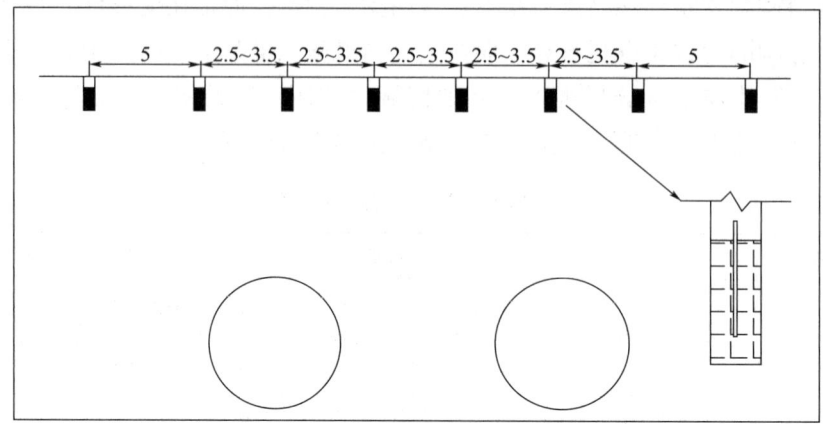

图 8.27　隧道横断面地表监测布置示意

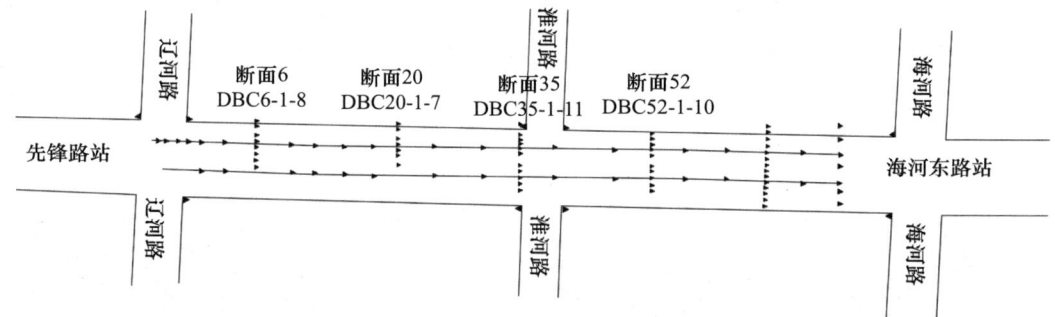

图 8.28　隧道地表监测点布置图

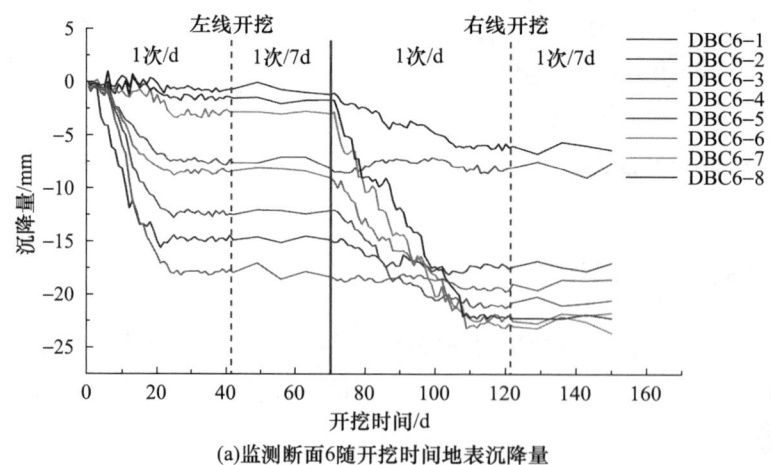

(a)监测断面6随开挖时间地表沉降量

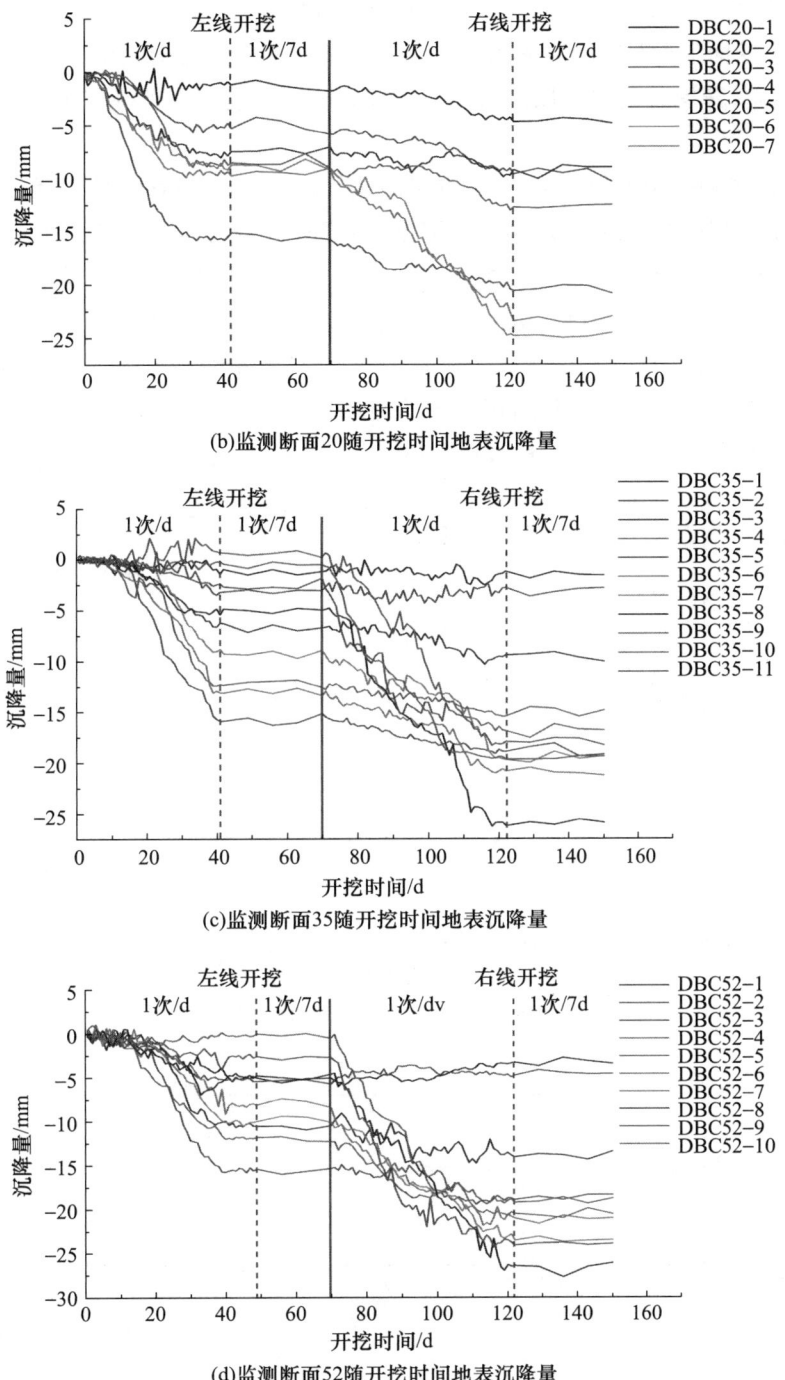

图 8.29 部分监测断面地表沉降量随开挖时间变化趋势

由图 8.29 可知，单线隧道开挖完成后各个监测面的地表沉降最大值分别为 18.33mm、15.71mm、17.50mm 和 15.30mm，双线隧道开挖完成后地表最大沉降为 23.97mm、24.49mm、25.86mm 和 26.06mm，累计最大沉降值在 23～27mm 之间，满足规范中要求的最大沉降不大于40mm。沉降点监测分为左线隧道开挖和右线开挖阶段，监测点位于开挖面附近时监测频率为1次/d，远离开挖面后监测数据稳定后改为7次/d。累计沉降量随着开挖时间的增加而增加，在远离隧道的监测点沉降较小直至不受隧道开挖的影响。

隧道施工过程中不仅要控制累计沉降量的变化，单日沉降量变化过大也会对周边环境产生较大影响，根据规范设计要求，区间地表沉降累计变化量控制值为每天－40/10mm，变化速率控制值为每天－4/3mm。由于突然的应力释放，变化速率最大的地表沉降点发生在隧道正上方，如图8.30所示的对左右线隧道正上方监测断面35、52上的地表点进行了变化速率分析。其中DBC35-5、DBC52-5分别为左线隧道正上方的地表监测点，DBC35-10、DBC52-10为右线隧道正上方的地表监测点。由图5.4可知，开挖面在监测点附近时，沉降曲线较为陡峭，地表沉降变化速率增大，最大沉降速率可达2.23mm/d。

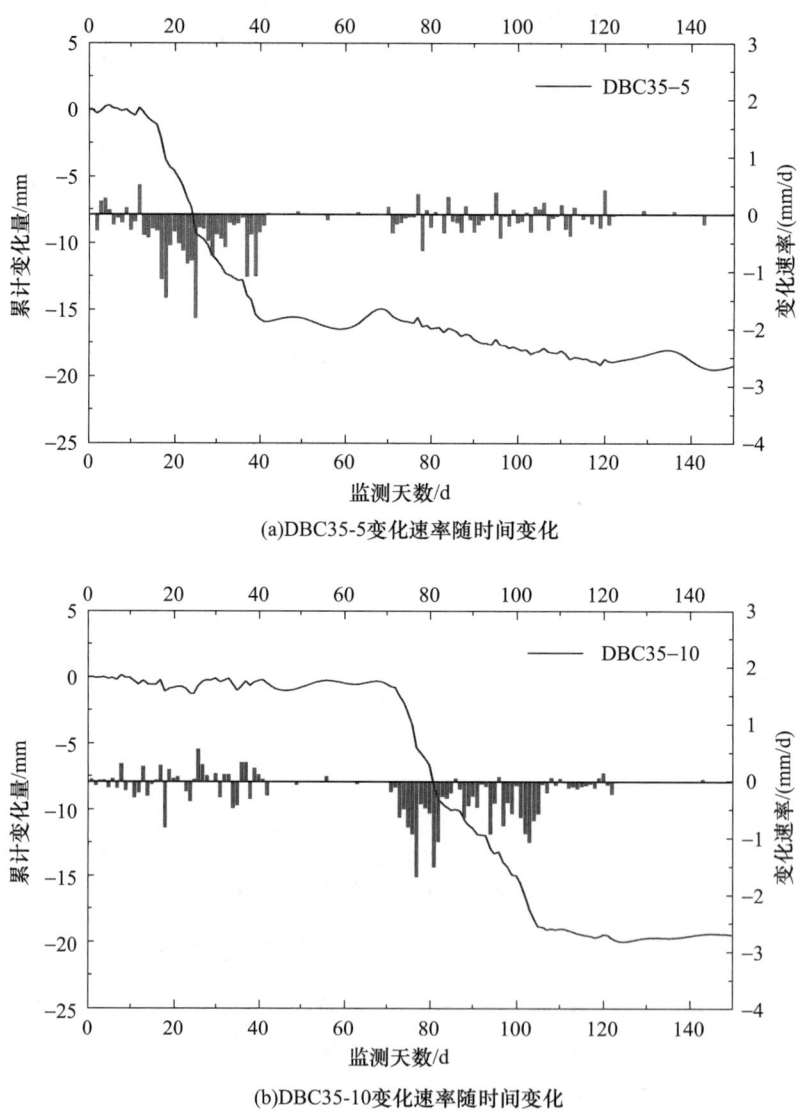

(a)DBC35-5变化速率随时间变化

(b)DBC35-10变化速率随时间变化

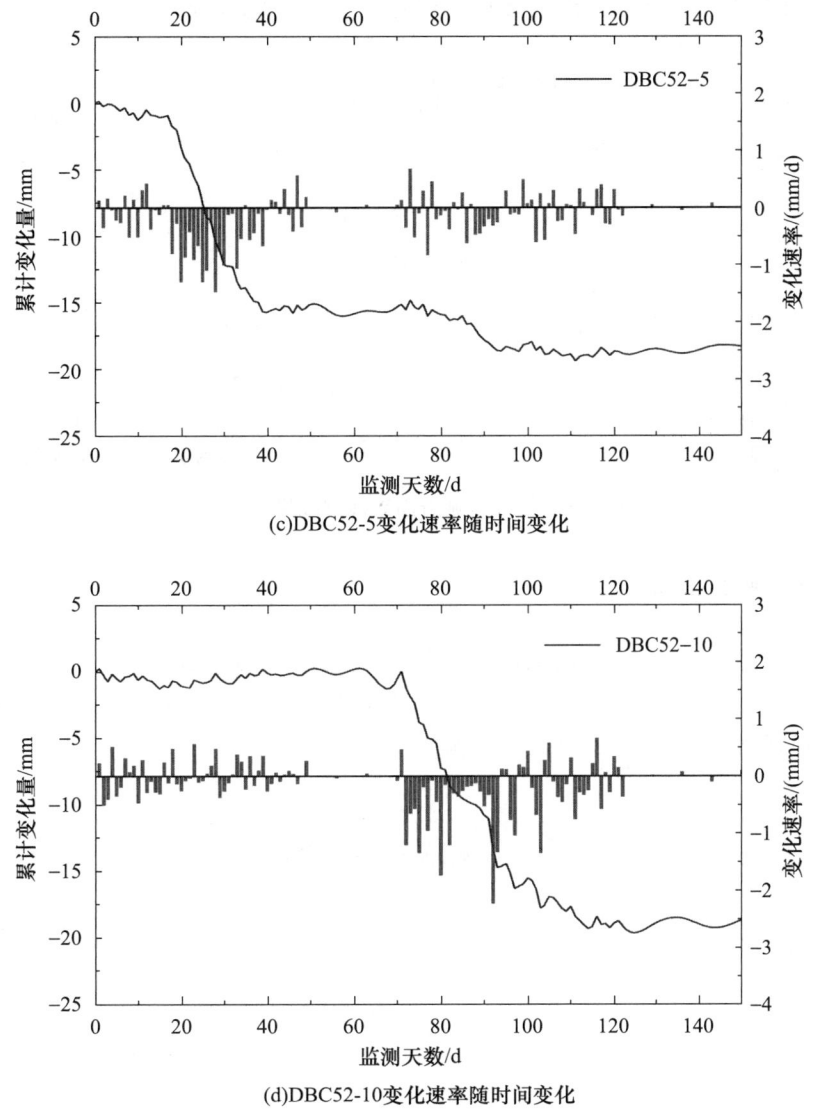

图 8.30 部分监测断面监测点变化速率

从监测初始到结束，监测点速率变化经历了缓慢增长、迅速增大并趋于稳定的过程，即隧道开挖推进时，对前方土体产生扰动，造成少量沉降。随后开挖至监测点附近，由于土体损失，地表沉降迅速增大。当开挖面远离监测面时地表沉降趋于稳定，但土体的流变及渗流固结作用仍会产生少量沉降；同时可以发现右线隧道开挖对左线上方及左线隧道开挖对右线上方会产生扰动，造成地表竖向位移波动，但造成的沉降较小。

如图 8.31 所示，将左线隧道开挖完成及双线隧道开挖完成时监测断面 35、52 的最大地表沉降点绘制成曲线。

由图 8.31 可知，左线开挖时左线隧道上方监测点沉降量最大，随着右线开挖，各断面最大沉降点位置逐渐向右线移动，最终右线开挖完成后最大点基本位于两隧道中心偏右的位置，这是先行隧道施工过程中对周围土体产生了扰动，致使最大值点出现了偏差。与模拟结果相同，地表沉降大体由两隧道中心向两侧逐渐减小。

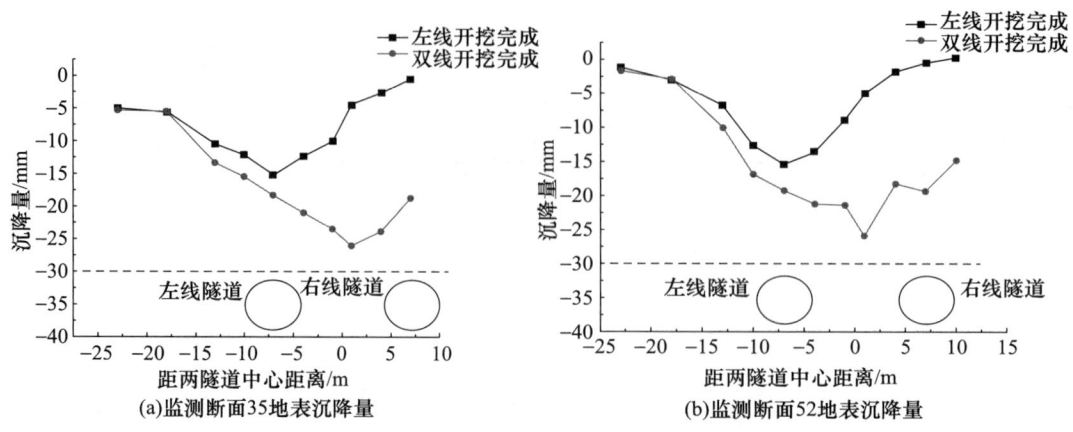

(a)监测断面35地表沉降量

(b)监测断面52地表沉降量

图 8.31　部分监测断面地表沉降量变化趋势

8.2.1.2　管片位移监测

管片安装固定后，会在周边土体重力作用及地下水的渗透作用下产生向内的变形，且隧道跨度越大产生的变形越大。为了获取管片的变形情况，如图 8.32 所示为布置隧道管片的竖向位移监测点与水平收敛监测点。

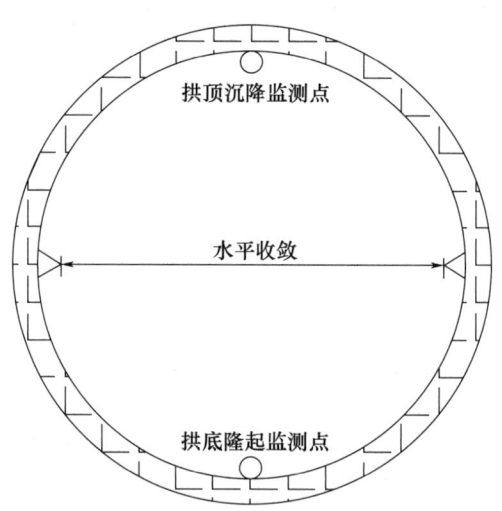

图 8.32　隧道内监测点布置示意

根据施工过程中的监测数据，绘制隧道管片的竖向位移及水平收敛随时间变化的曲线。图 8.33 中 0d 即为刚刚完成管片安装并进行监测点布置采取初始值。由图 8.33、图 8.34 可知，在隧道施工 90d 后，拱顶累计沉降约为 4mm、6mm，拱底累计隆起约为 5mm、7mm，水平收敛在 3~6mm 之间，满足规范中对于盾构隧道开挖的变形要求。无论是管片的竖向位移还是水平位移，都呈现向隧道内收敛的趋势。在刚安装完成管片的几天内，管片的水平位移与竖向位移增长较快，这说明由于盾构机向前推进，对周围土体卸荷，使得土体有较大的变形趋势，管片承受住较大的力，从而限制了周围土体的变形，对土体起到一定的支撑作用。而在后续过程中竖向变形与水平变形较为平缓，这是随着注浆液的硬化，土体逐渐趋于稳定。由于监测点是在安放管片后布设，此时盾构机已经向前继续推进了 6 环，布设水平监测点和竖向监测点时，土体应力释放，管片已经发生了变形，故监测出来的位移较小。

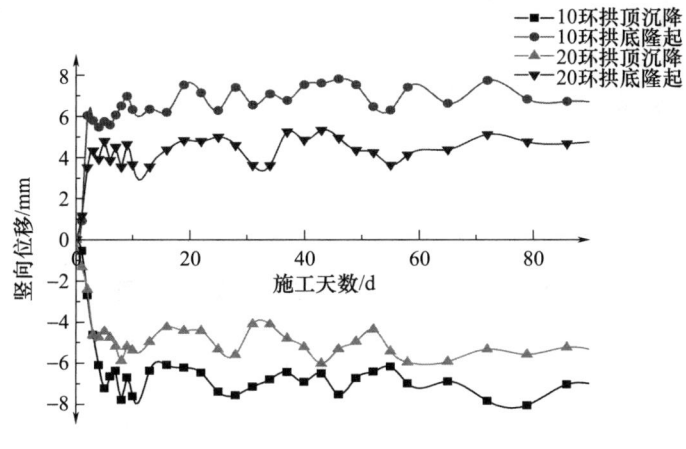

图 8.33 管片结构总竖向位移

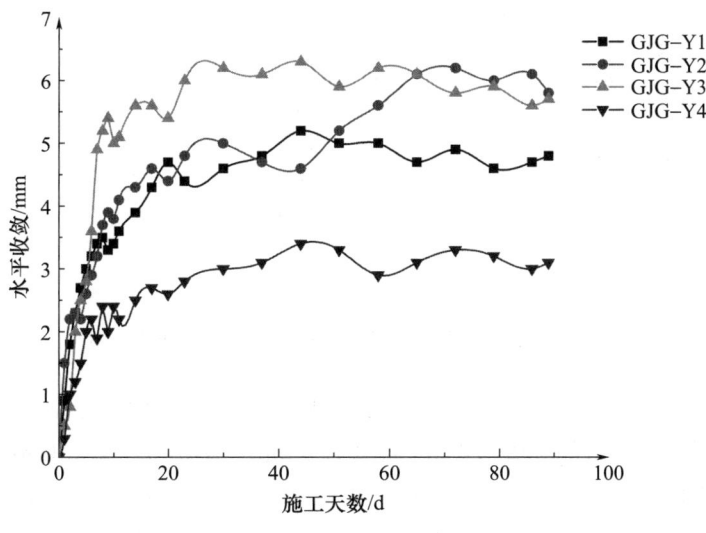

图 8.34 管片结构总水平位移

8.2.1.3 监测与模拟对比分析

为验证第 4 章盾构开挖数值模拟的可靠性，分别提取模型地表沉降、隧道拱顶沉降、拱底隆起和管片水平位移值与监测进行对比。如图 8.35 所示为双线隧道开挖完成后断面 6 监测与模拟曲线图。如图 8.36 所示为两隧道中心点地表沉降随时间推进的监测与模拟变化图。

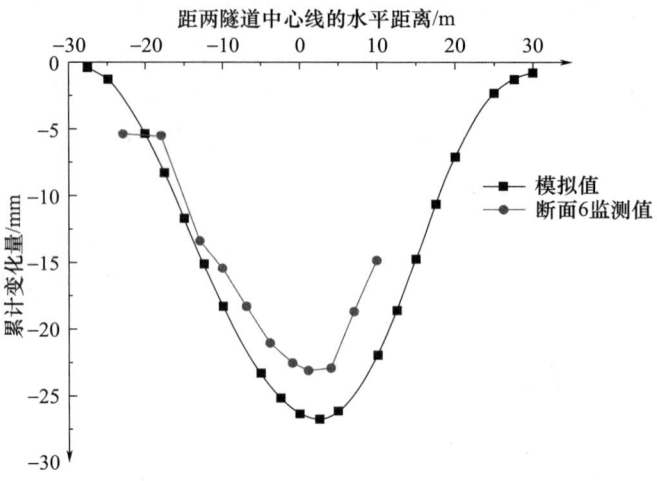

图 8.35　断面 6 地表沉降监测与模拟对比图

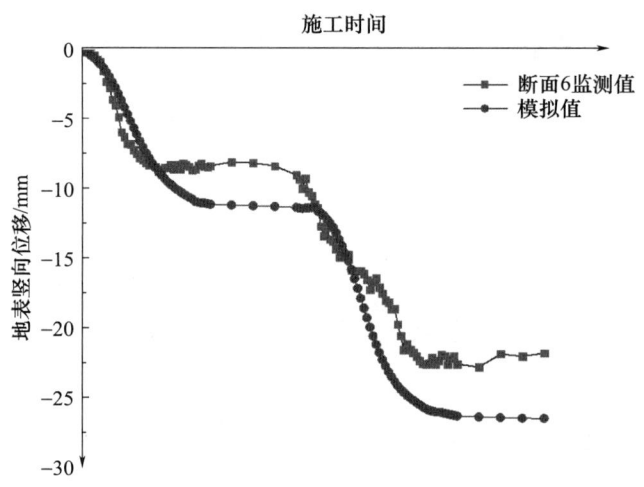

图 8.36　地表沉降随时间推进的监测与模拟对比图

从图 8.35 和图 8.36 可以看出，无论是监测断面整体的沉降趋势还是隧道中心地表点随时间变化的沉降，模拟和监测的沉降走向是大体一致的。模拟最大沉降值为 27.5mm，监测则为 24.9mm，两者相差不大。这主要是工程实际中存在不可控因素，而模拟中采取的地层条件、施工条件均为该地的均值条件，同时现场实测数据存在着测量误差，故模拟与监测之间出现了部分偏差。在图 8.34 中，地表沉降在盾构机通过前后变化较为迅速，且监测值比模拟值变化曲线更陡，说明盾构机通过该断面前后较为危险，应注意防范。在盾构机推进后一段时间，地表沉降变化较小。

如图 8.37 所示为监测与模拟在开挖过程中管片结构水平收敛对比图。从图中可以看出，在安装管片前夕，管片结构水平位移变化较为迅速，而随着开挖时间增加，土层应力得到有效释放，管片位移趋于稳定。管片水平位移的变化趋势在模拟和监测中大体吻合。模拟中最大水平位移为 8.05mm，相较监测值稍许偏大，这主要是由于在隧道开挖过程中会进行实时注浆，浆液在土层中的填充作用以及浆液硬化对土体的加固作用均会约束周围土体，使得管片受力减小，水平位移变小。

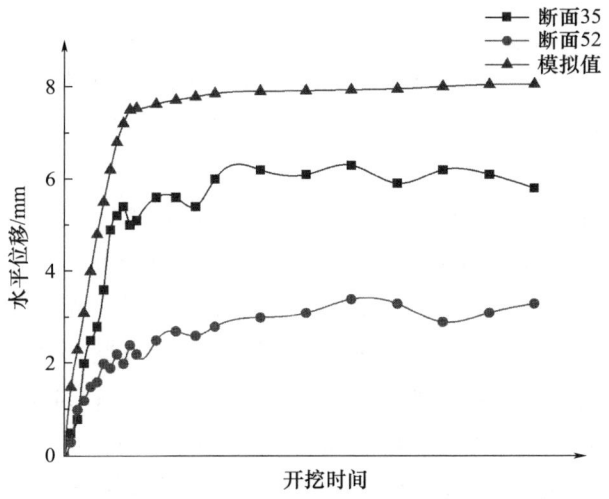

图 8.37 管片结构水平位移变化图

如图 8.38 所示为开挖过程中管片结构的竖向位移变化图。由于隧道拱顶、拱底监测点的布置在安装管片后一段时间，此时隧道周围土体已经发生较大隆起或沉降，故在本图中施工时间为零即安装管片监测点时，拱顶沉降与拱底隆起模拟值不为零。管片结构竖向位移监测与模拟值变化趋势大体相似。在安装管片结构后产生的竖向位移也相差不大。

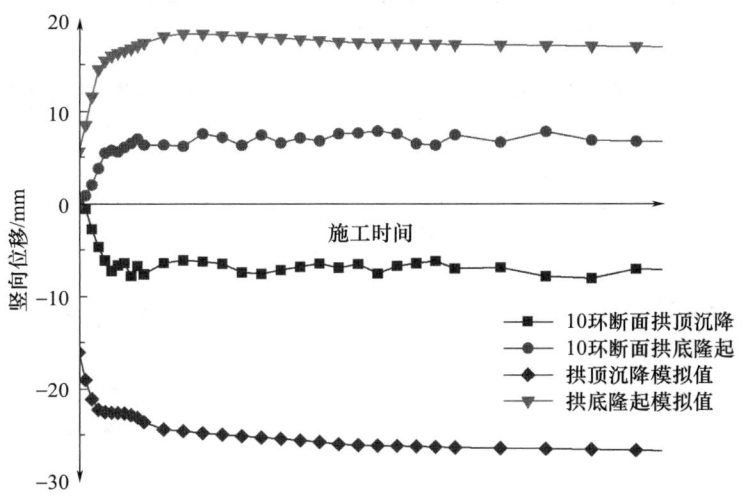

图 8.38 管片结构竖向位移变化图

通过对地表沉降、隧道拱顶沉降、拱底隆起和管片水平位移的监测和模拟值进行对比，可以看出两者的变化趋势大体一致，验证了数值模拟的可靠性。可以将模拟运用于工程，进行趋势预测与分析，为工程提供更为稳妥的施工方案。但同时由于现场工况的复杂性，两者的结果并不完全相同，这也表明了现场监测的重要性。

8.2.2 富水地区盾构隧道流固耦合必要性研究

由于施工过程中应力场和渗流场会相互影响，时刻处于一个动态平衡过程中。因此，是否考虑流固耦合直接影响周围土体的应力场分布，进而影响地表沉降结果。为了验证考虑流固耦合情况的合理性，本节设置以下两种试验方案，并通过与监测值对比，得到最佳试验方案。

方案一：无渗流模式，孔隙水压力固定不变，不参与应力场的计算。

方案二：考虑流固耦合，采用有效应力法，水面位于隧道中心上方10.8m位置。

由图8.39可知，盾构施工的横向地表沉降分布形态总体符合高斯分布，隧道中心处为沉降最大值点，随着距离隧道越来越远，沉降值也逐渐缩小甚至出现地表的隆起。在隧道开挖过程中是否考虑渗流，其地表沉降趋势大致相似，但沉降值差异较大。在不考虑渗流、考虑流固耦合以及实际监测中最大地表沉降分别为6.7mm、10.6mm、12.5mm。双线隧道开挖完成后，是否考虑流固耦合的地表最大沉降分别为27.9mm、17.1mm，地表监测值为24.9mm。可见，方案一和方案二产生的地表下沉值有很大差距，与监测地表沉降相比，不考虑流固误差为46.4%、考虑流固耦合其误差为15.2%；方案二即考虑流固耦合情况下地表沉降值计算结果与实际测量值较为吻合，在考虑流固耦合效应时，产生地表沉降的原因不仅是拱顶上部土体受扰动后向隧道内的移动，更主要的是盾构开挖使土体中孔隙水压力降低进而产生的排水固结。说明进行数值模拟盾构开挖时，富水地区考虑流固耦合更能合理地预测地表变形。同时在隧道中心10m以外位置方案一、方案二与实际监测值差值较小，说明在该区域地下水几乎不对地表沉降产生影响。

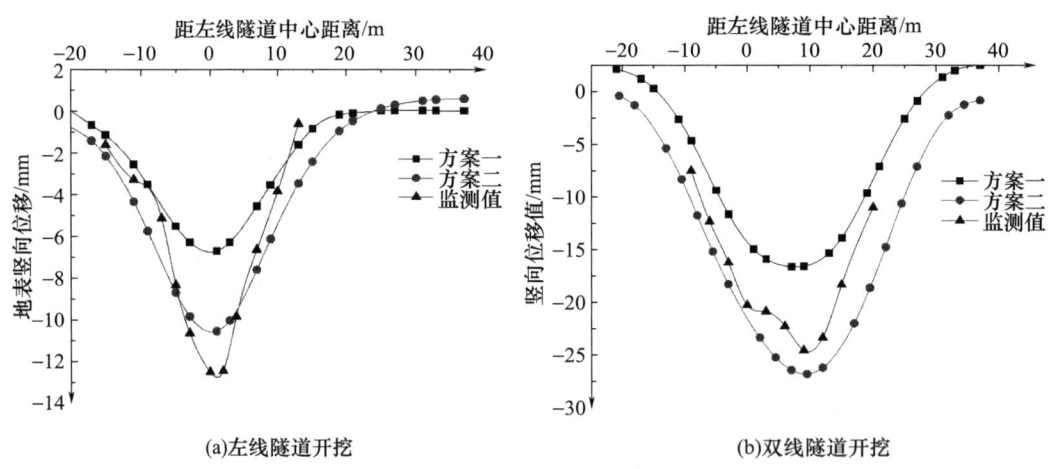

图8.39 方案一、方案二地表沉降与监测数据对比图

在模拟中考虑流固耦合与否的土体竖向应力图如图8.40所示。在两种工况下，隧道周边土体应力场重分布，在隧道周边局部有应力集中现象发生。隧道两侧压应力较高，土体挤压作用明显。而隧道拱顶与拱底则因为应力释放总应力值较小。考虑渗流与不考虑渗流相比，两者应力分布较为一致，但是竖向应力值整体变大，最大压应力由0.276MPa增

至 0.305MPa。出现这个现象主要是由于隧道开挖后渗流场发生变化，产生了渗透力。

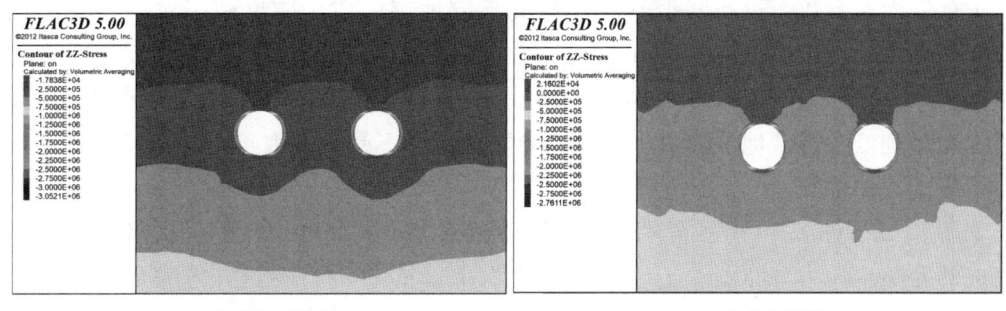

(a)考虑流固耦合　　　　　　　　(b)不考虑流固耦合

图 8.40　隧道周围土体的竖向应力分布图

如图 8.41 所示比较了考虑流固耦合作用和不考虑流固耦合作用下土体的横向变形分布。考虑流固耦合时，横向变形数值较大，影响范围更广。不考虑流固耦合的最大水平位移为 16.9mm，而考虑流固耦合的最大水平变形为 21.7mm。水平位移主要分布在隧道两侧位置，呈耳朵状。相比较而言，位于左线隧道和右线隧道中间的土层，由于先后受到双线隧道开挖的影响，水平位移出现了叠加现象，较左线隧道左侧土体和右线隧道右侧土体有所增大。根据有效应力原理，在流固耦合作用下，到达监测点后，孔隙水压力随着隧道的不断向前掘进而逐渐降低，这也就意味着土体经历了一个不断向外排水的过程。在这个过程中，有效应力逐渐增大，土体固结沉降量不断增大，可以说这是一个典型的渗流固结模式。概括来讲，隧道开挖引发周围土体的变形不仅仅只是力学的变形，而是力学和渗流固结作用叠加的共同结果。

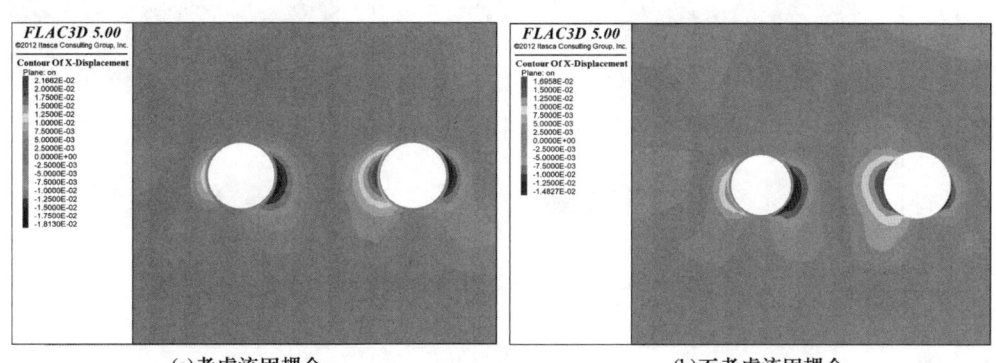

(a)考虑流固耦合　　　　　　　　(b)不考虑流固耦合

图 8.41　隧道周围土体的水平位移图

8.2.3　基于流固耦合的隧道沉降影响因素分析

8.2.3.1　土层渗透系数影响分析

不同地区的隧道开挖地层土质不尽相同，砂土层、黏土层、砂岩层等渗透系数差别很大，由此可能会对开挖过程中的渗流平衡产生很大影响。本节通过数值模拟手段，在改变土层的渗透系数下进行隧道开挖来探究不同地层中盾构隧道施工对地层变形的影响。其模型尺寸、边界条件、隧道工况等均与上文相同。将土层渗透系数分别设置为 10^{-4} cm/s（砂土层）、10^{-5} cm/s、10^{-6} cm/s（黏土层）采用各向同性渗流模型来研究高渗透性地层到低渗透性地层隧道施工的差异，为保证不受其他因素影响，暂不考虑不同土层承压能力的不同。

如图 8.42～图 8.44 所示分别是在不同渗透系数下单线隧道开挖完成及双线隧道开挖完成的孔隙水压力分布图。土层渗透系数为 10^{-4} cm/s 时，隧道开挖完成后孔隙水压力成漏斗状分布，且双线隧道以两隧道中心线呈左右对称分布，渗流影响区域主要集中在两隧道附近。此时孔隙水压力变化范围较大，且渗漏曲线较为倾斜，这说明地下水渗

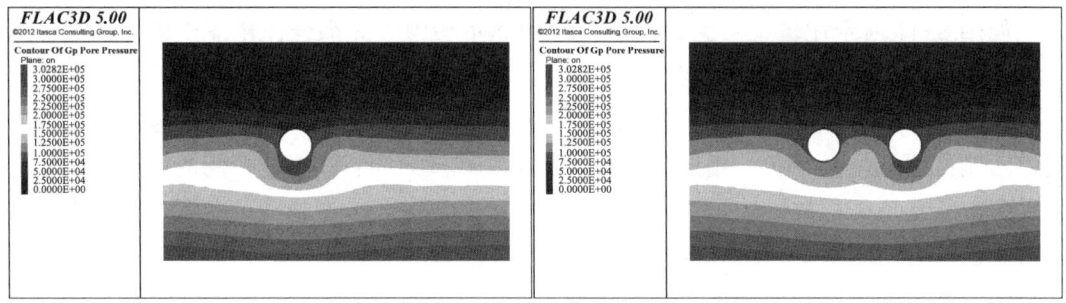

图 8.42　渗透系数 10^{-4}（砂土层）渗流场分布

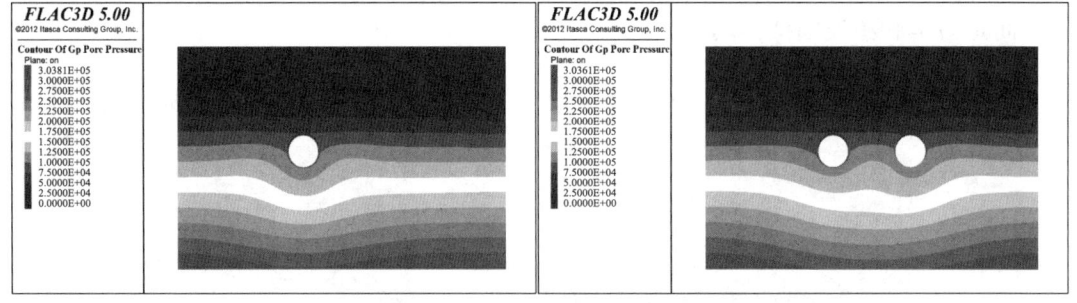

图 8.43　渗透系数 10^{-5} 渗流场分布

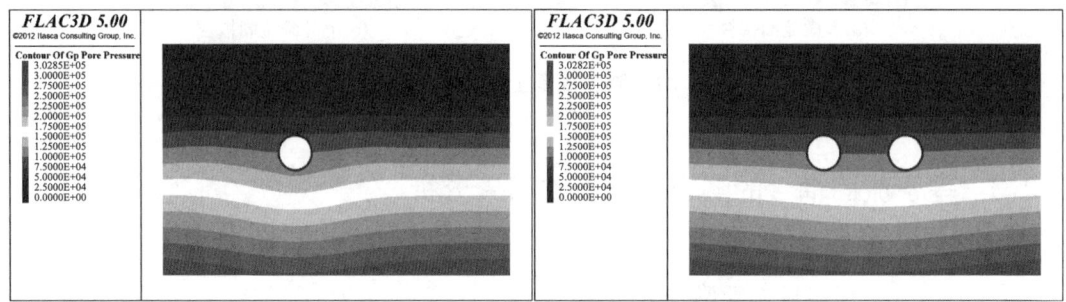

图 8.44　渗透系数 10^{-6}（黏土层）渗流场分布

流会对地层产生较大影响。随着渗透系数逐渐减小，孔隙水压力曲线"漏斗"逐渐趋于平缓，影响范围有所减小，当土层渗透系数为10^{-6}cm/s时孔压已近似呈现初始平衡状态下的层状分布，此时孔压变化很小，隧道两侧及下方孔压有些许下降，渗流影响极为有限。

如图 8.45 所示为考虑不同渗透系数下双线隧道开挖完成后盾构隧道 20 环横截面上的地表沉降曲线；如图 8.46 所示为隧道中心线上方点随着开挖时间的地表沉降变化曲线。在保证其他土体力学参数不变的情况下，地表沉降与土层水头系数正相关，最大地表沉降分别为 14.30mm、18.01mm 及 23.46mm，随着地层渗透系数每增大 10 倍，造成的额外土体沉降增幅分别为 25.95%、30.26%。可见，在地下水丰富的地区，土层渗透系数会对地表沉降造成较大影响。当地层为低渗透性地层时，由于渗流影响范围较小，且地下水渗流极为有限，地表沉降大部分来源于开挖后的地层应力释放。而随着地层渗透系数的增大，盾构开挖导致的地下水损失变大，根据有效应力原理，减少的孔隙水压力转变为有效应力，土体经历了压缩固结的过程，从而产生了较大沉降。

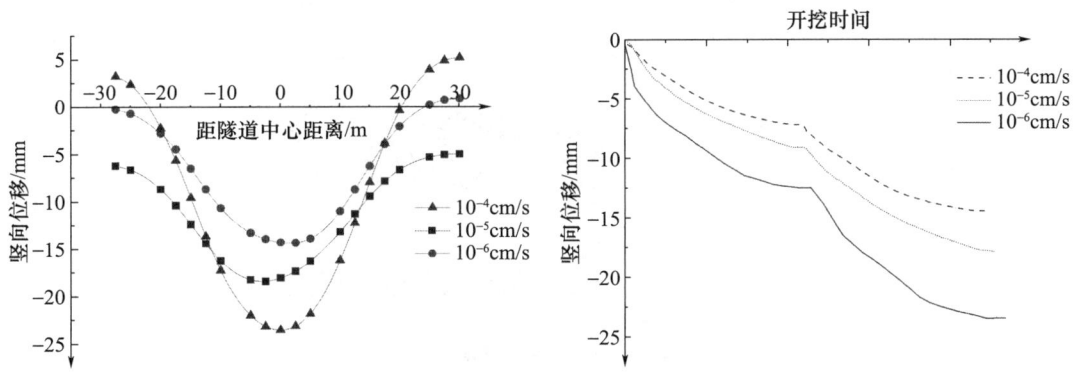

图 8.45 不同渗透系数下地表横向沉降槽　　图 8.46 不同渗透系数下地表点随时间变化图

在地下水丰富的地区，不同土层的隧道开挖地表沉降有很大差异。在砂土层施工中，渗流较为严重，造成的地表沉降较大，而在黏土地层中施工时地表沉降所受地下水影响较小。在条件允许的情况下，可尽量在黏土地层中施工，来减小隧道开挖产生的影响。

8.2.3.2 管片防水影响分析

在富水地层进行隧道开挖，常常需要对管片进行防水措施处理。本节通过设置管片及注浆层不同的渗透系数比来模拟隧道的隔水效果，进而探讨管片不同防水效果下盾构隧道开挖对地表沉降及渗流场的影响。盾构开挖在管片与周围土层不同渗透系数比下对周边环境的影响。如图 8.47 所示，在土层渗透系数、力学参数、模型边界条件、隧道工况等相同的条件下，将管片设置为完全透水材料、轻微渗水材料和完全不透水材料，进行了盾构隧道开挖的流固耦合分析。隧道处的孔隙水压力为 0kPa，在开挖过程中周围地层的地下水会渗入隧道内，引起隧道周边孔隙水压力减小。当管片及注浆层渗透性较周围地层较小时,会对地下水向隧道内的渗流形成阻挡,不同渗透性的衬砌对于地下水的阻隔作用不同,则会出现不同稳定渗流场的分布情况。如图8.47(a)所示为最不利的阻隔情况,管片与土层渗透系数相同,地下水渗流较快,渗流曲线较为倾斜。而随着管片防渗性能的提高,渗流曲线则慢慢趋于平缓,隧道周围孔隙水压力变化幅度较小,孔压变化范围也有所减小。当管片为完全不透水材料时,在盾构隧道开挖完成后孔隙水压力呈层状分布,此时地下水对于隧道开挖影响较小。

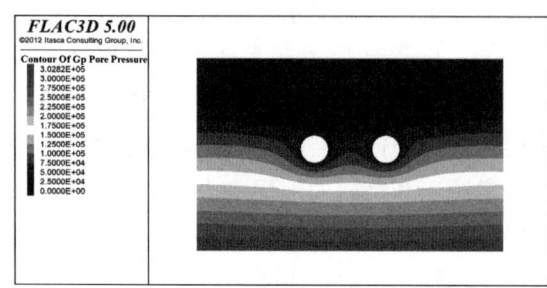

(a)管片防水性较差　　　　　　　　　　(b)管片轻微漏水

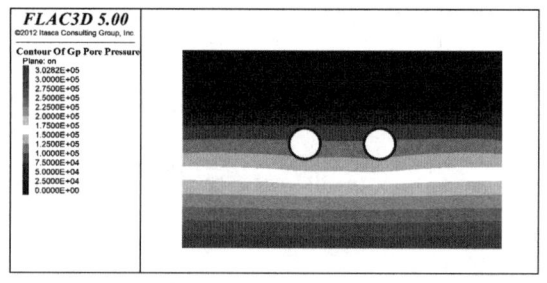

(c)管片为不透水材料

图8.47　管片防水不同时渗流场分布

选取隧道10环横截面上的点绘制如图8.48所示的地表沉降槽曲线。由图8.48可知,当管片防水性能不好时,产生的地表沉降较大,这是由于管片对于地下水渗流阻隔作用较小,产生了较多的水流失,从而增大了土体的有效土压力,引起土体的固结沉降。而当管片渗透系数相对土层较小时,地表沉降槽曲线较为相似,此时地下水渗流导致的地表沉降效果基本相同。同时由于模型尺寸的限制,可以看到低渗透管片在远离隧道30m左右的位置沉降逐渐趋于0。而管片渗透系数较大时,在远离隧道30m左右的位置仍有5mm的沉降,说明管片阻水效果较差时,地表沉降的影响范围会增大。同时可以看出最大地表沉降发生在两隧道中心的位置,截取各个渗透系数下的最大沉降绘制如图8.49所示。当管片渗透系数与土层相同时会产生特别大的沉降,而其他渗透系数下的最大地表沉降相差不大,围绕20mm上下波动。因此应选用管片时应要求管片渗透系数至少小于土层渗透系数的10倍,一般管片质量要求为渗透系数不小于10^{-11}cm/s,因此可以满足施工要求。

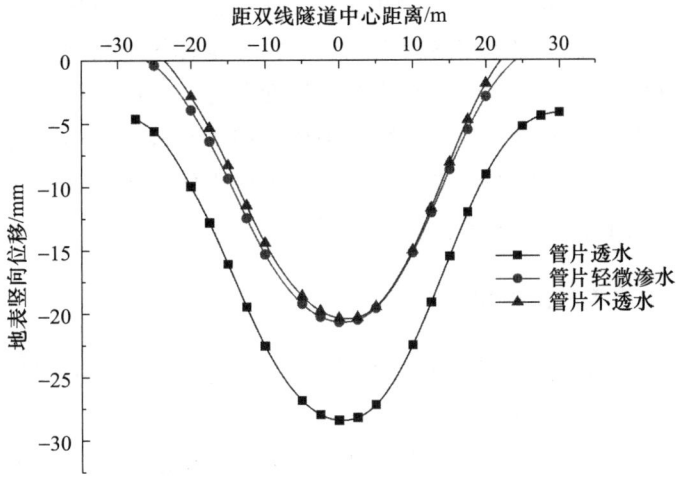

图 8.48　管片不同防水系数下的地表沉降曲线

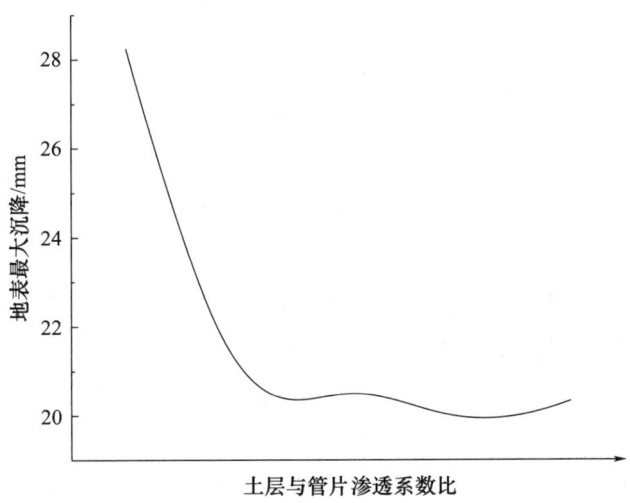

图 8.49　地表最大沉降与管片防水系数关系图

管片防水能力的强弱与地表沉降关系很大,因此施工时应注意管片防水,尤其是管片接口处的防水,同时及时进行壁后注浆,减少地下水的流失,从而减少因地下水渗流导致的地表沉降。

8.3　基于正交试验的土压平衡盾构施工掘进参数试验数值模拟

8.3.1　盾构施工过程中引起的土体变形机理

土压平衡盾构施工后在地层中形成圆形的孔洞,但由于施工特点和工艺的影响,盾构机的开挖外径要大于盾构管片的支护外径，这样，就会不可避免地造成盾构机的开挖外径和管片结构的外径之间的土体的损失，这个空隙也称为地层空隙，空隙的存在就会造成周围土体的移动和变形。此外，盾构机开挖面前方土体的土压力、盾壳和土体的摩擦力、壁后注浆压力、掘进速度等都会影响地层土体和地表的变形。所以，盾构施工中土体的变形是多因素共同作用的结果，对盾构施工中土体变形机理的研究有助于更深入地认识和掌握土体变形和沉降的规律。

8.3.1.1 盾构施工与土体关系

根据盾构施工工艺，把土压平衡盾构过程中施工与土体的关系简要总结如下。

(1) 开挖面的推进与支护

盾构机刀盘的后面就是土仓，由盾构机刀盘切削下来的土体，首先进入土仓，形成土仓压力，这个压力与开挖面前方土体压力的平衡可以维持开挖面的稳定。盾构开挖不断进行，土体的切削也在不断进行，为了保持土仓压力的稳定，进入土仓的土通过螺旋式输送机向外运输。

(2) 盾构推进过程中盾壳与土体摩擦

盾构的推进借助的外力主要是盾尾千斤顶的推力，在推进过程中不可避免地会遇到各种阻力，现场地质条件不同，阻力的大小也不同。其中盾构掘进过程中盾构机与土体的摩擦力、刀盘推力等是对土体变形造成影响的主要因素。

(3) 盾体空隙与盾尾空隙

由于盾构机设备各部位的直径不同，在盾构过程中不可避免地会造成建筑空隙，这个空隙称为盾体空隙。在往前推进的过程中，管片结构从盾壳脱出，本区间盾构机外径为6240mm，管片结构的外径为6000mm，这时就会形成沿直径方向上大概240mm的建筑空隙，也叫盾尾空隙。盾体空隙和盾尾空隙在不同程度上都会对土体的变形产生影响。通常情况下，抑制土体变形的有效的和常用的方法就是进行同步注浆和二次注浆，但两次注浆都是针对盾尾的建筑空隙进行的，对于盾体空隙的抑制，目前研究不多，尚未找到有效的解决办法。

8.3.1.2 影响土体变形的因素

盾构隧道的开挖打破了土体原有的平衡状态，使土体的应力重新分布。地质条件、隧道埋深、开挖半径、地层损失以及现场施工技术等因素相互影响，共同作用于土体变形。对这些因素进行研究和分析，有助于采取更有效的措施来减小盾构施工对土体的扰动。本节着重从地层损失、土地应力状态的改变和衬砌结构的变形三个方面来总结分析。

(1) 地层损失

施工过程中土体的变形和移动归根结底是因为隧道的开挖导致地下空隙的产生，空隙是隧道开挖地层损失的结果，周围的土体由于应力等的作用会向地层损失的地方发生移动，造成周围土体的变形。这种变形从隧道开挖面深度附近一直向上传递至地表，从而使地表产生沉降。造成地层损失的因素有很多，归结于以下几点。

① 土体向盾体空隙和盾尾空隙的移动。刀盘直径大于盾构外壳的直径，形成盾体空隙。盾尾直径大于管片结构的外径，形成盾尾空隙。此外，在盾构机推进过程中，会产生里程偏差，盾构机需要不断纠偏，导致盾构机在某一段或几段线路上并不是直线走位，而是蛇形曲线，使得开挖面积扩大。同时，盾尾注浆压力过大或者过小、注浆是否及时、注浆量是否充足，也是影响土体变形的因素之一。

② 正面障碍物的影响。盾构推进过程中在刀盘的前方不可避免地会遇到障碍物，随着盾构机向前推进，障碍物也会同时发生移动，导致空隙的产生和土体移动。所以在地质勘察的过程中应尽量查明盾构进程中的障碍物，提前制定处理方案。在拆除障碍物的时候，采取地层加固、带压作业等方式来保证开挖面的稳定，减少地层的损失。

③ 土仓压力与水土压力的不平衡。保持开挖面的稳定是盾构推进的基础，关系着整个隧道推进的安全、质量和进度。维持开挖面的稳定很大程度上在于能否保持通过合理调整盾构参数来维持开挖面的土仓压力与前方水土压力的平衡。这就要严格控制好出土量和开挖量的平衡。如果出土量大于开挖量，就会导致开挖面的土体有向刀盘方向移动的趋势，严重时会导致土体的移动，甚至造成坍塌。

（2）土体应力状态的改变

首先，盾构机的刀盘向前推进的过程中，盾构推力是动态变化的，推力大小的改变是对土体反复加卸载的过程。土体的加载和卸载是由盾构推力与前方土体的关系决定的，较大的推力对土体产生挤压作用，较小的推力导致土体发生松动和卸载，在推力大小的变化之中，土体受到反复挤压的作用，原始应力状态就会发生改变。其次，盾壳与土体的摩擦作用也是土体应力状态改变的重要因素。盾壳不可避免会与土体摩擦，对周围的土体产生剪切作用，在剪切力的作用下，土体的应力状态也会发生改变，所以在本文后期数值模拟的过程中，也将盾壳与土体的摩擦力考虑在内，与其他因素共同作用于土体的变形。最后，同步注浆和二次注浆压力的大小也会影响应力状态的改变。当注浆压力过大时，浆液将会对周围的土体产生挤压作用。所以对注浆压力的计算和施工中准确的把握很有必要。

（3）衬砌结构的变形

管片结构在拼装时为了封顶方便，一般会预留比较大的封口，这就导致管片结构在成型后为"横鸭蛋"形状，同时管片衬砌结构会受到周围水土压力的作用，使之发生"椭变"，导致土体变形，但一般情况下管片结构的变形很小，所以衬砌结构的变形引起的土体应力状态的改变和土体变形很小。

8.3.2 主要掘进参数引起的土体变形理论研究

根据已有的研究和分析，综合考虑建立如图 8.50 所示的盾构施工力学简化模型。

以下是几个基本假定：

① 所研究的土体各层为均质、线弹性的半空间体；
② 不考虑分层土体间的相互影响；
③ 土体不排水固结，盾构过程中仅仅考虑掘进参数对土体变形的影响；
④ 盾构沿直线推进，不考虑因盾构里程偏差和纠偏造成的蛇形曲线。

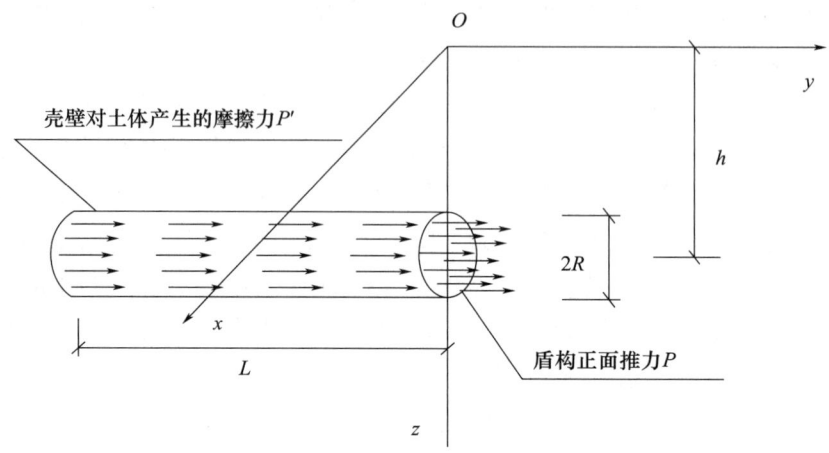

图 8.50　盾构施工力学简化模型

8.3.2.1　盾构推力引起的土体变形

首先，对地下水平集中力引起的土体中任意一点的位移进行研究。如图 8.51（a）所示，在基本假定下，在地面以下深度 c 处有一个水平集中力的作用，记作 P_h，Mindlin 研究得出土体中任一点 (x, y, z) 处沿 x 轴、y 轴、z 轴方向上的位移分量 U_x、U_y、W 分别为

$$U_x = \frac{P_h xy}{16\pi G(1-\mu)} \left[\frac{1}{R_1^3} + \frac{(3-4\mu)}{R_2^3} - \frac{6cz}{R_2^5} - \frac{4(1-\mu)(1-2\mu)}{R_2(R_2+z+c)^2} \right] \quad (8.40)$$

$$U_y = \frac{P_h}{16\pi G(1-\mu)} \left[\frac{3-4\mu}{R_1} + \frac{1}{R_2} + \frac{y^2}{R_1^3} + \frac{(3-4\mu)y^2}{R_2^3} + \frac{2cz}{R_2^3}\left(1-\frac{3y^2}{R_2^2}\right) + \frac{4(1-\mu)(1-2\mu)}{R_2+z+c}\left(1-\frac{y^2}{R_2(R_2+z+c)}\right) \right] \quad (8.41)$$

$$W = \frac{P_h y}{16\pi G(1-\mu)} \left[\frac{z-c}{R_1^3} + \frac{(3-4\mu)(z-c)}{R_2^3} - \frac{6cz(z+c)}{R_2^5} + \frac{4(1-\mu)(1-2\mu)}{R_2(R_2+z+c)} \right] \quad (8.42)$$

式中，x 为与作用点的横向水平距离（m）；y 为与作用点的纵向水平距离（m），沿盾构掘进方向；z 为与地表的竖向距离（m），取向下为正；μ 为土的泊松比；c 为作用力计算点深度（m）；G 为土的剪切模量，$G = \dfrac{E}{2(1+\mu)}$。

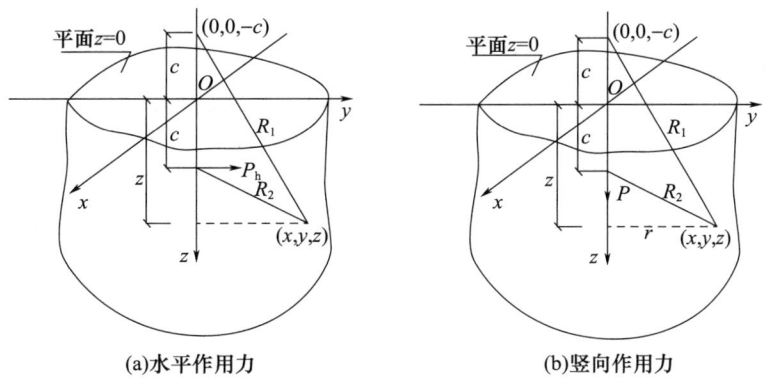

(a)水平作用力　　　　　　(b)竖向作用力

图 8.51　Mindlin 公式的水平和竖向作用力

其次，对地下竖向集中力引起的土体中任意一点的位移进行研究。如图 8.51（b）所示，有一个竖向集中力 P_v 作用于地下深度 c 处，Mindlin 研究得出土体中任一点（x，y，z）处沿半径 r 方向上的位移分量 U，沿 z 轴方向上的位移分量 W 为：

$$U = \frac{Pvr}{16\pi G(1-\mu)} \left[\frac{4(1-\mu)(1-2\mu)}{R_2(R_2+z+c)} + \frac{6cz(z+c)}{R_2^5} - \frac{4(1-\mu)(1-2\mu)}{R_2(R_2+z+c)} + \frac{6cz(z+c)}{R_2^5} \right] \tag{8.43}$$

$$W = \frac{Pvr}{16\pi G(1-\mu)} \left[\frac{3-4\mu}{R_1} + \frac{8(1-\mu)^2-(3-4\mu)}{R_2} + \frac{(z-c)^2}{R_1^3} + \frac{(z+c)^2(3-4\mu)-2zc}{R_2^3} + \frac{6cz(z+c)^2}{R_2^5} \right] \tag{8.44}$$

最后，研究在盾构推力作用下土体中任意一点的位移。如图 8.51 所示，盾构半径为 R，假设在半径为 R 的圆面上作用有均匀分布的水平附加荷载 ΔP，在圆内任取一点取微分面积 $r\mathrm{d}r\mathrm{d}\theta$，则在该微分面上水平荷载为 $\Delta P r\mathrm{d}r\mathrm{d}\theta$ 引起的地层中任意一点（x，y，z）沿 x、y、z 方向上的位移分别为：

$$\mathrm{d}U_{X1} = \frac{\Delta P y(x-r\cos\theta)}{16\pi G(1-\mu)} \left[\frac{1}{R_1^3} + \frac{(3-4\mu)}{R_2^3} - \frac{6z(h+r\sin\theta)}{R_2^5} - \frac{4(1-\mu)(1-2\mu)}{R_2(R_2+z+h+\sin\theta)^2} \right] r\mathrm{d}r\mathrm{d}\theta \tag{8.45}$$

$$\mathrm{d}U_{y1} = \frac{\Delta P}{16\pi G(1-\mu)} \left[\frac{3-4\mu}{R_1} + \frac{1}{R_2} - \frac{y^2}{R_1^3} + \frac{(3-4\mu)y^2}{R_2^3} - \frac{2z(h+r\sin\theta)}{R_2^3}\left(1-\frac{3y^2}{R_2^2}\right) + \frac{4(1-\mu)(1-2\mu)}{R_2+z+h+r\sin\theta}\left(1-\frac{y^2}{R_2(R_2+z+h+r\sin\theta)}\right) \right] r\mathrm{d}r\mathrm{d}\theta$$

$$\tag{8.46}$$

$$\mathrm{d}W_1 = \frac{\Delta P y}{16\pi G(1-\mu)} \left[\frac{z-h-r\sin\theta}{R_1^3} + \frac{(3-4\mu)(z-h-r\sin\theta)}{R_2^3} - \frac{6z(h+r\sin\theta)(z+h+r\sin\theta)}{R_2^5} + \frac{4(1-\mu)(1-2\mu)}{R_2(R_2+z+h+\sin\theta)} \right] \tag{8.47}$$

则以上的公式之中：

$$R_1=\sqrt{(x-r\cos\theta)^2+y^2+(z-h-r\sin\theta)^2}, \quad R_2=\sqrt{(x-r\cos\theta)^2+y^2+(z+h+r\sin\theta)^2}$$

其余符号意义与前面相同。

则盾构隧道轴线埋深为 h，半径 R 的圆形均布荷载（盾构推力）作用引起的地层位移为：

$$U_{X1}=\frac{\Delta Py}{16\pi G(1-\mu)}\int_0^{2\pi}\int_0^R(x-r\cos\theta)\left[\frac{1}{R_1^3}+\frac{(3-4\mu)}{R_2^3}-\frac{6z(h+r\sin\theta)}{R_2^5}-\right.$$

$$\left.\frac{4(1-\mu)(1-2\mu)}{R_2(R_2+z+h+\sin\theta)^2}\right]r\mathrm{d}r\mathrm{d}\theta \tag{8.48}$$

$$U_{y1}=\frac{\Delta P}{16\pi G(1-\mu)}\int_0^{2\pi}\int_0^R\left[\frac{3-4\mu}{R_1}+\frac{1}{R_2}+\frac{y^2}{R_1^3}+\frac{(3-4\mu)y^2}{R_2^3}-\right.$$

$$\frac{2z(h+r\sin\theta)}{R_2^3}\left(1-\frac{3y^2}{R_2^2}\right)-$$

$$\left.\frac{4(1-\mu)(1-2\mu)}{R_2+z+h+r\sin\theta}\left(1-\frac{y^2}{R_2(R_2+z+h+r\sin\theta)}\right)\right]r\mathrm{d}r\mathrm{d}\theta \tag{8.49}$$

$$W_1=\frac{\Delta Py}{16\pi G(1-\mu)}\int_0^{2\pi}\int_0^R\left[\frac{z-h-r\sin\theta}{R_1^3}+\frac{(3-4\mu)(z-h-r\sin\theta)}{R_2^3}-\right.$$

$$\left.\frac{6z(h+r\sin\theta)(z+h+r\sin\theta)}{R_2^5}+\frac{4(1-\mu)(1-2\mu)}{R_2(R_2+z+h+r\sin\theta)}\right]r\mathrm{d}r\mathrm{d}\theta \tag{8.50}$$

8.3.2.2 盾壳摩擦力引起的土体变形

盾壳与土体摩擦力的计算有多种方式，在此选用常用的日本盾构摩擦力的计算公式，将盾壳与土体的摩擦力计算如下：

$$P'=\frac{\pi DL\,\overline{C}_0+Wf}{\pi DL} \tag{8.51}$$

式中，f 为盾壳与周围土层的摩擦系数；$\overline{C}_0$ 为盾壳周围土体黏聚力的加权平均值；W 为盾构自重；L 为盾构长度；D 为盾构直径。

盾壳与土体的摩擦力与盾构推力在土体的作用位置和大小都不同。根据以往的研究，将摩擦力作用的形式归纳为三种计算模型：第一种计算模型的摩擦力按盾构长度均匀分布，如图 8.52 所示；第二种和第三种计算模型的摩擦力都是合力的形式，不同的是两者作用位置不同，第二种计算模型合力作用于盾壳外表面中心，第三种模型中合力作用于盾构机刀盘处。在数值模拟计算的过程中，为了便于对摩擦力的施加和研究，本文采用摩擦力的第一种计算模型；此处给出第一种计算模型中盾构摩擦力对土体变形影响的公式，其他两种模型在此不做更详细的讨论。

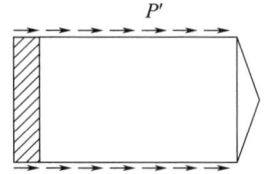

图 8.52　摩擦力第一种计算模型

图 8.52 为摩擦力第一种计算模型的简图，摩擦力在盾构机的外表面沿着盾构机长度均匀分布，对周围土体作用的荷载强度 P' 按均匀分布考虑。设盾构半径为 R，盾构机的长度为 L，在盾构工作面处取 L 为 0，取盾壳表面的微分面积 $R\mathrm{d}L\mathrm{d}\theta$，通过积分得

到在盾壳摩擦力作用下，土体中任一点（x，y，z）处产生的沿 x，y，z 轴方向的位移分别为：

$$U_{X2} = \frac{P'R}{16\pi G(1-\mu)} \int_0^{2\pi} \int_{-L}^0 (y-l)(x-R\cos\theta)\left[\frac{1}{R_3^3} + \frac{(3-4\mu)}{R_4^3} - \frac{6z(h+R\sin\theta)}{R_4^5} - \frac{4(1-\mu)(1-2\mu)}{R_4(R_4+z+h+R\sin\theta)^2}\right]dld\theta$$

(8.52)

$$U_{y2} = \frac{P'R}{16\pi G(1-\mu)} \int_0^{2\pi} \int_{-L}^0 \left[\frac{3-4\mu}{R_3} + \frac{1}{R_4} + \frac{(y-l)^2}{R_3^3} + \frac{(3-4\mu)(y-l)^2}{R_4^3} + \frac{2z(h+R\sin\theta)}{R_4^3}\left(1-\frac{3(y-l)^2}{R_4^2}\right) + \frac{4(1-\mu)(1-2\mu)}{R_4+z+h+R\sin\theta}\left(1-\frac{(y-l)^2}{R_4(R_4+z+h+R\sin\theta)}\right)\right]dld\theta$$

(8.53)

$$W_2 = \frac{P'R}{16\pi G(1-\mu)} \int_0^{2\pi} \int_{-L}^0 (y-l)\left[\frac{z-h-R\sin\theta}{R_3^3} + \frac{(3-4\mu)(z-h-R\sin\theta)}{R_4^3} - \frac{6z(h+R\sin\theta)(z+h+R\sin\theta)}{R_4^5} + \frac{4(1-\mu)(1-2\mu)}{R_4(R_4+z+h+R\sin\theta)}\right]dld\theta$$

(8.54)

则以上式中：

$$R_3 = \sqrt{(x-R\cos\theta)^2+(y-l)^2+(z-h-R\sin\theta)^2}$$

$$R_4 = \sqrt{(x-R\cos\theta)^2+(y-l)^2+(z+h+R\sin\theta)^2}$$

8.3.2.3 注浆压力引起的土体变形

（1）竖向分量引起的土体变形

假设注浆压力是均匀分布的作用在盾尾的空隙中，对周围土体的载荷强度 P 也按照均匀分布来考虑，如图 8.53 所示。P_v 为载荷强度的竖向分量，P_h 为载荷强度的水平分量。取盾尾表面的微分面积 $Rdsd\theta$，通过积分得到在竖向分量 P_v 作用下，土体中任意一点（x，y，z）处产生的沿 x、y、z 方向的位移为

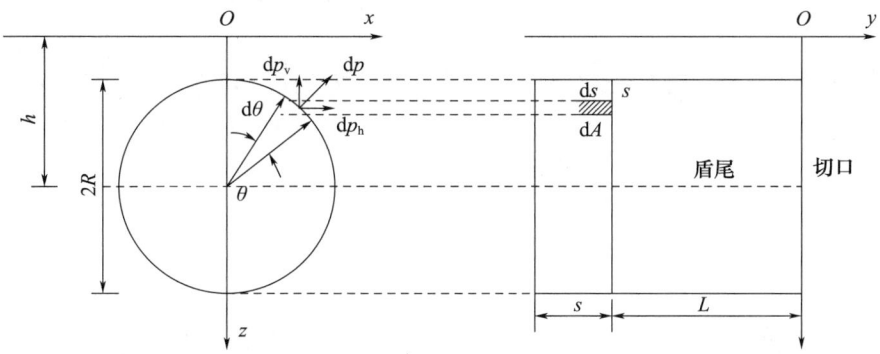

图 8.53 盾构同步注浆压力引起的土体变形模型

$$U_{x31} = \int_0^s \int_0^{2\pi} \frac{PR\sin\theta x}{16\pi G(1-\mu)} \left[\frac{z-h-R\sin\theta}{R_5^3} + \frac{(3-4\mu)(z-h-R\sin\theta)}{R_6^3} - \right.$$
$$\left. \frac{4(1-\mu)(1-2\mu)}{R_6(R_6+z+h+R\sin\theta)} + \frac{6z(h+R\sin\theta)(z+h+R\sin\theta)}{R_6^5} \right] ds d\theta$$

(8.55)

$$U_{y31} = \int_0^s \int_0^{2\pi} \frac{PR\sin\theta y}{16\pi G(1-\mu)} \left[\frac{z-h-R\sin\theta}{R_5^3} + \frac{(3-4\mu)(z-h-R\sin\theta)}{R_6^3} - \right.$$
$$\left. \frac{4(1-\mu)(1-2\mu)}{R_6(R_6+z+h+R\sin\theta)} + \frac{6z(h+R\sin\theta)(z+h+R\sin\theta)}{R_6^5} \right] ds d\theta$$

(8.56)

$$W_{31} = \int_0^s \int_0^{2\pi} \frac{PR\sin\theta}{16\pi G(1-\mu)} \left[\frac{3-4\mu}{R_5} + \frac{8(1-\mu)^2 - (3-4\mu)}{R_6} + \frac{(z-h-R\sin\theta)^2}{R_5^3} + \right.$$
$$\frac{(3-4\mu)(z+h+R\sin\theta)^2 - 2(h+R\sin\theta)z}{R_6^3} +$$
$$\left. \frac{6z(h+R\sin\theta)(z+(h+R\sin\theta))^2}{R_6^5} \right] ds d\theta$$

(8.57)

则以上式中：s 为选取的注浆长度。

$$R_5 = \sqrt{(x-R\cos\theta)^2 + (y+L+s)^2 + (z-h-R\sin\theta)^2}$$
$$R_6 = \sqrt{(x-R\cos\theta)^2 + (y+L+s)^2 + (z+h+R\sin\theta)^2},$$

其余符号的意义与前面的相同。

(2) 水平分量引起的土体变形

P_h 与 x 轴方向平行，由于与 Mindlin 公式中的水平力方向不同，需要进行坐标变换，通过积分得到 P_h 作用下，土体中任一点 (x, y, z) 处产生的沿 x、y、z 方向的位移为：

$$U_{x32} = \int_0^S \int_0^{2\pi} \frac{PR\cos\theta}{16\pi G(1-\mu)} \left\{ \frac{3-4\mu}{R_5} + \frac{1}{R_6} + \frac{(x-R\cos\theta)^2}{R_5^3} + \frac{(3-4\mu)(x-R\cos\theta)^2}{R_6^3} + \right.$$
$$\frac{2z(h+R\sin\theta)}{R_6^3} \left[1 - \frac{3(x-R\cos\theta)^2}{R_6^2} \right] +$$
$$\left. \frac{4(1-\mu)(1-2\mu)}{R_6+z+h+R\sin\theta} \left[1 - \frac{(x-R\cos\theta)^2}{R_6(R_6+z+h+R\sin\theta)} \right] \right\} ds d\theta$$

(8.58)

$$U_{y32} = \int_0^S \int_0^{2\pi} \frac{PR\cos\theta}{16\pi G(1-\mu)} (y-s)(x-R\cos\theta) \left[\frac{1}{R_5^3} + \frac{3-4\mu}{R_6^3} - \frac{6z(h+R\sin\theta)}{R_6^5} - \right.$$
$$\left. \frac{4(1-\mu)(1-2\mu)}{R_6(R_6+z+h+R\sin\theta)^2} \right] ds d\theta$$

(8.59)

$$W_{32} = \int_0^S \int_0^{2\pi} \frac{PR\cos\theta}{16\pi G(1-\mu)} (x-R\cos\theta) \left[\frac{z-h-R\sin\theta}{R_5^3} + \frac{(3-4\mu)(z-h-R\sin\theta)}{R_6^3} - \right.$$
$$\left. \frac{6z(h+R\sin\theta)(z+h+R\sin\theta)}{R_6^5} + \frac{4(1-\mu)(1-2\mu)}{R_6(R_6+z+h+R\sin\theta)} \right] ds d\theta$$

(8.60)

则以上式中：

$$R_5=\sqrt{(x-R\cos\theta)^2+(y+L+s)^2+(z-h-R\sin\theta)^2}$$
$$R_6=\sqrt{(x-R\cos\theta)^2+(y+L+s)^2+(z+h+R\sin\theta)^2}$$

8.3.2.4 区间盾构主要掘进参数的计算

（1）掌子面土仓压力

土仓压力的的形成过程：首先将刀盘切削下来的渣土通过刀盘上的开口进入土仓，土仓内的渣土通过搅拌作用和改良作用形成流塑状，然后盾构机油缸的推力通过承压隔板作用到土仓的渣土上，即通过油缸推力进行加压，从而形成土仓压力，再传递给开挖面。为了保证土仓压力稳定在某个范围之内，需要不间断地利用传感装置进行监控，然后通过对盾构机推力、盾构速度、输送机的转速等参数的调整来控制土仓压力，以此来平衡开挖面处的土压力与水压力。如图 8.54 所示为土仓压力与地层水土压力平衡的示意图。

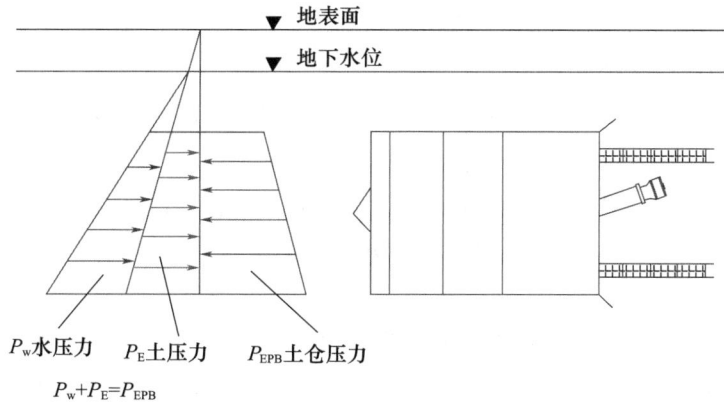

图 8.54 土仓压力与地层水土压力平衡

本区间土压平衡盾构的土仓压力计算步骤和结果如下。

① 隧道土压力的计算。

盾构平均埋深 14.8m 为从上至下依次为：13.4m 粉质黏土，1.37m 细沙。地层土压的水平侧向力为

$$\begin{aligned}\sigma_{水平侧向力}&=\sigma_z\tan^2(45°-\varphi/2)-2c\tan(45°-\varphi/2)\\&=290.08\tan^2(45°-15.5°/2)-2\times26.9\tan(45°-15.5°/2)\\&=0.127\text{MPa}\end{aligned}$$

② 地下水压力的计算。

当地下水位的水位高于隧道的埋深时，由于地层中孔隙和裂隙的存在，从而形成侧向地下水压。渗透系数、水力梯度、渗透时间等因素决定水压的大小。一方面，由于现场施工，隧道的开挖导致影响范围内一定的水土流失；另一方面，由于地下水在土壤中流动会受到土体的阻力，造成水头损失，所以实际上的水压力一般小于理论计算

值。在水压力计算时，应同时计算刀盘前方和后方的水压力，最终取两者最大值进行考虑分析。

在掘进过程中，水压力的计算一般参考式（8.61）
$$\sigma_w = q \times \gamma h \tag{8.61}$$
式中，q 为土的渗透系数经验值，砂土一般取 0.8～1.0，黏性土取 0.3～0.5；γ 为水的重度；h 为地下水位与刀盘顶部的距离。

在实际施工过程中，一次注浆的浆液可能不会填充整个空隙，因浆液的不密实造成空隙的存在，就会形成水通道，衬砌外的地下水在空隙中流动，时间一长，特别是盾构因故障等因素停机时，很快就会形成一定的压力水头，此时水压力的计算参考式（8.62）：
$$\sigma_{w1} = q_{砂浆} \times \gamma h_w \tag{8.62}$$
式中，$q_{砂浆}$ 为根据砂浆的渗透系数和注浆的饱满程度确定的一个经验数值，一般取 0.8～1.0；γ 为水的重度；h_w 为补强注浆处和刀盘顶部的距离。

本区间地层水平水压力计算为：
$$\sigma_w = q \times \gamma h = 0.5 \times 1 \times 20.5 = 0.011 \text{MPa}$$

③ 土仓压力的计算。

土仓压力初步设定值：
$$\sigma = \sigma_{水平侧向力} + \sigma_{水平水压力} + \sigma_{调整} = 0.148 \sim 0.158 \text{MPa}$$

$\sigma_{调整}$ 为施工土压力调整值，一般为 0.01～0.02MPa

根据计算结果，结合本盾构区间掘进过程中对土仓压力的监控记录资料，确定本区间土仓压力的取值范围大致在 0.12～0.18MPa 之间。

（2）壁后注浆压力

同步注浆主要目的是控制地面沉降、保护隧道不被破坏。要坚持掘进就注浆，不掘进就不注浆的原则。注浆泵安装在拖车上，盾尾注浆分四路进行，另外为应对一些突发事件或者某个注浆泵的损坏，会留四路注浆泵作为备用，注浆孔在盾尾是沿着圆周均匀分布的。

但同步注浆的浆液会发生流失，有时也并不能完全填充建筑空隙，并且浆液在凝固的过程中会产生一定的体积收缩，以致注浆效果并不能完全达到预期。一般需要采取二次注浆，二次注浆有效填充了同步注浆留下的空腔，使得地层没有发生位移和变形的空间，从而有效抑制了地面沉降。

同步注浆的压力值理论上与开挖地层中的静止土压力和水压力有关，注浆压力过大或者过小都将直接影响着地面的隆起和沉降，所以在掘进的过程中，注浆压力并不是一成不变的，而是随着掘进不断地调整优化，以达到最大限度地减小对土体的扰动、控制地面沉降的目的。根据理论计算，本工况的注浆压力值为 0.2～0.3MPa，根据现场实时监控的结果，对地层移动和地面沉降影响最小的注浆压力值在 0.3～0.5MPa 之间。考虑到地层不同的位置水土压力有所不同，各个注浆孔对注浆压力的设定也有所差异，一般情况下，下部的注浆孔压力值略大于上部。

现场二次注浆于管片脱出盾尾 5 环开始实施，区间二次注浆的注浆压力值基本为

0.2～0.4MPa，具体的参数也应该根据地下不同位置的土层深度、管片参数、地下水压力等影响因素来确定。

综合理论研究和现场实际监控结果，取本区间注浆压力值为 0.3～0.5MPa。

(3) 盾构掘进速度

盾构机一般分四个区，每个区有一个油缸安装行程传感器，行程传感器有两组信号发给变送器，一组是行程长度，另一组是油缸速度。盾构速度数值的确定是通过平均值，即四个安装了行程传感器油缸速度的平均值。

本区间盾构机的掘进速度设计值是 0～80mm/min。实际施工时的速度设定需要根据地层、掘进参数之间的匹配性来调整和优化，以最大限度地保证工作面土体的稳定。

对现场盾构掘进速度数据进行最初一个月的观察和统计，在本区间的试掘进阶段，盾构速度在最初的 10d，由于对各种参数不断地进行调试，盾构速度为 20～30mm/min，后 20d 的盾构速度加快为 30～40mm/min，并保持稳定。所以根据本工程实际情况，本区间盾构速度选取为 20～40mm/min。

8.3.3　盾构模拟工况的正交试验设计

8.3.3.1　正交试验设计方法概述

在实际工程中，针对某一个问题的研究可能会有多个因素的影响，而每一个因素的不同指标同样会对结果产生不一样的影响。当对某一个问题的研究涉及多个因素和水平时，传统的试验方法不仅会试验数量增多、工作量、试验难度增加，而且在数据处理上的难度和工作量也大大增加。正交试验设计，是指研究多因素多水平的一种试验设计方法，能够有效地解决上述问题。正交试验的重要依托是正交表，正交表有多种，具体选用哪个正交表是根据研究对象的因素数目及每个因素的水平个数决定的。在选择了合适的正交表后，从全面的试验方法中挑选出有代表性的试验进行分组试验，对不同分组的试验结果汇总。最后，采用数理统计的方法对试验结果进行分析，得出对试验结果最有利的试验组合以及各个试验因素对试验结果的显著性。这样一来，不仅大大减少试验次数和工作量、提高了工作效率。同时，试验结果的可靠性也有保证，所以正交试验设计被广泛应用于工程模拟试验中。

在正交试验设计中，试验设计的重要步骤如下：首先，在众多的影响因素中，挑选所研究对象的最重要的几个影响因素准备进行下一步分析；其次，对挑选的每个影响因素划分试验水平；最后，合理选择正交表安排正交试验。

如表 8.4 所示为常见的 $L_9(3^4)$ 正交试验表，其中，L 表示正交表，9 为试验组数，4 是因素个数，3 代表每个因素设置三种水平。如果不采用正交试验，四因素三水平正交试验需要做 81 组试验，此时只需要 9 组，由此证明了正交方法的高效性。对于三因素三水平正交试验同样适用于该表。

表 8.4　正交表 L9 (3^4)

水平	因素 A	因素 B	因素 C	因素 D
1	1	1	1	1
2	1	2	2	2
3	1	3	3	3
4	2	1	2	3
5	2	2	3	1
6	2	3	1	2
7	3	1	3	2
8	3	2	1	3
9	3	3	2	1

所有的正交表在设计的过程中都要遵循两个重要规律：一是在每个列中，每个水平出现的次数要相等；二是对任意两列水平进行组合，形成的水平组合中，任意一个水平出现的总次数也都相同。

正交试验的另一个关键步骤就是采用相应的分析方法或者分析软件对试验结果进行分析。在数理统计中，极差分析和方差分析是目前最常用的分析方法；极差分析方法的特点是计算简便，结果形象直观，对结果稍进行分析和判断就能得到影响试验结果的最优组合、最佳参数、因素的主次关系等试验成果，但试验误差无法估计，且试验优化结果的可信度无法证明。方差分析方法的基本思想是把数据的变异分解成误差引起的变异和因素引起的变异两部分，构造统计量并做检验，即可判断各因素对试验指标的作用是否显著。

8.3.3.2　盾构参数的选取

查阅已有文献资料可知，针对盾构推力和刀盘扭矩的相关研究比较多。在盾构掘进隧道的过程中，除了上述两个参数之外，盾构过程中数据采集系统记录的还有注浆压力、贯入度、掌子面土仓压力、刀盘转速等十多个参数，盾构掘进参数的选取应该与工程实际相结合，考虑具体问题的需要并选取重要的因素进行分析。研究表明，较小的掘进速度能够有效减小土压的波动，很好地控制地表沉降，但掘进速度过小会造成不必要的掘进成本的增加及工期的拖延，相反，较大的掘进速度能够保证工程进度和降低成本，但不利于土压平衡，对地表沉降的影响较大，所以选取盾构掘进速度作为主要掘进研究参数之一。另外，土仓压力作为盾构过程中一个重要的参数，对于维持刀盘前方的围岩稳定有重要作用，精确地选择土仓压力可以很好地控制因超压和欠压对周围岩土体及地表的影响，因此，把选择对本区间隧道推进最合适的土仓压力也作为研究对象之一。最后，盾构掘进过程中的同步注浆和二次注浆是不可忽视的因素，合理的注浆压力能够有效防止地面产生过大的沉降、控制地层的位移及隧道上浮，所以把壁后注浆压力也作为研究对象。

8.3.3.3 有限元计算工况正交试验设计

根据第4章对本盾构区间掌子面土仓压力、掘进速度及壁后注浆压力的计算，结合现场工程施工记录、各个掘进参数的可调控范围，决定各因素在掘进阶段取值范围选取三个水平，三因素三水平的设置见表8.5。选择表8.4中所列的$L_9(3^4)$正交表，试验的分组及各组试验的掘进参数见表8.6。

表8.5 三因素三水平设置

水平	土仓压力/bar	掘进速度/(mm/min)	壁后注浆压力/MPa
1	T_1（1.3）	p_1（20）	m_1（0.3）
2	T_2（1.5）	p_2（30）	m_2（0.4）
3	T_3（1.8）	p_3（40）	m_3（0.5）

表8.6 正交试验设计

水平	壁后注浆压力/MPa	掘进速度/(mm/min)	土仓压力/bar
1	0.3	20	1.2
2	0.3	30	1.5
3	0.3	40	1.8
4	0.4	20	1.5
5	0.4	30	1.8
6	0.4	40	1.2
7	0.5	20	1.8
8	0.5	30	1.2
9	0.5	40	1.5

注：1bar=0.1MPa，现已弃用，下同。

8.3.4 不同工况隧道开挖模拟结果分析

分别对设置不同参数的9种工况进行隧道开挖模拟，为了提高计算结果的准确性和可靠性，选取隧道总开挖长度为90m进行计算，如图8.55至图8.63所示为不同工况下隧道开挖至不同的截面（选取10m、40m、70m、90m）的位移云图。

由图8.55～图8.63可知，隧道开挖对土体的影响较为明显，不同工况在不同的开挖阶段对土体的扰动大小不同，导致地表沉降有差异。但地表的沉降都呈现沉降槽的趋势，各工况下地表沉降的最大值几乎都发生在隧道的中心线附近，这与现场实际及理论研究都相符。

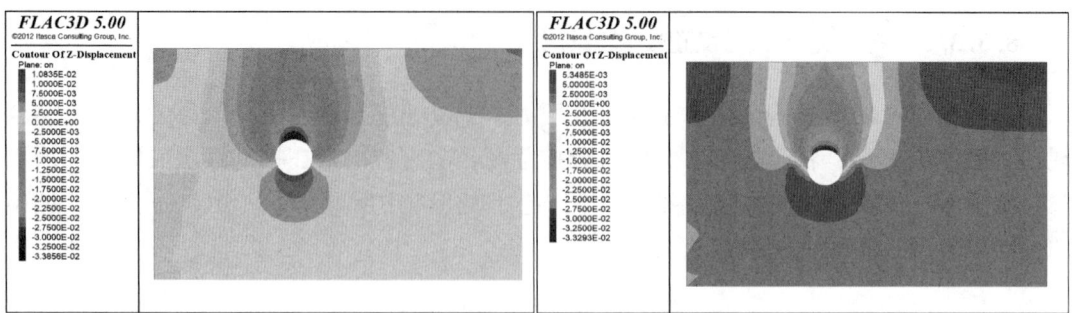

(a) 开挖10m　　　　　　　　　　　(b) 开挖40m

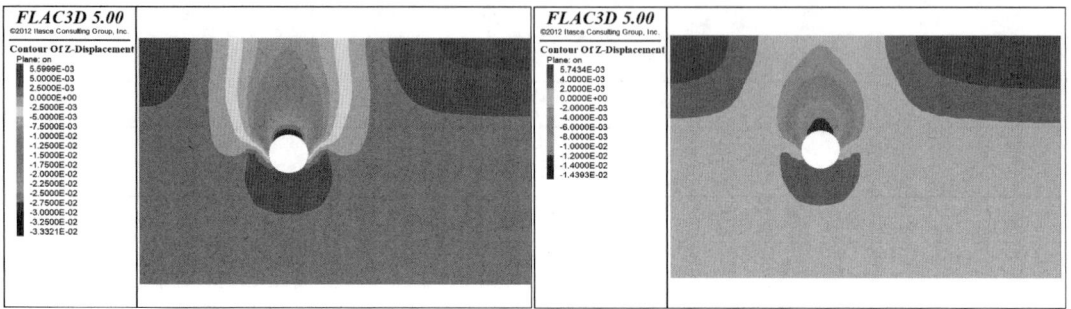

(c) 开挖70m　　　　　　　　　　　(d) 开挖90m

图 8.55　工况一隧道位移区云图

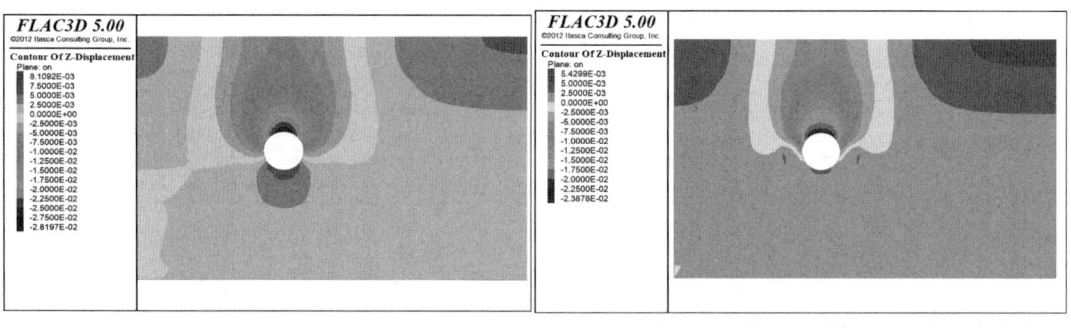

(a) 开挖10m　　　　　　　　　　　(b) 开挖40m

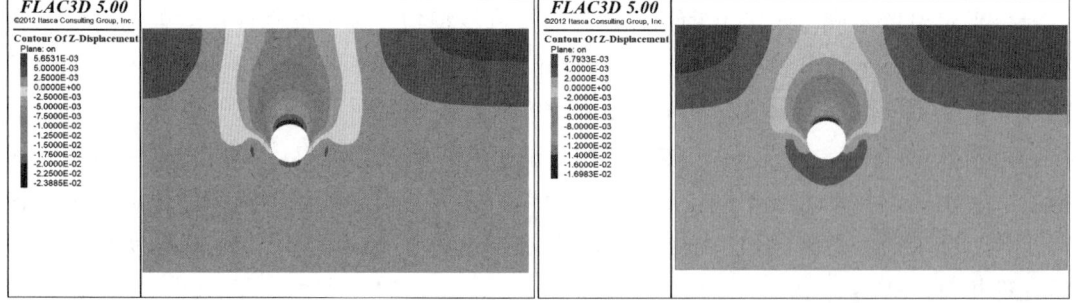

(c) 开挖70m　　　　　　　　　　　(d) 开挖90m

图 8.56　工况二隧道位移区云图

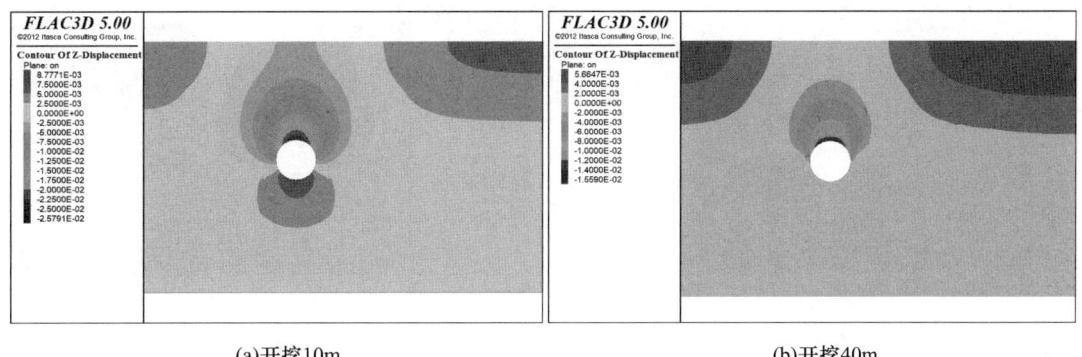

(a)开挖10m (b)开挖40m

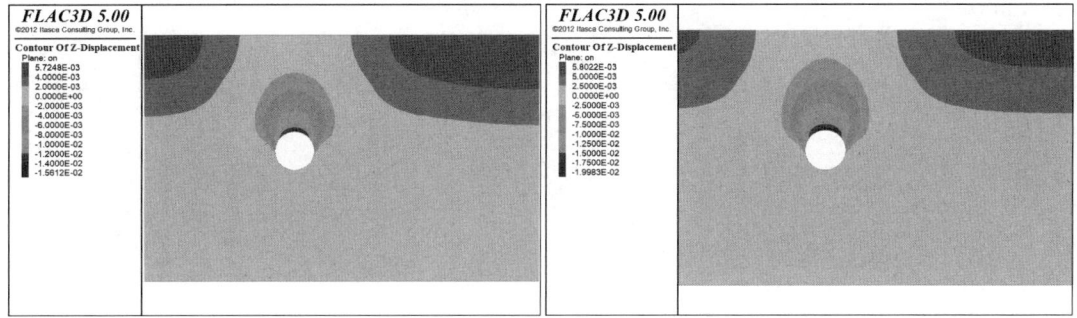

(c)开挖70m (d)开挖90m

图 8.57　工况三隧道位移区云图

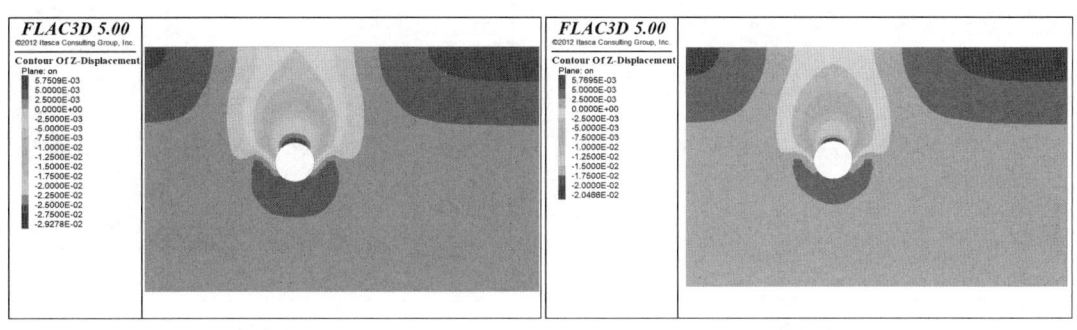

(a)开挖10m (b)开挖40m

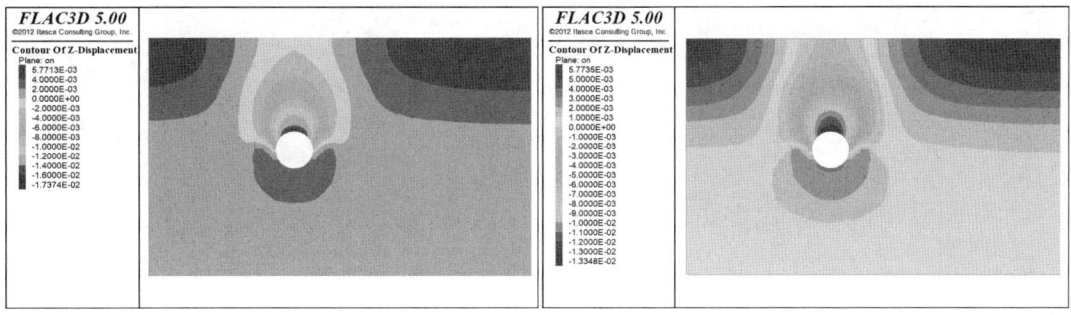

(c)开挖70m (d)开挖90m

图 8.58　工况四隧道位移区云图

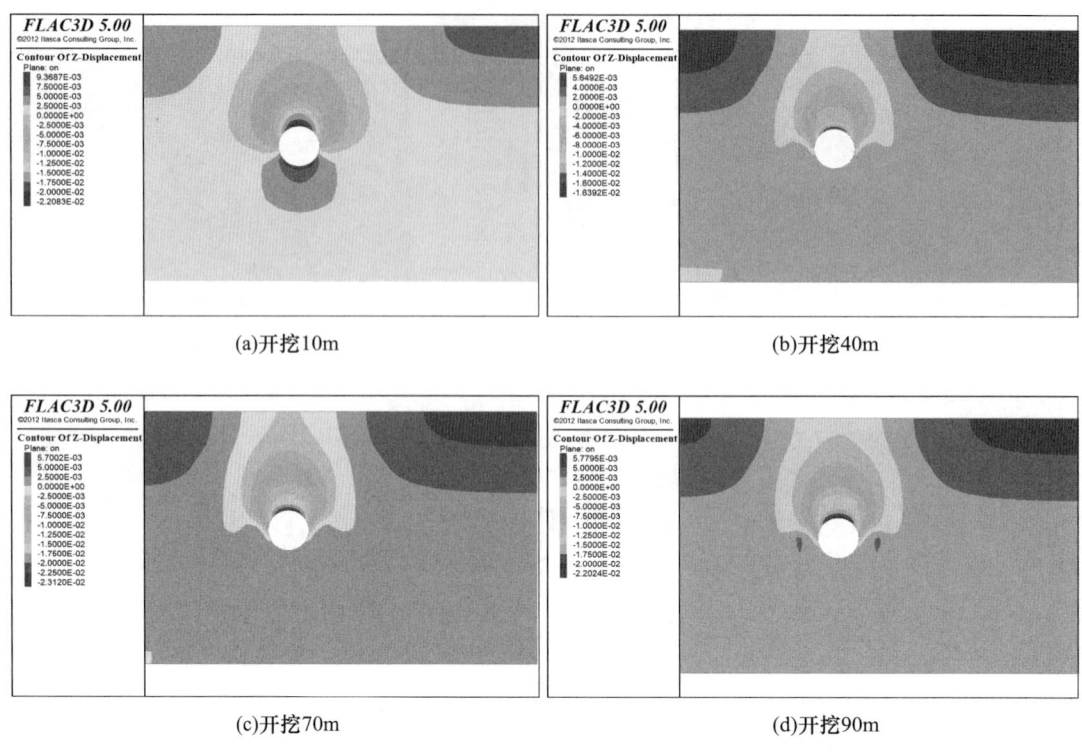

(a)开挖10m　　　　　　　　　　　(b)开挖40m

(c)开挖70m　　　　　　　　　　　(d)开挖90m

图 8.59　工况五隧道位移区云图

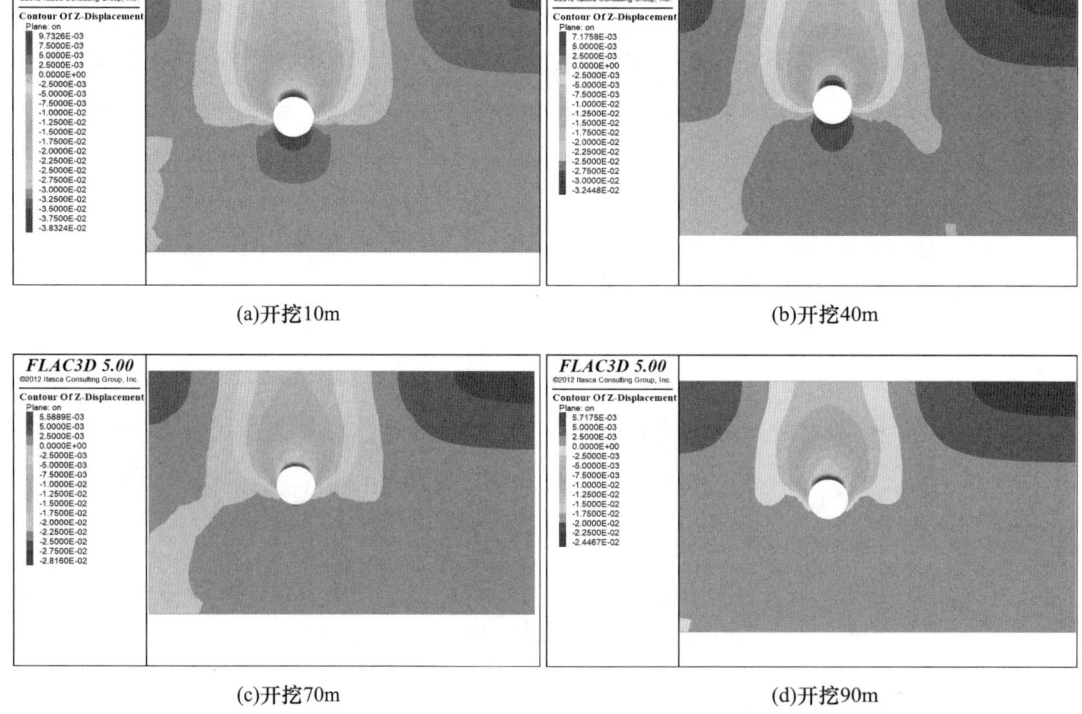

(a)开挖10m　　　　　　　　　　　(b)开挖40m

(c)开挖70m　　　　　　　　　　　(d)开挖90m

图 8.60　工况六隧道位移区云图

8 ▶ 基于流固耦合的富水地层盾构施工地表沉降研究

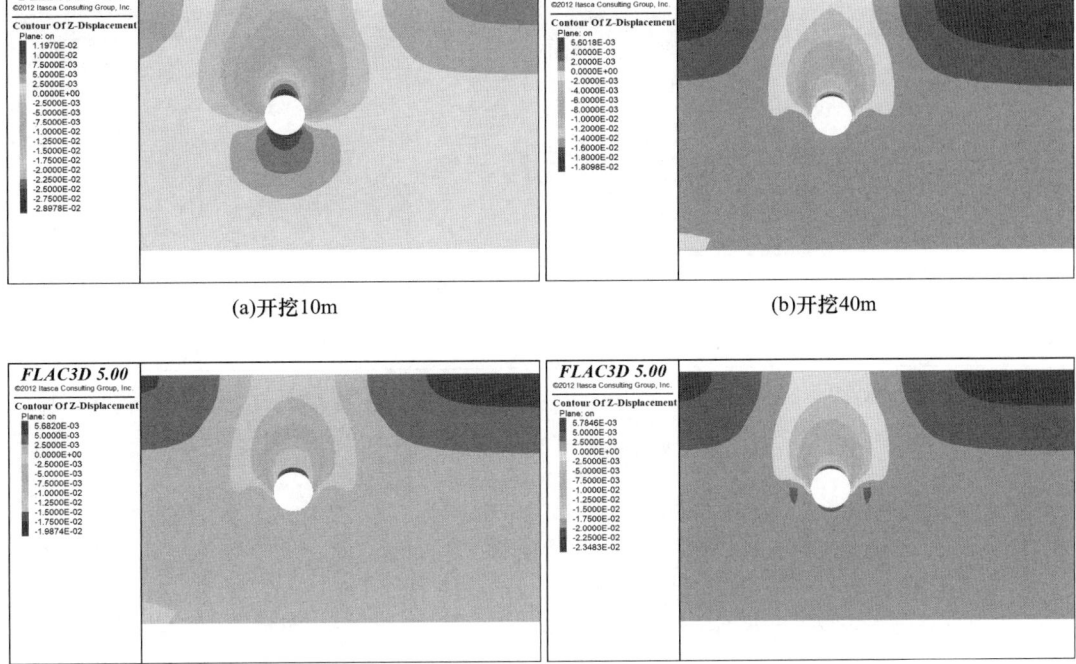

图 8.61　工况七隧道位移区云图

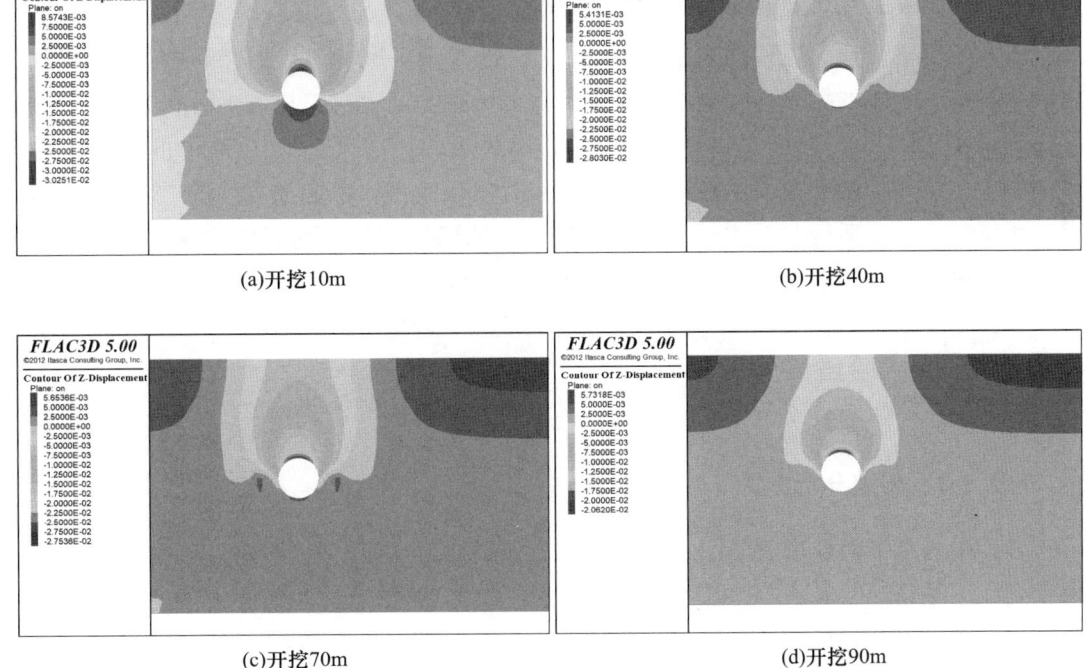

图 8.62　工况八隧道位移区云图

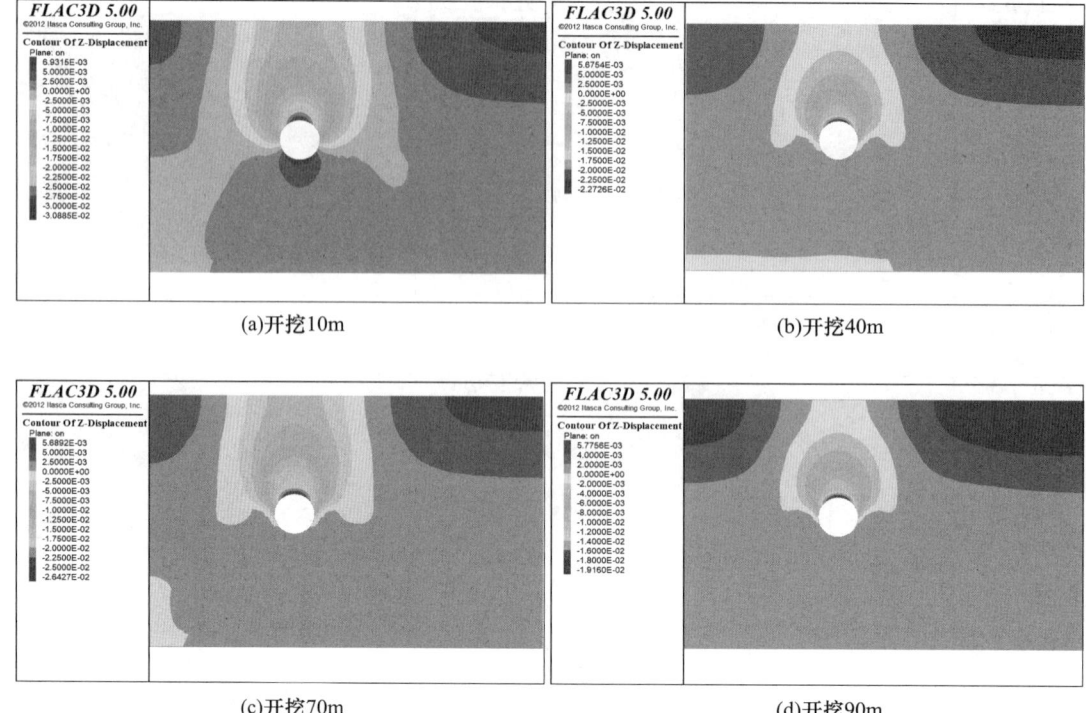

图 8.63 工况九隧道位移区云图

选取每个工况开挖至 40m 为研究对象，对不同工况的最大竖向位移进行分析，发现工况一、工况六和工况八的最大位移值为 28~33mm，与之有明显差别的是工况三、工况五和工况七，最大位移均未超过 18mm，其他 3 组工况的试验结果位移值介于两组之间，对最大弯矩的结果进行分析能得到类似的结论。通过对正交表的分析还发现，土仓压力最小为 1.2bar 的工况，其土体竖向位移最大。反之，选取 1.8bar 的土仓压力，对周围土体沉降控制的效果比较明显。对本工程项目而言，考虑到盾构隧道上覆土体容易产生沉降，所以盾构对土体扰动的变形控制应该以抑制过大的竖向位移为主要目的，建议本标段应该选择较大的土仓压力（1.8bar）进行掘进。

8.3.5 正交试验结果分析

8.3.5.1 极差分析方法

各列中各水平对应的试验结果平均值的最大值与最小值之差就是极差。极差分析能够得到以下结论。

（1）通过对各列极差计算结果的比较，能够得到影响试验结果因素的主次关系。某一列的极差越大，说明该列所对应的因素在试验的不同水平之间变化时，对结果造成的波动和影响最大；反之，某一列极差越小，其所对应的因素对试验结果的影响就越小。

极差数值的大小反映了所对应因素对试验指标的影响程度。

（2）把计算结果绘制成图，可以得到试验指标随各因素的变化趋势。

（3）对试验结果进行直观分析，可以判断出能得到最优试验结果的各因素水平的搭配。

（4）可对所得结论和进一步的研究方向进行讨论。

极差分析方法在计算中主要包括 I_j、II_j、III_j…和 k_j、R，主要参数含义和计算方法如下：

I_j、II_j、III_j……分别表示"第1、2、3…"列第 j 水平所对应的试验指标的数值之和；

k_j 表示"第1、2、3…"列第 j 水平所对应的试验指标的平均值，按下式计算：

$$k_j = I_j (II_j、III_j\cdots)/r \tag{8.63}$$

r 为第 j 列同一水平出现的次数，等于试验的次数（n）除以第 j 列的水平数；R 为极差。计算方法见下式：

$$R_j = \max\{k_1, k_2, k_3\cdots\} - \min\{k_1, k_2, k_3\cdots\} \tag{8.64}$$

在有限元计算的基础上，为研究盾构施工地表和对盾构周围环境的影响，分别选取不同工况下的最大沉降值和管片的最大弯矩值作为研究对象，利用所得数据，分别计算出在不同工况下极差分析方法中 I_j、II_j、III_j…和 k_j、R 等数据。R 值的大小反映了各因素对评价指标的影响程度。表8.7为正交试验结果及极差分析数据表。

表 8.7 正交试验结果及极差分析表

试验编号	壁后注浆压力 A/MPa	掘进速度 B/(mm/min)	土仓压力 C/bar	最大沉降值 /mm	最大弯矩值 /(kN·m)
1	0.3	20	1.2	33.293	161.27
2	0.3	30	1.5	23.878	105.88
3	0.3	40	1.8	15.59	94.76
4	0.4	20	1.5	20.466	111.27
5	0.4	30	1.8	16.392	89.79
6	0.4	40	1.2	32.448	172.79
7	0.5	20	1.8	18.098	92.33
8	0.5	30	1.2	28.03	168.74
9	0.5	40	1.5	22.726	92.75
I_j	72.761	71.857	93.771		
II_j	69.306	68.3	67.07		
III_j	68.854	70.764	50.08	最大沉降值	
k_1	24.25367	23.95233	31.257		
k_2	23.102	22.76667	22.35667		
k_3	22.95133	23.588	16.69333		
R	1.302333	1.185667	14.56367		

续表

试验编号	壁后注浆压力 A/MPa	掘进速度 B/(mm/min)	土仓压力 C/bar	最大沉降值/mm	最大弯矩值/(kN·m)
$Ⅰ_j$	357.91	364.87	502.8		
$Ⅱ_j$	373.85	364.41	326.4		
$Ⅲ_j$	370.32	372.8	272.88		
k_1	119.3033	121.6233	167.6		最大弯矩值
k_2	124.6167	121.47	108.8		
k_3	123.44	124.2667	90.96		
R	5.313333	2.796667	76.64		

某一列的极差越大，说明该列所对应的因素在试验的不同水平之间变化时，对结果造成的波动和影响最大，反之，某一列极差越小，其所对应的因素对试验结果的影响就越小。由表8.7中所列的极差分析结果可知，对于最大沉降和最大弯矩两个试验指标，土仓压力的极差计算结果都是最大的，这也反映了土仓压力对试验指标的影响程度最大。所以，在本区间盾构推进的过程中，控制好土仓压力，对于周围土体的扰动的控制是比较有利的。再对掘进参数对最大沉降值的影响进行分析，在试验范围内，各列对试验指标的影响从大到小的顺序为土仓压力＞掘进速度＞壁后注浆压力；对掘进参数对最大弯矩值的影响进行分析，各列对试验指标的影响从大到小的顺序为土仓压力＞壁后注浆压力＞掘进速度。根据极差大小列出的各指标下的因素主次顺序及优化水平组合确定见表8.8。

表8.8 极差分析各指标下的因素主次顺序及优化水平组合

试验指标	主次顺序	优化水平组合
最大沉降值	CBA	$C_3B_3A_1$
最大弯矩值	CAB	$C_3B_3A_1$

表中 A、B、C 分别代表壁后注浆压力、掘进速度、土仓压力。

通过对试验数据的极差分析，盾构参数的优化水平组合最终确定为：土仓压力1.8bar，掘进速度40mm/min，壁后注浆压力0.3MPa。

8.3.5.2 方差分析方法

（1）总的离差平方和的计算
试验指标的加和值：

$$T = \sum_{i=1}^{n} y_i \tag{8.65}$$

试验指标的平均值：

$$\bar{y} = \frac{1}{n} \sum_{i=1}^{n} y_i \tag{8.66}$$

总的离差平方和：

$$S_T = \sum_{j=1}^{N} (y_i - \overline{y})^2 \tag{8.67}$$

其中，N 为试验的总次数。

（2）不同因素离差平方和的计算

以第 j 列为例：

$$S_j = k_j \left(\frac{\mathrm{I}_j}{k_j} - \overline{y}\right)^2 + k_j \left(\frac{\mathrm{II}_j}{k_j} - \overline{y}\right)^2 + k_j \left(\frac{\mathrm{III}_j}{k_j} - \overline{y}\right)^2 + \cdots \tag{8.68}$$

以上各符号的含义及公式的计算方法与极差法相同。

（3）选用 F 统计量，计算各个因素的 F 值，用过 F 分布数值表做显著性检验

根据以上计算步骤，对本次正交试验结果进行方差分析，结果见表 8.9～表 8.11。

表 8.9 正交试验结果及方差分析表

试验编号	注浆压力 A/MPa	掘进速度 B/(mm/min)	土仓压力 C/bar	因素 4 e	最大沉降值 /mm	最大弯矩值 /(kN·m)
1	0.3	20	1.2	1	33.293	161.27
2	0.3	30	1.5	2	23.878	105.88
3	0.3	40	1.8	3	15.59	94.76
4	0.4	20	1.5	3	20.466	111.27
5	0.4	30	1.8	1	16.392	89.79
6	0.4	40	1.2	2	32.448	172.79
7	0.5	20	1.8	2	18.098	92.33
8	0.5	30	1.2	3	28.03	168.74
9	0.5	40	1.5	1	22.726	92.75
I_1	72.761	71.857	93.771	72.411		
I_2	69.306	68.3	67.07	74.424	$T=210.921$	最大沉降值
I_3	68.854	70.764	50.08	64.086	$S_T=348.6737$	
I_1^2	5294.163	5163.428	8793	5243.353		
I_2^2	4803.322	4664.89	4498.385	5538.932		
I_3^2	4740.873	5007.544	2508.006	4107.015		
S	3.045109	2.213133	323.3897	20.02578		
I_1	357.91	364.87	502.8	360.31		
I_2	373.85	364.41	326.4	371	$T=1102.08$	最大弯矩值
I_3	370.32	372.8	272.88	370.77	$S_T=9335.8154$	
I_1^2	128099.6	133130.1	252807.8	129823.3		
I_2^2	139763.8	132794.6	106537	137641		
I_3^2	137136.9	138979.8	74463.49	137470.4		
S	46.72807	14.83207	9649.395	24.86007		

表 8.10　最大位移方差分析表

来源	离差平方和	自由度	均方离差	F 值	F_a
A	3.045108667	2	1.522554	0.152059	$F_{0.05}$（2，2）=19
B	2.213132667	2	1.106566	0.110514	$F_{0.01}$（2，2）=99
C	323.3896647	2	161.6948	16.14867	
e	20.025782	2	10.01289		
总和	348.6737	8			

表 8.11　最大弯矩方差分析表

来源	离差平方和	自由度	均方离差	F 值	F_a
A	46.72807	2	23.36403	1.879644	$F_{0.05}$（2，2）=19
B	14.83207	2	7.416033	0.596622	$F_{0.01}$（2，2）=99
C	9649.395	2	4824.698	388.1484	
e	24.86007	2	12.43003		
总和	9735.815	8			

由表 8.9 至表 8.11 可知，选用 F 统计量作为假设检验的指标。对于最大位移的检验结果，注浆压力、盾构推力、土仓压力的 F 值分别为 0.152059、0.110514、16.14867，均小于 $F_{0.05}$（2，2），但相对注浆压力和盾构推力而言，土仓压力对试验结果影响的显著性明显要高；对于最大弯矩的检验结果，注浆压力、盾构推力、土仓压力的 F 值分别为 1.879644、0.596622、388.1484，土仓压力的 $F > F_{0.05}$（2，2）且 $F > F_{0.01}$（2，2），注浆压力和盾构推力反之。综合对两个试验结果的检验可知，土仓压力对于盾构区间土体沉降和管片弯矩的影响较为显著，注浆压力和盾构推力对于盾构区间土体沉降和管片弯矩的影响不显著。

本节主要介绍了正交试验设计的方法和两个重要步骤，通过选取掌子面土仓压力、壁后注浆压力和掘进速度三个重要的盾构参数作为正交试验的因素，通过已有的计算，设置每个因素为三个水平，利用正交表对三个主要掘进参数进行正交试验设计。把正交试验设计的九个分组作为模拟的九个工况，应用 FLAC 3D 软件，分别对不同因素的不同水平组合进行数值模拟，最后通过极差分析和方差分析确定参数的最优组合。分析结果表明，盾构参数的优化水平组合为：土仓压力 1.8bar、掘进速度 40mm/min、壁后注浆压力 0.3MPa。土仓压力对于盾构区间土体沉降和管片弯矩的影响较为显著，注浆压力和盾构推力对于盾构区间土体沉降和管片弯矩的影响不显著。

8.4　本章小结

本章推导了渗流场的控制方程及定解方程，并依据渗流场与应力场相互影响的机理，推导得到应力场-渗流场耦合方程。基于盾构区间隧道现场情况，通过 FLAC3D 建立了盾构隧道开挖的数值模型,分析得到以下结论。

(1) 由于盾构掘进开挖对隧道周边土体的扰动作用以及渗流作用的共同影响,隧道周边土体的应力场发生了显著变化。双线隧道周围竖向应力场呈现漏斗状分布,盾构开挖掘进对隧道周围土体的影响范围随着盾构机的掘进逐渐扩大。

(2) 左线隧道开挖完成后最大地表沉降为 14.0mm,出现在左线隧道正上方。双线盾构开挖完成后,地表最大沉降值为 27.9mm。当盾构机距离开挖面 10m 左右位置该截面上的地表点开始出现沉降,至盾构机远离该截面 12m 的位置,此范围内地表点的沉降占据了曲线中绝大部分的地表沉降,隧道开挖的横向影响范围为 3 倍隧道直径。

(3) 隧道开挖导致地下水损失,形成隧道远方地下水向隧道临空面的渗流,地层渗流场呈漏斗状分布。在隧道开挖面附近孔隙水压力等值线较为密集,孔隙水压力变化较大。隧道开挖过程中隧道周边孔隙水压力经历了一个先迅速下降再缓慢抬升的过程。

(4) 阐述了地表及管片监测点布设原则及监测情况,对地表点的沉降、管片水平位移及管片的隆起沉降进行了分析,双线隧道开挖完成后各断面最大沉降值主要分布在 23~27mm 范围内,最大沉降点分布在两隧道中心偏右的位置。管片的水平位移、竖向位移最终变化均在 10mm 以内,在施工过后最初几天位移波动变化较大,而后由于管片的支撑作用,位移变化逐渐趋于稳定。

(5) 渗流作用下隧道周边竖向应力较大,土体水平位移数值较大,影响范围更广。不考虑流固耦合的最大水平位移为 16.9mm,而考虑流固耦合的最大水平变形为 21.7mm。水平位移主要分布在隧道两侧位置,呈耳朵状。不考虑流固耦合作用的双线隧道开挖沉降为 17.1mm,考虑流固耦合作用的最大地表沉降为 27.9mm,考虑流固耦合情况下模拟结果与监测结果相差较小。所以,在富水地区进行隧道施工模拟时考虑流固耦合时是必要的。

(6) 土层渗透系数及管片防水系数与地表沉降有关。土层渗透系数越小、地下水渗流作用则越弱,产生的地表沉降也相对较小。隧道位于黏土层时产生的地表沉降主要是地层损失导致的,而在砂岩层中地下水渗流导致了较大的沉降。管片防水性较差,无法对地下水渗流产生阻隔作用,则产生的地表沉降较大。因此应注意管片接口处的防水并及时进行壁后注浆,从而减缓地下水渗流。

(7) 把正交试验设计的九个分组作为模拟的九个工况,应用 FLAC3D 软件,分别对不同因素的不同水平组合进行数值模拟,最后通过极差分析和方差分析确定参数的最优组合。分析结果表明,盾构参数的优化水平组合为:土仓压力 1.8bar、掘进速度 40mm/min、壁后注浆压力 0.3MPa。土仓压力对于盾构区间土体沉降和管片弯矩的影响较为显著,注浆压力和盾构推力对于盾构区间土体沉降和管片弯矩的影响不显著。

9

盾构接收端土体温度场演化规律及影响

盾构接收是盾构施工中的重点部分,也是极易发生安全事故的关键环节。因此,选择合理的端头加固方式是盾构隧道安全施工的重要保证。人工冻结法作为一种适应性强、加固形状灵活、止水性能好的绿色施工技术,在盾构接收端土体加固过程中具有较高的可靠性和安全性。本章针对区间隧道接收端冻结工程,综合采用理论计算、室内试验、数值模拟和现场监测等手段,系统地研究了特殊富水砂性地层盾构接收端水平杯形冻结壁的温度场演化规律。

9.1 盾构接收端冻结方案及土层冻融试验

9.1.1 盾构接收端冻结方案

关于盾构接收端土体加固稳定的研究,通常采用强度理论进行计算。盾构施工区间隧道中心埋深为 14.3m,洞门开挖直径为 6.7m。

（1）板块强度分析

利用人工水平冻结技术加固接收端地层时,通常采用板块理论分析板块区域冻结壁受力情况。取冻土单轴抗压强度 4.0MPa,冻土极限抗拉强度一般为单轴抗压强度的 10%～15%,假定冻土具有较低抗拉强度,按 10%考虑,则 $\sigma_t = 0.4$MPa。日本化学注浆协会规范视加固土体为整体板块,采用弹性薄板理论简化了水土合力,进而计算加固厚度 h,见式（9.1）:

$$h = \left[\frac{K_0 \beta p D^2}{4\sigma_t}\right]^{\frac{1}{2}} \tag{9.1}$$

式中,h 为加固体厚度（m）；p 为封门中心处的水土合力（kPa）；D 为封门直径（m）；σ_t 为冻土极限抗拉强度（kPa）；K_0 为安全系数,取 1.5～2.0；β 为计算系数,取 1.2。

由板块强度计算公式整理可得:

$$K_0 = \frac{4\sigma_t h^2}{\beta D^2} \cdot \frac{1}{p} \tag{9.2}$$

根据朗肯土压力公式,计算接收端洞门中心处的水土压力为 0.199MPa,板块强度验算结果见表 9.1。

表 9.1 板块强度验算结果

水土压力 p/MPa	开挖直径 D/m	系数 β	加固体厚度 h/m	抗拉强度 σ_t/MPa	安全系数 K_0
0.199	6.7	1.2	3.5	0.4	1.83

由此可知，加固体厚度越大，洞门直径越小，维持洞门板块稳定性的安全系数越大。洞门开挖直径为 6.7m 时，为了保证安全系数不低于 1.5，加固体的厚度为 3.17m 能够满足要求，表 9.2 中所列为加固体厚度变化时的安全系数情况。

表 9.2 加固体厚度变化时的安全系数情况

开挖直径 D/m	加固体厚度 h/m					
	2	2.5	3	3.17	3.5	4
6.0	0.74	1.16	1.68	1.87	2.28	2.98
6.7	0.57	0.93	1.34	1.50	1.83	2.39
7.0	0.55	0.85	1.23	1.37	1.68	2.19

为了确定土体加固长度的安全性，采用如图 9.1 所示的理论模型进行验算。

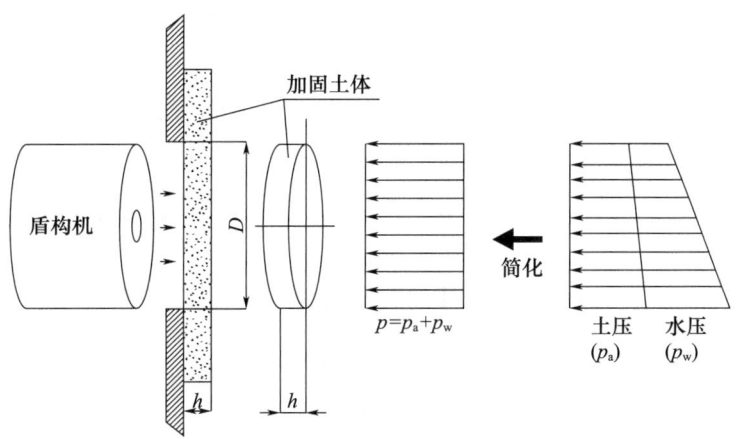

图 9.1 板块理论计算模型

视接收端加固土体为周边简支的圆形薄板，将侧向水土压力简化为均布荷载，薄板中心处在荷载作用下的最大弯曲应力采用式（9.3）验算，支座最大剪切应力采用式（9.4）验算。

$$\sigma_{max}=\frac{p\times(D/2)^2}{16}(3+\mu)\frac{6}{h^2}\leqslant\frac{\sigma_t}{K_1} \quad (9.3)$$

$$\tau_{max}=\frac{pD}{4h}\leqslant\frac{\tau_c}{K_2} \quad (9.4)$$

式中，σ_{max} 为加固土体最大弯曲应力（MPa）；τ_{max} 为加固土体最大剪切应力（MPa）；K_1 为最大弯曲应力的计算安全系数；K_2 为最大剪切应力的计算安全系数。

最大弯曲应力和最大剪切应力验算结果见表 9.3 和表 9.4。

表9.3　最大弯曲应力验算结果

水土压力 p /MPa	开挖直径 D/m	泊松比 μ	加固体厚度 h/m	最大弯曲应力 σ_{max}/MPa	抗拉强度 σ_t/MPa	安全系数 K_1
0.199	6.7	0.25	3.5	0.22	0.4	1.81

表9.4　最大剪切应力验算结果

水土压力 p/MPa	开挖直径 D/m	泊松比 μ	加固体厚度 h/m	最大剪切应力 τ_{max}/MPa	抗剪强度 τ_c/MPa	安全系数 K_2
0.199	6.7	0.25	3.5	0.10	1.5	15.0

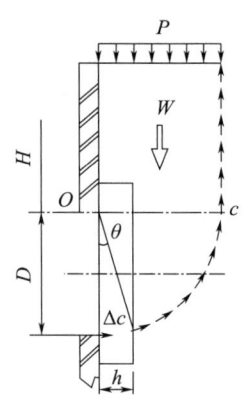

图9.2　滑移失稳理论计算模型

(2) 土体的滑移失稳计算

盾构隧道埋深和直径不同，土体的滑移模式也存在差异。目前国内大多采用滑移失稳理论计算模型验证土体的稳定性，如图9.2所示。

加固土体受地面荷载和上覆土体的共同作用下，可能会沿着以地下连续墙洞门上顶点为中心，洞门直径为半径的滑动面向接收井滑移。引起加固土体的下滑力矩见式（9.5）：

$$M = M_1 + M_2 + M_3 \tag{9.5}$$

式中，M_1 为地表荷载引起的下滑力矩（kN·m），$M_1 = \dfrac{PD_1^2}{2}$；M_2 为上覆土层自重引起的下滑力矩（kN·m），$M_2 = \gamma H_0 \dfrac{D_1^2}{2}$；$M_3$ 为滑移圆环内侧土体的下滑力矩（kN·m），$M_3 = \gamma \dfrac{D_1^3}{3}$。

经计算，由地表荷载引起加固土体的下滑力矩为：

$$M_1 = PD^2/2 = 0$$

滑移线土体的重度取平均值为：

$$\gamma = \dfrac{1.15 \times 19.4 + 2.2 \times 19.7 + 3.35 \times 19.8}{6.7} = 19.70 \text{kN/m}^3$$

上覆土体引起加固土体的下滑力矩为：

$$M_2 = \gamma H \dfrac{D^2}{2} = 19.70 \times 10.95 \times \dfrac{6.7^2}{2} = 4841.72 \text{kN·m}$$

滑移线的土体下滑力矩为：

$$M_3 = \gamma \dfrac{D^3}{3} = 19.70 \times \dfrac{6.7^3}{3} = 1975.01 \text{kN·m}$$

所以引起土体的下滑力矩为

$$M = M_1 + M_2 + M_3 = 6816.73 \text{kN·m}$$

抵抗土体下滑力矩利用式（9.6）进行计算：

$$M_d = M_r + \Delta M_r \tag{9.6}$$

式中，M_r 为土体未加固的抵抗力矩（kN·m），$M_r = \frac{1}{2}c\pi D_1^2 + H_0 \cdot c \cdot D_1$；$\Delta M_r$ 为土体加固后增加的抵抗力矩（kN·m），$\Delta M_r = \Delta c \cdot \theta \cdot D_1^2$；$c$、$\Delta c$ 为加固前、后土体的黏聚力（kPa）；H_0 为上覆土体的高度（m）；P 为地面荷载（kN/m²）。

经计算，土体未加固的抵抗力矩为：

$$M_r = \frac{c\pi D^2}{2} + HcD = 3827.16 \text{kN·m}$$

取加固后土体黏聚力为 200kPa，则

$$\Delta M_r = \Delta c \cdot \theta \cdot D^2 = 8281.2 \text{kN·m}$$

所以抵抗土体下滑力矩为：

$$M_d = M_r + \Delta M_r = 12108.36 \text{kN·m}$$

加固土体的稳定条件为：

$$K_3 \cdot M = M_d \tag{9.7}$$

式中，K_3 为加固土体滑移稳定安全系数，可取为 1.5。

经计算加固土体滑移稳定安全系数为 $K_3 = 1.78$，大于 1.5，满足稳定性要求。

（3）土体扰动极限平衡理论

在盾构隧道开挖过程中，开挖面附近土体受到开挖扰动的作用，产生了一定范围的塑性变形区域，如图 9.3 所示。

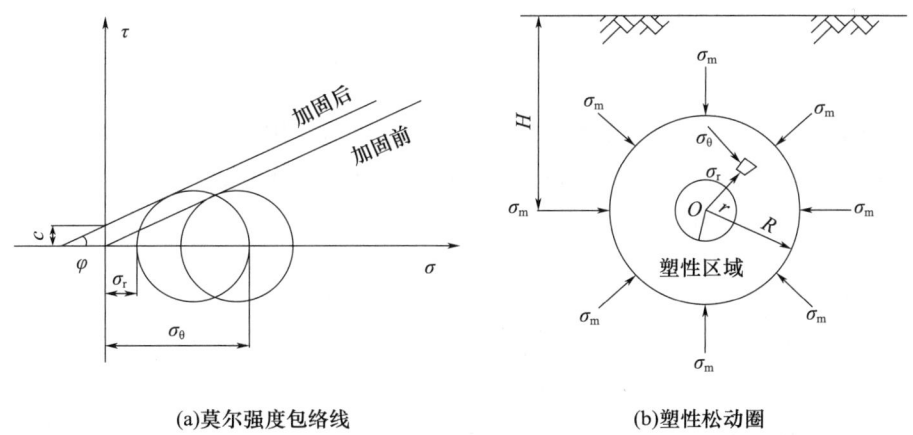

(a) 莫尔强度包络线　　　　(b) 塑性松动圈

图 9.3　扰动理论模型

结合莫尔强度理论和塑性松动圈理论，建立平衡方程表达式见式（9.8），边界条件见式：

$$\begin{cases} \sigma_\theta - \sigma_r = 2c \\ \dfrac{\partial \sigma_r}{\partial r} = \dfrac{(\sigma_\theta - \sigma_r)}{r} \end{cases} \tag{9.8}$$

$$\begin{cases} r = R, & \sigma_r = \sigma_m \\ r = a, & \sigma_r = 0 \end{cases} \tag{9.9}$$

将边界条件代入平衡方程，得

$$\ln R + \frac{R\gamma_t}{2c} = \frac{H\gamma_t}{2c} + \ln a \tag{9.10}$$

式中，R 为隧道中心到塑性范围外侧的距离（m）；γ_t 为隧道上覆土体的平均容重（kN/m³）；H 为到隧道中心的覆土深度（m）；a 为盾构机半径（m）。

由式（9.10）可求得 R，则洞周上部加固土体的厚度为 $R-a$。

根据朗肯土压力理论和塑性松动圈主应力分布特点，接收端土体加固宽度为 $\pi/4+\varphi/2$ 破坏线与土体塑性松动圈相交的投影距离，如图9.4所示。

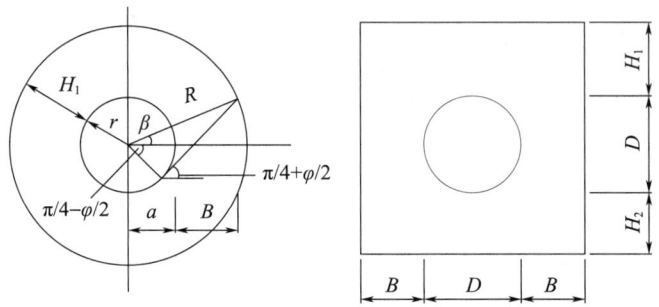

图 9.4 塑性区与加固土体的宽度

由图9.4可知，β 和 B 分别由式（9.11）和式（9.12）求得

$$\beta = \arccos\left(\frac{a}{a+H_1}\right) - \left(\frac{\pi}{4} - \frac{\varphi}{2}\right) \tag{9.11}$$

$$B = (a+H_1)\cos\beta - a \tag{9.12}$$

式中，H_1 为洞门上部加固土体厚度（m）；B 为洞门两侧加固土体宽度（m）。

根据盾构机半径 $a=3.10$m，可得隧道中心到塑性区外侧距离为 $R=4.83$m，则洞周上部加固土体的厚度为

$$H_1 = 2.25\text{m}$$

$$\beta = \arccos\left(\frac{a}{a+H_1}\right) - \left(\frac{\pi}{4} - \frac{\varphi}{2}\right) = 24.58°$$

$$B = (a+H_1) \cdot \cos\beta - a = 1.77\text{m}$$

盾构接收端横向加固长度主要起到隔绝地下水和加固地层的作用，根据国内盾构隧道接收端加固经验，土体横向加固宽度见表9.5。在设计方案时，综合考虑理论计算结果与工程经验，在两者之间选取较保守的加固范围。

表 9.5 土体横向加固宽度

D/m	$1.0 \leqslant D \leqslant 3.0$	$3.0 \leqslant D \leqslant 5.0$	$5.0 \leqslant D \leqslant 8.0$	$8.0 \leqslant D \leqslant 12.0$	$12.0 \leqslant D \leqslant 15.0$
B/m	1.0	1.5	2.0	2.5	3.0
H_1/m	1.5	2.0	2.5	3.0	3.5
H_2/m	1.0	1.0	1.5	2.0	3.0

9.1.2 冻融土试验测试

9.1.2.1 冻土的组成及形成过程

冻土是由矿物颗粒、冰、未冻水和气体等组成的复杂多相体系，上述各相成分之间相互影响、相互联系，加上外部环境的影响决定了冻土的整体性质。

固体矿物颗粒对冻土的物理力学性质起到决定性的作用。矿物颗粒的形状和大小、矿物成分、连接方式以及其表面吸附的阳离子性质等是影响冻土物理力学特性的重要因素。固态水（冰）是构成冻土的必要组成成分，其被称为单矿物低温水化岩石，为六边形结晶体，具有明显的各向异性。在平行主光轴方向，冰的流变性非常小，往往未考虑其受荷载作用下的弹性变形。在垂直主光轴方向，冰的黏塑性变形（流动变形）较大。冻土是一种对温度十分敏感且性质不稳定的特殊土体，因此，冻土的物理力学性质与温度具有极强的联系。冻土中一般存在两种状态的液相水：第一种是弱结合状态，可以通过降低温度的方式发生相变，可转化为冰；第二种是强结合状态，往往存在于矿物颗粒的表面，由于冻土内部一些矿物颗粒具有过剩活化能，其表面具有很强与水相互作用的能力，在温度较低的环境下，这部分水也不会冻结为冰。在不同种类的土体中，未冻水的含量也存在明显的差异性。气相物质是冻土的主要气态成分，随着温度的改变，水汽和空气会在弹性较高处与弹性较低处之间转移，在非饱和土体的冻结过程中，水汽对土温变化和水分重分布具有重要影响。空气可以造成冻土的孔隙性，而且当存在封闭气泡时，空气可以增大土体的弹性。

冻土形成的实质是土体中的液态水受冷量影响，由液态转变为固态，使结合松散的矿物颗粒胶结成一个整体，其物理性质和力学性质均发生质的改变，同时会消耗大量冷量。土体温度随时间变化关系如图 9.5 所示，冻土形成过程包括以下五个发展时期：

（1）冷却期（AB 段）

冻结初期向土层提供冷量，土体随着温度的降低逐渐到达起始冻结温度，此时尚未观察到冰晶的形成。

（2）过冷期（BC 段）

土体温度低于冰点以下，但自由水仍未生成冰晶，主要与热传导平衡有关，产生明显的过冷现象。

（3）温度突增期（CD 段）

水经过过冷期后，部分未冻水结冰，释放出大量的潜热，出现升温现象，温度以较快的速率升温至起始冻结温度。

（4）稳定冻结期（DE 段）

当温度升高至起始冻结温度后，供冷量被土体释放潜热量平衡，土体温度呈"平台"状发展，此时，土体中的水冻结成结晶冰，原状土逐渐形成冻土。

(5) 冻土降温期（EF 段）

温度随着时间的变化继续降低，冻土强度和冻结范围随之提高，随着继续提供冷量，温度进一步降低。

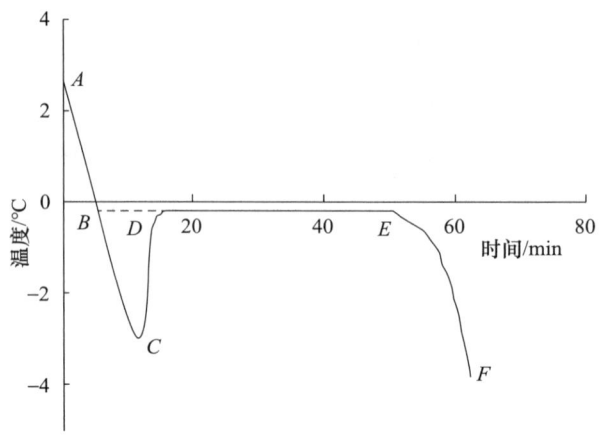

图 9.5　土体温度随时间变化关系

9.1.2.2　常规土工试验研究

试验所用样品取自盾构施工区间接收端洞口范围的土体，分别进行了含水率、密度、相对密度和颗粒分析等常规土工试验。

(1) 含水率试验

该试验采用烘干法测量含水率，粉质黏土取 20g，细砂、中砂各取 50g，将试样分别放在恒定质量盒中进行称重。称重完成后，将试样放入高温烘箱中，烘干 8h 后，将试样放入干燥器冷却至室温，再次测量试样的质量。原状土含水率通过式（9.13）进行计算：

$$\omega = \left(\frac{m_0}{m_d} - 1\right) \times 100 \tag{9.13}$$

式中，ω 为含水率（%）；m_0 为天然湿土质量（g）；m_d 为干土质量（g）。

(2) 密度试验

该试验采用环刀法测量试样密度，试验步骤：将环型刀放在土样上，沿垂直方向下压环刀，直至土柱高出环刀上端口一定距离为止。用尺子将环形刀两端残余土体削去并修平，将环形刀外侧擦拭干净，测量土体和环形刀的质量。土体密度和干密度的计算公式分别见式（9.14）和式（9.15）。

$$\rho = \frac{m_0}{V} \tag{9.14}$$

$$\rho_d = \frac{\rho}{1 + 0.01\omega} \tag{9.15}$$

式中，m_0 为天然湿土质量（g）；ρ 为试样的湿密度（g/cm³）；ρ_d 为试样的干密度（g/cm³）；V 为环刀容积（cm³）。

(3) 相对密度试验

该试验采用相对密度瓶法，试验之前需要校准相对密度瓶，绘制相对密度瓶和水的质量随温度变化曲线。具体步骤为：取 15g 烘干后的土样放入瓶中，将纯水注入至瓶的中线刻度处，然后将瓶放在砂浴上煮沸 1h，继续向相对密度瓶注水至最高刻度线位置，然后将残留水擦拭干净，称量相对密度瓶、水和土样的总体质量并测定此刻水的温度。根据瓶中水的温度，从校准试验中查找该温度下相对密度瓶和纯水的质量，土样相对密度计算见式 (9.16)。

$$G_a = \frac{m_d}{m_{bw} + m_d - m_{bws}} G_{wT} \quad (9.16)$$

式中，m_{bw} 为相对密度瓶、水总质量 (g)；m_{bws} 为相对密度瓶、水、干土总质量 (g)；G_{wT} 为 $T℃$ 时纯水的相对密度 (g/cm³)；G_a 为土样相对密度 (g/cm³)。

通过整理试验数据，各土层土工试验结果见表 9.6。

表 9.6 土工试验结果

土层编号	取样深度 h/m	含水率 $w/\%$	天然密度 $\rho/(g/cm^3)$	干密度 $\rho_d/(g/cm^3)$	相对密度 $\rho_s/(g/cm^3)$	土质
2-1-1	8.0～8.2	23.3	1.94	1.57	2.77	粉质黏土
2-4-3	12.2～12.4	17.8	1.97	1.67	2.72	细砂
2-4	14.4～14.6	12.3	1.98	1.76	2.65	中砂

(4) 颗粒分析试验

由于现场所取得试样土颗粒粗细不均匀，因此该试验同时采用筛析法和移液管法进行颗粒分析试验。首先将试样在 110℃ 温度下烘至恒重，取出试样进行充分研散，将研散后的试样倒入从上到下依次叠好的 2mm、0.5mm、0.25mm、0.075mm 筛径的最上层筛中，为了测量准确，在最下层试验筛下放一张白纸，用于收集小于 0.075mm 粒径的土颗粒，使用振筛机震动摇晃 15min。然后从上到下的顺序依次取下试验筛，分别测量各试验筛试样的质量。在量筒中制取小于 0.075mm 粒径土颗粒悬液，利用恒温水槽测定量筒中土颗粒悬液的温度。然后分别推算小于 0.075mm 和 0.005mm 土颗粒粒径需要静置的时间，根据推算的粒径静置时间，获得两种粒径的悬液，将其放入温度设置为 110℃ 的烘箱中，烘干至恒量，最后分别测量两种粒径的干土质量，土体粒径分析结果见表 9.7，试验示意如图 9.6 所示，土体粒径累积曲线如图 9.7 所示。

表 9.7 土体粒径分析结果

土层编号	颗粒分析/%						
	>2.00	0.50～2.00	0.25～0.50	0.075～0.25	<0.075	0.005～0.075	<0.005
2-1-1	—	—	—	—	—	73.8	26.2
2-4-3	12.2	25.3	36.1	21.1	5.3	—	—
2-4	11.3	14.2	20.4	52.6	1.5	—	—

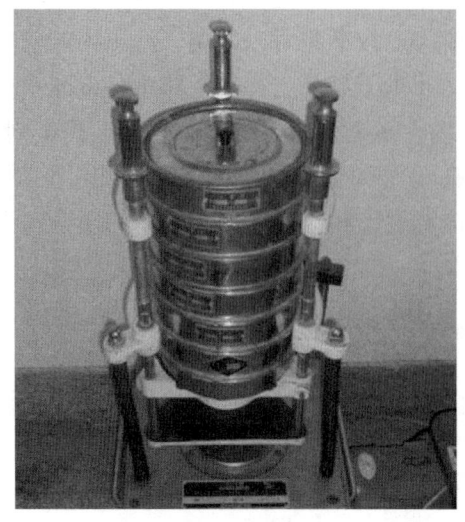 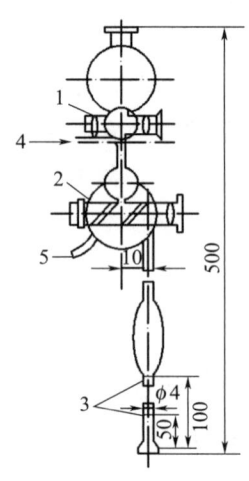

(a)筛析法示意图　　　　　　(b)移液管法示意图(单位：mm)

图 9.6　颗粒分析试验示意

1—二通阀；2—三通阀；3—移液管；4—接吸球；5—放流口

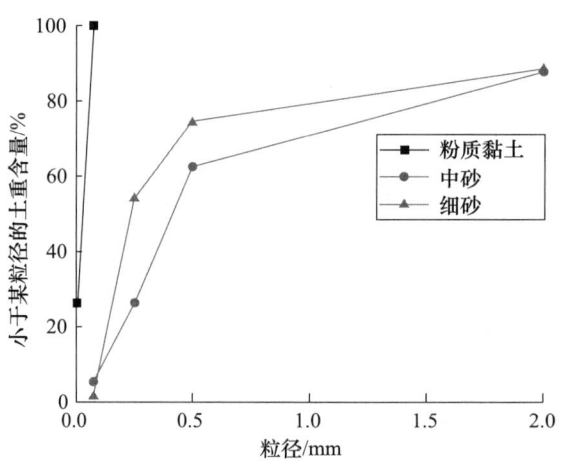

图 9.7　土体粒径累积曲线

根据式（9.17）和式（9.18），分别计算 C_c 和 C_u，两种系数的计算结果见表 9.8。

$$C_u=\frac{d_{60}}{d_{10}} \tag{9.17}$$

式中，C_u 为不均匀系数；d_{60} 为限制粒径，表示通过量为 60% 对应的试验筛筛径（mm）；d_{10} 为有效粒径，表示通过量为 10% 对应的试验筛筛径（mm）。

$$C_c=\frac{d_{30}^2}{d_{60}d_{10}} \tag{9.18}$$

式中，C_c 为曲率系数；d_{30} 为表示通过量为 30% 对应的试验筛筛径（mm）。

表9.8 土体不均匀系数 C_u 与曲率系数 C_c 的计算结果

土层编号	d_{10}/mm	d_{30}/mm	d_{60}/mm	C_u	C_c	土质
2-1-1	—	0.009	0.374	—	—	粉质黏土
2-4-3	0.132	0.273	0.465	3.523	1.214	细砂
2-4	0.089	0.138	0.294	3.303	0.728	中砂

在一般情况下，计算结果同时满足 $C_u \geqslant 5$ 和 $C_c=1 \sim 3$，说明土体属于良好级配，通过计算盾构施工区间接收端土体的两个指标，得出三种土体的土颗粒较均匀，粒径粒度差异性小，属于级配不良，说明接收端的土体密实度较差，地基土的强度和稳定性较差，具有较大的透水性和可压缩性。

9.1.2.3 起始冻结温度试验

土体起始冻结温度是指土体内所含自由水降温至冰点的温度，它是判断土体是否达到冻结状态的指标，同时是确定人工冻结壁平均温度和有效厚度的重要依据。标准大气压下纯净自由水在0℃时会结成冰，但土体中的自由水溶解了可溶盐以及土体固态颗粒表面能的影响，致使其冰点降低，因此，在判断冻结壁有效厚度时不能以0℃作为判断标准。

起始冻结温度试验设备包括多通道转换箱、数据采集系统以及恒温循环水浴槽。起始冻结温度试验示意如图9.8所示，水浴槽采用XT5218-B8型号；数据采集系统采用DataTaker采集仪；盛放土样的容器采用 ϕ30mm×50mm规格试验杯。

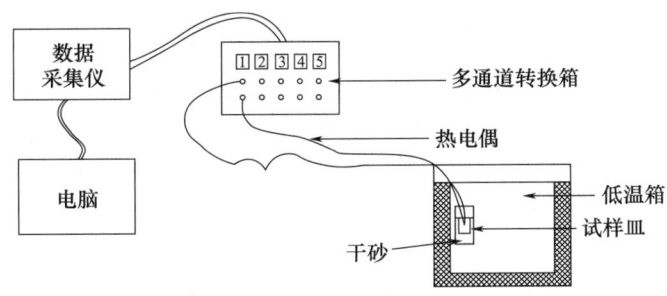

图9.8 起始冻结温度试验示意

起始冻结温度试验包括热电偶制作与标定、试验准备、装样以及数据采集等四个步骤。

(1) 热电偶制作与标定

由于铜-康铜热电偶具有稳定可靠、价格便宜和灵敏性能强等优势在冻结工程中发挥了重要作用，因此该试验采用热电偶测温法。首先制作铜-康铜热电偶进行冷端温度补偿标定，在整个试验过程中，以测量电势为基础，通过采集系统全过程采集热电偶的多个连续温度信号，以获取土体降温曲线和起始冻结温度值。

(2) 试样准备

试验土样取自盾构施工区间接收端洞门范围的土层，包括粉质黏土和砂性土层。首先，将土样放在烘箱中烘干3h，然后充分研散土样，再次在110℃下烘干8h，利用干燥器将土样冷却至室温。利用上述准备好的样品，根据含水质量和土体质量进行制备重塑土样。

（3）装样

将已制备好土样调均匀后装入试验杯中，并用轻型击锤进行击实，将测温装置插入试验杯中心位置，将试验杯和土样放在底部含有适量干砂的塑料杯内，在塑料杯添加干砂至掩埋试验杯为止，将塑料杯放入高低温两用循环水浴槽进行试验。

（4）数据采集

利用 DataTaker 采集仪进行数据采集，以电势测量为基础，全过程采集热电偶温度连续信号，设置每10s自动采集数据一次，以获得土体降温时温度-时间曲线及土体起始冻结温度值。不同土体冻结过程曲线如图9.9所示，不同土层冻结温度见表9.9。

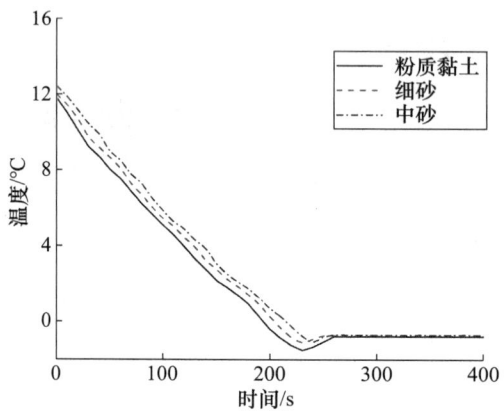

图9.9 不同土体冻结过程曲线

表9.9 不同土体起始冻结温度

土层编号	冻结温度/℃	土质
2-1-1	−0.80	粉质黏土
2-4-3	−0.76	细砂
2-4	−0.71	中砂

9.1.2.4 冻融土的热物理试验研究

冻融土包括导热系数、比热容、导温系数和热容量等热学重要指标，此外，对于冻融相变的土体，采用相变潜热指标进行描述。

（1）导热系数

导热系数是单位时间内通过单位面积的热量与温度梯度的比值，用 λ 表示，是反映物质对热量传递快慢的指标，见式（9.19）：

$$\lambda = \frac{Q}{A} \frac{\mathrm{d}x}{\mathrm{d}T} \tag{9.19}$$

式中，λ 为导热系数 [kJ/(m·d·℃)]；Q 为热量（W）；A 为传热面积（m²）；x 为导热面上的坐标（m）；T 为温度（℃）。

土体的固体颗粒、含水率、温度和密度等因素均对导热系数的大小有不同的影响。土的干密度对导热系数的影响较为显著，土体的干密度越大，导热系数越大。当土体的干密度不发生变化时，含水率决定了传热性能，随着土体含水率的增加，导热系数同样呈现增大的趋势。导热系数随着温度的降低而增大，但是整体增大效果不明显。在现场工程中，往往不考虑温度对导热系数的影响，一般采用平均值进行计算。

（2）比热容

土体的组成成分和比例决定了比热容的大小，比热容分为质量比热容和容积比热容，质量比热容是指1kg土体的温度改变1K所需要吸收或放出的热量。通常不考虑气体成分时，按土体的各组成成分的平均值进行计算，见式（9.20）：

$$C_M = \frac{C_p + (w - w_u) C_i + w_u C_w}{1 + w} \tag{9.20}$$

式中，C_M为冻土质量比热[kJ/(kg·K)]；w为土中总含水率（％）；w_u为未冻水含量（％）；C_p、C_i、C_w为固体颗粒、冰和未冻水质量比热[kJ/(kg·K)]。

由于土、冰、水的比热均与温度有关，因此，由它们组成冻土的比热容也随着温度发生变化，一般在实际工程中常取平均比热容，即冻土在温度发生变化时吸收或放出热量的总值与温度变化量之比。

容积比热容（C_V）是指1m³土体的温度变化1K吸收或放出的热量。由式（9.21）计算：

$$C_v = \rho_s \frac{C_p + (w - w_u) C_i + w_u C_w}{1 + w} \tag{9.21}$$

式中，C_v为冻土容积比热容[kJ/(m³·K)]；ρ_s为冻土干密度（kg/m³），一般取1300～1700kg/m³。

本试验基于瞬态平面热源法，进行重塑冻融土样的导热系数和比热容等热物理参数测试，测量系统采用Hot Disk TPS2500s热常数分析仪，如图9.10所示。

图9.10　热常数分析仪

如图 9.11 和图 9.12 所示,该装置的主要配件包括聚酰亚胺覆膜温度探头、样品固定支架,其中,测温探头核心元件由相对较高热系数和电阻的镍丝形成双螺旋结构的金属薄片,并用双层聚酰亚胺绝缘薄膜封装,可连接导线方便测量;样品固定支架包括不锈钢支架和圆筒抛光盖,起到固定试样的作用。

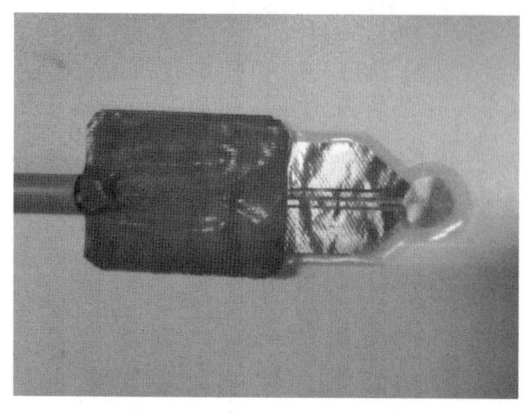
图 9.11 Kapton 覆膜温度探头

图 9.12 样品固定支架

如图 9.13 所示为制作完成的标准试样。现场取回的原状土放在烘箱温度设置在 110℃ 的环境下进行烘干。取出烘箱内的土样,用喷雾法加湿至预定含水率,在真空袋中静置 24h,测量土样含水率。若含水率尚未达到预定含水率,对土样进行二次加湿,直至土样含水率与预定含水率测量误差小于 1%。采用静力压实法将含水率合格的土样压制成略大于标准尺寸规格的试样,利用环形刀将试样统一制作成 $\Phi 61.8mm \times 20mm$ 的标准试样。

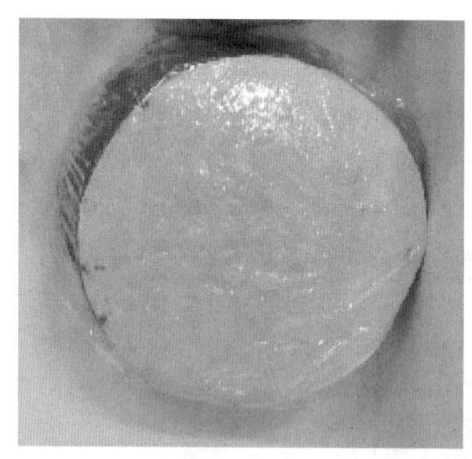
(a) 融土试样

(b) 冻土试样

图 9.13 冻融土试样

依据试验规划,在室温下,首先测试融土试样的热导率,测试完成后,将试样放入 −10℃ 以下低温试验箱进行冷冻,冷冻时间不小于 1d。取出试样,将其放在固定支架上进行测试,首先通过所选取探头的型号调整仪器的加热功率和测试时间,调试时间可以先固定为 5s,调试完成后,测试结果应能满足温度漂移水平离散分布,如图 9.14 所示。若测试满足总体温升为 2~5K,总体比上特征时间为 0.33~1,平均偏差为 10^{-4} 及以下,探测深度为输入可探测深度范围内的要求,则开始进行热物理参数测试,每个试样测试两次,测试时间间隔设置为 5min。热物理参数的试验结果为两次试验的平均值,如图 9.15 所示为低温试验箱,土层热物理参数见表 9.10。

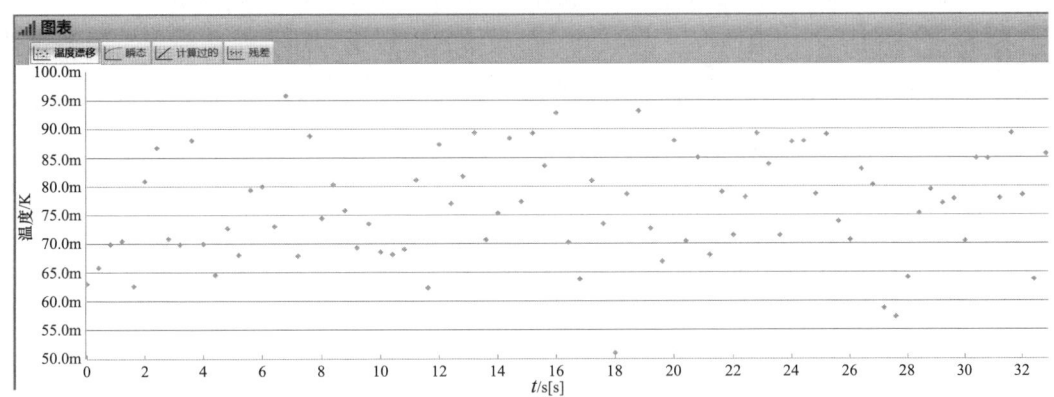

图 9.14 温度漂移图

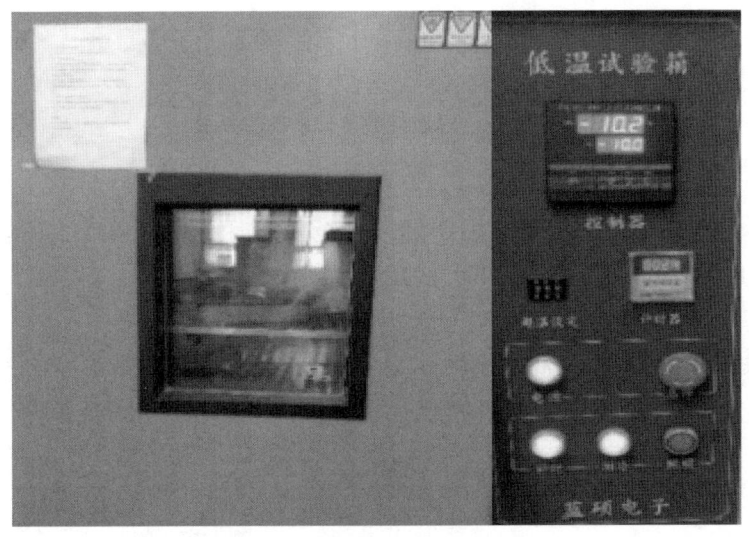

图 9.15 低温试验箱

表 9.10 土层热物理参数

土层编号	热导率/[kJ/(m·d·℃)]		比热容/[kJ/(kg·℃)]		土质
	未冻土	冻土	未冻土	冻土	
2-1-1	102	161	1.56	1.54	粉质黏土
2-4-3	172	196	1.35	1.05	细砂
2-4	198	215	1.20	1.08	中砂

（3）导温系数

导温系数表征传导温度的能力，是指土中某一点受相邻点温度改变扰动时，调节自身传递温度变化的能力，它的大小受土体成分、含水率和密度等影响，由式（9.22）求得：

$$\alpha = \frac{\lambda}{C_M \rho_s} \tag{9.22}$$

式中，α 为冻土的导温系数（m^2/h）；C_M 为冻土质量比热容[$kJ/(kg \cdot K)$]。

如图 9.16 所示，一般情况下，在某一含水率界限以下，随含水率越大，导温系数越大，但当超过该界限后，导温系数会随含水率的增大而降低。

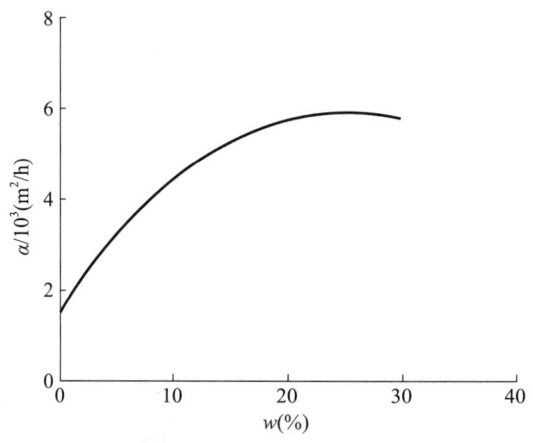

图 9.16　导温系数与含水率的关系

（4）冻土热容量

冻土热容量指单位体积土体从初始温度降至冰点时所释放或吸收的能量，用 Q 表示，单位为 kJ/m^3。可以用式（9.23）表示：

$$Q = Q_1 + Q_2 + Q_3 + Q_4 + Q_5 \tag{9.23}$$

式中，Q_1 为未冻水从 t_0 降至 t_d 放出的热量（kJ/m^3）；Q_2 为未冻水发生相变释放潜热（kJ/m^3）；Q_3 为冰从 t_d 降至 t 放出的热量（kJ/m^3）；Q_4 为未冻水从 t_d 降至 t 放出的热量（kJ/m^3）；Q_5 为土颗粒从 t_0 降至 t 放出的热量（kJ/m^3）。

其中：

$$Q_1 = w C_w (t_0 - t_d) \rho_w \tag{9.24}$$

式中，w 为含水率（%）；C_w 为未冻土中水的质量比热容[$kJ/(kg \cdot K)$]；ρ_w 为水的密度（kg/m^3）；t_0 为土的原始温度（℃）；t_d 为土体起始冻结温度（℃）。

$$Q_2 = (w - w_u) \Omega \rho_s \tag{9.25}$$

式中，Ω 为水的相变潜热（kJ/kg）。

$$Q_3 = (w - w_u) C_i \rho_i (t_d - t) \tag{9.26}$$

式中，ρ_i 为冰的密度（kg/m^3）；C_i 为固体冰的质量比热容[$kJ/(kg \cdot K)$]。

$$Q_5 = C_p \rho_s (t_0 - t) \tag{9.27}$$

式中，C_p 为土颗粒的质量比热容 [kJ/（kg·K）]。

(5) 相变潜热

相变潜热是指 $1m^3$ 土中自由水由液态水发生相变，转变为固态冰，所释放的热量。计算如式 (9.28)：

$$L = L_w \rho_d (w - w_u) \qquad (9.28)$$

式中，L 为单位容积土体结冰释放的潜热，即相变潜热（kJ/m^3）；L_w 为单位质量水的结冰潜热（kJ/kg），一般在工程中取值为 334.56kJ/kg；ρ_d 为土的干密度（kg/m^3）。

9.2 水平杯型冻结壁温度场演化规律

9.2.1 Abaqus 有限元软件简介

伴随着计算机硬件和软件的高速发展，数值模拟研究也获得了长足的进步，已广泛应用于各个领域。数值计算方法主要包括有限元法、离散元法和有限差分法等，通常被运用于解决复杂的实际问题。以上各种方法具有不同的优缺点和适用性，在实际工程运用上，应选择合适的数值模拟方法。目前，有限单元法应用最广，发展也更为成熟，尤其 Abaqus 软件广泛运用到实际工程中。

1978 年，达索 SIMULIA 公司推出了 Abaqus 软件。Abaqus 是一套功能强大的有限元软件，其解决问题的范围从相对简单的线性分析到复杂的非线性问题。随着工程技术难题的复杂化，软件公司也不断更新并完善 Abaqus。Abaqus 软件不仅仅只能进行单一的动、静态和热传导等分析，还可分析多场耦合问题。Abaqus 软件拥有一个种类多、数量大的单元库，可以通过简单的部件进行组合和切削等操作，建立出任何形状的复杂模型，并拥有各种工程典型材料属性的模型库，例如，岩土体、复合材料等。作为通用工具，除了能够解决复杂结构问题，还可模拟其他工程领域的问题，例如热传导分析，热-电耦合分析等。

对于分析热传导问题，Abaqus 单独设有热传递单元类型网格，可用来模拟温度场的变化。在软件中输入热物理参数时，考虑了温度对热物理参数的影响，专门提供了热物理参数随温度变化的输入口，从而使其更接近现场实际情况。其后处理器功能强大，其他软件在分析模型时，出现非线性不收敛的问题，Abaqus 可以解决且计算收敛速度快。

此外，在三维模型模拟过程中，用户只需要提供工程的三维模型图、边界约束条件、工程材料属性、载荷等现场工况。在计算非线性问题时，软件能自动选择合适的增量步数和荷载进行参数调整，保证结果的可靠性。Abaqus 有限元软件求解的一般步骤流程如图 9.17 所示。

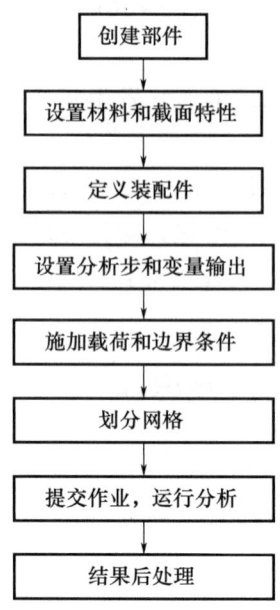

图 9.17 Abaqus 求解流程

9.2.2 温度场数值模拟计算理论

9.2.2.1 冻结温度场形成

在岩土工程建设过程中,通常利用低温盐水为土体提供冷量,在冻结初期,冻结管周围的土体优先发展成冻土柱,随着低温盐水不断为地层提供冷量,冻土柱向四周扩展并与相邻冻土柱发生交接。在预定的冻结时间结束后,形成温度较低、强度较高的冻结壁,可以作为临时加固体,最终达到了加固地层的效果。

冻结温度场的发展与分布是研究人工冻结法加固工程的关键。温度场是指某一时刻空间各点温度分布的总称,分为稳态温度场和瞬态温度场。稳态温度场是空间任何一点温度均不会随着时间的推移而发生改变。从数学角度上讲,温度对时间的偏导数为零,见式(9.29);瞬态温度场是空间内的任意温度均会随时间和空间发生改变,见式(9.30):

$$T = f(x, y, z) \tag{9.29}$$

$$T = f(x, y, z, t) \tag{9.30}$$

研究温度场的目的有以下几项:

① 在冻结过程中,探讨待处理地层各位置处在不同时刻的温度值;

② 判断相邻冻结管起始冻结温度等温线的交接时间;

③ 确定冻结帷幕达到设计厚度和平均温度所需的时间。

由于冻结管布设形式的多变性,导致冻结温度场叠加计算过于复杂。对于规模较大的岩土工程,由于受到现场施工条件及经费的限制,在许多工程中只对部分位置进行监测，用以验证模型试验和数值模拟的准确性。综上所述，数值模拟是研究冻结温度场最有效和最简单的一种手段。

9.2.2.2 冻结温度场数学模型

冻结温度场主要是研究冻结过程中土体温度随时空发展规律，同时是含有相变的瞬态导热问题。当不考虑各冻结管相互影响，结合能量守恒和傅立叶定律，建立温度场导热方程，分析导热体的任一微元体，如图9.18所示。

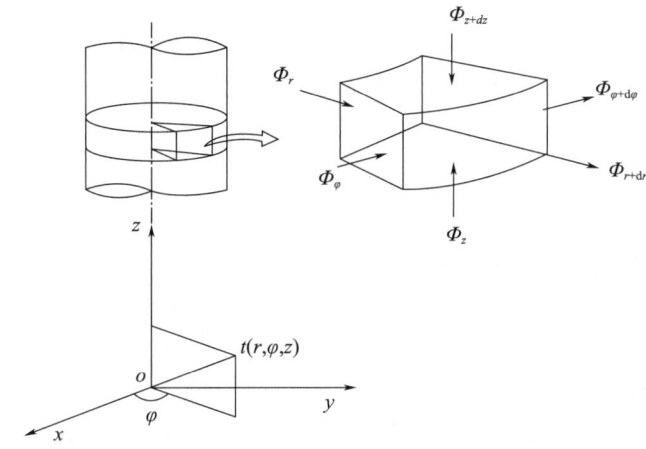

图9.18 微元六面体的导热分析

通过 r，φ，z 表面导入微元体的热流量，见式（9.31）：

$$\begin{cases} \Phi_r = -\lambda \cdot \left(\dfrac{\partial t}{\partial r}\right) \cdot dz \cdot r \cdot d\varphi \\ \Phi_\varphi = -\lambda \cdot \left(\dfrac{\partial t}{r \cdot \partial \varphi}\right) \cdot dz \cdot dr \\ \Phi_z = -\lambda \cdot \left(\dfrac{\partial t}{\partial z}\right) \cdot dr \cdot r \cdot d\varphi \end{cases} \tag{9.31}$$

通过 $r+dr$，$\varphi+d\varphi$，$z+dz$ 表面导出微元体的热流量，见式（9.32）：

$$\begin{cases} \Phi_{r+dr} = \Phi_r + \dfrac{\partial \Phi}{\partial r} dr = \Phi_r + \dfrac{\partial}{\partial r}\left(-\lambda \cdot \left(\dfrac{\partial t}{\partial r}\right) \cdot dz \cdot r \cdot d\varphi\right) dr \\ \Phi_{\varphi+d\varphi} = \Phi_\varphi + \dfrac{\partial \Phi}{\partial \varphi} d\varphi = \Phi_\varphi + \dfrac{\partial}{\partial \varphi}\left(-\lambda \cdot \left(\dfrac{\partial t}{r \cdot \partial \varphi}\right) \cdot dz \cdot dr\right) d\varphi \\ \Phi_{z+dz} = \Phi_z + \dfrac{\partial \Phi}{\partial z} dz = \Phi_z + \dfrac{\partial}{\partial z}\left(-\lambda \cdot \left(\dfrac{\partial t}{\partial z}\right) \cdot dr \cdot r \cdot d\varphi\right) dz \end{cases} \tag{9.32}$$

微元体热力学能的增量计算式见（9.33）：

$$\Delta \Phi = \rho c \dfrac{\partial t}{\partial \tau} r dr d\varphi dz \tag{9.33}$$

式中，ρ 为微元体密度（kg/m³）；c 为比热容 [kJ/（kg·℃）]；τ 为时间（s）。

微元体热源的生成热量见公式（9.34）：

$$W = \dot{\Phi} r dr dz d\varphi \tag{9.34}$$

式中，$\dot{\Phi}$ 为在单位时间内，单位体积热源的生成热（W）。

根据能量守恒定律，满足公式。

$$\rho c \frac{\partial t}{\partial \tau} = \frac{1}{r}\frac{\partial}{\partial r}\left(\lambda r \frac{\partial t}{\partial r}\right) + \frac{1}{r^2}\frac{\partial}{\partial \varphi}\left(\lambda \frac{\partial t}{\partial \varphi}\right) + \frac{\partial}{\partial z}\left(\lambda \frac{\partial t}{\partial z}\right) + \dot{\Phi} \quad (9.35)$$

单值条件如下。

（1）初始条件

在土层未进行冻结之前，我们认为土层温度相同，即具有相同的初始地层温度：

$$t(r, 0) = t_0 \quad (9.36)$$

（2）边界条件

假定在无限远处，土中的温度不会受冻结的影响，仍为初始地层温度：

$$t(\infty, \tau) = t_0 \quad (9.37)$$

冻结壁锋面的温度和起始冻结温度相等：

$$t(\xi_N, t) = t_d \quad (9.38)$$

在冻结壁锋面两侧，满足式：

$$\lambda_2 \frac{\partial t_2}{\partial r}\bigg|_{r=\xi_N} - \lambda_1 \frac{\partial t_1}{\partial r}\bigg|_{r=\xi_N} = \sigma_n \frac{d\xi_N}{d\tau} \quad (9.39)$$

式中，t_0 为地层初始温度（℃）；t_d 为岩土体的冻结温度（℃）；λ_1、λ_2 为融土、冻土的导热系数 [kJ/（m·d·℃）]；ξ_N 为冻结锋面在 N 范围内的坐标。

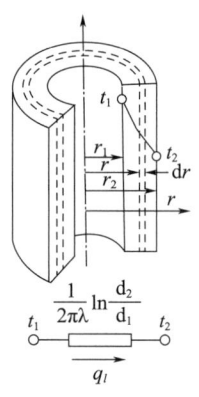

图 9.19 圆管稳定导热

由于土体比热和导热系数是温度的函数，加之复杂的边界条件，为了能够清晰地了解冻结温度场的分布，对温度场数学模型进行了简化。整个冻结过程分为积极冻结期和维护冻结期，积极冻结期分为冻结壁交圈前期与冻结壁整体发展期。

低温盐水与地层不断地进行热量交换，冻结管周围形成了以其轴心为圆心的冻结壁，不同等温线的间距随着时间的推移逐渐变大，冻结管外壁温度始终保持不变，以及冻土柱外围温度始终为土体的起始冻结温度。交圈前期，冻结温度场的发展尚未与相邻温度场叠加，可看作单层圆筒壁的导热问题。如图 9.19 所示为圆管稳定导热。

导热方程用式（9.40）表示：

$$\frac{d}{dr}\left(r \frac{dt}{dr}\right) = 0 \quad (9.40)$$

边界条件：

$$\begin{cases} r = r_1, & t = t_1 \\ r = r_2, & t = t_2 \end{cases} \quad (9.41)$$

计算得通解为：

$$t = c_1 \ln r + c_2 \quad (9.42)$$

根据式（9.42）可知，圆管稳态导热，温度呈对数分布，参数 c_1、c_2 可由边界条件求得：

$$c_1 = \frac{t_2 - t_1}{\ln(r_2/r_1)} \qquad c_2 = t_1 - (t_2 - t_1)\frac{\ln r_1}{\ln(r_2/r_1)} \tag{9.43}$$

将式（9.43）代入式（9.42）得到圆管稳定温度分布如式（9.44）：

$$t = t_1 + \frac{t_2 - t_1}{\ln(r_2/r_1)}\ln(r/r_1) \tag{9.44}$$

对式（9.44）进行求导，可得：

$$\frac{dt}{dr} = -\frac{t_1 - t_2}{\ln(r_2/r_1)}\frac{1}{r} \tag{9.45}$$

当温度已知时，根据傅立叶定律，解得某断面上的热流密度为：

$$q = -\lambda\frac{dt}{dr} = \frac{\lambda}{r}\frac{t_1 - t_2}{\ln(r_2/r_1)} \tag{9.46}$$

式中，q 为热流密度（W/m²）；λ 为导热系数 [kJ/(m·d·℃)]；t_1、t_2 为圆管内、外壁温度（℃）；r_1、r_2 为圆管内、外半径（m）；r 为圆柱坐标（m）。

单位时间通过长度为 l 圆管的热流量：

$$Q = 2\pi r l q = \frac{t_1 - t_2}{\frac{1}{2\pi l\lambda}\ln(r_2/r_1)} \tag{9.47}$$

9.3 不同敏感性因素对冻结壁温度场的影响

随着冻结时间的推移，地层受冻结管提供冷量的影响范围逐渐增大，地层温度也相对应降低。影响杯型冻结壁温度场的因素众多，前人对不同冻结管直径、布设间距以及盐水温度等因素进行了分析，本文不再叙述。本小节以积极冻结时间为主线，系统地研究不同初始地层温度、土体导热系数、土体比热容和土体相变潜热等敏感性因素变化对杯形冻结壁温度场的影响，以期得到相关结论为人工冻结设计提供理论支撑。

9.3.1 单因素控制变量法

在实际工程中，多种因素共同影响温度场的演化规律，研究相对复杂，为了更好地研究各敏感性因素对温度场的影响，本节采用单因素控制变量法和设置对照组的方法，研究不同敏感性因素对土体温度场的影响，即在分析每一种因素变化对温度场的影响时，保持其余因素不变。做以下假设。

① 实际工程中，若不同土层参数同时改变，难以消除其相互影响。在研究初始地层温度和热物理参数对温度场影响时，视地层均为砂性土层。

② 为了方便对照研究，将 C4－2.8m 测温点的温度数据设置为对照组分析点，对照组参数见表 9.11，对照组温度场随时间变化结果如图 9.20 所示。

③ 在杯型冻结壁杯身和杯底各设置 1 条路径，路径示意见图 9.20，研究不同敏感性因素对冻结壁有效厚度和平均温度的影响规律。

表 9.11 对照组参数表

序号	参数名称	单位	对照组参数值	
			冻土	未冻土
1	初始地层温度	℃	12.0	
2	导热系数	kJ/(m·d·℃)	215	198
3	比热	kJ/(kg·℃)	1.08	1.20
4	相变潜热	kJ/m³	32.41	

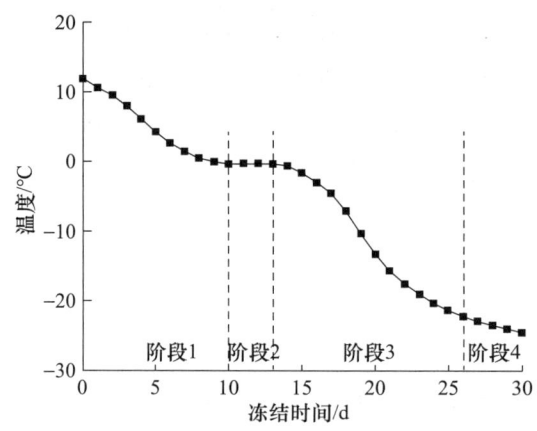

图 9.20 对照组分析点温度随时间变化

由图 9.20 可知，土体温度场演化规律大体分为 4 个阶段。阶段 1：当冻结时间小于 10d 时，由于土体温度大于起始冻结温度，以及冻结站不间断地向冻结区域土体输送冷量，造成土体温度降低，平均变化速率为 1.22℃/d。阶段 2：土体进入相变期，即土体温度接近起始冻结温度，冻结管提供的大部分冷量用来平衡土体释放潜热量，温度曲线呈"平台"状发展，相变期温度平均变化速率为 0.02℃/d。阶段 3：土体内所含的热量释放完成，土体温度继续下降，温度平均变化速率为 1.76℃/d，这是因为土体温度低于起始冻结温度，未冻土相变为冻土，导热系数增大，致使土体传热速率增大。阶段 4：土体温度缓慢下降，平均变化速率为 0.65℃/d，这是由于冻结壁有效厚度继续增加，削弱了平均温度降低的趋势，导致平均温度降低速率变缓。冻结时间在 30d 以后，温度仍有下降的趋势。

9.3.2 不同初始地层温度对杯型冻结壁温度场的影响

不同地层具有不同初始地层温度，初始地层温度直接影响人工冻结的效果。根据现场实测土体的温度范围，设置对照组的初始地层温度为 12℃，分别将初始地层温度增加和减小 15% 和 30%，研究不同初始地层温度对杯形冻结壁温度场的影响，不同初始地层温度参数见表 9.12。

表 9.12 不同初始地层温度参数

序号	初始地层温度/℃	备注
1	8.4	减小30%组
2	10.2	减小15%组
3	12.0	对照组
4	13.8	增加15%组
5	15.6	增加30%组

不同初始地层温度条件下土体温度变化如图 9.21 所示。初始地层温度分别为 8.4℃、10.2℃、12.0℃、13.8℃和 15.6℃的土体温度曲线随时间变化趋势相同，在到达相变期之前，不同初始地层温度的土体温度存在差异性，当土体到达起始冻结温度后，五种不同初始地层温度的土体温度变化趋势和速率基本重合，这说明土体到达起始冻结温度后，吸收冷量的速率一致，初始地层温度对土体的温度变化趋势和降温速率影响不显著。

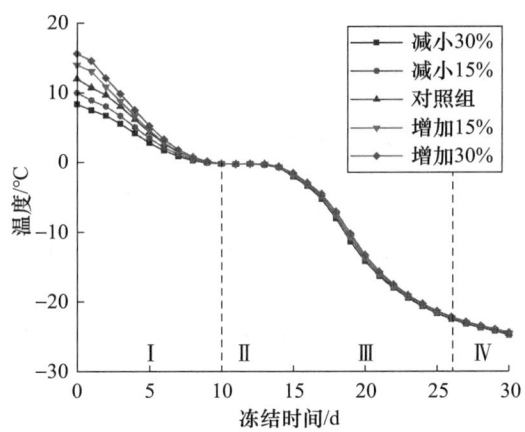

图 9.21 不同初始地层温度的温度变化

分析点第 1 阶段平均降温速率如图 9.22 所示。在阶段 1，初始地层温度分别为 8.4℃、10.2℃、12℃、13.8℃和 15.6℃的土体平均降温速率分别为 0.67℃/d、

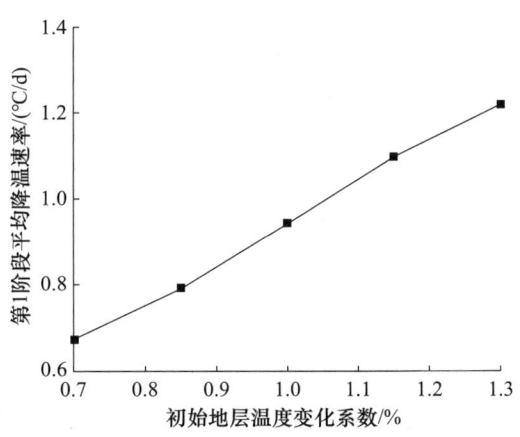

图 9.22 第 1 阶段平均降温速率

0.79℃/d、0.94℃/d、1.10℃/d 和 1.22℃/d，且阶段 1 的平均速率基本呈线性递增关系，初始地层温度为 15.6℃降温速率最快，平均降温速率为 1.22℃/d。

不同初始地层温度下冻结壁交圈时间如图 9.23 所示。不同初始地层温度的冻结壁交圈时间均为 14d，这是由于冻结管提供的冷量荷载远大于土层中储存的热量，从而导致不同初始地层温度能够在同一时间到达相变期，且相变期相同。

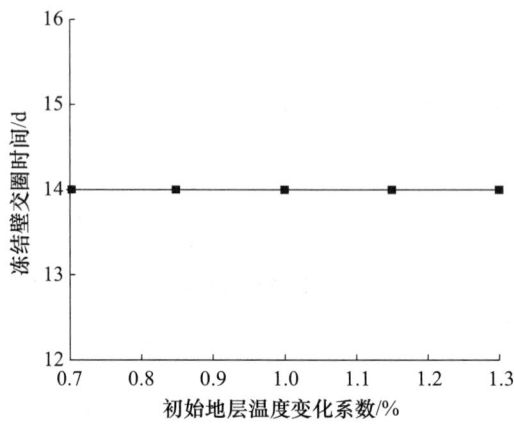

图 9.23 不同初始地层温度下冻结壁的交圈时间

不同初始地层温度下分析点第 30d 温度如图 9.24 所示。在第 30d 冻结结束时，初始地层温度分别为 8.4℃、10.2℃、12.0℃、13.8℃和 15.6℃的土体温度依次为－24.77℃、－24.69℃、－24.58℃、－24.48℃和－24.39℃。5 种不同初始地层温度导致的最终土体温差为 0.38℃。最终冻结结束时的温度随着初始地层温度的增加而增加，且呈线性关系。

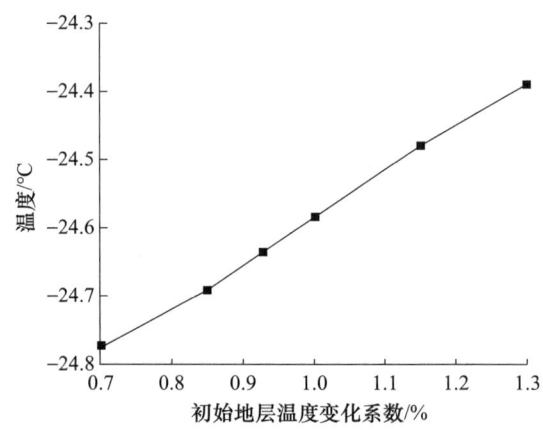

图 9.24 不同初始地层温度下分析点的第 30d 温度

不同初始地层温度杯型冻结壁随空间分布如图 9.25 所示。由图 9.25（a）可知，五种不同初始地层温度的土体温度随着距离的增加，呈先降低再升高的趋势，且在距离为 4m 范围内无明显差异。土体温度随着初始地层温度的增加逐渐增大，在路径距离为 6m 时，温度分别为 5.36℃、6.42℃、7.77℃、9.13℃和 10.23℃，且最大温差出现在 6m

处，为 4.87℃。由图 9.25 (b) 可知，土体温度随着初始地层温度的增加逐渐增大，且距离冻结管中心处越近，土体温度越低，并以冻结管为中心基本呈对称分布。

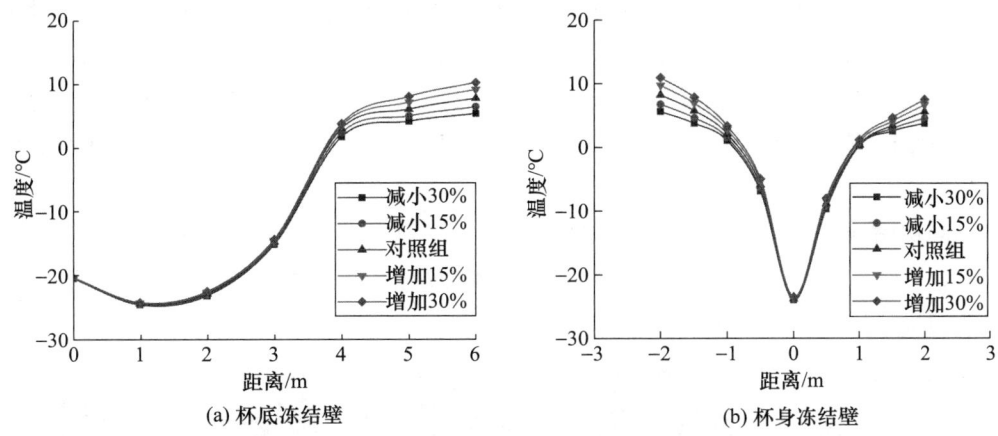

(a) 杯底冻结壁 (b) 杯身冻结壁

图 9.25 不同初始地层温度杯型冻结壁随空间分布图

不同初始地层温度杯型冻结壁有效厚度和平均温度如图 9.26 所示，杯底和杯身冻结壁有效厚度均随初始地层温度的增大逐渐减小。由图 9.26 (a) 可知，初始地层温度分别为 8.4℃、10.2℃、12.0℃、13.8℃ 和 15.6℃ 的杯底冻结壁有效厚度分别为 3.85m、3.82m、3.78m、3.76m 和 3.75m，有效厚度差值为 0.1m，说明初始地层温度对杯底冻结壁的发展影响较小。初始层温度越低，杯底冻结壁有效厚度越大，在一定程度上增强了杯底板块强度；杯底平均温度随着初始地层温度的增大而增加，分别为 -19.31℃、-19.28℃、-19.26℃、-19.19℃ 和 -19.10℃，平均温差为 0.21℃。由图 9.26 (b) 可知，初始地层温度分别为 8.4℃、10.2℃、12.0℃、13.8℃ 和 15.6℃ 的杯身冻结壁有效厚度分别为 1.83m、1.79m、1.74m、1.69m 和 1.63m，最大与最小有效厚度相差 0.2m；平均温度随着初始地层温度的增大而降低，分别为 -10.64℃、-10.69℃、-10.7℃、-10.8℃ 和 -11.01℃，平均温差为 0.37℃。

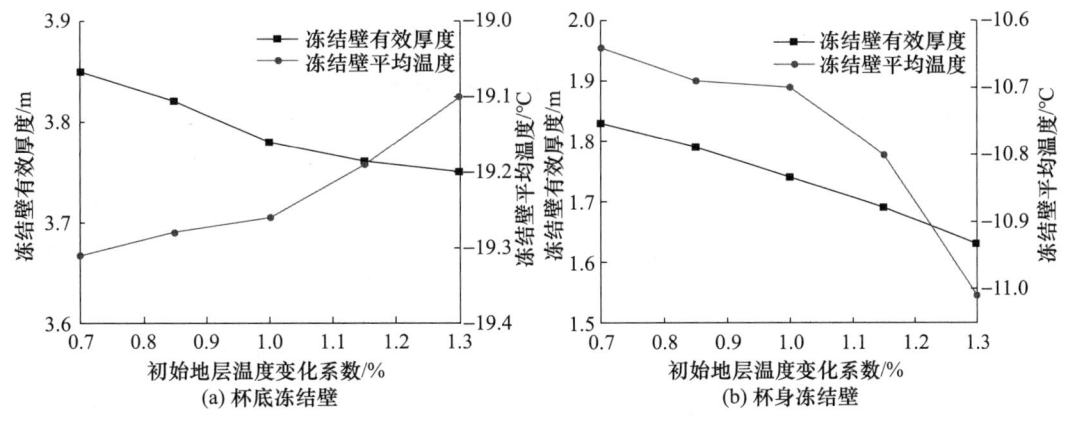

(a) 杯底冻结壁 (b) 杯身冻结壁

图 9.26 不同初始地层温度杯型冻结壁有效厚度和平均温度

对比图 9.26（a）和图 9.26（b）发现，初始地层温度变化对杯身冻结壁的影响较大，这是由于杯身冻结壁只受外圈冻结管供冷量的作用，供冷量较小，造成杯身有效厚度和平均温度相差较大。还可以看出，由于杯底冻结壁受到多圈冻结管供冷量的叠加影响，平均温度随着初始地层温度的增大而升高，有效厚度受到冻土性质的影响，变化较小，使杯底冻结壁的平均温度呈上升趋势；杯身冻结壁受未冻土和外圈冻结管供冷量的作用，冻结区温度的升高较小，冻结壁有效厚度均匀发展，致使杯身冻结壁平均温度呈下降趋势。

不同初始地层温度的冻结壁效果图如图 9.27 所示，初始地层温度分别为 8.4℃、10.2℃、12.0℃、13.8℃和 15.6℃的土体整体冻结效果变化较小，说明初始地层温度对土体的最终冻结效果影响较小。

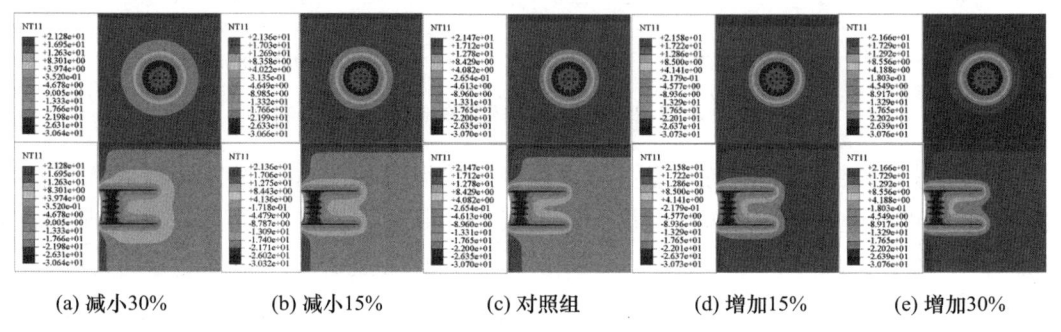

(a) 减小30%　　(b) 减小15%　　(c) 对照组　　(d) 增加15%　　(e) 增加30%

图 9.27　不同初始地层温度冻结壁效果图

9.3.3　不同导热系数对杯型冻结壁温度场的影响

导热系数反映了地层传导能量能力的大小，直接影响地层的传热速率。为了研究不同导热系数对土体冻结的影响，设置对照组的冻土导热系数为 215kJ/（m·d·℃）和未冻土为 198kJ/（m·d·℃），分别将导热系数增加和减小 15% 和 30%。不同导热系数参数见表 9.13。

表 9.13　不同导热系数参数

序号	导热系数/[kJ/（m·d·℃）]		备注
	冻土	未冻土	
1	150.5	138.6	减小30%组
2	182.75	168.3	减小15%组
3	215	198	对照组
4	247.25	227.7	增加15%组
5	279.5	257.4	增加30%组

不同导热系数分析点温度随时间变化如图 9.28 所示，在冻结时间一定的情况下，五组不同导热系数的土体温度曲线随时间变化趋势相同，其他参数不变的情况下，土体

降温速率随着导热系数的增大而增大。分析点在不同导热系数条件下，到达相变期的时间不同，并且相变期不同。随着导热系数的增大，到达相变期的时间逐渐缩短，相变期也相应缩短。

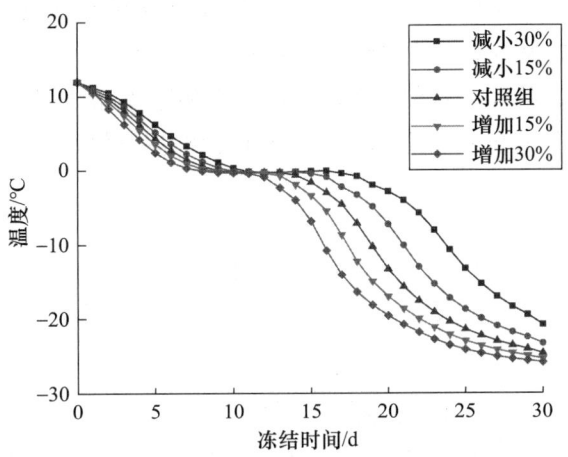

图 9.28　不同导热系数分析点温度随时间变化

不同导热系数下的冻结壁交圈时间如图 9.29 所示，冻结壁交圈时间随着导热系数的增大而减小，且基本呈线性关系。导热系数减小 30%、减小 15%、未变、增加 15% 和增加 30% 的冻结壁交圈时间分别为 18d、15d、14d、13d 和 11d。当导热系数增大 15% 和 30% 时，分析点到达起始冻结温度的时间相比对照组缩短了 1d 和 3d；当导热系数减小 15% 和 30% 时，分析点到达起始冻结温度的时间比对照组增加了 1d 和 4d。

不同导热系数分析点第 30d 温度如图 9.30 所示，在积极冻结 30d 结束时，导热系数减小 30%、减小 15%、未变、增加 15% 和增加 30% 的最终土体温度分别为 -20.75℃、-23.25℃、-24.58℃、-25.34℃ 和 -25.80℃。5 种不同导热系数最终土体温度基本呈线性关系，且最终土体温差为 5.05℃。土体的导热系数越大，最终冻结结束时的温度就越低。

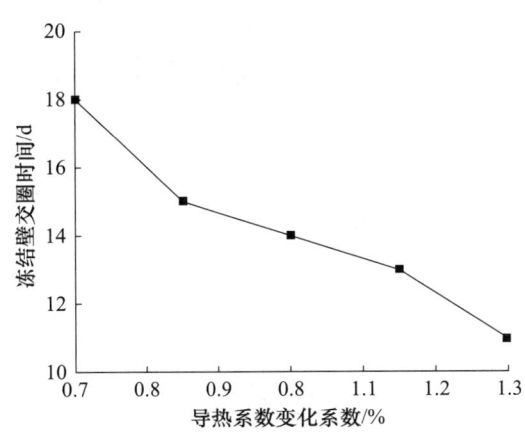

图 9.29　不同导热系数下的冻结壁交圈时间

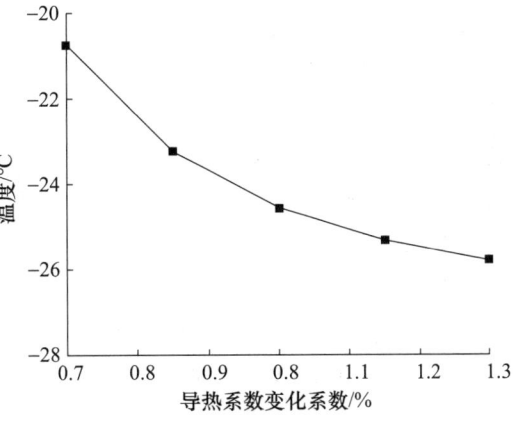

图 9.30　不同导热系数分析点的第 30d 温度

不同导热系数杯型冻结壁随空间分布如图9.31所示。由图9.31（a）可知，5种不同导热系数的土体温度随着距离的增加，呈先降低再升高的趋势，以对照组为基础，当导热系数减小30%时对土体温度的影响更显著。在路径距离为6m时，导热系数减小30%、减小15%、未变、增加15%和增加30%的温度分别为10.10℃、8.95℃、7.77℃、6.61℃和5.55℃，且最大温差出现在路径距离3m处，为10.06℃。由图9.31（b）可知，土体温度以冻结管中心基本呈对称分布，土体温度随距离冻结管中心位置越近，温度越低，在垂直冻结管方向1.0m范围内，土体温度变化速率较明显。

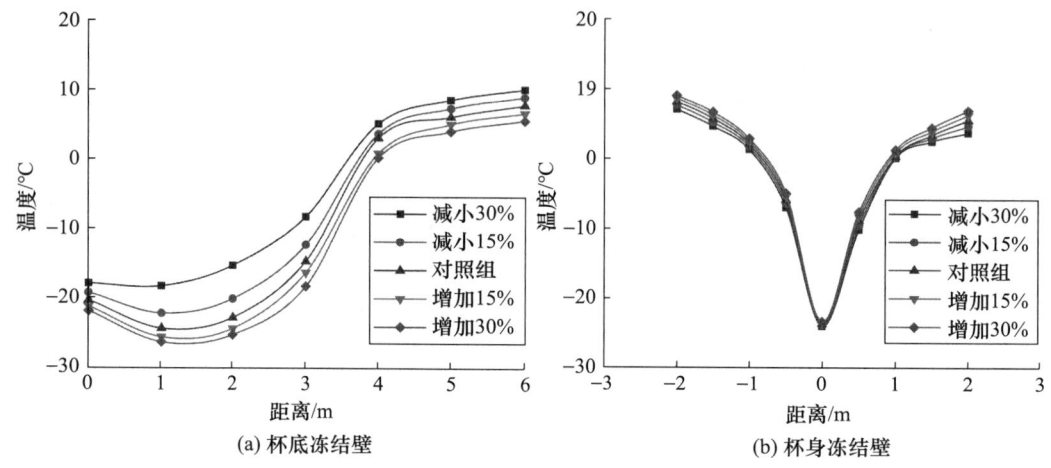

图9.31 不同导热系数杯形冻结壁随空间分布图

不同导热系数杯型冻结壁有效厚度和平均温度如图9.32所示，水平杯型冻结壁的杯底和杯身有效厚度均随导热系数的增大逐渐增加。由图9.32（a）可知，导热系数减小30%、减小15%、未变、增加15%和增加30%的杯底冻结壁有效厚度为3.56m、3.72m、3.78m、3.90m和3.95m，且有效厚度相差0.39m；杯底平均温度随着导热系数的增大而降低，平均温度分别为-14.15℃、-17.36℃、-19.26℃、-20.17℃和-21.04℃，最大平均温度差为6.89℃。由图9.32（b）可知，导热系数减小30%、

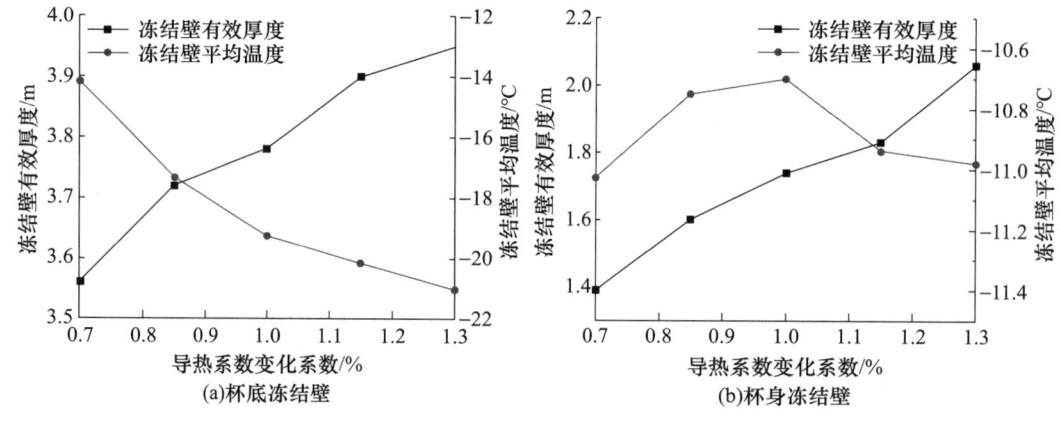

图9.32 不同导热系数杯型冻结壁有效厚度和平均温度

减小15%、未变、增加15%和增加30%的杯身冻结壁有效厚度分别为1.39m、1.6m、1.74m、1.83m和2.06m,且有效厚度相差0.67m;平均温度随着导热系数的增大呈先上升后降低的趋势,分别为-11.03℃、-10.75℃、-10.70℃、-10.94℃和-10.98℃,最大平均温度差为0.33℃。

不同导热系数冻结壁效果如图9.33所示,以对照组为基础,整体冻结效果在导热系数减小比增加更显著。

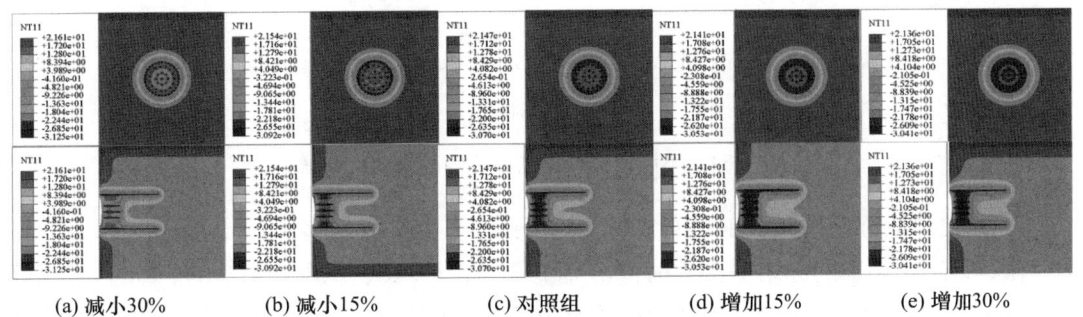

(a) 减小30%　　(b) 减小15%　　(c) 对照组　　(d) 增加15%　　(e) 增加30%

图9.33　不同导热系数冻结壁效果图

9.3.4　不同比热对杯型冻结壁温度场的影响

比热反映土体降低相对应温度所吸收冷量的能力,是影响土体冻结效果的参数之一。为了研究比热变化影响水平杯型冻结壁温度场的发展,设置对照组冻土和未冻土的比热分别为1.08kJ/(kg·℃)和1.20kJ/(kg·℃),分别将比热增加和减小15%和30%。不同比热参数变化见表9.14。

表9.14　不同比热参数变化

序号	比热容/[kJ/(kg·℃)]		备注
	冻土	未冻土	
1	0.756	0.84	减小30%组
2	0.918	1.02	减小15%组
3	1.08	1.20	对照组
4	1.242	1.38	增加15%组
5	1.404	1.56	增加30%组

不同比热分析点温度随时间变化如图9.34所示,在冻结时间相同的条件下,五组不同比热的土体温度随时间变化趋势相同,降温速率随着比热的增加而减小,土体温度随比热的增加而增大,这是因为比热增大,相对应土体含水率增加,提高了土体中自由水储存热量的性能。因此,冻结管为土体提供的冷量被大量消耗,致使降温速率缓慢。随着比热的增大,到达相变期的时间逐渐增加,相变期也相应增加。

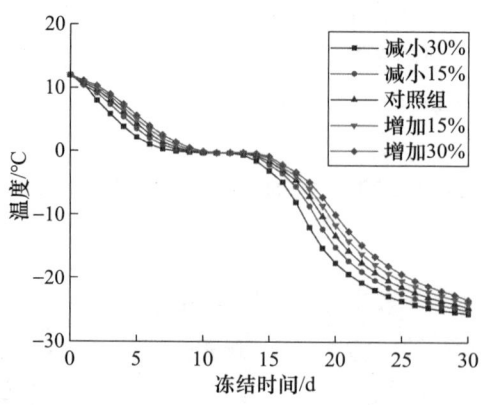

图 9.34　不同比热分析点温度随时间变化曲线

不同比热的冻结壁交圈时间如图 9.35 所示，比热减小 30%、减小 15%、未变、增加 15% 和增加 30% 的冻结壁交圈时间分别为 13d、13.4d、14d、14.6d 和 15d。当比热增大 15% 和 30% 时，分析点到达起始冻结温度的时间比对照组增加了 0.6d 和 1d；当比热减小 15% 和 30% 时，分析点到达起始冻结温度的时间比对照组缩短了 0.6d 和 1d。冻结壁交圈时间随比热的增大而线性增大，且基本呈线性关系。

不同比热分析点的第 30d 温度如图 9.36 所示，在积极冻结 30d 结束时，比热减小 30%、减小 15%、未变、增加 15% 和增加 30% 的最终土层温度分别为 −25.58℃、−25.12℃、−24.58℃、−23.99℃ 和 −23.35℃，土体的比热越大，最终冻结结束时的温度越高，最终土体温差为 2.23℃，且基本呈线性关系。

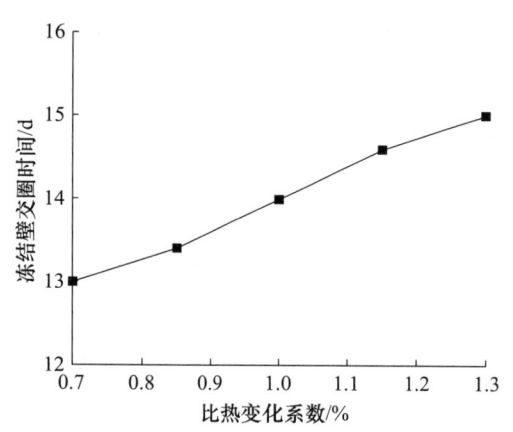

图 9.35　不同比热下的冻结壁交圈时间

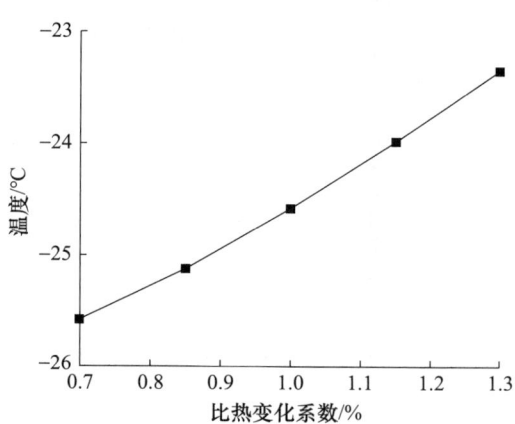

图 9.36　不同比热下分析点的第 30d 温度

不同比热杯型冻结壁随空间分布如图 9.37 所示。由图 9.37（a）可知，五种不同比热的土体温度随着距离的增加，呈先降低再升高的趋势。在路径距离为 6m 时，比热减小 30%、减小 15%、未变、增加 15% 和增加 30% 的温度分别为 5.09℃、6.56℃、7.77℃、8.73℃ 和 9.49℃，且最大温差为 4.40℃。由图 9.37（b）可知，五种不同比热的土体温度随空间变化趋势相同，土体温度以冻结管中心基本呈对称分布，土体温度随距离冻结管中心位置越近,温度越低。

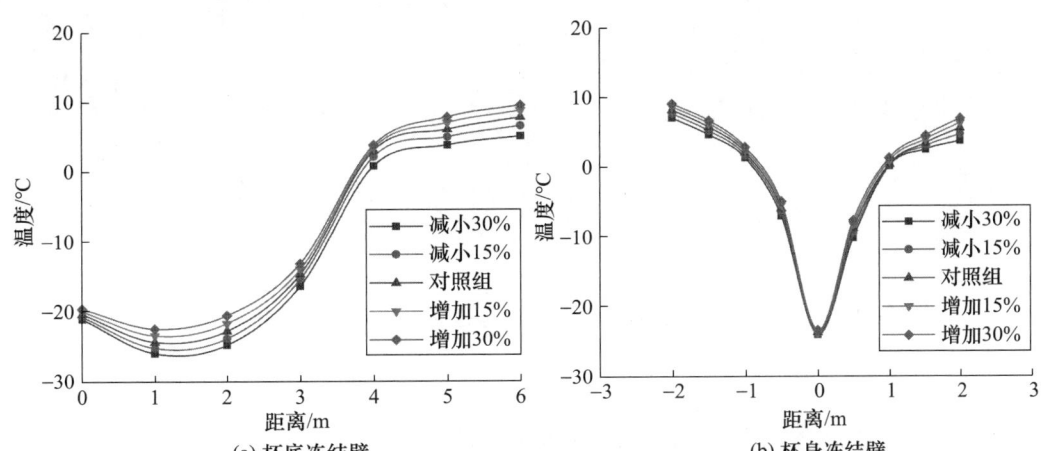

图 9.37　不同比热杯型冻结壁随空间分布

不同比热杯型冻结壁有效厚度和平均温度如图 9.38 所示,杯底和杯身冻结壁有效厚度均随比热的增大逐渐减小。由图 9.38a 可知,比热减小 30%、减小 15%、未变、增加 15% 和增加 30% 的杯底冻结壁有效厚度为 3.90m、3.83m、3.78m、3.76m 和 3.73m,且有效厚度相差 0.17m;杯底平均温度随着比热的增大而增大,分别为 −20.40℃、−19.87℃、−19.26℃、−18.52℃ 和 −17.77℃,最大平均温度差为 2.63℃。由图 9.38b 可知,比热减小 30%、减小 15%、未变、增加 15% 和增加 30% 的杯身冻结壁有效厚度分别为 1.83m、1.78m、1.74m、1.70m 和 1.64m,且有效厚度相差 0.19m;平均温度随着比热的增大呈先上升后降低的趋势,分别为 −10.86℃、−10.84℃、−10.70℃、−10.69℃ 和 −10.84℃,最大平均温度差为 0.17℃。

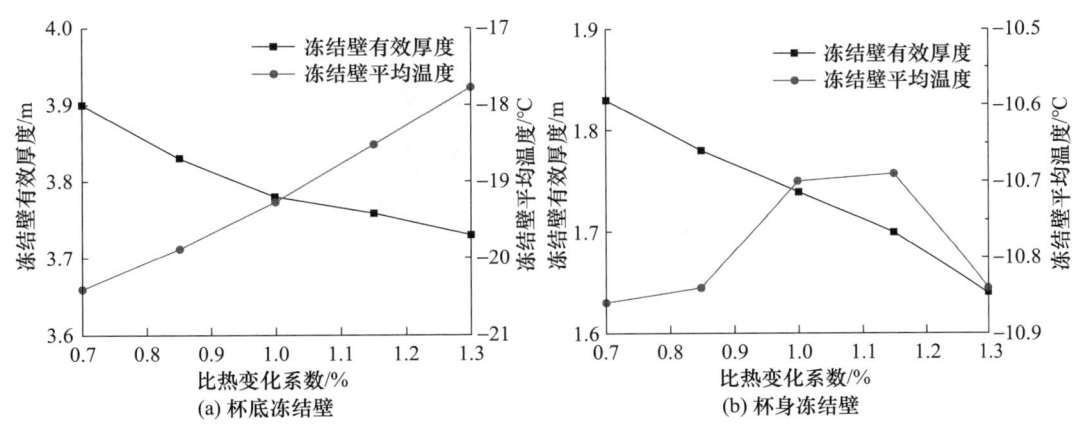

图 9.38　不同比热杯型冻结壁有效厚度和平均温度

不同比热冻结壁效果如图 9.39 所示,以对照组为基础,整体冻结效果在比热增加 30% 时对土体温度的影响更显著。

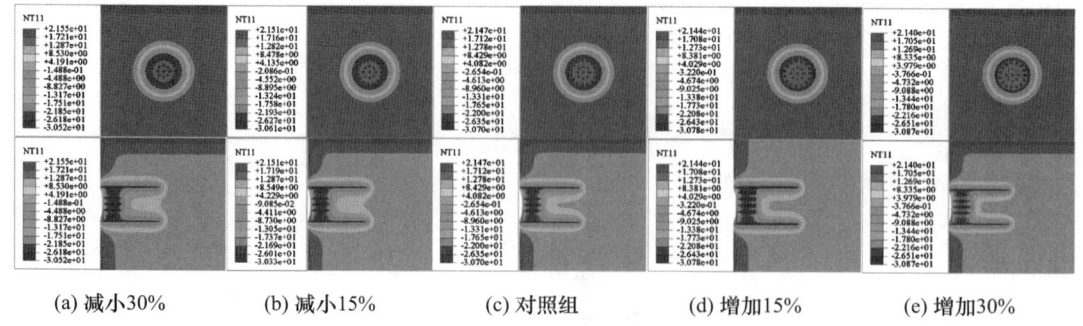

(a) 减小30%　　(b) 减小15%　　(c) 对照组　　(d) 增加15%　　(e) 增加30%

图9.39　不同比热冻结壁效果图

9.3.5　不同相变潜热对杯型冻结壁温度场的影响

潜热是地层属性，表现为温度出现"平台"状发展，此时冻结冷量主要是平衡潜热。潜热越大，地层冻结所需提供的冷量越多，对冻结工程越不利。计算过程中仅改变潜热因素，其他计算参数不变，在潜热对照组的基础上，以15%和30%的步长进行增减后，研究潜热对冻结温度场的影响。不同相变潜热参数变化见表9.15。

表9.15　不同相变潜热参数表

序号	相变潜热/（kJ/m³）	备注
1	22.69	减小30%组
2	27.55	减小15%组
3	32.41	对照组
4	37.27	增加15%组
5	42.14	增加30%组

不同潜热分析点温度随时间变化曲线如图9.40所示，在冻结时间一定的情况下，五种不同潜热的土体温度随时间变化趋势相同，其他条件一定的情况下，相变潜热越

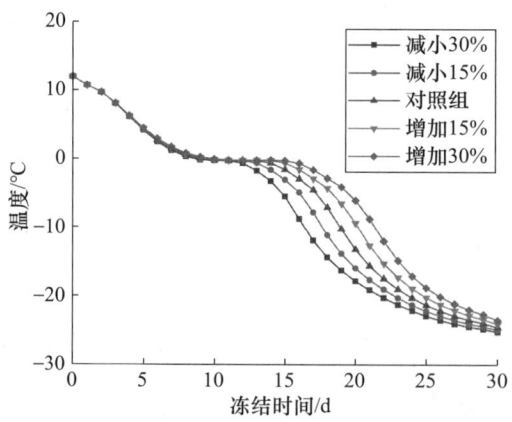

图9.40　不同潜热分析点温度随时间变化曲线

小，地层温度越低，在进入相变期之前，分析点的土体温度在潜热不同的条件下差异性较小。由此可知，潜热对冻结初期的土体温度影响不明显。当土体释放的潜热被完全平衡后，随着冻结时间的变化，地层温差逐渐增大，将潜热减小30%与对照组进行对比，最大温差值为7.4℃，出现在第17d，之后地层温差随冻结时间的推移而减小。随着潜热的增大，到达相变期的时间逐渐增加，相变期也相应增加。

不同潜热下分析点冻结壁交圈时间如图9.41所示，潜热减小30%、减小15%、未变、增加15%和增加30%的冻结壁交圈时间分别为12d、13d、14d、15d和16d。当潜热增大和15%和30%时，分析点到达起始冻结温度的时间比对照组分别增加了1d和2d；当潜热减小15%和30%时，分析点到达起始冻结温度的时间比对照组缩短了1d和2d。还可以看出，冻结壁交圈时间与潜热基本呈线性递增关系。

不同潜热分析点的第30d温度如图9.42所示，在积极冻结30d结束时，潜热减小30%、减小15%、未变、增加15%和增加30%的最终土层温度分别为－25.27℃、－24.96℃、－24.58℃、－24.12℃和－23.57℃，最大温差为1.70℃。最终土体温度基本呈线性关系，土体的潜热越大，最终冻结结束时的温度越高。

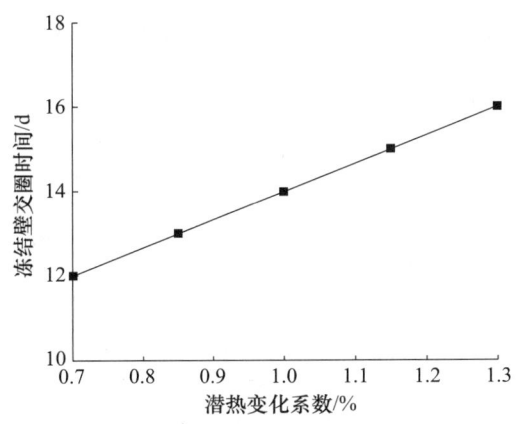 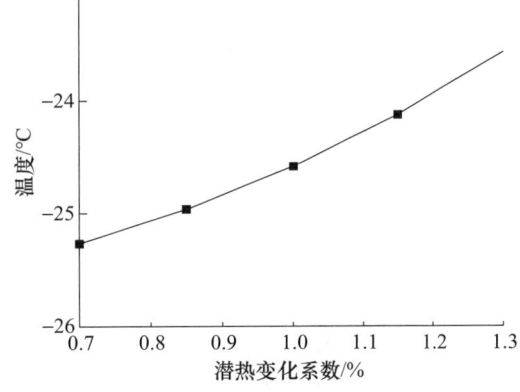

图9.41 不同潜热下的冻结壁交圈时间　　图9.42 不同潜热分析点的第30d温度

不同潜热杯型冻结壁随空间分布如图9.43所示。由图9.43a可知，五种不同潜热的土体温度随着距离的增加，均呈先降低再升高的趋势；由图9.43b可知，五种不同潜热的土体温度随空间变化趋势相同，土体温度以冻结管中心基本呈对称分布，土体温度随距离冻结管中心位置越近，温度越低。

不同潜热杯型冻结壁有效厚度和平均温度如图9.44所示，杯底和杯身冻结壁有效厚度随潜热的增大逐渐减小。由图9.44a可知，潜热减小30%、减小15%、未变、增加15%和增加30%的杯底冻结壁有效厚度为3.94m、3.85m、3.78m、3.76m和3.74m，且有效厚度相差0.20m；杯底平均温度随着潜热的增大而增大，分别为－20.14℃、－19.70℃、－19.26℃、－18.55℃和－17.56℃，最大平均温度差为2.58℃。由图9.44b可知，潜热减小30%、减小15%、未变、增加15%和增加30%的杯身冻结壁有效厚度分别为1.93m、1.80m、1.74m、1.68m和1.61m，且有效厚度相差 0.32m；平均温度随着潜热的增大呈先降低再上升，分别为 −10.67℃、−10.92℃、−10.70℃、−10.61℃ 和 −10.57℃，最大平均温度差为 0.35℃。

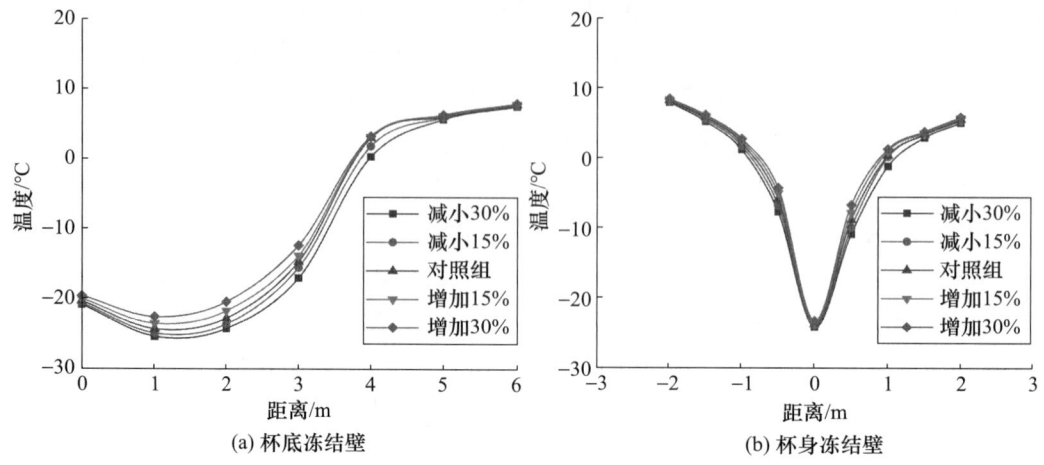

图 9.43　不同潜热杯型冻结壁随空间分布图

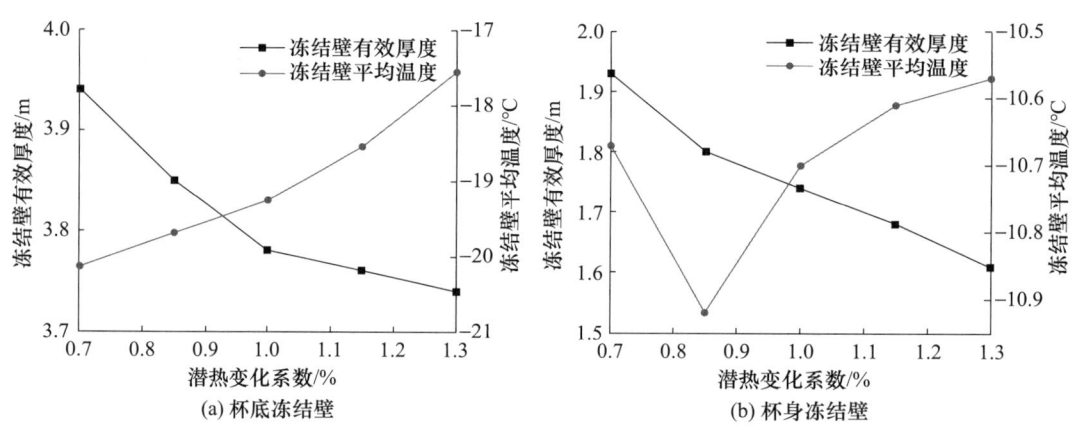

图 9.44　不同潜热杯型冻结壁有效厚度和平均温度

不同潜热冻结壁效果如图 9.45 所示，以对照组为基础，整体冻结效果在潜热增加 30% 时对土体温度的影响更显著。

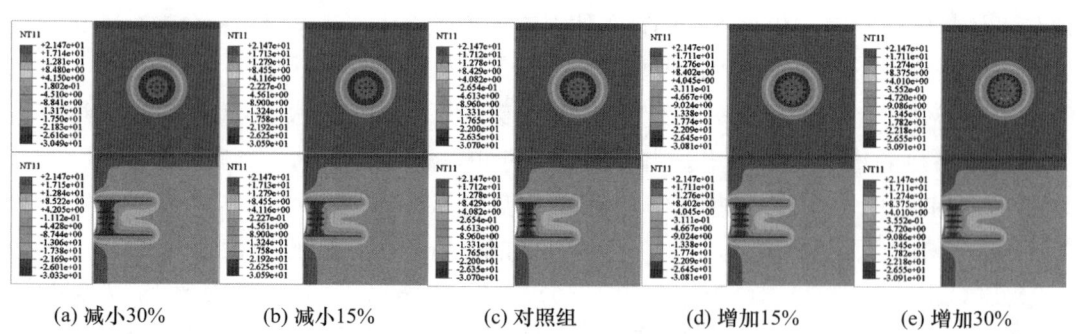

图 9.45　不同相变潜热冻结壁效果

9.4 本章小结

人工冻结法因具有止水性好、加固强度高等优点被广泛应用于各个领域，如矿井、盾构始发与接收和联络通道等地下工程。本文依托中国东北某城市地铁某盾构区间隧道接收端冻结工程，通过有限元软件 Abaqus 系统地研究了水平杯型冻结法施工过程中冻结壁温度场的发展和分布规律，得出以下结论。

（1）通过强度理论计算，验算了接收端冻结加固方案的可行性。采集盾构接收端土层进行常规土工试验，获得各土层基本物理参数，并对土层进行了颗粒分析试验，结果显示3种土层级配不良，接收端的土层密实度较差。基于常规土工试验所获取的参数，开展土体起始冻结温度试验和热物理试验，进而获得土体起始冻结温度和热物理参数，为数值模拟奠定基础。

（2）通过 Abaqus 软件建立水平杯型冻结温度场的三维数值模型，现场实测数据验证了参数选取准确性，能够较好地反映现场施工过程中杯型冻结壁温度场的发展情况。积极冻结30d时，水平杯型冻结壁杯底的有效厚度为3.78m，平均温度为$-19.20℃$。另外，各冻结管短管底部土体温度与其他冻结区土体温度相比较高，但土体温度仍降至起始冻结温度以下，在一定程度上增加了杯底板块强度。水平杯型冻结壁杯身有效厚度发展为1.69m，平均温度为$-10.82℃$，且冻结管两侧土体温度基本呈对称分布。

（3）温度场演化规律主要分为4个阶段。阶段1：起始冻结温度远小于土体初始地层温度，冻结管与土体热量传递剧烈，造成土体温度降低。阶段2：土体温度临近起始冻结温度，冻结管内的大部分冷量被土体释放的潜热平衡，土体温度呈"平台"状发展。阶段3：土体温度低于起始冻结温度，土体内所含的热量释放完成，随之温度继续降低。阶段4：由于冻结壁有效厚度的增加，削弱了平均温度降低的趋势，导致平均温度降低速率变缓。

（4）通过分析冻结温度场的演化规律，外中圈孔间的冻土发展速度最快，内圈中心孔间、中内圈孔间和外圈孔外侧依次完成交圈。由于杯底冻结壁受到外圈、中圈、内圈冻结管以及中心管的叠加影响，杯身冻结壁主要受外圈冻结管供冷量的影响，受中圈和内圈冻结管的影响较小，甚至不产生影响，因此杯底冻结壁发展程度大于杯身冻结壁。

（5）基于单因素控制变量法和设置对照组法，研究了不同敏感性因素对冻结壁温度场的影响，揭示了冻结壁交圈时间和最终土体温度与导热系数的变化基本呈递减线性关系；冻结壁交圈时间和最终土体温度与比热和相变潜热的变化呈递增线性关系；初始地层温度对冻结壁交圈时间影响较小，但最终土体温度随初始地温的增加而增加，基本呈线性递增关系。

10

隧道土体异常区探测-稳定性监测-风险性预测技术体系

土体空洞和土层疏松问题在土层隧道施工中极为常见，尤其当隧道下穿既有管廊时，由于管廊施工后会拔除管廊底部的钢板桩，在隧道拱顶位置留下空洞和疏松隐患。空洞和疏松区的存在严重影响围岩土体之间的相互作用，在局部易产生应力集中现象，对隧道施工安全构成威胁。大型变截面隧道施工期协同监测方法旨在对隧道周围土体的空洞和疏松区进行精准探查，排除安全隐患，同时在施工阶段辅以风险断面的监控量测，实时掌控风险变化趋势，保证大型变截面隧道施工安全。基于隧道施工风险区域的土体异常普查和风险区域监控量测两个手段形成了大型变截面隧道施工期协同监测方法，构建了大型变截面隧道施工全周期异常区探测-稳定性监测-风险性预测技术体系，同时实时监测隧道稳定性，及时发现隧道施工全生命周期中的安全隐患，采取相应处置措施，降低随带开挖对周围建筑物变形的影响。

10.1 隧道土体异常区探测-稳定性监测-风险性预测体系概述

为保证大型变截面隧道施工的安全，遵循"事前""事中""事后"三个维度的安全生产监督管理原则，基于大型变截面隧道施工协同监测方法，构建覆盖大型变截面隧道施工全周期的协同监测体系，如图 10.1 所示。在隧道施工前（事前），采用三维地质雷达进行全域土体异常区普查，确定土体异常情况，并采取相应措施对土体异常区进行治理；施工过程中（事中）进行风险区域的变形监测，同时对疑似风险点位（变形过大处）处辅以钻局部持续测，排除土体异常风险；若在施工过程中仍发现异常区域，则在进行相应处置措施后（事后）持续对该区域进行监测，辅以局部持续探测，掌握风险变化趋势，确保施工安全。

在采用本项目提出的施工优化方案后，为了确保地铁隧道大型变截面段的施工安全，将大型变截面隧道施工全周期协同监测技术应用于实际施工中。

10 ▶ 隧道土体异常区探测-稳定性监测-风险性预测技术体系

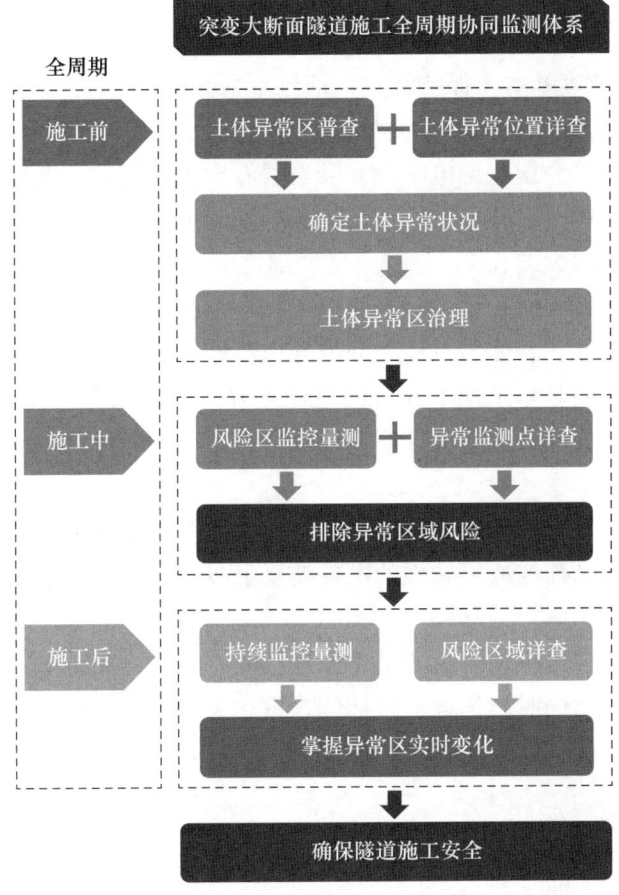

图 10.1 大型变截面隧道施工全周期协同监测体系

10.2 隧道施工风险区域土体异常普查

10.2.1 隧道施工风险区域土体异常普查技术及原理

为获得隧道施工风险区域内的土体异常点位，需对整个风险区域进行土体异常普查。三维地质雷达作为地质物探的重要手段之一，可以通过电磁波反射信号采集高分辨率的地下雷达图像，根据图像识别结果确定土体空洞、土层疏松等的位置，可以高速勘察大面积区域而不会丢失地下图像细节。

（1）三维地质雷达基本原理

雷达仪产生的高频窄脉冲电磁波通过天线定向往大地发射，其在大地中的传播速度和衰减率取决于岩石的介电性和导电性，且对岩石类型的变化和裂隙含水情况非常敏感，在传播过程中，一旦遇到岩石导电特性变化，就可能使部分透射波反射。接收机检测反射信号或直接透射信号,将其放大并数字化,存储在数字磁带记录器上,备数据处理和显示。

地质雷达系统一般在 10~1000MHz 频率范围内工作。当传导介质的电导率小于 100mS/m 时,传播速度基本上保持常数,信号不会弥散。

地质雷达具有足够的穿透力和分辨能力。电磁波穿透深度主要取决于电磁波的频率、能量大小以及传导介质的导电特性。随着岩石含水率增大,电导率增高,雷达波的衰减率会增大。湿煤中的衰减率就比干煤的大。随着电磁波频率的增高,其穿透深度将减小;但降低频率或增大波长 λ,分辨率又会随之降低。为了能将探测目标与背景区分开,目标的大小应与波长成正比,最好为 $\lambda/4$。分辨能力还取决于岩体内隐藏目标的种类和大小及其导电特性。岩体与目标之间的导电特性差异越大,则越易发现目标。

探地雷达技术主要是基于地下介质的电性差异,采集来自介质界面的反射波信号,若介质组成越复杂,介电常数或电导率差异就越大,反射能量也越强,反射信号的信息也越丰富。

由于地下空洞、地下松散区或地层含水率异常区等地质异常体与其周边正常地层具有明显的电性差异,从而构成了较强的电磁波反射界面,据此可达到识别空洞等地面坍塌隐患的目的。

三维探地雷达与二维探地雷达的工作原理相同,在二维探地雷达技术基础上采用阵列天线技术,可多通道同时扫描地下目标体,雷达天线阵列单次单向数据采集即可获取网格测线,以获得最佳三维成像效果,如图 10.2 所示。

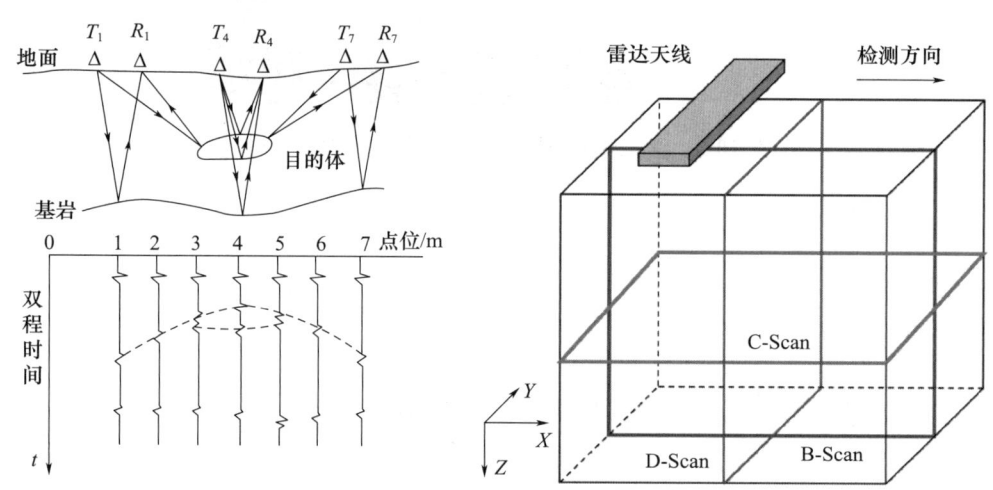

图 10.2 探地雷达原理示意

本研究所使用的三维地质雷达天线阵列含有 21 对电子扫描天线阵子,天线振子等间距(距离为 7.5cm)布置。一次勘查能同时采集 21 条测线,提高了勘测效率,同时也实现了三维成像。天线系统是由一对一对的空气耦合蝶形单极天线组成。与传统的脉冲式探地雷达(GPR)天线不同,这种超宽带的蝶形单极天线有一系列连续的频率,其覆盖范围从 100MHz 到 3GHz,实际工作时,用户无须更换天线就可采集从 100MHz 到 3GHz 频率的数据,作为比较,若采用脉冲式探地雷达做相同探测,就需要 200MHz、

400MHz、800MHz、1600MHz 等几种天线不断进行更换，如图 10.3 所示。

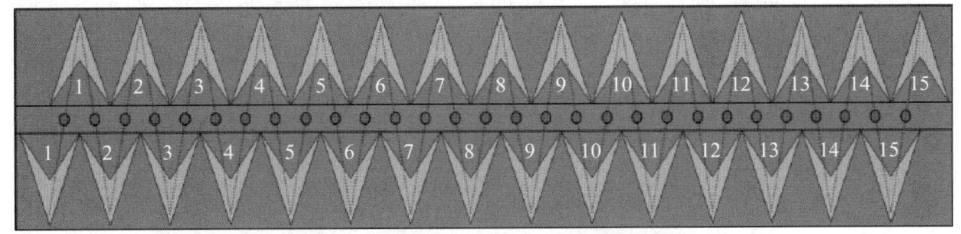

图 10.3 三维地质雷达天线阵子排列

（2）应用优势

三维地质雷达可随意截取任何深度、任何平面位置的图像，三维展示和识别地面坍塌隐患空间特征，利用不同方向的"切片"判断分析空区的位置和形态。同时，三维探地雷达可有效排除管廊中的管线、天桥等干扰源，准确、快速地获取真实空区位置，如图 10.4 所示。

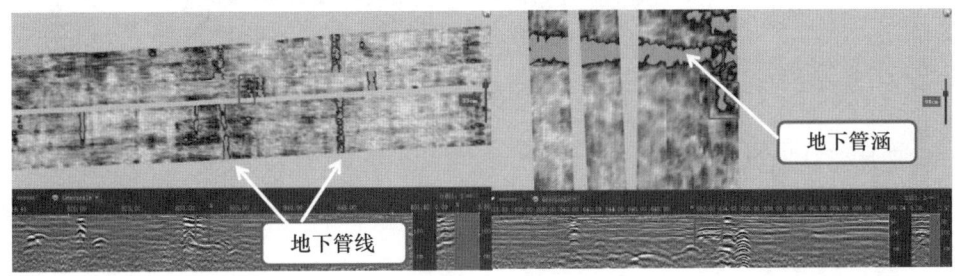

图 10.4 地下管线和管涵扫描实图

（3）三维地质雷达设备

采用意大利 IDS 公司 Stream-X 系列 15 通道三维探地雷达系统，如图 10.5 所示，搭配 200MHz 单频阵列天线，有效探测深度 30m，满足本工程的探测需求。同时配备动态 GPS（即，全球定位系统），在探测过程中可实现高精度、实时定位，将雷达数据与 GPS 空间定位数据进行关联，实现雷达数据信息与空间定位信息的融合。

(a)车载式

(b)手推式

图 10.5 车载式三维探地雷达系统

（4）地质雷达数据处理

采用配套的 IQMaps 软件进行数据处理，处理流程分为滤波处理、时间转换、去除背景和 STC 平滑增益四个步骤，如图 10.6 所示。

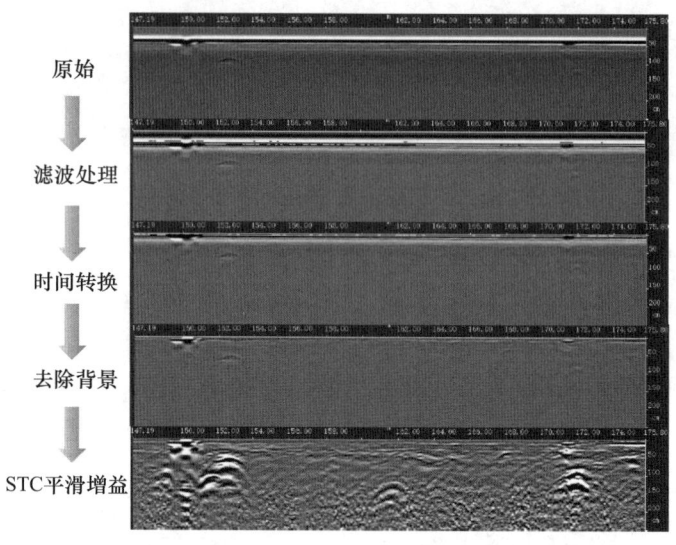

图 10.6　雷达数据处理步骤

（5）地质雷达图谱识别要点

三维地质雷达可有效识别土体空洞、疏松和地下管线，在进行图谱识别时有以下要点。

① 空洞、脱空。

a. 整体振幅非常强、相位变化异常明显；

b. 下部多次反射波明显且边界伴有绕射现象；

c. 对于球状空洞，顶部的反射波组表现为倒悬双曲线形态；

d. 对于块状空洞，顶部反射波组呈平板形态。

② 疏松。

a. 异常边界处连续的反射波同相轴中断或弯曲；

b. 频率高于背景场，整体振幅较强；

c. 异常内部波形结构杂乱。

③ 地下管线。

a. 整体振幅非常强、相位变化异常明显；

b. 双曲线形态清晰，边界绕射现象不明显；

c. 在水平切片上成像明显且规律。

10.2.2　大断面地铁隧道土体异常区普查实例

地铁浅埋暗挖施工区间大型变截面段的施工高风险和重点监测区域为 DK21+242～DK21+280。在施工开始前，首先采用三维地质雷达对该区域进行土体异常区普查，在

DK21+242～DK21+280区间正上方地表每隔3m布置一条雷达测线，共计六条，如图10.7所示。

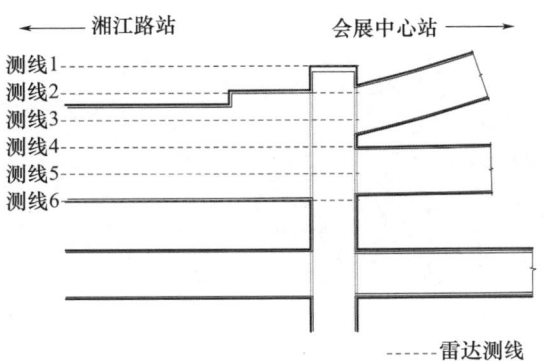

图 10.7　地质雷达测线

现场探测情况如图 10.8 所示。通过现场的三维地质雷达探测，共发现两处土体异常区域，分别位于 DK21+247～DK21+250 和 DK21+277.5～DK21+278.5 区域内，地质雷达探测结果如图 10.9 和图 10.10 所示。从图中可知，DK21+247～DK21+250 区

图 10.8　现场探测情况

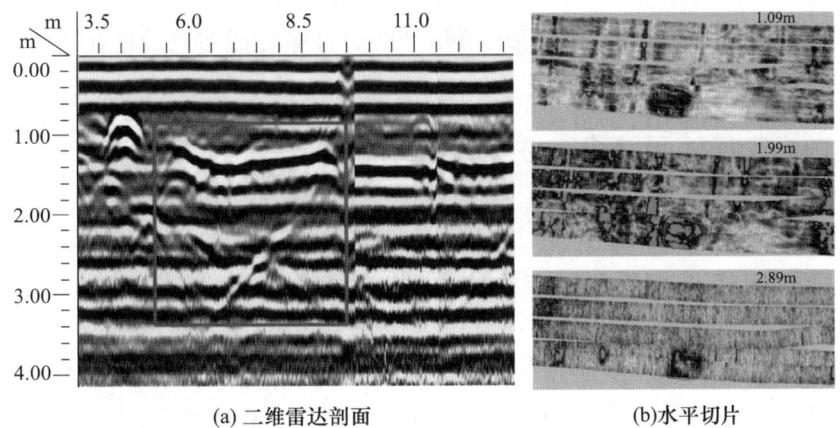

图 10.9　DK21+247～DK21+250 地质雷达扫描结果

域的1.0～3.0m深度内存在土体空区隐患；DK21+277.5～DK21+278.5区域的1.0～2.0m深度内存在土体疏松隐患。对应的现场异常点位如图10.11所示。

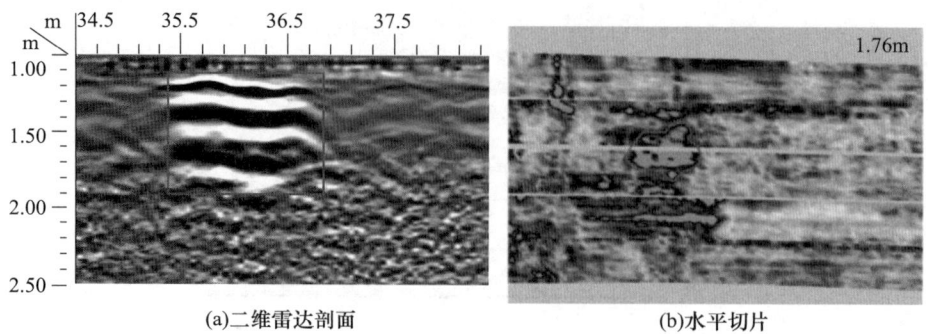

(a)二维雷达剖面　　　　　　　　(b)水平切片

图 10.10　DK21+277.5～DK21+278.5 地质雷达扫描结果

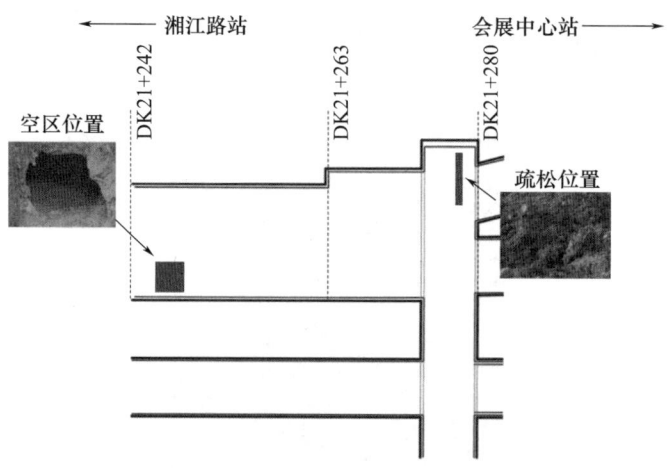

图 10.11　现场异常点位示意

随后，基于两处土体异常区的位置，从地表处垂直向下钻孔，基于探测钻孔对两处土体异常区进行注浆加固处理，采用$\phi 42$注浆小导管进行注浆加固。注浆过程先注下部后注上部；注浆压力值控制在0.2～0.5MPa，在注浆过程中根据不同地段情况随时调整参数；进浆速度每根导管控制在30L/min以内；注浆完成后进行钻孔封闭。

10.3　隧道施工风险区域稳定性全周期协同量测

10.3.1　隧道施工风险区域全周期协同监控量测方法

在隧道施工阶段，监控量测是一项非常重要的工作，监控量测结果是对隧道结构是否安全最直接的反映，因此需对隧道施工风险区域进行监控量测。根据本项目监测目的、内容及要求，依据以下国家标准、行业标准等所规定的内容指导风险区域内的监控量测工作：

①《城市轨道交通工程监测技术规范》（GB 50911—2013）；
②《建筑变形测量规范》（JGJ 8—2016）；
③《地铁设计规范》（GB 50157—2013）；
④《工程测量标准》（GB 50026—2020）；
⑤《城市轨道交通工程测量规范》（GB/T 50308—2017）；
⑥《建筑基坑工程监测技术标准》（GB 50497—2019）；
⑦《城市测量规范》（CJJ/T 8—2011）；
⑧ 工程所在地相关规定及规程；
⑨ 项目公司管理办法与地方标准管理办法。

（1）拱顶沉降观测

① 监测仪器：全站仪。

② 量测及计算方法：由洞外基准点作为起始以知高程，通过测量获得洞内基准点高程，再由洞内基准点高程起测量洞内各个沉降预埋件高程，通过计算相邻两次沉降预埋件高程的变化值即可算得沉降值。

（2）土压力监测

① 监测仪器：土压力盒。

② 量测及计算方法：在量测断面处，二次衬砌施工之前在初期支护与围岩之间布设土压力盒，土压力盒应与二次衬砌正面接触；安装钢筋计时，需要将格栅拱架主筋切断后再将钢筋计对接（搭接）并牢固焊接在两端钢筋上，测试元件的导线须进行妥善保护，引入墙角附近进行测量，监测点布设如图10.12所示。

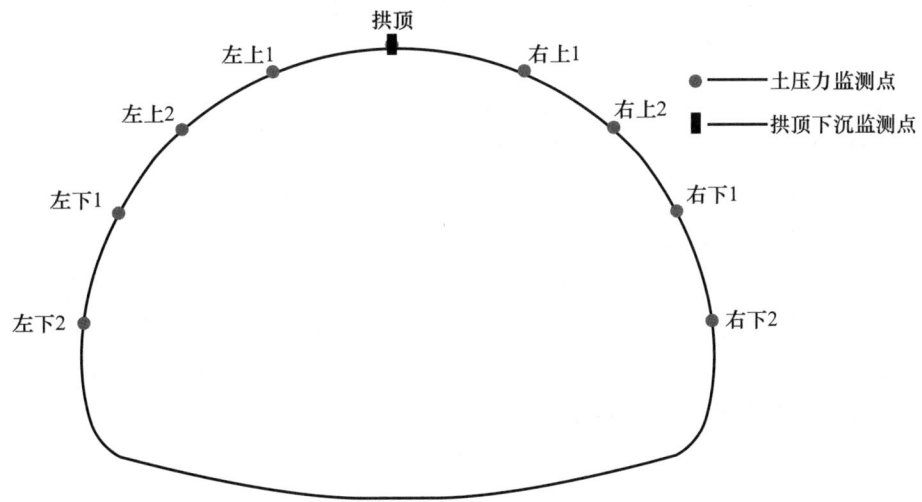

图 10.12　洞内监测点布设图

（3）地表沉降观测

① 监测仪器：全站仪。

② 量测及计算方法：地表沉降监测点采用 $\phi 18$ 的螺纹钢筋穿透道路冻土层与上部杂填土，达到较夯实的地层中，以保持监测点的稳定。同时在钢筋上方覆盖保护盖、周边设置监测点保护装置，以减小车辆荷载与其他外部因素对沉降监测点的影响，如图 10.13 所示。

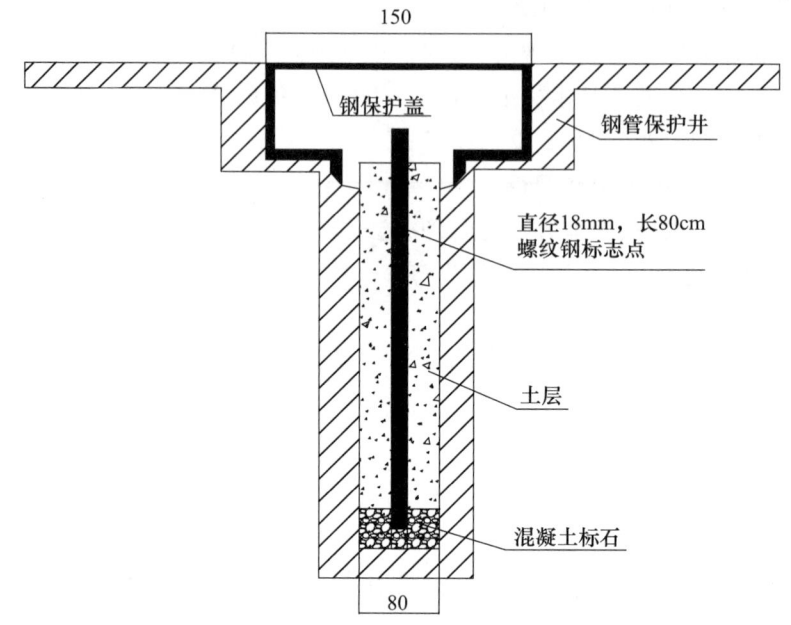

图 10.13 地表沉降监测点埋设示意

10.3.2 大断面地铁隧道全周期协同监控量测实例

在地铁隧道浅埋暗挖区间的高风险区 DK21+242～DK21+280 内布设拱顶沉降、土压力以及地表沉降监测点位，点位布设如图 10.14 所示，其中每个断面地表监测点的标号为 DDCX-Y，X 为断面编号，Y 为测点编号，最下侧测点编号为 1。断面 1～断面 3 和断面 5 的监测频率为 1 次/d，断面 4 的监测频率为 1 次/3d。

(1) 拱顶沉降与净空收敛监测结果

现场拱顶沉降监测情况如图 10.15 所示。各监测断面拱顶沉降随开挖进度的变化趋势如图 10.16 所示。从图中可以看出，各监测断面的沉降值均随着开挖距离的增加而增大，在开挖距离达到 20～25m 时基本稳定；断面 1 的沉降值在开挖距离达到 5m 前发展较为迅速，断面 2 至断面 5 的沉降值在开挖距离达到 20m 前基本呈匀速发展；断面 1 和断面 5 作为断面突变位置和联络通道位置，其最大沉降值较大，分别为 39.80mm 和 11.88mm，断面 4 的最大沉降值最小，为 8.41mm。拱顶沉降监测结果与本报告的数值计算结果以及风险评估结果基本吻合，表明本报告提出的优化方案和风险评估模型可靠。

10 ▶ 隧道土体异常区探测-稳定性监测-风险性预测技术体系

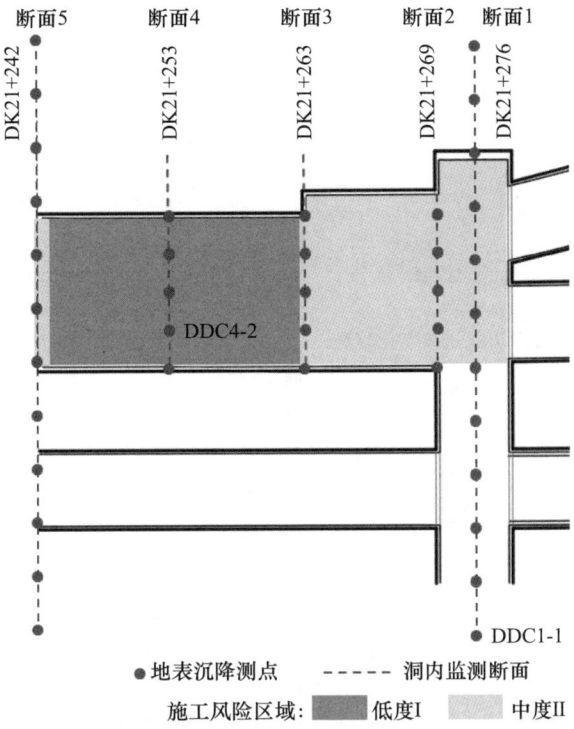

图 10.14 监测断面位置

(a)现场监测　　　　　　　　(b)测点布片

图 10.15 洞内现场监测情况

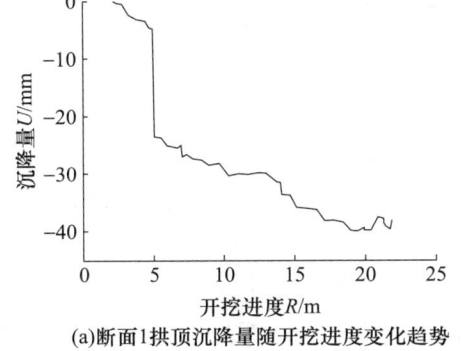

(a)断面1拱顶沉降量随开挖进度变化趋势

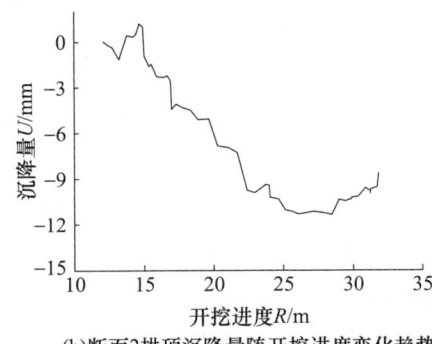

(b)断面2拱顶沉降量随开挖进度变化趋势

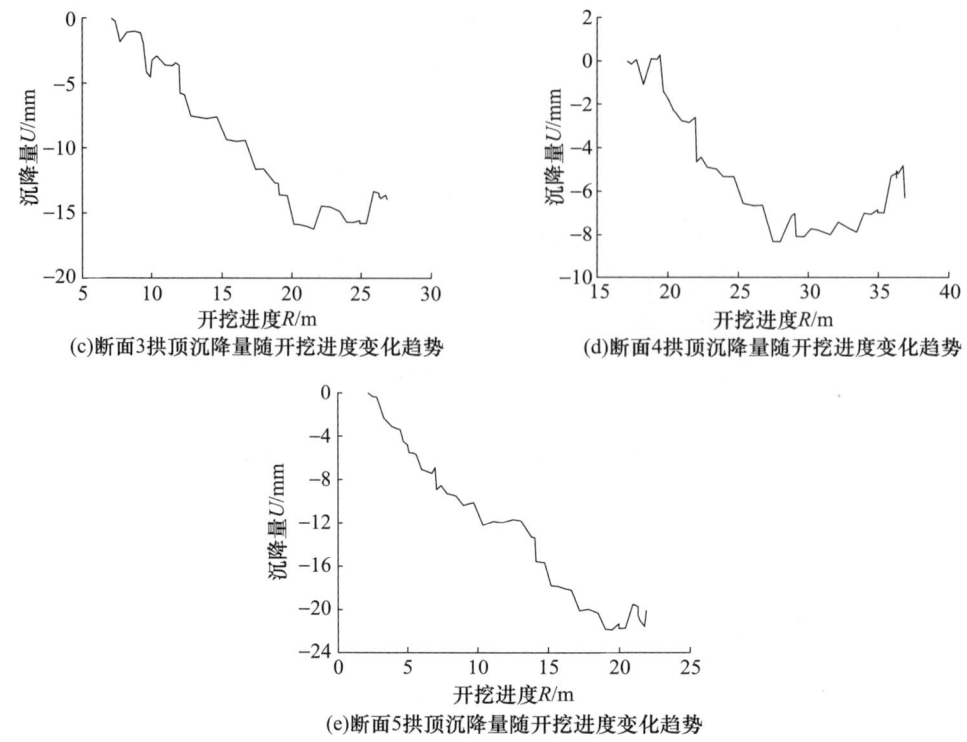

(c)断面3拱顶沉降量随开挖进度变化趋势 (d)断面4拱顶沉降量随开挖进度变化趋势

(e)断面5拱顶沉降量随开挖进度变化趋势

图 10.16　部分监测断面拱顶沉降量随开挖进度变化趋势

为了避免初衬施作而破坏监测点,在初衬混凝土达到一定强度后,将膨胀螺丝打入其中,作为净空收敛监测点。测点位置如图 10.17 所示。

图 10.17　净空收敛监测点示意

拱顶沉降随开挖时间变化曲线如图 10.18 所示。受施工活动影响,监测数据具有明显的波动性,且初支完成之前已经存在一定下沉量,忽略初支完成之前已产生沉降,我们可以发现拱顶沉降累计变化量仍近似符合 S 形曲线规律。受隧道开挖的影响,横通道拱顶持续产生沉降,直至 10 月 30 日才趋于稳定,沉降量为 19.97mm。

洞内收敛开挖时间变化曲线如图 10.19 所示。与拱顶沉降相同,净空收敛受施工活动影响十分明显,加之收敛计受人为因素影响较大,测量误差较大,因此数据具有较强的波动性。因为横通道采用台阶法施工，测点 JKJ4-1 位于上台阶，JKJ4-0 位于下台阶，因此 JKJ4-1 的监测开始时间早于 JKJ4-0。由于在 JKJ4-0 开始监测时横通道已经存在一定的收敛，所以 JKJ4-0 的数值整体小于 JKJ4-1，但是二者的变化规律是一致的。

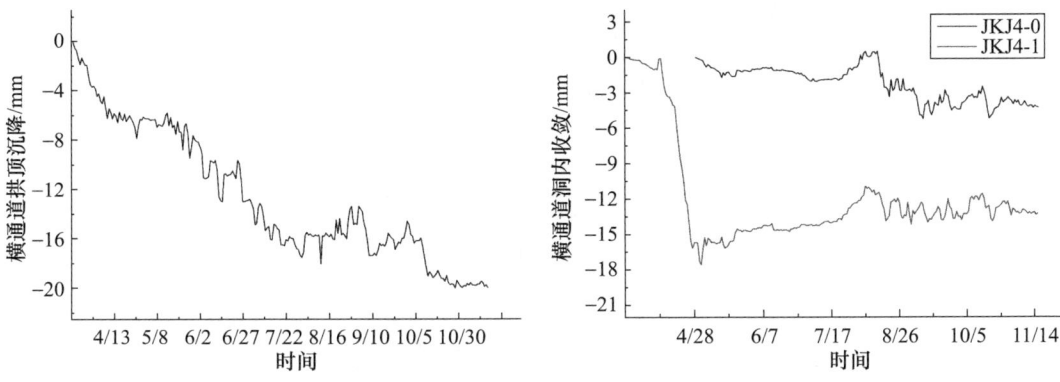

图 10.18　拱顶沉降量随开挖时间变化　　　　图 10.19　洞内收敛随开挖时间变化

（2）土压力监测结果

现场土压力监测情况如图 10.20 所示。部分土压力监测数据随开挖时间变化趋势如图 10.21 所示。从图中可以看出，随着开挖时间的增加，各断面土压力数据变化趋势基本

图 10.20　现场土压力监测点

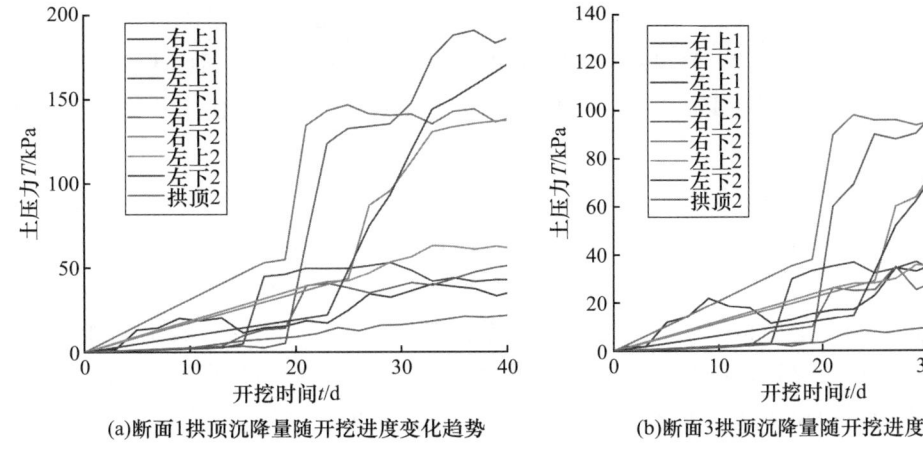

(a)断面1拱顶沉降量随开挖进度变化趋势　　　(b)断面3拱顶沉降量随开挖进度变化趋势

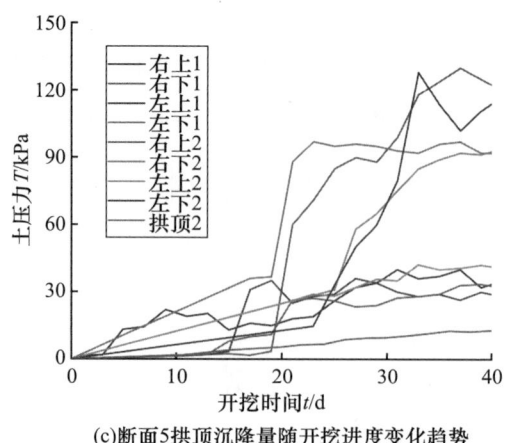

(c)断面5拱顶沉降量随开挖进度变化趋势

图 10.21 部分监测断面土压力监测结果

相同，隧道断面下部的压力值明显大于上部，最大压力均出现在右下2的位置，断面1、断面3和断面5的土压力最大值分别为193.8kPa、127.4kPa和132.1kPa。断面1（横通道）处的土压力值最大，与本报告的数值计算结果以及风险评估结果基本吻合。

（3）地表沉降监测结果

现场施工监测应与开挖进度一致，随现场施工情况变化而调整，现场地表监测情况如图10.22所示。特选取地表沉降点断面1、断面3和断面5数据进行分析，其相关的监测数据随开挖时间变化趋势如图10.23至图10.25所示。由数据曲线图可以看出，在监测过程中存在一定人为因素产生误差，但误差始终在控制范围内，且随着注浆等一些工程活动的进行，沉降曲线存在明显的波动性，不过整体的趋势特征依然明显，即：随着隧道的开挖，掌子面逐渐靠近地表监测点断面，地表沉降变化速率增大；当隧道持续开挖直至掌子面远离监测断面时，地表沉降变化速率较小且数值逐渐趋于稳定，可以发现基本是呈缓慢变化-快速变化-逐渐稳定这样的一个S形曲线的趋势。

根据1、5大断面沉降曲线可知，各断面累计变化量先减小后增大，已呈现相对完成的沉降槽曲线，最大点位于距隧道轴线约25m处，但由于3断面布设监测点过少，沉降槽曲线不完整。同一断面上，监测点距离沉降槽曲线中心越远，沉降量越小，远离至一定距离后已无明显变化。如监测点DBC-1-1、DBC-5-12等，始终处于稳定状态，沉降量几乎为0。其中，1断面DBC-1-4沉降最大，为34.96mm；3断面DBC-3-2沉降最大，为72.42mm；5断面DBC-5-3沉降最大，为80.47mm；7断面DBC-7-1沉降最大，为47.16mm。

在浅埋暗挖施工区间大型变截面地铁隧道的施工过程中，监控量测结果未见异常，现场未发生工程风险事故，因此未在施工阶段再次进行土体异常区探测。

综上，根据DK21+242～DK21+280区间施工过程中的监控量测结果可知，最大变形值出现位置与数值模拟结果和风险评估结果相吻合，证明了本项目提出的优化方案和风险评估模型的可靠性；同时，所有监测断面的变形大小和变形速率均在规范允许值以内，表明本项目提出的优化方案确保了大型变截面隧道的安全施工。

(a)地表沉降测点

(b)现场监测

图 10.22 地表沉降监测情况

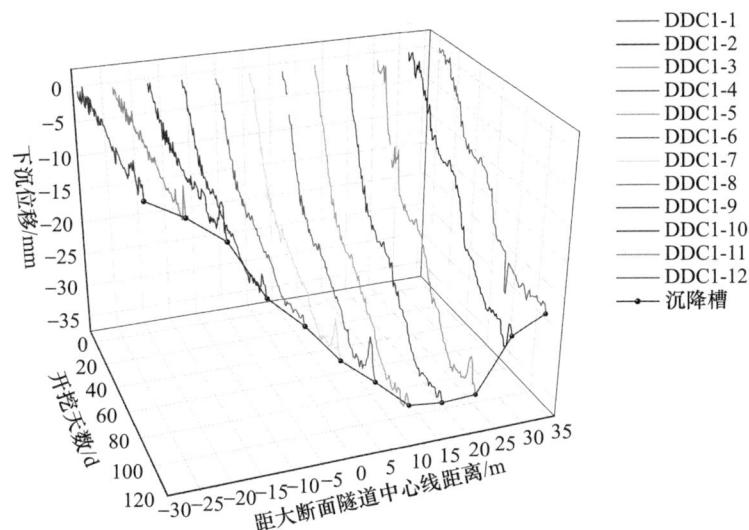

图 10.23 断面 1 地表累计沉降随开挖时间变化

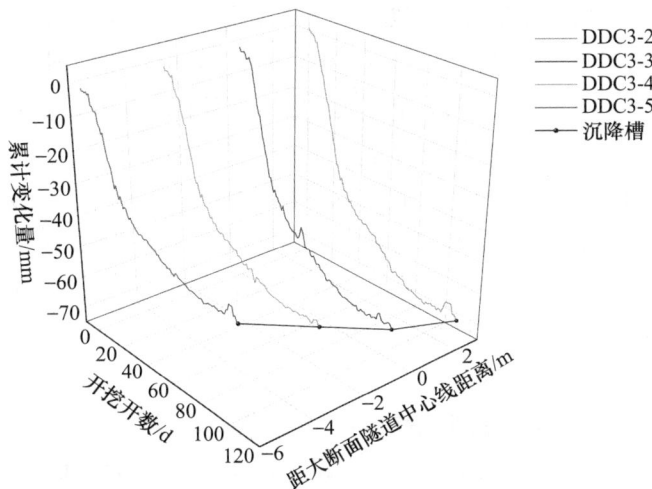

图 10.24 断面 3 地表累计沉降随开挖时间变化

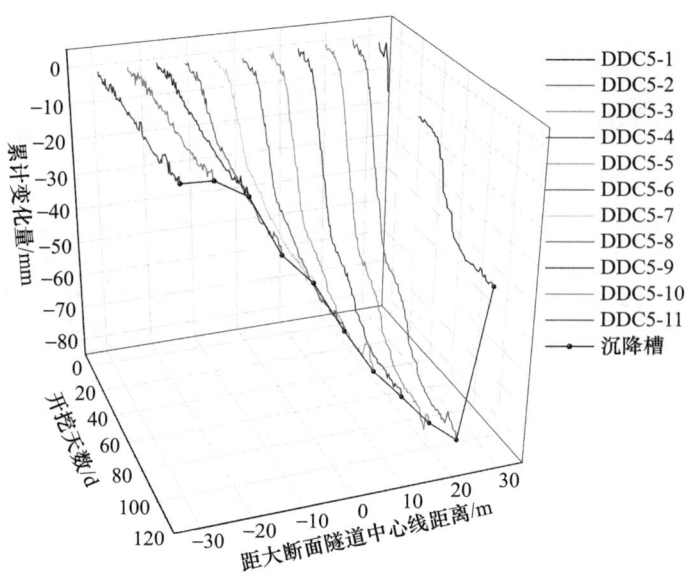

图 10.25 断面 5 地表累计沉降随开挖时间变化

10.4 基于支持向量机的隧道地表沉降预测

10.4.1 支持向量机理论

1995 年，Vapnik 和 Cortes 首次提出支持向量机，是一种建立在 VC 维理论和结构风险最小化原则等统计学习理论上的机器学习方法。处理非线性问题时，将低维空间的样本映射到高维空间，传统学习机器可能会引发"维度灾难"问题，支持向量机在对偶模型引入了内积的形式，可以解决维度灾害问题。与神经网络对比，支持向量机的学习能力、泛化能力和推广能力都较好，因此，可以选择更少的参数，缩短训练时间并达到全局最优的目的，从而得到广泛应用，主要解决关于一些小样本、高维数和非线性回归等问题。

支持向量机的思想是通过核函数代替非线性变换，将低维空间中线性不可分的样本映射到高维空间中实现线性可分，再采用超平面对数据点进行划分。为了更好地解决有限数量样本的构造模型问题，传统学习算法大多数基于经验风险最小化原则，存在学习和预测精度不一致的问题，支持向量机利用结构风险最小化原则代替传统原则，这样既解决了构造模型问题，并提高了模型的泛化能力。

支持向量机的特点主要表现在以下几个方面。

① 最终决策函数由少数支持向量决定，支持向量越少，模型计算越简单。计算复杂性与样本的空间维数无关，从某种意义上说，可避免"维度灾难"；

② 学习算法可以看成求解凸二次规划问题，可以得到目标函数的全局最小值；

③ SVM具有坚实的理论基础，算法简单，鲁棒性较好，并且适用于小样本学习。

支持向量机主要包括非线性回归和模式识别，模式识别主要用于分类和提取特征点。Vapnik通过引入不敏感损失函数，将SVM分类推广至回归，即支持向量回归，支持向量回归包括线性和非线性等两种回归。

对于线性回归问题，采用线性函数 $f(x)$ 对给定的 n 个样本 (x_1, y_1)，(x_2, y_2)，…，(x_n, y_n) 数据进行估计，最终获得训练样本。在样本训练后，利用函数 $f(x)$ 对数据进行预测，其线性回归函数 $f(x)$ 如下

$$f(x) = \sum_{i=1}^{n}(\alpha_i - \alpha_i^*)(\boldsymbol{x} \cdot \boldsymbol{x}_i) + b \tag{10.1}$$

在式（10.1）中引入KKT求解条件

$$\begin{cases} a_i(\varepsilon + \xi_i - y_i + w \cdot x_i + b) = 0 \\ a_i^*(\varepsilon + \xi_i^* + y_i - w \cdot x_i - b) = 0 \\ (C - a_i)\xi_i = 0 \\ (C - a_i^*)\xi_i^* = 0 \end{cases} \tag{10.2}$$

由式（10.2）可求得 b

$$\begin{cases} b = y_j - \sum_{i=1}^{n}(a_i^* - a_i)\boldsymbol{x}_i \cdot \boldsymbol{x}_j - \varepsilon, j \in \{m \mid 0 < a_i < C\} \\ b = y_j - \sum_{i=1}^{n}(a_i^* - a_i)\boldsymbol{x}_i \cdot \boldsymbol{x}_j + \varepsilon, j \in \{m \mid 0 < a_i^* < C\} \end{cases} \tag{10.3}$$

一般在实际工程中，大多数样本集是非线性的，若仍采用线性回归的方法处理问题，不能保证经验风险最小，从而得不到很好的效果，因此引入处理非线性样本集的方法。

当数据点在低维空间中不能用超平面逼近时，提出了一种提高空间维数实现线性可分的思路。即为了解决低维空间样本线性不可分，利用非线性变换，映射到高维空间，然后在高维空间中利用线性可分的求解思路寻求其最优线性回归面。再映射回原空间得到回归的决策函数，由于映射特征空间有可能导致维数灾难，支持向量机引入核函数解决了维数灾害问题。非线性决策函数如下

$$f(x) = \sum_{i=1}^{n}(\alpha_i - \alpha_i^*)K(\boldsymbol{x}, \boldsymbol{x}_i) + b \tag{10.4}$$

$$b = y_j - \sum_{i=1}^{n}(a_i^* - a_i)K(\boldsymbol{x}_i, \boldsymbol{x}_j) + \varepsilon, j \in \{m \mid x < a_m < C\} \tag{10.5}$$

10.4.2 支持向量机参数优化

本节采用支持向量机软件包（LIBSVM）进行模型的训练和数据的预测。LIBSVM具有运行速度快、参数调节少、提供了许多默认参数和使用方便等优点，通过提供线性、多项式、高斯径向基和S形等核函数，方便的对数据进行分类或回归。

高斯径向基核函数（RBF）收敛域宽阔、非线性映射能力强，同时可以有效识别低

维、高维、大样本和小样本问题。本节选取 RBF 作为 SVM 分类器的核函数，这是由于 RBF 具有良好的性能，可以在不具备样本数据的先验知识情况下生成比较光滑而又简单的估计，是目前较普遍使用的一种核函数。使用 RBF 作为核函数时，支持向量回归的性能主要取决于误差惩罚因子 C、RBF 宽度 σ 和关联维数 m 三个参数。

误差惩罚因子 C：调节经验风险和结构风险的比例。若 C 值越小，模型复杂度越低，对样本惩罚程度越小，产生"欠学习"现象；若 C 值越大，对误差的惩罚越大，学习精度相应提高，模型泛化性能降低，导致"过学习"现象。

RBF 宽度 σ：反映支持向量之间的关联性能，是训练数据集范围特征的综合体现，直接控制 SVM 模型性能的好坏。若 σ 取值过大，表明支持向量间的影响过强，模型泛化性能降低，回归模型精度减小；若 σ 过小，表明支持向量间的影响较弱，致使训练模型复杂度较高，导致模型的推广性能下降。

关联维数 m：表示支持向量机模型中影响预测值的变量数目，在本文中指预测点数据受到其之前 m 个测点数据的影响，因此不同的关联维数对应完全不同的训练样本。在一定范围内，关联维数 m 越大，则模型预测精度越大。

综上所述，为了能够得到较好的预测效果，必须选择合适的参数。参数优化的目的就是选择一组最合适的参数，并以此训练支持向量机模型，从而实现数据预测的目的。由于网格搜索算法具有简单方便、寻优速度快的优点，通常用来 SVM 参数的选择。另外，现场施工过程中监测数据较少，因此用于训练样本集数据也较少，利用该方法优化参数效果比较理想，不但节省了时间，且有效提高了准确率。

10.4.3 风险性预测实施实例

本节以监测点 DBC103-7 为例，将前期监测数据用作模型训练，后 6 期用作模型验证。首先将监测的沉降数据采用小波变换进行降噪，之后将数据根据关联维数 m 生成对应训练样本集，利用训练样本集预测监测点未来数据的变化趋势。DBC103-7 监测数据的小波分解结果如图 10.26 所示。

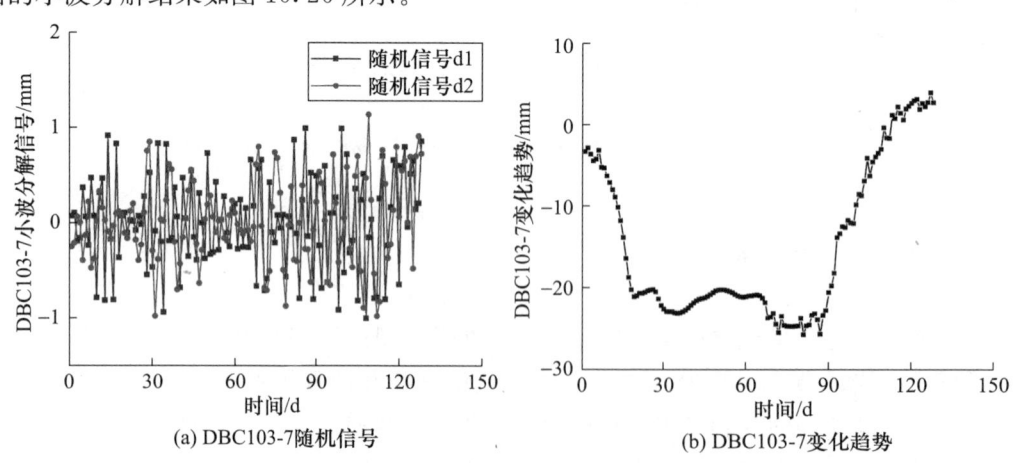

(a) DBC103-7 随机信号　　　　(b) DBC103-7 变化趋势

图 10.26　小波分解结果

对监测点 DBC103-7 分解得到的三条曲线进行模型训练,对关联维数 m、惩罚参数 C 以及核函数参数 σ 进行参数优化。其中,选取关联维数 m 的范围为 [3,10],误差惩罚因子 C 和核函数参数 σ 的范围为 $[2^{-10},2^{10}]$,参数优化结果见表 10.1,预测误差分析结果见表 10.2,DBC103-7 最终得到预测结果如图 10.27 所示。

表 10.1 DBC103-7 支持向量机最优参数

DBC103-7 信号层级	关联维数 m	惩罚参数 C	核函数 σ 值
C_2	8	$2^{8.9}$	$2^{-6.8}$
D_1	9	$2^{9.7}$	$2^{-7.3}$
D_2	9	$2^{9.1}$	$2^{-7.9}$

表 10.2 DBC103-7 预测误差分析

监测点 DBC103-7	期数	实际值/mm	预测值/mm	误差/%	平均误差/%
预测结果	123	2.02	1.97	2.44	8.9
	124	3.67	3.93	7.07	
	125	2.79	2.49	10.76	
	126	3.31	3.69	11.57	
	127	5.67	5.15	9.15	
	128	3.91	4.40	12.41	

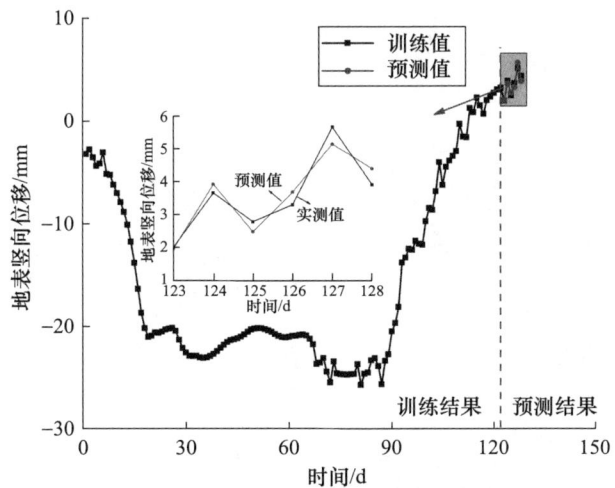

图 10.27 DBC103-7 预测结果

由表 10.2 可知,后 6 期 DBC103-7 监测点沉降的预测误差分别为 2.44%、7.07%、10.76%、11.57%、9.15%、12.41%,平均误差为 8.9%。预测值与监测值的偏差随着预测期数的增加呈增大趋势,但整体不会有很大的变化(图 10.27)。

由图 10.27 可知,为了验证支持向量机预测准确性,比对观测点 DBC103-7 的预测结果和监测结果,发现二者基本具有相同的沉降趋势且沉降值相差较小。说明能够使用支持向量机预测盾构隧道冻结施工过程中地表监测点的变化情况,因此可以使用前期现场监测数据样本进行训练,预测后期监测点的沉降。

通过支持向量机分别预测 DBC98-7、DBC99-1、DBC103-9 和 DBC104-2 监测点，支持向量机最优参数见表 10.3，预测结果如图 10.28 所示。

表 10.3 支持向量机最优参数

信号层级	关联维数 m	惩罚参数 C	核函数 σ 值
DBC98-7	7	$2^{7.4}$	$2^{-9.3}$
DBC99-1	8	$2^{8.2}$	$2^{-7.6}$
DBC103-9	7	$2^{7.3}$	$2^{-8.5}$
DBC104-2	9	$2^{8.9}$	$2^{-7.1}$

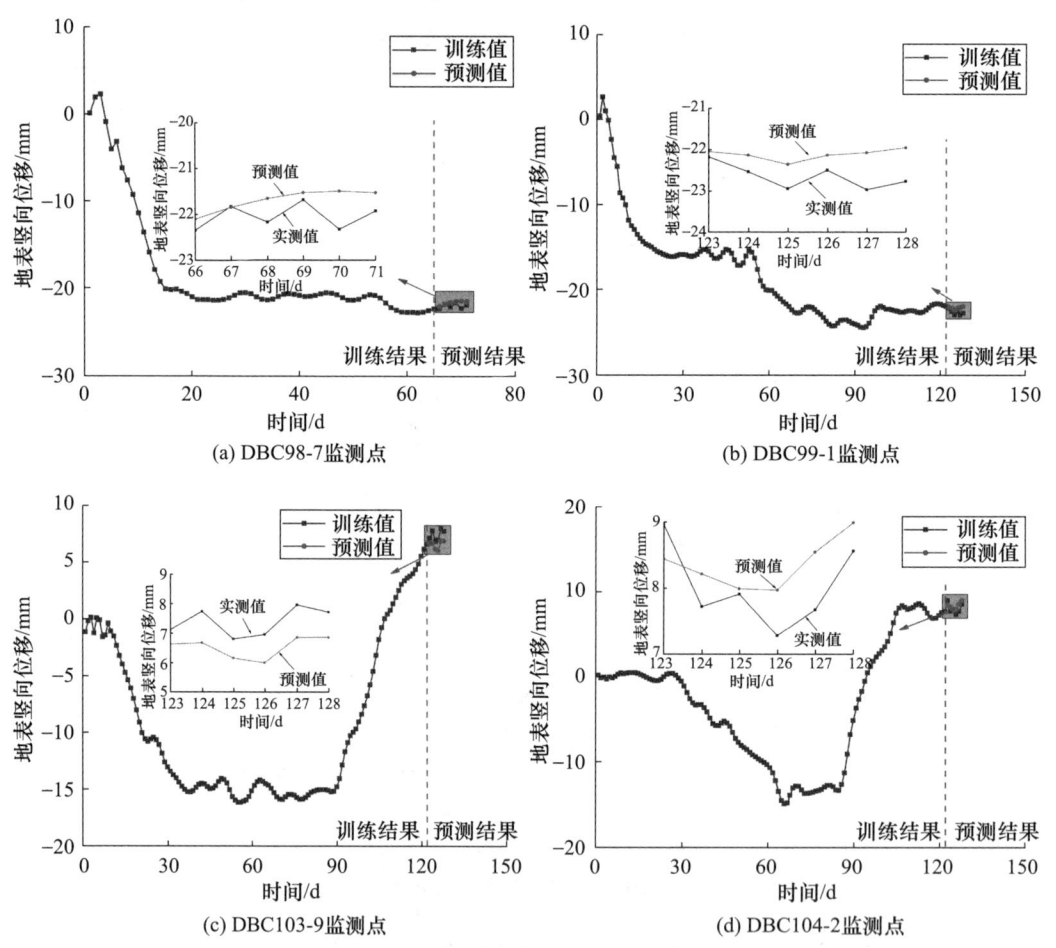

图 10.28 支持向量机预测结果

通过整理和汇总现场监测数据，采用小波去噪方法优化监测数据并通过支持向量机训练样本，得到监测数据的最优参数 m、C、σ，为了能够保证预测方法的精确，需要将原始监测数据作为训练样本，因此，该方法主要依赖前期监测数据的可靠性。通过该方法可以预测监测点未来的变化趋势，可用于判断施工现场的稳定性以及提前考虑是否需要增加必要保护措施。

10.5 本章小结

本章基于隧道施工风险区域的土体异常普查和风险区域监控量测两个手段形成了大型变截面隧道施工期协同监测方法，构建了大型变截面隧道施工全周期协同监测体系。

（1）遵循"施工前""施工中""处置后"三个阶段的安全生产监督管理原则，基于大型变截面隧道施工协同监测方法，构建覆盖大型变截面隧道施工全周期的协同监测体系。在隧道施工前，采用三维地质雷达进行全域土体异常区普查，确定土体异常情况，并采取相应措施对土体异常区进行治理；施工过程中进行风险区域的变形监测，同时对疑似风险点位（变形过大处）处辅以探测，排除土体异常风险；若在施工过程中仍发现异常区域，则在进行相应处置措施后持续对该区域进行监测，辅以持续局部探测，掌握风险变化趋势，确保施工安全。

（2）该大型变截面隧道施工全周期协同监测体系在地铁浅埋暗挖区间内得到应用。通过系统的数值计算和风险分析结果确定了浅埋暗挖施工区间DK21+242～DK21+280段为施工高风险区域，通过三维地质雷达探测发现DK21+247～DK21+250区域的1.0m～3.0m深度内存和DK21+277.5～DK21+278.5区域的1.0～2.0m深度内存在土体疏松隐患，并对两处土体异常区进行了注浆加固处理。施工期间，在DK21+242～DK21+280段布设了五条监控量测测线，包括拱顶沉降监测、土压力监测和地表沉降监测三部分，施工过程中的监控量测结果均在规范允许值以内，结合支持向量机风险预测，保障了大型变截面隧道施工的安全。

结束语

　　本研究以中国东北某城市地铁隧道为工程背景，结合室内试验、理论分析、数值模拟、现场监测等方法，获得了一套完整的大型变截面隧道下穿综合管廊安全开挖与支护关键技术，主要结论如下。

　　（1）在开挖正线隧道破除马头门过程中，支护结构应力较大值出现在不同方向的结构连接点，在中隔墙上的两处通行门位置出现应力集中，破除马头门的施工中需要及时做好防护；大型变截面隧道开挖过程中，大断面一侧的土体应力整体大于标准断面一侧，先行大断面双侧壁导坑法开挖与临时支护的拆除，以及后行标准断面台阶法施工均对两隧道中间土体的应力影响较大；横通道开挖完成后与隧道开挖完成后的综合管廊沉降均表现为右侧较大、左侧较小。

　　（2）在随机介质理论的基础上，考虑了变截面隧道断面面积变化、上部综合管廊结构、隧道五心圆断面形式及近距离双线隧道结构，建立了考虑多因素影响的大型变截面隧道开挖变形预测模型。通过计算发现，本文随机介质模型预测结果与监测结果、数值模拟结果规律一致，数值吻合较好，且该模型可以使用 Mathematica 编程计算，方便了现场工作人员对类似工程进行地表沉降预测。

　　（3）考虑大型变截面隧道极近距离下穿既有综合管廊的特殊工况，揭示了隧道开挖顺序间距、夹土层参数、支护刚度等工况因素对管廊沉降变形的影响规律，确定施工时左右线开挖间距选为 20m；提出既有综合管廊的控制标准为：既有综合管廊的结构沉降控制值为 28.3mm；既有综合管廊的差异沉降控制为 5mm；变形速率最大控制值为 2mm/d。

　　（4）优化了大型变截面隧道整体开挖支护方案，获得了不同开挖方式下隧道的施工力学行为及其围岩变形规律，通过比选获得最优的超前小导管支护参数、隧道开挖方案和临时支护拆除顺序。最优方案为：超前小导管的超前加固长度 5m、注浆半径 1.2m 和小导管径向加固范围 0.8m；双侧壁导坑法开挖时选用左右导洞同时开挖；双侧壁导坑法临时支护拆除时分区拆除，施作二衬后还原底部中隔墙；大断面隧道临时支撑拆除作业采用断面从小到大的顺序进行施工；拆除马头门临时支撑时先拆除马头门竖向支撑，然后拆除横通道临时隔板，同时施加横通道二衬，最后将大断面临时支撑拆除。在现场施工过程中，上述方案较好地控制了隧道变形，各指标均处于相对稳定状态，未发生突变，极大程度保障了施工安全。

　　（5）隧道冻结法的去、回路盐水降温曲线可以分为四个阶段：急剧降低、缓慢降低、较快降低、趋于平稳。急剧降低阶段：该阶段土体初始自然温度与冻结盐水温度温差较大，土体吸收大量冷量，去、回路盐水温差较大。缓慢降低阶段：水土混合物与去路盐水温差降低并在低温盐水作用下接近 0℃。较快降低阶段：水土混合物完全相变，比去路盐水温差更小，冷量传递没有第一阶段剧烈，去、回路盐水温差更低。趋于平稳阶段：土体温度达到去路盐水可以冻结的最低温度，土体与去路盐水冷量交换已趋于动态平衡，盐水温差亦趋于稳定。土体降温曲线可以分为"慢速—快速—慢速"三个阶段逐渐减小。慢速阶段：土体温度在低温盐水作用下接近0℃时，土体中的水分开始相变转化为冰晶，需要大量冷量，曲线表现为一小段平缓。快速阶段：土中水分经历完水冰相变，土体也变为冻土，同盐水温差减小，冷量传递剧烈。慢速阶段：土体温度接近于低温盐水温度，土体温度逐渐下降趋于某一温度值而后在小范围内波动。

（6）渗流作用下隧道周边竖向应力较大，土体水平位移数值较大，影响范围更广。不考虑流固耦合的最大水平位移为16.9mm，而考虑流固耦合的最大水平变形为21.7mm。水平位移主要分布在隧道两侧位置，呈"耳朵状"。不考虑流固耦合作用的双线隧道开挖沉降为17.1mm，考虑流固耦合作用的最大地表沉降为27.9mm，考虑流固耦合情况下模拟结果与监测结果相差较小。所以，在富水地区进行隧道施工模拟时考虑流固耦合时是必要的。

（7）温度场演化规律主要分为四个阶段，阶段1：起始冻结温度远小于土体初始地层温度，冻结管与土体热量传递剧烈，造成土体温度降低。阶段2：土体温度临近起始冻结温度，冻结管内的大部分冷量被土体释放的潜热平衡，土体温度呈"平台"状发展。阶段3：土体温度低于起始冻结温度，土体内所含的热量释放完成，随之温度继续降低。阶段4：由于冻结壁有效厚度的增加，削弱了平均温度降低的趋势，导致平均温度降低速率变缓。外中圈孔间的冻土发展速度最快，内圈中心孔间、中内圈孔间和外圈孔外侧依次完成交圈。由于杯底冻结壁受到外圈、中圈、内圈冻结管以及中心管的叠加影响，杯身冻结壁主要受外圈冻结管供冷量的影响，受中圈和内圈冻结管的影响较小，甚至不产生影响，因此杯底冻结壁发展程度大于杯身冻结壁。

（8）遵循"施工前""施工中""处置后"三个维度的安全生产监督管理原则，提出大断面隧道施工协同监测方法，建立了一套隧道土体异常区-稳定性监测-风险性预测安全技术体系。在隧道施工前，采用三维地质雷达进行全域土体异常区普查，确定土体异常情况，采取相应措施对土体异常区进行治理；施工过程中进行风险区域的变形监测，发现土体异常风险，进行相应处置措施；相应处置措施和工程施工后，持续对该区域进行监测，结合支持向量机风险预测，掌握风险变化趋势，确保施工安全。建立的隧道施工全周期协同安全技术体系在中国东北某城市地铁隧道成功应用。